PSYCH6 INTRODUCTORY PSYCHOLOGY

인간심리의 이해 [개정판]

SPENCER A. RATHUS

김연실 · 김영선 · 박성원 · 박애영 · 박정은 · 서승경
우상우 · 장우심 · 장형은 · 전은주 · 정추영 · 하수정

CENGAGE 메디시인

Andover • Melbourne • Mexico City • Stamford, CT • Toronto • Hong Kong • New Delhi • Seoul • Singapore • Tokyo

CENGAGE

***PSYCH*, 6th edition**

Spencer A. Rathus

ISBN-13: 979-11-90839-12-9

Cengage Learning Korea Ltd.
14F YTN Newsquare 76 Sangamsan-ro
Mapo-gu Seoul 03926 Korea
Tel: (82) 2 330 7000
Fax: (82) 2 330 7001

Cengage Learning is a leading provider of customized learning solutions with office locations around the globe, including Singapore, the United Kingdom, Australia, Mexico, Brazil, and Japan. Locate your local office at: **www.cengage.com**

Cengage Learning products are represented in Canada by Nelson Education, Ltd.

To learn more about Cengage Learning Solutions, visit **www.cengageasia.com**

Printed in Korea
Print Number: 01 Print Year: 2021

머 리 말

심리학은 사회학과 인문학 및 자연과학과도 밀접한 기초 학문입니다. 최근에는 사회가 다원화되면서 심리학이 문학, 법학, 경제학, 경영학, 의학, 보건학, 간호학, 디자인 등 다양한 학문과도 융합하여 대학생들이 갖추어야 할 교양학문으로, 기본을 충실히 습득해야 할 중요한 과목입니다.

또한, 산업분야에서 현상을 이해하고 예측하는 데 근간이 되는 학문으로서 위상을 굳건히 하게 되었으며, 최근에는 사회적 관심을 받고 있는 인터넷 카페나 블로그는 물론, 다양한 형태의 범죄나 재난 등과 관련해서도 심리적인 현상에 관심이 많아지고 있습니다.

대학에서도 이러한 관심은 예외가 아니어서 비단 꼭 심리학을 전공하는 학생뿐만 아니라 다양한 학문을 전공하는 학생들도 심리학을 기초 교양으로 이수하고자 하는 관심과 흥미가 증대되고 있습니다.

이 책은 심리학의 기본서로서 쉽고 일상적인 가벼운 내용으로 접근하면서도 심리학을 잘 이해할 수 있도록, 위에서 열거된 많은 과학의 예시를 통하여 학생들이 재미있게 공부할 수 있도록 구성하였습니다.

인간의 심리를 잘 이해할 수 있도록 심리학 개론의 내용을 총 14장으로 나누었으며, 현재 미국 APA(American Psychological Association) 기준에 근거하여 가장 트렌드하게 상용화되고 있는 교재에 유형을 그대로 반영함으로써 실제 우리 생활영역에서의 사건과 학자들의 실험을 토대로 하여 복잡한 이론의 설명을 평이한 사례로 풀어나가는 특징을 잘 보여주는 교재라고 볼 수 있습니다.

각 단원마다

첫째, 학습목표를 제시하여 학생들이 그 장에서 학습해야 할 내용에 대한 개념적 지도를 그리도록 하였으며,

둘째, 복잡한 이론을 쉽게 접근할 수 있도록 영화, 소설, 기사 등의 스토리텔링 형식으로 재미있게 접근하였고,

셋째, 심리학 주요 용어와 해당 주제에 관련한 심리학자를 소개하여 이해를 돕도록 쉽게 편성하였고,

넷째, 각 단원 끝에 자가 테스트를 할 수 있는 코너와 핵심이 되는 문제가 준비되어 다시 한 번 단원 정리를 할 수 있도록 구성되었습니다.

이 책의 원서인 PSYCH가 교양적 특성과 전공적 특성을 고루 갖추고 있는 책으로 판단하여 역자들은 번역에 참여하였고, 각 단원의 심리학 주제를 편리하게 접근하여 심리학을 처음 접하는 비전공 학생뿐만 아니라 심리학 강의를 시작하는 분들까지도 재미있게 강의할 수 있도록 구성하였습니다.

끝으로, 심리학의 지평을 열어주신 여러 교수님들과 이 책 발간에 애써주신 ㈜지구문화/메디시언 임직원들의 노고에 감사드립니다.

신축년 새 봄에

필자 일동

차례

Image Source/Alamy Stock Photo

Image Source/Alamy Stock Photo

7 사고, 언어 및 지능 188

8 동기와 정서 218

9 전 생애 여행 246

10 성격 : 이론과 측정 274

11 스트레스, 건강 및 대처 300

12 이상심리(정신병리) 320

marco betti/Alamy Stock Photo

Ambrophoto/Alamy Stock Photo

PSYCH[6] INTRODUCTORY PSYCHOLOGY

인간심리의 이해

SPENCER A. RATHUS

Quiet Noise Creative/Getty Images

BRIEF CONTENTS

1 What is psychology?
심리학이란 무엇인가?

Image Source/Alamy Stock Photo

학습 성과

이 장의 성취 목표

- **1-1** 심리학이 무엇인지 정의하고 심리학자들이 하는 일이 무엇인지 설명할 수 있다.
- **1-2** 심리학의 기원을 설명하고 심리학 영역에서 기여했던 주요 인물들에 대해 논의할 수 있다.
- **1-3** 현대 심리학자들이 보는 행동과 정신과정의 시각을 이론적 관점에서 설명할 수 있다.
- **1-4** 과학적 방법에 대해 설명하고 표본과 모집단의 관계를 설명할 수 있다.
- **1-5** 심리학자들이 인간의 행동과 정신과정을 연구하기 위한 방법 – 관찰, 상관관계, 실험 등 – 을 설명할 수 있다.
- **1-6** 인간과 동물을 대상으로 하는 심리학적 연구와 실험을 규정하는 윤리적 기준들에 대해 논의할 수 있다.
- **1-7** 비판적 사고의 원리를 논의하고 설명할 수 있다.

내가 제일 좋아하는 장소: 대형마트 계산대

통로에 줄을 선 사람들에게 이리저리 치이며, 내 앞에 선 사람들이 줄어들 때까지 버틸 수 있다고 확신하고 있을 때쯤, 나는 마트 안에 진열된 타블로이드판 신문을 보며 위안을 받는다.

신문의 헤드라인이 눈에 들어온다. 매주, 엘비스(Elvis)를 목격했다는 10개의 증언들과 외계인들과 접촉했다는 10개의 증언들이 새롭게 소개된다.

'확실한 효과가 입증된' 새로운 체중감량 비법 10가지를 비롯하여 스트레스와 우울증을 극복하는 10가지 새로운 방법도 눈에 들어온다. 당신의 파트너가 바람을 피우고 있는지를 확인할 수 있는 10가지 방법이 있으며, 점성술사와 심령술사들의 10가지 새로운 예언들도 실려 있다.

Bloomberg/Getty Images

진실 또는 허구?
세상은 센스와 넌센스로 가득 차 있다. 거짓으로부터 진실을 가려낼 수 있을까?

외계인들은 정기적으로 지구인들을 납치한다. 외계인들은 별에서 별로 뛰어 넘는 기술을 가지고 있지만, 우리 지구인들이 어떻게 살고 있는지를 밝혀내기 위해 우리를 찾아와 괴롭힐 것이다. 우리가 아이폰으로 최신 앱과 음악을 업데이트하는 동안, 신문의 그림들은 외계인들이 수십 년 간 동일 기종의 비행접시를 날려 보냈다는 사실을 알려줄 것이다. 그들의 표현 감각은 그리 특별할 것이 없다.

우리는 외계인에게 지구인이 납치를 당하는 이야기에서 유머거리를 찾을 수 있겠지만, 심리학자나 과학자들은 이 이야기에서 인간의 본질, 그리고 감각주의와 과학 사이에서의 차이에 대한 질문에 관심을 갖고 있을 것이다.

외계인에게 납치되었다고 주장하는 사람들에 대해 우리가 알고 있는 것은 무엇일까? 허구 속에서 진실을 어떻게 구별해 내고, 신뢰의 여부를 어떻게 결정해야 할까?

외계인에 의한 납치사건을 연구해 왔던 심리학자들은 그런 납치사건은 없었다고 결론을 내렸다. 그렇다고 해서 납치를 당했다고 주장하는 사람들이 실제로 정신질환이 있다거나 거짓말을 하고 있다는 의미는 아니다(Ladd & Borshuk, 2013). 대체로 그들은 치료과정에서, 특히 최면상태에 있을 때 본인의 경험을 기억해 냈던 것이다.

외계인에 의한 납치 이야기는 이미 우리 사회 전반에 널리 알려져 있는 이야기이기 때문에, 그것이 외계인에 의해 유도되었다고 주장하는 사람들의 '기억'과 일치하는 부분이 많다는 것은 그리 놀라운 일이 아니다(Meyersburg et al., 2009; Swami et al., 2009).

납치당한 사람들은 대개 외계인들이 자신을 깨웠고 스스로는 움직일 수 없었다고 주장한다. 심리학자들은 우리의 자발적인 운동근육 즉, 운동에 관여하는 근육은 수면 시에는 '마비'된다는 사실을 잘 알고 있고(Torontali et al., 2014; Finkelstein, 2017), 이는 우리가 일반적으로 꿈을 꾸는 동안 몸부림을 치거나 옆에서 자는 사람을 공격하지 않는 이유이다.

실재하지 않는 것이 보이고 들리는 환각은 수면 마비상태에서 깨어날 때 매우 흔하게 일어나는 현상으로, '납치를 당한 사람'이 보고하는 경험들은 이러한 패턴과 거의 일치한다.

심리학자들은 사람들이 제안을 받는 것에 대해 상당히 개방적이라는 것을 알고 있다(Loftus, 2017; Vyse, 2014).

기억은 완벽한 스냅 사진이 아니다. 법원에서 증인에게 특별한 방식으로 해당 사건에 대해 회상하도록 독려하는 질문을 할 경우, 반대측 변호사는 보통 이에 대한 반박의사를 표하게 된다("존경하는 재판장님, 이것은 증인에 대한 유도심문입니다").

TRUTH OR FICTION?

당신의 생각은? 속설, 상식 또는 넌센스?
'진실'일 경우 T, '거짓'일 경우 F를 선택한 다음, 여러분의 선택이 정확한지를 검토해 보자.

T	F	심리학에서 박사 학위를 받는 사람의 대다수는 남성이다.
T	F	지난 2000년 이전, 아리스토텔레스는 현재 우리가 읽고 있는 책의 내용과 유사한 내용을 담고 있는 심리학 책을 썼다.
T	F	고대 그리스 철학자 소크라테스가 제안한 연구방법은 현재에도 심리학 연구에서 사용된다.
T	F	미국심리학회의 첫 번째 여성 회장은 학위수여에서 요구되는 모든 사항을 완벽하게 완수했음에도 불구하고 박사학위를 받지 못했다.
T	F	우리는 수백만 명의 유권자들에 대해 여론조사를 시행하고도 여전히 대통령 선거결과를 정확하게 예측하지 못한다.
T	F	많은 실험 연구들에서 치료를 받는 사람과 그렇지 않은 사람이 누구인지, 참여자와 연구자들 모두 알지 못한다.

외계인 납치를 경험했다고 주장하는 사람을 상담할 때는 때로 유도질문을 통해 외계인과 관련된 경험을 탐색하기도 한다.

대체로, "UFO에 대한 기억은 수면과 관련한 환각, 악몽, 언론의 관심, 최면과 지지집단 내에서의 확신으로 인해 굳어진 것들이 합쳐져 만들어진 것일 수 있다"(Clark & Loftus, 1996). 대형마트에서 신문을 구매하는 사람들과 마찬가지로 '납치를 당한 사람'도 그저 고단한 삶에서 잠시 탈출하려고 노력한 것일 수 있다(Finkelstein, 2017).

심리학자들은 또한 어떻게 이렇게 많은 사람들이 외계인에 의해 납치되어 생체실험을 당했다고 주장하는지를 설명하기 위해 노력해왔다.

하지만 사람들이 외계인에 의해 납치되었다는 과학적 증거가 있을까? 요약하자면, 대형마트 신문 속의 이야기를 과학적으로 분석해 볼 때 이러한 이야기는 보통 합리적인 근거가 전혀 없다.

이 책은 여러분을 여행으로 안내할 것이다. 우주로 떠나는 여행은 아니다. 이 여행은 당신을 둘러싸고 있는 세상에 대해 비판적 사고를 하며 떠나는 내면으로의 여행으로, 사람들에 의해 만들어진 이야기들과 논쟁들, 인간의 행동과 정신과정에 대한 것이다.

앞서 살펴본 외계인 납치 이야기에서 우리는 사람들의 기억, 그리고 수면 시 의식상태, 환각, 최면, 자극적인 사건에 대한 탐색, 증인에 대한 사회적 영향, 사회적 지지와 미디어의 영향 등을 살펴볼 수 있었다. 이 모든 것들은 심리학적 영역에 매우 깊게 포함되는 내용들이다.

우리는 심리학자들이 누구이며, 무엇을 하는 사람들이고, 무엇을 배우는 사람들인지를 알아볼 것이다. 그리고 가장 중요한 것은 심리학자들이 허구와 진실을 어떻게 구별해 내는지를 알아 보는 것이다.

1-1 과학으로서의 심리학

심리학(psychology)은 행동과 정신과정에 대한 과학적 탐구를 연구하는 학문이다. 심리학자들의 관심 주제는 신경체계, 감각과 지각, 학습과 기억, 지능, 언어, 사고, 성장과 발달, 성격, 스트레스와 건강, 심리장애, 심리장애 치료 방법, 성적 행동, 집단이나 조직과 같은 사회적 상황에 처한 사람들의 행동이다.

과학은 분명한 목표를 가지고 있다. 심리학도 다른 과학분야에서와 마찬가지로, 연구하고자 하는 현상을 기술하고, 설명하며, 예측하고, 통제하기 위한 노력을 한다. 따라서 심리학은 행동과 정신과정을 기술, 설명, 예측, 통제하고자 하는 학문이다.

심리학자들이 행동과 정신과정을 통제하려는 목적은 사람들을 꼭두각시처럼 조정하여 원하는 행동을 하게끔 만들려는 것이 아님을 명심해야 한다.

심리학자들은 오히려 인간의 행동에 영향을 미치는 요인들을 이해하고 이러한 지식을 공공의 이익을 위한 지식으로 활용하고자 한다. 예를 들어, 개인이 겪고 있는 불안과 우울 등의 문제에 대처할 수 있도록 도움을 주기 위한 것이다.

심리학(psychology) 행동과 정신과정을 연구하는 과학

이론(theory) 현상들 간의 관련성에 대한 일련의 가설적 진술

불안과 우울 등을 설명하는 용어와 개념들은 가능하다면 **이론**(theory)으로 체계화된다. 위협을 인식하면 불안감이 생긴다는 기술과 같이, 이론은 현상들 간의 관계의 원인을 제시한다. 이론은 설명과 예측을 이끌어낼 수 있게 한다.

많은 심리학적 이론들은 행동(예: 먹는 행동 또는 공격성 등)과 정신과정(예: 태도와 심적 이미지 등), 생물학적 과정에 대한 진술들을 종합한다. 예를 들어, 알코올이나 마리화나 같은 약물에 대한 반응은 외현적 행동으로 측정될 수 있고, 약물에 대한 인간의(정신적) 기대와 약물의 생물학적 효과를 반영하고 있을 것이라고 추정된다. 만족스러운 심리학적 이론은 행동을 예측할 수 있게 한다.

예를 들어, 배고픔에 대한 이론은 인간이 언제 먹을 것인지 또는 먹지 않을 것인지를 예측할 수 있도록 한다. 만일 우리가 관찰한 현상에 대해 해당 이론이 적절하게 설명하고 예측하지 못한다면 그 이론은 수정되거나 다른 이론으로 대체되어야 할 것이다.

이 장의 뒷부분은 과학으로서의 심리학을 소개하고 있다. 심리학자들이 다양한 관심과 전문적인 영역을 가지고 있다는 것을 알게 될 것이며, 심리학의 역사와 현대 심리학자들이 인간의 행동을 바라보는 주요 관점에 대해 논의해 볼 것이다. 끝으로, 심리학자들이 행동과 정신과정을 연구하기 위해 사용하는 방법들에 대해 알아보자.

1. 심리학자가 하는 일

심리학자들은 행동에 대해 매우 큰 관심을 가지고 있다는 공통점이 있지만, 방법적 측면에서는 많이 다를 수 있다. 심리학자들은 연구와 실무, 그리고 교육에 참여하고 있다. 어떤 연구자들은 기초 또는 **순수연구** 분야에 주로 참여하게 되는데, 그것은 그들이 기초적인 연구주제에 관심을 갖고 있기 때문이다.

순수연구는 개인이나 사회적 문제 등에 즉각적으로 적용되지는 않기 때문에 해당 연구자체가 순수연구로서의 특성을 지니는 것이다. 순수연구가 무엇인가를 알아가고 이해하려는 호기심에서 시작되었다 하더라도, 오늘날의 순수연구가 종종 미래의 생활 방식을 향상시키기도 한다.

예를 들어, 20세기 초에 수행되었던 비둘기, 쥐, 원숭이를 대상으로 한 '학습과 동기'에 대한 순수연구는 오늘날의 학교 시스템에 적용되어 왔다. 이에 대한 예로써 학습을 하는 데는 종종 시간이 걸리고 반복학습이 필요하며, '추가학습(학습목표가 달성된 후의 반복학습)'에 의해 좋은 결과를 얻을 수 있다는 사실이 밝혀졌다.

신경체계의 작동에 대한 순수연구는 간질, 파킨슨병, 알츠하이머병과 같은 장애에 대한 지식을 향상시켰다. 또 다른 심리학자들은 특정한 개인이나 사회적 문제에 대한 해결책을 찾도록 설계된 **응용연구**를 수행한다.

많은 심리학자들은 연구를 직접 수행하지 않는다. 그 대신, 심리학적 지식을 적용한 전문적인 실무를 통해 각 개인의 목표를 효과적으로 달성할 수 있도록 행동을 수정하는 데 도움을 준다. 또 다른 심리학자들은 주로 교육 방면에서 여전히 활동하고 있다. 그들은 강의실, 세미나, 워크숍 등에서 자신들의 지식을 공유하며, 연구 · 실무 · 교육에 참여할 수도 있다.

2. 심리학의 영역

심리학자들은 다양한 전문영역에서 만나볼 수 있다. 몇몇 심리학자들은 한 가지 이상의 역할을 하고 있지만, 대부분은 아래에서 제시하고 있는 현장에서의 역할을 담당한다.

임상심리학자는 심리학적 장애가 있는 사람들이 당면한 삶의 요구에 적응할 수 있도록 돕는다. 임상심리학자는 면담법이나 심리검사를 통해 불안과 우울 등과 같은 문제들을 평가한다. 그들은 환자나 내담자들이 문제를 해결하고 자기 파멸적인 행동을 변화시킬 수 있도록 도움을 준다.

예를 들어, 환자를 실제 또는 가상의 청중 앞에서 발표해야 할 상황에 점차적으로 노출시킴으로써, 환자가 대중적인 발표상황과 같은 '위협'에 직면할 수 있도록 도와줄 수 있다(13장 가상현실 치료 참고). 임상심리학자는 심리학자들 중에서 가장 많다(그림 1.1).

상담심리학자들도 임상심리학자와 마찬가지로 내담자의 문제들을 밝히기 위해 면담과 검사방법을 사용한다. 내담자들은 대부분 심각한 심리적 장애를 갖고 있다기 보다는, 적응에 문제를 겪고 있다. 예를 들어, 내담자는 학업수행에서나 직업을 결정하는 데 있어서 어려움을 겪을 수 있다. 성소수자에 속하는 내담자는 편견과 차별에 대처하기가 어려울 수도 있다.

학교심리학자들은 학교 조직에 고용되어 학습수행에 문제를 가진 학생들을 선별하고 도움을 준다. 그들은 학교 학생들 중에서 특수교육반에 배정해야 할 대상을 결정하는 역할을 하기도 한다. 교육심리학자는 학교심리학자와 같이 학습수행을 보다 수월하게 해주기 위해 노력하지만, 대개 개별 아동들보다는 학교 시스템에서의 학업과정 계획과 교육기법에 중점을 둔다. 그들은 학습수행이 동기부여와 지능과 같은 심리학적 요인들과, 빈곤과 문화적응 그리고 교사 등과 같은 사회문화적 요인들에 의해 어떠한 영향을 받는지 등을 밝히는 연구를 한다.

발달심리학자들은 인간의 전 생애에 걸쳐 일어나는 신체적 · 인지적 · 사회적 · 정서적 변화를 연구한다. 이들은 유전과 환경이 발달에 미치는 영향을 구분해내려고 한다.

성격심리학자들은 인간의 특성을 규명하고 측정하며 인간의 사고과정, 느낌과 행동에 미치는 영향을 찾아내고자 한다. 이들은 특히 불안, 공격성, 성적 취향과 성 역할 등의 문제에 관심이 있다.

사회심리학자는 사회적 상황에서의 개인의 사고, 느낌, 행동의 원인과 본질에 대해 관심이 있다. 성격심리학자는 행동을 설명하기 위해 개인의 내면을 바라보는 경향이 있다고 한다면, 사회심리학자들은 사회적 영향에 초점을 두는 경향이 있다.

환경심리학자들은 사람과 환경−자연적인 환경과 인간이 만들어 낸 환경−이 서로 영향을 미치는 방식을 연구한다.

순수연구 즉각적인 적용을 염두에 두지 않고 수행하는 연구

응용연구 특정한 문제에 대한 해결책을 찾기 위해 수행하는 연구

그림 1.1 심리학자: 박사학위를 취득한 신진 심리학자와 미국심리학회(APA) 회원

오늘날에는 많은 여성과 소수인종 회원들이 심리학 분야에서 함께 일하고 있다. 심리학 박사학위를 가진 신진 심리학자들의 비율 또한 증가하고 있다.

출처: Adapted from the American Psychological Association (2009). *Doctoral Psychology Workforce Fast Facts*. Health Service Provider Subfields. Center for Workforce Studies. Retrieved from http://research.apa.org/fastfacts-09.pdf. © Copyright 2009 APA Center for Workforce Studies. Washington, DC; and from American Psychological Association (2014). 2013 APA Directory. Compiled by Center for Workforce Studies, Tables 1, 2, 3, 4. APA Center for Workforce Studies. Washington, DC.

예를 들어, 극단적인 온도와 시끄러운 소음이 학교에서의 학습수행을 방해한다는 것을 우리는 잘 알고 있다. 환경심리학자들은 사람들에게 재활용과 야생 보호를 장려하기 위한 방법들을 연구한다. 다양한 분야에서 활동하는 모든 심리학자들은 실험을 수행할 수도 있다.

그러나 **실험심리학자**라고 불리는 사람들은 신경체계, 감각과 지각, 학습과 기억, 사고, 동기, 정서 등과 같은 기초 과정에 전문성을 갖고 있는 사람들이다.

Martyn Evans/Alamy Stock Photo

공격성의 기원은?

방송에서의 범죄관련 프로그램들이 왜 그렇게 인기를 끌고 있을까? 사람들은 왜 사이코패스에 흥미를 느낄까? 남성들은 어른 아이 할 것 없이 'Grand Theft Auto, God of War, Call of Duty, Battlefield'와 같은 비디오 게임을 왜 그토록 즐길까?

심리학자들은 공격성과 폭력의 기원에 대해 연구한다. 그들은 공격적인 사람들과 연쇄살인범들이 폭력적인 비디오 게임을 할 가능성이 더 높다는 것을 발견했다. 이것은 폭력적인 비디오 게임이 폭력적인 행동을 유발한다는 것을 의미하는가? 또는 폭력적인 사람이 게임을 즐기는 경향이 더 높은 것인가? 이 두 가지 모두가 사실인가?(5장 참고)

예를 들어, 실험심리학자들은 수학적 문제를 처리하는 과정이나 음악을 듣는 과정을 처리하는 데에 관여하는 뇌의 영역에 대해 연구해왔다. 그들은 비둘기나 쥐와 같은 동물이나 사람을 대상으로 학습에 대해 연구를 한다.

산업심리학자는 사람과 업무 간 관련성에 중점을 둔다. **조직심리학자**는 비즈니스 등과 같은 조직 내 사람들의 행동을 연구한다.

인적요인 심리학자는 자동차 대시보드와 컴퓨터 키보드를 좀 더 사용자 친화적으로 만드는 기술적 시스템을 개발한다.

소비자심리학자들은 구매자의 행동에 영향을 주는 요인과 그들의 행동을 예측하는 연구를 한다. 그들은 매장 관리자에게 소비자를 더 확보할 수 있도록 전시하는 방법이나 충동구매를 이끌어 낼 수 있는 방법, 신문 광고 및 TV 광고를 좀 더 매혹적으로 제작할 수 있는 방법, 매장 진열대를 배치하는 방법 등에 대해 자문한다.

건강심리학자들은 두통, 심혈관 질환 및 암과 같은 건강 문제와 관련된 스트레스의 영향을 연구한다. 또한, 사람들이 운동이나 금연과 같은 좀 더 건강한 행동패턴을 가질 수 있도록 조언해 준다.

법의학심리학자들은 범죄 사법 시스템에 심리학적 지식을 적용한다. 그들은 피고가 범죄를 저질렀을 때 정신적 이상으로 인한 것인지 등의 법적 문제를 다룬다. 이들은 또한 정신질환을 앓고 있는 범죄자를 치료할 수도 있고, 배심원 선별과 같은 문제에 대해 변호사에게 자문을 하고, 범죄자의 행동과 정신과정을 분석하기도 한다. 목격자 증언을 평가하는 것에서부터 심문법에 이르기까지 다양한 문제에 관해 연구를 수행하기도 한다.

스포츠심리학자는 운동선수가 운동에 집중할 수 있도록 하고, 수행능력을 향상시킬 수 있는 긍정적 시각화(스스로 정확한 움직임을 하고 있다는 상상을 하는 것)와 압박감에서 벗어날 수 있도록 하는 인지적 전략을 사용하도록 돕는다.

아리스토텔레스(Aristotle)

그리스의 철학자 아리스토텔레스는 2400년 전에 살았던 사람으로 현대 심리학에 상당한 공헌을 했다.

- 그는 과학이 감각을 통해 수집된 정보만을 합리적으로 다룰 수 있다고 주장했다.
- 그는 오감, 즉 시각, 청각, 후각, 미각, 촉각에 대해 기술했다.
- 그는 원인과 결과의 본질을 탐구했다.
- 그는 사람들이 동물들과는 다르게 합리적인 생각을 할 수 있다고 강조했다.
- 그는 2천년 전에 학습이론의 핵심이라 할 수 있는 연합의 법칙에 대한 틀을 잡았다.
- 그는 사람들이 즐거움을 추구하고 고통을 회피하도록 동기화되어 있다고 주장했다. 이러한 관점은 고대 그리스 때처럼 현재에도 유지되고 있는 관점이다.

FICTION

T (F) 심리학 분야에서 박사학위를 취득하는 사람의 대부분은 남성이다.

심리학 분야에서 박사학위를 취득하는 사람의 대부분이 남성들이라는 것은 사실이 아니다. 최근에는 오히려 여성들이 더 많이 취득한다.

1-2 심리학의 역사적 기초

"너 자신을 알라"라는 말은 약 2500년 전 고대 그리스의 철학자인 소크라테스가 한 말이다. 심리학은 자신을 알기 위해 노력하는 학문으로, 그 역사만큼이나 오래되었지만, 오늘날에도 활용되는 현대적인 학문이다. 또한, 심리학의 역사에 대한 지식으로 우리는 이론들 간의 갈등, 과학영역에서의 위치, 방법론의 진화, 사회적 · 정치적 역할을 이해할 수 있게 된다.

심리학에 기여한 또 한 사람으로 고대 그리스의 철학자 아리스토텔레스(BC 384~322)가 있다. 심리학 논문에서 아리스토텔레스는 별과 바다의 움직임과 같이 인간의 행동 또한 규칙과 법칙에 따른다고 주장했다.

TRUTH

T F 2,000년 훨씬 이전, 아리스토텔레스는 현재 우리가 흔히 읽고 있는 책들의 내용과 비슷한 내용들을 담은 심리학 책을 썼다.

아리스토텔레스가 2,000년 훨씬 이전에 현재 우리가 읽고 있는 책들과 비슷한 내용을 담고 있는 심리학 책을 썼다는 것은 사실이다. 실제로 지금 이 책의 개요도 아리스토텔레스에 의해서 쓰여졌을 수 있다.

그리고 성격, 감각과 지각, 사고, 지능, 욕구와 동기, 기분과 정서, 기억의 주제로 나누어 탐구했다.

심리학에 기여한 고대 그리스의 철학자는 또 있다. BC 400년 전, 데모크리토스(Democritus)는 행동을 신체와 마음의 측면에서 생각해 볼 수 있다고 주장했다. (현대의 심리학자들도 여전히 생물학적인 측면과 정신 과정의 상호작용에 대해 이야기하고 있다.)

그는 우리의 행동이 외부자극에 의해 영향을 받는다고 설명했다. 〈데모크리토스〉는 자유의지 또는 선택의 자유가 있는지에 대한 의문을 제기했던 최초의 학자 중 한 사람이었다. 타인의 영향을 받지 않는 '진정한 자기'는 어디서부터 시작되는 것일까?

내성법(자기성찰) 스스로 인지적 과정을 통해 자신의 생각과 감정을 살펴보는 것

TRUTH

T F 고대 그리스 철학자 소크라테스는 현대 심리학에서도 사용하고 있는 연구방법을 제안했었다.

소크라테스는 심리학에서 지금까지 사용되는 연구방법인 내성법을 제안했다. 이 방법은 지금까지도 심리학의 명언으로 남아있는 "너 자신을 알라"라는 소크라테스의 제안에 근거를 두고 있다.

소크라테스는 합리적 사고와 **내성법**(introspection) — 자신의 사고와 감정에 대한 신중한 검토 — 을 통해 자기 자신에 대해 알 수 있다고 주장했다. 그는 또한 사람은 서로에게 영향을 주고받는 사회적 동물이라고 이야기했다.

충분한 시간과 여유가 있다면, 고대 그리스의 사상가들보다 훨씬 오래 전으로 거슬러가서 심리학의 뿌리를 탐구해 볼 수 있을 것이며, 르네상스 시대의 위대한 사상가들로부터 전해 내려온 발전과정도 알아 볼 수 있을 것이다. 그러면 이제, 실험 과학으로서 심리학이 발전하기 시작한 19세기 후반에 대해 이야기 해보자. 몇몇 역사가들은 1860년을 매우 중요한 시기로 보았다.

페흐너(Gustav Theodor Fechner, 1801~1887)는 자신의 저명한 저서인 **정신물리학의 요소**를 출간했는데, 이 책은 빛과 소리와 같은 물리적 현상이 심리적 감각과 지각을 어떻게 자극시키는지를 보여주고 있다. 또한 페흐너는 이러한 현상들의 효과를 과학적으로 측정할 수 있는 방법을 소개했다.

대부분의 역사가들은 현대 심리학이 실험 과학으로서 시작한 시기를, 분트(Wilhelm Wundt)가 독일 라이프치히(Leipzig) 대학에 최초의 심리 실험실을 설립한 1879년으로 보고 있다.

1. 구성주의

분트(Wilhelm Wundt)
분트는 구조주의 심리학의 창시자이며, 의식적 경험을 시각과 미각, 느낌과 정신적 이미지 등의 감각으로 구분하려고 했다.

독일 심리학자 분트(Wilhelm Wundt, 1832~1920)는 마치 문제아로 자란 것처럼 비춰졌었다. 그는 종종 다른 생각을 하는 경우가 많았으며, 초등학교 때는 성적이 좋지 않아 유급을 해야 했다. 그는 좀 더 나은 생활을 원했기에 결국엔 의과대학으로 진학을 했다. 하지만, 그는 환자들을 돌보는 것을 좋아하지 않아서 철학이나 심리학에 몰두하게 되었다.

아리스토텔레스처럼 분트(Wundt)는 마음을 빛, 열, 혈액의 흐름과 같이 과학적으로 연구할 수 있는 자연적인 발생으로 바라보았다.

분트는 경험의 기본적인 요소들을 발견하기 위해 내성법을 사용했다. 분트와 그의 제자들은 **구성주의**라고 부르는 심리학파를 창설하였다. **구성주의**는 의식적 경험을 시각, 미각과 같은 객관적인 감각과 기억이나 꿈과 같은 정신적 이미지, 정서적 반응 등의 주관적 느낌들로 구분하였다. 구성주의자들은 객관적이고 주관적인 경험의 요소들을 조합함으로써 마음이 기능하는 것이라 믿었다.

윌리엄 제임스
(William James)

제임스는 1890년에 최초로 현대 심리학 교과서를 출간하였다. 그는 "나는 심리학을 자연과학처럼 다룸으로써, 심리학을 과학으로 만들고자 하였다"고 기록했다.

2. 기능주의

19세기 말 심리학자인 윌리엄 제임스(William James, 1842~1910)는 미국 심리학 분야 발전에 기여한 주요 인물이 되었다. 그는 의식적 경험과 행동 간의 관련성에 중점을 두었다. 예를 들어, 그는 의식의 흐름이 유동적이고 연속적이라고 주장했다. 경험이라는 것은 구조주의 심리학자들이 주장하는 것과 같이 내성법을 통해서 객관적인 감각과 주관적인 느낌으로 구분될 수 없다고 확신했다.

제임스는 마음이나 의식과 마찬가지로 행동에도 중점을 두고 있는 **기능주의 학파**의 창시자였다. 기능주의 심리학자들은 경험이라는 것이 환경에 좀 더 잘 적응해서 기능하도록 어떻게 도움을 주는지를 연구했는데, 예를 들어, 우리의 습관이 일반적인 상황에서 어떻게 대처하도록 돕는지를 살펴보았다.(숟가락을 사용해서 먹을 경우, 입으로 음식을 한 숟갈씩 떠 넣겠다는 구분적인 계획을 세우지는 않는다.)

그들은 또한 내성법을 보완하기 위한 방법으로써 실험실에서 직접 관찰을 하는 방법을 사용하였다. 구조주의자들은 "사고와 경험을 구성하는 요소들은 무엇인가?"라는 질문을 하는 경향이 있다. 반면에 기능주의자들은 "인간이 삶에서의 요구에 적응하는 데에 행동과 정신과정이 어떻게 도움을 주는가?"라는 질문을 한다.

제임스는 또한 찰스 다윈(Charles Darwin, 1809~1882)의 진화론의 영향을 받았다. 19세기 초 영국의 자연주의 학자 다윈은 적응적 기능을 가진 유기체(즉, '가장 최적화된')가 살아남고 번식한다고 주장했다. 기능주의자들은 다윈의 이론을 채택하여 적응적 행동패턴은 학습되고 유지되는 것이라는 제안을 했다. 부적응적인 행동패턴은 도태되는 경향이 있고, 가장 최적화된 행동패턴만이 남겨진다.

이러한 적응행동은 반복되고 습관화되는 경향이 있다. 제임스는 "습관은 사회의 거대한 관성바퀴(flywheel)"라고 기술했다. 습관은 인류문명의 엔진을 계속해서 작동시키고 있다.

3. 행동주의

허기진 쥐를 미로 안에 넣었다고 상상해 보자. 쥐는 구불구불한 미로의 길을 따라 걸어가다 T자로 끝나는 길을 마주하게 된다. 쥐는 좌회전 또는 우회전을 선택할 수 있다. 만일 당신이, 쥐가 이런 상황에서 우회전했을 때마다 계속 보상을 주는 경우, 적어도 배고픔을 느끼는 쥐라면 그 지점에 이르렀을 때 우회전하는 것을 배울 것이다. 그런데 정작 쥐 자신은 우회전하는 방법을 배우면서 어떤 생각을 할까?

쥐의 '생각(마음)'에 자신을 대입해서 생각해 본다는 것이 황당하게 느껴지는가? 미국 행동주의 학파의 창시자인 왓슨(John Broadus Watson, 1879~1958)은 그것이 황당하다고 생각했다. 왓슨은 1903년 시카고 대학교에서 박사학위를 받을 때 쥐의 '생각(마음)'의 내용들을 고려해 보라는 요구를 받았다. 기능주의는 시카고 대학교의 심리학에서 지배적인 사조였고, 기능주의자들은 관찰 가능한 행동뿐만 아니라 의식의 흐름에도 관심을 가졌다.

왓슨은 심리학이 물리나 화학과 같은 자연과학이라면, 오로지 관찰 가능하고 측정 가능한 현상들, 즉 행동으로 제한하여 보아야 하는 것이 곧 행동주의라고 믿었다. **행동주의**는 관찰 가능한 행동의 학습에 중점을 둔 심리학파이다.

구조주의 구조주의 학파는 감각, 느낌, 이미지의 세 가지 기본 요소로 마음이 구성되어 있고, 이들이 결합하여 개인의 경험을 형성한다고 주장

기능주의 경험의 요소들보다는 마음의 사용 또는 기능을 강조하는 심리학파

행동주의 심리학을 관찰 가능한 행동 연구로 정의하고 자극과 반응의 관계를 연구하는 심리학파

그림 1.2 강화의 힘

행동주의자들은 목표물이나 목표행동에 대한 근사치를 순차적으로 강화를 시킴으로써 동물과 사람들에게 복잡한 행동을 학습시킬 수 있음을 보여주고 있다. 예를 들어, 새가 트레이의 어느 곳으로든 별을 떨어뜨리면 우선 새장 안에 음식 조각을 넣어준다. 좀 더 목표에 가깝게 별을 떨어뜨릴 것을 요구한 이후에 강화에 들어간다. 사람의 경우에는 "좋아", "맞아" 또는 "잘 하고 있어" 등과 같은 말을 해줌으로써 원하는 행동을 하도록 강화시킬 수 있다.

관찰 가능이라는 용어는 심박수, 혈압, 뇌파 등과 같이 특수한 도구를 이용하여 관찰 가능한 행동을 말하는 것이다. 이러한 행동은 일반적인 것이다—이는 쉽게 측정 가능하고 다른 관찰자들도 그 존재와 특성에 동의할 것이다.

행동주의자들은 심리학을 행동과 정신과정 모두를 포함하는 것이 아닌, 행동에 중점을 둔 과학적 연구로 정의한다. 스키너(B. F. Skinner, 1904~1990)도 행동주의에 큰 기여를 했다. 그는 유기체가 특정한 방식으로 행동하는 것이 **강화**를 통해—어떠한 행동이 긍정적인 결과를 가져왔을 때—학습되었기 때문이라고 믿었다. 그는 실험용 동물들이 음식과 같은 강화물을 전략적으로 제공받았을 때 행동을 수정하도록 훈련될 수 있음을 증명하였다.

그는 쥐를 원통에 넣어 바퀴를 돌리도록 하고, 사다리에 오르게 했으며, 바닥에 둔 장난감을 밀어내도록 훈련시켰다.

스키너는 강화를 통해 놀라운 행동의 연합이 훈련될 수 있음을 보여주었기에, 많은 심리학자들도 수많은 경우에 해당하는 인간의 복잡한 행동이 원리적으로는 강화를 통해 학습될 수 있다는 설명에 동의하였다.

4. 게슈탈트(형태주의) 심리학(Gestalt Psychology)

1920년대에는 또 다른 심리학파인 **게슈탈트 심리학**이 독일에서 주도적이었다. 1930년대에 이 학파를 창립한 세 명의 학자인 베르트하이머(Wertheimer, 1880~1943), 코프카(Kurt Koffka, 1886~941), 쾰러(Wolfgang Köhler, 1887~1967)는 나치의 위협을 벗어나기 위해 유럽을 떠났다. 그들은 미국에서 작업을 계속해 나갔고 성장해 가고 있던 미국의 심리학에 많은 자극을 주었다.

게슈탈트 심리학자들은 지각방식과 지각이 생각과 문제해결에 미치는 영향에 대해 중점을 두었다. 게슈탈트라는 독일어는 '형태' 또는 '조직화된 총체' 등으로 번역된다.

그림 1.3 게슈탈트 심리학과 맥락의 중요성

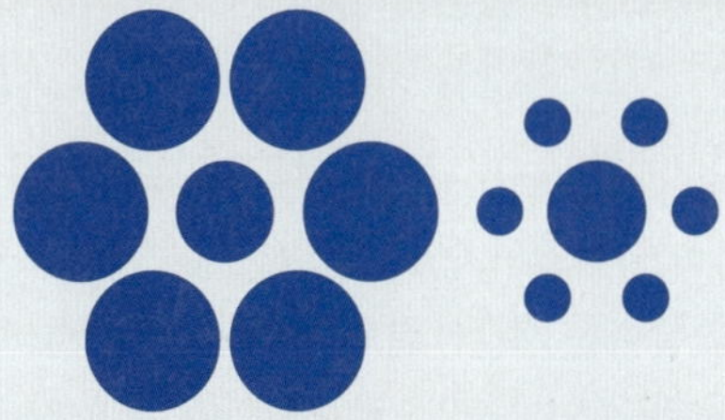

A. 전체 그림 중앙에 위치한 점들은 서로 같은 크기인가? 점들을 실제로 측정하고 규칙성을 찾아보아라.

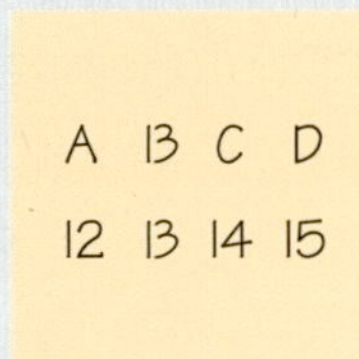

B. 각 줄의 두 번째 기호는 문자 B인가 아니면 숫자 13인가?

C. 어느 쪽 회색 사각형이 더 밝은 색인가?

게슈탈트 심리학자들은 대상들과 사람을 맥락에 따라 다르게 해석하려는 경향이 있다는 것을 보여주었다. 당신이 어두운 뒷골목에 있을 때와 축구경기를 관람하고 있을 때, 각각의 상황에 따라 당신을 향해 달려오는 사람을 다르게 바라볼 것이다. 위에 제시한 예를 해석해 보자.

강화 반응이 따르는 자극을 의미하며, 반응의 빈도를 증가시킴.

게슈탈트 심리학 지각을 조직화된 전체로 인식하고, 분리되어 있는 자극들을 의미 있는 패턴으로 통합하려는 경향성을 강조함.

행동주의 심리학자들과는 달리, 게슈탈트 심리학파는 밖으로 나타나는 행동에만 초점을 둠으로써 인간의 본성을 이해할 수 있을 것이란 기대를 하기는 어렵다고 주장했다.

그들은 구조주의자들과도 생각이 달랐는데, 인간의 지각, 느낌 또는 사고과정을 각각의 요소로 설명할 수 없다고 주장했다. 지각이라는 것은 그것의 부분들을 합한 것 이상이라는 것이다: 게슈탈트 심리학파는 그림 1.3에서 볼 수 있는 것처럼, 지각을 부분적인 지각요소들에 의미를 부여하는 총체(전체)로 보았다.

지그문트 프로이트
(Sigmund Freud)

정신분석학의 창시자인 지그문트 프로이트(Sigmund Freud)는 우리가 가장 먼저 떠올리는 심리학자이다.

게슈탈트 심리학자들은 우리가 나뉘어져 있는 정보의 조각들을 그것이 발생된 상황에 따라 통합된 전체로 받아들이고 있다는 것을 보여주었다. 그림 1.3A에서 중심에 있는 점들은 같은 크기이지만, 주변에 둘러싸고 있는 환경 때문에 두 개의 점의 크기가 다르게 인식될 수 있는 것이다.

그림 1.3B에서 각 행의 두 번째 기호는 같은 것이지만 윗 줄에서는 알파벳 B로, 아랫 줄에서는 숫자 13으로 인식될 수 있다. 기호 자체는 변한 것이 없지만, 맥락이 변한 것이다. 1.3C의 내부 사각형들은 동일한 밝기를 갖고 있지만, 배경이 그와 대비되고 있기 때문에 같은 밝기로 보이지 않는다.

게슈탈트 심리학자들은 학습이라는 것이 왓슨과 스키너의 실험에서처럼 반응적이고 기계적인 것이 아닌, 능동적이고 목적성이 있는 것이라 믿었다. 그들은 많은 학습이, 특히 문제해결 시에, 기계적인 반복에 의해서가 아니라 통찰력을 통해 성취된다는 것을 보여주었다.

그림 1.4와 같이 쾰러의 침팬지를 활용한 전통적인 연구를 생각해 보자. 처음에 침팬지는 천장에 매달려 있는 바나나를 잡을 수 없다. 그러다가 갑자기 상자를 쌓고 올라가서 바나나를 잡아챘다. 마치 침팬지가 문제와 관련된 정신적 요소들을 순간 재구성한 것처럼 비춰진다. 즉, 침팬지는 순간 '번쩍 떠오른 통찰력'이 생겼던 것이다.

쾰러(Köhler)의 발견은, 우리가 문제의 요소들을 목표 달성이 가능한 여러 방법들로 그룹화하는 조작을 자주 하고 있다는 것을 보여주었다. 정신적 시행착오가 계속되는 과정 동안 조작에 상당한 시간이 소요될 수 있다. 하지만 일단 적합한 그룹화가 이루어지게 되면, 매우 갑작스럽게 그 모든 요소를 인식하게 된다.

5. 정신분석

정신분석은 지그문트 프로이트가 발전시킨 성격이론과 심리치료기법을 부르는 명칭이다. 성격이론으로서의 정신분석에서는 우리 삶의 많은 부분이, 어린 시절에 겪었던 갈등으로부터 발생된 비의식적인 생각들과 충동에 의해 지배받게 되는 것이라고 설명했다.

심리치료의 한 방법으로써의 정신분석은 환자가 자신의 갈등에 대한 통찰력을 갖도록 돕고, 사회적으로도 수용 가능한 방법으로 소망을 표현한다.

그림 1.4 학습 심리학: 통찰

여러분은 "아하!" 하는 경험이 있는가? 쾰러의 연구에서 등장했던 침팬지는 이러한 경험이 있음을 보여준다. 처음에는 천장에 매달려 있는 바나나를 잡을 수 없었다. 한 동안 시간이 흐른 뒤 침팬지는 분명히 '번쩍 떠오른 통찰력'이 생겼고 바나나를 잡아채기 위해 신속하게 상자들을 겹겹이 쌓아 올렸다.

정신분석 인간행동의 결정인자로서 비의식적 동기와 갈등의 중요성을 강조하는 심리학파 또한, 욕구를 만족시키기 위한 방법을 찾아주고자 하는 목표를 갖고 있다. 이 책 10장에서 정신분석에 대해 좀 더 심도있게 논의할 것이다.

1-3 심리학의 현대적 관점

오늘날 자신들이 구성주의자 또는 기능주의자라고 하는 심리학자를 더 이상 찾아볼 수 없다. 게슈탈트 심리학파가 지각과 문제해결에 대해 현재 사용되는 연구 접근법을 만들어내긴 했지만, 자신을 게슈탈트 심리학자라고 스스로 명명하는 사람은 거의 없다.

하지만, 내담자의 충돌하는 성격적인 부분을 통합할 수 (전체성을 가질 수) 있도록 도움을 주는 데 중점을 두고 있는 게슈탈트 심리치료사들은 찾아볼 수 있다. 정통 행동주의자와 정신분석학자의 수는 감소하고 있는 상황이다(Robins 외., 1999).

행동주의를 따르는 많은 현대 심리학자들은 인간의 학습을 기계적인 것이 아닌 주체적인 것으로 해석하는 사회인지이론가로 자신을 생각하고 있다.

심리학적 사상의 역사는 많은 변화를 겪어 왔고, 현대 심리학자들은 각기 다른 접근법들을 사용하고 있다. 오늘날의 심리학에서는 광범위하고 영향력 있는 여러 개의 관점이 있다: 생물학적, 인지적, 인본주의적 — 실존주의, 정신역동적, 학습이론적 사회문화적 접근법 — 각각의 고유한 방식으로 해당 주제들에 접근한다.

1. 생물학적 관점

생물학적 관점을 가진 심리학자들은 뇌, 호르몬, 유전과 진화 간의 관련성뿐만 아니라 이상의 생물학적 행동과 정신과정에 대해서도 탐구하고자 한다.

심리학자들은 생물학적 관점의 생각, 환상, 꿈, 그리고 다양한 종들의 선천적 또는 본능적 행동 패턴이 신경체계, 특히 뇌에 의해 가능하다고 추정한다. 생물학적 관점의 심리학자들은 심리적 장애, 범죄 행동, 사고 등과 같은 행동과 정신과정에서 유전적 역할을 연구한다. 일반적으로 유전은 광범위한 영역에서 행동과 정신적 가능성을 제공한다. 환경적 요인은 유전적 요인과 상호작용하여 특정 행동과 정신과정을 결정한다.

찰스 다윈
(Charles Darwin)
19세기 중반 영국의 자연주의자 찰스 다윈은 호모사피엔스(현재의 인간)를 포함하여 현재 이 세상을 지배하고 있는 모든 동식물의 종들이 초기의 종들로부터 진화해 왔다는 이론을 발표했다.

생물학적 관점 뇌의 기능, 내분비계, 유전과 행동 및 정신과정과 같은 생물학적 처리과정과 생물학적 구조 간 연결고리의 본질을 이해하고자 하는 심리학적 접근

인지적 관점 감각과 지각, 기억, 지능, 언어, 사고, 문제해결 등의 정신적 처리과정을 연구하고자 하는 접근

생물학적 관점의 심리학자들은 행동과 정신과정의 진화에도 관심을 갖고 있다. 찰스 다윈은 예로부터 내려오는 생존을 위한 투쟁에서 가장 잘 적응하는 유기체만이 성장에 이를 수 있고 번식할 수 있다고 주장했다.

예를 들어, 더 빨리 수영할 수 있는 물고기나 특정 질병에 선천적으로 면역력을 지닌 사람이 생존할 확률이 높고, 자신들의 유전자를 후대에게 전달해 줄 가능성도 높다. 따라서 종은 적응하는 방향으로 진화하는 경향이 있다.

진화심리학자들은 공격적인 행동이나 배우자 선택과 같은 인간의 수많은 사회적 행동이 유전적 기초를 가지고 있다고 설명한다. 사람들은 사회적 규칙, 문화적 요인, 개인적 선택에 영향을 받기도 하지만, 진화심리학자들은 유전적인 성향들이 마치 귓속말로 지시하듯이 특정 방향으로 움직이게끔 하는 경향이 있다고 믿는다.

2. 인지적 관점(The Cognitive Perspective)

인지적 관점을 가진 심리학자들은 인간의 본성을 이해하기 위해 정신과정의 영역을 탐험한다.

그들은 우리가 세상을 인식하고 정신적으로 표현하는 방식, 학습하는 방식, 과거를 기억하는 방식, 미래를 계획하는 방식, 문제를 해결하는 방식, 판단을 구성해 가는 방식, 의사결정을 하는 방식, 그리고 언어를 사용하는 방식에 대한 방법들을 조사하고 있다. 요약하면, 인지심리학자들은 우리가 마음이라 일컫는 것들을 연구한다.

인지적 관점의 전통은 "너 자신을 알라"라고 한 소크라테스의 제언과 그가 제안했던 내성법에 뿌리를 두고 있다. 또한, 인지심리학은 구조주의, 기능주의, 게슈탈트 심리학에도 근원을 두고 있는 것을 알 수 있다. 각 학파들이 이슈들을 다루는 각각의 방식에 대해 인지심리학자들은 흥미를 갖고 있다.

3. 인본주의–실존주의 관점

인본주의–실존주의 관점은 인지적인 느낌을 주긴 하지만, 주관적(개인적) 경험의 역할을 강조하고 있다. 이 관점에 포함된 두 가지 측면인 인본주의와 실존주의를 고려해 보도록 하자.

인본주의자들은 인간의 자아실현 능력, 의식의 중추적인 역할, 자기인식, 의사결정을 강조한다.

인본주의자들은 자기인식, 경험, 그리고 선택이 '자신을 만들고(inventing ourselves)', 삶의 과정에서 세상과 관계 맺는 법에 대단히 큰 영향을 미친다고 믿었다. 의식 — 세상에 존재하고 있다는 감각 — 은 우리의 성격을 통일하는 힘으로 보고 있다. 실존주의는 인간을 선택의 자유가 있고 도덕적인 행동을 선택할 책임이 있는 존재로 본다. 칼 로저스(Carl Rogers, 1902~1987)와 에이브라함 매슬로우(Abraham Maslow, 1908~1970)의 업적에 기반한 인본적–실존주의 관점은 현재에도 수많은 심리학자들의 지지를 받고 있다.

4. 정신역동적 관점

1940년대와 1950년대에 정신역동이론은 심리치료 실무에서 우세한 위치에 있었으며, 과학적 심리학과 예술영역에 상당한 영향을 미쳤다. 대부분의 심리치료사들은 정신역동학적 관점의 영향을 받았다. 수많은 저명한 예술가들과 작가들은 자신의 무의식적인 생각을 표현하기 위한 방법으로 정신역동학적 심리치료사들과 상담했다.

오늘날 정신역동학적 심리치료법이 더 이상 우세하지는 않지만, 여전히 프로이트의 영향력은 느낄 수 있다. 프로이트로부터 시작된 이론을 추종하는 현대 심리학자들은 스스로를 신정신분석가(neoanalysts)라 부르기도 한다. 저명한 신정신분석가 카렌 호니(Karen Horney, 1885~1952)와 에릭 에릭슨(Erik Erikson, 1902~1994)은 무의식적 과정보다는 의식적인 선택과 자기지향성에 좀 더 초점을 두었다.

David Buffington/Photodisc/Getty Images

심리학자들은 인간 개인에 초점을 두고 있지만 성별, 민족적 배경, 신체적 상태 등과 같은 다양성을 고려하지 않고서는 특정 개인을 이해할 수 없다고 믿고 있다.

5. 학습적 관점(Perspectives on Learning)

수많은 현대 심리학자들은 경험이 행동에 미치는 영향을 연구한다. 그들에게 학습이란 행동을 기술, 설명, 예측, 통제하는 핵심적 요인이다.

그러나 학습이라는 용어는 각기 다른 관심을 지닌 심리학자들에게 다른 의미를 지닌다. 일부의 학생들은 의식과 통찰력의 역할에 의미를 두지만 나머지는 그렇지 않은 부류도 있다. 이러한 차이는 오늘날 행동적 관점과 사회인지적 관점을 고수하는 사람들 사이에서 발견된다.

왓슨과 같은 초기 행동주의 학자들은 인간이 의식적 선택이 아닌 학습의 역사, 자신의 상황, 보상에 의해 해당 행동을 하는 것으로 보았다. 왓슨처럼 현대 행동주의학자들은 환경적 영향과 반복과 강화를 통한 학습 습관을 강조하고 있다.

반면에 **사회인지이론**가들은 인간이 환경을 수정하고 창조해 낼 수 있다고 제안한다.

사회인지 이론(social cognitive theory) 행동주의의 전통 심리학파에 인간의 행동에 대한 설명과 예측에 대한 인지적 요인을 포함한 심리학파; 초기에는 사회학습이론이라고 불림 또한 그들은 **인지적** 측면에 주요 역할을 부여하고 있다. 그들은 사람들이 타인을 관찰함으로써 주도적인 학습이 이루어진다고 말한다. 1960년대 이래로 사회인지 이론가들은 성격발달, 심리장애, 그리고 심리치료 영역에서 주요한 영향을 미쳤다.

6. 사회문화적 관점

심리학 관련 직업들은 주로 개인에게 초점을 맞추고 있으며 개별성을 존엄한 가치로 전제하고 있다. 그러나 많은 심리학자들은 인간 각 개인의 다양성을 고려하지 않고는 인간의 행동과 정신과정을 이해하는 것이 불가능하다고 생각하고 있다(Miville 등, 2016).

사회문화적 관점은 사람들이 각기 다른 이유를 다양하게 제시하고 있다. 행동과 정신과정에 민족, 성별, 문화 및 사회경제적 지위가 미치는 영향을 연구한다(Comas-Diaz & Greene, 2013).

예를 들어, 자기 주장을 강하고 거리낌 없이 얘기하는 행동은 대부분의 미국 여성들에게 건강한 모습으로 여겨지고 있지만, 라틴계 미국인이나 아시아계 미국인 문화집단에서는 이런 행동이 뻔뻔하게 비춰질 수도 있다.

민족성은 다양성의 한 예이다. 한 **인종집단**의 구성원은 문화유산, 인종, 언어, 역사 등을 공유하고 있다. 미국의 다양한 인종집단에 대한 경험은 사회적 · 정치적 · 경제적 요인이 인간 행동과 발달에 큰 영향력을 미치는 것을 보여주었다(Miville et al., 2016).

1940년대 케네스 뱅크로프트 클라크와 메이미 핍스 클라크는 아프리카계 미국인 어린이들을 학교에서 분리하여 교육하는 것이 부정적 효과를 보인다는 연구결과를 제시했다.

한 연구에서는, 아프리카계 미국인 어린이들에게 백인 인형과 흑인 인형을 보여주고 다음과 같이 요청했다. "예쁘게 생긴 인형과 못생긴 인형을 골라 주세요." 대부분의 어린이들은 예쁘게 생긴 인형으로 흑인 인형보다 백인 인형을 선택했고, 이는 백인 인형을 선호한다는 것을 시사한다. 클라크 부부는 아이들이 유럽계 미국인을 선호하는 사회 주류의 편견을 따른다는 결론을 내렸다.

클라크 부부의 연구는, 1954년 대법원에 의해 여러 인종집단에 대한 학교 서비스의 불평등을 인정한 '분리평등 정책'이라는 학교 교리가 뒤집혔을 때 인용되었다.

라틴계 및 아시아계 미국인인 심리학자들도 그들의 업적을 남겼다. 조지 산체스는 지능검사가 멕시칸계 미국 어린이들에게 불리한 결과가 나오는 등, 문화적으로 편향된 결과를 보여주는 연구를 최초로 했던 사람 중 하나이다. 라틴계 미국인 심리학자 릴리안 코마-디아즈(Lillian Comas-Diaz, 2017)는 다문화적 정신건강에 관한 저널을 편집했다. 아시아계 미국인 심리학자 리차드 수인은 아시아인과 아시아계 미국인들의 정체성 발달과 정신건강을 연구하고 있다.

그림 1.1은 이전 세대의 심리학자들을 모두 포함하고 있는 APA 회원들보다, 신진 박사들 사이에서 소수민족 출신의 심리학자 비율이 더 높다는 것을 보여주고 있다. 심리학자들도 점차 다양해지고 있는 것이다.

젠더는 남성성과 여성성에 대해 문화적으로 정의한 개념이다. 성별을 해부학적 인성으로 전부 정의할 수는 없다. 여기에는 사람들의 자기개념, 희망이나 꿈, 그리고 행동에 영향을 미치는 복잡한 문화적 기대와 사회적 역할 등이 모두 포함된다. 소수민족집단의 구성원이 편견을 받았던 것처럼, 여성들도 그러한 편견을

클라크 부부(The Clarks)는 '인형 실험'을 통해 대부분의 아프리카계 미국인 어린이들이 백인 인형을 가지고 노는 것을 더 선호한다는 결과를 보여주었다. 그들의 연구는 인종/민족집단의 분리를 가능케 했던 학교 정책인 '분리평등 정책(separate but equal)'을 뒤집었던 1954년의 대법원 판결에 영향을 미쳤다.

Samuel Borges Photography/Shutterstock.com

사회문화적 관점 행동과 정신과정에서 민족성, 성별, 문화 및 사회경제적 지위의 역할에 중점을 둔 관점

젠더 문화적으로 정의된 남성성과 여성성의 개념

받아왔다.

오벌린(Oberlin) 대학이 여성에게 입학을 처음 허용했던 1833년 이후부터 미국인 여성들이 대학교를 다닐 수 있었고, 오늘날 미국인 대학생 중에는 실제로 여성들이 많다. APA 여성회원 수는 남성회원 수보다 많으며(그림 1.1), 신진 박사학위 취득자 비율을 보면 여성의 수가 급격히 증가하고 있다는 것을 알 수 있다(American Psychological Association, 2009, 2012).

여성들은 심리학 영역에서 핵심적인 기여를 해왔다. 메리 휘튼 칼킨스(Mary Whiton Calkins, 1863~1930)는 공부기억에서 짝짓기 연합학습을 소개했고(7장), 초두효과와 최신효과를 발견하였으며, 생생한 기억에서 반복학습 빈도의 역할에 대한 연구에도 참여했다.

칼킨스가 하버드 대학에서 심리학을 공부할 당시, 하버드 대학은 여전히 여성의 입학을 허가하지 않았기 때문에 '청강생'의 신분으로 출석을 해야만 했다. 그녀가 박사학위 과정에서의 요건들을 모두 갖췄을 때, 하버드 대학은 성별을 이유로 학위를 수여하지 않았다.

그 대신에 하버드는 자매학교인 래드클리프(Radcliffe)에서 박사학위를 수여하겠다고 제안을 했다. 항의의 표시로 칼킨스는 그 제안을 거절했고, 박사학위 없이도 칼킨스는 미국심리학회 회장직을 역임했다.

최근 몇 년 동안 메리 살터 아인스워스(Mary Salter Ainsworth, 1913~1999)는 횡적 문화연구를 통해 부모와 자녀 간의 애착에 대한 이해를 획기적으로 넓혔다.

엘리자베스 로프터스(Elizabeth Loftus, 2017)는, 우리의 기억은 과거의 스냅 사진이 아니라는 사실을 발견했다. 그 대신에 보통 오래된 것(실제로 일어난 사건), 새로운 것(예; 보다 최근의 사건에 영향을 받은 것), 전해들은 것(예; 편향과 편견들로 형성된 것), 우울한(푸른색의) 것(색깔이나 감정 등의 것으로 변화된 것) 등으로 구성되어 있다고 했다.(*Something old, something new, something borrowed, and something blue 는 미국에서 신부가 결혼할 때 갖추는 것들임. 위는 그것을 인용해 쓴 것인데 심리학 표현에 맞춰 의역함.)

다양한 인종집단과 여성회원들은 인종과 성별이 행동과 정신과정에 미치는 영향에 대한 이해를 넓히는 데 기여했다. 그들은 또한 유럽인들 간의 차이점에 대한 지식을 향상시켰다. 예를 들어, 남부유럽의 독신녀들(이태리, 그리스, 포르투갈 출신)은 북부유럽에 사는 독신녀들(영국, 프랑스, 독일, 스칸디나비아)에 비해 자신이 결혼을 하기 전까지 부모와 함께 사는 경우가 더 많았다(Giuliano, 2007). 연구자들은 남부유럽인의 가족 간 유대관계와 종교적인 전통이 상대적으로 더 강해 보인다고 설명하였다.

메리 휘튼 칼킨스
(Mary Whiton Calkins)

남성들이 심리학 영역에서 우세한 위치를 점하고 있던 시대, 메리 휘튼 칼킨스는 남성 중심의 편견과 맞서 싸웠으며, 심리학이 '신여성'의 가치를 알도록 독려했던 선구자 중 한 사람이었다(Rogers, 2009).
그녀는 웰슬리 대학에서 기억 연구를 최초로 시작했으며, 1891년에는 심리학연구소를 개설하기도 했다. 그녀는 짝짓기 연합학습을 소개했고, 최신효과와 초두효과를 발견했으며, 생생한 기억에서 반복학습 빈도의 역할에 대한 연구에 참여했다.

TRUTH

(T) F 메리 휘튼 칼킨스는 학위취득의 요구조건을 충족시키기 위해 노력했지만, 미국 심리학회의 첫 여성 회장인 그녀는 박사학위 수여를 거절했다.

미국 심리학회의 첫 여성 회장인 메리 휘튼 칼킨스(Mary Whiton Calkins)가 래드클리프(Radcliffe)에서 수여하겠다는 박사학위를 거절한 것은 사실이다. 래드클리프 대학은 하버드 대학교의 자매학교였지만, 그녀는 자신이 실제로 학업을 했던 하버드에서 여성이 학위를 받지 못하도록 한 성차별적 대우에 대해 항의했다.

1-4 심리학자들은 어떻게 행동과 정신과정을 연구할까?

알코올은 공격성을 유발할까? 텔레비전에서 폭력적인 장면을 시청하는 것은 어린이들을 폭력적으로 만들까?

왜 어떤 사람들은 음식에 대한 생각을 거의 하지 않고, 또 어떤 사람은 하루 종일 음식과 간식을 먹는 것에 집착을 하는 것일까?

왜 어떤 불행한 사람들은 자살을 시도하고, 왜 다른 불행한 사람들은 자살 시도를 하지 않을까? 서로 다른 인종적 배경을 가진 사람들이 함께 일을 하게했을 때 편견에 어떠한 영향을 미칠까?

많은 사람들이 이런 질문에 대해 자신의 의견—어쩌면 강한 의견—들을 표현했다. 하지만, 우주 외계인에 의해 납치되었다고 주장하는 사람들에 대해 논의했었던 것처럼, 이상의 논의에 대해서도 과학자들은 증거를 요구한다.

심리학자들도 다른 영역의 과학자들과 마찬가지로 행동과 행동에 미치는 영향 요인들을 관찰하고 측정하기 위해 신중한 방법을 사용한다.

심리학자들은 과학적 방법을 사용하여 필요한 증거의 종류와 증명할 방법을 결정한다. 또한, 미국의 청소년들 또는 노인들과 같은 연구 대상을 선정하고, 그 인구집단을 대표할 수 있는 표본을 구하고자 노력한다.

1. 과학적 방법(The Scientific Method)

과학적 방법은 지식을 정교화하고 확장시키기 위해 생각들을 검증하고 실제 경험을 이용하는 구조화된 방법이다. 심리학자들이 요리책의 조리법을 그대로 따라하는 것처럼 과학적 방법의 절차를 반드시 지켜야 하는 것은 아니지만, 연구는 확실한 원칙들에 따라 진행되는 것이다.

심리학자들은 보통 연구질문들을 만들어 내는 것에서부터 시작하며, 연구질문들은 다양한 출처로부터 얻을 수 있다. 우리 일상에서의 경험이나 심리학의 이론뿐만 아니라, 속설 등에서 연구질문들을 개발하는 데에 도움이 된다.

어린이집에서의 일상적인 경험이, 사회성 기술의 발달에 미치는 영향 또는 부모와 자식 간의 유대감에 미치는 영향에 관한 연구를 하도록 동기부여할 수 있다. 관찰학습의 사회인지 원리로부터 텔레비전 폭력성의 영향을 즉각적으로 연구해 볼 수도 있다. 연구질문은 상식적인 지식으로부터 떠오를 수도 있다. '동병상련'이나 '상극은 서로 당긴다'와 같은 익숙한 속담들에 대해 생각해 보자.

심리학자는 다음과 같은 질문을 할 것이다: 나와 비슷한 아픔을 가진 사람에게 마음이 더 쓰일까? 나와 다른 특징을 가진 사람에게 더 끌릴까?

과학적 방법(scientific method) 경험과 사고검증을 통해 지식을 넓히고 정교화하는 구조화된 방법

가설(hypothesis) 심리학 영역에서의 가설은, 연구 과정에서 검증할 행동과 정신과정에 대한 구체적인 진술

연구질문은 질문 자체 또는 가설로서 재기술하여 탐구해 볼 수도 있다(그림 1.5). **가설**은 행동과 정신과정에 대한 진술로 연구과정을 통해 검증 가능한 것이다.

어린이집에 관련된 가설을 세울 경우, 기관에서 돌봄을 받는 미취학 아동들이 가정에서만 돌봄을 받는 미취학 아동들보다 또래 관계의 사회성 기술을 더 많이 배울 수 있을 것이라는 내용으로 만들 수 있을 것이다.

다음으로, 심리학자들은 실험과 같은 통제방법을 통해 연구질문을 검토하고 가설을 시험한다. 예를 들어, 아동연구센터와 같이 통제된 환경에서, 어린이집의 돌봄을 받는 미취학 아동 집단과 그렇지 않은 집단을 뽑아 각각에게 신입 아동을 소개할 수 있다. 그런 후에 각 집단의 아동들이 새로운 친구와 어떻게 상호작용을 하는지 관찰할 수 있다.

심리학자들은 관찰이나 결과들에 근거하여 연구질문에 대한 결과 또는 연구가설의 정확성에 대한 결론을 내린다. 그들의 관찰내용이 가설을 지지하지 못한다면, 가설을 만드는 데에 사용했던 이론들을 수정하기도 한다.

그림 1.5 과학적 방법

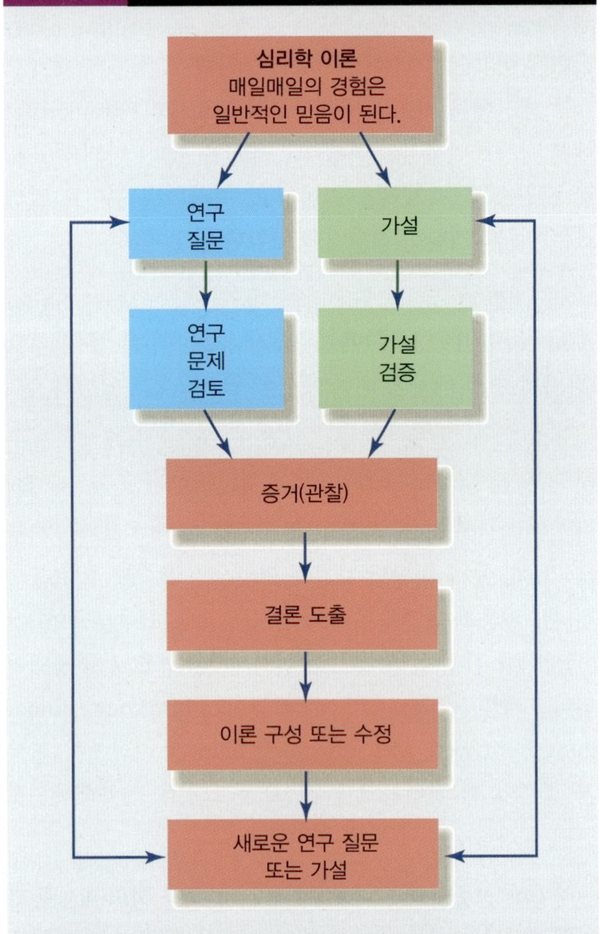

과학적 방법은 과학적 지식을 구조화하고 확장시키는 체계적인 방법이다.

연구결과들은 보통 심리학적 이론과 새로운 연구법을 정교화할 수 있도록 제안하기도 한다. 어린이집에 대한 연구에서, 어린이집의 돌봄 서비스를 받는 아동들은 가정에서 돌봄을 받는 아동들보다 더 훌륭한 사회적 기술을 발휘하는 것으로 나타났다(Broekhuizen 등, 2016).

심리학자들은 연구증거로부터 결론을 도출해 낼 때 비판적 사고의 원칙에 따르게 된다. 예를 들어, 결과물의 **상관관계**나 관련성을 인과관계와 혼동하지 않도록 한다.

비록 더 공격적인 아동들이 폭력적인 TV 프로그램을 보는 데에 명백하게 더 많은 시간을 보내지만, 이러한 증거를 가지고 TV의 폭력성이 폭력적인 행동을 유발한다는 결론을 내리는 것은 잘못된 것이다. 연구 참여 아동들은 자신이 보고 싶은 것을 스스로 선택(선별)하기 때문에 **선택 요인**이 작용하고 있는지도 모른다. 아마도 더 공격적인 아동이 덜 공격적인 아동에 비해 폭력적인 TV 프로그램을 시청할 가능성이 더 높다.

clive tagg/Alamy Stock Photo

표본선택의 중요성

유권자 20,000명에게 미국 대통령 선거에서 누구에게 투표를 할 것인지 물어볼 수는 있겠지만 실제 당선자를 결정하는 데 큰 도움은 안 될 것이다. 만일 나이가 많거나, 돈을 잃을 위험부담을 감당할만큼 충분한 돈이 있거나, 백인인 대상에게 면담을 해보면, 그 결과는 정치적인 견해를 그대로 따라 기울어질 경향이 있다. 예측을 하기 위해서는 표적집단을 대표할 수 있는 사람들 즉, 다양한 연령대, 소득수준, 민족/인종적 배경을 포함하는 미국인을 표본추출해야 한다.

2. 표본과 모집단

실제로 발생한 적이 없는 다음과 같은 역사를 생각해 보자: 공화당의 후보 랜던(Alf Landon)은 1936년에 재임 중인 대통령 루즈벨트(Franklin D. Roosevelt)에게 패배를 맛보게 되었다. 적어도 당시 인기 잡지였던 다이제스트(Literary Digest)지가 실시한 여론조사에서는 랜던이 이긴다는 결과가 나타났었다. 그러나 실제 선거에서는 루즈벨트가 큰 차이로 랜던을 물리쳤다. 실제로 다이제스트지는 위에서 말한 것처럼 랜던의 승리를 예측하였다. 그런데 어떻게 큰 차이가 가능했을까?

TRUTH

Ⓣ F 수백만 명의 유권자들을 대상으로 여론조사를 할 수는 있지만, 여전히 대통령 선거결과를 정확하게 예측하는 것은 불가능하다.

수백만 명의 유권자를 조사할 수는 있지만, 여전히 대통령 선거의 결과를 예측한다는 것은 불가능하다. 표본은 대표성이 있어야 한다; 표본크기 자체의 문제만이 아니다.

다이제스트지는 유권자들에게 전화를 이용하여 여론조사를 했었다. 오늘날에도 여전히 전화를 통한 표집은 시행되고 있긴 하지만, 다이제스트지가 여론조사를 시행했을 당시에는 전화를 소유한 사람이 소유하지 못한 사람에 비해 훨씬 부유했던 대공황 시대였다. 소득 수준이 높은 사람들은 공화당에 투표할 가능성이 높고, 이 경우 공화당원이었던 랜던에게 투표할 가능성이 높았다.

질문: 전화를 통한 표집에서 전화라고는 휴대전화기만을 가지고 있는 대학생 집단과 같은 일부 인구를 제외하는 것이 타당할까?

다이제스트지의 여론조사는 표본추출 방법으로 인해 실패한 것이다. **표본**은 해당 **모집단**의 한 부분이며, 이는 그 모집단을 정확하게 대표할 수 있도록 만들어져야만 한다.

상관관계(correlation) 키와 몸무게 또는 공부습관과 학교성적 사이에서 확인할 수 있는 것들로써 이들 변인들 사이에서의 관련성이나 관계라고 할 수 있음.

선택 요인(selection factor) 과학적 연구에서 연구 참가자에게 특정한 치료/처치를 직접 선택할 수 있게 할 경우, 연구결과에 생길 수 있는 편향요인을 말함.

표본(sample) 표본은 모집단의 일부

모집단(population) 표본이 추출된 전체집단이며, 연구자가 연구대상으로서 관심을 갖고 있는 집단

오직 대표성이 있는 표본만이 결과를 — 연구 표본에서 표적집단에 이르기까지 — 일반화 또는 확장시킬 수 있다. 미국 유권자 집단의 경우에는 가능하지만, 캘리포니아 동남부에 사는 사람들이나 중산층 유럽계 미국인과 같은 하위집단에게는 일반화가 불가능한 것과 같다.

3. 심리학적 연구에서 발생하는 일반화의 문제들

과학적 연구 결과의 정확성을 해석할 경우, 많은 요인들을 고려해야만 한다. 그 중 하나는 연구 표본의 특성이다. 본 장의 뒷부분에서 설명되는 연구에서는 사회적 음주를 즐기는 남자 대학생 집단을 대상으로 하는 연구를 고려했다. 즉, 그들은 사회적 모임에서 술을 마시는 경향이 있을 뿐이지, 혼자 술을 마시지는 않는 사람들이었다.

> **"지금 이 말을 포함해서 모든 일반화는 위험하다."**
>
> 알렉상드르 뒤마 (Alexandre Dumas)

이 남자 대학생들은 자신을 제외한 어느 집단 대상을 대표하고 있는가? 이 결과를 어디까지 확장 또는 일반화할 수 있을까?

우선, 4장에서 소개되는 여대생들 즉, 남자들보다 술이 빨리 취하는 이들에게는 확장시킬 수 없다.

또한 일반적인 성인 남성 대상과 비교했을 때, 남자 대학생들은 젊고 지능검사 점수가 더 높다. 사회적 음주가들은 음주를 통제하기 어려워하는 사람들과는 생물학적으로나 심리적으로나 다른 특징을 가지고 있을 수도 있다.

대체로 남성을 대상으로 한 연구에서의 결과가 여성에게도 일반화될 수 있는지, 그리고 유럽계 미국인 남성을 대상으로 한 연구가 소수민족 대상에게까지 확대될 수 있는지에 대해 의문을 가져봐야 할 것이다.

무작위 표본(random sample) 모집단의 각 구성원이 동일하게 선택될 수 있는 확률을 갖춘 상태에서 추출된 표본

계층화 표본추출(stratified sample) 모집단에서 확인된 하위집단이 모집단에서의 비율에 맞게 반영될 수 있도록 추출한 표본

지원자 편향(volunteer bias) 연구에서 발생하는 편향 또는 오류가, 연구대상으로 지원한 사람들과 그렇지 않은 사람들 간의 체계적인 차이에서 생기는 것

무작위와 계층화 표본

대표표본을 얻는 방법으로 무작위 표본추출 방법이 있다. **무작위 표본**에서는 모집단에 속한 개개인이 연구 대상으로 선택되어 참여할 기회가 균등하다.

연구자들은 **계층화 표본추출** 방법을 사용하기도 하는데, 이는 모집단에 속한 하위집단의 비율이 표본에 제대로 반영되도록 하기 위해 사용된다. 예를 들어, 미국 인구의 13%가 아프리카계 미국인이다. 이때 계층화 표본추출에서도 13%의 아프리카계 미국인이 포함되는 것이다.

실제로, 무작위로 선별된 대단위의 표본은 상당히 정확한 계층을 반영한다. 무작위로 추출된 1,500명의 표본은 방대한 규모의 미국 인구를 대체로 적절히 반영한다.

그러나 20,000명의 유럽계 미국인이나 남성의 표본으로는 그렇지 못할 것이다.

잡지사에서 성적 행동에 대해 대규모 설문조사를 시행하여 독자들에게 설문지를 작성한 후 반송해주길 요청한다. 수천 명의 독자가 설문을 완료한 후 반송을 해주지만 이들이 미국 인구를 대표할 수 있을까? 아마도 그렇지는 않을 것이다. 이러한 연구와 다른 유사한 연구들이 **지원자 편향**의 영향을 받았을 수 있다는 것이다. 연구 참여를 제안받은 대상과 연구에 자발적으로 지원한 사람은 체계적으로 다를 수 있다.

성적 행동에 대한 연구 사례의 경우, 지원자들은 모집단의 하위집단 – 또는 잡지 구독자층 – 을 대표할 수 있는데, 그들은 은밀한 정보를 기꺼이 공개할 수 있는, 그래서 성적으로 좀 더 개방된 사람들이라고 할 수 있을 것이다 (Rathus et al., 2018). 또한, 지원자들은 다른 사람들보다 연구에 더 많은 관심을 가지고 있는 사람들일 수 있고, 연구에 투자할 시간적 여유를 가진 사람들일 수도 있다.

이러한 지원자들은 전체 인구집단과 어떤 점에서 다를까? 이러한 면이 연구결과를 어떻게 변형시키거나 왜곡시킬 수 있을까?

1-5 연구방법

많은 사람들은 자기 자신을 행동과 정신과정에 대한 전문가라고 생각한다. 예를 들어, 당신 자신 또는 다른 사람들은 인간의 본성에 대해 어떤 부분을 증명할 수 있는 인생경험을 나누기 위해 얼마나 열성적이었나?

우리는 평생 많은 것들을 보면서 살지만, 개인적인 견해는 순간적이고 체계적이지 않은 경향이 있다. 우리는 스스로 관심을 갖고 있는 것들에 대해 국한된 경험을 하

려고 한다. 우리는 너무나 분명한 것들도 우리가 가정하는 '꼭 이러해야 하는 방식'과 맞지 않는다는 이유로 자주 무시한다. 그러나 과학자들은 다른 사람들을 연구하는 보다 통제된 방법을 고안해 놓았다.

1. 관찰법

거의 모든 종류의 심리학 연구는 모집단에서의 표본의 행동을 관찰한다. 그러나 사례연구, 설문조사, 자연관찰과 같은 특정한 방법들은 주로 서술적인 방법이다.

사례연구(The Case Study) **사례연구**는 개인 및 소집단의 정보를 수집한다. 많은 사례연구는 임상연구로, 개인의 심리학적 문제와 그러한 문제를 심리학자들이 얼마나 잘 치료했는지를 설명하는 것이다. 사례연구는 '해리성 정체성장애(다중인격)'를 진단받은 크리스 사이즈모어(Chris Sizemore)의 사례와 같이 드문 현상들을 조사하는 데 활용되기도 한다.

정신과 의사는 크리스에게서 세 개의 다른 인격을 발견했다. 그녀의 이야기는 '이브의 세 얼굴(Three Faces of Eve)'이라는 제목의 영화로 만들어졌다.

'화이트 이브(Eve White)'라는 인격은 수다스럽고 선한 사람이었다. '블랙 이브(Eve Black)'는 교태스럽고 성적으로 문란한 인격으로, 가끔 나타나서는 남자를 지배했다. 세 번째 인격인 '제인(Jane)'은 적응을 잘하고 남자들의 성격들을 잘 조화시켰다.

사례연구들은 부정확할 수 있다. 사람들의 기억에는 사실과는 다른 차이들과 오류들이 발견된다(Bernstein & Loftus, 2009). 또한, 사람들은 면접관의 환심을 얻거나 반감을 일으키기 위해 자신의 이야기를 왜곡시킬 수도 있다. 면접관들 역시 특정 기대를 가지고 있을 수 있으며, 참가자들의 기억의 틈에 이런 기대에 부응하는 내용을 채우도록 미묘하게 부추길 수도 있다.

예를 들어, 정신분석학자들은 도움을 필요로 하는 사람들에게 정신역동적 관점으로 자신의 삶을 바라보도록 이끈다는 비판을 받아왔다(Henley, 2019).

이러한 점 때문에 많은 사람들이 "나의 부모님이 나에게 부적절한 배변훈련을 시켜서 내가 강박증을 갖게 되었어"라고 하며, 이것이 '증거'라고 정신역동이론으로 자신을 설명하고 있다는 것은 놀랄 만한 일이 아니다. 그러나 특정 이론적 관점을 지닌 면접관이면 그들이 듣고 싶은 것을 말하게끔 사람들을 미묘하게 자극할 수도 있을 것이다.

설문조사 컴퓨터와 여론조사원이 투표 결과를 예측하고, 과학적으로 추출된 표본을 기초로 국가단위의 의견을 보고하는 것처럼, 심리학자들은 직접적인 관찰을 할 수 없거나 실험을 통한 연구가 불가능한 인간의 행동과 정신과정을 이해하기 위해 **설문조사**를 할 수 있다. 설문조사를 하는 심리학자는 설문조사, 면접 등을 함께 수행하거나 공식적인 기록들을 검토할 수도 있다.

Photos 12/Alamy Stock Photo

킨제이(Kinsey) 보고서

영화 '킨제이 보고서'는 섹스에 대한 이야기를 하는 것이 외설적이라고 여겨졌던 시대에 인간의 성을 연구했던 과학자에 대한 자서전적 영화로, 리암 니슨(Liam Neeson)이 알프레드 킨제이(Alfred Kinsey) 역을 맡았다.

사례연구(case study) 사례연구는 면접, 설문지 및 심리검사를 통해 얻을 수 있는 정보를 세심하게 분석하는 연구방법

설문조사(survey) 많은 사람들이 자신의 태도나 행동에 대해 답변하도록 하는 과학적인 조사법

설문조사의 장점 중 하나는 설문지를 배부하고 컴퓨터로 응답을 분석함으로써, 한 번에 수천 명의 사람들을 연구할 수 있다는 것이다. 가장 잘 알려진 설문조사 중 하나인 킨제이 보고서는 20세기 중반, 미국에 성 억압이 만연했던 시기에 사람들의 성 행동에 대한 놀라운 정보를 제공했다.

킨제이(Alfred Kinsey)와 동료들은 면담에 기초하여 성 행동에 대한 두 가지 설문조사를 발표했다: **인간 남성의 성 행동**(1948)과 **인간 여성의 성 행동**(1953). 자위행위가 건강을 해친다는 생각이 아직 지배적이었던 그 시절에, 그의 남성 표본은 자위행위가 사실상 보편적이라는 것을 알림으로써 전국을 놀라게 했다. 또한, 당시에는 대부분의 독신 여성들은 생물학적으로 처녀라는 생각이 지배적이었다. 하지만 킨제이 보고서에서는 25세의 독신 여성 세 명 중 한 명은 성관계를 해봤던 것으로 나타났다.

사례연구와 마찬가지로 설문조사에도 부정확한 요소들이 존재한다(Camburn et al., 2017). 사람들은 자신의 행동을 부정확하게 기억할 수 있고, 부인하거나 거짓말을 할 수도 있다. 어떤 사람들은 면접관에게 환심을 사기 위해 사회적으로 바람직한 방향으로 대답을 하기도 한다. (이 장의 마지막 부분에 있는 자가평가를 해봄으로써, 당신이 사회적 바람직성에 따른 반응을 하는 경향이 있는지 알아볼 수 있다.)

킨제이 연구에서는 면접관이 모두 남성이었지만, 여성 면접자는 동성 면접관에게 더 마음을 터 놓을 수 있었을 것이라 추측하고 있다. 면접관과 다른 인종이나 사회경제적 배경을 가진 면접자는 이와 유사한 문제점이 발생할 수 있을 것이다. 어떤 사람들은 자신에게 주의를 끌기 위해 또는 의도적으로 잘못된 결과를 만들기 위해 문제를 과장하거나 거짓된 태도를 보일 수도 있다.

행동에 대한 부정확한 자기보고로 생겨나는 설문오류들을 고려해 보자. 사람들이 주장했던 것만큼 자주 양치질을 했고, 치약을 사용했다고 한 만큼 실제로 썼다면, 미국에서 판매되는 치약은 실제 판매량보다 3배가 많았을 것이다(Koerber et al., 2006). 또한, 사람들은 의사의 지시를 잘 따른다고 과장되게 보고하고, 흡연하는 양에 대해서는 과소보고를 한다(Liber & Warner, 2018). 왜 이런 행동을 한다고 생각하는가?

자연관찰법(naturalistic observation) 자연스러운 환경에서 유기체를 관찰하는 과학적인 방법

상관관계법(correlational method) 상관관계법은 한 변인이 다른 변인의 증가 또는 감소에 따라 함께 증가하거나 감소하는지를 확인할 수 있는 수학적 계산 방법

자연관찰법 여러분은 매일같이 사람들의 자연스러운 습관을 관찰하는 **자연관찰법**을 사용하고 있다. 자연관찰법은 심리학자와 다른 과학자들이 해당 행위가 발생하는 장소 또는 '실제 현장에서' 관찰할 수 있도록 한다. 관찰자는 관찰하고자 하는 행동을 방해하지 않기 위해 비간섭적 측정방법을 사용한다.

예를 들어, 제인 구달(Jane Goodall)은 자연스러운 환경에서 침팬지의 행동을 관찰하면서 사회적 행동, 성 행동, 도구사용 및 침팬지의 삶에 대해 다양한 사실들을 밝혔다 (Goodall & Pusey, 2016). 그녀의 관찰을 통해 (1) 인간만이 도구를 사용한다는 것은 잘못된 생각이고, (2) 인사로 입술에 키스하는 것은 인간만이 아니라 침팬지도 하는 행동이라는 것을 알게 되었다.

2. 상관관계

심리학자들은 자신의 표본이 하는 행동을 관찰한 다음, 상관관계 분석을 자주 활용한다.

Kay & Karl Ammann/BRUCE COLEMAN INC./Alamy Stock Photo

자연관찰

제인 구달(Jane Goodall)의 자연관찰에 따르면 침팬지는 인간과 마찬가지로 도구를 사용하고 서로 키스로 인사를 하는 것으로 나타났다.

이는 '지능이 높은 사람은 학교에서 더 좋은 성과를 내는가?', '성취욕구가 더 강한 사람들이 회사에서 높은 자리로 진급할 가능성이 높은가?', '스트레스와 건강은 어떤 관련성이 있는가?'와 같은 질문들에 답을 하기 위해서 수행하는 것이다.

상관관계는 관찰 후에 이루어진다. 심리학자들은 **상관관계법**을 사용하여 관찰된 행동 또는 측정된 특성이 다른 특성들과 연관되어 있는지 또는 서로 관계가 있는지를 검토한다. 지능과 학업성적이라는 변인을 고려해 보자. 이러한 변인들은 지능검사 점수나 학업평균 점수와 같은 숫자 형식으로 표기된다. 그 다음에 숫자들은 수학적으로 상관성을 산출하여 **상관계수**(r)로 표기된다.

$$\text{상관계수는 } r = +1.00 \sim -1.00$$

의 범위를 갖는 수이다.

연구들에서 지능점수와 학업성취도(예: 성적 평균평점) 사이에는 정적 상관관계가 있다는 것이 보고되었다. 즉, 지능검사에서 높은 점수를 받을수록, 학업성적이 좋을 가능성이 높다는 것이다. '지능검사 점수는 학업성취도와 정적인 관계(약 $r = +0.30 \sim +0.60$)를 가질 경향이 있다는 것이다(그림 1.6).

그러나 지능검사 점수 외에도 다른 요인들이 학업성취에 기여하고 있다. 다른 요인들에는 조기학습 기회, 앞서가려는 욕망, 자기통제력, 스트레스 관리 능력, 성공할 수 있을 것이라는 믿음 등이 포함된다(Nisbett, 2013; Ray et al., 2016; Williams et al., 2017).

부적 상관관계는 상관관계에서 많이 나타난다. 즉, 하나의 변인이 증가할수록 다른 변인은 감소하는 것이다. 예를 들어, 스트레스와 건강 사이에는 부적 상관관계가 있다. 우리에게 영향을 미치는 스트레스의 양이 증가함에 따라, 면역체계의 기능은 감소하게 된다. 스트레스 수준이 높아질수록, 대부분의 사람들은 좋지 않은 건강상태를 나타낸다.

다음과 같은 행동패턴 중에서는 어떤 종류의 상관관계(정적 또는 부적)가 예상될 수 있을까?:

교회 다니는 것과 범죄? 언어능력과 음악적 능력? 학업성적과 비행행동? 왜 그렇게 생각하는가?

상관관계 연구는 인과관계에 대해 제시를 할 수는 있지만, 증명을 해주지는 못한다. 예를 들어, 지능이 높은 아이들이 교육으로 더 많은 이득을 얻게 될 것이라 추정하는 것은 논리적으로 보인다.

그러나 연구에 따르면 교육 자체가 지능검사 점수를 높이는 데 기여하는 것으로 나타났다(Nisbett, 2013). 선행학습 프로그램(Head Start program)의 지원을 받는 미취학 아동은 향후 이러한 경험이 없는 동급생들보다 높은 지능검사 점수를 받았다.

그림 1.6 상관관계

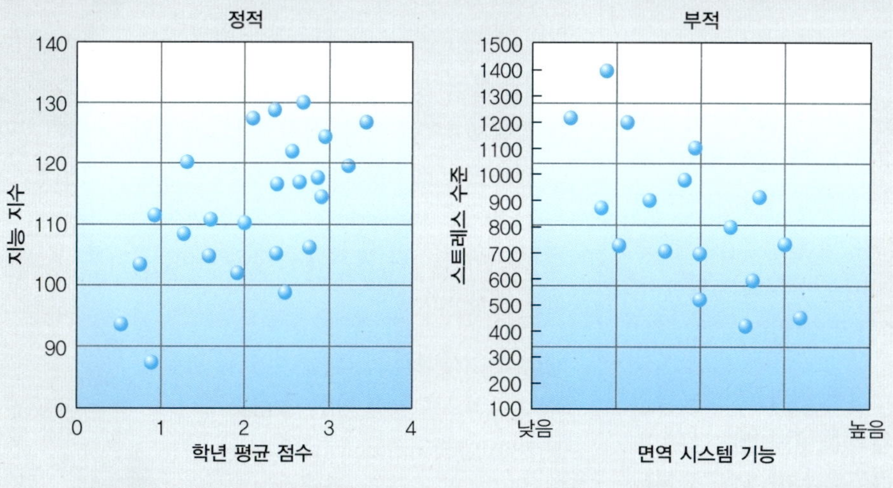

지능과 학업 성취 사이에서 발견된 정적인 상관관계

면역계의 스트레스와 기능 사이에서 발견된 부적인 상관관계

지능과 성취도 간의 관계에서 볼 수 있듯이, 변인들 간에 정적 상관관계가 있는 경우는 한 쪽이 증가하면 다른 한쪽도 함께 증가한다. 왼쪽의 그림에서와 같이 지능검사에서 높은 점수를 받을수록 학업성적이 올라갈 가능성이 전반적으로 높다. (각 점들은 개인의 지능검사 점수와 평균점수를 나타내는 것이다.) 그러나 스트레스와 건강 사이에는 부적 상관관계가 있다. 우리가 경험하는 스트레스의 양이 증가함에 따라, 면역계의 기능이 감소하는 경향을 보인다.

상관계수(correlation coefficient) 상관관계 계수는 두 변인 간 관계의 강도와 방향(정적, 부적)을 나타내는 +1.00 ~−1.00 사이의 숫자

실험법(experiment) 독립변인이 종속변인에 미치는 영향을 관찰하여 둘 간의 인과관계를 확인하려는 과학적인 방법

스트레스와 건강 간의 연결고리는 무엇일까? 스트레스가 건강을 해치는 것일까, 아니면 건강이 좋지 않은 사람들이 더 많은 스트레스를 받을 가능성이 있는 것일까?

3. 실험법

원인과 결과에 대한 질문에 대답하기 위해 보다 선호되고 있는 방법은 **실험법**이다. 실험에서 참가하는 집단은 어느 정도의 알코올, 실내 온도변화 또는 약물 주사 등과 같은 처치를 받게 된다. 그 다음에는 이러한 처치가 실험 대상자의 행동에 차이를 발생시키는지를 확인한다. 예를 들어, 알코올은 수검능력을 변화시킬 수 있을까? 실내 온도 차이와 주변 소음수준의 영향은 무엇일까?

심리학자들은 실험을 통해 대상자의 경험을 통제하고 원인과 결과에 대해 결론을 내릴 수 있다. 어떤 심리학자는 알코올이 행동에 뒤따르는 결과에 대한 두려움을 낮추기 때문에 또는 알코올이 음주자의 활동수준에 활력을 주기 때문에 공격성을 유발시킨다는 이론을 정립할 수도 있다. 하지만 이론은 검증이 되어야 한다.

한 가지 방법은, 심리학자가 연구대상자들에게 많은 양의 알코올을 섭취하게 하고 그들의 행동에 대한 결과 측정을 통해 치료방법을 마련하는 것이다. 실험법에 대한 이해를 돕기 위해 알코올이 공격성에 미치는 영향에 대한 사례를 살펴보도록 하자.

독립변수와 종속변수 알코올이 공격성을 유발시키는지에 대해 알아보기 위해, 실험대상자들에게 일정량의 알코올을 주고 그로 인한 영향을 측정한다. 이 경우 알코올은 **독립변수**이다. 독립변수의 효과를 알아내기 위해 실험자들이 독립변수를 조작한다. 독립변수인 알코올은 다른 수준 또는 용량으로, 즉 전혀 없음 또는 아주 적은 양에서, 만취할 수 있는 충분한 양까지 주입될 수 있다.

독립변수 독립변수는 과학적 연구에서 해당 효과가 관찰될 수 있도록 조작한 조건

종속변수 독립변수의 영향이라고 추정되는 측정치

실험집단 실험에서 처치를 받게 되는 집단

통제집단 실험에서 처치를 받지 않은 집단이며 다른 조건들은 모두 동일하게 유지됨.

실험 결과물 또는 측정 결과를 **종속변수**라고 한다. 종속변수의 실체는 아마도 독립변수에 달려 있을 것이다. 알코올이 공격성에 영향을 미치는지에 대해 확인하는 실험에서는 공격적인 행동이 종속변수가 될 것이다.

성적 흥분, 시각-운동 협응력, 수학 문제풀기와 같은 인지과제 수행 능력이 관심 대상 종속변수로 포함될 수도 있을 것이다.

온도와 공격성의 관계에 대한 실험에서는, 온도가 독립변수가 되고 공격적 행동은 종속변수가 된다. 온도를 빙점 이하에서부터 지독하게 더운 온도로 설정하고 나서 이러한 극단적 상황이 공격성에 어떠한 영향을 미치는지를 연구할 수 있다.

사회적 도발과 같은 또 다른 독립변수를 사용할 수도 있다; 어떤 대상자들에게만 모욕을 주고 다른 대상자들에게는 그러지 않음으로써, 모욕이 그들의 공격성 수준에 어떠한 영향을 미치는지를 확인할 수 있다.

이러한 방법을 사용하면 온도와 사회적 도발, 두 가지 독립변수가 개별적으로 그리고 동시에 함께 공격성에 어떤 영향을 미치는지를 연구할 수 있는 것이다.

실험집단과 통제집단 이상적인 실험에는 **실험집단**과 **통제집단**이 사용된다. 실험집단의 대상자는 처치를 받게 된다. 통제집단의 대상자는 처치를 받지 않는다. 다른 조건들은 두 집단 모두에게 동일하게 유지되도록 최선을 다한다. 이런 방법은 실험결과가 행동의 우연한 요인이나 변화로 인한 것이 아니라, 처치로 인하여 발생한 것이라는 확신을 강화한다.

예를 들어, 공격성에 대한 알코올의 영향을 알아보는 실험에서, 실험집단의 구성원은 알코올을 섭취하고 통제집단의 구성원은 섭취하지 않을 것이다. 그 후 연구자는 각 집단이 얼마나 많은 공격성을 보이는지를 측정한다.

맹검과 이중맹검 사람들은 술을 마실 때 전형적으로 틀에 박힌 행동을 하는 경향이 있다(Greitemeyer & Nierula, 2016; Rich et al., 2015).

liquidlibrary RF/Getty Images/Jupiter Images

청소년의 학업성적과 비행행동 사이에는 어떤 상관관계가 있을까?
그렇다면 왜 그럴까?

TRUTH

Ⓣ F 많은 실험에서 대상자와 연구자 모두 누가 실제 처치를 받는지 알 수 없다.

실제 많은 실험에서 대상자와 연구자 모두 누가 실제 처치를 받고 있는지를 알지 못한다. 이러한 '이중맹검' 방법은 대상자와 연구자의 기대효과를 통제한다.

예를 들어, 남성은 사회적 상황에서 불안을 덜 느끼며, 더 공격적이 되고, 성적으로 더 흥분하는 경향이 있다. 이런 행동 패턴들이 신체에 대한 알코올의 직접적인 영향을 얼마나 반영하고, 알코올의 영향이라는 사람들의 믿음을 얼마나 반영하고 있는가?

알코올이 공격성에 미치는 영향에 대한 실험(Boyatzis, 1974)에서, 맥주와 양주를 제공하는 파티에서의 남성은 청량음료만 제공하는 파티에서의 남성들보다 더 공격적으로 행동하는 것으로 보고했다.

그러나 실험집단의 대상자들은 자신들이 술을 마신 것을 알았고, 통제집단의 대상자들은 자신들이 술을 마시지 않은 것으로 알고 있었다. 음주 자체가 알코올의 영향에 의한 공격성을 반영하지 않았을 수도 있다. 대신, 알코올의 영향에 대한 대상자들의 기대를 반영했을 수 있다.

Purestock/Getty Images

의학 영역에서는, 의사가 약물이 필요하지 않다고 판단되는 상황에서 환자가 계속적으로 약물을 요구할 때, 가끔 환자에게 **위약**(진짜 약처럼 보이는 설탕알약 같은 것, 가짜 치료)을 처방하기도 한다. 환자가 위약이 도움이 된다고 말할 때, 이는 약의 생화학적 효과가 아니라 약이 도움이 될 것이라는 기대에서 비롯된 것이다. 위약은 설탕알약만 해당되는 것은 아니다. 흥미로운 사실은, 보드카와 토닉워터를 함께 섞은 맛과 토닉워터만의 맛을 구별해 내기가 거의 불가능하다는 것이다.

따라서 토닉워터가 알코올의 영향을 알아보는 실험에서 위약으로 사용될 수 있다. 또한, 대상자는 자신이 술을 마신 것으로 믿고 있지만, 실제로는 토닉워터만 마신 경우에도 행동의 변화를 나타내는 것은 알코올 본연의 효과가 아니라, 알코올의 영향에 대한 믿음에서 비롯된 것이라는 결론을 내릴 수 있을 것이다.

잘 설계된 실험은 기대효과를 통제하기 위해 대상자가 처치에 대해 의식하지 못하거나, 모르게(눈가림) 한다. 위약은 대상자가 자신이 특정한 처치를 받았는지를 알 수 없도록 만드는 하나의 방법이다.

그런데 연구자들도 특정한 기대를 갖고 있을 수 있다. 연구자들은 특정 치료의 결과를 응원하고 있을 수도 있다. 이것이 바로 '실험자 편향'이라고 불리는 현상이다. 예를 들어, 담배 회사의 경영진은 흡연이 무해하다는 것을 보여주고 싶어 할 것이다. 이런 경우에는 실험결과를 측정하는 연구자들이 어떤 대상자가 처치를 받았는지를 모르게 하는 것이 유용하다. 대상자와 실험자 모두가 처치를 받은 사람이 누구인지를 모르게 하는 연구를 **이중맹검법**이라고 한다.

많은 실험에서 대상자와 연구자 모두 누가 실제로 처치를 받았는지를 알지 못한다. 예를 들어, 식품의약국(FDA)에서는 신약의 판매를 허가하기 전에 **이중맹검** 연구를 요구한다. 진짜 약과 위약은 모양과 맛이 똑같다. 실험자는 진짜 약과 위약을 대상자들에게 무작위로 할당한다.

대상자와 관찰자 모두 누가 진짜 약을 복용하고 있고, 누가 위약을 복용하고 있는지를 알 수 없다. 최종 측정이 완료된 후, 중립적인 패널(연구결과에 사적인 이해관계가 없는 그룹)이 진짜 약과 위약의 효과 간 차이가 있는지를 판단하게 된다.

알코올이 공격성에 미치는 영향에 대한 유명한 이중맹검 연구를 진행한 랭 등(Alan Lang and colleagues, 1975)은, 보드카와 토닉워터를 섞은 하이볼과 토닉워터만의 맛을 구별하기 어렵다는 것을 확인하기 위한 사전 실험을 했었다. 그들은 자칭 '사회적 음주자'라고 하는 남자 대학생들을 연구 대상자로 모집했다.

위약(placebo) 진짜처럼 보이는 가짜 약물

맹검(blinds) 실험에서 사용되는 용어로, 처치를 받았는지의 여부를 알지 못하는 것

이중맹검(double-blind) 대상자와 관찰자 모두 처치를 받은 사람을 알지 못하게 하는 것

그림 1.7 이중맹검 연구의 중요성

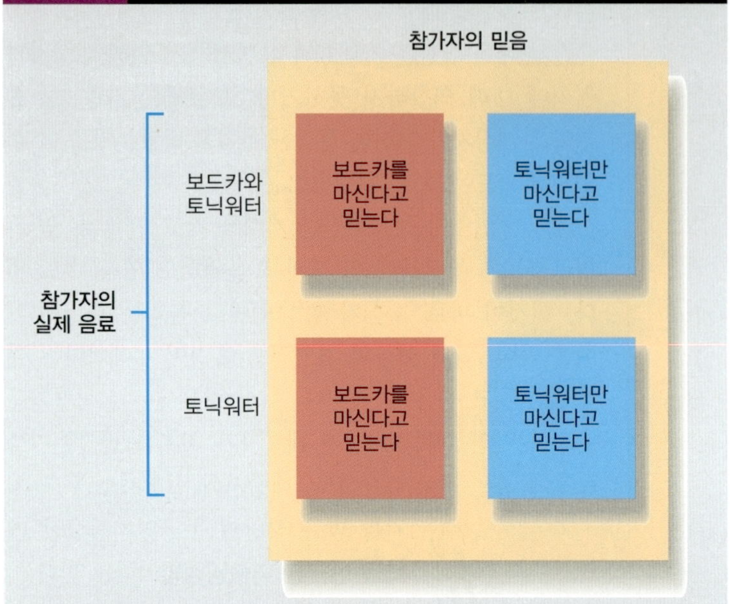

알코올과 공격성에 관한 랭(Lang)의 연구에서, 대상자들이 보드카의 존재를 알아낼 수 없도록 토닉워터를 사용하여 자신이 실제로 술을 마신 것인지 아닌지에 대해 '맹검' 상태에 머물게 했다. 맹검 연구를 통해서 심리학자들은 대상자의 기대효과를 통제할 수 있다.

몇몇 남학생들은 보드카와 토닉워터를 섞은 것을 마셨다. 다른 학생들은 토닉워터만 마셨다. 보드카를 마신 남학생들 중 반이 토닉워터만 마셨다고 믿었다(그림 1.7).

토닉워터만 마신 학생들 중 절반도 보드카가 섞인 것을 마셨다고 믿었다. 이렇게 대상자의 절반은 처치내용에 대해 맹검인 상황이었다.

실험자들은 대상자들이 다른 사람에게 전기충격을 줄 수 있다고 믿고 있는 버튼을 누르는 행동으로 공격성을 정의했다. 남학생의 공격적인 반응을 측정한 연구자들도 보드카를 마신 참가자가 누구인지 알 수 없었다.

연구팀은 보드카를 마셨다고 믿고 있는 남학생들이 토닉워터만 마셨다고 믿고 있는 남학생들보다 도발에 대해 더 적극적으로 반응하는 것을 확인했다(더 높은 수준의 전기충격을 선택하였음). 그들이 마신 음료의 실체는 중요하지 않았다.

즉, 대상자들이 실제로 마신 것보다, 자신이 무엇을 마셨다고 생각하는 믿음이 행동에 더 큰 영향을 미쳤다.

랭의 연구 결과는 보이애치스(Boyatzis)가 보고한 결과와 극명하게 다르다. 어쩌면 보이애치스 연구에서는 알코올에 대한 기대나 신념의 영향을 통제하지 않았기 때문일 수 있다.

1-6 심리학 연구에서의 윤리

심리학자들은 개인의 존엄성과 인간복지, 과학적 청렴성을 증진시키기 위해 여러 가지 윤리적 기준들을 준수한다. 이러한 기준들은 심리학자가 해로운 연구방법이나 처치를 수행하지 못하도록 안전하게 하기 위한 것이기도 하다.

1. 인간을 대상으로 한 연구윤리

만일 랭(Lang)의 연구팀이 1970년대가 아닌 오늘날에 이 실험을 진행했다면, 대학의 윤리검토위원회의 승인을 받지 못했을 것이다. 왜일까? 연구자들은 몇몇 참가자들에게 알코올을 주었기 때문이다. 알코올은 잠재적으로 해로운 처치로, 음주 문제를 겪고 있는 대상자들에게는 특히나 해롭다. 또한, 연구의 목적과 방법에 대해 모두를 속였다. 이러한 방법이 윤리적으로 문제가 될까?

대학이나 병원, 연구재단을 포함한 거의 모든 기관들에서 윤리검토위원회는 연구자들이 연구방법의 잠재적 해로움을 고려하고 윤리지침에 따라 제시된 연구를 진행하도록 도와준다. 윤리위원회에 접수된 연구가 대상자에게 용납될 수 없는 해를 줄 수 있다는 결론이 나면, 그 연구는 수정이 될 때까지 연구 진행에 대한 승인이 보류될 수도 있다. 윤리검토위원회는 잠재적인 피해뿐만 아니라 반대로 연구의 잠재적인 이득도 평가를 한다.

오늘날 개인은 연구에 참여하기 전에 **사전동의서**를 작성해야만 한다(Knaus & Knaus, 2012).

연구에 대한 일반적인 개요를 확인하고 연구 참여를 거부할 수 있는 기회를 가짐으로써, 통제감을 갖게 하고 참여에 대한 압박을 줄여줄 수 있다.

> **"동등한 가능성을 가진 여러 가지 중에서 선택한 것이 아니라면, 행위는 그것이 무엇이든 간에 어떠한 윤리적 가치도 없다."**
>
> 윌리엄 제임스(William James)

랭의 연구에 참여한 대상자들에게 사전 동의를 구할 방법이 있었을까? 이에 대해서는 어떻게 생각하는가?

심리학자는 연구 참여자와 환자 및 내담자의 처치기록에 대해 비밀유지를 해야 한다. 사람들의 사생활을 존중하고 연구자나 치료사가 그들의 정보를 비밀로 유지해 줄 수 있을 때, 자신의 생각과 느낌을 더 자유롭고 진정성 있게 표현할 수 있기 때문이다(Fisher, 2009).

간혹 내담자가 누군가에게 해를 끼칠 위험이 있어 심리학자가 피해자에게 알려줘야 할 의무가 요구되는 상황에서는 정보공개에 대한 이해가 상충되기도 한다(Hall & Ratliff, 2017). 어떤 연구에서는 연구자가 무엇을 알아내려고 하는지 또는 어떤 처치를 받게 될지에 대해 대상자가 알고 있을 경우, 연구를 진행할 수 없게 된다(예를 들어, 신약 또는 설탕알약).

미국심리학회의 심리학 연구 윤리안내서(Knaus & Knaus, 2012)에 따르면, 심리학자들이 속임수를 쓸 수 있는 경우는 ① 이득이 잠재적인 해로움보다 훨씬 더 클 경우, ② 개인이 연구의 이점을 이해하면 참여했을 것이라고 믿는 경우, ③ 그리고 대상자들에게 이후에 **연구에 대한 보고**를 — 연구의 목적과 방법에 대한 설명 — 할 경우이다.

알코올과 공격성에 대한 랭의 연구에서 대상자들은 두 가지 방식으로 속임을 당했다. 연구자들은 ① 대상자들이 무엇을 마시고 있는지에 대해 제대로 알려주지 않았고, ② 실제로는 작동되지 않는 버튼의 스위치였지만 다른 대상자에게 전기충격을 주고 있다고 설명을 했다.(이 연구에서는 해당 스위치를 누르는 것으로 공격성을 정의했다.)

이 연구는 대상자를 속이지 않고서는 진행될 수 없는 것이었음에도 불구하고, 연구 대상자들에 대한 윤리는 여전히 논쟁거리로 남아있다.

2. 동물을 대상으로 한 연구윤리

심리학자들과 다른 과학자들은 인간 대상으로는 불가능한 연구를 동물들을 대상으로 자주 진행하고 있다. 예를 들어, 모체와의 이른 분리가 미치는 영향에 대한 실험은 원숭이나 다른 동물들을 통해 이루어졌다. 이런 연구들은 심리학자들이 부모 – 자녀 간의 애착관계 형성을 연구하는 데 도움을 주었다.

BonkersAboutScience/Alamy Stock Photo

동물대상 연구기준
심리학, 생물학, 의학을 포함한 많은 분야의 연구자들은 인간을 대상으로 실험을 할 수 없거나, 하지 않을 연구에서 동물을 활용하여 수행한다. 이런 경우, 심리학자들은 동물들을 어떻게 돌보고 다루어야 하는지에 대한 엄격한 기준을 가지고 있다.

아기 원숭이를 이용한 실험은 심리학자들이나 다른 과학자들이 잠재적으로 해로운 연구를 생각할 때 당면해야 할 윤리적 문제들을 강조한다. 뇌의 작동을 연구하는 심리학자와 생물학자들은, 실험실 동물들의 뇌의 부분들을 파괴하여 이러한 부분이 행동에 어떤 영향을 미치는지를 연구한다. 예를 들어, 뇌 특정 부위의 병변은 쥐를 과식하게 한다. 또 다른 병변은 쥐가 속성 다이어트를 하게 만든다.

심리학자들은 이런 실험의 결과를 인간에게 일반화시킴으로써 섭식장애와 같은 문제에 대한 해결책을 찾고자 한다(Mehta & Gosling, 2008). 동물 대상 연구를 지지하는 사람들은, 의학과 심리학의 주요한 발전은 이러한 과정 없이는 이루어질 수 없었다고 주장한다(Ringaeh & Jentseh, 2009; Jans et al., 2018).

예를 들어, 우리는 실험용 약물이 뇌와 암종의 성장에 어떠한 영향을 미쳤을지 훨씬 적게 알고 있을 것이다.

미국심리학회의 윤리규정에 따르면, 대안이 없고 연구의 이득이 해로움을 정당화할 수 있는 정도라고 인정이 되는 경우에만 동물을 대상으로 연구할 수 있다고 명시되어 있다(American Psychological Association, 2002, 2012).

연구보고(debrief) 연구가 완료된 후 연구의 목적과 방법을 대상자에게 설명을 하는 것

비판적 사고(critical thinking) 의문을 가지고 증거를 검토하는 것 등을 포함하여 타인의 주장과 의견을 평가해 보는 방법

1-7 비판적 사고

우리는 심리학자들이 과학적 원칙에 따른다는 것을 알 수 있었는데, 과학의 특징 중 하나가 바로 비판적 사고를 하는 것이다. **비판적 사고**에는 많은 의미가 있다.

첫 번째 단계에서는 무엇인가를 당연하게 그냥 그대로 받아들이지 않는다는 것이다. 단지 출간된 책이나 권위자 또는 유명인이 언급한 것들이라는 것만으로는 믿지 않는다는 것이다.

더 높은 단계에서 말하자면, 비판적 사고는 타인의 질문이나 진술, 그리고 주장을 신중하게 분석하고 검토하는 과정을 의미하는 것이다. 심리학자들은 여기에서 한 단계 더 나아가, 자신의 연구에 대한 타당성을 평가할 때 비판적 사고를 적용한다.

1. 비판적 사고의 원리

1. 의심을 하라.

열린 마음을 가지도록 하라. 정치인들이나 광고주들은 당신을 설득시키려고 애쓴다. 당신의 태도와 신념 중에 얄팍하거나 근거가 없는 것이 있는가? 증거에 대한 검토를 끝내기 전까지는 아무것도 사실로 인정하지 마라.

2. 증거를 고집하라.

전통적으로 유용했던 의견이거나, 출간된 서적, 인터넷에 올라와 있는 정보, 또는 의사나 변호사, 심리학자, 그리고 교과서를 집필한 저자가 말을 했다는 것만으로 충분한 것이 아니다! 증거를 요구하라.

3. 용어의 정의를 살펴보라.

어떤 진술들은 용어가 한 가지 방법으로 정의된 경우에는 맞지만, 다른 방법으로 정의될 경우에는 그렇지 않다.

"선행학습 프로그램(Head Start Program)은 아동의 IQ를 향상시킨다."라는 진술에 대해 생각해 보자. 진술의 정확성은 IQ의 정의에 따라 달라진다. (이후 이 책 내용에서 IQ가 지능과 같은 것이 아니라는 것을 알게 될 것이다.)

4. 주장의 가정이나 전제를 검토하라.

동물 대상 연구를 통해서는 인간에 대한 것은 알 수가 없다는 진술에 대해 생각해 보라. 이 진술의 전제는 인간이 동물이 아니라는 것인데, 당연히 인간도 동물이다.

5. 증거로부터 결론을 도출할 때 주의하라.

수년 동안의 연구에 따르면 심리치료를 받는 대부분의 내담자들이 호전된 것으로 나타났다. 그렇기에 일반적으로 심리치료가 효과가 있다고 가정을 하게 되었다.

그러나 약 60년 전 심리학자 한스 아이젱크(Hans Eysenck)는 심리적 어려움을 겪고 있는 많은 사람들이 심리치료를 받지 않고도 개선이 되었다는 점을 지적했다.

여기서의 의문은 심리치료를 받는 사람들이 그렇지 않은 사람들보다 더 좋아질 가능성이 있느냐 하는 것이다. 따라서 심리치료의 효과에 대한 최근의 연구는 특정 치료기술의 유용성이 다른 기술의 유용성보다 나은지에 대해, 또는 전혀 치료를 하지 않는 상황에 대해서도 비교를 하게 된다.

6. 개인적인 일화들에 대해서 특히 의심하라.

"나는 이러저러했던 어떤 사람에 대해 알고 있어..." 라는 말을 듣게 되었을 때 이 말을 한 사람의 경험이 근거로서 충분한지를 자문해 봐야 한다.

7. 연구증거에 대한 다른 해석도 고려해 보라.

알코올은 공격성을 유발할까? 우리는 알코올과 공격성 사이에 관련성 또는 상관성이 있다는 것을 알고 있다.

하지만 음주가 공격성을 유발한다는 증거가 될 수 있을까? 성별, 연령, 위험감수에 대한 의지와 같은 다른 요인들이 음주와 공격적 행동 둘 다에 영향을 미치지 않을까?

8. 지나치게 단순화하지 말라.

대부분의 인간 행동은 유전적, 그리고 환경적 영향의 복잡한 상호작용이 관여하고 있다. 예를 들어, 심리치료가 심리적 문제를 가진 사람들에게 도움이 되는가에 대한 문제를 생각해 보자. 이 질문에 대한 광범위한 답(단순히 맞다 아니다)은 지나친 단순화일 수도 있다. 다음과 같이 질문을 해보는 것이 더 도움이 될 수 있다: 어떤 유형의 심리치료를, 어떤 치료자가 실시할 때, 어떤 종류의 문제에 가장 유용할까?

9. 지나치게 일반화하지 말라.

다시, 동물 대상 연구를 하는 것으로 인간에 대해 알 수 있는 것이 없다는 진술에 대해 생각해 보자. 문제의 본질이 '모 아니면 도'의 문제일까? 동물 대상 연구를 통해 인간에 대해 알 수 있는 특정 정보가 있을까? 인간 대상 연구를 통해서만 알 수 있는 것들은 무엇일까?

10. 삶의 모든 영역에서 비판적 사고를 해보자.

이제 우리는 과학으로서의 심리학에 대해 개괄적으로 알아보았다. 다음 2장에서는 심리학과 생물학 간의 연결고리를 확인할 것이다. 심리학자들은 우리의 행동과 정신과정이 생물학적 현상과 관련이 있다고 가정하고 있다. 2장에서는 이러한 가정에 대한 근거를 신중히 다뤄 볼 것이다.

적용

이 잉크반점에서 무엇이 보이는가?

이게 뭐지? 이것을 무엇이라 할 수 있을까? 지나치게 성적인 내용이나 공격적인 내용 등 심리학자가 불쾌한 것을 보게 되면 진심으로 반응을 할까? 아니면 사회적 바람직성(예: 나비 또는 다람쥐)에 따라 반응을 할까? 당신은 일상에서 솔직하게 행동하는가, 아니면 사회적으로 바람직한 반응을 생각하여 행동하는가?(유용한 중간지점이 있나?)

이러한 잉크반점은 로르샤흐 잉크반점 검사의 일부이며 10장에서 자세히 알아 볼 것이다.

Dmitriy Shironosov/Alamy Stock Photo

자가 평가

사회적 바람직성 척도

작성방법: 아래에 있는 진술문은 개인의 태도와 특성에 관한 것이다. 각 항목을 읽고 나서 당신이 생각하는 사실과 거짓에 따라 'T' 또는 'F'에 동그라미 표시를 하고, 마지막에 있는 채점 방법과 해석을 확인하라.

T F **1.** 투표를 하기 전, 나는 모든 후보자들의 자격사항을 꼼꼼하게 검토한다.

T F **2.** 나는 곤경에 처한 사람을 돕기 위해서라면 전혀 망설이지 않는다.

T F **3.** 나는 가끔 격려를 받지 않으면 일을 계속하는 것이 어려울 때가 있다.

T F **4.** 나는 누구를 심각하게 싫어해 본 적이 없다.

T F **5.** 나는 가끔 인생에서 성공할 수 있을지 나의 능력에 대해 의심을 한 적이 있다.

T F **6.** 나는 가끔 내가 원하는 방식대로 되지 않을 때 분개한다.

T F **7.** 나는 항상 옷을 입는 방식에 신경을 쓴다.

T F **8.** 나는 집에서 식사를 할 때도 외식을 할 때처럼 식사예절이 좋다.

T F **9.** 나는 공짜로 영화를 볼 수 있고 들키지 않을 것이 확실하다면 아마도 그렇게 할 것이다.

T F **10.** 나는 가끔 내 능력을 과소평가해서 일을 포기한 적이 있다.

T F **11.** 나는 때때로 잡담을 즐긴다.

T F **12.** 나는 그들이 옳았다는 것을 알면서도 권위자에게 저항하고 싶은 마음이 때로 들기도 한다.

T F **13.** 나는 누구와 대화를 나누든지 간에 항상 잘 들어준다.

T F **14.** 나는 무언가로부터 벗어나기 위해 아픈 척을 한 적이 있었다.

T F **15.** 나는 누군가를 이용하여 이득을 취한 적이 있었다.

T F **16.** 나는 내가 한 실수에 대해 항상 기꺼이 인정할 생각이 있다.

T F **17.** 나는 내가 한 말은 항상 지키려고 노력한다.

T F **18.** 나는 허풍이 심하고 불쾌한 사람들과 어울리는 자리에서도 딱히 불쾌함을 느끼지 않는다.

T F **19.** 나는 가끔 용서를 하거나 잊어버리기보다 되갚아 주려고 한다.

T F **20.** 내가 무언가를 잘 모르는 것이 있을 때 모른다는 것을 인정하는 걸 꺼려하지 않는다.

T F **21.** 나는 나와 의견이 다른 사람들에게도 항상 정중하게 대한다.

T F 22. 나는 이따금씩 내가 생각하는 방식을 강하게 주장한 적이 있다.

T F 23. 나는 무언가를 부숴버리고 싶다는 느낌을 받은 적이 있었다.

T F 24. 내가 저지른 잘못 때문에 다른 사람이 벌을 받게 절대 내버려 두지 않을 것이다.

T F 25. 나는 누가 베푼 호의에 보답을 해달라는 요청에 대해 분개한 적이 한 번도 없었다.

T F 26. 나는 내 생각과 아주 다른 의견을 사람들이 말할 때도 불쾌함을 느낀 적이 전혀 없다.

T F 27. 나는 자동차의 안전 정비를 하지 않은 채로 장기간 여행을 한 적이 없다.

T F 28. 다른 사람들의 행운을 보면서 질투한 적이 간혹 있었다.

T F 29. 나는 다른 사람에게 '꺼지라'라고 말하고 싶은 적이 거의 없었다.

T F 30. 나는 가끔 나에게 부탁하는 사람들에게 짜증을 느낀다.

T F 31. 나는 아무런 이유 없이 처벌을 받았다고 느낀 적이 단 한 번도 없다.

T F 32. 나는 가끔 사람들이 불행을 겪게 되었을 때 다 그럴만한 이유가 있다고 생각한다.

T F 33. 나는 누군가의 기분을 상하게 하는 말을 의도적으로 했던 적이 단 한 번도 없었다.

채점방법

여러분의 답변이 다음과 같을 때는 1점씩 채점을 하고 총 점수를 더하라. ___________

1. T	**7.** T	**13.** T	**19.** F	**25.** T	**31.** T
2. T	**8.** T	**14.** F	**20.** T	**26.** T	**32.** F
3. F	**9.** F	**15.** F	**21.** T	**27.** T	**33.** T
4. T	**10.** F	**16.** T	**22.** T	**28.** F	
5. F	**11.** F	**17.** T	**23.** F	**29.** T	
6. F	**12.** F	**18.** T	**24.** T	**30.** F	

해석

이상은 자기 — 평가는 말로우 — 크라운(Marlowe–Crowne)의 사회적 바람직성 척도이다. 면접관이 적절하고 옳은 것이라고 생각할 만한 질문을 제시하고 설문지나 면접 질문을 통해 사람들의 응답 경향성을 평가하는 것이다. 여성과 남성의 성행동에 대한 킨제이(Kinsey) 보고서에 담겨 있는 내용에서도 알 수 있듯이, 이러한 경향성은 심리검사, 설문조사 및 면접 결과에 편향된 영향을 미칠 수 있다.

평균 점수는 13점~14점이다. 이보다 높은 점수는 사회적으로 바람직한 방향으로 답변하려는 경향이 있음을 시사하는 반면, 낮은 점수는 사회적으로 바람직한 방향으로 반응할 가능성이 낮다는 것을 의미한다. 수검자 약 6명 중 1명은 19점이나 20점 이상을 받는다. 이는 평균보다 강하게 사회적으로 기대되는 일들을 하려는 경향이 있다는 것을 의미한다.

점검하기

빈칸 채우기

정답은 책 뒷부분에서 확인 가능하다.

1. 심리학은 __________과 정신과정에 대한 연구로 정의할 수 있다.

2. __________ 심리학자는 면담과 심리검사를 사용하여 불안이나 우울증 같은 문제를 평가한다.

3. __________는 구조주의 학파를 창시했다.

4. __________ 심리학자들은 우리의 지각을, 부분에 의미를 부여하는 전체로 보았다.

5. __________ 심리학자들은 가장 최적화된 유기체들만이 성숙과 번식을 할 수 있으며, 그렇기에 해당 유전자를 다음 세대로 전수해 주고 적응적인 방향으로 진화시킨다고 설명한다.

6. 케네스(Kenneth)와 메이미 핍스(Mamie Phipps) __________는 인종차별적인 학교에 대한 대법원 판결에 영향을 미치는 연구를 진행했다.

7. 표본은 표적 __________을 정확하게 반영해야만 한다.

8. __________법에서는 많은 사람들이 자신의 태도나 행동에 관한 질문에 답변을 한다.

9. 이상적인 실험은 실험집단과 __________ 집단을 사용한다.

10. 심리학자는 개인의 존엄성을 증진시키고, 과학적 청렴성을 유지하며, 해로운 결과로부터 연구 대상자 및 임상환자를 보호하기 위한 __________ 기준을 준수한다.

선다형 문항(Multiple Choice)

1. 심리학은 (   )에 관한 과학적 연구로 정의한다.

a. 행동과 정신과정
b. 행동장애의 진단과 치료
c. 의식과 무의식적 정신과정
d. 마음

2. 학교 심리학자들은 학교 현장에서 (   ) 일을 맡고 있다.

a. 성취도와 적성검사를 개발하는
b. 학업을 방해하는 어려움을 겪고 있는 학생을 찾아내고 보조하는
c. 학교 체계 내에서 아동의 발달을 평가하는
d. 교사들이 가르치는 교육과정을 개발하는

3. 심리학 영역에서 분트(Wilhelm Wundt)의 업적이 다른 공헌자들과 어떤 점에서 구별이 될까?

a. 최초로 심리학 교과서를 썼다.
b. 행동과학으로서의 심리학을 정의했다.
c. 실험과학으로서의 심리학을 확립시켰다.
d. 하등동물들의 통찰력을 연구했다.

4. 인간행동의 핵심에 무의식적 충동이나 욕구가 있다고 설명하는 심리학파는 (   )이다.

a. 정신분석
b. 인본주의
c. 기능주의
d. 게슈탈트 심리학

5. 미국 심리학회의 첫 여성 회장은 _________이다.

a. 메리 아인스워스(Mary Ainsworth).
b. 엘리자베스 로프터스(Elizabeth Loftus).
c. 카렌 호니(Karen Horney).
d. 메리 휘튼 칼킨스(Mary Whiton Calkins).

6. _________는 연구로부터 검토되어야 할 행동과 정신과정에 대한 구체적인 진술이다.

a. 관찰　　b. 과학적 방법
c. 이론　　d. 가설

7. _________에서, 모집단의 각 구성원들은 참여자로서 선택될 수 있는 동일한 확률을 가지고 있다.

a. 무작위 표본
b. 선택표본
c. 층화추출표본
d. 자유표본

8. 설문조사 연구의 단점은 (   )이다. 예를 들어, 사람들은 교회에 다니거나 청결한 위생 상태와 같은 행동을 높이 평가하는 경향이 있다.

a. 부정확한 자기보고
b. 과도한 세부사항
c. 사람들이 너무 솔직한 것
d. 설문조사 회사가 너무 부족하다는 것

9. 당신은 지능검사를 설계한다. 지능이 학업수행과 관계가 있다는 이론에 따라, 당신은 학교에서 새로운 검사의 성적과 학교성적 간의 관련성을 검사하기 위해 (   )을 사용할 수 있다.

a. 실험법
b. 검사-재검사법
c. 상관관계법
d. 자연관찰

10. Dr. Liu는 6세 아동에 대한 폭력적인 TV 프로그램의 효과를 조사하는데 관심이 있었다. 그녀는 한 집단에게 특별히 폭력적인 파워레인져스(Power Rangers)의 에피소드를 보여주었고, 다른 한 집단에게는 폭력적이지 않은 오래된 세사미 스트리트(Sesame Street)의 짧은 장면을 보여주었다. 그런 후에 놀이터에서 각 집단을 관찰하고 행동을 측정하였다. 이 연구에서의 종속변수는 무엇인가?

a. 세사미 스트리트(Sesame Street)
b. 폭력적이거나 비폭력적인 TV 프로그램
c. 놀이터에서의 행동
d. TV시청 시간

2 생물학과 심리학

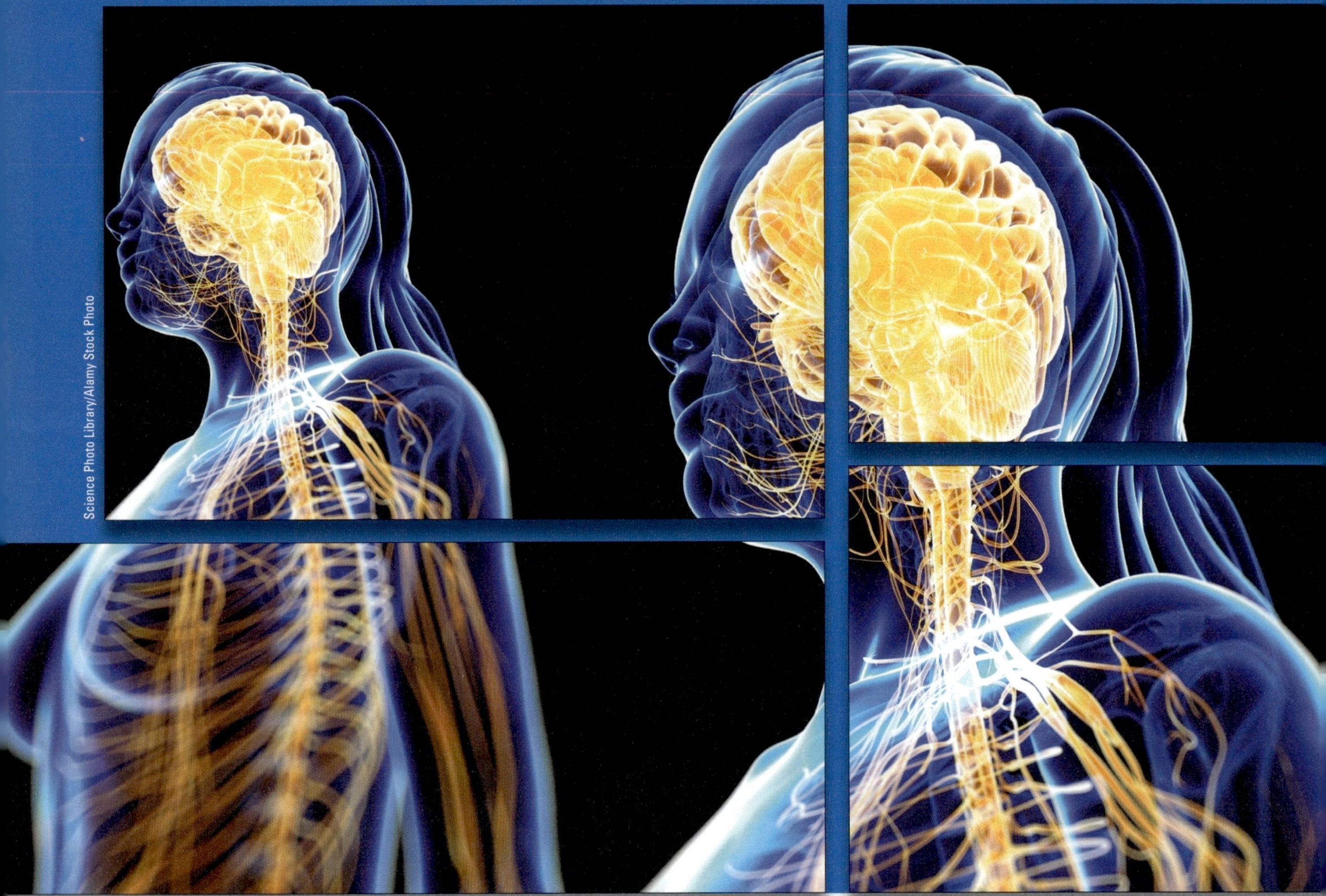

Science Photo Library/Alamy Stock Photo

학습 성과

이 장의 성취 목표

- 2-1 뉴런, 신경 자극 및 신경전달물질을 포함한 신경계를 설명할 수 있다.
- 2-2 말초신경계와 중추신경계의 기능을 설명할 수 있다.
- 2-3 뇌의 구조를 인지하고 그 기능들을 설명할 수 있다.
- 2-4 후뇌, 중뇌, 전뇌의 부위와 기능을 설명할 수 있다.
- 2-5 대뇌피질에 대해 설명할 수 있다.
- 2-6 내분비 체계와 다양한 내분비샘의 기능을 설명할 수 있다.
- 2-7 진화심리학과 유전, 행동, 정신과정 간의 관련성을 설명할 수 있다.

영화 '게임 체인저'에서 윌 스미스는 전 피츠버그 스틸러스(미식축구단)의 센터를 맡은 마이크 웹스터의 부검을 수행한 나이지리아 의사 베넷 오말루를 연기했다.

웹스터는 50세 나이에 불시의 죽음을 맞기 수년 전부터 이상한 행동을 했는데, 허리 통증을 완화하기 위해 테이저 총을 자신에게 쏘아 의식을 잃어버리고는 했다.

의사는 웹스터의 뇌에서 타우 단백질을 발견했다. 이 단백질은 뇌에서 수행기능(문제 해결, 의사결정)을 담당하는 부분과 기분, 정서와 관련된 뇌 부위의 세포를 괴사시켰다.

영화 '게임 체인저(Concussion)'에서 윌 스미스

이 질병과 관련된 뇌 괴사 패턴은 그 후 기증된 풋볼 선수들의 뇌에서 매우 많이 발견되었다. 이 질병을 만성 외상성 뇌병증(CTE, Chronic Traumatic Encephalopathy)이라고 하는데, CTE는 치매(기억 상실, 판단력 손상, 기타 문제 등)와 자살로 이어질 만큼 심각한 우울증을 유발하는 질병으로, 풋볼 선수들에게서 이 질병은 반복되는 수비와 공격이 '종을 흔들어대는 것'처럼 머리를 흔들어, 뇌진탕을 일으키게 했다.

메이요 클리닉(Mayo Clinic)의 연구는 풋볼과 같은 접촉 스포츠에 참여한 66명 중 21명의 뇌에서 CTE가 발견되었고, 접촉 스포츠에 참여하지 않은 198명의 뇌에서는 CTE가 전혀 발견되지 않았다고 보고했다(Bienick et al., 2015). 보다 최근의 연구에서는 202명의 전 풋볼 선수들 중 177명의 뇌에서 CTE가 발견되었다(Mez et al., 2017).

내셔널 풋볼 리그(National Football League)는 이런 좋지 않은 결과들에 대처하려고 노력하고 있다. 반복적으로 머리를 부딪히는 것이 선수들을 죽이고 있다는 사실을 처음에 받아들이지 못했지만, 최근에는 보호가 잘 되는 헬멧을 개발하고, 부상당한 선수들에게 휴식을 취하게 하거나 경기에서 뛰지 않도록 하는 등 뇌진탕 지침을 도입했다.

풋볼 경기에 수반되는 위험을 잘 알고 있는 팬들에게 풋볼은 일종의 죄의식을 동반한 즐거움이었다.

한편, 청소년 리그에서는 위험한 태클을 줄이기 위해 조정이 이루어지고 있으며, 수많은 부모들은 자녀가 되도록 덜 위험한 스포츠를 하도록 한다.

이 장에서 우리는 영화 '컨쿠젼'에서 논의되었던 뇌의 일부뿐 아니라 훨씬 더 많은 것들을 배우게 될 것이다.

우리는 정보를 수신, 저장, 전송하는 미세 뇌 세포에서부터 기억, 사고, 계획, 언어, 감각, 운동과 같은 심리적 기능의 기초를 제공하는 가시적 뇌 구조로, 작은 세포에서부터 크게는 여러 가지 뇌 기능까지 살펴보게 될 것이다.

TRUTH OR FICTION?

당신의 생각은? 속설, 상식 또는 넌센스?

'진실'일 경우 T, '거짓'일 경우 F를 선택한 다음, 여러분의 선택이 정확한지를 검토해 보자.

T	F	하나의 단일 세포는 척추에서부터 발끝까지 늘어날 수 있다.
T	F	메시지는 뇌에서 전류로 이동한다.
T	F	뇌 세포는 매초 수백 개의 메시지를 보낼 수 있으며 중간에 휴식을 취할 수 있다.
T	F	공포는 소화 불량을 유발할 수 있다.
T	F	인간의 뇌는 동물보다 더 크다.
T	F	만일 외과 의사가 당신 뇌의 특정 부위에 전기 자극을 준다면 누군가가 당신의 다리를 쓰다듬었다고 생각할 수도 있을 것이다.
T	F	찰스 다윈은 그의 진화론을 발전시켰던 항해에서, 단지 그의 코 모양이 선장의 마음에 안 든다는 이유로 거의 배제될 뻔했다.

2-1 신경계 : 신경계로의 여행

신경계는 사고 과정, 심박동, 시각 운동 협응능력 등에 관여하는 체계이다. 신경계는 외부로부터 정보를 전달받고 그에 대응할 수 있게끔 해주는 뇌, 척수, 그리고 그 밖에 기관들로 구성되어 있으며 대부분 **뉴런**(neurons)이라 불리는 세포들로 구성되어 있다. 이제부터 신경계에 대한 연구를 시작해 보자.

1. 뉴런 : 멋진 숲 속으로

신경계 안에는 신경세포라고 하는 뉴런의 멋진 숲이 있다. 뉴런은 자극을 수행하는 신경계의 특수 세포이다. **뉴런**은 나뭇가지, 몸통, 뿌리가 있는 나무로 상상해 볼 수 있다. 이 숲을 지날 때, 우리는 많은 신경세포가 나무의 덤불처럼 서로 나란히 있음을 볼 수 있다. 그러나 뉴런은 끝과 끝을 맞대고 누워서 그 뿌리가 아래로 누워있는 뉴런의 '줄기'와 얽혀 있는 것처럼 보이기도 한다.

뉴런은 빛, 다른 뉴런들, 피부 압박과 같은 여러 자원들로부터 '메시지'를 받고 복잡한 생물학적 움직임을 통해 메시지를 전달한다. 우리는 뇌에 천억 개 이상의 뉴런을 가지고 태어났다.

신경계에는 **교질세포(아교세포**, glial cell)들도 있다. 교질세포들은 신경계로부터 죽은 뉴런과 부산물을 제거하는데, 뉴런에 영양을 공급하고 절연을 시키며, 수초(myelin)라는 지방절연 물질을 생성하고 메시지의 신경전달에 관여하지만(Jaekel & Dimou, 2017) 뉴런이 신경계에서 핵심이다.

뉴런에 의해 전송된 메시지는 모기에 물렸을 때 가려움을 느끼는 것부터, 스키 타는 사람의 시력과 근육의 조화, 협주곡을 작곡하고, 대수 방정식을 해결하는 등 어떤 현상을 다양한 범위에서 처리한다.

뉴런 메시지를 송수신하는 신경계의 특수 세포

교질/아교세포 죽은 뉴런을 제거하고 신경계의 부산물을 버리고, 뉴런에 영양을 공급하여 절연시키며, 수초를 형성하여 메시지의 신경전달에 관여함.

수상돌기(dendrites) 다른 뉴런으로부터 자극이나 메시지를 받는, 뉴런의 세포체에 부착되어 있는 뿌리 같은 구조들

축삭(axon) '축삭종말' 또는 '종말단추'라는 전구 모양의 구조에서 다른 뉴런으로 자극을 전달하는 뉴런의 길고 얇은 부분

수초/미엘린(myelin sheath) 축삭을 감싸고 절연하는 지방 물질로 신경자극의 전달을 촉진

뉴런은 기능과 위치에 따라 다양하다. 뇌의 뉴런들은 단지 3 cm의 길이에 불과하지만 다리의 뉴런들은 수십 cm의 길이에 달하기도 한다. 대부분의 뉴런들은 세포체, **수상돌기**, 축삭으로 이루어져 있다(그림 2.1 참조).

세포체는 핵 또는 세포핵이 있다. 세포핵은 산소와 영양분으로 세포가 기능하는 데 필요한 에너지를 만들어낸다. 몇 개에서 수백 개에 이르는 단기 섬유 또는 수상돌기가 뿌리처럼 세포체에서 확장되어 인접해 있는 수천 개의 뉴런을 통해 들어오는 메시지를 받는다.

TRUTH

T F 하나의 단일세포가 척추에서 발끝까지 늘어날 수 있다.

하나의 단일세포가 척추에서 발끝까지 뻗어 나갈 수 있는 것은 사실이지만, 얇은 두께로 인해 '미세한' 상태일 수 있다.

각 뉴런은 세포체에서 줄기처럼 뻗어있는 **축삭**을 가지고 있다. 축삭은 매우 얇고 비록 미세하지만, 발가락에서부터 척수까지 메시지를 전달할 때의 길이는 수십 cm까지 길어진다. 마치 나무의 몸통과 마찬가지로 축삭은 여러 방향으로 가지를 뻗을 수 있다.

축삭은 축삭종말 또는 종말단추라고 하는 작은 전구 모양의 구조로 끝난다. 뉴런은 오직 한 방향으로만 메시지를 전달한다; 수상돌기 또는 세포체로부터 축삭을 통해 종말단추로 전달된다. 그런 다음 메시지는 종말단추에서 다른 뉴런, 근육 또는 분비샘으로 전송된다.

아이가 성숙함에 따라 뉴런의 축삭은 길어지고 수상돌기와 종말단추가 확산되어 복잡한 메시지를 전송하도록 상호 연결된 거대한 네트워크를 만든다. 신경계가 발달함에 따라 교질세포(아교세포)의 수도 증가하여 꽉찬 외양을 이루고 있다.

수초(Myelin) 많은 뉴런의 축삭들은 흰색의 지방이 많은 **수초**로 단단히 싸여있어 현미경으로는 줄줄이 소시지처럼 보인다(그림 2.1). 지방은 신경계를 둘러싸고 있는 체액에서 전기적으로 충전된 원자 또는 이온으로부터 축삭을 절연시킨다.

수초(미엘린초, myelin sheath)는 축삭을 따라 전달되는 전류의 누출을 최소화하여 메시지 전달을 보다 효율적

그림 2.1 뉴런의 해부적 구조

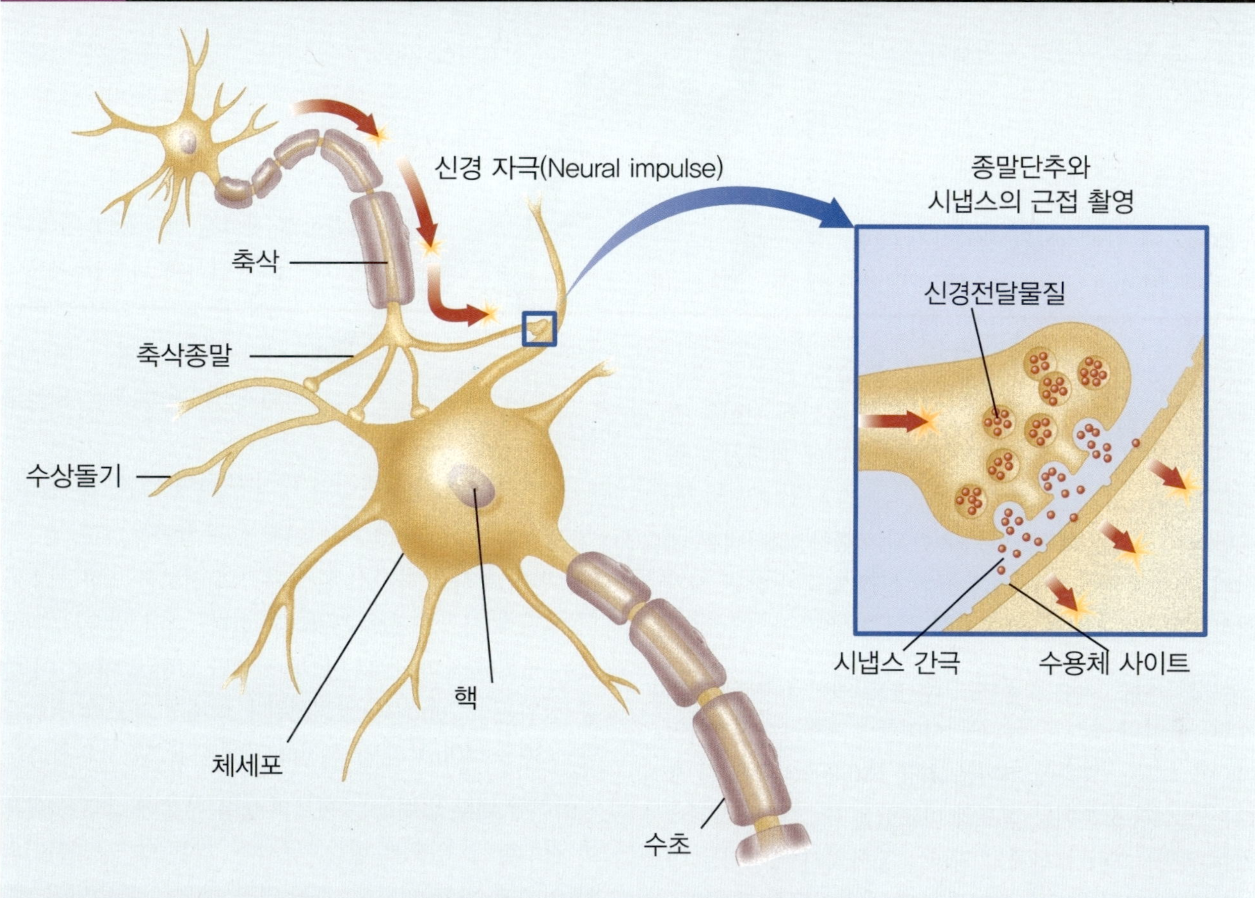

'메시지'는 수상돌기를 통해 뉴런으로 들어가서 나무의 몸통과도 같은 축삭으로 전달된 후, 종말단추에서 근육, 분비선, 다른 뉴런들로 전송된다. 종말단추에는 신경전달물질이라는 화학 물질이 들어 있는 주머니가 있다. 신경전달물질은 시냅스 틈새로 분비되어, 이 중 많은 부분이 메시지를 전달받는 뉴런의 수상돌기 수용체 부위에 결합된다.

으로 할 수 있도록 한다. **수초 형성**은 성숙 과정의 일부로 생후 1년 동안 아기가 기고 걷는 능력을 갖도록 해준다.

유아는 수초 형성 과정이 특정 수준에 도달할 때까지는 시각-운동 협응능력과 또 다른 활동을 할 수 있는 신체적 '준비'가 되어 있지 않다.

다발성 경화증(Multiple Scleorois) 환자들의 경우, 수초가 단단한 섬유질 조직으로 대체되어 신경 자극의 타이밍을 놓치고 근육 조절에 방해를 받는다.

구심성 뉴런과 원심성 뉴런 누군가 당신의 발가락을 밟는다면 그 느낌은 수용기나 피부 표면 근처 감각 신경을 자극한다. 그런 다음 감각 뉴런 또는 60~90cm에 이르는 길이를 가진 **구심성 뉴런**(감각)을 통해 척수와 뇌로 전달된다.

뇌에서, 후속 메시지는 단지 수천 분의 1cm 길이의 연합 뉴런에 전달된다. 당신은 이 과정에서 고통을 느낄 것이고 가해자가 사과를 하고 이해를 구하는 동안 아마도 다소 불쾌한 생각을 갖게 될 것이다.

그러나, 당신이 논리적인 결론에 도달하기 전에 **원심성 뉴런**(운동 뉴런)이 당신의 발로 메시지를 보내서 발을 뒤로 빼고 절뚝거리는 인상적인 동작을 하게 된다. 원심성 뉴런은 뇌나 척수에서 근육과 분비선으로 메시지를 전송한다.

다른 원심성 뉴런은 분비샘을 자극하여 심장이 더 빨리 뛰고, 땀을 흘리게 되며, 팔뚝 위 털이 쭈뼛 서지만, 당신은 좋은 사람인 양 "아, 괜찮습니다."라고 한다.

구심성 뉴런 감각 수용체로부터 척수와 뇌로 메시지를 전달하는 뉴런을 감각 뉴런이라고도 불림.

원심성 뉴런 뇌 또는 척수에서 근육과 분비선으로 메시지를 전달하는 뉴런을 운동 뉴런이라고도 불림.

그러나 관련된 모든 뉴런들을 생각해 본다면 단순히 괜찮다고 하는 이상의 사건들이 아닐까!

American Images Inc/Stone/Getty Images

2. 신경 자극 : '전기체'

18세기에 이탈리아의 생리학자 루이지 갈바니(Luigi Galvani, 1737~1798)는 폭풍우 속에서 충격적인 실험을 진행했다. 동네 사람들이 지혜롭게 집 안에 머물고 있을 때, 갈바니와 그의 아내는 현관에 나와 다리에 전선을 감아 물에 담궈 놓은 절개한 개구리의 머리에 피뢰침을 꽂고 있었다.

번개가 칠 때, 개구리의 근육이 수축했다. 갈바니는 메시지 혹은 뉴런을 따라 이동하는 **신경 자극**이 본래 전기화학적이라는 것을 입증하고 있었던 것이다.

신경 자극은 시간당 3(비 수초 뉴런)에서 360 km(수초 뉴런) 사이의 속도로 뉴런들 사이를 이동하는 메시지이다. 이 속도는 광속에 가까운 초당 186,000의 전류가 흐르는 토스터 오븐이나 램프와 비교했을 때 그리 인상적이지는 않다. 그러나 신체의 거리는 짧아져서 메시지는 아마도 1/50 초의 속도로 발가락에서 뇌로 이동할 것이다.

전기 화학의 여정 신경 자극이 이동하는 과정은 전기 화학적이다. 화학적 변화는 전기부하가 길이를 따라 전달되는 뉴런 내부에서 일어난다. 뉴런과 체액에는 양극 혹은 음극 원자와 같은 이온이 포함되어 있다.

휴면 상태에서 즉, 뉴런이 주변에 의해 자극되지 않는 경우, 뉴런 내부에 음극 염소(Cl^-) 이온이 풍부해 외부와 비교하면 전체적으로 음극 전하를 띤다.

전하의 차이는 세포막 외부의 체액에 비해 내부에는 음극 전하를 생성함으로써 발화를 위한 뉴런을 준비하거나 **양극화**시킨다.

신경막을 가로지르는 전위가 다른 뉴런에 반응하지 않을 때는, 세포막 외부의 체액과 비교해서 약 −70mV를 띠는 안정 전위 상태가 된다.

휴식 중인 뉴런의 표면 영역이 다른 뉴런에 의해 적절하게 자극될 때, 영역 내의 세포막은 양극 전하의 나트륨 이온이 들어가도록 투과성을 변화시켜 진입 영역은 외부에 의해 양극 전하 혹은 **탈분극**화 된다(그림 2.2a 참조).

그 후 세포막의 투과성이 다시 변하여 더 이상 나트륨 이온이 유입되지 않게 된다(그림 2.2b 참조).

뉴런의 축삭을 따라서 신경 자극의 전도를 위한 기초가 되는 전기 자극을 **활동전위**라고 한다. 자극 받은 부위에 있는 세포 축삭의 내부는 활동 전위가 110mV이다. 이 활동 전위는 −70mV의 **안정전위**에 더해져 세포막 전압을 약 +30~+40mV의 양극 전하로 만든다(그림 2.2 참조).

이러한 내부적 변화는 세포의 다음 부분에 나트륨 이온이 침투할 수 있도록 한다. 동시에, 다른 양극(칼륨)이온이 이전에 영향을 받은 세포 영역 밖으로 분출되어, 이 영역은 안정 전위로 되돌아 가게 된다. 이러한 방식으로, 신경 자극이 축삭을 따라 지속해서 전달된다. 자극이 진행됨에 따라 새로 만들어지기 때문에, 그 강도는 변하지 않는다.

발화 : 뉴런에서 뉴런으로 메시지가 이동하는 방법 발화라고 하는 것은 뉴런의 길이를 따라 일어나는 신경 자극의 전도를 의미한다. 소총이 발사될 때, 총알은 초당 300 m 이상의 속도로 총구를 지나 발사된다. 뉴런도 발화하지만, 총구 대신 축삭이 있다. 총알을 발사하는 대신 신경전달물질을 방출한다.

일부 뉴런은 1/1,000초도 안 되는 속도로 발화한다. 그것들이 발화할 때, 뉴런은 다른 뉴런, 근육 또는 분비샘에 메시지를 전송한다. 그러나 들어오는 메시지가 특정 강도에 도달하지 않으면 뉴런이 발화하지 않는다. 이는 뉴런의 발화가 일어나는 역치라고 한다.

약한 메시지는 세포막에서 언젠가 일시적인 전하 변동을 일으킬 수 있지만, 뉴런이 역치까지 자극되지 않으면 전하는 사라진다.

신경 자극(neural impulses) 신경세포 또는 뉴런의 전기 화학적 방출

양극화(polarize) 세포막 외부의 체액에 비해 내부에는 음극전하를 생성하여 뉴런의 발화를 준비하는 것

안정 전위(resting potential) 다른 뉴런에 반응하지 않을 때 신경막을 가로 지르는 전위

탈분극(depolarized) 세포막의 안정 전위를 약 70mV에서 0으로 감소시키는 것

활동 전위(action potential) 뉴런의 축삭을 따라 신경 자극을 전하는 기초가 되는 전기 자극

실무율의 원리(all-or-none principle) 활동 전위가 자극 받을 때마다 뉴런이 동일한 강도의 자극을 발화한다는 사실

그림 2.2 신경 자극이 축삭의 길이를 따라 전달될 때 전하에 생기는 변화

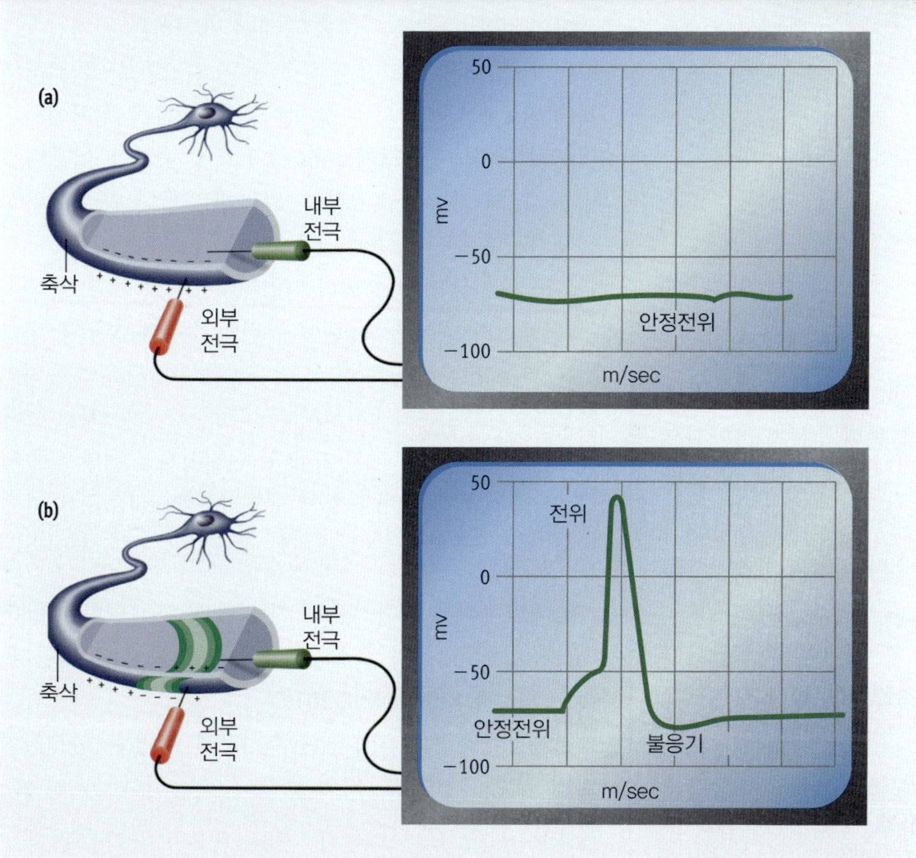

축삭 내부와 외부의 전하는 축삭의 세포막 내부와 외부에 위치한 미세한 유리관을 통해 측정된다. (a)에서 보여주듯이 축삭이 안정 상태일 때는, 약 −70mV의 음극 전하 상태이다. 그러나 나트륨 이온이 유입되고 진입 영역이 탈분극화 되면, (b) 부분에서 볼 수 있듯이 축삭의 해당 부분은 전하가 +30~+40mV로 상승한다. 이러한 변화는 나트륨 이온이 세포막의 다음 부분을 투과하게 만들어 축삭을 따라 신경 자극의 전달을 유지한다.

출처 : Weiten Psychology, 8e. 저작권 © 2010, Cengage Learning.

뉴런이 발화할 때마다 동일한 강도의 자극을 전달한다. 이를 **실무율**(all-or-none)**의 원리**라고 한다. 즉, 뉴런은 발화하거나 발화하지 않는다. 다른 많은 뉴런에 의해 자극을 받을수록 뉴런은 더 자주 발화한다. 더 강한 자극은 더 빈번한 발화를 유발하지만, 각 발화의 강도는 동일하게 유지된다.

발화 후 수천 초 동안, 뉴런은 **불응기**에 접어든다. 즉, 다른 뉴런의 메시지에 반응하지 않고, 발화도 일어나지 않는다. 이 기간은 회복하는 시간으로, 그 동안에는 나트륨이 뉴런 막을 통과하는 것이 방지된다.

이 '회복'기간은 초당 수백 번 발생할 수 있기 때문에 빨리 회복하고 짧게 휴식하는 것으로 보인다.

시냅스: 잘 연결되어 있는 뉴런은 **시냅스**(synapse)라고 하는 접합부 너머에 있는 다른 뉴런으로 메시지를 전달한다. 시냅스는 전달 뉴런에서 나온 종말단추, 수상 돌기, 또는 수용받는 뉴런의 세포체, 그리고 이 둘의 빈틈 사이에 유동체로 채워진 시냅스 간극이라 불리는 것으로 구성된다(그림 2.1 참조)

신경 자극은 전기적이지만, 불꽃처럼 시냅스 간극을 뛰어넘지는 않는다.

대신, 신경 자극이 시냅스에 도달하면 종말단추에서는 마치 바다에 무수한 배를 띄우듯 시냅스 간극에 화학 물질을 방출한다. 연구자들은 현재까지 수십 가지의 이런 화학물질의 종류를 알아냈다.

이들 중 심리학자들이 가장 크게 관심을 갖는 몇 가지를 알아보도록 하자.

TRUTH

(T) F 메시지는 전기를 통해 뇌 속을 이동한다.

메시지가 전기를 통해 뉴런 내부를 이동한다는 것은 사실이다. 그러나 뉴런들 간의 소통은 화학적 전달물질에 의해 한 뉴런에서 다른 뉴런으로 전달된다.

불응기(refractory period) 뉴런이 다른 뉴런의 메시지에 덜 민감하게 되는 발화 이후의 단계

시냅스(synapse) 한 뉴런의 종말단추와 다른 뉴런의 수상돌기 또는 세포체 간의 접합점

신경전달물질(neurotransmitters) 한 뉴런에서 다른 뉴런으로 신경 자극을 전달하는 데에 관여하는 화학 물질

TRUTH

Ⓣ F 뇌 세포는 매초 수백 개의 메시지를 보낼 수 있으며 그 사이에 휴식도 취할 수 있다.

뇌의 뉴런이 매초 수백 개의 메시지를 보낼 수 있으며 그 사이에 '휴식'도 취할 수 있다는 것은 사실이다. 이 '휴식'은 불응기라는 용어로 불린다.

3. 신경전달물질 : 정보전달의 화학적 방법

종말단추에는 **신경전달물질**을 담고 있는 시냅스 소낭이라 불리는 주머니가 있어서 이를 통해 정보가 화학적으로 전달된다(그림 2.1 참조). 신경 자극(활동전위)이 종말단추에 도달하면, 소낭에서는 다양한 양의 신경전달물질이 시냅스 간극으로 방출된다. 거기에서부터 정보를 수용하는 뉴런에 영향을 미치게 된다.

각 종류의 신경전달물질은 고유한 화학적 구조를 가지고 있으며, 각각은 **수용** 세포에 특별히 맞춤화되어 또는 수용체에 꼭 들어맞는다(그림 2.1 참조).

자물쇠에 열쇠를 맞추는 것과 같은 비유가 종종 이 과정을 설명하는 데 사용된다. 방출 후, 신경전달물질의 모든 분자가 다른 뉴런의 수용체 부위로 찾아가는 것은 아니다. '느슨한' 신경전달물질은 일반적으로 종말단추에 의해 분해되거나 다시 빨아들이게 되는 재흡수 과정을 거친다.

일부 신경전달물질은 다른 뉴런을 자극하여 발화를 일으키는 작용을 한다. 다른 신경전달물질은 뉴런의 수용을 억제한다. 즉, 뉴런이 발화되는 것을 막는다. 흥분이나 억제와 같은 자극의 합은 뉴런의 발화 여부를 결정한다.

신경전달물질은 신체 과정(예 : 근육 수축)과 심리 과정(예 : 사고와 정서)에 관여한다. 신경전달물질의 과잉 또는 결핍은 우울증 및 조현병과 같은 심리적 장애와 관련이 있다.

아세틸콜린(ACh), 도파민, 노르에피네프린, 세로토닌, 감마아미노부티르산(GABA), 엔도르핀 등 심리학자들이 관심을 갖는 신경전달물질의 영향을 알아보도록 하자.

수용기(receptorsite) 신경전달물질을 수용하도록 맞춤화된 수용 뉴런의 수상돌기상의 위치

아세틸콜린(ACh) 근육 수축을 조절하는 신경전달물질

해마(hippocampus) 기억 형성을 담당하는 뇌의 한 부분

도파민 즐거움, 수의적 운동 학습 및 기억을 인지하는 능력에 영향을 미치는 신경전달물질; 파킨슨병에 관여하며 조현병에도 작용함.

아세틸콜린(ACh)은 근육 수축을 제어하는 신경전달물질이다. 그것은 수의적 운동을 하는 신경과 근육 사이의 시냅스에서는 흥분성을 갖지만 심장과 다른 위치에서는 억제성을 띤다. 큐라레(curare)의 독성 효과는 아세틸콜린(ACh)의 기능을 강조한다. 큐라레는 남미 원주민이 식물에서 추출하여 사냥에 사용하였다.

큐라레에 살짝 담근 화살촉이 피부에 침투하고 그 독이 몸에 들어가면 아세틸콜린이 뉴런의 수용체 부위에 결합하는 것을 막는 작용을 한다. 아세틸콜린이 근육의 움직임을 도와주므로 큐라레는 마비를 유발한다. 피해자는 호흡에 사용되는 근육이 수축되지 않아 질식으로 사망하게 된다. 식중독으로 인한 질병인 보튤리즘(Botulism)은 아세틸콜린의 방출을 막고 큐라레와 동일한 효과를 나타낸다.

아세틸콜린은 일반적으로 기억 형성에 관여하는 **해마**(hippocampus)라는 뇌의 부분에서 주로 작용한다(Ekstrom & Ranganath, 2017).

알츠하이머병과 같이 뇌에서 사용할 수 있는 아세틸콜린의 양이 감소하면 기억 형성이 손상된다(Oz et al., 2013). 한 실험에서 연구자들은 실험실 쥐의 해마에서 이용할 수 있는 아세틸콜린 양을 줄였다. 그 결과, 쥐들은 미로를 빠져나가는 길을 알 수 없었는데, 이는 다양한 선택 지점에서 어떤 방향으로 가야 하는지를 기억할 수 없게 되었기 때문이다(Egawa et al., 2002).

도파민(dopamine)은 뇌에서 작용하며 즐거움, 수의적 운동, 학습과 기억을 인지하는 능력에 영향을 미친다. 니코틴, 알코올 및 기타 여러 약물들은 도파민의 수치를 높이기 때문에 즐거움을 가져다 준다. 도파민 결핍은 점차적으로 근육에 대한 통제력을 상실하는 파킨슨병과 관련이 있다(Criaud et al., 2016). 파킨슨병은 근육 떨림과 경련, 균형 잡는 기능을 약화시킨다.

정신장애인 조현병은 비정상적 사고와 혼란스러운 인식을 특징으로 하며 도파민과 관련이 있다. 조현병 환자는 정서 반응에 관여하는 뇌 영역에 더 많은 도파민 수용체를 가지고 있을 수 있다. 이러한 이유로, 그들은 뇌에서 이용 가능한 도파민을 '과도하게 활용'하고 있을 수 있다(Fusar-Poli & Meyer-Lindenberg, 2013).

과도한 활용은 환각, 생각과 감정의 혼란과 관련이 있다. 조현병 치료에 사용되는 약물인 페노티아진은 일부

Stephen Jaffe/AFP/Getty Images

복서 무하마드 알리(1942~2016)와 배우 마이클 J. 폭스는 파킨슨병에 걸린 것으로 잘 알려진 사람들이다. 파킨슨병은 신경전달물질인 도파민의 결핍과 관련이 있다. 도파민은 또한 쾌감의 경험에 관여한다.

도파민 수용체를 차단하여 도파민의 작용을 억제한다(Coyle, 2017). 페노티아진의 작용으로 인해 파킨슨병과 같은 부작용이 나타날 수 있는데, 이는 일반적으로 복용량을 낮추거나 다른 약물을 처방함으로써 줄어들게 된다.

노르에피네프린(norepinephrine)은 뇌간에서 뉴런에 의해 주로 생성되며 신경전달물질 및 호르몬으로 작용한다. 심장 박동 및 기타 신체 과정의 속도를 높이고, 일반적인 흥분, 학습 및 기억, 그리고 섭식에 관여하는 흥분성 신경전달물질이다. 노르에피네프린의 과잉과 결핍은 정서장애와 관련이 있다. 아세틸콜린과 노르에피네프린의 결핍은 특히 기억 형성을 손상시킨다(Gold, 2015).

자극제인 코카인과 암페타민은 노르에피네프린(및 도파민)의 생성을 ('가속') 증가시켜 뉴런의 발화를 증가시키고 지속적인 각성을 유발한다. 암페타민은 이들 신경전달물질의 방출을 촉진하고 재흡수를 방지한다. 코카인 또한 재흡수를 차단한다.

세로토닌(serotonin)은 정서적 각성과 수면에 관여하는 신경전달물질이다. 세로토닌의 결핍은 섭식 장애, 알코올 중독, 우울증, 공격성 및 불면증과 관련이 있다 (Kamphuis et al., 2012 Pires et al., 2016). 환각 약물 LSD는 세로토닌의 작용을 감소시키고 또한 환각을 발생시키는 기제일 수 있는 도파민을 증가시키는 것으로 여겨진다.

감마아미노부티르산(GABA)은 심리학자들이 큰 관심을 갖는 또 다른 신경전달물질이다. 감마아미노부티르산이 불안 반응을 진정시키는 데 도움이 되는 억제성 신경전달물질이기 때문이다(Shen et al., 2013). 진정제와 알코올은 감마아미노부티르산의 수용체와 결합하여 그 효과를 증폭시킴으로써 불안을 진정시킬 수 있다.

항불안제의 한 부류는 감마아미노부티르산에 대한 수용체 부위의 민감성을 증가시킬 수도 있다. 다른 연구들은 감마아미노부티르산의 결핍을 우울증과 연관시킨다(Romeo et al., 2018).

엔도르핀(endorphin)은 억제성 신경전달물질이다. 엔도르핀이라는 단어는 내인성 모르핀(endogenous morphine)의 약어이며, 내인성은 '내부에서 발생하는'이라는 말을 의미한다. 엔도르핀은 뇌와 혈류에서 자연적으로 발생하며 기능과 효과면에서 마약성 모르핀과 유사하다. 그것들은 뇌에 통증 메시지를 전달하는 화학 물질의 수용체 부위에 고정된다.

엔도르핀이라는 '열쇠'가 '자물쇠'에 들어가면 통증을 유발하는 화학물질이 차단된다. 엔도르핀은 또한 사람의 유능감을 증가시키고, 면역체계의 기능을 향상시키며, 많은 장거리 달리기 선수들이 쾌감을 느꼈다고 보고한 '격렬한 운동 후 느끼는 도취감'과 관련이 있을 수 있다(Weinstein & Weinstein, 2013).

이렇듯 인간은 수십억개에 달하는 종말단추들이 시냅스 간극에 엄청난 양의 신경전달물질을 어느 때든 쏟아 붓는 멋진 뉴런 숲을 가지고 있다. 이러한 모든 신경전달물질의 결합된 활동이 어떤 메시지가 전송될 것인지, 어떤 메세지가 전송되지 않을 것인지를 결정한다.

노르에피네프린 호르몬 에피네프린의 작용과 유사하고 우울증에 영향을 미칠 수 있는 신경전달물질

세로토닌 정서적 각성 및 수면과 관련된 신경전달물질; 세로토닌 결핍은 섭식 장애, 알코올 중독, 우울증, 공격성 및 불면증과 관련이 있음.

감마아미노부티르산(GABA) 불안을 진정시키는 데 확실한 도움이 되는 억제성 신경전달물질

엔도르핀 뇌와 혈류에서 자연적으로 발생하는 억제성 신경전말 물질로 기능 및 효과 면에서 마약성 모르핀과 유사함.

우리는 감각, 생각, 신체에 대한 통제력과 같은 심리적 사건들을 경험하지만, 이는 수십억 개의 전기 화학적 사건들을 반영한다.

우리는 뉴런을 신경계의 미세한 구성요소들로 생각할 수 있다. 수백만 개의 뉴런들이 모여 우리가 신경계의 일부로 생각하는 더 크고 가시적인 구조를 형성한다. 이에 대해서는 다음 부분에서 논의하도록 하자.

2-2 신경계의 구성

신경계는 뇌, 척수, 그리고 이들을 감각기관, 근육 및 분비샘에 연결하는 **신경**으로 구성된다. 그림 2.3에서 볼 수 있듯이, 뇌와 척수는 **중추신경계**(central nervous system)를 구성한다. 신경계를 컴퓨터에 비교하면 중추신경계는 중앙처리장치(CPU)가 된다.

뇌와 척수에 메시지를 수신하고 전달하는 감각(구심성) 뉴런과 뇌 또는 척수에서 근육과 분비샘에 메시지를 전달하는 운동성(원심성) 뉴런이 말초신경계를 구성한다.

신경(nerves) 많은 뉴런들의 축삭 다발

중추신경계 뇌와 척수

말초신경계 체성신경계와 자율신경계로 구성된 신경계의 영역

1. 말초신경계 : 신체의 말초 장치

말초신경계(peripheral nervous system)는 중추신경계와 메시지를 주고받는 감각 및 운동 뉴런으로 구성된다. 말초신경계가 없다면 두뇌는 키보드, 마우스, 인터넷 또는 정보를 입력하는 하드웨어가 없는 컴퓨터와 같을 것이다. 또한 모니터, 프린터, 모뎀 또는 정보를 표시하거나 전송하는 다른 방법도 없을 것이다.

우리는 인식할 수 없을 것이기에, 반응하는 행동도 할 수 없을 것이다. 말초신경계의 두 가지 주요 부분은 체성신경계와 자율신경계이다.

체성신경계(somatic nervous system)에는 감각(구심성)과 운동(원심성) 뉴런이 포함된다. 시력, 소리, 냄새, 온도, 신체 위치 등에 관한 메시지를 중추신경계로 전송한다. 뇌와 척수에서 체성신경계로 전달되는 메시지는 손을 들거나, 윙크하거나, 달리는 등의 의도적인 신체 움직임뿐만 아니라, 균형과 자세를 유지하는 것과 같은 거의 인식할 수 없는 작은 움직임까지 제어한다.

자율신경계(autonomic nervous system, ANS) 또한 구심성 뉴런과 원심성 뉴런을 가지며 내부 장기의 분비샘과 근육을 조절한다. 따라서 자율신경계는 심장 박동, 호흡,

그림 2.3 신경계의 구성

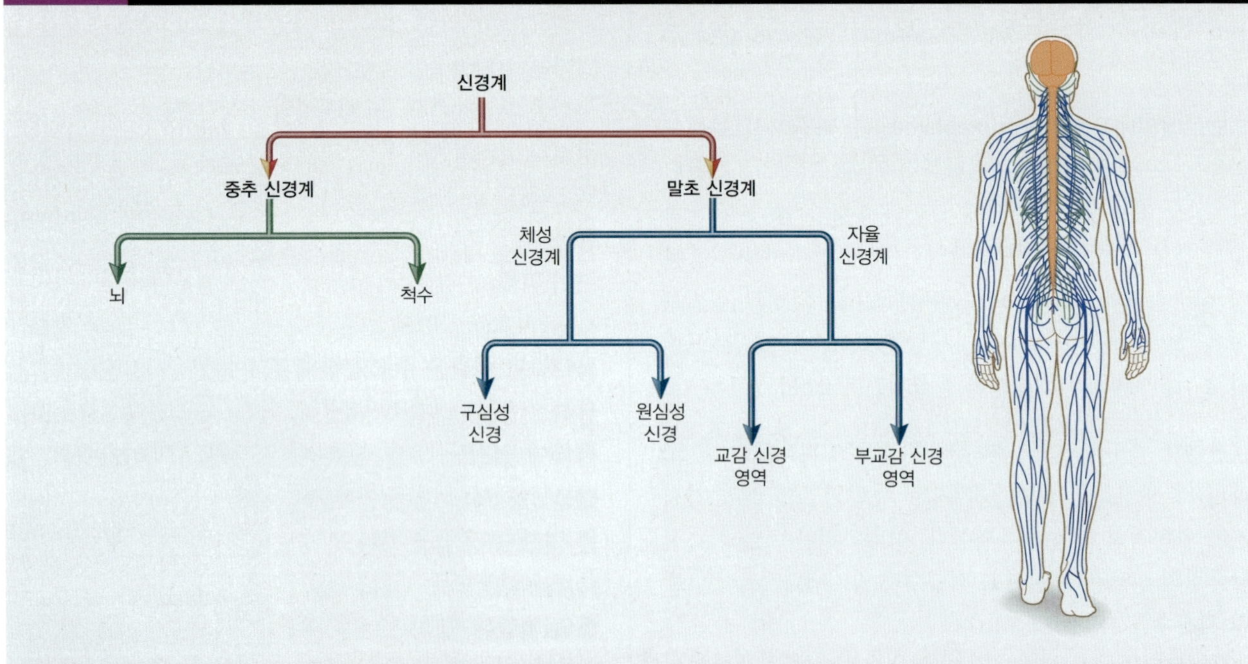

신경계는 두 가지 주요 부분, 즉 중추신경계와 말초신경계로 이루어져 있다. 중추신경계는 뇌와 척수로 구성된다. 말초신경계는 체성신경계와 자율신경계를 포함한다. 또 자율신경계는 교감 신경과 부교감 신경으로 나뉘어지고, 체성신경계는 구심성과 원심성 신경으로 분류한다.

소화 및 동공 확장과 같은 활동들을 제어한다. 이러한 활동들은 잠자는 동안 자동으로 발생할 수 있다. 그러나 그들 중 일부는 의식적인 통제에 의해 무시될 수 있다.

예를 들어, 의도적인 속도로 호흡할 수 있다. 생체자기제어(바이오피드백) 및 요가와 같은 방법은 사람들이 심박수와 혈압과 같은 기능을 자발적으로 제어할 수 있도록 도와준다.

자율신경계(ANS)에는 또한 **교감신경**과 **부교감신경**으로 분류되는데, 이 둘은 반대되는 효과를 보인다. 많은 기관과 분비샘들이 자율신경계(ANS)의 두 가지로 분류되어 자극된다(그림 2.4 참조).

기관과 분비샘이 두 부분에 의해 동시에 자극되면, 그 영향은 어느 정도 균형을 맞출 수 있을 것이다. 일반적으로, 교감신경은 포식자에 대한 투쟁, 혹은 도피 반응 또는 집의 임대료 인상을 알았을 때와 같이 비축해 둔 신체 에너지를 소비하는 과정에서 가장 활발하다. 부교감신경은 식사와 같은 에너지를 보충하는 과정에서 가장 활발하다.

우리가 두려움을 느낄 때, 자율신경계의 교감신경은 심박수를 가속화한다. 우리가 휴식을 취할 때는 부교감 신경이 심박수를 감속시킨다. 부교감신경은 소화 과정을 자극하지만, 두려움에 의해 활성화될 수 있는 교감신경계는 소화를 방해한다. 따라서, 두려움은 소화불량을 유발할 수 있다.

자율신경계(ANS)는 불안, 사랑과 같은 다양한 감정과 관련되어 있기 때문에 심리학자들이 특히 관심을 가지고 있다.

그림 2.4 자율신경계의 두 가지 분류

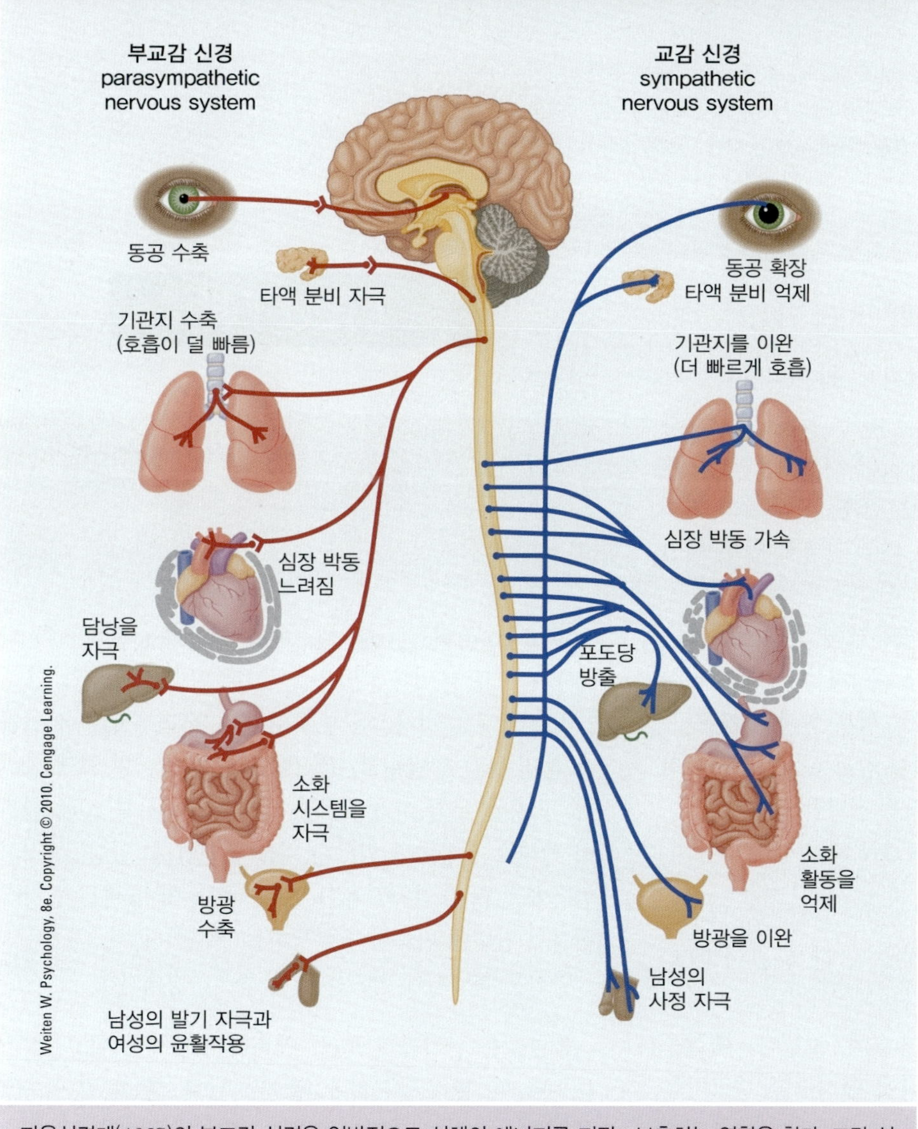

자율신경계(ANS)의 부교감 신경은 일반적으로 신체의 에너지를 저장 · 보충하는 역할을 한다. 교감 신경은 에너지를 소비할 때 가장 활발하게 작용한다. 부교감 신경과 교감 신경은 종종 그들이 작용하는 기관들에 길항 작용을 한다.

체성신경계 중추신경계를 감각 수용체, 골격근 및 신체의 표면과 연결하는 말초신경계의 영역

자율신경계 분비샘과 심장 박동, 호흡, 소화 및 동공 확장과 같은 활동을 조절하는 말초신경계의 영역

교감 신경 두려움과 불안과 같은 정서적 반응 중에 신체의 에너지를 소비하는 가장 활동적인 자율신경계 영역

부교감 신경 신체의 에너지를 회복시키는 과정(예 : 소화) 동안 가장 활동적인 자율신경계의 영역

척수 감각 수용체에서 뇌로, 뇌에서 근육과 분비샘으로, 전신에 메시지를 전달하는 척추 내의 신경 기둥

그림 2.5 반사궁(REFLEX ARC)

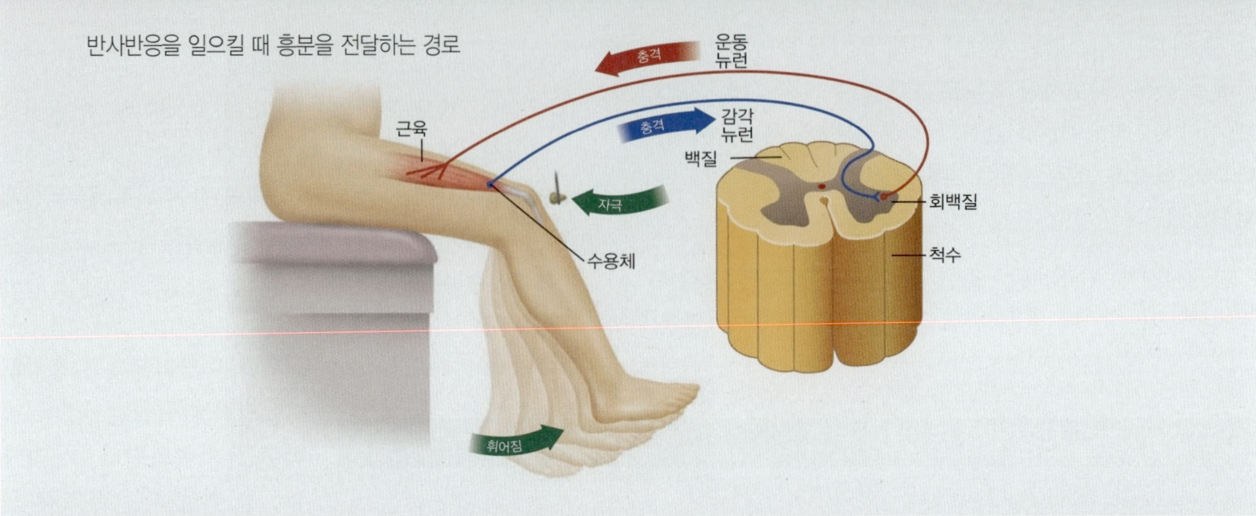

반사신경은 선천적이고 정형화된 행동 패턴으로, 개인이 환경을 이해하고 의도적으로 조작하기도 전에 이미 환경에 적응하도록 도와준 것으로 보아 분명 진화되었다고 할 수 있을 것이다. 척수의 단면을 통해 무릎반사와 관련된 감각뉴런과 운동뉴런이 작용한 것임을 알 수 있다. 일부 반사신경에서 연합뉴런은 감각과 운동뉴런을 연결한다.

2. 중추신경계 : 신체의 중추적인 처리 기관

중추신경계는 척수와 뇌로 구성된다. **척수**는 엄지 손가락 두께의 신경 기둥으로 된 '정보 고속 도로'이다. 그것은 감각 수용체에서 뇌로, 뇌에서 근육과 분비샘으로 몸 전체에 메시지를 전달한다. 척수는 또한 '자치제'를 일부 수행한다. 즉, 척수 반사를 통해 외부 자극의 일부 원인에 반응하는 것이다.

척수 반사(spinal reflex)는 자극에 대해 학습되지 않은 반응으로, 감각뉴런과 운동뉴런에 해당하는 두 개의 뉴런만을 필요로 한다(그림 2.5 참조). 일부 반사 신경에서, 연합뉴런이라고 하는 제3의 뉴런이 감각뉴런으로부터 척수를 통해 운동뉴런으로 신경자극을 전달한다.

척수와 뇌에는 회백질과 백질이 포함되어 있다.

회백질은 비 수초 뉴런으로 구성된다. 이들 중 일부는 척추 반사에 관여한다. 나머지는 자신들의 축삭을 뇌로 보낸다. **백질**은 뇌에 메시지를 주고받는 긴 수초를 가진(그래서 흰색을 띄는) 축삭의 묶음으로 구성된다. **척수**(spinal cord)의 단면은 세포체를 포함하는 회백질이 나비 패턴으로 분포되어 있음을 보여준다(그림 2.5 참조).

척수 반사 두 개의 뉴런만을 필요로 하는 학습되지 않은 반응

회백질(gray matter) 척추 반사에 관여하는 회색빛 뉴런과 신경절

백질(white matter) 뇌와 메시지를 주고받는 축삭 묶음

척수는 또한 반사작용에 관여한다. 우리는 얼굴에 입김을 불면 눈을 깜박이고, 음식이 입안에 쌓이면 꿀꺽 삼킨다. 의사는 무릎 아래를 두드리는 무릎반사를 통해 신경이 제대로 작동하고 있다는 것을 확인할 수 있다. 성적인 반응에는 많은 반사작용이 있다. 배뇨 및 배설은 방광과 직장의 압력에 반응하여 발생하는 반사이다.

당신을 특별하게 만드는 것은 중추신경계이다.

동물들은 날카롭게 보고, 예리하게 냄새를 맡고, 빨리 듣는다. 더 빨리 달리거나, 공중을 날고, 물 속 깊이 수영을 한다. 그러나 인간이 자신의 환경에 적응할 수 있게 하고, 상징과 언어를 사용하여 새로운 환경을 창조하고 가능하도록 하는 것이 중추신경계이다.

TRUTH

(T) F 두려움은 소화불량을 유발할 수 있다.

두려움이 소화불량을 유발할 수 있다는 것은 사실이다. 소화는 부교감신경의 활동과 관련이 있지만 두려움은 반대되는 교감신경 활동과 관련이 있다.

2-3 뇌 : 하늘보다 넓다

인간의 신경계는 다른 어떤 동물보다 복잡하고, 뇌는 다른 어떤 동물보다 크다는 이야기는 사실이 아니다. 인간의 뇌는 약 1200g이지만 코끼리와 고래의 뇌는 그보다 4배 가까이 무겁다. 그러나 우리의 두뇌는 코끼리나 고래의 뇌보다 신체에 비해서 더 크다는 것이다. 사람의 뇌 무게는 체중의 약 1/60이지만 코끼리 뇌의 무게는 총 체중의 약 1/1,000이며, 고래 뇌는 1/10,000로 체중에 비해서는 얼마되지 않는다.

1. 뇌에 대한 이해

철학자들과 과학자들은 역사 전반에 걸쳐 뇌의 기능에 대해 궁금해 했다. 오늘날의 과학자들은 일반적으로 마음이 두뇌의 기능이라는 데에 동의한다(Gazzaniga, 2018). 어떤 사람들은 음악을 듣거나 누군가의 얼굴을 기억하려고 할 때 뇌의 특정 부분에서 일어나는 일을 정확히 짚어내고자 하는 연구에 참여한다.

운동선수의 머리 부상으로 뇌가 손상되면 의식, 인식, 기억, 그리고 계획과 결정을 하는 능력을 손상시킬 수 있다는 것을 알게 되었다. 어떤 경우에는, 뇌의 많은 부분이 손상되더라도 기능에는 거의 손실이 없을 수도 있다. 하지만 특정 해당 위치의 작은 부분이 손상될 경우 언어 문제, 기억 손실 또는 사망이 발생할 수 있다.

약 2세기 동안 뇌의 왼쪽 손상이 신체의 오른쪽 감각이나 움직임의 상실과 관련이 있으며, 그 반대쪽의 경우도 마찬가지라고 알려져 있었다. 따라서, 뇌의 제어기제는 신체의 오른쪽에서 왼쪽으로, 왼쪽에서 오른쪽으로 교차한다고 추정되어 왔다.

오늘날에도 과학자들은 실험, 뇌전도검사, 뇌 스캔과 같은 방법을 통해 뇌에 대해 더 많은 연구를 하고 있다.

2. 뇌 실험

뇌진탕을 입은 풋볼 선수의 경우에서처럼, 질병 및 부상의 결과는 뇌 손상이 행동과 정신과정의 변화와 연관성이 있다는 것을 보여준다.

FICTION

T (F) 인간의 뇌는 다른 동물의 뇌보다 더 크다.

인간의 뇌가 다른 그 어떤 동물의 뇌보다 크다는 것은 사실이 아니다. 또한, 사람의 뇌는 코끼리나 고래와 같은 큰 동물의 뇌보다 전체 체중에서 뇌의 무게가 차지하는 비율이 더 높다.

과학자들은 실험 동물들의 뇌 일부를 의도적으로 손상시켜 결과를 관찰했다.

예를 들어, 시상하부라는 뇌 영역의 한 부분을 손상 시키면 쥐가 과식을 하게 된다. 시상하부의 또 어떤 부분을 손상시키면 식사를 중단하게 된다. 적어도 하등동물에게는, 뇌의 일부분에 특정 행동을 위한 온–오프 스위치를 갖고 있는 것과 같다.

뇌에는 통증에 대한 수용체가 없기 때문에 외과의사 와일더 팬필드(Wilder Penfield, 1969)는 전기 탐침을 사용하여 인간 뇌의 일부를 고통없이 자극할 수 있었다. 결과적으로, 그의 환자들은 특정 기억을 인식한다고 보고했다. 또한, 뇌의 전기적 자극을 통해 뇌의 일부가 특정 종류의 감각(예 : 빛 또는 소리) 또는 운동 활동(예 : 팔 또는 다리의 움직임)과 연결되어 있음을 보여주었다.

뇌전도검사(EEG) 팬필드는 전류로 뇌의 일부를 자극하고 사람들에게 자신의 경험을 보고하도록 요청했다. 또한, 연구원들은 뇌의 자연적인 전기 활동을 기록하기 위해 **뇌전도검사**를 사용해 왔다. 뇌전도검사(그림 2.6 참조)는 전극 사이에서 지나가는 뇌파의 모든 전기 활동을 감지한다. 특정 뇌파는 이완 느낌, 다양한 수면 단계 및 간질과 같은 신경학적 문제와 관련이 있다.

뇌 영상기술 20세기 후반에 과학자들은 컴퓨터가 방사선으로부터 뇌 부분의 이미지를 생성하는 능력을 사용하는 영상기법을 개발했다.

> **"두뇌는 하늘보다 넓다./ 둘을 같이 놓아 보라. / 하나는 쉽게 다른 하나를 품을 것이고,/ 그대까지 품을 것이기 때문이다."**
>
> 에밀리 디킨슨, 미국 시인, 1830 – 1886

뇌전도검사(EEG) 두피에 붙인 전극 사이의 전류를 측정하여 뇌파를 감지하는 방법

그림 2.6 뇌전도 검사(EEG)

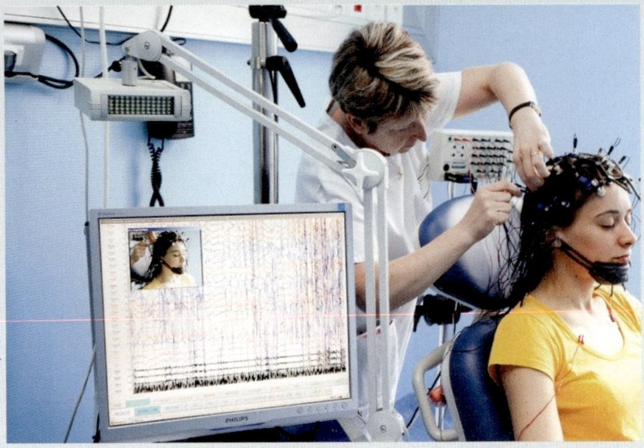

Phanie/Alamy Stock Photo

뇌전도검사는 두피에 부착된 전극 사이를 통과하는 뇌파를 감지한다. 휴식과 수면 단계와 관련된 전기적 활동을 나타내는 데 사용되어 왔다.

그림 2.7A에 표시된 **컴퓨터 단층촬영**(CT)은 머리에 X-ray를 통과시키고 다양한 각도에서 광선을 반사하여 3차원 이미지로 구조를 측정하여 혈전, 종양 및 기타 건강 문제와 관련된 모양과 구조의 변형을 보여준다.

그림 2.7B에 제시하고 있는 두 번째 방법인 **양전자방출 단층촬영**(PET 스캔)은 포도당(또는 대사량)의 사용을 추적하여 이 부분의 뇌 활동을 컴퓨터 생성 이미지로 형성한다. 더 많은 포도당이 뇌의 더 활동적인 부분에서 사용된다.

포도당의 신진대사를 추적하기 위해 무해한 양의 방사성 화합물인 추적자(tracer)가 포도당과 혼합되어 혈류에 주입된다.

포도당이 뇌에 도달하면, 활성 패턴은 추적자에 의해 방출된 양전자—양의 전하를 가진 입자—의 측정에 의해 드러난다. 세 번째 영상기법은 **자기공명영상법**(MRI)으로, 그림 2.7C에 제시되어 있다.

MRI 촬영 시, 사람은 강력한 자기장 안에 누워서 전파에 노출되는데, 이는 뇌의 일부가 여러 각도에서 신호를 방출하게 해 측정한다. MRI는 혈류의 미묘한 변화에 의존한다.(더 많은 혈액이 뇌의 더 활동적인 부분으로 흘러 산소를 공급한다.)

기능적 MRI(fMRI)는 더 빠른 그림을 제공하므로 연구자들은 반복적인 스캔을 수행하면서 피험자가 정신과정 및 자발적 움직임과 같은 활동을 할 때 뇌의 '작동하는 동안'을 관찰할 수 있다.

fMRI는 우리가 음악을 듣거나, 대화를 하거나, 체스를 할 때 뇌의 어느 부분이 활성화되는지를 확인할 때 활용될 수 있다(Bilalic et al., 2015).

일부 연구자들은 전전두엽 피질을 뇌의 '실행 센터'로 생각하는데, 여기서 정보를 작업 기억에 저장하고 문제를 해결하기 위한 결정을 내린다. 전전두엽 피질은 뇌 앞쪽에 가장 가까운 전두엽의 일부이다.

PET 스캔 및 MRI를 사용한 연구는 전전두엽 피질이 계획 수립 및 문제 해결과 관련된 많은 정보를 처리하는 위치라는 견해를 뒷받침한다(Nyberg, 2018).

2-4 뇌 속을 관통하는 여행

척수가 뇌를 만나는 지점인 후뇌에서 여행을 시작해 보자(그림 2.8 참조). 여기서 우리는 세 가지 주요 구조인 연수, 뇌교, 소뇌를 발견한다. 척수를 더 높은 수준의 뇌와 연결시키기 위해 많은 경로들이 연수를 통과한다.

연수는 심박수, 혈압, 호흡과 같은 기본 기능들을 조절한다. 연수는 또한 수면, 재채기, 기침에도 관여한다. 뇌교는 후뇌의 돌출부로서 연수의 전방에 있다.

뇌교는 '다리(bridge)'의 라틴어다. 뇌교는 신체의 움직임에 관한 정보를 전달하며 주의, 수면 및 각성, 그리고 호흡과 관련된 기능에 관여한다.

뇌교 뒤에는 **소뇌**(라틴어로 '작은 뇌')가 있다. 소뇌에는 균형을 유지하고 운동(근육) 행동을 조절하는 데에 관련된 두 개의 반구가 있다. 일어나서 냉장고로 걸어가라는 명령은 전뇌에서 보낼 수 있지만, 소뇌가 이러한 움직임을 할 수 있는 정보를 구성하는 데 중요한 역할을 한다.

컴퓨터 단층촬영(CAT 또는 CT) 좁은 X선을 머리로 통과시키고 다양한 각도에서 광선을 반사하는 구조를 측정하여 컴퓨터가 3차원 이미지를 생성할 수 있게 하는 뇌 영상기법

양전자방출 단층촬영 방사능 추적자를 혈류에 주입하여 그들이 포도당의 사용량에 따라 뇌 부분의 활동을 촬영하는 뇌 영상법

자기공명영상(MRI) 사람을 자기장에 노출시켜 뇌가 혈액 흐름의 변화를 나타내는 신호를 방출하도록 하여 뇌를 스캔하는 영상 방법

기능적 MRI(fMRI) 반복적인 스캔을 통해 '작동하는 동안' 뇌를 관찰 할 수 있는 MRI

연수(medulla) 심장 박동, 혈압, 운동, 호흡 조절과 관련된 후뇌의 타원형 모양의 긴 영역

뇌교(pons) 호흡, 주의, 수면 및 각성에 관련된 후뇌의 영역

소뇌(cerebellum) 근육 조정과 균형을 담당하는 후뇌의 부분

그림 2.7 뇌 영상기법

A. CT는 머리를 통해 좁은 X선을 통과하고 다양한 각도에서 광선을 반사하는 구조를 측정하여 컴퓨터가 3차원 이미지를 생성할 수 있도록 한다.

B. PET는 방사성 추적자를 혈류에 주입하고 포도당의 양에 따라 뇌부분의 활동을 촬영한다.

C. MRI는 사람을 자기장이 나오는 기계에 눕히고 전파를 사용하여 뇌가 혈액 흐름이 변할 때 신호를 방출하게 하여 뇌 활동을 보여준다.

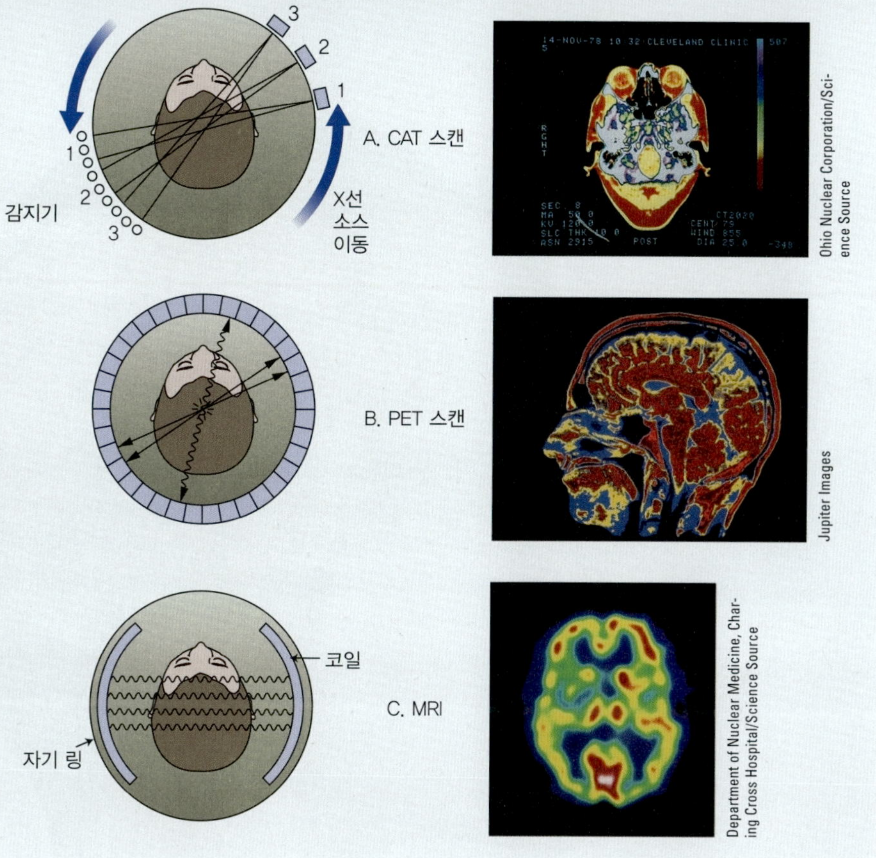

소뇌는 당신이 한쪽 다리를 다른 다리 앞에 가져가면서도 넘어지지 않고 목적지에 도달할 수 있게 한다. 소뇌가 손상을 입으면 운동협응에 손상이 생길 수 있으며, 발을 헛디디거나 근긴장의 상실을 유발할 수 있다.

후뇌를 살펴보면, **망상체**(reticular formation)의 하부도 발견할 수 있다. 이곳은 망상체가 시작되는 곳이지만, 중뇌를 통해 전뇌의 하부로 올라간다. 망상체는 주의, 수면 및 각성 기능에 필수적이다.

망상체에 손상이 생기면 혼수상태에 빠질 수 있다. 망상체를 자극하면 대뇌피질(보통 우리가 뇌라고 생각하는 큰 주름진 덩어리)에 메시지를 보내서 감각 정보에 더욱 주의를 기울이게 한다.

앞선 신경학적 연구에서 주세페 모루치(Giuseppe Moruzzi)와 호레이스 매군(Horace Magoun, 1949)은 잠자는 고양이의 망상체에 전기 자극을 주면 한 번에 깨어난다는 것을 발견했다. 그러나 망상체가 뇌의 상위 부분에서 잘려나갔을 때, 고양이는 혼수상태에 빠져서 깨어나지 않았다. 알코올과 같은 중추신경계 억제제로 알려진 약물은 부분적으로 망상체의 활동성을 낮추는 것으로 알려져 있다.

뇌의 가장 앞부분에서 크고 중요 역할을 하는 전뇌의 주요 영역은 시상, 시상 하부, 변연계, 그리고 대뇌이다. 시상은 뇌 중앙 근처에 있으며 전뇌와 중뇌 사이에 있다고 할 수 있다. 그것은 두 개의 달걀이 연결된 모양의 구조이다.

시상은 감각 자극을 위한 중계 역할을 한다. 감각 시스템의 신경 섬유는 아래에서 들어온다. 정보는 위로 나가는 섬유에 의해 대뇌피질로 전송된다.

예를 들어 **시상**(thalamus)은 눈으로 입력된 감각을 대뇌피질의 시각 영역으로 전달한다. 시상은 또한 망상체를 포함하여 다른 뇌 구조와 협응하여 수면과 주의를 조절한다.

망상체 주의, 수면 및 각성에 관여하는 뇌의 부분

시상 뇌의 중심 가까이에 위치하며 감각 정보를 피질에 전달하고 수면 및 주의 기능에 관여하는 영역

시상하부 체온, 동기 부여 및 감정에 관여하는 시상 아래 핵 다발

그림 2.8 뇌의 구조들

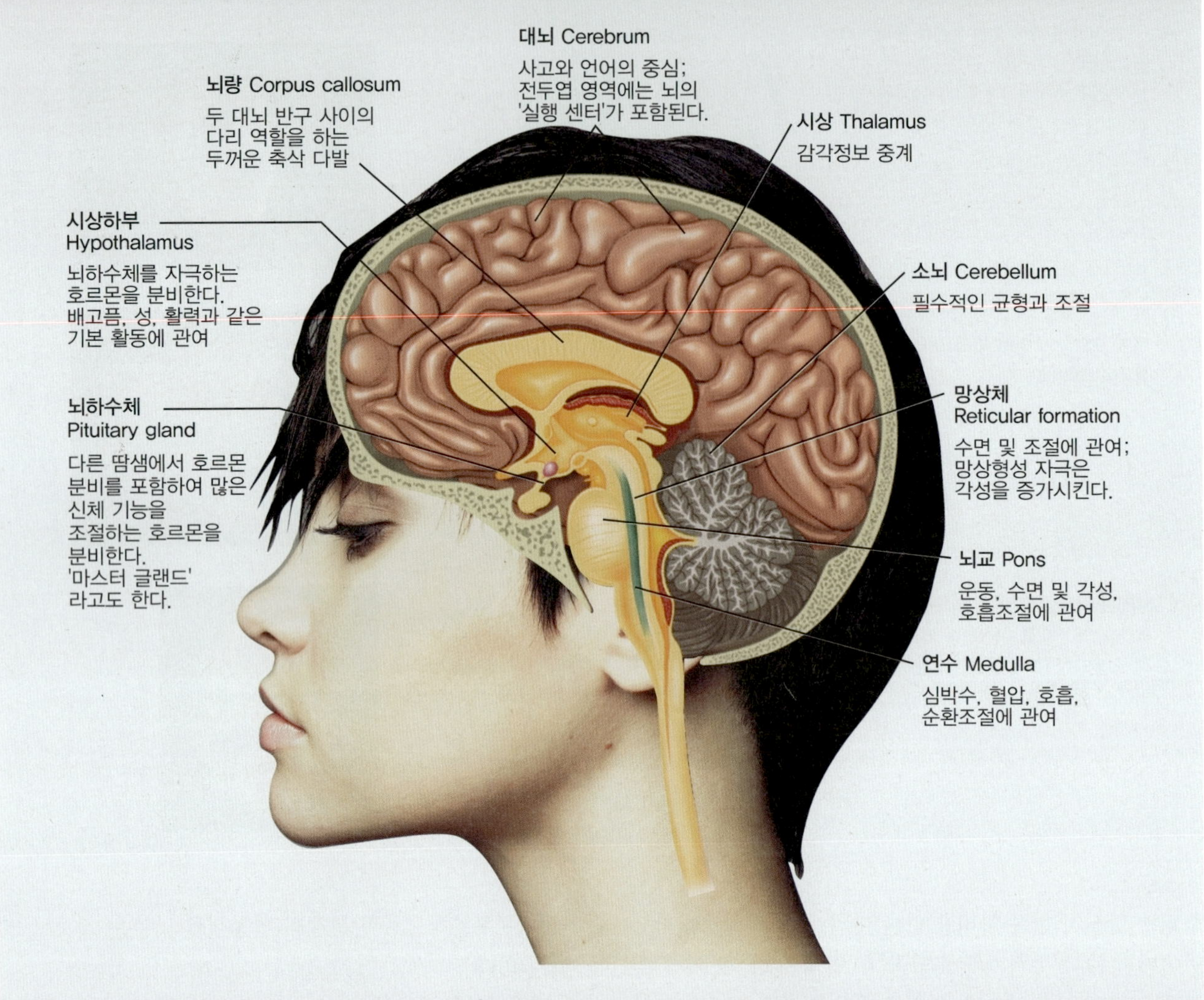

위에서 아래로 나눠서 본 뇌의 모습이다. 시상하부는 뇌하수체와 매우 가까워서 쉽게 영향을 미칠 수 있다. 대뇌의 '골짜기'를 열구(fissure)라고 한다.

시상하부(hypothalamus)는 시상 아래와 뇌하수체 위에 위치한다. 무게는 4g에 불과하지만 체온 조절, 체액 농도, 영양소 저장, 동기 부여 및 감정 조절에 필수적이다. 실험자들은 시상하부의 일부에 전극을 이식하고 전기 자극의 영향을 관찰함으로써 시상하부가 관여하는 많은 기능들을 알아냈다. 시상하부는 배고픔, 갈증, 성적 행동, 양육, 공격과 관련이 있다는 것이 발견되었다. 하등동물들에게 시상하부의 다양한 영역을 자극했을 때, 싸움, 교배, 둥지 만들기와 같은 본능적인 행동을 유발할 수 있다.

캐나다의 심리학자인 제임스 올즈(James Olds)와 피터 밀너(Peter Milner, 1954)는 1950년대에 엄청난 실수를 저질렀다.

그들은 쥐의 망상체에 전극을 이식하여 이 영역을 자극하는 것이 학습에 어떤 영향을 미치는지를 알아보려고 했다. 그러나 올즈는 원래 사회심리학자였으며 생물학적 심리학자는 아니었다. 그는 원래 목표였던 망상체를 놓치고, 대신 쥐의 시상하부의 일부를 발견했다. 올즈와 밀너는 이 지역을 '쾌락중추'라고 불렀는데, 동물이 이 부분에 자극을 받으면 반복 행동을 했기 때문이다.

쾌락중추라는 용어는 쥐에게도 인간과 같은 감정이 있다는 것으로 볼 수 있으며, 자주 사용되지 않는 용어이다. 그러나 쥐가 지칠 때까지 한 시간에 수천 번 페달을 밟아 스스로를 자극하는 것으로 보아 '쾌락중추'는 제대로 작동한다고 할 수 있다(Olds, 1969).

시상하부는 인간뿐만 아니라 하등동물들에게도 중요하다. 불행히도(또는 다행히도), 우리의 '쾌락중추'는 쥐의 것만큼 명확하게 정의되어 있지 않다. 또한, 시상하부로부터의 메시지에 대한 인간의 반응은 덜 자동화되어 있어서 상대적으로 더 높은 뇌의 기능, 즉 사고, 선택, 가치체계와 같은 인지적 요인에 의해 영향을 받는다.

변연계(limbic system)는 대뇌의 내부 가장자리를 따라 형성되고 포유류에서만 완전히 진화되었으며(그림 2.9 참조), 편도체, 해마, 시상하부와 같은 여러 구조로 구성된다. 그것은 기억과 감정, 그리고 배고픔, 성, 공격의 원동력에 관여한다. 해마에 손상을 입은 사람들은 오래된 기억은 되찾을 수 있지만 새로운 정보를 영구적으로 기억할 수는 없다.

결과적으로, 그들은 이전에 읽었다는 것을 전혀 기억하지 못한 채 동일한 신문을 매일 다시 읽을 수 있다. 또는 몇 시간 전에 만난 사람들을 또 다시 소개받아야 할 수도 있다(Wixted et al., 2018).

그림 2.9 변연계(The Limbic System)

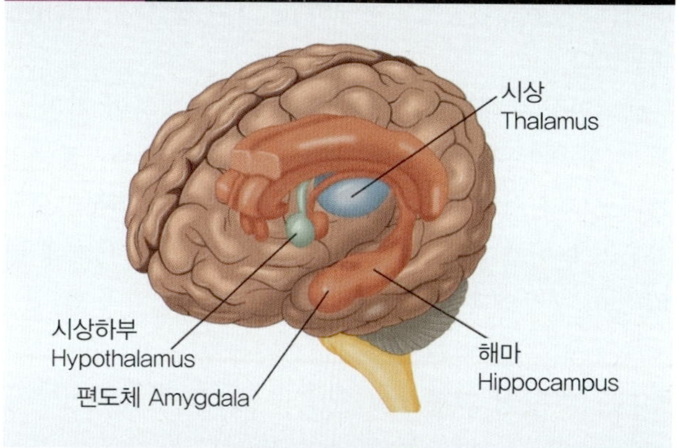

변연계는 편도체, 해마, 시상하부 일부로 구성되어 있다. 변연계는 포유류에서만 완전히 진화하고 대뇌의 내부 가장자리를 따라 형성된다. 변연계는 기억과 감정, 그리고 배고픔, 성, 공격의 원동력에 관여한다.

편도체(amygdala)는 변연계의 바닥 근처에 있으며 두 개의 작은 아몬드 모양을 하고 있다. 병변 및 전기 자극을 사용한 연구에 따르면 편도체는 원숭이, 고양이 및 기타 동물의 공격적인 행동과 관련이 있다. 20세기 초, 하인리히 클루버(Heinrich Kluver)와 폴 부시(Paul Bucy, 1939)는 붉은 털 원숭이의 편도체 일부에 병변을 옮겼다. 붉은 털 원숭이는 일반적으로 산만한 부류이며 침입자를 물거나 잡으려는 본능이 있지만, 편도체가 파괴되면 온순해져 더 이상 사람들에게 공격적으로 반응하지 않았다. 심지어 사람들이 자기를 찌르고 꼬집는 것을 허용했다. 그러나 클루버와 부시가 파괴한 편도체 부분의 전기적 자극은 '분노 반응'을 유발했다. 예를 들어, 고양이가 하악질을 하고 공격을 준비하기 위해 등을 굽히는 행동을 유발하게 했다.

편도체는 또한 공포 반응과 관련이 있다(Mendez-Bertolo et al., 2016). 편도체의 또 다른 부분을 전기적으로 자극하면, 고양이는 쥐를 보고 겁에 질려 웅크린다. 편도는 또한 각성(vigilance)과 연관되어 있다. 감정, 학습, 기억과 관련이 있으며, 새롭고 더 알아야 할 중요한 문제에 집중하는 행동을 한다.

> **"뇌는 훌륭한 기관이다. 아침에 일어나자마자 일을 시작하고 사무실에 도착할 때까지도 멈추지 않는다."**
>
> 로버트 프로스트, 미국 시인, 1874 – 1963

인간에서만 **대뇌**(cerebrum)가 뇌의 큰 부분을 차지한다(그림 2.8 참조). 대뇌는 사고와 언어를 담당한다. 대뇌의 표면인 **대뇌피질**(cerebral cortex)은 융기부와 계곡으로 주름지거나 굴곡이 있다.

굴곡으로 인해 뇌에 많은 표면적을 만들 수 있으며 표면적은 인지 능력과 관련이 있다. 대뇌피질의 계곡을 **열구**(fissures)라고 한다.

중요한 열구 하나가 대뇌를 거의 반으로 나누고 호두 모양의 두 개의 반구를 만든다. 반구들은 약 2억 개의 신경 섬유 묶음인 **뇌량**(corpus callosum, '딱딱한 몸체'라는 뜻의 라틴어)으로 연결된다(그림 2.8 참조).

2-5 대뇌피질

대뇌피질은 우리가 일반적으로 뇌라고 생각하는 뇌의 부분이다. 피질은 나무껍질과 같이 '껍질'을 의미하는 라틴어다. 나무껍질이 나무의 외부 코팅인 것과 마찬가지로 대뇌피질은 대뇌의 외부 코팅이다.

변연계 기억, 동기 부여 및 정서에 관여하는 뇌의 내부 가장자리를 따라 형성되는 일련의 구조

편도체 전형적인 공격적 반응을 촉진하는 변연계의 일부분

대뇌 두 반구로 구성된 전뇌의 큰 덩어리

대뇌피질 대뇌의 주름진 표면적(회색질)

뇌량 피질의 반구를 연결하는 두꺼운 섬유 묶음

대뇌피질은 대단히 중요하며, 세계의 문명과 문화를 창조하는 역할을 했음에도 불구하고, 그 두께는 약 0.4cm에 불과하다.

대뇌피질은 대부분의 감각과 반응을 포함하여 거의 모든 신체 활동에 관여한다. 또한, 유전적 지시와 본능의 지배로부터 사람들을 자유롭게 해주는 뇌의 일부분으로 사고와 언어를 관장하는 곳이며, 인간이 외부 세계에 대해 깊이 생각하고 결정을 내릴 수 있게 한다.

1. 대뇌피질의 구조

대뇌피질은 왼쪽과 오른쪽 두 개의 반구로 되어 있다. 각각의 반구는 그림 2.10과 같이 4개의 뇌엽으로 나뉜다. 전두엽은 중앙 열구의 앞에 위치하고 있으며, 그 뒤에는 두정엽이 있다.

측두엽은 전두엽과 두정엽에서 교차하는 옆 또는 측면 열구 아래에 있다. 후두엽은 측두엽 뒤에 위치하면서, 동시에 두정엽의 뒤 · 아래에 있다.

빛이 눈에 비치면 후두엽의 뉴런이 발화되어 결과적으로 우리는 '볼' 수 있게 된다(뇌에 이미지가 투사된다.) 후두엽에 직접적으로 자극을 주는 것 또한 시각적 감각을 생성한다. 피질 후두부의 뉴런이 전기의 자극을 받으면, 눈을 감고 있어도 빛의 섬광을 '볼' 것이다.

피질의 청각 영역은 측면 열구를 따라 측두엽에 있다. 소리가 귀 속의 구조를 진동시킨다. 이러한 구조에서 피질의 청각 영역으로 메시지가 전달된다. 소음이 들리면 이 영역의 뉴런이 발화된다.

두정엽의 중심 열구 뒤에는 **체성감각 피질**(somatosensory cortex)이라는 감각 영역이 있으며, 이는 신체 전체의 피부 감각으로부터 메시지를 받는다. 이러한 감각에는 따뜻함과 추위, 촉감, 통증, 움직임이 포함된다. 손가락을 흔들거나 다리를 올리는지에 따라, 감각 피질의 다른 부분에 있는 뉴런들이 발화된다.

수년 전 뇌의 반구 한쪽에 부상을 입은 환자는 머리 아래 신체의 반대편 감각 또는 운동에 결함이 있음이 발견되었다. 이로 인해 감각신경과 운동신경이 뇌와 다른 신체부위에서는 교차한다는 것을 알게 되었다. 왼쪽 반구는 신체의 오른쪽을 제어하고 작동하며 정보를 입력받는다. 오른쪽 반구는 신체의 왼쪽을 제어하고 작동하며 정보를 입력받는다.

체성감각 피질 감각 자극이 투영되는 피질의 부위로 두정엽의 중앙 열구 바로 뒤에 있음.

운동 피질 감각 피질의 중앙 열구를 가로 질러 전두엽에 있는 피질 부분; 운동 피질의 신경 자극은 신체 전체의 근육 반응과 연관되어 있음.

TRUTH

(T) F 외과 의사가 당신 뇌의 특정 부분을 전기적으로 자극할 경우 누군가 당신의 다리를 쓰다듬었다고 맹세 할 수 있다.

체성 감각 피질 부위가 전기 탐침으로 자극되면 마치 누군가가 팔이나 다리를 만지는 것처럼 느낄 수 있다. 실제 자극원은 당신에게 분명하지 않을 수 있다.

대뇌피질 또는 **운동피질**(motor cortex)의 운동 영역은 중앙 열구의 계곡을 가로 지르는 전두엽에 있다. 운동 피질에서 발생하는 뉴런은 신체의 일부를 움직인다. 100년 전에 독일 과학자들은 개로부터 운동피질을 전기적으로 자극했을때 근육이 반응하여 수축하는 것을 관찰했다(Fritsch & Hitzig, 1870/1960).

그 후로, 신경 과학자들은 전기 탐침을 삽입하고 어떤 근육이 수축하는지 확인함으로써 사람과 하등동물의 운동피질을 그림으로 그렸다.

예를 들어 호세 델가도(Jose Delgado, 1969)는 주먹 쥐지 않으려는 환자는 "의사 선생님의 전기자극이 나의 의지보다 강하다고 생각한다."고 말했다.

2. 사고, 언어, 그리고 대뇌피질

감각이나 운동 활동에 주로 관여하지 않는 대뇌피질 부위를 연합영역이라고 한다. 이 부위는 인간의 학습 사고, 기억, 언어의 범위와 깊이를 가능하게 한다. 뇌의 전전두엽 부위(이마 근처에 있는 전두엽)와 연합 영역은 뇌의 집행기관이다. 이곳은 문제를 해결, 계획, 결정을 내리는 곳이다.

문제 해결과 같은 고급 기능에는 컴퓨터의 메모리와 같은 기억도 필요하다. 연합영역은 작업 메모리의 핵심을 갖추고 있다(Christophel et al., 2017). 그들은 뇌의 다양한 감각 영역과 연결되어 있으며 필요하거나 원하는 감각 정보를 활용할 수 있다. 전전두엽 영역은 시각, 청각 및 기타 기억을 검색하여 조작한다. 마찬가지로 컴퓨터는 저장소의 파일에서 정보를 검색하여 작업 메모리에서 조작한다.

그림 2.10 대뇌피질의 위치도

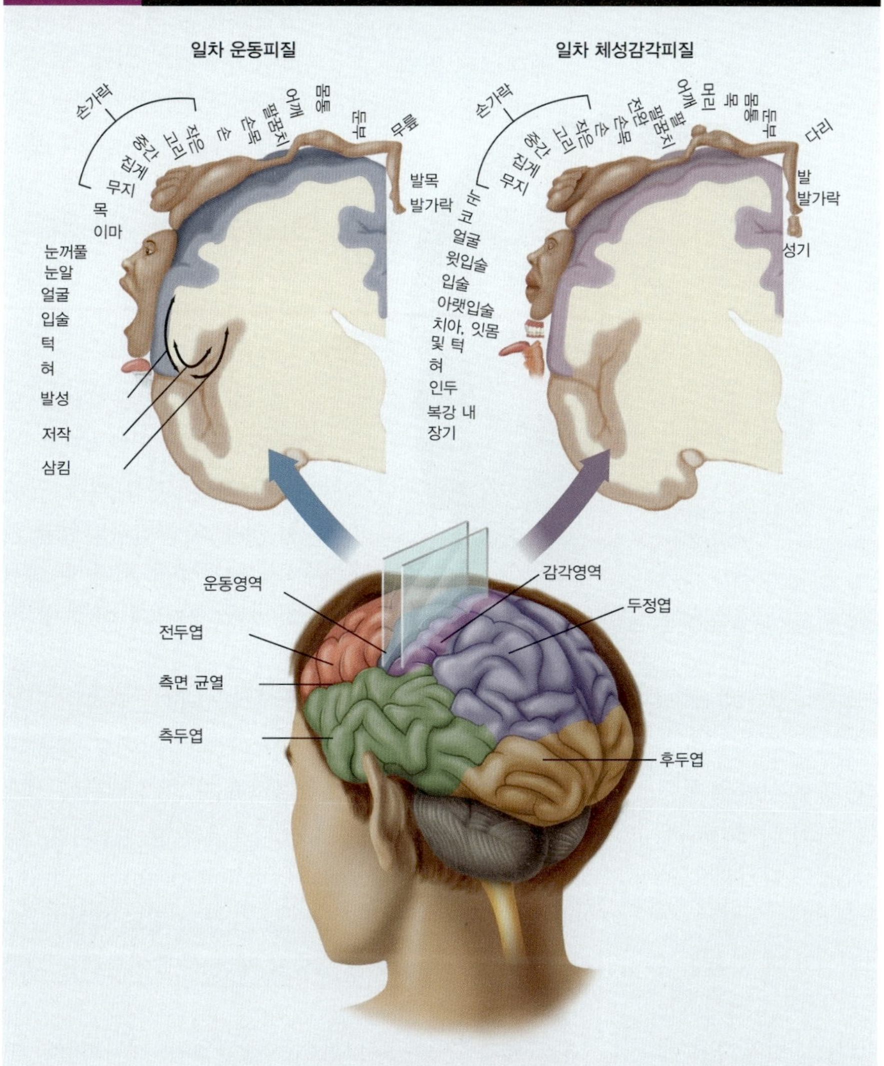

대뇌피질에는 4개의 뇌엽인 전두엽, 두정엽, 측두엽 및 후두엽이 있다. 피질의 시각 영역은 후두엽에 있고, 청각 피질은 측두엽에 있다. 운동 및 체성감각 영역은 중앙 열구를 가로질러서 서로 마주 보고 있다. 얼굴과 손은 운동 및 체성 감각 영역에서 '확장'된다. 왜 그런다고 생각하는가?

후두엽의 시각 영역의 특정 뉴런은 수직선의 시각적 표현에 대한 반응으로 발화가 발생된다. 다른 뉴런들은 수평선의 표현에 반응하여 발화한다. 어떤 그룹의 세포가 시야의 한 측면에 반응할 수 있고 다른 그룹의 세포가 다른 영역에 반응할 수 있지만, 연합영역이 이를 모두 하나로 모은다. 그 결과로 우리는 복잡한 수직과 수평의 배열이 아닌 상자, 자동차 또는 지도를 볼 수 있다.

언어 기능 어떤 면에서 뇌의 왼쪽과 오른쪽 반구는 서로의 기능을 복제한다. 다른 기능들에서는, 또 다르게 나타난다. 좌반구에는 거의 모든 오른손잡이와 왼손잡이 3명 중 2명의 언어 기능을 포함한다(Pinker, 2007). 그러나 뇌는 약 13세까지 '유연성'을 유지하거나 변화 가능하다. 그 결과로 의학적 문제로 인해 뇌의 좌반구를 잃은 아이들은 음성 기능을 우반구로 전달할 수 있다(Guediche et al., 2014 Mercado, 2008). 뇌가 노화함에 따라 유연성을 잃기 때문에, 제 2언어 학습은 6세 이전에 하는 것이 가장 효율적일 것으로 보인다(Prestwoodetal., 2017).

언어 기능(일반적으로 왼쪽 반구)을 포함하는 피질의 반구에는 두 가지 주요 언어 영역이 있다: 브로카(Broca) 영역과 베르니케(Wernicke) 영역(그림 2.11 참조). 각 영역의 손상은 **실어증**(aphasia)을 유발할 수 있다. 즉 언어를 이해하거나 생산하는 능력이 손상될 수 있다.

베르니케의 영역은 청각 피질 근처의 측두엽에 있다. 주로 청각 정보(소리)에 반응한다. 이 책을 읽는 동안 시각 정보는 후두엽의 시각 피질에 입력된다. 그 다음 베르니케 영역으로 이동할 때 청각 정보로 입력된다. 브로카 영역은 혀, 인후 및 말할 때 사용되는 얼굴의 근육들을 제어하는 운동 피질 부분 근처의 전두엽에 있다. 브로카 영역은 처리한 정보를 운동피질에 전달한다. 운동피질은 목과 입의 근육이 수축하도록 만드는 신호를 보낸다. '목소리를 작게 말하기' 중일 때 — 즉 '속삭'이는 경우 — 이는 베르니케 영역이 신경섬유를 통해 브로카 영역으로 정보를 전송하기 때문이다.

베르니케 영역에 손상을 입은 사람들은 **베르니케 실어증**(Wernicke's aphasia)을 보일 수 있다.

실어증 언어를 이해하거나 생산하는 능력의 혼란

베르니케 실어증 단어의 의미를 이해하기 어려운 언어장애이는 말을 이해하고 자신의 생각을 표현할 적절한 단어를 생각하는 능력이 손상된 상태이다. 그러나 그들은 대부분 자유롭게 적절한 구문을 이용하여 말을 할 수 있다. 베르니케 영역은 단어와 그 의미의 관계를 이해하는 데 필수적이다. 반면에, 브로카 영역이 손상되면 일반적으로 언어를 충분히 이해는 하지만 간단한 문장으로만 천천히 힘들게 말을 한다. 이러한 현상을 **브로카 실어증**이라고 한다.

브로카 실어증이 있는 사람 중에는 드물게 중요한 문법적 단어(예 : ~이다, 그리고, 그)를 생략하는 짧고 의미 있는 문구를 사용하는 사람도 있다. 그런 사람은 힘들게 '개 산책'이라고 말할 수 있다. 이는 "개와 산책하러 가고 싶어요" 또는 "개를 산책 시키러 데리고 나가세요"와 같은 다양한 의미를 가질 수 있다.

그림 2.11 대뇌피질의 브로카와 베르니케 영역

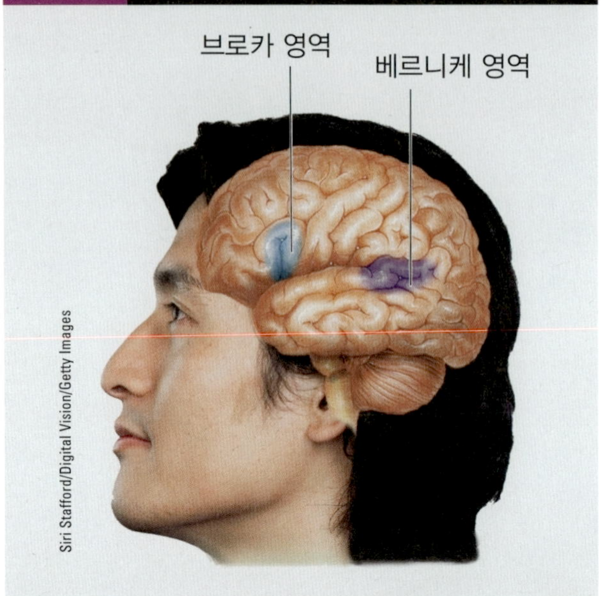

연설과 가장 많이 연관된 영역은 브로카 영역과 베르니케 영역이다. 각 영역의 손상은 실어증을 유발할 수 있으며, 언어를 이해하거나 생산하는 능력이 손상된다.

각회라고 불리는 뇌의 부분은 시각피질과 베르니케 영역 사이에 있다. 각회(angular gyrus)는 단어를 인식하는 것과 같이 시각 정보를 청각 정보(소리)로 '번역'하여 베르니케 영역으로 보낸다. 뇌 영상은 각회에 문제가 있을 때 단어를 소리로 내기가 어렵기 때문에 읽기 능력이 심각하게 손상됐음을 시사한다(Fridriksson et al., 2018).

3. 좌뇌와 우뇌

어떤 사람들은 '좌뇌형'이고 또 다른 사람들은 '우뇌형'이라는 말을 들어보았을 것이다. 뇌의 반구들이 매우 다른 종류의 지적 · 정서적 기능과 반응에 관여한다는 개념이다. 이 견해에 따르면, 좌뇌형 사람들은 주로 논리적이고 지적일 것이다. 우뇌형 사람들은 직관적이고 창의적이며 감정적이다. 아마도 최선은 두뇌가 '균형'을 이루는 것으로－논리적 능력과 풍부한 감정이 결합된 것을 의미할 것이다.

브로카 실어증(Broca's aphasia) 느리고 힘들게 말을 하는 것이 특징인 언어장애

일반적으로 받아들여지고 있는 많은 아이디어들과 마찬가지로, 좌뇌 대 우뇌 개념은 과장되어 있다. 연구에 따르면 오른손잡이 사람들의 경우, 좌반구는 논리적 분석과 문제 해결, 언어 및 수학 계산에 필요한 지적 업무 수행에 상대적으로 더 많이 관여하고 있다(Corballis, 2009).

다른 반구(일반적으로 오른쪽 반구)는 일반적으로 시각적－공간 기능(퍼즐 맞추는 것을 더 잘한다), 얼굴 인식, 색상 식별, 미적 및 정서적 반응, 은유의 이해 및 창의적인 수학적 추론에서 우수하다(Ardila, 2018).

이러한 차이에도 불구하고, 뇌의 반구는 독립적으로 행동하지 않기 때문에 실제로 어떤 사람들은 좌뇌형이고, 다른 사람들은 우뇌형이라고 말할 수 없다(American PsychologicalAssociation, 2008). 좌반구와 우반구의 기능은 어느 정도 겹치며, 우리가 무엇인가에 관심을 집중할 때 동시에 반응하는 경향이 있다.

즉, '좌뇌형'이든 '우뇌형'이든 상관없이, 대뇌피질의 반구들이 서로 오가면서 하며 의사소통을 한다는 의미다.

4. 손잡이

왼손잡이는 한때 결함이 있는 것처럼 여겨졌다. 왼손잡이 학생들은 강제로 오른손으로 쓰는 법을 배워야 했다. 우리는 일반적으로 필기 선호도에 따라 오른손잡이 또는 왼손잡이로 부르지만, 어떤 사람들은 오른쪽 손으로 쓰고 왼쪽 발로 축구를 한다.

왼손잡이가 난독증이나 말더듬이와 같은 언어 문제와 편두통이나 알레르기와 같은 건강 문제가 더 많은 것으로 보인다. 그러나 왼손잡이의 이점도 있는데, 오른손잡에 비해 재능있는 예술가, 음악가, 수학자가 될 가능성이 더 높다(Lundborg, 2014).

손잡이는 유전적 요소로 기인될 수 있다. 영국 왕실의 엘리자베스 2세 여왕과 찰스 왕자, 윌리엄 왕자는 모두

엘리자베스 여왕의 어머니처럼 왼손잡이이다. 반면에, 27,000명 이상의 네덜란드와 호주의 쌍둥이 가족에 대한 최근의 연구에 따르면 손잡이 유전이 될 가능성은 불과 약 24%인 것으로 나타났다(Medland et al., 2008 Paracchini & Scerri, 2017).

5. 뇌 분할 실험

심한 **간질**(epilepsy) 환자 중에 많은 사람들의 사례에서 뇌량을 절단하는 뇌 분할 수술을 한 사람들이 많다(그림 2.8 참조). 수술의 목적은 발작을 대뇌피질의 한 반구로 한정해 격렬한 신경성 반응을 없애는 데 있다. 뇌 분할 수술을 받은 사람들은 두 개의 뇌를 가지고 사는 사람들처럼 대부분의 상황에서 그들의 행동은 평범하다.

선구적인 뇌(전문) 외과 의사 조셉 보겐(1969, 2000)은 각 반구에 '자신만의 정신'이 있을 수 있다고 보고했다. 한 뇌 분할 환자는 자신의 반구들이 어떤 옷을 입을지에 대해 일치하지 않는다고 했다. 한 손으로 블라우스를 푸는 동안 동시에 다른 손으로는 빠르게 블라우스 단추를 채우고 있다는 것이다.

뇌 분할 연구의 또 다른 선구자인 마이클 가자니가(Michael Gazzaniga, American Psychological Association, 2008)는 분할된 뇌를 가진 사람들이 눈을 감고 한쪽 손으로 열쇠를 들고 있을 때는 말로 사물을 묘사할 수 있지만, 다른 쪽 손에 들고 있을 때는 그것이 불가능하다는 것을 알아냈다. 분할된 뇌를 가진 사람이 왼손으로 열쇠를 만지는 경우, 열쇠의 촉감은 언어 능력이 거의 또는 전혀 없는 오른쪽 반구에 투영된다(그림 2.12 참조). 따라서 그는 열쇠를 설명할 수 없다.

그가 오른손에 들고 있으면 언어 기능을 포함하는 피질의 왼쪽 반구에 감각적 인상이 투영되기 때문에 그것을 묘사하는 데 아무런 문제가 없다. 문제를 더 복잡하게 만들자면, 그 사람이 자신이 무엇을 만지고 있는지 묻는 동안 반지라는 단어가 왼쪽 반구에 투영되면, 그는 현재 만지고 있는 것을 '열쇠'가 아니라 '반지'라고 말할 것이다.

느껴지는 것과 말하는 것 사이의 이러한 불일치는 분할된 뇌를 가진 사람들에게서만 발생한다. 그럼에도 불구하고 뇌 분할 수술을 받은 사람들은 대부분 정상적인 생활을 하는 경향이 있다. 그리고 일부 사람들의 두 반구는 피아노를 연주하거나 수학 문제를 풀 때와 같이 대부분 함께 일을 한다.

2-6 내분비계

몸에는 두 가지 유형의 분비샘이 있다 : 관이 있는 **분비샘**(glands)과 관이 없는 분비샘. 관은 물질을 특정 위치로 운반하는 통로이다. 타액, 땀, 눈물 및 모유는 모두 관을 통해 목적지에 도달한다. 관이 없는 분비샘에 의해 분비되는 몇몇 물질은 행동과 정신과정에 영향을 미친다. 관이 없는 분비샘은 **내분비계**(그림 2.13 참조)를 형성하고 혈류로 **호르몬**을 방출한다.

그 다음 특정 수용체 부위에서 호르몬을 가져가 성장, 신진 대사, 그리고 일부 형태의 행동을 형성한다. 즉, 특정 위치의 수용체에만 작용한다.

호르몬 작용은 주로 신체가 정상 상태(유체수치, 혈당수치 등)를 유지하는 데 많은 도움이 된다.

신체 작용은 현재의 수준을 측정한다. 이 수치가 최적에서 벗어나면 분비샘에 신호를 보내 호르몬을 분비한다. 정상 상태를 유지하려면 신체 정보를 분비샘에 피드백 해줘야 한다. 이러한 유형의 시스템을 **음성귀환회로**(negative feedback loop)라고 하는데, 충분한 양의 호르몬이 분비되면 샘에서 멈추라는 신호를 보낸다.

1. 뇌하수체와 시상하부

뇌하수체와 시상하부는 긴밀한 협력하에 작동한다. **뇌하수체**는 시상하부 아래에 있다. 뇌하수체는 완두콩만한 크기에 지나지 않지만 신체 기능의 중심에 있으므로 '**으뜸샘**(master gland)'이라고도 불린다.

뇌하수체의 전엽 및 후엽은 다른 많은 분비샘의 기능을 조절하는 호르몬을 분비한다. 성장 호르몬은 근육, 뼈 및 분비샘의 성장을 조절한다.

성장 패턴이 비정상적으로 느린 어린이는 성장 호르몬을 얻었을 때 또래들을 따라 잡을 수 있다. 프로락틴(Prolactin)은 쥐와 같은 하등 포유류에서 모계 행동을 조절하고 여성의 모유 생산을 자극한다.

간질 갑작스런 신경 방전을 수반하는 뇌 기능의 일시적 장애

분비샘/선 호르몬, 타액은 모유와 같이 하나 또는 그 이상의 화학 물질을 분비하는 기관

내분비계 호르몬을 분비하여 혈류로 직접 방출하는 관이 없는 분비샘으로 이루어진 몸의 체계

호르몬 다양한 신체 기능을 조절하는 내분비샘에서 분비되는 물질

뇌하수체 성장 호르몬, 프로락틴, 항이뇨 호르몬 및 그밖에 호르몬을 분비하는 샘

그림 2.12 뇌 분할 실험

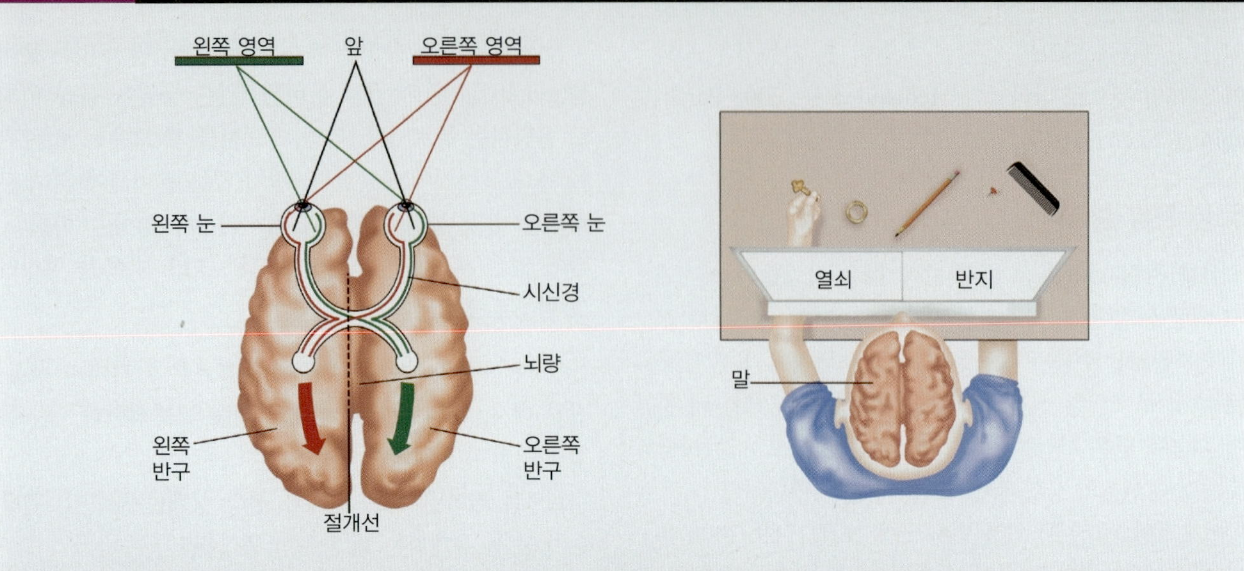

왼쪽 시야의 시각적 감각은 오른쪽 반구의 후두피질에 투영되고, 오른쪽 시야의 시각적 감각은 왼쪽 반구의 후두피질에 투영된다. 뇌 분할 실험의 그림에서, 뇌량이 손상된 사람은 왼손으로 열쇠를 만지고, 왼쪽 시야로 쓰여진 단어를 인식한다. 그리고 오른쪽 반구에 '열쇠'라는 단어가 투사된다. 그러나 언어능력은 일반적으로 좌반구의 기능이라, 오른쪽 시야에서 인식되는 '반지'라고 적힌 단어는 왼쪽 반구에 투영된다. 그래서 그에게 무엇을 만지고 있는지 물었을 때, 열쇠를 만지면서 '반지'라고 말한다.

수질 보전 수단으로 바소프레신(항 이뇨 호르몬이라고도 불림)은 체액 수준이 낮을 때 소변 생성을 억제한다. 바소프레신은 또한 일부 포유동물에서 정형화된 부모 행동과 연관이 있다. 옥시토신은 임산부의 분만을 자극하고 일부 포유류의 모성 행동(아기를 껴안고 돌보는)과 관련이 있다(Stolzenberg & Champagne, 2016).

산부인과 의사는 임산부에게 옥시토신을 주사하여 분만을 유도할 수 있다. 수유 중 젖꼭지 신경 종말 자극으로 뇌에 신호를 보내 옥시토신을 분비하여 유방에서 모유를 분출하게 한다.

뇌하수체는 '사령관'이 있는데 바로 시상하부이다. 오늘날 우리는 시상하부가 많은 뇌하수체 활동을 조절한다는 것을 알고 있다. 시상하부는 자극을 유발하는 다수의 방출 호르몬 또는 '인자'를 분비하여 뇌하수체를 자극해서 관련 호르몬을 분비한다.

예를 들어, 성장 호르몬 방출 인자(hGRF)는 뇌하수체가 성장 호르몬을 생성하게 한다. 시상하부와 뇌하수체 사이의 혈관은 이러한 인자들에 대한 직접적인 경로를 제공한다.

2. 송과샘

송과샘은 멜라토닌 호르몬을 분비하여 수면 각성주기를 조절하고 사춘기의 시작에 영향을 줄 수 있다. 멜라토닌은 노화와도 연결될 수도 있다. 또한, 멜라토닌은 가벼운 진정제로 일부 사람들은 수면제로 사용한다. 멜라토닌은 사람들이 시차에 적응하도록 도움을 주는데 사용되기도 한다(Srinivasan et al., 2014).

3. 갑상샘

갑상샘은 신체의 촉진제로 간주될 수 있다. 티록신을 생성하여 신체가 산소를 사용하고 에너지를 생성하게 하는 등 신진대사에 영향을 미친다. 일부 사람들은 갑상샘 기능 저하증으로 인해 과체중을 겪는데 이는 티록신이 너무 적어서 생기는 상태이다. 어린이의 티록신 결핍은 왜소 성장과 지적장애로 특징지어지는 크레틴증을 유발할 수 있다.

티록신을 너무 적게 분비하는 성인은 피곤하고 행동이 느려지며 체중이 늘어날 수 있다. 티록신을 과도하게 생성하는 사람들은 흥분성, 불면증 및 체중 감량을 특징으로 하는 갑상선 기능 항진증이 발생할 수 있다.

4. 부신샘

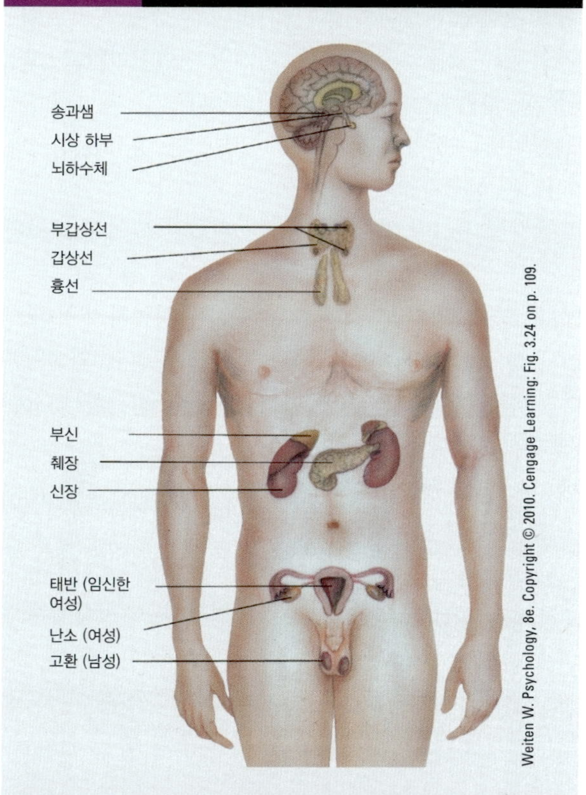

그림 2.13 내분비계

이 그림은 내분비샘들의 인체에서의 위치를 보여준다. 내분비계에서는 호르몬을 분비하여 혈류로 직접 방출한다. 시상 하부는 뇌하수체 바로 위에 위치하고 있으며 많은 기능을 제어한다. 배고픔, 성적인 흥분, 스트레스에 대한 반응, 분만 유도(임신부), 난소에서 난자의 방출에 있어서 호르몬의 역할은 무엇일까?

신장 위에 위치한 부신은 외부층 또는 피질과 내부 핵 또는 수질을 가지고 있다. 부신피질은 뇌하수체 호르몬 ACTH(부신피질 호르몬)에 의해 조절된다. 부신피질은 코르티코 스테로이드 또는 피질 스테로이드로 알려진 호르몬을 분비한다.

이 호르몬은 심장박동을 조절하고 스트레스에 대한 저항력을 높이며, 근육 발달을 촉진하고 간에서 저장된 설탕을 방출하게 하여 응급상황에서 더 많은 에너지를 사용할 수 있게 한다. 에피네프린과 노르에피네프린은 부신수질에 의해 분비된다.

아드레날린으로도 알려진 에피네프린은 부신에서 독점적으로 생성되지만 노르에피네프린(노르아드레날린)은 신체의 다른 곳에서 생산된다.(노르에피네프린은 뇌의 신경전달물질로 작용한다.)

자율신경계의 교감신경 가지는 부신수질이 에피네프린과 노르에피네프린의 혼합물을 방출하여 인체가 위협과 스트레스에 대처하도록 자극한다. 에피네프린은 신체적뿐만 아니라 감정에도 영향을 미치기 때문에 심리학자들이 관심을 가지고 있다. 그것은 대부분의 감정을 강화시키며 두려움과 불안의 경험에 주요 역할을 한다.

5. 고환과 난소

고환과 난소는 또한 테스토스테론과 에스트로겐과 같은 스테로이드를 생산한다.(테스토스테론은 부신에서도 적은 양이 생성된다.) 임신 6주 후, 남성 호르몬 테스토스테론으로 인해 남성의 성기가 발달한다. 실제로, 테스토스테론 분비가 아니라면, 모두 여성의 외부 생식기로 발달됐을 것이다. 사춘기 동안 테스토스테론은 근육과 뼈의 성장과 1차 및 2차 성징의 발달을 촉진한다.

1차 성징은 생식과 직접 관련되며 음경의 크기 확대와 고환의 정자 생성 능력을 포함한다. 수염과 더 낮은 목소리와 같은 2차 성징은 수컷과 암컷을 구별하지만 생식에 직접 관여하지는 않는다.

난소는 에스트로겐과 프로게스테론뿐만 아니라 소량의 테스토스테론을 생산한다.(에스트로겐은 또한 부신에서 적은 양이 생산된다.) 에스트로겐은 여성의 생식 능력과 유방 및 엉덩이 지방 조직의 축적과 같은 2차 성징을 나타낸다.

프로게스테론은 여성 생식기관의 성장을 자극하고 임신을 유지하기 위해 자궁을 준비한다. 에스트로겐과 테스토스테론은 생물학적 효과뿐만 아니라 심리학적인 효과가 있다는 사실에 대해서는 9장에서 더 논의하도록 하자.

2-7 진화와 유전

찰스 다윈은 원정 항해선을 타지 못할 뻔했다. 다윈은 원정 항해를 위해 H.M.S. 비글호에서의 복무를 자원했지만 그는 코 모양으로 인해 역사적인 항해를 거의 수행하지 못할 뻔했다. 배의 선장인 로버트 피츠-로이(Robert Fitz-Roy)는 얼굴 윤곽의 특징으로 사람의 성격을 판단할 수 있다고 믿었는데, 다윈의 코가 그의 맘에 들지 않았다.

> **"코가 잘못 말 했어요."**
>
> 찰스 다윈, 영어 자연주의자 및 지질 학자, 1809 – 1882

그러나 피츠-로이는 항해를 수락했고, 1830년대에 다윈은 갈라파고스 제도로의 역사적인 항해에 착수하여 그의 진화이론을 발전시켰다.

1871년에 다윈은 〈인간의 유래〉를 출판했는데, 다른 종과 마찬가지로 인간도 진화의 산물이라는 것이다. 그는 큰 유인원(침팬지, 고릴라 등)과 인간은 친척관계로 공통의 영장류 조상을 가지고 있다고 주장했다(그림 2.14 참조).

화석 증거에 따르면 공통된 조상은 약 1300만 년 전에 살았을 것으로 추정된다(Moya-Sola et al., 2004). 많은 사람들이 다윈의 견해를 조롱했다. 그들은 유인원과 공통의 조상을 갖는다는 생각이 불쾌했기 때문이다.

다른 사람들은 인간이 하루만에 하나님의 형상대로 창조되었다는 성서의 창세기와 다윈의 이론이 모순된다고 논쟁을 벌였다.

존재를 위한 투쟁의 개념은 다윈의 진화론의 핵심에 있다. 갈라파고스 제도에서 다윈은 동물과 식물들이 음식, 물, 영토, 심지어 빛을 가지고 경쟁하는 거대한 '생존자' 게임이 펼쳐지는 것을 보았다. 그러나 그 게임은 현실이었고, 보상은 명성이나 재산과 아무 관련이 없었다.

자연선택 적응적 유전자 변이가 그러한 변이를 가진 개체를 생존하고 번식할 수 있게 한다는 개념

보상은 성적인 성숙에 이르고 유전자를 후대에 전달하는 것이다.

진화론에 의해 묘사된 바와 같이, 일부 생물체는 이러한 변화에 성공적으로 적응했으며, 그 수는 증가했다. 그 도전에 성공하지 못한 생물들은 멸종되었다. 지금까지 존재했던 모든 종의 99.99%가 현재는 멸종되었다는 것을 증거들이 시사한다(Gould, 2002 Ceballos, 2016).

어느 종이 번성하고 퇴락하는 지는 **자연선택**(natural selection)에 의해 결정된다. 즉, 환경에 더 잘 맞는 종은 생존하고 번식할 가능성이 높다.

인류가 지구 상에 처음 나타났을 때, 생존을 위해 오늘날과는 다른 종과의 투쟁이 필요했다. 표범과 같은 포식자로부터 싸우거나 도망쳐야 했다. 음식을 찾기 위해 몹시 건조한 땅을 배회했다. 그러나 인간은 지성의 진화로

스테로이드, 행동과 정신 과정

스테로이드는 간이 포도당을 혈류로 방출하도록 신호를 보내 근육량을 늘리고 스트레스에 대한 저항력을 높이며 신체의 에너지 공급을 증가시킨다. 스테로이드 테스토스테론은 남성과 여성 모두에서 성욕과 관련이 있다(여성들은 부신에서 테스토스테론을 약간 분비한다).

아나볼릭 스테로이드/단백 동화 스테로이드(남성 성 호르몬 테스토스테론의 인위적인 합성 버전)는 운동 능력을 향상시키기 위해 때로는 성장 호르몬과 함께 사용되었다. 이 스테로이드는 운동 능력을 향상시킬 뿐만 아니라 자신감, 공격성도 높인다. 아나볼릭 스테로이드 복용은 일반적으로 스포츠에서 불법이다; 그러나 프로 레슬러 크리스 벤와(Chris Benoit)와 같은 많은 운동 선수들이 사용해 왔다.

슬프게도 벤와는 스스로 목숨을 끊기 전에 아내와 아들을 살해한 것으로 잘 알려져 있다. 벤와는 여러 차례 분노 폭발을 일으켰는데 아마도 근육량과 경쟁력을 높이기 위한 아나볼릭 스테로이드/단백 동화 스테로이드의 사용으로 인한 '스테로이드 분노'를 경험했을 수도 있다고 주장되어 왔다.

George Napolitano/FilmMagic/Getty Images

프로 레슬러 크리스 벤와와 낸시 벤와 – 7살짜리 아들과 아내의 목숨을 앗아간 두 번의 살인과 자살을 저지르기 이전의 모습

그림 2.14 인간 골격과 일부 유인원들의 골격

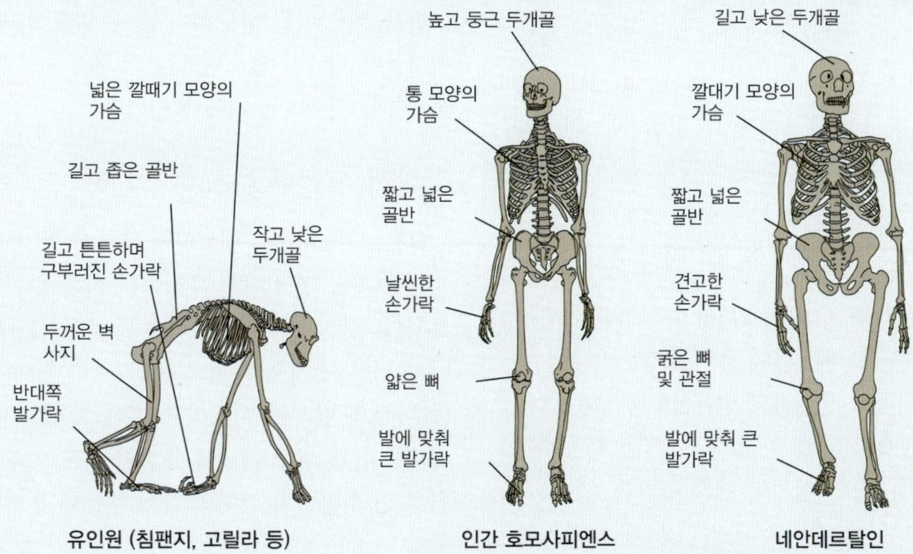

오늘날 인간이 원숭이와 같은 동물들과 유전적으로 친척관계라는 생각은 19세기의 견해와 너무도 달랐기 때문에 다윈은 처음에는 그의 진화론을 주장하기를 꺼려했다. 그러나 1871년에 출판된 〈인간의 유래〉는 다른 종과 마찬가지로 인간도 진화의 산물이었다고 주장한다. 다윈은 큰 유인원(침팬지, 고릴라 등)이 공통된 영장류 조상을 공유했다고 믿었다. 우리는 네안데르탈인의 후손이 아니었지만 수천 년 동안 그들과 공존하고 그들과 교배했다(Harris & Nielsen, 2016). 네안데르탈인은 약 35,000년 전에 멸종되었다.

이겨냈으며, 인구는 증가했다. 우리는 유전 물질을 이용해 우리의 선택을 이끌어 낸 특성을 세대를 통해 전달하고 있으며 이러한 유전물질의 화학적 코드는 오늘날에서야 밝혀지기 시작했다.

세대를 통해 전달되는 것은 무엇일까? 그것은 생물학적 또는 생리적 구조와 과정이다. 우리의 생명활동은 우리의 행동, 감정, 그리고 인식(우리의 생각 · 이미지 · 계획)의 원천이 된다. 매의 그림자를 보고 병아리가 본능적으로 두려워하는 것과 같이, 생명활동은 어떻게든 일부 유기체에게서 특정 행동을 일으킨다.

그러나 많은 종, 특히 인간과 같은 고등 종족의 행동은 유연하며 경험과 선택뿐만 아니라 유전의 영향을 받는다.

진화론에 따르면 종과 개인은 같은 자원을 놓고 경쟁한다. **돌연변이**(mutation)라는 유전자의 갑작스런 변화와 함께 개인마다의 자연적 변이는 개인들 사이의 차이, 변화에 적응하는 능력에 달려 있다. 더 잘 적응하는 특성을 가진 개인은 생존할 가능성이 더 높다.

돌연변이 유전 가능한 특성의 갑작스러운 변화

생존은 그들이 성적으로 성숙하게 하고, 그들의 특징이나 특성을 다음 세대에게 전할 수 있게 한다. 우연한 변이로 시작되었던 것이 생존을 장려하는 경우, 세대에 걸쳐 깊숙이 뿌리 박히는 특성이 된다. 생존을 방해하는 우연변이는 유전자 풀에서 사라질 가능성이 높다.

TRUTH

(T) F 찰스 다윈은 그의 진화론을 발전으로 이끈 항해에 단지 그의 코 모양이 선장의 마음에 안 든다는 이유로 거의 배제될 뻔 했다.

배의 선장이 그의 코 모양을 마음에 들어하지 않았기 때문에 다윈이 그의 역사적인 항해에 나서는 길이 거의 막힐 뻔한 것은 사실이다. 그러나 선장은 마침내 수락했고 그의 진화론을 발전시킬 수 있었다.

1. 진화론적 심리학 : 자연스러운 진화의 연구

적응과 자연 선택 개념은 심리적 특성에도 적용되었으며 **진화 심리학**(evolutionary psychology)의 핵심 개념이다. 진화 심리학은 적응과 자연 선택이 정신과정과 행동에 연결되는 방식을 연구한다(Plomin et al., 2013). 진화는 영겁의 시간을 거치며 유기체에 더 강한 지느러미와 날개, 더 날카로운 발톱, 더 튼튼한 위장과 같은 장점을 제공해 왔다. 인간의 진화는 신체적 특성과 언어, 예술, 헌신적인 관계, 전쟁과 같은 활동을 일으키게 했다.

진화 심리학의 개념 중 하나는 육체적 특성뿐만 아니라 사회적 행동이 진화하여 세대 간에 유전적으로 전달될 수 있다는 것이다. 유기체가 생존하고 번식하도록 돕는 행동 패턴은 다음 세대에게 전달될 수 있다. 이러한 행동에는 공격성, 배우자 선택 전략, 심지어 이타주의(즉, 가족 그룹화를 지속시키기 위해 개인의 자기희생)가 포함된다(Buss, 2009 Schmitt, 2018). 이러한 행동 패턴은 특정 종 내에서 진화했기 때문에 본능적 또는 종 특이성이라고 한다.

본능(instinct)은 특정 상황에서 발생하는 정형화된 행동 패턴이다. 본능적인 행동은 종의 구성원들과 거의 동일하게 나타난다. 목적이 없거나(일부 품종의 개 짖는 소리처럼) 처벌을 받을 때에도 저항하는 경향이 있다. 본능적인 행동은 개인이 다른 사람들과는 격리된 채 양육되어 경험을 통해 행동을 배우지 못했을 때도 나타난다.

본능적인 행동의 몇 가지 예를 살펴보기로 하자. 거위 둥지에서 10cm쯤 떨어뜨려 알을 놓으면 거위는 부리로 알을 굴려 다시 둥지로 되돌려 놓는다. 그러나 알을 좀 더 멀리—'내 알이 아닌' 영역에 갖다 놓으면 다시 찾아오지 않는다. 참새를 다른 참새들과 격리시켜 키울 경우에도, 그 새는 다 자란 뒤에 종 특이의 노래라고 생각될 만한 노래를 부를 것이다.

수컷 큰가시고기는 본능적으로 수컷 큰가시고기의 특징인 붉은 배를 가진 다른 종류의 물고기(또는 칠한 나무 조각)를 공격한다.

많은 심리학자들은 언어와 의식이 인간 사이에서 '본능적인' 것이라고 간주한다(Gazzaniga, 2018). 심리학자들은 다른 어떤 종류의 인간 행동이 본능적인지 확인하기 위해 노력하고 있다. 그러나 본능적인 행동조차도 학습을 통해 어느 정도 수정될 수 있으며, 대부분의 심리학자들은 학습이 없으면 인간의 풍부하고 복잡한 행동이 불가능할 것이라는 데에 동의한다.

> **진화 심리학** 적응과 자연 선택이 정신 과정, 행동과 연결되는 방식을 연구하는 심리학의 학파
>
> **본능** 특정 자극에 의해 유발되고 종족 구성원들 사이에서 거의 동일하게 나타나는 고정된 행동 패턴
>
> **유전** 부모에서 자손으로 유전자를 통한 특성의 전달
>
> **유전학** 유전에 중점을 둔 생물학 분야

2. 유전, 유전학 및 행동 유전학

유전(Heredity)은 생물학적 구조와 과정에 기초하여 자신의 본성을 정의한다. 유전이란 세대에서 세대로 진화한 특성의 생물학적 전달을 말한다. 물고기는 본연의 특성에 따라 다른 방식으로 제한을 받는다. 침팬지와 고릴라는 많은 수의 단어를 이해하고 수화와 같은 비언어적 상징체계를 통해 일부 개념을 표현할 수도 있다. 그러나 유인원은 뇌의 말하기 영역의 한계 때문에 분명히 말을 할 수 없다.

유전을 연구하는 생물학의 하위 분야를 **유전학**(Genetics)이라고 한다. 유전학 분야는 종 특이적 행동 패턴(본능)과 종 구성원 간의 개체 차이를 모두 연구한다. 행동 유전학은 행동에 대한 유전자의 기여에 중점을 둔다.

행동 유전학(Behavioral genetics)은 심리학과 생물학을 연결한다. 그것은 행동 패턴을 일으키는 특성들의 유전적 전달과 관련이 있다. 심리학자들은 행동 유전학의 관점에서 개개인의 행동과 정신 과정이 왜 다른지에 관한 선천적인 이유를 설명하고 있다.

예를 들어, 일부 어린이들이 다른 어린이들보다 언어를 더 빨리 배운다. 그 이유 중 하나는 행동 유전학, 즉 유전에 있을 수 있다. 그러나 일부 어린이들은 어릴 때부터 언어에 더 많이 노출이 되기도 한다.

유전은 인간 행동, 성격 및 정신과정의 거의 모든 측면에 영향을 미치는 것으로 보인다(Plomin & Asbury, 2005 Plomin & Haworth, 2009 Stone et al., 2012). 사교성, 수줍음, 사회적 지배력, 공격성, 리더십, 스릴 추구, 부모 또는 치료사로서의 가능성, 행복, 심지어 예술과 공예에 대한 관심도 포함된다(Blum et al., 2009 Ebstein et al., 2010 Petersen & Dawes , 2017).

유전은 불안과 우울증에서, 조현병, 양극성 장애, 알코올 중독 및 성격장애에 이르기까지 심리적 장애와의 관련이 분명히 있다(Ripke et al., Viding et al., 2013).

우리는 킨들러 등(2000) 794쌍의 여성 쌍둥이를 연구한 결과, 유전적 요인과 관련된 심리적 건강의 6가지 측면을 발견했다는 사실을 알 수 있다; 육체적 행복, 사회관계, 불안 및 우울증, 약물 남용, 사회적 지원의 사용 및 자부심이 그것이다.

최근의 연구에 의하면 인기있는 23andMe DNA 검사 키트의 데이터를 사용하여 우울증 진단을 받은 75,607명의 유전적 유산과 그렇지 않은 231,747명의 유전적 유산을 비교했다. 인종과 민족의 차이를 통제하기 위해 모두 유럽 출신들만 비교했다.

연구자들은 우울증과 관련된 15개의 유전적 영역을 발견했다(Hyde et al., 2016). 우울증이 유전자에 의한 것이라고 결론을 내릴 수는 없지만 소중한 것을 잃었을 때와 같은 불행한 상황이 머릿속을 지배할 때, 특정 유전자로 인해 우울증에 빠지는 성향이 될 수 있다.

3. 유전자와 염색체

유전자(genes)는 유전의 가장 기본적인 구성 요소이다. 유전자는 특정 형질의 발달을 조절한다. 혈액형과 같은 일부 특성은 단일 유전자 쌍에 의해 관리된다.(하나의 유전자가 부모에게서 각기 얻어진다.) 다른 특성들은 유전자의 조합에 의해 결정된다. 지능과 같은 복잡한 심리적 특성의 유전 성분은 유전자의 조합에 의해 결정된다. 체내 세포에는 20,000~25,000개의 유전자가 포함되어 있는 것으로 추정된다(Contreras, 2014).

유전자는 염색체의 부분들이다. 즉, **염색체**(chromosomes)는 일련의 유전자들로 구성된다. 신체의 각 세포는 23쌍으로 배열된 46개의 염색체를 포함한다. 염색체는 여러 화학 성분을 가진 **DNA**의 크고 복잡한 분자(deoxyribonucleic acid)이다. DNA가 단단하게 감긴 구조는 1950년대 제임스 왓슨과 프랜시스 크릭에 의해 처음 입증되었다. DNA는 이중 나선(꼬인 분자 사다리)의 형태를 취한다(그림 2.15 참조).

사다리의 '가로대'는 A, T, C 및 G의 약칭으로 불리는 화학 물질로 구성된다. A는 항상 T와 연결되어 가로대를 완성하고 C는 항상 G와 결합한다. 따라서 유전자 코드는 가로대들 중 하나에서 발견할 수 있는 뉴클레오티드라고 말할 수 있다. CTGAGTCAC 등등. 단일 유전자는 수십만 개의 염기쌍을 포함하고 있을 수 있다. 따라서 유전자를 단어로 표현하면 수십만 자 길이가 되어서 도저히 발음할 수 없는 것이 된다.

그림 2.15 세포, 염색체 및 DNA

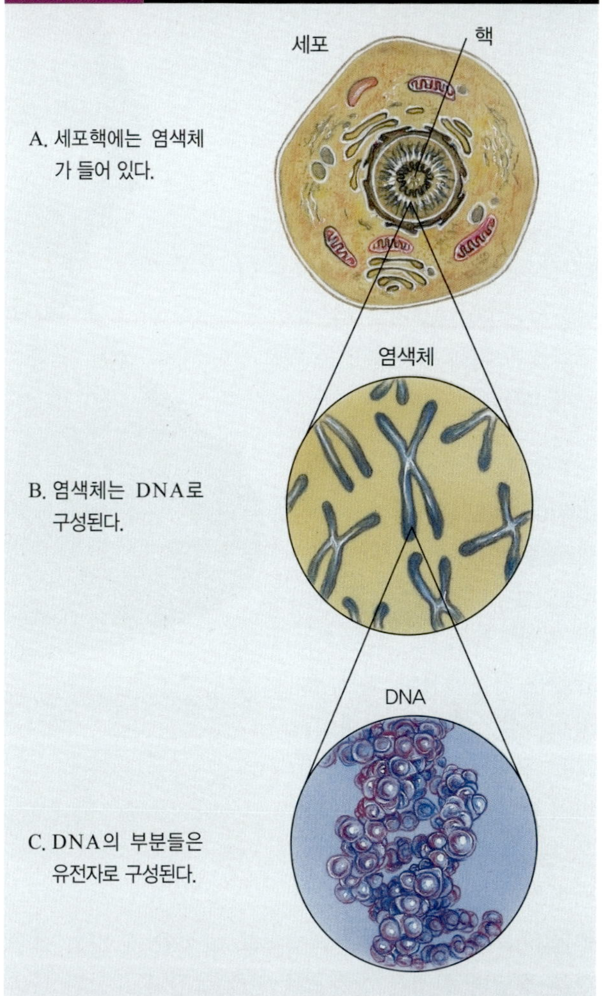

유전자 코드—즉, A, G, T, C의 순서—는 종의 모든 특성들, 눈동자의 색부터 음악적 재능과 사교성을 포함한 심리학적 특성과 능력들에 대한 성향을 결정한다.

인간 게놈 프로젝트(Human Genome Project)라고 불리는 전 세계에서 함께 일하는 과학자 그룹은 DNA의 서열이 염색체 전체에 퍼져 있는 약 30억 개의 DNA 서열로 구성되어 있음을 알아냈다(Green et al., 2015).

우리가 A, T, C, G라고 부르는 화학 물질의 순서는 날개가 아닌 팔이 자라고, 비늘이 아닌 피부가 생기는 요인이다.

유전자 염색체의 특정 지점에서 발견되는 유전의 기본 단위

염색체 유전적 특성을 세대에서 세대로 전달하는 유전자를 운반하는 세포핵의 미세한 막대 형체; 인간은 보통 46개의 염색체를 가지고 있음.

DNA 염색체의 기본 물질을 형성하는 물질인 디옥시리보핵산(deoxyribonucleic acid)의 약어; 이중 나선 형태를 취하며 유전자 코드를 포함.

심리학자들은 유전자가 지능, 공격성 및 행복과 같은 복잡한 심리적 특성과 조현병과 같은 심리적 장애의 출현에 영향을 미치는 정도에 대해 논쟁한다. 눈 색깔과 같은 일부 특성은 단일 유전자 쌍에 의해 결정된다.

다른 특성, 특히 사교성과 공격성과 같은 복잡한 심리적 특성은 **다 유전자성**(polygenic), 즉 유전자 조합들에 의해 영향을 받는 것으로 알려졌다.

vvoronov/Shutterstock.com

본성과 양육의 상호 작용

행동과 정신 과정은 본성과 양육의 상호작용을 나타낸다. 빈곤 속에서 양육되고 읽고 쓰는 법을 배운 적이 없는 잠재적인 셰익스피어는 햄릿을 쓰지 못했을 것이다.

유전자 코드는 **유전자형**(genotype), 즉 DNA의 화학 물질의 순서에 따라 결정되는 전체 유전자의 잠재력에 따라 나타난다. 보통, 사람들은 가정에서의 초기 경험, 부상, 영양의 적절성, 교육 경험 및 그 밖에 여러 환경적 영향으로부터 영향을 받았다. 따라서 오늘의 헤어스타일을 포함하여 **표현형**(phenotype)의 외부 모습으로 발전한 것이다. 표현형은 경험과 환경적 상황으로 인해 유전자 코드가 나타나는 방식이다. 유전자형은 언어 습득을 가능케 한다.

표현형은 당신이 미국에서 자랐다면 영어를 할 가능성이 높고, 멕시코에서 자랐다면 스페인어를 할 가능성이 높다는 것을 보여준다(혹은 멕시코계 미국인이라면 영어와 스페인어를 둘 다 할 가능성이 높다는 것.) 당신의 유전자형을 심리학자들은 당신의 '본성'이라고 할 것이다.

표현형은 행동과 정신과정의 기원에서 본성(유전)과 **양육**(환경적 영향)의 상호작용을 나타낸다. 심리학자들은 지능과 심리적 장애에서의 본성과 양육의 역할에 특히 관심이 있다.

우리의 유전자형은 특정 행동의 기초가 되는 물리적 특성을 제공한다. 그러나 사람은 어느 누구도 유전만의 결과는 아니다. 영양, 학습 기회, 문화적 영향, 운동, (불행히도) 사고 및 질병과 같은 환경적 요인들도 우리의 표현형과 유전적으로 가능한 행동의 유형을 결정한다.

행동 및 정신과정은 본성과 양육의 상호작용을 나타낸다. 빈곤함 속에 양육되고 읽고 쓰는 법을 배운 적이 없다면 잠재력 결여로 셰익스피어는 햄릿을 쓰지 못했을 것이다.

우리는 일반적으로 아버지의 정자 세포에서 23개의 염색체를, 어머니의 난자 세포(난자)에서 23개의 염색체를 받는다. 정자 세포가 난자를 수정시키면 염색체는 23쌍을 형성한다. 23번째 쌍은 **성 염색체**(sex chromosomes)로 구성되는데, 이는 우리가 여성인지 남성인지를 결정한다. 우리 모두는 어머니로부터 X성 염색체(소위 X 모양 때문에 이렇게 불린다), 아버지로부터도 X성 염색체를 받으면 여성으로 성장한다. 반면에 아버지로부터 Y성 염색체(Y 모양의 이름을 따서)를 받으면 남성으로 성장한다.

사람들이 정상적인 46개의 염색체(23 쌍)를 가지지 않으면 신체적 · 행동적 이상이 발생할 수 있다.

다운증후군(down syndrome)이 있는 대부분의 사람들은 21번째 쌍에 정상 이외의 여분의 염색체가 있다. 다운증후군이 있는 사람은 눈의 안쪽 구석의 주름, 둥근 피부, 둥근 얼굴, 튀어 나온 혀, 넓고 평평한 코가 특징으로 나타난다. 그들은 지적 장애가 있으며, 대부분 중년에 사망하는 신체적 문제가 발생한다.

다 유전자성 유전자들의 조합에 의해 영향을 받는 특성

유전자형 A, C, G, T라는 뉴클레오티드의 염기 서열에 기초한 유전자 구성

표현형 유전자형과 환경적 영향에 따른 실제 발달과 외관

본성 유기체의 태어날때 타고난 선천적인 성격

양육 임신 때부터 유기체에 영향을 미치는 환경 요인의 총합

성 염색체 유전자 물질이 개인의 성별을 결정하는 23번째 염색체 쌍

다운증후군 21번째 염색체 쌍에 정상 이외의 여분의 염색체가 있을 때 생기는 상태. 정신적 결함, 넓은 얼굴, 사팔눈이 특징

그림 2.16 관련성과 유전적 중복의 정도

관계	관련성의 정도		유전적 중복
일란성 쌍둥이		100%	
이란성 쌍둥이 형제 또는 자매 부모 또는 자녀	일촌 친척	50%	
조부모와 손자 삼촌, 이모, 조카 또는 조카딸 이복 형제 또는 이복 자매	이촌 친척	25%	
사촌	삼촌 친척	12.5%	
육촌	사촌 친척	6.25%	
무관		0%	

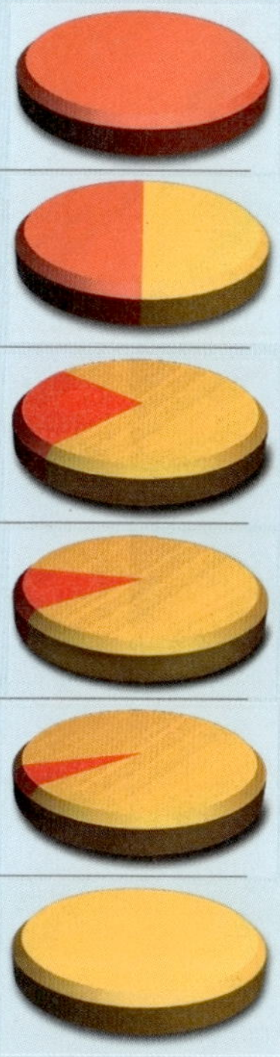

일란성 쌍둥이가 100%로 가장 큰 유전적 중복을 갖는다. 부모와 자녀는 유전적 중복이 50%에 불과하다.

쌍둥이 연구 양쪽 부모로부터 유전적인 메시지를 전달하는 수정란 세포(난자)를 접합체라고 한다. 때때로 접합체가 두 세포로 나뉘어 분리되면 동일한 유전자 구성을 가진 두 명의 사람이 되는데, 이들을 일란성 또는 **단일접합체 쌍둥이**(monozygotic [MZ] twins)라고 한다. 여성이 같은 달에 두 개의 난자를 분비하고 둘 다 수정되면 형제 또는 쌍성(이란성) 쌍둥이로 발전한다.

이란성 쌍둥이(dizygotic [DZ] twins)는, 다른 형제와 마찬가지로, 유전자의 50%를 공유한다. 일란성 쌍둥이에게 생기는 차이는 양육의 결과이기 때문에 일란성 쌍둥이의 본성(유전)과 양육(환경)의 상대적인 영향을 연구하는 데 중요하다.(유전적 구성이 동일하기 때문에 유전, 즉 본성에 차이가 없다.)

쌍둥이 연구는 일란성 쌍둥이, 이란성 쌍둥이 및 보통 사람들에게서 나타나는 특성과 행동 패턴을 비교하여 쌍둥이들이 나타나는 데에 유전적 요인이 갖는 역할을 확인하는 데 도움을 준다.

일란성 쌍둥이가 이란성 쌍둥이보다 형질 또는 행동 패턴에서 더 큰 유사성을 나타낸다면, 특성 또는 행동에 유전적인 기초가 있다고 말할 수 있다(Liu et al., 2018).

쌍둥이 연구는 유전적 요인이 물리적 특징에 얼마나 강한 영향을 미치는지를 보여준다. 일란성 쌍둥이는 이란성 쌍둥이보다 외모가 더 닮고, 비슷한 키를 가질 뿐 아니라 콜레스테롤 수치도 비슷한 경우가 많다(Kate et al., 2018).

일란성(MZ) 쌍둥이 단일 수정 난자에서 태아 발달 초기에 2개로 나누어지는 경우; 따라서 일란성 쌍둥이는 동일한 유전자 코드를 공유한다. Identical twins(일란성 쌍둥이)라고도 함.

이란성(DZ) 쌍둥이 두 개의 수정 난자에서 따로 자라고 따라서 일반적으로 형제, 자매정도의 밀접함을 갖는 쌍둥이; fraternal twins(이란성 쌍생아)라고도 함.

4. 친족 연구

친족 연구는 생물학적 관련이 있거나 관련이 없는 사람들의 특성과 행동 패턴을 비교하고, 그것들이 발생할 때 유전적 요인이 가지는 역할을 밝히는 방법이다. 가까운 친척일수록 더 많은 유전자를 공유한다. 쌍둥이는 유전자의 100%를 공유한다(그림 2.16 참조).

부모와 자녀는 동기들(형제 자매)과 마찬가지로 유전자의 50%를 공유한다. 혈족관계인 숙모와 삼촌은 조카 딸이나 조카와 25%의 유전자가 겹친다. 사촌은 유전자의 12.5%를 공유한다.

유전자가 형질 또는 행동 패턴에 관여한다면, 더 가까운 친척일수록 유사한 특성 또는 행동을 보일 가능성이 높을 것이다. 심리학자들과 행동 유전학자들은 쌍둥이와 입양된 사람들을 대상으로 한 친족 관계 연구에 특히 관심을 갖는다(Plomin et al., 2013).

다운증후군(Down Syndrome)
다운증후군을 가진 사람들은 특징적인 얼굴을 가지고 있으며 대체로 중년에 사망으로 이어지는 건강 문제가 발생한다.

일란성 쌍둥이는 또한 사교성, 불안, 친근감 및 적합성, 행복과 같은 지능 및 성격 특성에서도 이란성 쌍둥이보다 서로 더 많이 닮는다(Lykken & Csikszentmihalyi, 2001 Loehlin & Martin, 2018 Trzaskowski et al., 2013).

일란성 쌍둥이는 이란성 쌍둥이보다 자폐증, 우울증, 조현병 및 알코올 중독과 같은 심리적 장애를 공유할 가능성이 높다(Dworzynski et al., 2009 Plomin et al., 2013 Ramaswami & Geschwind, 2018).

연구 결과에 따르면 일란성 쌍둥이는 이란성 쌍둥이보다 혈압, 뇌파 패턴, 심지어 말하기 방식, 제스처 및 매너리즘에서 더 비슷하다(Ambrosius et al., 2008 Lykken, 2007 Wessel et al., 2007) .

물론 쌍둥이 연구는 완벽하지 않다. 일란성 쌍둥이는 이란성 쌍둥이보다 서로 더 비슷한 대우를 받기 때문에 서로 더 닮을 수 있다. 일란성 쌍둥이에게는 자주 같은 옷을 입혀서 부모조차 때때로 구별하기 어렵다. 이런 연구의 어려움을 해결하기 위한 한 가지 방법은 다른 집에서 양육된 일란성 쌍둥이를 찾아 비교하는 것이다.

그렇게 되면 따로 양육된 일란성 쌍둥이의 유사점은 같은 집안 환경으로 설명할 수 없으므로 대부분 유전의 결과인 것으로 판단할 수 있다.

미네소타 연구(McGue & Christensen, 2013)의 연구자들은 유아기에 헤어져 다른 가정에서 양육된 56쌍의 일란성 성인 쌍둥이의 생리적 · 심리적 특성을 측정해왔다.

결론적으로, 따로 양육된 일란성 쌍둥이는 지능, 성격, 기질, 직업 및 여가 활동에 대한 관심사, 사회적 태도 등 다양한 측면에서 함께 양육된 일란성 쌍둥이와 비슷했다. 따라서 이러한 특성은 유전적 토대를 설명할 수 있다.

입양 연구 친척이 유전자뿐만 아니라 비슷한 환경을 공유할 때 친족 관계 연구 결과가 혼란스러울 수 있다. 입양 연구는 어릴 때 부모와 헤어지거나 일란성 쌍둥이가 어릴 때 헤어져 다른 환경에서 자란 경우들을 비교함으로써 이 문제의 일부를 극복한다.

심리학자들은 아이들과 입양 부모, 생물학적 부모 사이의 유사점을 찾는다. 양부모가 양육한 자녀가 특정한 특성에서 생물학적 부모와 더 유사할 경우, 해당 특성의 발달에 미치는 유전적 역할이 강력한 증거가 된다.

이후의 단원들을 통해, 심리학자들이 성격 특성, 지능 및 다양한 심리적 장애의 발달에 본성과 양육의 영향을 분류하기 위해 입양 연구의 사용에 특히 관심이 있음을 알게 될 것이다. 이러한 특성과 장애는 유전자들의 복잡한 분류와 환경적 영향의 상호작용을 분명하게 나타낸다.

일란성 쌍둥이(Monozygotic twins)는 유전자의 100%를 공유하는 반면, 이란성 쌍둥이(dizygotic twins)는 유전자의 50%를 공유한다.

적용

PMS에 대한 대처

메이요 클리닉(Mayo Clinic)에 따르면, 4명의 여성 중 3명은 긴장, 심한 감정기복 , 과민성, 우울증, 불면증, 음식 갈망, 두통, 체액저류로 인한 체중 증가, 유방압통, 여드름성 발진 등의 증상을 보이는 월경 전 증후군(PMS)을 경험했다고 한다.

이러한 증상은 배란과 월경 사이에 발생하며 월경 며칠 전에, 때로는 월경기간 동안 더욱 두드러진다. 지속적인 월경 고통이 있는 여성들은 다음과 같은 제안들을 통해 도움 받을 수 있다.

1. 한때 월경 문제는 여성의 '히스테리성(발작적인)' 본성 때문에 일어난다고 잘못 알려졌었다. 연구원들은 아직 월경 전 증후군의 원인을 명확하게 밝혀 내지는 못했지만 호르몬(내분비계)과 신경전달물질의 주기적인 변화가 중요한 역할을 하는 것으로 알려졌다. 예를 들어, 월경은 여성의 성 호르몬의 급격한 감소에 의해 유발되며, 이는 신체적 영향뿐만 아니라 심리적인 영향을 미칠 수 있다.
2. 월경 전 증후군은 정상적인 것임을 인지하라. 대부분의 여성들이 최소한 몇 가지의 증상을 갖고 있다.
3. 생리 증상에 여러 형태가 있다는 것을 인지하도록 한다.
4. 고통을 견디기 위해 영화를 보거나 좋아하는 소설을 읽는 등 즐거운 일을 만들도록 한다.
5. 가까운 친척들이나 친구들이 월경을 질병, '더러운 것'으로 보고 있는가? 생리 중에 사회활동을 제한당해 보았는가?
6. 자궁 내막증과 골반 염증성 질환(PID)과 같은 문제로 인해 통증이 유발되거나 악화될 수 있으니 의사에게 문의하도록 하라.
7. 알코올, 카페인, 지방, 염분 및 단 음식의 섭취를 제한하는 등 건강한 식습관을 개발하도록 하라.
8. 더부룩하게 느껴진다면, 한꺼번에 많이 먹는 식사보다는 간단한 끼니나 간식을 먹도록 하라.
9. 조깅, 수영, 자전거 타기, 빠른 걷기, 춤, 스케이트, 줄넘기 등의 활동적인 운동은 일부 여성의 월경 전 증후군 완화에 도움이 되니 시도해 보도록 하라.(운동은 당신을 위해 좋은 것이다.)
10. 허브, 비타민 및 미네랄 보충제(체이스트 베리, 칼슘, 달맞이꽃, 마그네슘, 비타민 E, 야생 참마 등)의 섭취에 대해 의사와 상의하도록 하라.
11. 아스피린, 아세트아미노펜, 이부프로펜과 같은 소염성 일반의약품들이 복부경련에 도움이 될 수 있다. 처방약도 사용될 수도 있다. 산부인과 의사에게 권고 사항을 문의하도록 하라.
12. 일부 여성들은 21일이 아닌 28일 동안 효과가 있는 특수 경구 피임약을 선택함으로써 주기를 조절할 수 있다.
13. 생리 문제는 시간 제한적인 것이다. 인생이나 직업에 대해 걱정하지 말고 앞으로 올 며칠에만 대비하라.

Tetra Images/Alamy Stock Photo

많은 여성들은 격렬한 운동이 월경 전 증후군 완화에 도움이 된다는 것을 제시하였다.

점검하기

빈칸 채우기

정답은 책 뒷부분에서 확인 가능하다.

1. 뉴런은 _________ 라는 화학 물질을 사용하여 다른 뉴런으로 메시지를 전송한다.
2. 뉴런은 세포체 또는 체세포; '메시지'를 수신하는 수상돌기; 그리고 체세포에서 확장되어 메시지를 전송하는 _________ 를 가지고 있다.
3. 많은 뉴런의 축삭에는 _________ 라 불리는 지방 절연 외장이 있다.
4. _________ 라는 정신장애를 가진 사람들은 신경전달물질인 도파민을 과도하게 활용하는 것으로 알려졌다.
5. _________ 신경계는 심장박동과 소화와 같은 분비샘과 비자발적 활동을 조절한다.
6. _________ 라는 뇌 구조는 균형과 조화에 관여한다.
7. _________ 에 대한 투쟁의 개념은 진화론의 핵심에 있다.
8. 한 종 내에서 정형화된 행동 패턴으로 진화된 것을 _________ 라고 부른다.
9. _________ 증후군을 가진 사람들은 21번째 쌍에 정상 외로 추가된 염색체가 있다.
10. _________ 쌍둥이의 행동은 심리학자들이 특별히 흥미를 가지고 있는데, 그들의 유전적 자질이 동일하기 때문이다.

선다형 문항(Multiple Choice)

1. 축삭의 길이는 _________에 이른다.
   a. 3cm　　b. 210cm
   c. 30cm　　d. 최대 1mile

2. 뉴런은 초당 최대 _________회까지 발화할 수 있다.
   a. 40　　b. 400
   c. 4,000　　d. 40,000

3. 누군가 당신의 발가락을 밟아 통증을 유발하는 경우, 이 과정을 설명할 수 있는 것은 무엇인가?
   a. 구심성 뉴런은 척수와 뇌에 통증의 감각을 전달한 후, 원심성 뉴런이 발을 움직이라는 메시지를 보낸다.
   b. 원심성 뉴런은 척수와 뇌에 통증의 감각을 전달한 다음, 구심성 뉴런이 발을 움직이라는 메시지를 보낸다.
   c. 원심성 뉴런은 척수와 뇌에 통증 감각을 전달한 다음 원심성 뉴런이 발을 움직이라는 메시지를 보낸다.
   d. 구심성 뉴런은 통증 감각을 척수 및 뇌에 전달한 다음 구심성 뉴런이 발을 움직이라는 메시지를 보낸다.

4. 샬럿은 당황스러운 이야기를 들으면 얼굴이 붉어진다. 그녀는 심리학도이기 때문에 이 상태가 _________에 의해 통제된다는 것을 알고 있다.
   a. 운동 피질
   b. 자율신경계
   c. 체성감각피질
   d. 운동신경계

5. 베르니케 실어증의 증상은 무엇인가?
   a. 말을 이해하고 자신의 생각을 표현할 수 있는 적절한 단어를 생각할 수 있는 능력의 손상
   b. 간단한 문장을 천천히 힘들게 말하는 것
   c. 읽기에 심각한 장애
   d. 읽는 동안 소리로 단어를 분류할 수 없다.

6. 원고가 늦어져 속이 상한 편집자는 점심 먹은 것을 토한다. 이것은 아마도 무엇의 활동 때문인가?
   a. 몸에서 가장 긴 뉴런
   b. 뇌량
   c. 자율신경계의 부교감신경
   d. 자율신경계의 교감신경

7. 엘렌은 살을 뺀 후 다소 불안한 마음이 든다. 그녀의 의사는 _________의 결핍에 의한 것이라고 말했다.
   a. 에피네프린
   b. 도파민
   c. 코티솔
   d. 티록신

8. _________는 유전의 가장 기본적인 구성 요소이다.
   a. 유전자
   b. 호르몬
   c. 뉴런
   d. 신경전달물질

9. 이란성 쌍둥이 _________________________.
   a. 두 개의 난자가 수정될 때 생긴다.
   b. 유전자의 100%를 공유한다.
   c. 일란성 쌍둥이라 부른다.
   d. 양육의 결과로 인한 차이를 보인다.

10. '메시지'는 _________를 통해 뉴런 내에서, 그리고 _________를 통해 뉴런에서 뉴런으로 이동한다.
    a. 전기, 전기
    b. 신경전달물질, 신경전달물질
    c. 신경전달물질, 전기
    d. 전기, 신경전달물질

3 감각과 지각

Gary Dobner/Alamy Stock Photo

학습 성과

이 장의 성취 목표

- **3-1** 감각과 지각의 정의 및 구분을 할 수 있다.
- **3-2** 눈의 구조 및 빛의 속성과 색각 이론들을 설명할 수 있다.
- **3-3** 시각적 인식의 구성을 설명할 수 있다.
- **3-4** 귀의 구조를 파악하고 청각의 작용을 설명할 수 있다.
- **3-5** 화학 감각, 피부 감각, 운동 요법 및 전정 감각의 기능들을 설명할 수 있다.
- **3-6** 심리학자들이 초감각 인식에 대해 회의적인 이유를 설명할 수 있다.

매력적인 여자 또는 남자와 영화를 보는 자신을 상상해 보자. 불이 꺼진다. 상대방은 내 인생을 환히 밝혀줄 뿐만 아니라 어둠 속에서도 밝게 빛난다.

이러한 현상은 파장이 약간 긴 빛을 볼 때에 일어날 수 있다. 빛은 X–선과 적외선—(야간 투시경으로 증폭되는 빛)—및 AM/FM 전파를 포함하는 전자기 에너지의 하나이다.

이 장에서는 사물을 보는 방식(태도가 아니라 눈으로 보는 방식)과 듣고, 냄새를 맡고, 맛보고, 만지는 방식에 대해 다룬다. 이것은 당신이 중력이라는 힘에 반하여 태도를 반듯하게 유지할 수 있는 이유도 설명해 준다.

아울러 사람들이 미래를 볼 수 있는지, 엑스맨에서처럼 생각만으로 사물을 움직일 수 있는지에 대한 초감각 지각(ESP)을 살펴본다. 초감각적 지각이기 때문에 살펴볼 수 있을지의 여부도 분명하진 않겠지만…….

VP Photography/Alamy Stock Photo

우리가 좀더 긴 파장을 감지할 수 있다면 다른 사람들이 어둠 속에서 빛나 보일 것이다. 빛 흡수 안경을 사용하면 적외선을 증폭하여 어둠 속에서도 볼 수 있다.

3-1 감각과 지각

오감은 감각수용체에 대한 자극과 감각 정보를 중추신경계(척수 또는 뇌)로 전달하는 것을 가리킨다. 감각수용체는 눈과 귀, 피부, 그리고 인체의 감각기관에 위치해 있다. 감각은 자동으로 이루어지는 과정이다. 그것은 빛과 소리와 같은 에너지원이나 냄새 및 맛의 경우처럼 화학물질의 존재로 인해 발생한다.

지각(perception)은 기계적인 것이 아니라 내적 표상을 만들기 위해 감각정보들이 조직화되고 해석되는 적극적인 과정이다(Goldstein, 2013; Hafemeister et al., 2010).

우리가 좀 더 긴 파장을 감지할 수 있다면 다른 사람들이 어둠 속에서 빛나 보일 것이다. 빛 흡수 안경을 사용하면 적외선을 증폭하여 어둠 속에서도 볼 수 있다.

감각 감각수용기의 자극 및 감각 정보를 중추신경계로 전달하는 과정

지각 감각이 내부 세계에서 표상을 구성하는 과정

지각은 감각으로 시작될 수 있는데, 감각 자극을 받아들이는 과정에서 우리의 경험과 기대가 반영된다. 4.5 m 떨어져 서 있는 사람과 바로 옆에 있는 30 cm 높이의 인형이 눈에는 비슷한 크기의 이미지로 보일 수 있지만, 그것이 30 cm 높이의 인형인지 4.5 m 떨어진 성인인지는 인형, 사람, 거리 등에 대한 당신의 경험에 의존하는 지각의 문제이다.

TRUTH OR FICTION?

당신의 생각은? 속설, 상식 또는 넌센스?
'진실'일 경우 T, '거짓'일 경우 F를 선택한 다음, 여러분의 선택이 정확한지를 검토해 보자.

T	F	우리가 파장이 약간 긴 빛의 파동을 볼 수 있다면, 온혈동물이 어둠 속에서 빛을 발할 것이다.
T	F	사람들은 5가지 감각만을 갖고 있다.
T	F	사람들은 종종 듣고 싶은 것만 들을 수 있다.
T	F	청색광과 황색광을 혼합하면 녹색광을 볼 수 있다.
T	F	사람들은 두려울 때 눈의 수정체가 커질 수 있다.
T	F	많은 사람들이 절단된 팔다리에서 고통을 느낀다.
T	F	어떤 사람들은 다른 사람들의 마음을 읽을 수 있다.

> **"삶의 위대한 예술은 그것이 비록 고통 속일지라도 우리가 존재하고 있음을 느끼는 감각이다."**
>
> 바이런 경, 영국 시인, 1788~1824

세상이 제공하는 풍경, 소리, 그 밖의 감각적 요소에 대한 당신의 인식은 주로 시각, 청각, 후각, 미각 및 촉감이라는 소위 오감에 달려 있다.

그러나 촉감은 압력, 온기, 추위 및 통증을 포함하는 여러 '피부 감각' 중 하나일 뿐이다. 또한, 당신이 신경 쓰지 않는 사이에도 당신의 신체 기관들을 이끌어주는 감각들이 존재한다. 이러한 감각들을 살펴보면, 비슷한 감각일지라도 이것이 사람마다 다른 지각이나 상황으로 이어질 수 있음을 발견할 것이다.

감각에 대한 여정을 시작하기 전에 감각과 지각의 관계에 대해 이야기하는 데 사용되는 여러 개념들을 고려해 보자: 절대식역, 무의식적 자극, 차이식역, 신호탐지이론, 특징 탐지 및 감각 적응. 여기서 우리가 왜 아무도 눈치 채지 못하게 빛을 점차적으로 어둡게 하려는지를 인식하게 될 것이다. 또한 즐거운 저녁 식사의 맛의 향기에 무뎌지게 되는 이유도 알 수 있다.

TRUTH

Ⓣ F 파장이 약간 긴 빛의 파동을 볼 수 있다면, 온혈 동물이 어둠 속에서 빛날 것이다.

만약 파장이 약간 더 긴 빛을 볼 수 있다면, 사람과 동물들이 어둠 속에서 빛날 것이다. 이는 당신이 적외선을 보고 있다는 뜻인데, 사람과 온혈동물처럼 따스한 몸체에서 발산되는 대부분의 열 복사는 적외선이기 때문이다.

1. 절대역

절대역 감각을 일으킬 수 있는 최소한의 에너지

피치(pitch) 음파의 주파수에 의해 결정되는 소리의 높낮음

역치하 자극 의식적 인지를 위한 사람의 절대식역에 미달하는 감각 자극

역치(threshold) 자극이 어떤 강도 이상에서는 지각되고, 어떤 강도 이하에서는 지각되지 않는 지점

19세기 독일 심리학자 구스타프 페히너(Gustav Fechner)는 **절대역**이라는 용어를 사용하여 감각을 생성하는 데 필요한 최소한의 자극을 표현했다.

예를 들어, 빛의 절대역은 시각적 감각 시스템을 활성화하는 데 필요한 최소 밝기(물리적 에너지)이다.

심리물리학자는 개인이 50%의 확률로 감지할 수 있는 최소 자극을 찾을 때까지 점차 강한 자극에 노출시킴으로써 감각의 절대역을 찾는다. 그러나 이러한 절대역이 그리 절대적이지는 않다. 어떤 사람들은 다른 사람들보다 더 민감하며 같은 사람이라도 시간에 따라 약간 다른 반응을 보일 수 있다(Rouder & Morey, 2009).

그럼에도 불구하고, 이상적인 조건에서 우리의 자극을 감지하는 능력은 매우 민감하다.('감각의 절대역' 부분을 참조하라.)

인간의 감각에 대한 절대역이 다르다면 우리의 삶은 얼마나 달라지겠는가! **음높이**가 낮은 소리에 귀가 민감한 경우, 공기 분자 사이의 충돌까지도 들을 수 있을지 모른다. 파장이 약간 긴 빛을 볼 수 있다면, 적외선 빛의 파동을 볼 수 있을 뿐 아니라 사람이나 동물이 어둠 속에서 빛나는 것도 볼 수 있을 것이다. 열이 적외선을 생성하기 때문에 이 경우 당신의 세계는 달라질 것이다.

FICTION

T Ⓕ 사람들은 오감만을 가지고 있다.

사람들이 오감만을 가지고 있다는 것은 사실이 아니다. 사람들은 실제로 오감 이상을 가지고 있다.

2. 역치하 자극

일부 TV 광고들은 화면에 너무 짧게 비치는 단어나 성적인 이미지가 있어 우리가 이를 인식하지 못할 수 있다. 그러나 그 이미지들은 여전히 우리에게 영향을 줄 수 있을까? 행동주의자인 왓슨(John B. Watson)은 광고들이 자동차와 매력적인 자극을 자주 연계시키듯이, 매력적인 자극과 제품과의 연관관계를 연구하는 데 있어서 선구자였다. 그리고 대부분의 광고는 그 연관관계를 공공연히 보여준다.

사람의 의식적 자극을 위한 절대식역보다 낮은 감각자극을 **역치하 자극**이라고 하며, 그 지각을 **역치하 지각**(subliminal perception)이라고 한다. 시각적 자극이 너무 짧게 번쩍여서 우리가 그것을 인지하지 못할 수 있다. 청각 자극은 너무 낮은 음량으로 재생되어 의식적으로 듣거나 기억하지 못할 수 있다.

감각의 절대역

별이 빛나는 밤에 32km쯤 떨어진 곳의 불타는 촛불을 볼 수 있을까? 조용한 방에서 4.5cm 떨어져 있는 손목시계 소리를 들을 수 있을까?
대부분의 사람들에게 대답은 '그렇다'이다. 다음은 인간의 시각, 청각, 미각, 후각 및 촉각에 대한 절대역을 측정한 것이다.

- 시각 : 맑고 어두운 밤에 약 48km쯤의 거리에서 본 촛불의 불꽃
- 청각 : 조용한 방에서 약 6m 떨어진 곳에서 똑딱거리는 시계
- 미각 : 2L의 물에 녹인 설탕 1 티스푼
- 후각 : 작은 집 전체에 뿌려진 약 한 방울의 향수 (5억 분의 1 크기)
- 촉각 : 약 1cm 거리에서 뺨에 느껴지는 파리 날갯짓의 힘

Finnbarr Webster/Alamy Stock Photo

한 실험에서 요한 카레만스(Johan Karremans)와 그의 동료(2006)는 참가자 그룹이 보는 컴퓨터 화면에서 인지하기에는 너무 짧은 시간인 약 50분의 1초 동안 'Lipton Ice'를 반복해서 깜박였다. 그들은 브랜드 이름이 표기되지 않은 메시지를 통제 그룹에게 비춰주었다. 그 후 첫 번째 그룹에서 갈증이 생긴 참가자는 Lipton Ice를 선호하는 경향을 보였다.

3. 차이역(Weber의 법칙)

한 조명이 다른 조명보다 밝음을 감지하려면 두 조명의 강도 차이가 어느 정도 필요할까? 그것들을 구별하는 데 필요한 두 자극의 크기의 최소 차이를 차이역이라고 한다. **절대역**과 마찬가지로, 심리학자는 50%의 확률로 감지할 수 있는 강도 차이라는 표준에 동의한다.

심리물리학자 에른스트 웨버(Ernst Weber)는 실험실 연구를 통해 빛의 강도 차이를 인식하는 식역이 그들 강도의 약 2%(1/60에 더 가깝다)임을 발견했다. 이 1/60이라는 수치는 **웨버(Weber)의 법칙**으로 알려져 있다.

이와 같은 개념은 **눈에 갓 띄는 차이**(just noticeable difference; jnd), 즉, 사람이 감지할 수 있는 자극의 최소 차이이다. 작은 강도에의 두 자극 간의 차이는 쉽게 탐지될 수 있지만, 큰 강도에서는 두 자극 간에 보다 큰 차이가 있어야 탐지할 수 있는 것이다.(→크기와 무관하게 상수에 따라 다름) 예를 들어 최소 50%의 확률로 대부분의 사람들은 빛이 1/60만큼 밝아지거나 어두워지는지 알 수 있다.

빛에 대한 웨버의 법칙은 살짝 밝은 조명과 살짝 어두운 조명 모두에서 성립한다. 그러나 매우 밝거나 어두운 조명을 비교할 때에는 그것이 정확히 성립하지 않을 수 있다.

들어 올려진 무게의 차이를 감지하기 위한 웨버의 상수는 1/53이다(1/50 또는 2%로 반올림 가능). 즉, 45kg의 바벨을 들어 올릴 만큼 강하다면 약 900g이 추가될 때까지는 더 무겁다는 것을 알 수 없다. 그러나 900g의 덤벨을 들고 있는 경우, 누군가가 당신에게 아령을 450g이라도 더 올려놓았다면 무게가 50% 증가한 것이기 때문에 바로 알아차리게 될 것이다.

소리는 어떨까? 사람들은 소리의 피치(주파수) 변화에 가장 민감하다. 피치에 대한 웨버 상수는 1/333이며, 이는 평균적으로 사람들이 톤의 1%의 3분의 1만큼이라도 증가하거나 감소하면 이를 알아차릴 수 있음을 뜻한다. (피치의 아주 작은 실수는 가수의 노래가 날카롭거나 밋밋하게 들리게 할 수 있다.) 친구들이 당신의 노래를 비판할 때 이것을 기억하라.

미각은 훨씬 덜 민감하다. 평균적으로 사람들은 20% 미만의 짠맛 차이를 감지할 수 없다. 그렇기 때문에 당신이 좋아하는 과자보다 소금이 15% 적은 '저염' 과자도 맛이 그리 나쁘지 않을 것이다.

4. 신호탐지이론

지금까지의 논의로 볼 때 사람들이 마치 단순하게 일정량의 자극으로 감각을 느낄 수 있는 것처럼 보일 수 있다. 그러나 이는 사실이 아니다. 사람들은 심리적 요인에도 영향을 받는다. **신호탐지이론**은 이러한 요소들을 고려한다.

신호탐지이론에 따르면, 물리적 자극과 감각 반응 사이의 관계는 완전히 기계적인 것은 아니다(Soto et al., 2018).

차이역 두 자극 사이에서 50%의 차이를 탐지할 수 있는 최소한의 차이

웨버의 법칙 강도의 차이를 인식할 수 있도록 물리적 에너지원을 증가시키거나 감소시켜야 하는 강도의 비율

눈에 갓 띄는 차이(jnd) 강도의 차이를 인식할 수 있도록 에너지원을 늘리거나 줄여야 하는 최소량

신호탐지이론 언제, 어떻게 배경자극 중 희미한 자극의 존재를 탐지하는 가에 대한 예견

레이더 화면에서 깜박임과 같은 자극을 감지하는 사람들의 능력은 깜박임의 강도뿐만 아니라 그들의 훈련(학습), 동기(깜박임을 인식하고자 하는 의지) 및 피로 또는 경각심과 같은 심리적 상태에 의존한다(Berry et al., 2012; Goldstein, 2013).

신호의 강도는 사람들이 감각 자극(신호)을 인지할 것인지 또는 신호들 간 차이를 인지할 것인지를 결정하는 요소 중 하나이다. 또 다른 요소는 신호가 배경의 잡음과 구별될 수 있는 정도이다.

사람들이 노래를 부르며 유리잔을 부딪치고 있는 방에서보다 조용한 방에서 친구가 말하는 것을 더 쉽게 들을 수 있다. 그 밖에 사람의 생물학적 감각 시스템의 민감도는 또 다른 요소이다. 감각기능이 완전히 성숙해졌는가? 나이가 듦에 따라 퇴화하는가?

우리가 의도적으로 찾으려는 감각들은 더 빨리 인식되곤 한다. 사람들은 자신들이 듣고 싶은 것만 들을 때가 있다. 당신이 책을 읽고 있는 장소에는 실제로 여러 신호들이 혼재되어 있을 수 있다. 당신이 읽는 것에 집중하고 있다면 다른 신호들은 배경 속으로 사라진다. 신호감지의 심리적 요소 중 하나는 바로 중요하다고 생각하는 신호에 집중하는 것이다.

5. 뇌 속의 속성 탐지기

버스가 다가오고 있는 혼잡한 거리의 정류장에 서 있다고 상상해 보라. 감각기관(이 경우, 눈) 속 뉴런이 버스가 접근함에 따라 자극을 받으면 뇌의 감각피질에 정보를 전달한다.

노벨상 수상자 데이비드 허벨(David Hubel)과 토르스텐 비젤(Torsten Wiesel, 1979)은 뇌의 시각피질에 있는 여러 뉴런들이 시각 요소의 특수한 특징들에 대한 반응으로 활성화되는 것을 발견했다.

뇌의 많은 세포들, 수직, 수평 및 그 사이의 다양한 각도로 나타나는 선들을 감지한다(즉, 활성화된다). 다른 세포들은 특정 색에 반응하여 활성화된다. 특정 장면의 상이한 측면 또는 특징들에 반응하기 때문에, 이들 뇌세포들은 **속성 탐지기**(feature detectors)라고 불린다. 버스의 예에서 시각 특징 탐지기는 버스의 가장자리, 깊이, 윤곽, 구조, 표면, 그림자, 속도 및 움직임의 종류(위로, 아래로, 앞으로, 뒤로)에 반응한다.

다른 종류의 감각을 위한 특징 탐지기들도 있다. 예를 들어, 청각 특징 탐지기는 버스 소리의 피치, 크기, 그 밖의 자극들에 반응한다.

속성 탐지기 물체의 선이나 가장자리와 같은 감각 정보의 특징들에 반응하여 작동하는 감각피질의 뉴런

감각적응 유기체가, 규모가 작은 자극에 더 민감해지고 지속적으로 진행되는 자극에는 둔감해지는 과정

감작(感作) 크기가 작은 자극에 더 민감해지는 감각 적응의 유형. 긍정적 적응이라고도 함.

탈감작(脫感作) 우리가 지속적인 자극에 덜 민감해지는 감각 적응의 유형. 부정적 적응이라고도 함.

TRUTH

Ⓣ F 사람들은 때때로 듣고 싶은 것을 듣는다.

사람들이 때때로 듣고 싶은 것을 듣는 것은 사실이다. 결국엔 그것이 그들이 주목하고 있는 부분인 것이다.

6. 감각적응(Sensory Adaptation)

우리의 감각 시스템은 변화하는 환경에 적합하다. **감각적응**이란 우리가 낮은 크기의 자극에 더 민감해지고, 창문 밖의 배경 잡음과 같이 동일하게 유지되는 자극에 덜 민감해지는 과정을 가리킨다(Lawless & Heymann, 2010).

시각적 감각이 더욱 낮은 빛의 강도에 적응한다는 점을 고려해 보라. 어두운 영화관에 처음 들어가면 화면의 이미지들 외에는 거의 보이지 않는다. 그러나 좌석을 찾는 과정에서 우리는 주변의 얼굴들과 극장의 특징을 점점 더 예리하게 감지하게 된다.

자극에 더 민감해지는 과정을 **감각적 자극(감수성)** 또는 긍정적 적응이라 일컫는다. 그러나 우리는 지속적인 자극에 덜 민감해진다. 예를 들어, 도시에 살면 가끔 역화(backfire)나 사이렌을 제외하고는 교통 소리에 둔감해지기 마련이다. 자극에 덜 민감해지는 과정을 **탈감작**(desensitization) 또는 부정적 적응이라 일컫는다.

자극에 대한 민감성은, 우리 뇌에 외부 세계를 이해하고 영향을 미치기 위해 사용하는 정보를 제공한다. 그러므로 심리학자들이 우리가 느끼고 인식하는 방법을 연구한다는 것은 놀라운 일이 아니다.

이 장의 나머지 뒷부분에서는 시각, 청각, 화학적 감각 및 그 밖의 감각에 대하여 알아본다.

3-2 시각

우리의 눈은 말 그대로 '세계를 보는 창'이다. 시력은 우리의 주된 감각이기 때문에 많은 사람들은 실명을 가장 치명적인 감각상실로 간주한다. 시력을 이해하기 위해 먼저 빛에 대하여 살펴본다.

1. 빛

빛은 매혹적인 요소이다. 빛은 발산하고, 점등하며, 눈부시다. 거의 모든 문화권에서 빛은 희망과 선의와 지식의 상징이다.

우리는 천재를 '눈부시게' 탁월하다고 표현할 수 있다. 무지한 자들에 대해서는 '암흑 속에 있다'라는 표현이 가능할 것이다.

시각적 감각을 유발하는 것은 **가시광선**(visible light)이다. 그러나 가시광선은 우리를 둘러싸고 있는 전자기 에너지 스펙트럼의 한 작은 부분일 뿐이다(그림 3.1 참조).

모든 형태의 전자기 에너지는 파장의 형태로 움직이며, 상이한 종류의 전자기 에너지는 고유의 파장들을 갖는다.

가시광선 눈을 자극하고 시각적 감각을 생성하는 전자기 스펙트럼의 일부

그림 3.1 시각 스펙트럼(The Visible Spectrum)

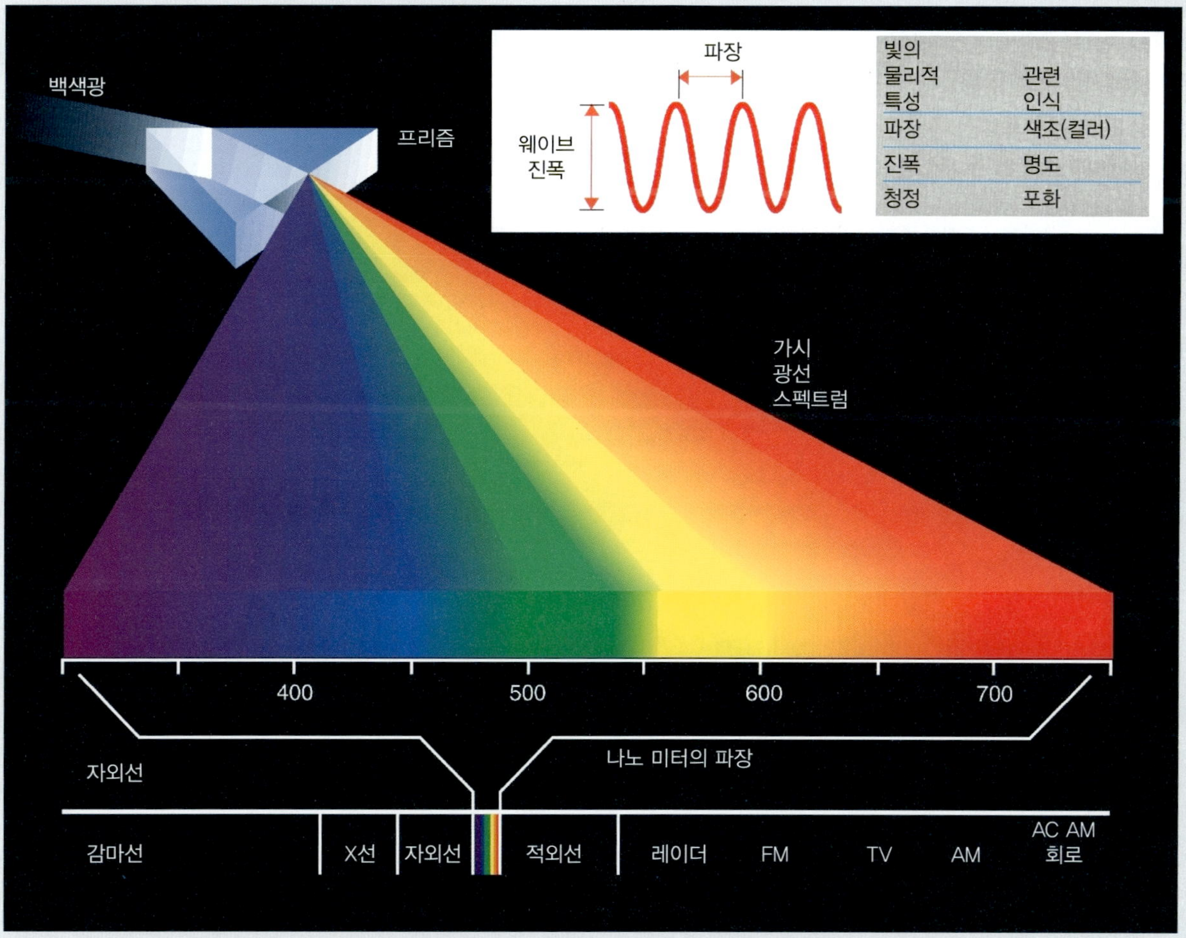

당신이 볼 수 있는 수백만 개의 색상이 전자기 에너지 스펙트럼의 단지 아주 작은 부분에 불과하다는 것을 알고 있는가? 가시광선은 X선, 전파 — AM 및 FM 모두 해당, 우주선, 레이더, 적외선, 자외선 및 마이크로파장과 전자기 스펙트럼을 공유한다. 햇빛과 같은 백색광원을 프리즘에 통과시킴으로써 그것을 가시광선 스펙트럼의 색상으로 분해할 수 있다. 다양한 형태의 전자기 에너지는 1미터의 수조 분의 1 크기에서부터 수천 마일에까지 이르는 크기의 다양한 파장을 가지고 있다. 가시광선의 파장은 약 400nm에서 700nm 정도 범위에서 다양하다. (1미터=10억nm)

- ▶ 우주선 : 우주 공간에서 오는 이 광선의 파장 길이는 단 몇 1조분의 몇 cm에 불과하다.
- ▶ 전파 : 일부 라디오 시그널은 몇 마일에 이른다.
- ▶ 가시광선 : 장미는 빨간색이고 제비꽃은 파란색이다. 왜인가? 각기 다른 색상은 파장이 다르며, 보라색은 길이가 약 4천억분의 1미터로 가장 짧고, 빨간색은 7천억분의 1미터로 가장 길다.

영국의 과학자인 아이작 뉴턴 경은 프리즘이라고 불리는 삼각형의 유리를 사용하여 햇빛을 다른 색들로 분해할 수 있음을 발견했다(그림 3.1 참조).

색조 파장에 의해 결정되는 빛의 색

각막 안구의 외부 표면을 형성하는 투명한 조직

기억장치 Roy G Biv를 사용하면 가장 긴 파장에서 가장 짧은 파장까지의 스펙트럼 색상을 기억할 수 있다(빨강, 주황, 노랑, 녹색, 파랑, 남색, 보라색). 가시광선의 파장에 따라 색상 또는 **색조**(hue)가 결정된다. 스펙트럼을 통해 적색 파장은 주황색의 파장보다 길다는 점을 알 수 있다.

2. 눈

그림 3.2와 같이 눈의 주요 부분을 고려해 보자. 카메라와 마찬가지로 빛은 좁은 개구부를 통해 들어와서 민감한 표면에 투사된다. 빛은 먼저 눈의 앞면을 덮는 투명한 **각막**(cornea)을 통과한다. (눈의 '백색' 부분 또는 공막은 단단한 보호조직으로 구성된다.)

그림 3.2 인간의 눈

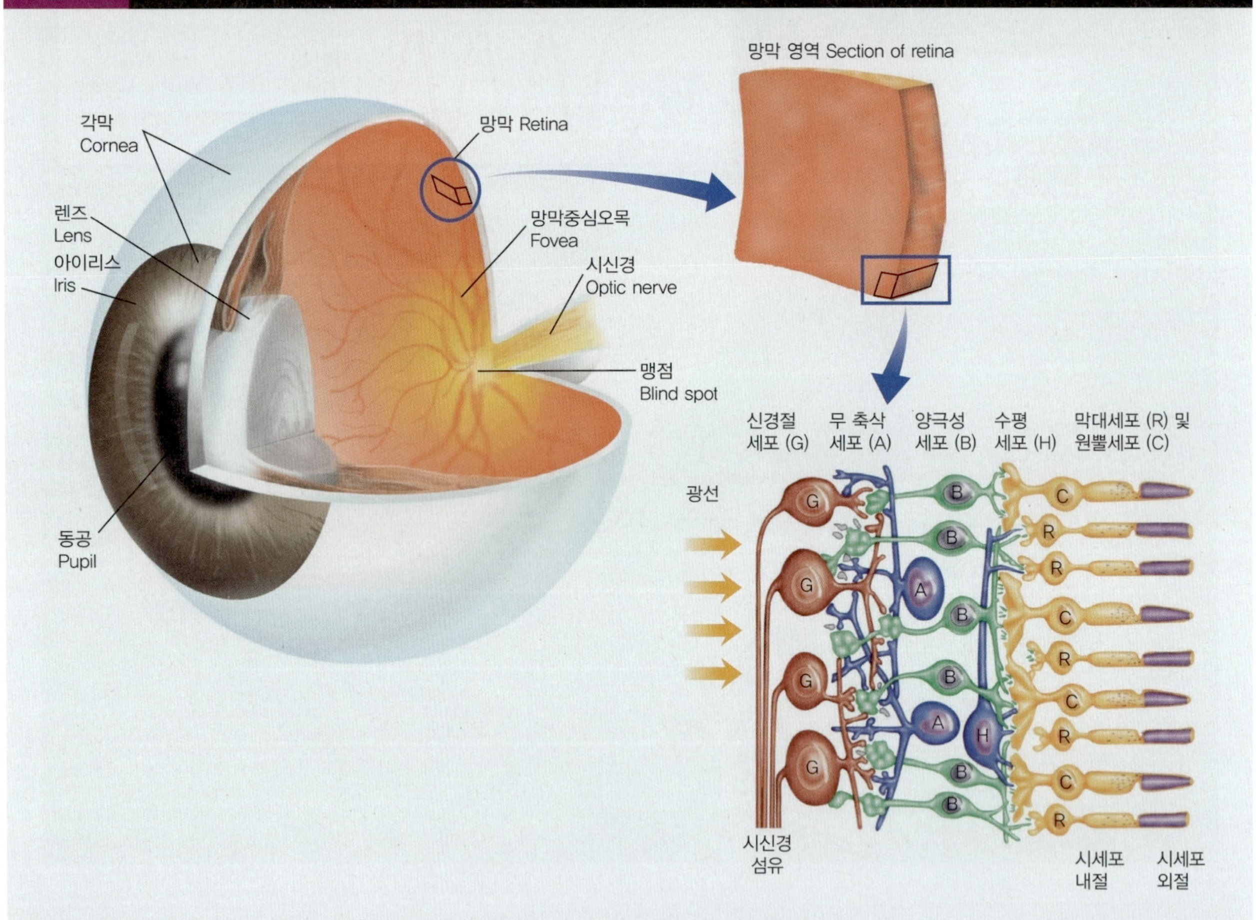

눈은 세상을 바라보는 우리의 카메라이다. 눈과 카메라 모두에서 빛은 좁은 구멍을 통해 들어와 민감한 표면에 투사된다. 눈의 감광성 표면을 망막이라고 하며, 망막에서의 변화하는 이미지에 관한 정보는 뇌로 전송된다. 망막에는 막대세포와 원뿔세포라고 불리는 광수용기가 존재한다. 막대세포와 원뿔세포는 양극성 뉴런을 통해 감각 입력을 신경절 뉴런으로 다시 전달한다. 신경절 뉴런의 축삭돌기는 시신경을 형성하여 뇌를 통해 후두엽의 시각피질로 감각 자극을 전달한다.

각막을 통과하는 빛의 양은 눈의 색깔 부분인 홍채라고 불리는 근육의 개구부 크기에 의해 결정된다. 홍채의 개구부는 동공이다. 동공의 크기는 존재하는 빛의 양에 따라 자동으로 조정된다. 그러므로 어두운 곳에서 더 잘 보려고 눈을 크게 뜰 필요는 없다.

빛이 강렬할수록 개구부가 작아진다. 동공 크기는 또한 감정에 반응한다. 두려움은 교감신경계 흥분과 관련이 있다. 동정적 각성은 동공을 확장시킨다. 그러므로 우리는 진정으로 '두려운 눈'이 될 수 있다.

TRUTH

Ⓣ F 사람들은 '두려울 때 눈을 크게 뜬다.'

사람들이 '두려울 때 눈을 크게 뜨는 것'은 사실이다. 두려움은 교감신경계의 각성과 관련이 있으며, 교감 각성은 눈의 동공을 팽창시킨다.

빛이 조리개를 통과한 후에는 **렌즈**에 도달한다. 렌즈는 두께를 변경하여 이미지를 조정하거나 수용한다. 두께의 변화는 물체의 이미지가 선명하게 망막에 투사될 수 있도록 한다. 이러한 변화는 보는 사람으로부터 물체가 떨어진 거리에 따라 빛의 초점을 맞춰준다. 팔을 길게 뻗었을 때 손가락을 천천히 코 쪽으로 가지고 오면, 망막 이미지의 초점을 유지하기 위해 렌즈의 두께가 조절됨에 따라 눈에 긴장이 느껴짐을 알 수 있다.

사람들이 어떤 물체를 바라보기 위해 곁눈질을 하는 것은 렌즈의 두께를 조정하는 것이다. **망막**(retina)은 빛에 민감한(감광성의) '**감광체**(photoreceptors)'라고 하는 세포로 구성된다. 감광체에는 막대세포와 원뿔세포라는 두 가지 유형이 있다. 망막(그림 3.2 참조)에는 막대세포와 원뿔세포, **양극성 세포**(bipolar cells) 및 **신경절 세포**(ganglion cells)와 같은 여러 층의 세포들이 존재한다. 이 모든 세포들은 뉴런이다.

막대세포와 원뿔세포는 신경자극을 생성하는 화학적 변화들로 빛에 반응하고 이는 양극성 세포에 의해 포착되며, 이어서 신경절 세포들을 활성화시킨다. 망막에 있는 수백만 개의 신경절 세포의 축삭돌기들은 수렴하여 **시신경**(optic nerve)을 형성한다. 시신경은 뇌에 감각을 입력하고 이는 후두엽의 시각영역으로 전달된다.

또한 눈에는 이 과정을 향상시키기 위한 추가적 뉴런들이 존재한다. 무축삭세포와 수평세포는 막대세포와 원뿔세포 및 신경절 세포에 근접한 수준에서 측면으로 연결된다. 결과적으로 단일 양극성 세포는 많은 막대세포 및 원뿔세포로부터 신호를 수집할 수 있으며, 반대로 단일 신경절 세포는 여러 양극성 세포로부터 정보를 받을 수 있다. 실제로 막대세포와 원뿔세포는 수적으로 신경절 세포보다 100배 이상 많이 존재한다.

막대세포와 원뿔세포(rods and cones)는 망막에 있는 감광체이다(그림 3.2 참조). 약 1억2천5백만 개의 막대와 640만 개의 원뿔세포가 망막에 분포되어 있다. 원뿔세포는 망막의 중앙에 있는 **와**(Fovea, 窩)라고 불리는 작은 지점에 가장 밀집되어 있다.

이 지점에서 시력(선명함과 디테일)이 가장 좋다. 와(窩)는 거의 원뿔세포만으로 구성된다. 막대세포는 와 바로 주변에서 가장 밀도가 높고 망막의 주변으로 갈수록 밀도가 낮아진다.

막대세포는 우리가 흑백으로 볼 수 있다. 원뿔세포는 색감을 보게 해준다. 막대세포는 원뿔세포보다 희미한 빛에 더 민감하다. 따라서 저녁 때 빛이 어두워지면 외곽선이 사라지기 전에 물체가 색을 잃는 것처럼 보인다.

와(Fovea)에서의 시력의 선명함과는 대조적으로 시각 자극에 둔감한 **맹점**(blind spot)도 존재한다. 이는 망막에서 신경절 세포의 축삭이 수렴하여 시신경을 형성하는 부분이다(그림 3.2 참조). 그림 3.3을 통하여 맹점을 찾아볼 수 있다.

시각의 선명도(visual acuity)는 눈 모양과 관련이 있다.

홍채 그 팽창을 통하여 눈에 들어오는 빛의 양을 조절하는 근육 막

동공 빛이 눈에 들어오는 경로로, 홍채 중앙의 검은색 개구부

수정체 망막에 이미지의 초점을 잡아주는 홍채 뒤의 투명한 부위

망막 막대세포와 원뿔세포를 포함하는 눈 안쪽의 표면

감광체 빛에 반응하는 세포

양극성 세포 막대세포와 원뿔세포에서 신경절 세포로의 신경 자극을 수행하는 뉴런

신경절 세포 그 축삭이 시신경을 형성하는 뉴런

시신경 감각 정보를 눈에서 뇌로 전달하는 신경

막대세포 빛의 강도에만 반응하는 막대형 감광체

원뿔세포 색감을 전달하는 원추형 감광체

와(窩) 원뿔세포의 밀도가 높고 시력이 가장 예민한 망막 중심 부근

맹점 신경절 세포의 축삭이 만나 시신경을 형성하는 망막의 부위

시각의 선명도 시력의 예리함

그림 3.3 맹점(The Blind Spot)

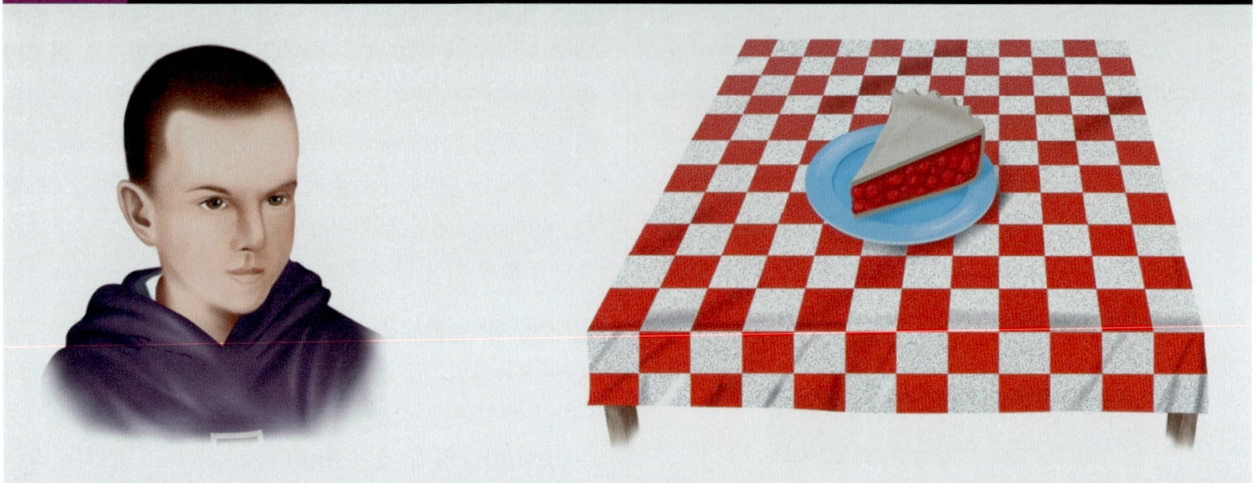

'사라지는 행위'를 해보라. 그렇다고 나가버리지는 말고! 대신 왼쪽 눈을 감고 얼굴을 이미지에 가깝게 두고 오른쪽 눈으로 소년을 바라보라. 파이가 사라질 때까지 책을 천천히 치워보라. 파이는 신경절 뉴런의 축삭이 시신경을 형성하기 위해 모이는 지점인 망막의 맹점에 투사되기 때문에 사라져버린다. 파이가 사라지면, 뇌가 누락된 바둑판 패턴을 '채운다'. 그렇기 때문에 일반적으로 맹점을 가지고 있다는 것을 알지 못한다.

세부 사항을 구별하기 위해 물체에 비정상적으로 가까이 다가가야 하는 사람들은 근시이며, 멀리 있는 물체를 비정상적으로 명확하게 볼 수 있지만 근처의 물체에 초점을 맞추는 데 어려움이 있는 사람들은 원시이다.

근시는 안구가 두터워 멀리 있는 물체의 이미지가 망막 앞에서 초점이 맞춰질 때 일어날 수 있다. 안구가 너무 얇으면 주변 물체의 이미지가 망막 뒤에 초점이 맞춰져서 원시로 이어진다. 안경이나 콘택트 렌즈는 근시인 사람들이 망막에 먼 물체의 초점을 맞추는 것을 도와준다.

레이저 수술은 각막의 모양을 변경하여 시력을 교정할 수 있다. 원시인들은 보통 안경을 쓰지 않아도, 독서용 안경이 필요한 중년에 도달할 때까지는 충분히 잘 볼 수 있다.

30대 후반에서 40대 중반까지 사람들의 렌즈는 약해지기 시작하여 물체를 보거나 초점을 맞추기가 더 어려워진다. 이 상태를 그리스어로, '노인'과 '눈'을 뜻하는 단어인 **노안**이라고 표현한다. 노안은 근처의 시각적 자극을 인지하기 어렵게 한다. 정상적인 시력을 가진 젊은이들은 종종 중년이 되면 독서용 교정 렌즈를 필요로 하게 된다.

> **노안(presbyopia)** 렌즈가 허약해진 상태
>
> **암순응(dark adaptation)** 막대세포와 원뿔세포의 감도를 높여서 어두운 조명에 적응해가는 과정

빛 적응 어두운 길로 걸어 나가면 처음에는 사람, 나무, 자동차를 선명하게 볼 수 없다. 그러나 시간이 지남에 따라 사람과 사물의 특징을 더 잘 구별할 수 있다. 낮은 조명에 적응하는 과정을 '**암순응**'이라고 한다. 감지에 필요한 빛의 양은 어둠 속에서 보낸 시간의 함수이다. 원뿔세포와 막대세포는 다른 속도로 적응한다.

색상을 인식할 수 있는 원뿔세포는 약 10분 이내로 최고의 적응상태에 도달한다. 명암만 인식할 수 있는 막대세포는 어두운 빛에 더 예리하며 약 45분에 걸쳐 서서히 적응한다.

더 밝은 조명에 대해서는 더 빠르게 적응한다. 예를 들어, 극장에서 밝은 대낮의 외부로 나올 때, 처음에는 고통스럽기도 한 눈부심에 깜짝 놀랄 수 있다. 그러나 거리로 나온 지 1분 정도 지나면 눈부심이 사라지고 물체들의 외곽이 다시 잘 보이게 된다.

3. 색각

사람에게 세상은 대부분 화려한 색채로 가득 차 있다. 색채는 우리의 일상에 있어 감성적이고 심미적인 부분이라 할 수 있다. 이 부분에서는 색깔의 여러 측면들을 살펴본 후, 다양한 파장의 빛을 우리가 어떻게 색상 인식으로 변환하는지에 대한 이론들을 살펴보자. 색감의 인식에는 색조, 색채의 값 및 채도가 포함된다.

빛의 파장에 따라 색채 또는 색조가 결정된다. 색채의 값은 밝기 또는 어둡기의 정도이다.

"보고도 느끼지 못하는 것은 끔찍한 일이다."

헬렌 켈러 (Helen Keller),
미국 작가, 정치 활동가, 강사
(1880~1968)

채도는 색채가 우리에게 얼마나 강렬하게 보이는지를 나타낸다. 소방차의 빨강색은 옅은 분홍빛이 도는 빨강보다 채도가 더 높다.

색채는 또한 다양한 문화 환경에서 정서적 연계를 갖는다. 예를 들어, 미국에서 신부는 순결의 표시로 흰 옷을 입는다. 인도에서는 전통적으로 흰색이 장례식을 위한 색이기 때문에 손님들은 충격을 받을 것이다. 반면 미국에서는 검은 옷을 입고 애도한다.

따뜻하고 차가운 색채

스펙트럼의 색채를 원으로 구부리면 그림 3.4와 같이 색상환이 만들어진다. 심리적으로, 색상환의 녹색–파랑 부분의 색채는 시원한 온도라고 간주된다. 무더운 날에는 녹색 또는 파란색 방이 선호될 수 있다.

그림 3.4 색상환(The Color Wheel)

가시 스펙트럼의 색채를 원으로 구부렸을 때 색상환에서 서로 마주보는 색채를 보색이라고 한다. 파란색과 주황색을 섞을 때처럼 혼합하면 회색에 가까워진다. (크레용 색채나 페인트가 아닌, 조명을 혼합하고 있음을 기억하라.)

노랑–주황색–빨간색 영역의 색채는 따뜻하다고 간주된다. 한겨울에는 이러한 색채의 방이 선호될 수 있다.

보색 색상환에서 서로 마주보는 색채는 **보색**이라고 표현한다. 빨강–녹색 및 파랑–노랑이 주요 보색 관계에 있다. 보색을 함께 혼합하면 회색에 가깝게 된다.

이때 당신은 "잠깐만!"이라고 외칠 것이다. "파란색과 노랑색은 혼합시 회색이 아닌 녹색을 생성하기 때문에 보색이라 할 수 없다." 주의할 것은 지금 우리가 색소가 아닌 빛을 혼합하는 것에 대해 이야기하고 있다는 점이다. 빛은 모든 색의 원천이다. 색소는 다른 파장의 빛을 선택적으로 반사하고 흡수한다.

빛의 혼합은 누적적인 과정이다. 색소의 혼합은 차감하는 과정이다. 그림 3.5는 다양한 색상의 빛과 색소의 혼합을 보여준다. 색소는 스펙트럼의 특정 부분에서 빛을 흡수하고 나머지를 반사하여 색채를 얻는다.

예를 들어, 엽록소의 색소가 대부분의 빨강, 파랑 및 보라색 파장의 빛을 흡수하기 때문에 대부분의 식물이 녹색으로 보인다. 흡수되지 않은 녹색이 눈에 보이는 것이다. 적색 색소는 대부분의 스펙트럼을 흡수하지만 적색을 반사시킨다. 흰색 색소는 모든 색채를 동일하게 반사한다. 검은 색소는 빛을 거의 반사하지 않는다.

FICTION

T (F) 청색광과 황색광을 혼합하면 녹색광이 된다.

푸른 빛과 노란 빛을 혼합하면 녹색 빛을 띤다는 것은 사실이 아니다. 사실, 우리는 회색 빛을 얻는다. 그러나 파란색과 노란색 색소를 혼합할 경우 녹색이 되는 것은 사실이다.

잔상(afterimages) 그림 3.6으로 이 실험을 시도해보라. 이상하게 색이 칠해진 성조기를 깜박이지 않고 최소 30초 동안 바라보라. 그 다음에 흰색 또는 밝은 회색 용지를 보아라. 국기는 어떻게 되었는가?

당신의 색각이 정상적이며 깃발을 충분한 시간 동안 바라보았다면 친숙한 빨강, 흰색 및 파랑으로 구성된 깃발을 볼 수 있을 것이다.

보색 결합할 때 백색 또는 백색에 가까운 광을 생성하는 스펙트럼의 색상들을 가리킴.

잔상 이미 제거된 자극에 의해 만들어진, 남아있는 시각적 현상하얀 종이에서 보이는 깃발은 첫 번째 이미지의 **잔상**이다. (첫 번째 시도에서 녹색, 검은색 및 노란색 깃발을 충분히 길게 보지 않았다면 다시 시도해 보라.)

잔상의 경우, 첫 번째 색상의 잔상이 없어지면 이어서 보색이 인식된다. 흑백에서도 마찬가지이다. 한쪽을 응시하면 다른 쪽의 잔상이 생긴다. 잔상 현상은 앞으로 살펴볼 색각이론 중 하나에 기여한다.

그림 3.5 혼합 광선과 혼합 색소 간 차이

혼합 광선 — 누적 과정
상이한 색채의 광선들을 혼합하면 더 밝은 색채를 얻을 수 있다. 빨간색과 파란색을 혼합하면 '빨간색 바로 앞'인 자홍색이 나타난다. 파란색과 녹색을 혼합하면 옅은 파란색인 청록색이 된다. 녹색과 빨간색을 혼합하면 노란색이 된다. 빨간색, 녹색 및 파란색을 혼합하면 흰색이 나타난다. 이것은 이상하게 들릴지 모르지만, 더 많은 빛을 추가할수록 더 밝아지고 어두워지지는 않는다는 점을 상기하라.

색소 혼합 — 차감 과정
크레용 상자를 지닌 어린이라면 누구나 익숙할 결과를 얻는다. 빨간색과 파란색을 혼합하면 보라색이 나온다. 파란색과 노란색을 혼합하면 녹색이 나온다. 빨간색과 노란색의 혼합은 주황색을 만든다. 모든 색채를 혼합하면 색채가 없는 검은색이 된다. 왜 그럴까? 색소 혼합은 빛을 차감하는 과정이고, 모든 빛을 차감하면 광원이 없는 암실에서와 같이 검은색이 된다.

4. 색각이론 (Theories of Color Vision)

정상적인 시각을 가진 성인은 가시 스펙트럼에서 수천 가지 색채, 심지어 수백만 가지의 색채를 구별할 수 있다. 색채마다 파장이 다르다. 빛의 물리적 파장은 짧은 길이에서 긴 방향으로 연속적인 변화가 가능하지만, 색채와 관련된 많은 변화들은 불연속적이다.

파장의 변화가 두 가지 파란색 사이의 변화보다 작더라도 색채에 대한 우리의 인식은 갑자기 파란색에서 녹색으로 바뀐다. 색채에 대한 우리의 인식은 물체의 물리적 특성과 파장이 다른 빛이 망막의 원뿔세포를 자극할 때 눈이 뇌로 상이한 메시지를 전달하는 것에 의존한다. 색각에 대하여 두 가지 주요 이론이 존재한다: 삼색이론과 대립과정 이론이 그것이다(Goldstein, 2013).

삼색이론은 1800년대 초 영국의 과학자 토마스 영(Thomas Young)이 수행한 실험을 바탕으로 한다. 그림 3.5에서와 같이 Young은 화면에 적색, 녹색 및 청색-보라색 조명을 투사하여 부분적으로 겹치게 하였다. 그는 세 가지 조명의 강도를 변경함으로써 가시 스펙트럼의 모든 색상을 만들 수 있음을 발견했다. 세 개의 조명이 모두 같은 지점에 떨어졌을 때, 그들은 백색광을 만들거나 전혀 색이 없는 것처럼 보였다.

삼색이론(trichromatic theory) 적색, 녹색, 또는 파란색 광선에 반응하는 3가지 유형의 원뿔세포에 의해 색각이 가능하다는 이론

대립과정 이론(opponent-process theory) 색각은 적색 또는 녹색 빛, 파란색 또는 노란색 빛, 또는 빛의 강도에 반응하는 3가지 유형의 원뿔세포로 가능하다는 이론

독일 생리학자 헬름홀츠(Hermann von Helmholtz)는 Young의 발견을 통해 색각을 설명할 수 있었다. 헬름홀츠는 눈의 망막에는 세 가지 유형의 감광체 또는 원뿔세포가 있을 것이라고 제안했다. 어떤 원뿔세포는 적색광선에, 어떤 것은 녹색에, 어떤 것은 파란색에 반응할 것이라고 보았다. 우리는 다양한 색 수용체가 동시에 자극받을 때 상이한 색상들을 보게 된다. 예를 들어, 빨강과 초록 수용체가 반응할 때 노랑을 인식한다.

또 1870년에 독일의 생리학자인 왈드 헤링(Ewald Hering)은 색각의 **대립과정 이론**을 제안했다. 헬름홀츠가 주장한 것처럼 세 가지 유형의 색 수용체가 존재하지만 빨강, 녹색 및 파랑에만 민감한 것은 아니다. 헤링은 대신 잔상은(그림 3.6에 표시된 성조기 이미지처럼) 3가지 유형의 색 수용체에 의해 만들어진다고 제안했다: 빨강-녹색, 파랑-노랑, 그리고 밝기 차이를 인식하는 유형이 그것이다.

헤링에 따르면, 빨강-녹색 원뿔세포는 빨강과 녹색에 대한 메시지를 동시에 전송할 수 없다.

그림 3.6 잔상

이 깃발에 어떤 문제가 있으며 이를 어떻게 해결할 수 있는가? 이미지에 흰 종이를 가까이 대어 보라. 깃발 중앙의 검은 점에 최소 30초 동안 집중해 보라. 이제 초점을 용지로 이동한다. 아래 용지의 잔상이 익숙해 보일 것이다.

그 효과는 적색 광이 없어도 적색을 인식하게 되는 것이다(Smithson, 2015).

5. 색맹(Color Blindness)

당신이 가시광선 스펙트럼의 색상을 구별할 수 있다면 정상적인 색각을 가진 것이며 이런 사람을 **삼색형 색각자**라고 한다. 이는 곧 당신이 빨강–녹색, 파랑–노랑, 밝음–어둠을 인식할 수 있음을 의미한다.

단색형 색각자라고도 불리는 완전히 색맹인 사람들은 오직 밝음과 어둠만 인식할 수 있다. 완전 색맹은 드물다. 완전 색맹인 사람들은 삼색자가 흑백 영화를 보는 느낌으로 세상을 본다.

따라서 30초 동안 녹색, 검은색 및 노란색 깃발을 응시하면 뉴런 활동의 균형을 방해한다.

빨강, 흰색 및 파랑의 잔상은 눈이 다시 균형을 회복하려는 시도를 나타낸다. 연구에 따르면, 각 색각이론은 부분적으로 옳다. 예를 들어, 연구에 따르면 일부 원뿔세포는 파란색, 일부는 녹색, 일부는 빨간색에 민감하다(Horiguchi et al., 2013).

부분 색맹은 주로 남성에게만 영향을 미치는, 성과 관련된 특성이다. 부분적으로 색맹인 사람들을 **이색형 색각자**라고 부른다. 그들은 적색과 녹색 또는 청색과 황색의 두 가지 색채와 이러한 색상들의 혼합에서 파생된 색채만 구별할 수 있다. 그림 3.7은 색맹 진단에 사용되는 실험의 유형을 보여준다.

그러나 원뿔세포는 양극성 뉴런과 신경절 뉴런에 의해 연결되어, 원뿔세포에 의해 생성된 메시지는 대립과정 방식으로 뇌에 전달되는 것으로 보인다 (Reichenbach & Bringmann, 2013).

신경 반동효과는 잔상 발생을 설명하는 데 도움이 된다. 즉, 녹색광에 의해 30분 정도 자극을 받은 녹색 민감성 신경절은 조명이 꺼질 때 잠시 억제 활동으로 전환될 수 있다.

그림 3.7 색맹 테스트

색맹 테스트를 위한 이 번호판에서 숫자들이 보이는가? 적색-녹색 색맹인 사람은 6을 볼 수 없고, 청색-노란색 색맹인 사람은 아마도 12를 식별하지 못할 것이다. (주의: 이 재현물은 실제 색맹 테스트에는 사용할 수 없음.)

이색형 색각자는 붉은 양말 한쪽과 초록 양말 한쪽을 함께 신는 실수는 하더라도 붉은 양말과 파란 양말을 함께 신는 실수는 하지 않을 것이다.

삼색형 색각자(trichromat) 정상적인 색각을 가진 사람

단색형 색각자(monochromat) 흑백에만 민감한 색맹인 사람

이색형 색각자(dichromat) 흑백과 홍백 또는 청황을 인식하여 부분적으로 색맹인 사람

단색형 색각자는 어떤 색의 양말도 착용할 수 있다. 그들은 양말의 색이 밝기가 다르지 않는 한 차이를 느끼지 못할 것이다.

3-3 시지각

그림 3.8에서 무엇을 볼 수 있는가? 의미없는 잉크 얼룩 또는 말을 탄 기수? 말과 그 말을 탄 기수를 인식한다면 이는 단지 그림이 제공하는 시각적 감각 때문만이 아니다. 각 얼룩은 그 자체로 의미가 없으며 패턴은 모호하다.

그림 3.8 폐쇄성 원리

의미없는 잉크 얼룩이 보이는가, 아니면 말과 기수가 보이는가? 이 그림은 게슈탈트의 폐쇄성 원리를 보여준다.

시각적 인식은 우리의 감각을 자극하는 빛으로 인한 감각적 인상을 조직 또는 이해하는 과정이다. 비록 명확성은 떨어지더라도 말과 기수를 여전히 인식할 수 있다.

시각적 인식에는 우리의 지식, 기대 및 동기 부여가 관여한다. 감각은 기계적인 과정 (예: 빛이 망막의 막대세포와 원뿔세포를 자극하는 과정)으로 생각될 수 있지만, 지각은 우리가 주변 세계를 해석하는 적극적인 과정이다.

당신은 일반적 지식과 정보 조각들을 익숙한 패턴으로 맞추려는 욕구를 통해 시각적 정보 조각들을 의미있는 완성체로 만들어낸다. 말과 기수의 경우, 파편적인 정보 조각들을 의미있는 완성체로 통합하는 것은 **폐쇄성** 원리, 즉 감각 입력이 불완전하더라도 완전한 또는 전체 그림을 인식하려는 경향을 반영한다.

폐쇄성 깨진 형태를 완성체나 전체로 인식하는 경향

지각 조직 지각적인 요소를 의미 있는 패턴으로 통합하려는 경향

근접성 가까움; 서로 가까이 있는 물체들을 함께 묶으려는 지각의 경향

유사성 모양이 서로 비슷한 물체들을 함께 묶으려는 지각 경향

연속성 일련의 점이나 선을 통일된 것으로 인식하는 경향

공통 운명 함께 움직이는 요소를 서로 귀속되는 것으로 인식하는 경향

1. 형태지각

20세기 초, 게슈탈트 심리학자들은 우리가 감각 자극의 조각들을 의미 있는 완성체로 통합하는 방식에 있어 일정한 일관성을 보인다고 언급했다. 그들은 이러한 프로세스를 지배하는 원리를 식별하려고 시도했다. 이러한 규칙들을 통틀어 '**지각 조직화의 법칙**'이라고 한다.

전경-배경 지각(figure-ground perception) 창문을 내다보면 사람, 건물, 자동차, 거리 또는 잔디, 나무, 새, 구름을 볼 수 있다. 이러한 대상들은 배경과 대비되는 물체로 인식되곤 한다. 예를 들어, 거리를 배경으로 하는 개별 차량들은 폐차장에 쌓인 자동차들 사이에서보다 선별하기가 더 쉽다.

전경-배경 관계가 모호하거나 다양한 방식으로 해석될 수 있을 때, 우리의 인식은 불안정하고 변동하는 경향이 있다(Toppino & Long, 2015).

그림 3.9는 심리학자들이 가장 좋아하는 전경-배경 관계 삽화 중 하나인 Rubin 꽃병을 보여준다. 그림의 A 부분에 있는 전경-배경 관계는 모호하다. 어떤 영역이 물체가 되어야 하는지 암시해주는 단서는 없다. 이러한 이유로 우리의 인식은 꽃병을 보는 것에서 두 개의 윤곽을 보는 것으로 바뀔 수 있다.

B 부분에서는 그러한 문제가 발생하지 않는다. 채색된 배경을 뒤로 파란 꽃병이 앞으로 꺼내진 것처럼 보이기 때문에 윤곽보다는 꽃병을 인식할 가능성이 높다.

C 부분에서는 윤곽이 완성되고 꽃병이 배경 속에서 깨져있기 때문에 꽃병보다 윤곽을 인식할 가능성이 높다. 물론, 경험으로 꽃병의 위치를 알게 되었기 때문에, 원한다면 여전히 C 부분에서 꽃병을 인식할 수 있다.

조직화에 관한 그 밖의 게슈탈트 규칙 게슈탈트 심리학자들은 사람의 인식이 근접성, 유사성, 연속성 및 일반적인 운명에 대한 규칙에 의해 좌우된다고 지적했다.

작은 실험을 해보자. 더 읽지 않고 그림 3.10의 A 부분을 설명하라. 당신은 6개의 선으로 구성되었다고 말했는가, 또는 2개의 병렬된 선으로 각각 구성된 3개의 그룹으로 구성되어 있다고 말했는가? 만약 3개의 그룹이라고 말했다면 당신은 일부 선들의 **근접성**(proximity)에 영향을 받은 것이다. 그것들을 쌍 또는 하위 그룹으로 인식할 다른 이유는 없다: 모든 선은 평행하고 길이가 동일하다.

그림 3.9 루빈(Rubin) 꽃병

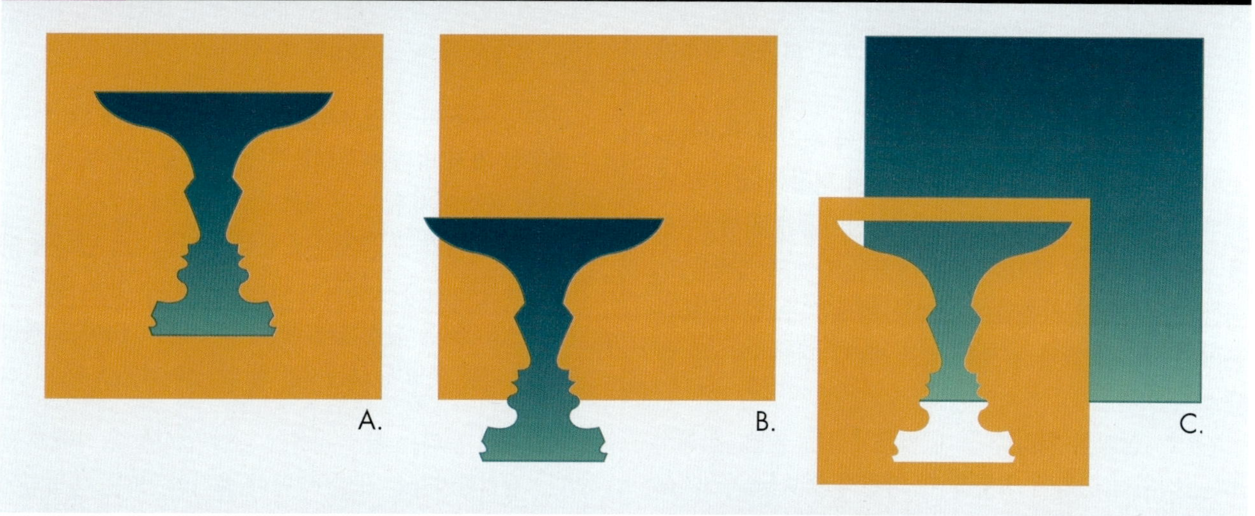

A 부분을 볼 때, 당신의 인식은 아마 윤곽과 꽃병 사이를 왔다 갔다 할 것이다. B 부분을 볼 때 당신은 꽃병을 인식할 가능성이 더 높다. 왜 그런가? C 부분에서 당신은 꽃병이나 윤곽 중 어느 것을 더 잘 인식할 수 있는가? 왜 그런가?

이제 그림 3.10의 B 부분을 설명하라. 그림을 6×6 격자로 인식했는가, 또는 3개의 **X**열과 3개의 **O**열로 인식했는가?

유사성(similarity)의 법칙에 따르면, 우리는 유사한 물체를 서로 귀속되는 것으로 인식한다. 이러한 이유로, 행 또는 격자보다는 열로 B를 설명할 가능성이 높다.

C 부분은 무엇인가? 두 개의 선이 뻗어나가는 원인가, 아니면 원을 통과하는 (깨진) 선인가? (깨진)한 줄로 봤다면 당신은 아마도 **연속성**(continuity) 규칙에 따라 인식을 구성했을 것이다. 즉, 우리는 일련의 포인트 또는 파선이 통일성을 갖는 것으로 인식한다.

공통운명(common fate)의 법칙에 따르면, 함께 움직이는 듯한 요소들은 서로 소속되는 것으로 인식된다. 같은 방향으로 달리는 사람들의 그룹은 목적으로 통일되어 있는 것처럼 보인다.

그림 3.10의 D 부분은 종결 법칙의 또 다른 예시를 제공한다. 호들은 단순히 일련의 호들이 아닌 원(또는 틈이 있는 원)으로 인식되는 경향이 있다.

그림 3.10 지각적 조직의 몇 가지 GESTALT 규칙들

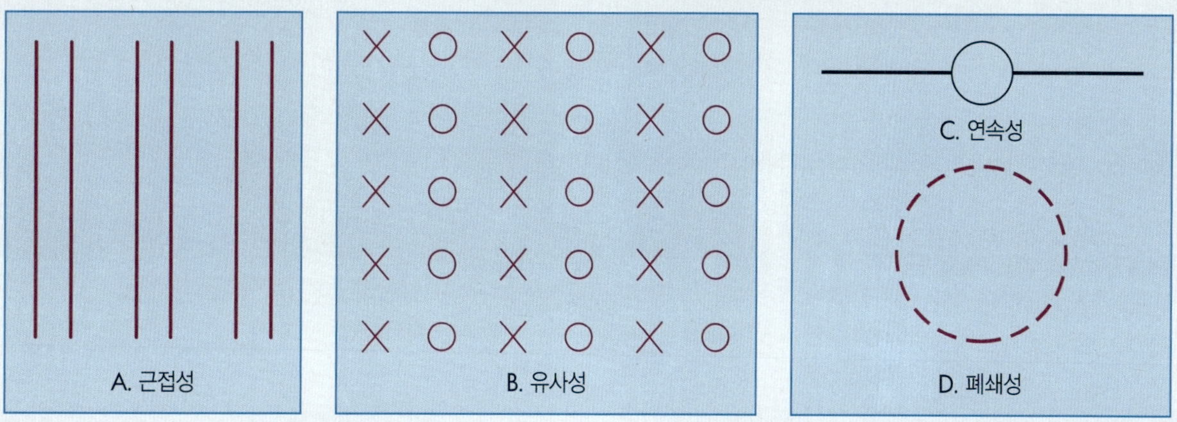

이 그림들은 근접성, 유사성, 연속성 및 폐쇄성에 관한 게슈탈트 규칙을 보여준다.

하향식 및 상향식 처리과정 천 개의 조각으로 된 퍼즐을 맞춘다고 상상해 보라. 이제 누군가가 완성된 퍼즐 그림을 보여주는 상자를 들고 걸어 나간 후에 퍼즐을 맞추려 한다고 상상해 보라.

상자의 그림을 이용하는 경우, **하향식 처리**에 참여하는 것이다. 즉, 완성된 이미지를 사용하여 적절한 조각을 검색하는 것이다. 마찬가지로, 우리는 사이좋게 지낼 수 있을 사람의 자질에 대한 특정한 생각을 가지고 사람을 모색할 때 더 오래 지속되는 관계를 형성할 수 있다. 또는 은퇴시 재무 목표와 날짜가 있을 때 더 나은 투자를 할 수 있다.

우리는 **상향식 처리**를 통해 퍼즐에서는 물론, 사회적 또는, 직업적 상황에 처했을 때 파편적 정보들을 가지고 어떠한 패턴을 형성할 수 있다. 상향식 처리에서 어디로 가고 있는지 분명히 알 수 없지만, 아마도 주어진 상황에서 최선을 다하려고 노력할 것이다.

2. 운동 지각

다음 트랙의 열차가 멈춰있는 동안, 당신이 타고 있는 열차가 역에서 막 출발하기 시작한 상황을 상상해 보라. 당신이 탄 열차가 가속하면서 휘청거리지 않는다면 마치 다른 열차가 움직이는 것처럼 보일 수 있다. 또는 당신의 기차가 앞으로 가고 있는지 또는 다른 기차가 뒤로 가고 있는지가 확실하지 않을 수 있다.

움직임에 대한 시각적 인식은 다른 물체에 대한 상대적인 위치 변화에 기초한다. 초기의 과학자, 즉 육안이 시각적 관찰의 유일한 도구였던 그들에게는 태양이 지구를 돌고 있는 것이 논리적으로 여겨졌다. 태양을 도는 지구의 움직임은 직접 관찰할 수 없고, 우주 공간에서의 이론적 관점에서 볼 때를 상상할 수 있어야 한다.

그러면 움직이는 열차가 어떤 것인지 어떻게 알 수 있는가? 한 가지 방법은 플랫폼 기둥, 집, 표지판 또는 나무와 같이 움직이지 않는 물체를 찾는 것이다.

당신의 위치가 그 물체들에 대해 상대적으로 변하지 않으면, 당신의 기차는 움직이지 않는 것이다. 또는 몸으로 열차의 움직임을 감지하려 해볼 수도 있다. 아마도 경험을 통해 이를 어떻게 하는지는 잘 알 것이다.

이제까지 우리는 실제 운동에 대한 인식을 고려하고 있었다. 심리학자들은 또한 명백한 움직임, 또는 움직임에 대한 **착각**의 몇 가지 유형을 연구해왔다. 이러한 착각 중 하나가 스트로보스코프 운동이다.

스트로보스코프 운동 소위 움직이는 화면을 뜻하는 영화는, 실제로는 움직이는 이미지로 구성되지 않는다. 그보다는 청중에게 초당 16-22장의 사진 또는 프레임을 보여주는 것이다. 각 틀은 이전 틀과 약간 다르다. 틀을 연속적으로 빠르게 표시하면 마치 움직임처럼 보이는 착각을 일으킨다. 이러한 움직임에 대한 착각을 **스트로보스코프 운동**이라고 한다(그림 3.11).

그림 3.11 스트로보스코프 운동

영화에서, 초당 약 22개 틀의 속도로 일련의 정적 이미지를 보는 것은 스트로보스코프 운동(stroboscopic motion)이라 불리는, 움직임에 대한 착각을 일으킨다. 실제로 발생하는 움직임은 정적인 상들의 빠른 전환이다.

하향식 처리 패턴의 부분들을 구성하기 위해 맥락적 정보 또는 패턴에 대한 지식을 사용하는 것

상향식 처리 구성하고 있는 패턴을 인식 가능하게 만들거나 그 상을 형성하기 위하여 패턴의 일부를 구조화하는 것

착각 오해를 불러일으키는 감각

스트로보스코프 운동 일련의 정적인 상들을 연속적으로 빠르게 제시하여 불러일으키는, 마치 움직임이 있는 듯한 시각적 착각

그림 3.12 깊이감에 대한 단서로서의 중첩 및 그림자

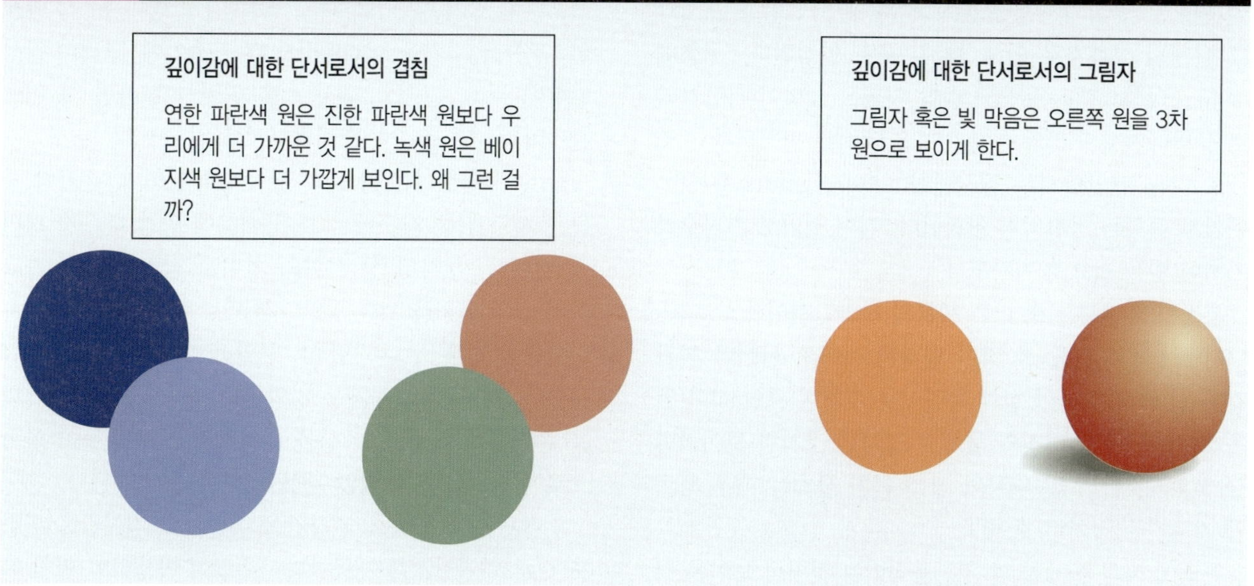

초당 최소 16개 틀의 속도로 보는 영화 속 '움직임'은 부드럽고 자연스럽다. 초당 16개 이하의 틀로 보는 경우 움직임은 급격하고 부자연스럽게 보인다. 이 때문에 슬로우 모션은 일반적으로 초당 100개 이상의 틀이 지나가는 속도로 촬영하여 달성된다. 초당 약 22개의 틀로 재생하면 움직임이 느려지지만 여전히 부드럽고 자연스럽게 보인다.

3. 깊이 지각

단안 및 양안 단서는 물체의 깊이, 즉 우리와의 거리를 인식하는 데 도움이 된다.

단안단서 예술가들은 그림 단서라고 불리는 **단안단서**를 사용하여 깊이감에 대한 착각을 일으킨다. 이 단서들은 한쪽 눈으로 인식될 수 있다('단안'에서 '단'은 하나를 가리킨다). 여기에는 원근감, 상대적 크기, 선명도가 포함된다. 겹침, 그림자 및 질감의 변화 등은 동일한 평면에 그려져 있음에도 불구하고 일부 사물들을 다른 것들보다 멀리 느껴지게 한다.

먼 물체는 같은 크기일지라도 근처의 물체보다 망막을 자극하는 영역이 작다. 멀리 떨어져 있는 물체들 사이의 거리 또한 근처에 있는 물체들 사이의 거리보다 작게 보인다. 이러한 원리로 **원근법**이라 알려진 현상이 발생한다. 즉, 평행선끼리는 우리에게서 멀어질수록 서로 가까워지거나 수렴하는 것으로 인식되는 경향이 있다.

그러나 크기 불변성을 논의할 때 살펴보아야 하는 것 같이, 우리는 작아 보이는 먼 물체가 가까이 있으면 더 크다는 것을 경험으로 알고 있다. 이러한 방식으로 상대적인 크기는 거리에 대한 단서가 된다.

예술가들은 보통 그들의 작품에 깊이감을 주기 위하여 상대적 크기—즉 같은 크기의 사물들도 멀수록 작아 보인다는 점—를 사용한다. 물체의 선명도는 거리를 나타낸다. 우리는 경험상 근처의 물체에 대해 더 구체적으로 감지하게 됨을 알고 있다. 이러한 원리로 예술가들은 물체를 더 자세하게 묘사함으로써 그 물체가 관찰자에게 더 가까이 있음을 표현할 수 있다.

또한, 우리는 근처의 물체가 더 먼 물체에 대한 시야를 차단할 수 있음 배우게 된다. 중첩이란, 한 물체를 다른 물체 앞에 놓는 것이다. 경험적으로, 부분적으로 가려진 물체는 이를 가리는 물체보다 멀리 떨어져 있다(그림 3.12 참조).

깊이감에 대한 추가 정보는 그림자를 통해 제공되며 이는 불투명한 물체가 빛을 차단하고 그림자를 생성한다는 사실을 기반으로 한다. 그림자와 강조기법은 물체의 3차원 모양과 광원과의 관계에 대한 정보를 제공한다.

> **단안단서(monocular cues)** 한쪽 눈으로만 인식할 수 있는 깊이를 암시하는 자극
>
> **원근법(perspective)** 평행선이 멀어짐에 따라 수렴하는 것을 기반으로 한 깊이감의 단안단서

예를 들어, 그림 3.12의 우측 부분에서 왼쪽 원은 2차원 원으로 인식되지만 오른쪽 원은 표면의 강조 표시와 그 아래의 그림자로 인해 3차원 구로 인식된다. '**구형체**(sphere)'에서 강조 표시된 중앙 영역은 표면이 가장자리로 물러나면서 우리와 가장 가까운 것으로 인식된다.

또 다른 단안단서는 **질감변화**(texture gradient)이다. 여기서 변화는 점진적인 변화이다. 결이 성기고 거칠수록 가까이 있는 것으로 지각된다.

움직임의 단서는 또 다른 종류의 단안단서이다.

시골에서 운전해 본 적이 있다면 아마도 산이나 별과 같은 먼 물체가 나와 함께 움직이는 것처럼 보인 적이 있을 것이다. 중간 거리의 물체는 정지된 것처럼 보이지만 길가 표시, 바위 및 나무와 같은 근처 물체는 매우 빠르게 지나가는 것처럼 보인다.

거리에 따라 물체가 앞뒤로 움직이는 것처럼 보이는 경향을 **운동시차**(motion parallax)라고 한다. 우리는 우리와 함께 움직이는 듯이 보이는 사물들이 더 먼 거리에 있음을 알게 된다.

우리는 앞서 눈의 렌즈가 가까운 물체의 초점을 맞추기 위해 더욱 변화 및 굴절되어야 함을 보았다. 안구 근육의 긴장감 또한 특히 물체의 약 120 cm 내에 있을 때 깊이감에 대한 단안단서를 제공한다.

양안단서(Binocular cues) 양쪽 눈 모두와 관련된 단서들도 깊이감을 인식하는 데 도움이 된다. 두 가지 양안단서는 망막 격차와 수렴이다. 실험을 해보라.

오른쪽 집게손가락을 펴고 팔을 길게 뻗어 든다. 이제 왼쪽 집게손가락을 30 cm 정도 더 가까이에, 그러나 직선 방향에 두라. 그러고 나서 눈을 편안하게 하면 첫 번째 손가락과 다른 손가락이 차례대로 보일 것이다.

각 손가락의 상은 각 눈의 망막에 투사되며, 손가락 상들은 서로 다른 각도에서 보기 때문에 약간 다르게 느껴질 것이다. 투사된 상 사이의 차이를 **양안부동단서**라고 하며 깊이 인식을 위한 양안단서 역할을 한다. 더 가까운 손가락의 경우 '두 손가락'이 더 멀리 떨어져 있는 것처럼 보인다. 더 가까운 물체는 망막 격차가 더 크다. 더 가까운 손가락에 대해 단일 상을 유지하려고 하면 눈이 안쪽으로 향하거나 서로 **양안수렴단서**하여 사시가 된다.

수렴은 안구 근육에 긴장감을 유발하고 깊이감을 위한 또 다른 양안단서를 제공한다. (수렴이 발생하면 먼저 한쪽 눈을 감고 손가락을 본 후, 다른 쪽 눈을 감고 다시 보라. 각 눈의 상이 서로 얼마나 다른지 쉽게 알 수 있다.) 망막 격차와 수렴에 의한 양안단서는 물체가 가까이 있을 때 가장 강하다.

그림 3.13 크기 영속성

Enamul Hoque/Getty Images

이 여성의 손이 정말로 그녀 머리의 두 배 크기인가? 크기의 영속성에 대한 인식으로 인해(우리가 일상 생활에서 그 용어를 사용하든 안하든), 그녀 손의 겉보기 크기는 그녀의 머리보다 우리에게 더 가까이 있다는 사실에 의해 만들어진 착각이라는 것을 우리는 알고 있다.

질감변화 더 가까운 물체가 더 거친(더 자세한) 표면을 가지고 있다는 인식에 기초한, 깊이감에 대한 단안단서

운동시차 가까이 있는 사물이 자신의 움직임보다 상대적으로 더 빠르게 움직이는 것처럼 보이는 데 기반한, 깊이에 대한 단안단서

양안단서 양쪽 눈의 동시 지각에 기반하여 깊이감을 암시하는 자극

망막격차(retinal disparity) 물체가 가까이 또는 멀리 움직임에 따라 눈의 망막에 투사되는 상의 차이에 기초한, 깊이에 대한 양안단서

수렴 가까이 다가오는 물체에 초점을 맞추려고 할 때 양쪽 눈이 안쪽으로 향하는 움직임에 기반한, 깊이에 대한 양안단서

4. 지각 영속성(Perceptual Constancies)

그림 3.13에서 여자를 보라. 그녀의 엄지손가락은 정말로 머리만큼 긴가? 그녀의 손이 정말로 그녀의 상반신만큼 큰가? 이 질문에 '아니요'라고 대답한 경우, 이는 크기 영속성에 대한 당신의 기존 지식 때문이다. 크기 영속성이라는 용어를 들어본 적은 없어도 말이다. 지각 영속성으로 인해 대상의 외관상 크기, 색상, 밝기 및 모양이 표준과 달라 보일 경우에도 우리는 대상의 특성을 인식할 수 있다.

크기 영속성 **크기 영속성**을 포함하여 많은 지각 영속성들이 존재한다. 6m 떨어진 곳에서 보이는 강아지의 상은 당신의 손에 기어오르는 30cm 길이의 곤충과 같은 양의 망막 공간을 차지한다. 그러나 당신은 개가 곤충만큼 작다고 인식하지는 않는다.

시각적 경험을 통해 당신은 크기 영속성을 인식한 것이다. 즉, 당신은 망막의 상 크기가 거리의 차이에 따라 다양하더라도 개체를 동일한 크기로 인식하는 경향을 지닌다. 우리는 경험을 통해 원거리에서 보이는 동일한 물체가 근처에 있을 때보다 작게 보인다는 원근법에 대해 알게 된다.

색상 영속성 **색상 영속성**은 조명 조건에 따라 사물의 모습이 변하더라도 그 사물이 본래의 색채를 유지하는 것으로 인식하는 경향을 말한다. 저녁 노을이 질 때 밝은 노란색 차가 회색으로 점차 변해보일 수 있다. 그러나 주차장에서 그 차를 발견했을 때 당신은 여전히 그것을 노란색으로 여길 것이다. 당신은 노란 차를 발견하길 예상할 것이고 그것이 양쪽에 있는 (해가 지면서 퇴색된) 빨강과 초록색 차보다 '더 노란' 차라고 판단할 것이다.

그림 3.14 밝기 영속성

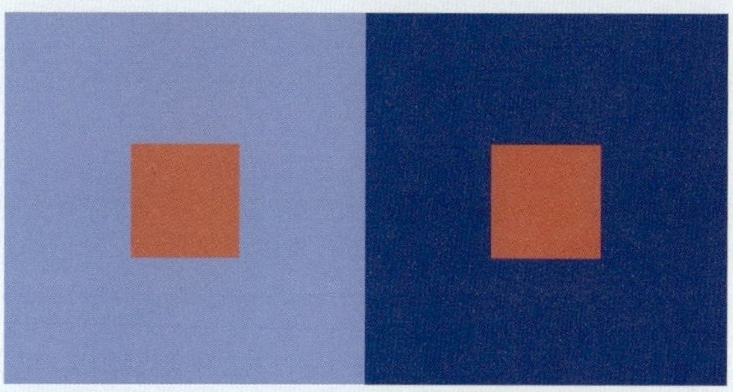

파란색 사각형 내의 주황색 사각형은 같은 색조이지만, 어두운 파란색 사각형 내의 주황색이 더 밝게 인식된다. 왜 그럴까?

그림 3.15 모양 영속성

Michael Burrell/Alamy Stock Photo

이 커피 컵의 테두리 모양은 무엇인가? 실제로는 타원이 보이는데도 당신은 이를 '원'이라고 생각했는가? 그렇다면 이것은 모양 영속성의 원리 때문이다.

밝기 영속성 **밝기 영속성**은 색상 영속성과 비슷하다. 그림 3.14를 고려하라. 파란색 사각형틀 안에 있는 주황 색상의 사각형들은 똑같이 밝지만 더 어두운 파란색 사각형 안에 있는 쪽이 더 밝게 인식된다. 왜 그럴까? 우리의 경험이 또다시 중요한 역할을 하게 된다.

밤이라면 우리는 노란색과 주황색이 회색으로 바래질 것이라 예상할 것이다. 어두운 정사각형 안의 주황 색상이 동일한 강도로 눈을 자극한다는 사실은 밝은 정사각형 안의 주황색보다 그것이 훨씬 밝다는 사실을 알게 해준다.

모양 영속성 **모양 영속성**은 물체를 다른 각도에서 볼 때, 망막에 있는 상의 모양이 극적으로 변할 경우에도 물체가 모양을 유지하는 것으로 인식하는 경향이다. 커피 컵 또는 유리의 상단은 위에서 볼 때만 원이지만, 우리는 그것들을 원으로 인식한다. 비스듬히 보면 그것들은 타원이다(그림 3.15 참조).

컵이나 유리의 가장자리를 볼 때, 망막 상은 직선과 동일하다.

크기 영속성(size constancy) 물체의 거리가 변함에 따라 그 망막 이미지의 크기가 달라져도 해당 물체를 동일한 크기로 인식하는 경향

색상 영속성(color constancy) 조명 조건이 외관을 변경하더라도 사물을 동일한 색채로 인식하는 경향

밝기 영속성(brightness constancy) 조명 강도가 변하더라도 사물의 밝기를 일정하게 인식하는 경향

모양 영속성(shape constancy) 사물이 회전함에 따라 망막의 상이 변하더라도 대상을 동일한 모양으로 인식하는 경향

그림 3.16 헤링-헬름홀츠(HERING-HELMHOLTZ)와 뮬러-리어(MÜLLER-LYER)의 착시

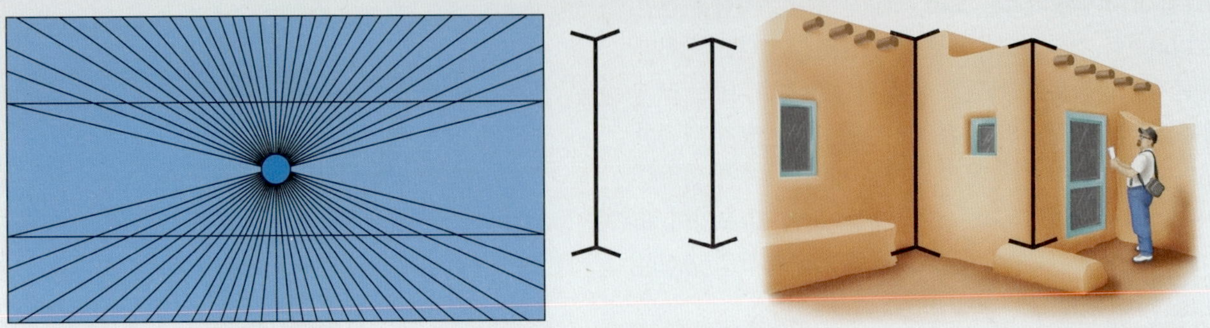

A. 헤링-헬름홀츠 착시현상　　B. 뮬러-리어 착시 현상

Hering-Helmholtz 착각에서 수평선은 직선인가, 곡선인가? Müller-Lyer 착각에서 수직선의 길이는 동일한가?

그렇다면 왜 컵이나 유리의 테두리를 원으로 묘사할까? 아마도 두 가지 이유가 있을 것이다. 첫째, 경험에 따르면 컵은 위에서 볼 때 원형으로 보일 것이다. 둘째, 컵에 원형이라는 라벨을 붙였을 수 있다.

방문을 생각해 보라. 문은 똑바로 볼 때만 직사각형이다. 측면으로 이동하거나 문을 열면 왼쪽 또는 오른쪽 가장자리가 우리쪽에 가까워지고, 보이는 그 크기가 커져 망막의 상을 사다리꼴로 바꾼다. 그러나 우리는 계속 문을 직사각형으로 생각한다. 왜 그런 걸까?

5. 착시 현상

지각 조직의 원리는 우리의 눈이 우리를 '속일' 수 있게 한다. 즉, 지각 영속성들은 착시를 통해 눈을 속인다.

헤링-헬름홀츠(Hering-helmholtz)와 뮬러-리어(Müller-Lyer) 착각(illusion)은 (그림 3.16 참조) 그것들을 고안한 사람들의 이름을 따서 명명되었다.

헤링-헬름홀츠 착시(A 부분)에서 수평선들은 직선이며 평행하다. 그러나 뻗어 나오는 선들로 인해 그 수평선들은 중앙 부근에서 바깥쪽으로 구부러져 있는 것처럼 보인다. 뮬러-리어 착시(파트 B)에서 두 선들은 길이가 같지만 뒤집힌 화살표 머리를 가진 왼쪽 선은 더 길어 보인다.

이러한 착각을 설명해 보자. 우리의 경험과 평상 시의 지각적 인식 때문에 우리는 헤링-헬름홀츠 그림을 3차원(3D)으로 인식하는 경향이 있다. 우리는 파편적인 감각정보를 배경 속 사물로 인식하는 경향이 있기 때문에 중앙의 파란색 영역을 일련의 뻗어 나오는 선들 앞에 있는 원으로 인식하게 된다. 이때 선들은 모두 파란색 배경 앞에 있다.

또한, 원근법에 대한 경험으로 인해 우리는 뻗어나오는 선들을 평행하다고 인식한다. 우리는 두 개의 수평선이 '후퇴하는' 선과 교차하는 것으로 인식하고, 만약 원의 중심에서 그들이 등거리에 있으려면 중심에서 구부러져야 함을 알고 있다.

우리의 경험은 뮬러-리어 착시 속의 수직선들을 건물의 모서리로 인식하도록 이끈다(그림 3.16, B 영역 참조). 우리는 건물의 모서리에 대한 경험을 바탕으로 해당 선들의 길이를 해석한다.

3-4 청각

고전 공상 과학 영화인 'Alien'의 광고 슬로건을 생각해 보자. "우주에서는 당신의 비명소리를 아무도 들을 수 없습니다." 이것은 사실이다. 공간은 거의 완벽한 진공 상태이다. 청각은 공기나 물과 같이 소리가 이동할 수 있는 매체가 필요하다.

소리 또는 청각 자극은 공기 또는 물과 같은 매체 속 분자들의 진동이다. 소리는 마치 파도나 연못에 조약돌을 던질 때 일어나는 잔물결처럼 매체를 통과한다. 매체의 분자들은 아코디언의 움직임처럼 번갈아 압축되고 확장된다. 수면 아래에서 듣고 있다면 물의 압력 변화로 인해 물보라 소리도 들릴 것이다. 두 경우 모두, 압력의 변화는 파도의 형태로 귀에 접근하는 진동이다.

캠퍼스에서의 iPod : 망각의 소리?

사실상 모든 대학생에게는 iPod나 음악을 재생하는 스마트폰이 있다(Mobile Fact Sheet, 2018). 이러한 장치는 130 dB 이상의 출력이 가능하므로 청취자가 청력을 잃을 위험이 있다.

청력 상실을 막기 위해 청력학자 Brian Fligor(2007)는 '60~60 규칙'을 권장한다. 즉, 사람들은 하루에 최대 음량의 60%보다 크지 않은 상태로 60분 이하의 시간 동안만 들어야 한다.

청취자가 청취할 때 주변에 주의를 덜 기울인다는 'iPod 망각'과 같은 다른 위험도 있다. 'iPod에 의한 사망'은 음악을 들으면서 부주의하게 길을 건너다가 차량에 부딪친 보행자들을 가리킨다(IBTimes Staff Reporter, 2011).

Jeffrey Danhauer(2009)는 미국 전역의 대학생들을 대상으로 설문조사를 한 결과, iPod를 사용하는 이유로, 음악을 듣기 위해(95%), 음악으로 다른 사람들을 방해하지 않기 위해(77 %), 휴식을 취하기 위해(75%), 지루함을 달래기 위해(74%), 주변 사람들로부터 스스로를 격리하기 위해(55%), 학교 과제 등에 집중하는 것을 돕기 위해(46%) 등이 포함되는 것으로 드러났다.

Indiapicture/Alamy Stock Photo

진동—음파—은 울리는 종소리, 성대, 기타 줄 또는 책상 위에 던져지는 책에 의해서도 생성될 수 있다. 한 번의 진동은 한 번의 압축과 확장과정을 가리킨다.

음파는 1초에 여러 번 발생할 수 있다. 사람의 귀는 초당 20~20,000번의 진동에 해당하는 음파에 민감하다.

그림 3.17 음파(Sound Waves)

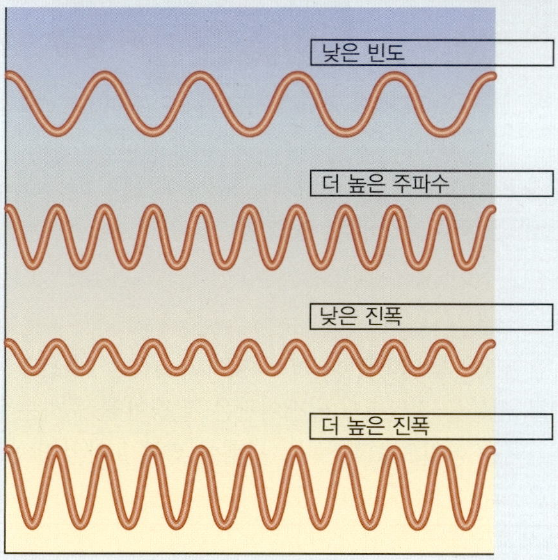

다음은 다양한 주파수와 진폭의 음파이다. 어떤 소리의 음이 가장 높은가? 가장 큰 소리는 어떤 것인가?

1. 음높이와 시끄러움

음의 높이와 시끄러움은 소리와 관련된 두 가지 심리적 측면이다. 음의 높이는 주파수 또는 단위 **헤르츠(Hz)**로 표시되는 초당 진동의 수에 따라 결정된다.

초당 한 번의 진동은 1Hz이다. 초당 진동 수(Hz)가 많을수록 소리가 더 높아진다.

여성의 목소리는 일반적으로 남성의 목소리보다 높다. 여성의 성대가 짧아서 더 높은 빈도로 진동하기 때문이다. 또한, 바이올린의 현은 비올라 또는 더블베이스의 현보다 짧다. 뇌의 음높이 감지기를 통해 우리는 음높이의 차이를 인지할 수 있다.

소리의 크기는 대략 음파의 높이 또는 진폭에 해당한다. 그림 3.17은 주파수와 진폭이 다른 음파의 기록을 보여 준다. 주파수와 진폭은 독립적이다. 즉, 고음과 저음 모두 시끄러움의 정도가 크거나 작을 수 있다.

소리의 시끄러움은 **데시벨(dB)**로 표시된다.

헤르츠(Hz) 음파의 주파수를 나타내는 단위. 1 헤르츠는 초당 1번 진동

데시벨(dB) 소리의 단위를 나타내는 장치

0 dB는 청력의 임계치(들을 수 있는 가장 낮은 소리)와 같다. 일반적인 사람은 들을 수 있다. 소리가 얼마나 큰가? 이는 6 m 떨어진 곳의 매우 조용한 방에서 시계가 똑딱이는 소리의 수준이다.

동일한 데시벨의 익숙한 소리들이 그림 3.18에 나와 있다. 25 dB는 1.5 m 떨어진 곳의 속삭임 소리와 시끄러운 정도가 같다. 30 dB는 대략 사서가 대학 도서관을 유지하고자 하는 음량의 한계치라고 할 수 있다. 장시간 85~90 dB의 소리에 노출되면 청각 손상이 발생할 수 있다.

그림 3.18 익숙한 소리의 데시벨 크기: 어떤 '예'부터가 위험수준인가?

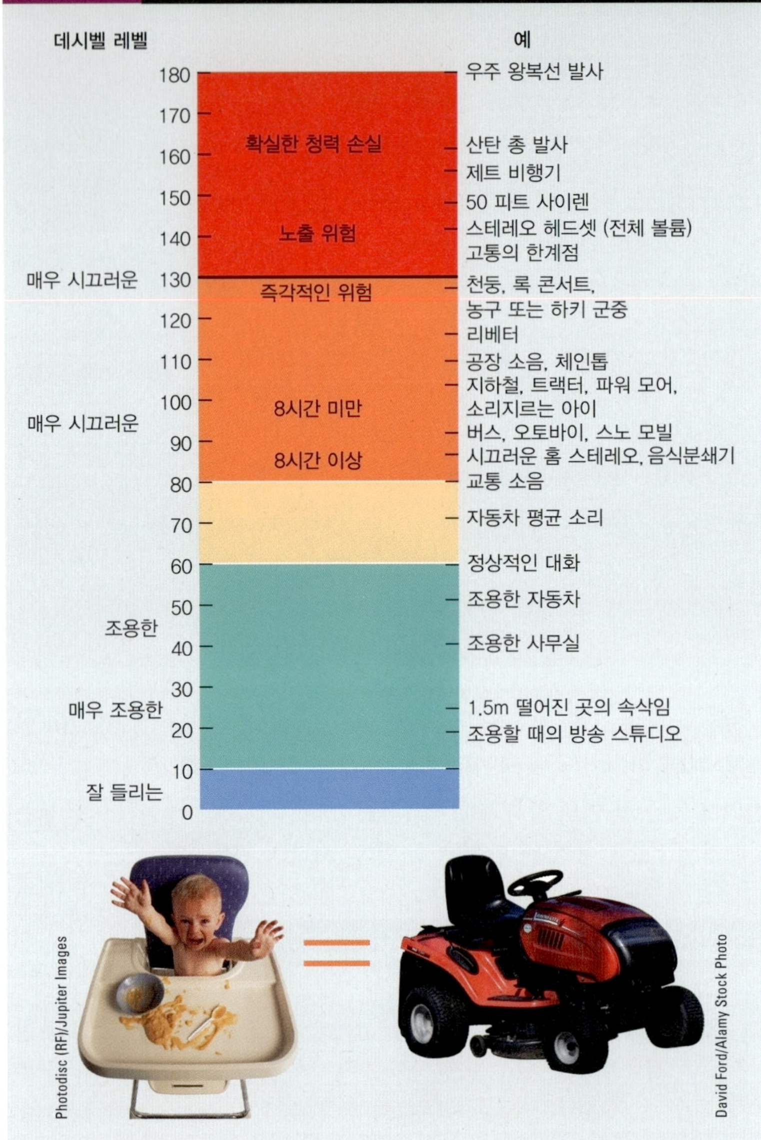

위의 예는 꽤 친숙한 소리이지만, 실제로 이 중 많은 소리들이 우리에게 위험하다는 것을 알고 있는가? 0 dB는 청력의 임계치이다. 85~90 dB의 소리에 장시간 노출되면 청력이 손상될 수 있다.

2. 귀

귀는 음파를 포착하고 이에 맞춰 진동하며 이를 뇌로 전달하기에 적합한 모양과 구조를 갖추고 있다. 이로써 당신은 무언가를 들을 수 있을 뿐만 아니라 그것이 무엇인지 알아낼 수 있다. 귀는 외이, 중이 및 내이의 세 부분으로 구성된다(그림 3.19 참조).

외이는 음파에 반응하여 진동하는 얇은 막인 고막으로 음파를 이동시키도록 형성되어 있으며, 이로써 음파를 중이 및 내이로 전달한다. 중이에는 고막과 진동을 통해 소리를 전달하는 세 개의 작은 뼈가 포함되어 있다. 이 뼈들은 그 모양 때문에 해당 라틴어 이름을 갖게 되었다('망치', '모루' 및 '등자'로 번역되는 malleus, incus, stapes).

중이는 귀로 들어가는 공기의 압력을 증가시키는 증폭기 역할을 한다.

등자는 또 다른 진동막인 난원창에 붙어있다. 난원창은 내창과 함께 작동하여 내이의 압력의 균형을 맞춘다(그림 3.19 참조).

달팽이관 내이; 코르티 기관과 기저막을 포함하는 뼈 관

기저막 달팽이관 내에 감겨있는 막

코르티 기관 달팽이관의 기저막에 있는 청각 수용체

난원창이 밀려 들어오면 내창은 밖으로 밀려나가고, 난원창이 밖으로 진동해 나가면 내창은 안쪽으로 당겨진다.

난원창은 **달팽이관**(cochlea)이라고 불리는 뼈 관인 내이로 진동을 전달한다(달팽이관은 '달팽이'를 뜻하는 그리스어를 어원으로 갖는다). 달팽이 껍질 모양의 달팽이관은 그것을 유체로 채워진 3개의 공간으로 나뉘는 2개의 세로막을 포함하고 있다.

달팽이관 내에 감겨있는 막들 중 하나를 **기저막**(basilar membrane)이라고 한다. 내이 속 공간들 내 유체의 진동은 기저막을 누르는 힘을 생성한다.

그림 3.19 사람의 귀

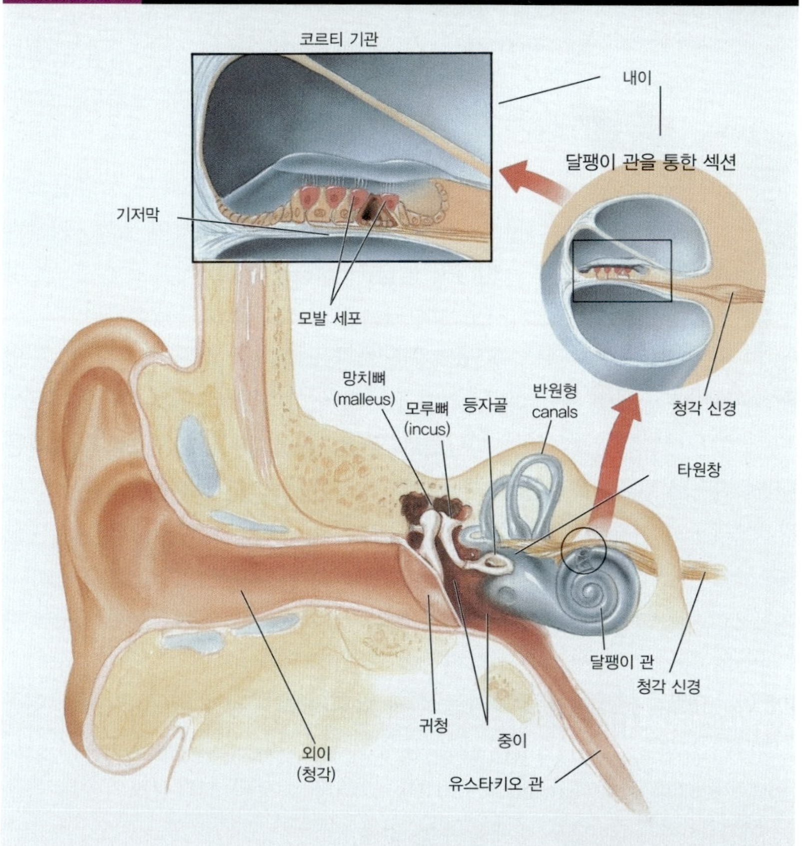

당신은 귀를 머리 옆의 다육질 돌기라고 생각하겠지만, 귀의 대부분은 실제로 머리 안쪽에 있다.

청력의 '지휘소'라고도 하는 **코르티 기관**(organ of Corti)은 기저막에 붙어 있다. 각 귀에는 코르티 기관에서 마치 모발처럼 돌출되어 있어 모발세포라고 불리는 약 16,000개의 수용체 세포가 존재한다.

모발세포들은 기저막의 진동에 반응하여 '춤'을 춘다(Hwang et al., 2010). 그들의 움직임은 신경자극을 생성하여 **청각 신경**(auditory nerve)을 통해 뇌로 전달된다. 그리고 청각 입력은 대뇌피질 측두엽의 청각 영역으로 투영된다.

3. 소리의 위치 파악

스테레오 스피커 세트의 균형을 맞추는 것과 소리의 위치를 찾는 것 사이에는 유사점이 있다. 오른쪽 귀에서 더 큰 소리는 오른쪽에서 오는 것으로 인식된다. 오른쪽에서 나오는 소리도 오른쪽 귀에 먼저 도달한다. 소리의 크기와 그것이 귀에 도달하는 순서는 모두 방향에 대한 단서를 제공한다.

그러나 앞쪽, 뒤쪽, 또는 위에서 오는 소리를 찾기는 쉽지 않을 수 있다. 이러한 소리는 각 귀에서 같은 거리에 떨어져 있으며 똑같은 크기로 들린다. 그래서 우리는 어떻게 하는가? 단순하다 — 우리는 머리를 약간 돌려 소리가 어느 귀에서 커지는지 판단한다. 머리를 오른쪽으로 돌리고 왼쪽 귀에서 소리가 커지면, 소리가 앞에서 나고 있을 가능성이 높다.

4. 시끄러움과 음높이의 지각

소리는 귀에서 진동을 일으키고 이 진동에 대한 정보가 뇌로 전달됨으로써 들린다. 소리의 음량과 음높이는 코르티 기관의 활성화되는 수용체 뉴런 수 및 이러한 활성화의 횟수와 관련이 있는 것으로 보인다. 심리학자들은 일반적으로 이러한 감각 뉴런이 더 많이 활성화될 때 소리가 더 크게 인식된다는 데 동의한다.

앞에서 논의한 바와 같이, 색채의 인식을 설명하기 위해서는 삼색이론과 그 상대이론인 대립과정 이론이라는 두 가지가 필요하다. 음정 지각 — 즉 초당 20에서 20,000 사이클의 주파수로 변하는 음파의 지각 — 에 대한 설명에는 장소 이론, 주파수 이론 및 연사 원리의 세 가지 과정이 필요하다.

헬름홀츠는 색각의 삼색이론뿐만 아니라 '음높이 구분에 관한 장소 이론'을 개발하는 데 기여하였다. **장소 이론**에 따르면 소리의 음높이는 그에 응답하여 진동하는 기저막의 부위에 따라 감지된다. 노벨상을 수상한 연구에서 Georg von Békésy(1957)는 막을 따라 다른 위치에 있는 수용체들이 서로 상이한 주파수의 톤에 반응한다는 것을 발견했다.

수용체 뉴런은 마치 피아노 건반처럼 기저막을 따라 늘어선 듯이 보인다. 소리의 음높이가 높을수록 반응하는 뉴런이 난원창에 더 가깝다.

청각 신경(auditory nerve) 코르티 기관에서 뇌로 신경자극을 전달하는 축삭 다발

장소 이론(place theory) 소리의 음높이는 소리에 반응하여 진동하는 기저막의 부위에 의해 결정된다는 이론

그러나 장소이론은 4,000 Hz 이상의 음높이에만 적용되는 것으로 보인다. 그러면 낮은 음정은 어떠한가? 여기서 주파수 이론이 개입한다.

주파수 이론(frequency therory)은 우리가 낮은 음을 인식하기 위해서는 음파의 주파수를 뉴런 자극과 일치시켜야 한다고 지적한다. 즉, 초당 20에서 1,000번의 진동 수준이 낮은 음의 경우 기저막의 모발세포는 음파와 동일한 주파수로 활성화된다. 그러나 뉴런은 초당 1,000회 이상은 발사할 수 없다.

Eric Isselee/Shutterstock.com

따라서 주파수 이론은 초당 20번에서 1,000번 진동 사이의 음높이에 대한 인식을 가장 잘 설명한다. 실제로 주파수 이론은 초당 20번에서 수백 번 진동 수준 사이의 음높이 인식만을 설명하는 것으로 보인다.

연사 원리는 초당 수백에서 4,000번 진동 사이의 음높이 구분을 설명한다. 이 주파수의 음파에 대한 반응으로, 뉴런 그룹들은 마치 일렬의 군인들이 소총을 발사하는 동안 다른 열의 군인들이 무릎을 꿇고 다시 탄환을 채워 넣는 것처럼 차례대로 발사한다. 교대 발사(즉, 연사)는 중간 범위의 음높이에 대한 감각 정보를 전달하는 것으로 보인다.

5. 난청(Deafness)

미국인 10명 중 1명 이상이 청각장애를 갖고 있으며, 100명 중 1명은 전혀 들을 수 없다. 난청의 두 가지 주요 유형은 전도성 난청과 감각신경 난청이다. 전도성 난청은 중이의 구조, 즉 고막 또는 외이에서 내이로 음파를 전달(및 증폭)하는 뼈의 손상으로 인해 발생한다(Daud et al., 2010). 이것은 노인들에게서 종종 발견되는 청각장애이다. 보청기는 소리를 증폭시키고 종종 전도성 난청을 겪는 사람들을 돕는다.

감각신경 난청은 대개 내이 구조의 손상, 흔히 모발세포의 손실로 인해 발생한다. 또한, 감각신경 난청은 질병이나 매우 큰 소리에 노출됨으로 인한 청신경의 손상으로부터 유래할 수 있다. 감각신경 장애에서 사람들은 다른 사람들보다 특정 음높이에 더 민감한 경향이 있다. 이른바 **헌터의 등급**(Hunter's notch)에서 손실은 총 발사로 생성되는 음파의 주파수로 제한된다.

85 dB에 장기간 노출되면 청력이 손상될 수 있다. 소리가 140 dB에 도달할 수 있는 록 콘서트에 참석하는 사람들은 공압 훈련을 하거나 시끄러운 차량을 운전하는 근로자와 마찬가지로 귀가 손상될 위험이 있다. 큰 소리에 노출된 후 종종 느껴지는 울림은 아마도 내이의 모발세포가 손상되었음을 의미한다.

달팽이관 이식 또는 '인공 귀'에는 소리를 감지하는 마이크와 청각신경을 자극하기 위해 손상된 모발세포로 소리를 전달하는 전자 장비가 포함되어 있다. 이러한 인공 귀는 감각신경 장애를 겪는 많은 사람들을 도와주었다(Tait et al., 2010). 그러나 손상된 청각신경의 기능들을 모두 대체할 수는 없다.

3-5 그 밖의 감각들

인체는 오감 외에도 많은 기능을 가지고 있다. 인체의 화학 실험실들, 피부에 대한 압력, 온도, 통증, 그리고 신체의 움직임과 위치와 관련된 감각들을 고려해 보자.

1. 화학적 감각 : 후각과 미각

후각과 미각은 화학적 감각이다. 시력과 청각에서는 물리적 에너지가 인체의 감각 수용체를 자극한다. 반면, 후각과 미각에서 우리는 물질 분자들을 직접 감지하게 된다.

주파수 이론 소리의 음높이가 소리에 반응하여 생성되는 신경 자극의 주파수로 반영된다는 이론

풍미 음식의 냄새, 질감, 온도 및 맛에 기초한 음식과 기타 물질들의 복잡한 특질

믿든 안믿든 사과와 양파는 맛이 상당히 비슷하지만 풍미는 크게 다르다. 맛과 풍미의 차이는 무엇인가?

Mark Wragg/Getty Images
Comstock/Stockbyte/Getty Images

냄새(smell) 냄새는 인간 행동에 중요한 역할을 한다. 예를 들어, 냄새는 음식의 **맛**(flavor)에 관여한다. 냄새를 맡지 못한다면 양파와 사과의 맛이 동일할 수 있다.

사람들은 개에 비해서는 냄새 감각이 떨어질 수 있지만, 1리터의 공기에서 백만분의 1밀리그램의 바닐라 냄새를 감지할 수 있다.

후각은 냄새를 감지한다. 냄새는 공기 중에 있는 물질 분자의 표본이다. 냄새는 각 콧구멍 위쪽에 있는 후각막의 수용체 뉴런들을 활성화시킨다. 수용체 뉴런은 일부 기체 형태의 물질 분자들도 감지할 수 있다. 수용체 뉴런은 **후각 신경**(olfactory nerve)을 통해 냄새 정보를 뇌에 전달한다.

맛(Taste) 냄새의 경우와 마찬가지로 맛 감각 또한 물질 분자를 감지하는 것이다. 맛은 혀의 미뢰에 위치한 수용체 뉴런인 **미각 세포**(taste cells)를 통해 감지된다. 사람에게는 약 10,000개의 **미뢰**(taste buds)가 있으며, 대부분 혀의 가장자리와 뒤쪽에 있다. 어떤 미뢰들은 단맛에 더 잘 반응하는 반면, 다른 미뢰들은 여러 가지 맛에 반응한다.

다른 미각 수용체들은 입의 천장, 측면, 뒤쪽 및 목구멍에서 발견된다. 입안의 미뢰는 음식을 삼키기 전에 나쁜 음식에 대해 경고할 수 있기 때문에 진화적으로 적응되어 왔다(Brand, 2000).

연구원들은 역사적으로 단맛, 신맛, 짠맛 및 쓴맛의 4가지 주요 맛 특성에 동의했다. 그들은 최근에 새로운 맛을 목록에 추가했다: 우마미(umami)는 일본어로 ooh-mom-my로 발음되며 '고기 맛이 나는(meaty)' 또는 '풍미 있는(savory)'을 의미한다(Kurihara, 2015). 음식의 풍미는 맛보다 더 복잡하다.

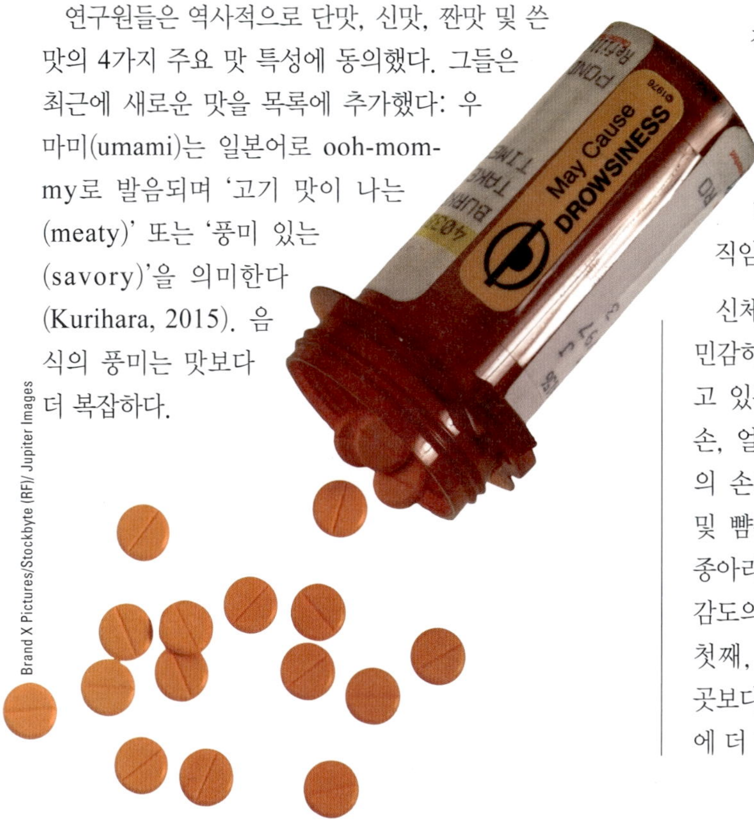

Brand X Pictures/Stockbyte (RFI)/ Jupiter Images

풍미는 냄새, 질감, 온도 및 맛에 달려 있다. 사과와 양파는 맛이 비슷하지만, 풍미가 크게 다르다.

어떤 사람들은 다른 사람들보다 더 나은 시력을 가지듯 맛에서도 더 예민하다. 하지만, 그들의 우월성은 몇 가지 기본 맛에 제한되어 있을 가능성이 크다.

단맛에 대한 민감도가 낮은 사람들은 음식을 달게 느끼기 위해 설탕이 두 배 더 필요할 수 있다. 쓴 음식을 즐긴다고 주장하는 사람들은 실제로는 쓴맛을 못 느끼는 것일 수 있다. 맛에 대한 여러 민감성에는 유전적 요인이 작용한다(Knaapila et al., 2012; Feeney & Hayes, 2014).

2. 피부 감각

피부 감각에는 접촉, 압박, 따뜻함, 추위 및 통증이 포함된다. 우리는 압력, 온도 및 통증에 대한 다른 감각 수용체를 가지고 있지만 일부 신경종말은 한 가지 이상의 감각 입력을 수용할 수도 있다. 접촉, 압력, 온도 및 통증을 위주로 살펴보자.

접촉과 압력 피부 표면에 무언가 닿으면 피부에 내장된 감각 수용체가 활성화된다. 접촉용 수용체에는 여러 종류가 있는데, 일부는 지속되는 압력에 반응하고 일부는 피부를 두드릴 때처럼 간헐적인 압력에 반응한다. 능동적 접촉은 물체의 표면을 따라 손을 계속 움직여서 물체로부터 계속해서 감각적인 압력을 받는 것을 의미한다.

천이나 친구 머리카락의 질감을 '느껴보려고' 할 때는 손을 그 위에 대고 움직여줘야 한다. 그렇지 않으면 감각이 빨리 사라진다. 천이나 머리카락에 손을 대고 그대로 멈춰 있으면 만지는 느낌이 사라진다. 능동적인 손길은 압력, 온도, 질감 및 손의 움직임과 관련된 근육으로부터의 피드백 정보를 받는다.

신체의 어떤 부분은 다른 부분보다 접촉과 압력에 더 민감하다. 평균적 수준보다 더 많은 신체감각피질을 덮고 있는 신체 부위는 접촉에 가장 민감하다. 여기에는 손, 얼굴 및 신체의 몇몇 다른 부위들이 포함된다. 우리의 손가락 끝, 입술, 코 및 뺨은 어깨, 허벅지나 종아리보다 민감하다. 왜 감도의 차이가 발생할까? 첫째, 신경종말은 다른 곳보다 손가락 끝과 얼굴에 더 밀집되어 있다.

후각신경 냄새에 관한 정보를 후각 수용체에서 뇌로 전달하는 신경

미각세포 맛에 민감한 수용체 세포

미뢰 미각을 담당하는 감각기관; 미각세포를 갖고 있고 대부분 혀에 위치해 있음.

둘째, 손가락 끝과 얼굴의 감각 인식에 더 많은 감각피질이 관여한다(그림 2.10 참조).

온도(temperature) 온도 수용체는 피부 바로 아래에 위치한 뉴런이다. 피부 온도가 올라갈 때 온기 수용체들이 활성화된다. 피부 온도가 낮아지면 감기 수용체가 발사된다.

온도 감지는 상대적인 작용이다. 우리가 정상적인 체온에 있을 때, 우리는 다른 사람의 피부를 따뜻하게 인식할 수 있다. 하지만 열이 나면 상대방의 피부가 시원하게 느껴질 수 있다. 우리는 또한 온도의 차이에 적응한다.

우리가 수영장에 들어갈 때, 물은 체온보다 낮기 때문에 차갑게 느껴질 수 있다. 그러나 조금 지나면 23℃ 수영장은 꽤 따뜻하게 느껴질 수 있다. 실제로 우리는 새로 온 사람에게 바로 물에 뛰어들지 않는다고 무심코 한 마디 할 수도 있다.

고통(pain) 대부분의 사람들에게 통증은 익숙한 경험이다. 두통, 요통, 치통 — 이것은 대부분의 사람들이 때때로 겪는 통증 유형의 일부에 불과하다. 전국 조사(AAPM Facts and Figures on 2018, 2018)에 따르면, 우리 중 89%는 적어도 한 달에 한 번 통증을 경험한다. 미국인의 경우, 약 3명 중 1명 정도가 만성 통증을 겪고 있는 것으로 보고된다.

65세 이상 인구의 절반(55%)이 매일 통증을 경험한다고 응답한다. 65세 이상의 사람들은 대부분 통증의 원인을 노화로 돌릴 가능성이 높으며(88%), 관절염과 같은 장애에 대해서는 아무 조치도 취할 수 없다고 생각한다.

반대로, 18세에서 34세 사이의 사람들은 통증의 원인을 대부분 긴장이나 스트레스(73%), 과로(64%) 또는 생활 양식(51%)이라고 생각한다. 우리가 고통에 대해 취할 수 있는 조치가 없다고 생각하면 이를 시도할 가능성도 줄어든다. 그러나 미국인의 43%는 통증으로 인해 활동을 줄이고 있다고 말하며, 50%는 통증으로 인해 기분이 나빠진다고 말한다.

통증은 피부의 **통각수용기**(nociceptor)라고 하는 뉴런이 자극되면서 유발된다. 진화 심리학자들은 통증이 불쾌할 경우 사람들은 이에 대한 해결책을 찾으려 하기 때문에 적응력이 생긴다고 지적한다. 그러나 어떤 사람들에게는 부상이나 질병이 나은 후에도 남게 되는 만성 통증이 그들의 활력과 일상생활의 즐거움을 앗아가는 방해물이 되어 버린다(Fenton & Pitter, 2010).

TRUTH OR FICTION?

Ⓣ Ⓕ 많은 사람들이 절단된 팔다리에서 고통을 겪는다.

이 말에는 완전히 명백하게 '예' 또는 '아니오' 라는 대답을 할 수 없다. 많은 사람들은 절단된 팔다리에서 통증을 경험하는 것처럼 느낀다(이 현상을 환지통이라고 한다). 그러나 팔다리가 사라졌기 때문에 통증이 실제로 '팔다리에' 있을 수 없다.

사람은 신체 부위 대부분에서 통증을 느낄 수 있지만 손가락과 얼굴처럼 신경종말이 조밀하게 채워져 있는 부위에서 특히 심한 통증을 느끼게 된다. 복통과 허리 통증의 경우와 같이 신체 내부에서도 통증을 느낄 수 있다. 두통은 마치 뇌의 깊숙한 곳에서 유발되는 듯이 보일 수 있지만, 뇌에는 사실 신경종말이 존재하지 않는다.

통증은 일반적으로 무릎을 때릴 때와 같이 접촉 지점에서 발생하지만 신경계 전체에 반향이 일어난다.

뇌에 대한 통증 메시지는 프로스타글란딘, 브라디 키닌 및 P(P는 '통증'을 나타냄)와 같은 화학 물질의 방출에 의해 촉진된다. 프로스타글란딘은 뇌로 가는 통증 메시지 전달을 촉진하고 손상된 부위로 가는 혈액순환을 촉진시켜 염증이라고 하는 발적과 부종을 일으킨다.

염증(inflammation)은 감염과 싸우는 혈액 세포가 상처로 투입되어 침입하는 세균으로부터 해당 부위를 보호한다. 아스피린 및 이부프로펜과 같은 통증완화 약물은 프로스타글란딘 생성을 억제하여 도움을 준다. 통증 메시지는 척수에서 시상으로 전달된 다음 대뇌피질로 투사되어 손상의 위치와 강도를 알 수 있게 한다.

로널드 멜잭(Ronald Melzack)은 이러한 화학 반응을 포함하지만 통증에 대한 사람들의 반응에 있어서 그 밖의 생리학 및 심리학적인 측면들을 포함하는 '뉴로매트릭스(neuromatrix)'에 대해 주목한다(Gatchel et al., 2012). 예를 들어, 시각 및 기타 감각 입력이 무슨 일이 일어나고 있는지를 알려주어 사람의 상황 인지에 영향을 미친다.

사람의 정서적 반응은 물론, 스트레스에 반응하는 방법도 통증의 정도에 영향을 미친다. 예를 들어, 통증이 우리가 두려워하는 물건, 이를테면 칼이나 바늘에서 비롯된다면 더 많은 고통을 경험할 수 있다.

상황을 변화시키기 위해 할 수 있는 일이 없다고 느낄 때 사람에게는 고통이 더욱 크게 인식될 수 있다. 사람에게 자신감이 있고 스트레스에 대한 성공적인 대응 경험이 있다면 통증의 인식 정도가 감소할 수 있다.

통증 연구에서 가장 흥미로운 주제 중 하나는 **환지통**(phantom limb pain)이다. 사지가 절단된 3명의 부상 재향 군인 중 약 2명은 그러한 실종된 또는 '가상'의 사지에서 통증을 느낀다고 보고한다(Schipper & Maurer, 2017). 실제로는 팔 또는 다리가 없음에도 불구하고 통증은 매우 현실적으로 느껴진다. 통증은 때때로 절단된 사지의 남은 부분에서 신경의 활성화를 수반하지만 국소 마취가 항상 통증을 제거하지는 않는다.

Blend Images/Alamy Stock Photo

훌륭한 체조 선수와 댄서는 신체의 거의 모든 부분의 위치와 움직임을 감지할 수 있다.

연구자들은 환지통을 경험하는 많은 사람들이 실제 통증에 수반되는 운동 및 체성감각피질의 재구성을 겪고 있음을 발견했다(Ng et al., 2018).

다친 쪽 무릎을 문지르는 것과 같은 단순한 치료법이 종종 통증 완화에 도움이 되기도 한다. 왜 그럴까? Ronald Melzack과 Patrick Wall(1965)이 시작한 **통증의 게이트**(gate) **이론**에 따르면 신경계는 한 번에 제한된 양의 자극만 처리할 수 있다. 무릎을 문지르면 뇌에 그 감각이 전달되어 뉴런의 주의를 끌게 된다.

따라서 많은 신경들이 통증 메시지를 뇌로 전달하는 것을 방지할 수 있다. 이는 척수의 '문'이 닫힌다고 표현할 수 있고, 마치 방문자가 몰려 과부하된 웹사이트에 비유할 수 있다.

수천 년 전, 동양인들은 통증을 완화하기 위해 침을 어디에 꽂으면 되는지를 연구하기 위하여 몸의 구조를 지도로 만들기 시작했다. 이 수행을 **침술**(acupuncture)이라고 한다. 전통적인 침술사들은 침술이 신체 에너지의 흐름에 균형을 맞춰준다고 생각하지만, 연구에 따르면 시상하부에 도달하는 신경을 자극하고 엔도르핀과 코티솔의 방출을 유발할 수 있다는 결과가 보고되었다(Stener-Victorin, 2013). 엔도르핀은 마약성 모르핀과 효과가 비슷한 신경전달물질이고, 코티솔은 스트레스 호르몬이다.

3. 근육운동감각과 전정감각

실험을 해보자. 눈을 감고 손가락으로 코를 만져보라. 명중하지 않았더라도 아마 거의 근접할 수 있었을 것이다. 그러나 이것은 어떻게 가능했을까? 손이 움직이는 것을 본 것도 아니고 팔을 휘두르는 소리가 들린 것도 아니었을 것이다. 인간과 다른 동물들은 감각을 지닌다. 근육운동감각 및 전정감각을 포함하여 시력에 의존하지 않고 신체의 움직임과 자세에 대해 경고한다.

근육운동감각(kinnesthesis) 근육운동감각은 신체 부위의 위치와 움직임을 알려주는 감각이다. 이 용어는 '동작(kinesis)' 및 '인식(aisthesis)'을 뜻하는 고대 그리스어에서 파생되었다.

근육운동감각에서 감각 정보는 관절, 힘줄 및 근육의 감각 기관에서 뇌로 다시 전달된다. 근육운동감각을 사용하여 손가락을 코에 쉽게 가져올 수 있었던 것이다. 팔에 힘을 주어 근육을 만들 때 단단하고 팽팽한 느낌 또한 근육운동감각에 의해 제공된다.

근육운동감각 없이 산책을 한다고 상상해 보라. 연석을 지나갈 정도로 다리를 높이 올렸는지 확인하려면 이들의 움직임 하나하나를 지켜보고 있어야 한다. 그리고 근육운동감각 없이 앞서의 코-손가락 실험을 시도했다면 코(또는 뺨, 눈 또는 이마)에서 직접 손가락의 압력을 느낄 때까지 아무런 감각을 못 느꼈을 것이고, 아마 수십 번쯤은 맞추지 못하였을 것이다.

전정감각(vestibular sense) 육체적으로 똑바로 섰는지의 여부에 대한 정보를 뇌에 제공하는 것은 바로 **전정감각**이다. 반고리관과 귀의 다른 곳에 위치한 감각기관들은 중력에 대하여 상대적인 신체의 움직임과 자세를 모니터링한다. 그들은 당신이 떨어지고 있는지를 알려주고, 가속하는 비행기나 자동차를 타고 있을 때처럼 몸의 이동 속도가 변하고 있는지에 대한 신호를 보낸다.

환지통 신경의 활성화로 인해, 절단된 사지의 남은 부분에서 느끼는 통증에 대한 인식

통증의 게이트(gate) 이론 척추의 뉴런이 한꺼번에 제한된 양의 정보만 전송할 수 있으므로 여러 부위의 뉴런 자극이 한 부위의 통증 인식을 제한할 수 있다는 멜잭의 견해

침술 침을 통하여 엔도르핀과 코르티솔의 방출을 촉진시킴으로써 통증을 줄이는 요법

근육운동감각 신체 부위들의 위치와 움직임을 알려주는 감각

전정감각 중력에 대한 우리 몸의 자세를 알려주는 균형 감각

3-5 ESP : 감각이 없는 지각이 존재할까?

예지가 있다면, 즉 미래의 사건을 미리 인식할 수 있다면 축적할 수 있을 부를 상상해 보아라. 아마도 다음 주 주식시장 보고서를 확인하고 무엇을 사거나 팔아야 할지 알고 있을 것이다. 또는, 다음 '슈퍼 볼' 또는 '월드 시리즈'에서 누가 이길지 확신을 갖고 베팅에 참여할 수 있다. 또는 염력이 있다면, 즉 정신적으로 물건을 조작하거나 움직일 수 있다면 당신이 가질 수 있을 힘을 생각해 보라.

예지와 염력은 **초감각 지각**(ESP)과 관련된 두 개념이다. ESP의 다른 두 가지 이론적 형태는 텔레파시, 즉 한 사람에게서 다른 사람에게로 생각이나 아이디어를 직접 전달하는 것과 투시, 즉 알려진 감각기관을 자극하지 않고도 대상을 인식하는 것이다.

투시의 예는 카드가 아직 바닥에 있고 딜러조차 아직 보지 않았더라도 다음에 처리될 카드를 '보는 것'이다.

초감각 지각 — '초심리학적 또는 psi 현상(parapsychological)'이라고도 하며, 알려진 감각기관 이외의 수단을 통해 물체나 사건을 인식하는 것을 말한다.

Moviestore collection Ltd/Alamy Stock Photo

X-Men 시리즈에서 Magneto를 연기하는 Michael Fassbender는 생각으로 물체를 움직이는 능력, 즉 염력을 갖고 있다. 슬프게도, 혹은 다행히도 이러한 형태의 초감각적 지각은 허구에 불과하다.

초감각 지각(ESP) 알려진 감각기관 이외의 수단을 통한 물체 또는 사건의 인식

초심리학적(psi)이란 심리학의 일부가 아니라 심리학과 나란히 있는 것을 의미한다.

심리적 의사소통은 구두 또는 신체 언어를 통해 이루어진다. Psi통신은 보통의 감각을 통하지 않고 불규칙하거나 비정상적인 프로세스를 통해 정보를 전송하는 것을 말한다.

많은 심리학자들은 ESP가 과학적 탐구에 적합한 영역이라고 생각하지 않는다. 심리학자인 Ray Hyman(2011)은 그것을 "미친 것, 완전히 미친 것"이라고 주장한다.

과학자들은 자연 현상을 연구하지만 ESP는 초자연적, 심지어 신비술까지 다룬다. 초감각적 지각은 또한 마치 (미국)나이트클럽에서 눈가리개를 한 '예지력이 있는 사람'이 청중의 지갑에 있는 내용물을 불러낼 때와 같은 느낌을 준다.

ESP 조사에는 아무런 문제가 없다. 그들이 문제 삼는 것은 ESP가 감각적인지의 여부가 아니라 실험실에서 그 존재가 입증될 수 있는지의 여부이다.

가장 잘 알려진 ESP 연구자는 1920년대 후반부터 수십 년 동안 ESP를 연구한 조셉 뱅크 라인(Joseph Banks Rhine)이었다(Wiseman & Watt, 2017). 전형적인 투시력 실험에서 라인은 25개들이 '제너 카드' 한 팩을 사용하곤 했는데, 여기에는 5개의 간단한 기호가 들어있었다.

비둘기가 무작위로 쪼아 어떤 카드가 뒤집힐지 맞추는 확률은 20% 정도이다. 라인은 어떤 사람들이 20%의 확률보다 훨씬 더 자주 정확하게 추측함을 발견했다. 그는 이들이 어느 정도 ESP를 갖고 있을 수 있다고 결론지었다.

텔레파시(마음 사이의 직접적인 의사소통)를 연구하는 좀 더 최신 방법은 간츠펠트 절차(ganzfeld process)이다(French, 2018). 이 방법에서 한 사람은 '발신자'로, 다른 사람은 '수신자'로 행동한다. 발신자는 사진이나 비디오테이프와 같이 무작위로 선택된 시각적 자극을 보는 반면, 수신자는 다른 방에서 눈을 가리고 귀를 막고 발신자의 정신과 소통하려고 시도한다.

한 세션이 끝난 후, 수신자는 4개의 시각적 자극 중 발신자가 보낸 자극이 어떤 것인지 선택하도록 요청받는다. 어떤 자극이 '전달'되었는지 추측하는 사람은 우연에 의해서라도 25%의 확률로(4번 중 1번) 이를 맞출 수 있을 것이다. 그러나 간츠펠트 절차를 사용한 28개 실험 분석에 따르면, 수신자는 38%의 확률로 이를 맞추었다(Honorton, 1985). 이는 단순히 우연이라기엔 높은 확률이라 할 수 있다.

FICTION

T (F) 어떤 사람들은 다른 사람들의 마음을 읽을 수 있다.

사람들이 다른 사람들의 마음을 읽을 수 있다는 것은 사실이 아니다. 우리는 다른 사람의 표정, 자세 및 목소리 톤에 민감할 수 있지만, 사람들이 실제로 다른 사람의 마음을 읽을 수 있다는 과학적 증거는 없다.

대럴 번(Daryl Bern, 2011)은 1,000명 이상의 참가자를 대상으로 한 여러 실험 결과를 보고한 바 있다. 한 실험에서 연구자들은 코넬대학의 학생들 100명에게 에로틱한 장면과 에로틱하지 않은 장면의 사진들을 보여주었다.

그런 다음 무작위 순서로 사진을 다시 보여주고 난 뒤, 그 다음 사진에 에로틱하거나 비에로틱한 내용이 있을지 예측하도록 요청했다. 실제로 사진들의 절반은 에로틱하고 절반은 그렇지 않았으므로, 우연에 의한 결과는 50대 50의 확률일 것이다.

참가자들은 에로틱한 사진을 53.1%의 확률로 바르게 예측했지만, 에로틱하지 않은 사진을 예측할 때의 적중률은 50대 50으로, 우연에 의한 확률과 동일한 결과가 얻어졌다. 53.1%의 성공률이 우연히 발생했을 가능성은 20분의 1보다 낮았다. 그러나 아무도 매번 답을 맞추지는 못했다.

전반적으로 ESP에 대한 회의론에는 여러 가지 이유가 있다. 첫 번째는 파일 서랍 문제이다(Zdrenka & Wilson, 2017). 슈퍼마켓 잡지 속에 나오는 점술(점쟁이의 예언)을 읽는 독자들은 그것이 실현되지 않았을 때는 이를 단순히 잊는 경향이 있다.

마찬가지로 ESP를 연구하는 사람들은 실패한 실험에 대해서는 보고할 가능성이 적다.

따라서 우리는 문헌연구에서 비정상적인 발견(예: 며칠에 걸쳐 텔레파시의 성공률이 높았던 사람)에 대해 읽게 될 확률이 높은 것이다.

다시 말해서 동전을 무한대로 던지다 보면 결국 어느 순간에는 10개를 연속으로 동전머리가 위로 오게끔 던지는 경우가 생길 것이다. 그렇게 던져질 확률 자체는 매우 낮지만, 몇 주간의 실패 사례가 아닌 성공 사례만을 보고한다면 마치 특별한 동전 던지기 능력이 있는 것으로 보일 수 있는 것이다.

또한, 한 연구자의 실험에서 ESP를 보여준 사람들은 다른 연구자와의 실험에서는 그것을 보여주는 데 실패하거나 아예 다른 연구자의 연구에 참여하기를 거부했다(Howard et al., 2009). 더욱이, 이 모든 연구에서, 어떤 연구자들의 실험에서도 항상 ESP를 안정적으로 보여줄 수 있었던 사람은 단 한 명도 없었다.

요컨대, 대부분의 심리학자들은 ESP 연구에 많은 신뢰성을 부여하지 않는다. 그들은 감각과 관련된 인식 연구를 선호한다. 결국 감각이 없는 삶은 무의미하기 때문이다.

적용

핸드폰 좀비 묵시록!

BSIP SA/Alamy Stock Photo

아이다호의 렉스버그에 대해 들어 보았는가?
30,000명이 거주하는 도시지만 그다지 기분 좋지 않은 딱지를 달고 있다: 렉스버그 거리를 건너던 5명의 보행자가 선택적인 주의를 기울여 치명적인 교훈을 남겼다. 즉, 스마트폰에 집중하면서 길을 건넜던 것이다.

렉스버그는 보행자들이 휴대전화를 보면서 길을 건너는 것을 금지시켰다. 캘리포니아 몽클레어시 공무원들 또한 그들 도시관리자가 '핸드폰 좀비'라고 명명한 사건들을 경험한 바 있고, 이곳도 역시 문자를 하거나 이어폰을 끼거나 혹은 통화를 하면서 거리를 건너는 것을 불법화하였다. 반복 위반 시 벌금이 $500까지 올라갈 수 있다. 호놀룰루도 그러한 금지 조치를 취하고 있다. 뉴욕과 다른 도시들은 금지령을 고려하고 있다.

우리는, 운전 중에 문자 메시지를 보내는 것과 같이 산만하게 운전하는 위험성을 거의 보편적으로 인정하고 있다. 비록 아직도 그렇게 행동하는 사람이 있지만 말이다. 특히 보행자가 이어폰을 꽂은 채 신호등이 녹색으로 바뀌는 순간, 마치 거리 전체가 자신의 것이 된 양 산만하게 걸을 때 위험은 더 클 수 있다.

매년 6,000명의 미국 보행자가 사망하는데, 이는 그들이 교통사고 위험성이 가득한 세상을 부주의하게 걸어다녀도 괜찮다고 믿는 결과일 것이다. 아니면 그들은 아예 이런 생각조차 하지 않을 수도 있다. 그들의 관심은 다른 곳에 있으므로.

적용

고통, 고통, 저리가 — 다시는 오지 마.

"고통을 겪을 때 스스로에게 어떤 말을 하는가? 당신은 이럴 때 스스로를 다독이는가 아니면 상황을 악화시키는가?"

Cseh Ioan/Alamy Stock Photo

통증완화의 가장 일반적인 방법은 알약, 즉 아스피린, 아세트아미노펜, 이부프로펜, 나프록센 그리고 처방약이다. 만약 당신이 알약 복용을 선택한다면, 아세트아미노펜(타이레놀)과 이부프로펜(애드빌 또는 모트린)의 조합이 중독 위험을 없앤 아편의 효과가 있을 수 있다는 연구결과를 고려하라(Chang et al., 2017). 그러나 4장에서 볼 수 있듯이 만성 통증은 아편 위기의 주요 요인이다. 그러나 의약품은 부작용이 있으며, 특히 규칙적으로 사용하면 효과가 떨어질 수 있다. 다른 방법으로는 몸에 바늘을 넣어 신경을 자극하여 모르핀 같은 신경전달물질과 스트레스 호르몬을 분비하도록 하는 침술이 있다. 심리학자들 또한 통증을 관리할 수 있는 여러 방법을 개발한 바 있으므로 그 중 일부를 살펴보자.

게이트 이론

다친 무릎을 문지르는 것과 같은 간단한 치료법은 종종 통증완화에 도움이 된다. 왜 그럴까? 통증에 대한 게이트 이론에 따르면, 신경계는 한 번에 제한된 양의 자극만 처리할 수 있다. 무릎을 문지르면 뉴런들의 주의를 끌려는 감각들이 뇌에 전달되어 마치 한꺼번에 너무 많은 사람들이 파일을 내려받을 때 웹사이트가 과부하되어 다운되듯이 척수의 '문(게이트)'이 닫혀버린다.

정확한 정보

사람들에게 단지 의학적 상태에 대한 정확한 정보를 제공하는 것만으로도 통증 인식을 관리하는 데 도움이 된다. 통증을 느끼는 대부분의 사람들은 왜 그 아픔이 생기는지를 생각하지 않는다.

그러나 암에 대한 화학 요법과 같은 불편한 치료 방법이 사용될 때 통증이 얼마나 오래 지속될지, 얼마나 심할지를 포함하여 치료의 세부사항에 대한 지식은 사람들의 대처에 도움을 줄 수 있다.

주의 분산 및 환상 : 고통에 대처하기 위한 X-Box 접근법?

심리학자들은 종종 통증의 인식을 줄이는 방법으로 주의 분산 또는 환상을 권장한다. 다리를 다쳐서 응급실에서 의사를 만나기를 기다리고 있다고 상상해 보아라. 주위환경의 세부 사항들에 초점을 맞춰서 스스로의 주의를 분산시킬 필요가 있다. 천장 타일 또는 손가락 위의 털을 센다든지, 의료진이나 지나가는 사람들의 옷을 묘사하거나 비난해 볼 수도 있다. 비디오 게임은, 구역질을 유발하는 화학물질을 주사로 맞는 동안 어린이 암 환자들의 주의를 분산시킬 수 있다(Arming- ton et al., 2016; Pater et al., 2015).

최면

최면은 종종 만성 통증에 대한 인식을 줄이고 치과, 출산 및 일부 수술에서 마취제로 사용된다(Finlayson et al., 2015). 이러한 측면에서 최면은 그 개인의 수용자세와 관련되지만, 최면은 또한 통증의 경험과 관련된 여러 뇌 구조의 기능을 조정해준다(Del Casale et al., 2015). 최면술사는 보통 그 사람에게 아무런 느낌이 없다거나 통증이 멀고 경미하다고 지시한다. 최면은 또한 주의 분산과 환상을 증폭시킬 수 있다. 예를 들어 최면술사는 사람들로 하여금 따스하고 이국적인 해변에서 휴식을 취하고 있는 상상을 하게끔 유도할 수 있다.

이완 훈련

통증은 종종 우리를 긴장하게 만든다. 근육을 긴장시키는 것은 그 자체로 불편하다. 이는 또한 교감신경계를 자극하고 우리로 하여금 통증에 집중하게 만든다. 이완은 이러한 행동 패턴에 대항하게 해준다(Davis et al., 2015; Pollak et al., 2015). 일부 심리적 이완 방법들은 근육 그룹을 이완시키는 데 중점을 둔다. 어떤 것들은 호흡 운동을 사용한다. 또 어떤 것들은 편안한 이미지들을 활용한다. 또한, 이완 훈련은 편두통이 있는 많은 사람들의 치료에 도움을 주고 등 아래와 턱 부위의 만성 통증에 도움이 된다.

자멸적 믿음에 대한 대처

어떤 믿음은 고통을 키울 수 있다. 예를 들어 고통이 참을 수 없고, 아무런 조치도 취할 수 없으며, 결코 그 고통이 끝나지 않을 것이라고 자신에게 말하는 것은 불편함을 증가시킨다. 부정확한 믿음을 버리는 것도 도움이 될 수 있다. 대부분의 경우, 통증은 언젠가는 사라질 것이다. 그리고 만성 통증에 대처하기 위한 전략이 있는데, 통증의 존재는 받아들이면서도 어쨌든 인생을 계속해서 그냥 살아나가는 것이다(Guari- no et al., 2018; Hall et al., 2018).

점검하기

빈칸 채우기

정답은 책 뒷부분에서 확인 가능하다.

1. __________는 감각들의 조직을 통하여 세상의 내적 표현을 형성하는 것이다. 그것은 감각뿐만 아니라 학습과 기대를 반영한다.

2. 빛과 같은 자극에 대한 __________ 식역은 감지할 수 있는 가장 낮은 강도이다.

3. 망막은 __________ 및 __________라는 광수용체로 구성된다.

4. 신경절 세포의 축삭돌기는 __________ 뇌에 시각 정보를 전달하는 신경을 구성한다.

5. 우리는 눈의 __________에 걸쳐 움직임을 감지하고 다른 사물들에 대한 상대적 위치 변화를 포착함으로써 움직임을 인식한다.

6. 악취는 각 콧구멍의 __________ 막에 의해 감지된다.

7. 맛을 위한 수용체 뉴런은 __________ 세포라고 하며, 혀의 미뢰(맛봉우리)에 위치한다.

8. 근육운동감각은 신체의 __________와 움직임을 감지하는 것이다.

9. 전정감각은 주로 귀의 __________관에 있다.

10. EPS에 대한 회의론의 한 가지 이유는 ________–________ 문제이다. 즉, 연구자들은 실패한 연구 결과를 보고할 가능성이 적다.

선다형 문항(Multiple Choice)

1. _________와 기계적 자극과의 관계는 지각과 정신적 표현의 관계에 비유할 수 있다.

   a. 적응　　b. 조직
   c. 감각　　d. 인식

2. 다음 중 두께를 변경하고 망막에 빛을 집중시키는 것과 관련된 부위는 무엇인가?

   a. 공막　　b. 렌즈
   c. 홍채　　d. 각막

3. 다음 중 가장 긴 파장을 지닌 색은 무엇인가?

   a. 빨강　　b. 노랑
   c. 보라　　d. 초록

4. 서로 가까이 있는 물체끼리는 한 묶음으로 보려는 지각 경향을 설명하는 게슈탈트 규칙은 _________(이)라고 하며, 비슷한 물체들을 서로 귀속되는 것으로 보려는 경향은 _________라고 한다.

   a. 근접성; 연속성
   b. 폐쇄성; 영속성
   c. 연속성; 유사성
   d. 근접성; 유사성

5. 정상적인 사람의 귀는 초당 _______에서 _______에 이르는 진동(Hz) 범위의 다양한 주파수의 소리를 들을 수 있다.

   a. 2~2,000
   b. 20에서 2,000
   c. 20에서 20,000
   d. 200에서 20,000

6. 다음 중 음높이 지각에 대한 설명과 관련이 없는 것은 무엇인가?

   a. 장소 이론
   b. 연사 원리
   c. 대립과정 이론
   d. 주파수 이론

7. 다음 중 미각과 관련하여 기본 맛으로 간주되지 않는 것은 무엇인가?

   a. 풍미로운　　b. 단
   c. 시큼한　　d. 짠

8. 한 냄새가 다른 냄새를 가릴 수 있기 때문에 사람들은 _________를 사용한다.

   a. 공기 청정제　　b. 향수
   c. 향로　　d. 위 모두

9. 근육운동감각을 위한 감각 수용체는 다음의 어느 부위에 위치하는가?

   a. 힘줄, 근육 및 관절
   b. 반고리관
   c. 몸의 뼈대
   d. 피부와 머리카락

10. 대부분의 심리학자들은 다음의 이유 때문에 초감각지각(ESP)을 믿지 않는다.

    a. 과학자들은 ESP의 의미를 정의하지 않았다.
    b. ESP의 존재를 뒷받침할 증거는 없다.
    c. ESP는 그러한 능력을 가진 자들에게 불리한 영향을 미칠 것이다.
    d. 그것은 감각주의적 개념이다.

4 의식

marco betti/Alamy Stock Photo

학습 성과

이 장의 성취 목표

- 4-1 의식에 대해 정의할 수 있다.
- 4-2 수면의 본질과 다양한 수면장애를 설명할 수 있다.
- 4-3 최면과 명상 및 바이오피드백이 어떻게 의식을 바꾸는지를 설명할 수 있다.
- 4-4 약물 사용장애를 정의할 수 있다.
- 4-5 진정제의 유혹과 위험에 대하여 논의할 수 있다.
- 4-6 각성제의 매력과 위험에 대하여 논의할 수 있다.
- 4-7 환각제의 유혹과 위험에 대하여 논의할 수 있다.

"뉴런이 어떻게 다음으로 바뀔 수 있는가? 원자, 분자, 화학물질 및 세포와 같은 물리적 물질이 어떻게 우리 머리 속에 생생하게 '살아있는' 세상을 만들어 주는가?"(Gazzaniga, 2018). 이것은 의식을 연구하는 과학자들이 제기하는 질문이다.

혼잣말을 할 때 누가 말하고, 누가 들을까?

뇌와 정신 과정을 연구하는 심리학자들이 의식을 들여다보는 데 가장 적합하다고 생각될 수도 있지만, 과거 한 때는 이 주제를 그들의 분야에서 배제했다!

1904년에 윌리엄 제임스(William James)는 "의식이라는 게 존재할까?"라는 흥미로운 기사를 썼다. 제임스는 과학적 방법으로 다른 사람의 의식을 직접 관찰하거나 측정할 수 없기 때문에 의식이라는 주제는 심리학자에게 적절한 연구 영역이라고 생각하지 않았다.

'현대 행동주의의 아버지' 존 왓슨(John Watson)도 이에 동의했다.

왓슨은 관찰할 수 있고 측정 가능한 행동만이 심리학의 영역이라고 주장했다. "심리학에서 의식이라는 주제에 관련된 모든 것을 버려야 할 때가 왔다"(1913, p. 163).

왓슨이 1914년 미국심리학회 회장이 되었을 때 그의 견해는 많은 심리학자들의 생각을 굳히게 했다. 그러나 지난 수십 년 간 인식적 혁명이 일어났으며, 수천 명의 심리학자들이 이제는 자신들이 의식이라는 영역을 다루지 않고서는 풍부한 인간 경험을 포착할 수 없다고 생각하고 있다(Gazzaniga, 2018; Kriegel, 2014).

심리학자, 생물학자, 신경과학자, 물리학자, 심지어 컴퓨터 과학자들에 의한 의식 연구로 넘쳐난다.

그러나 우리는 여전히 다른 사람의 의식을 직접 관찰할 수는 없기 때문에 뇌의 신경활동 등을 관찰할 경우 자신의 의식에 대한 자가 보고에 의존하게 된다.

4-1 의식이란 무엇인가?

의식의 개념은 다양한 의미가 있으며, 심리학자들은 이를 여러 가지 방식으로 사용하고 있다.

1. 알아차림으로서의 의식

의식(consciousness)과 같은 정신개념이 관찰 가능한 행동으로 항상 나타난다면, 과학적이라고 이야기할 수 있다. 의식의 한 가지 의미는 환경에 대한 감각적 인식이다. 시각은 우리가 하얗게 내린 눈에 반사되어 빛나는 태양을 보고 의식할 수 있게 한다. 청각은 콘서트를 듣고 의식할 수 있게 한다.

그러나 때때로 우리는 감각 자극을 인식하지 못한다. 우리가 주의를 기울이지 않을 때는 감각 자극을 인지 또는 의식하지 않을 수 있다. 세상은 신호로 가득 차 있지만, 당신은 이 페이지에 있는 단어들만을 의식하거나 집중하고 있다(바라건대).

의식 외부 세계에 대한 감각적 인식, 내적으로 직접 인식하는 자신의 생각과 감정, 개인의 단일자아, 깨어있는 상태 등을 포함한 많은 의미가 있는 개념이다.

그러므로 의식의 또 다른 측면은 선택적 주의이다. 선택적 주의는 특정 자극에 대한 의식의 집중현상이며, 이는 자제력의 핵심이다.

도로에서 자동차를 제대로 운전하려면 핸드폰 통화보다 운전 환경에 더 많은 주의를 기울여야 한다.

우리가 환경에 적응하려면 어떤 자극에 주의를 기울여야 하고 어떤 자극을 무시해야 안전할 수 있는지 배워야 한다.

TRUTH OR FICTION?

당신의 생각은? 속설, 상식 또는 넌센스?

'진실'일 경우 T, '거짓'일 경우 F를 선택한 다음, 여러분의 선택이 정확한지를 검토해 보자.

T	F	우리는 금지된 환상을 꿈에서 행동으로 옮긴다.
T	F	불면증은 잠들기 위해 너무 애를 써도 생길 수 있다.
T	F	수면 중에 돌아다니는 몽유병 환자를 깨우는 것은 위험하다.
T	F	당신이 원하지 않아도 최면에 걸릴 수 있다.
T	F	쥐에게 심박수를 높이거나 낮추도록 가르칠 수 있다.
T	F	헤로인은 한 때 모르핀 중독 치료제로 사용되었다.
T	F	많은 보건전문가들은 과잉행동 장애 어린이에게 각성제를 투약하여 진정시킨다.
T	F	코카콜라[회사]는 한 때 강력한(지금은 불법인) 각성제인 "코카인"을 넣어 만들었다.
T	F	흡연 관련 원인으로 사망한 사람들 수는 자동차 사고나 알코올 및 기타 모든 약물 남용 · 자살 · 살인 및 AIDS로 인해 사망한 사람들 수보다 많다.

선택적 주의는 우리의 감각을 더욱 예리하게 한다(Kerlinet al., 2010; Passingham &Lau, 2017). 그렇기 때문에 칵테일 파티에서 방 너머에 있는 사람의 떠들썩한 목소리를 들을 수 있고, 이 현상을 칵테일파티효과라고 부른다(L. Miller, 2013). 선택적 주의는 또한 광고 및 마케팅 전략에서도 쓰인다.

> **여기에 집중해 주십시오.**
>
> 우리가 언제 어디에서 주의를 집중할 것인지 결정할 수 있지만, 다양한 종류의 자극도 우리의 주의를 집중하게 하는 경향이 있다. 다음 예가 포함된다.
>
> - 시원한 산들바람이 찌는 듯한 더운 방에 들어오거나, 시험에서 특별히 높은 점수를 받는 경우와 같은 갑작스러운 변화.
> - 개가 교실에 들어올 때와 같은 새로운 자극.
> - 밝은 색상이나 날카로운 통증과 같은, 강렬한 자극.
> - 축구경기 내내 동일한 광고가 수십 번 방송될 때와 같은 반복적인 자극.

운동화나 자동차 또는 맥주를 판매하는 광고주는 이러한 사실을 어떻게 활용하여 우리의 의식에 들어와서 그들이 바라는 대로 돈지갑을 열도록 할까? 당신의 시선을 사로잡은 텔레비전 광고를 생각해 보라. 어떤 종류의 자극이 당신 인식의 중심에 자리를 잡았나?

의식의 또 다른 의미는 **직접적인 내적 인식**이라는 것이다. 눈을 감고, 검은 테이블 위에 밝은 빨간색 페인트를 쏟아 붓는 것을 상상해 보라. 검은 색의 반짝이는 표면에 페인트가 퍼지고 침대 바닥에 흘러내리는 것을 본다고 상상해 보라.

그 이미지는 생생하지만 문자 그대로 '보지는' 않았다. 당신의 눈이나 다른 감각기관은 관여하지 않았다. 당신은 직접적인 내적 인식을 통해 이미지를 의식했다.

우리는 우리 자신의 생각 · 이미지 · 감정 및 기억을 의식하거나 직접적인 내적 인식을 하고 있다. 그러나 직접적인 내적 인식을 과학적으로 측정하지 못할 수 있다. 그럼에도 불구하고 많은 심리학자들은 당신이 의식이나 내적 인식이 있다면 당신이 그것을 알고 있다고 주장할 것이다.

자기 인식은 수십억 개의 뉴런이 초당 수백 번 점화하는 것과 관련이 있다.

그런데도, 우리는 심리적 과정은 감지하지만 신경 활동은 감지하지 못한다(Roth, 2000).

> **선택적 주의** 특정 자극에 대한 의식의 집중
>
> **직접적인 내적 인식** 감각기관을 통하지 않고 얻는 자신의 생각, 감정과 기억에 대하여 알고 있다.
>
> **전의식** 정신 역동학 이론에서, 인식되지는 않지만 관심을 집중시켜 인식할 수 있는 생각이나 감정
>
> **비의식** 정신역동적 이론에서, 비의식적 생각과 감정

2. 의식, 전의식, 무의식, 그리고 비의식

정신 분석학의 창시자 지그먼드 프로이트(Sigmund Freud)는 우리가 의식하고 있는 생각, 감정과 전의식적이고 무의식적인 생각, 감정을 구분했다.

전의식(preconscious)은 지금 인식되지 않지만 쉽게 접할 수 있는 것이다. 예를 들어, 다음과 같은 질문에 대답하면 전의식적인 정보를 끄집어 낸다: 아침 식사로 무엇을 먹었나? 전화 번호는 무엇인가?

관심을 그쪽으로 돌리면 전의식적인 정보를 의식적으로 만들 수 있다.

프로이트에 따르면, 어떤 고통스러운 정신적 사건은 대부분의 상황에서 **비의식**(unconsciousness)적이거나 의식적으로 접근할 수 없다고 믿었다.

프로이트는 일부 고통스러운 기억과 성적이고 공격적인 충동은 우리가 받아들일 수 없으므로, 우리는 자동적으로 무의식 영역 쪽에 보내어 인식에서 그런 것들을 제거한다.

즉, 우리는 그런 것들을 억압한다.

Andersen Ross/Getty Images

의식을 어떻게 정의하는가?

우리는 의식이 있다는 것을 알고 있지만 어떻게 정의해야 할까? 또 마음 속을 살펴볼 수는 있지만, 심리학자들은 그 질문의 답을 찾으려고 고심해 왔다. 다른 사람의 의식을 어떻게 연구해야 할까?

강의실로 돌아와서 : 누가 의식에 있을까?

Courtesy of Michael Gazzaniga

의식은 여러 가지 형태로 나타난다. 심리학 입문반을 가르친 교수와 금요일 아침 8시 수업에 참석한 학생들은 서로를 모두 보았을 것이다.

다가오는 주말의 축하 파티를 준비하느라고 늦은 밤까지 잠을 못 잔 파티광 학생 두 명이 졸고 있다.

이 두 사람은 의식이 없다. 두 줄 앞에는 통로 건너편의 누군가를 가늠하면서 그와 데이트를 할 수 있을지 궁금해하는 학생이 있다. 그는 의식이 있지만 교수인 당신을 의식하고 있지는 않다.

저 쪽에는 3명의 학생들이 서로 노트를 주고받으면서 흥겨움을 억제하고 있는데 그들도 당신을 의식하고 있지 않다. 또 다른 학생은 필기를 하면서 다른 수업에 제출할 숙제를 마무리하고 있다. 그는 숙제가 마무리되고 나면 당신을 의식할 것이다.

맨 앞줄 학생들은 커피를 마시며 열심히 필기를 하며 이따금 수긍하며 고개를 끄덕인다. "적어도 그들은 당신을 의식하고 있다."(Gazzaniga, 2008, 277쪽)

의식은 여러 형태가 있다.

이러한 기억과 충동을 억압하면 불안이나 죄책감 또는 수치심을 피할 수 있다. 이와 관련한 비 프로이트 개념에는 억제와 무의식 과정이 포함된다.

사람들이 용납할 수 없는 아이디어나 혼란에 대한 생각을 피할 때는 원치 않는 정신적 사건을 인식하지 못하도록 의식적으로 제거하는 경우를 **억제**(inhibition)라고 한다.

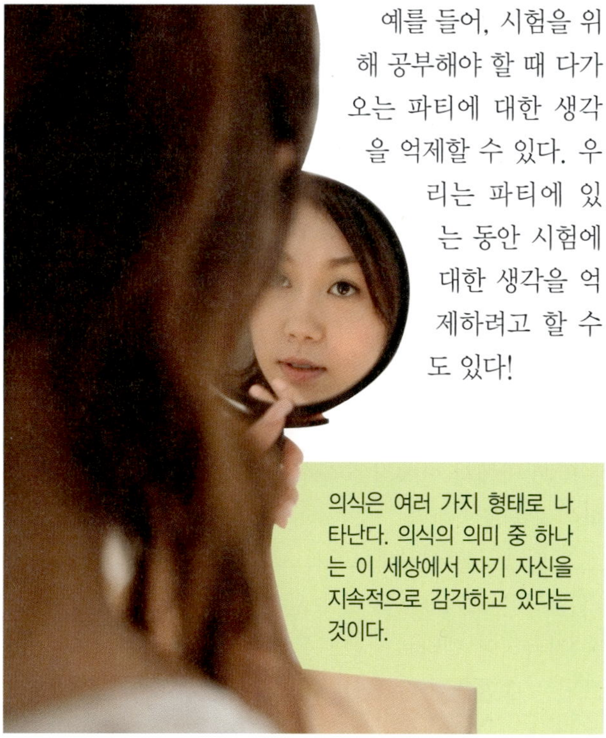

예를 들어, 시험을 위해 공부해야 할 때 다가오는 파티에 대한 생각을 억제할 수 있다. 우리는 파티에 있는 동안 시험에 대한 생각을 억제하려고 할 수도 있다!

의식은 여러 가지 형태로 나타난다. 의식의 의미 중 하나는 이 세상에서 자기 자신을 지속적으로 감각하고 있다는 것이다.

DEX IMAGE/Getty Images

뉴런의 점화와 같은 일부 신체 과정은 **무의식**(nonconscious)적이다. 감각적 인식이나 직접적인 내적 인식으로는 경험할 수 없다. 머리카락을 키우고 혈액으로 산소를 운반하는 것은 무의식적 과정이다.

우리는 머리카락이 자란 걸 볼 수는 있지만, 자라는 느낌을 주는 감각 수용체는 없다. 호흡이 필요함을 느끼지만 이산화탄소와 산소의 교환은 경험하지 않았다.

3. 개인적 단일성으로서의 의식

우리는 성장해감으로써 자신과 타인의 존재를 구별하게 된다. 우리는 사적 개인으로서, 그리고 개별적 존재로서 감각이 발달된다.

의식을 구성하는 첫인상, 생각, 느낌 등을 지속적으로 감지하는 자아 인식에는 총체성이 있다.

그러한 자아는 의지를 형성하고 행동의 방향을 잡는다. 이런 의미로 사용할 경우 의식이란 것은 바로 자기 자신이라는 뜻이 된다.

억압 정신 역동학 이론에서, 불안을 야기하는 생각, 충동 또는 이미지 등이 인식에서 자동적으로(무의식적으로) 배제된다.

억제 의도적으로 또는 의식적으로 어떤 생각이나 충동 또는 이미지를 인식에서 배제시킨다.

무의식 모발 성장과 같이 우리가 의식할 수 없는 육체적 과정을 말하며, 머리카락이 자란 것을 '인식'할 수 있지만 생물학적 과정을 직접 경험할 수는 없다.

4. 깨어있는 상태로서의 의식

의식적이라는 말은 잠든 상태에 반하여 깨어있는 상태를 말한다. 이러한 관점에서, 수면, 명상, 최면적 가수면 및 의식의 변화를 초래하는 약물의 사용 등으로 발생할 수 있는 인지적 왜곡은 의식 변성 상태로 간주된다.

이 장의 뒷 부분에서는 수면과 꿈을 포함하여 다양한 변경된 의식 상태 — 최면과 명상 및 바이오피드백, 그리고 항정신성 약물의 효과 — 를 살펴보자.

그림 4.1 포유류의 수면시간

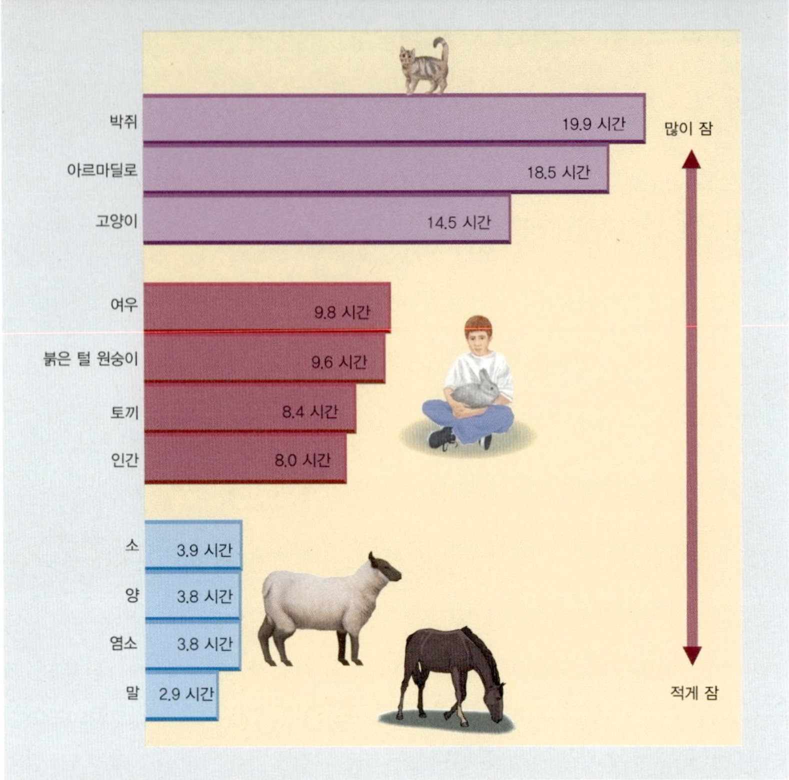

포유류마다 다른 양의 수면이 필요하다. 이유는 불확실하지만, 진화가 분명히 영향을 주고 있다: 포식자들의 공격을 받기 쉬운 동물들은 잠을 적게 잔다.

4-2 수면과 꿈

수면은 흥미로운 주제이다. 어쨌든, 성인은 일상의 약 3분의 1을 잔다. 수면 전문가는 성인이 밤에 7~9시간의 수면을 취할 것을 권장하지만 국제 수면 재단(National Sleep Foundation, 2013)에 따르면 미국에서 성인은 보통 약 6.8시간을 잔다고 한다.

약 3분의 1은 주 중에 하루 6시간 미만을 잔다. 3분의 1은 수면 부족이 낮 동안에 수행 능력을 저해하며, 거의 5분의 1은 운전 중에 졸기도 한다고 인정한다. 그렇다. 사람은 인생의 3분의 1을 잠자는 데 쓰거나 가능하면 그렇게 하고 싶어한다. 그림 4.1에서 볼 수 있듯이 어떤 동물은 우리보다 훨씬 더 많이 자고, 어떤 동물은 훨씬 적게 잔다. 왜일까?

진화의 영향을 받아 그렇게 되었는지도 모른다. 포식자에게 잡아먹힐 위험이 가장 많은 동물은 잠을 적게 자는 경향이 있다. 생사가 걸리는 현실에 대한 적응반응이다.

1. 생물학적 리듬과 일주기 리듬

사람을 포함한 동물들은 리듬의 영향을 받는데, 그것은 지구의 자전 · 공전과 관련이 있다. 많은 새들(그리고 철새처럼 이동할 여유있는 사람들)은 가을에는 남쪽으로, 봄에는 북쪽으로 이주한다.

일주기 리듬 지구 순환의 24시간 주기와 관련이 있는 주기

겨울 동안 많은 동물들이 동면하고 새싹이 다시 피어날 때 밖으로 나온다.

깨어 있음과 잠의 교대 주기는 내부적으로 형성된 **일주기 리듬**(circadian rhythm)이 반영된다. 하루의 리듬은 지구 회전의 24시간과 연결된 주기로서 정상적인 깨어 있음과 잠의 주기는 24시간이다. 그러나 밤낮을 알려주는 신호가 없을 때는 사람들의 주기가 약 25시간으로 착각할 수 있어서 거의 10시간을 자게 된다(National Sleep Foundation, 2018).

왜 그럴까? 그리고 밤에 자는 동안, 우리는 보통 90분 주기의 수면 단계를 거친다. 아침에 눈에 비치는 햇빛은 눈의 망막에서 단백질을 활성화시킴으로써 일 주기 시계 타이밍을 조정한다.

그 단백질은 시상하부에서 시교차상핵(SCN)이라고 불리는 작은 조직에 신호를 보낸다. 그러면 SCN은 송과샘을 자극하여 멜라토닌 호르몬의 생성을 감소시킨다(멜라토닌은 수면을 촉진한다).

아침형 인간은 아침에 능률이 제일 좋다. 어떤 사람들은 오후에 능률이 좋다. 일부 사람들은 '올빼미'같이 이웃이 대부분 깊이 잠들어 있을 때 능률이 제일 좋다. 우리는 왜 잠을 자고 꿈을 꿀까? 수면, 꿈, 수면장애의 본질을 살펴보자.

2. 수면 단계

사람이 잠을 잘 때 의식에서 무의식으로 빠진다. 의식이 있을 때 뇌는 특정 주파수(초당 파수)와 진폭(높이–강도 지수)의 특징을 나타내는 뇌파를 방출한다. 뇌파는 수많은 뉴런의 활동을 나타내는 대략적인 지표이다.

뇌파의 강도, 또는 에너지는 볼트(전기 단위)로 표시된다. 우리가 잠을 잘 때의 뇌파는 의식 중에 방출되는 뇌파와 다르다.

뇌전도(EEG; 그림 2.6 참조)를 이용해 연구자들은 뇌파를 측정할 수 있게 되었다. 그림 4.2는 깨어있는 상태와 이완된 상태 및 다양한 수면 단계에 있을 때의 주파수와 강도를 반영하는 EEG패턴을 보여준다. 뇌파는 다른 파와 마찬가지로 주기적이다. 그림 4.2의 출력 그래프는 약 15초 동안 어떤 일이 일어나는지를 보여준다.

고주파 뇌파는 깨어있음과 연관된다. 잠이 깊어지면 주파수가 낮아지고 진폭(강도)이 커진다.

잠을 자기 전에 눈을 감고 긴장을 풀면 뇌는 초당 약 8~13사이클의 저진폭 파인 알파파(alpha waves)가 뇌에서 방출된다.

그림 4.2는 수면의 다섯 단계를 보여준다. 처음 4개의 수면 단계는 급속 안구운동이 없는(NREM) 수면이다. 그와 대조적으로 제5단계의 수면은 눈이 눈꺼풀 속에서 쏜살같이 움직이므로 급속 안구운동(REM) 수면이라고 불린다.

수면에 들어가면 뇌파가 알파 리듬에서 느려지고 세타파 패턴으로 들어간다. 초당 약 6~8사이클인 세타파(theta waves)는 느리게 구르는 눈의 움직임을 동반한다.

그림 4.2 수면의 단계

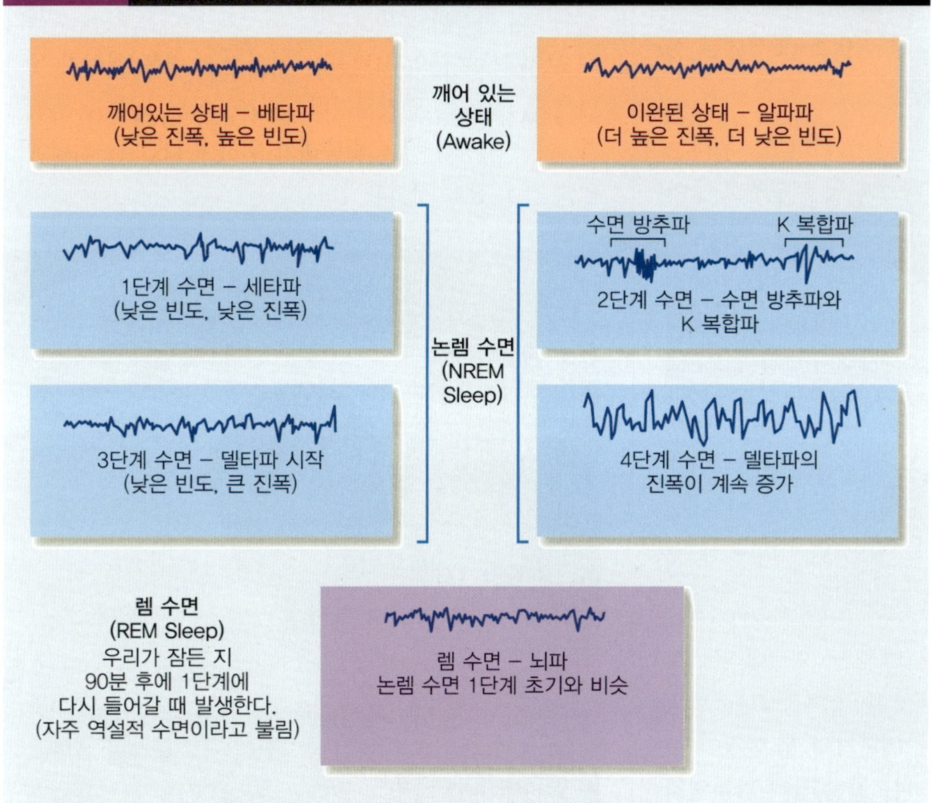

이 그림은 수면 단계의 전형적인 EEG 패턴을 보여준다. 렘 수면 동안에는 EEG 패턴이 깨어 있을 때의 패턴과 유사하다. 이러한 이유로 렘 수면은 종종 역설적 수면이라고 한다. 수면이 1단계에서 4단계로 진행됨에 따라 뇌파가 느려지고 진폭이 증가한다. 일반적인 악몽을 포함해서 렘 수면 중에 꾸는 꿈이 가장 생생하다. 더 심각한 수면 중 야경증은 4단계 수면 중에 발생하는 경향이 있다.

알파파에서 세타파로의 전환에서는 짧지만 생생하게 꿈 같은 이미지를 경험할 수 있는 입면 상태를 동반할 수 있다.

1단계 수면은 가장 가벼운 수면 단계이다. 1단계 수면에서 깨어났을 때, 우리가 전혀 자지 않았다고 느낄 수 있다. 1단계 수면에 들어가면 30~40분 후 2, 3, 4단계 수면으로 가파르게 내려간다(그림 4.3 참조).

알파파(α) 이완감과 관련된 빠른 저진폭 뇌파

비 REM 수면 수면의 첫 네 단계

REM 수면 꿈과 연관된 빠른 안구 운동이 특징인 수면 단계

세타파(θ) 겉잠 상태에서 생성되는 느린 뇌파

델타파(δ) 일반적으로 제 4단계 수면 중에 방출되는 강하고 느린 뇌파

그림 4.3 수면 사이클

이 그림은 보통 사람들의 REM 수면과 NREM 수면(1~4단계)이 교대로 진행되는 것을 보여준다. 8시간 동안 약 5회의 REM 수면이 있다. 수면은 이른 밤에 더 깊이 자고 REM 수면은 아침이 가까워지면서 길어지는 경향이 있다.

2단계 중에서 뇌파의 진폭은 중간이고 초당 약 4~7 사이클의 빈도이나, 이 뇌파의 진행 중에 초당 12~16 사이클 빈도의 뇌 활동으로 짧은 수면 방추파가 나타난다.

깊은 수면인 3과 4단계 동안, 뇌는 더 느린 델타파를 생성하며 비교적 큰 진폭에 도달한다. 3단계의 델타파는 초당 1~3 사이클이다. 4단계는 가장 깊은 수면 단계이다. 이 단계에서는 깨우기가 가장 어렵다. 제4단계 수면 동안에는 델타파(delta waves)가 초당 0. 5~2 사이클 정도로 느려지며 진폭이 가장 크다.

반시간 동안의 깊은 4단계 수면이 지나면, 우리는 REM 수면에 들어갈 때까지 꽤 빠르게 낮은 단계로 돌아가기 시작한다(그림 4.3참조).

REM 수면 동안, 가벼운 1단계 수면과 유사한 비교적 빠른 저진폭 뇌파가 생성된다. 관찰된 EEG 패턴이 깨어있는 상태와 유사한 흥분 수준을 나타내기 때문에 REM 수면을 역설적 수면이라고도 한다(그림 4.2 참조).

그러나 REM 수면 중에 사람을 깨우는 것은 어렵다. 수면 연구에서 REM 수면 중에 사람을 깨우면, 약 80%는 꿈을 꾸고 있었음을 보고한다. (NREM 수면 중에 깨우면 약 20%만 꿈꾸고 있었음을 보고한다.)

매일 밤 우리는 수면 단계들을 다섯 번 오르내리는 경향이 있다(그림 4.3 참조). 그 다섯 번의 여정에는 5회의 REM 수면이 포함된다. 4단계 수면까지의 첫 여정이 일반적으로 가장 길다. 밤이 지나가는 동안 잠이 가벼워지는 경향이 있다.

REM 수면 기간이 길어지고, 가장 깊은 수면 단계에 들어가지 않을 수 있다. 아침이 가까워지면서 마지막 REM 수면 기간은 약 0.5시간 정도 지속될 수 있다.

3. 수면의 기능

연구자들은 왜 우리가 잠을 자는지에 대한 모든 답을 가지고 있지는 않지만, 수면은 여러 가지 목적을 달성하는 것 같다. 신체에 활기를 되찾게 해주고, 스트레스에서 회복하는 걸 도우며, 학습한 것을 통합하는 걸 돕고, 유아의 뇌 발달을 촉진 시킬지도 모른다.

수면이 피곤한 몸의 활기를 되찾게 한다는 가설을 생각해 보자. 대부분의 사람들은 하룻밤 수면을 취하지 못하면 다음 날에는 망가지거나 정상이 아닌 느낌을 경험했다. 아마 모자란 잠을 보충하기 위하여 다음 날 저녁에는 일찍 잠을 잤을 것이다.

Adam Gault/Photodisc/Getty Images

수면 부족의 한 가지 효과

수면 부족은 매년 10만 건의 차량사고와 1,500명의 사망자를 내는 것으로 추정된다.

하룻밤 잠을 자지 않으면 무슨 일이 일어날까? 며칠 밤을 계속 자지 않으면 어떻게 될까? 잠이 많이 부족한 사람들과 술을 많이 마신 사람들을 비교해 보자. 잠을 못 잔 사람들의 집중력과 수행 능력은 심각하게 저해될 수 있지만, 그들은 그 한계를 인식하지 못할 수도 있다.

많은 학생들이 밤샘 시험공부를 하고 난 다음 날에는 시험을 어느 정도 잘 치를 수 있다.

그러나 그들이 잠을 하룻밤 이상 거르면 주의력, 학습력, 기억력 등 심리적인 기능에서 결함을 보이기 시작한다(Hershner &Chervin, 2014; Patrick et al., 2017). 수면 부족은 또한 운전을 위험하게 하도록 만든다(Howard et al., 2013). 그것은 각각 10만 건의 차량사고와 1,500명의 사망과 관련이 있는 것으로 추정된다(S. Clark, 2009).

일주일 중 평일의 수면 부족을 보충하기 위해 많은 사람들은 쉬는 날에 늦잠을 자거나 낮잠을 잔다(National Sleep Foundation, 2013).

사람의 필요 수면량 사람이 필요로 하는 수면의 양은 부분적 · 유전적으로 결정되는 것 같다(Shaw et al., 2013). 스트레스를 받을 때 더 많은 수면이 필요하지만, 한편으로 스트레스가 불면증을 유발할 수 있다(Halonen et al., 2017). 수면은 스트레스에서 회복하는 데 도움이 되며, 수면 부족은 우울증으로 이어질 수 있다(deWild-Hartmannetal., 2013).

신생아는 하루에 16시간을 자고, 10대는 12시간이나 그 이상을 잘 수 있다(National Sleep Association, 2013). 노인은 젊은 성인보다 수면이 덜 필요하다고 널리 알려져 있지만, 노인의 잠은 종종 신체적 불편이나 화장실에 갈 필요성으로 말미암아 방해를 받는다.

밤에 잃어버린 수면을 보충하기 위해 노인들은 낮에 깜빡 졸 수도 있다.

수면과 학습 및 기억 REM 수면과 깊은 수면은 학습 및 기억의 통합과 관련이 있다(Ashton et al., 2018; Cross et al., 2018).

실제로, 태아에게는 깨어있는 시간과 수면시간이 있으며, REM 수면은 출생 전 뇌의 발달을 촉진할 수 있다(Rurak et al., 2011; Uhlhaas et al., 2010). 어떤 연구에서 동물이나 사람의 REM 수면을 박탈했다.

REM 수면이 부족한 동물과 사람들은 학습이 더 느리고 배운 것을 더 빨리 잊어버린다. REM 수면 부족인 사람과 동물에는 REM 수면 반동 현상이 나타나는 경향이 있는데, 이는 추후의 수면기간 동안 REM 수면이 더 길어지는 등으로 '보충'한다.

4. 꿈

꿈에 대한 연구 결과(Bulkeley, 2013):

- 예술가는 다른 사람들보다 악몽을 겪을 가능성이 높다.
- 어린이는 성인보다 동물에 대해 꿈을 꿀 확률이 높다.
- 젊은 사람들은 꿈을 꾸는 동안 그게 꿈이라는 것을 알고 있을 가능성이 높다.
- 비종교적인 사람들이 신앙심 깊은 사람들보다 꿈을 더 많이 꾼다.

꿈에서는 외부 자극이 없음에도 이미지를 만들어 내고 실제처럼 보일 수 있다. 대학 시절에 나는 종종 시험 전날 밤 '불안한 꿈'을 꾸었다. 이미 시험을 치르고 모든 것이 끝났다는 꿈을 꾸었는데, 깨어났을 때 그 시험이 여전히 치뤄야 한다는 것을 깨닫고 난 후 실망감을 상상해 보라!

많은 대학생들이 이런 저런 종류의 불안한 꿈을 호소한다(Nielsen et al., 2003):

- 82%는 쫓기는 꿈
- 74%는 떨어지는 꿈
- 60%는 기차를 놓치는 꿈
- 77%는 성행위를 하는 꿈
- 48%는 날으는(비행) 꿈(프로이트는 성행위를 상징한다고 믿음)
- 37%는 다시 아이가 되는 꿈(아, 자유로워지고 싶어서?)

정신분석학자 지그문트 프로이트(Sigmund Freud)는 사실상 거의 모든 꿈이 성과 관련되어 있다고 믿었다. 우리가 나중에 보겠지만, 이 견해는 대부분의 현대 심리학자들이 동의하지 않는다(Hobson, 2013).

어쨌든 꿈은 렘 수면 중에 있을 때 꿀 가능성이 가장 높은 반면, NREM 수면 중에는 이미지가 더 모호하고 덧없이 짧다(Steck & Steck, 2016). 8시간 동안 잠을 자면서 5번의 수면 주기를 겪으면 5개의 꿈이 있을 수 있다.

꿈은 몇 시간 또는 며칠을 미래의 시간으로 건너뛰는데 영화에서 보듯이 시간을 단축시킬 수 있지만, 실제 행동은 실시간으로 일어나는 경향이 있다. 15분의 이벤트는 약 15분의 꿈을 채운다. 더구나 꿈은 매우 유연하다. 당신은 흑백으로 또는 총천연색으로 꿈을 꾸어 보았는가?

어떤 꿈은 악몽이다. 흔한 악몽 중의 하나는 당신이 떨어지고 있는 장면일 수 있고, 다른 하나는 위협으로부터 도망치려는 데 발을 내딛거나 다리를 움직일 수 없는 장면일 수도 있다. 대부분의 즐거운 꿈과 마찬가지로 악몽도 REM 수면 중에 일어난다.

꿈에 나오는 스토리의 이유에 대해서는 많은 이론이 있다. 어떤 이론들은 심리학적이며, 다른 이론들은 생물학적으로 해석된다.

연속성 가설(continuit hypothesis) 꿈의 내용이 이전의 인지적 활동과 일치하는 경향이 있다는 견해

활성화-합성 모형 꿈은 망상형성에 의한 인지적 활동의 활동화와 이러한 활동을 특정 패턴으로 통합한다는 것을 반영한다는 견해

'일상의 잔재'로서의 꿈 환상적인 모험과 관련된 꿈을 떠올릴 수 있지만 대부분의 꿈은 그 날의 활동과 문제에 대한 기억을 담고 있다(Hobson, 2013).

FICTION

T (F) 우리는 금지된 환상을 꿈에서 행동으로 옮긴다.

Freud는 우리가 금지된 환상을 꿈에서 실현한다고 했지만, 이 견해에 대한 연구의 증거를 찾지는 못했다.

연속성 가설에 따르면, 우리가 병이나 죽음 및 성적 또는 공격적인 충동, 또는 도덕적 딜레마에 빠져 있다면 그런 것들에 대한 꿈을 꿀 가능성이 높다(Schredl, 2015).

꿈속의 등장인물은 시적인 표현으로 '일상의 잔류물'이라고 불리는 대상으로서, 스파이 · 괴물 · 왕자보다는 친구나 이웃이 될 가능성이 높다.

그러나 이라크와 아프가니스탄에서 싸운 미군들과 2001년 세계무역센터(World Trade Center)와 미국 국방부(Pentagon)에 대한 테러 공격의 여파로 인한 정신적 외상성 사건은 악몽을 낳을 수 있다(Raskind et al., 2013).

악몽이 빈번한 사람들은 다른 사람들보다 불안과 우울증 및 그 밖에 심리적 문제가 있을 가능성이 더 높다(Schagen et al., 2017).

무의식적 욕구표현으로서의 꿈 디즈니 영화 신데렐라에서 노래 가사는 "꿈은 당신의 마음이 원하는 소원이다." 이렇게 말했듯이 프로이트는 꿈은 무의식적 소원과 충동을 반영한다고 이론화했다.

연구자들은 이 주장에 대한 근거를 찾지 못하고 있지만, 그는 우리가 깨어있는 동안 억제시켰던 충동을 꿈에서 실현한다고 주장했다. 그뿐만 아니라 꿈의 내용은 성기같은 무의식적 환상의 대상을 상징한다고 말했다. 프로이트는 정신분석 방법으로 환자의 꿈을 분석했다.

꿈의 활성화-합성 모델 꿈의 '의미'에 대한 생물학적 관점도 있다. **활성화-합성 모델**(activation synthesis model)에 따르면, 아세틸콜린(신경전달물질)과 폰스(그림 2.10 참조)가 꿈으로 이어지는 반응을 촉진한다(Hobson, 2003, 2017; Stuart & Conduit, 2009).

뇌간의 활성화는 우리를 흥분시키기는 하지만 잠을 깨도록 하지는 않는다. 깨어있는 상태에서, 이들 세포의 점화는 움직임, 특히 걷기와 달리기 및 기타 신체 행동에서의 움직임과 연결된다.

Blend Images/Jupiter Images

많은 꿈에는 오늘의 기억 또는 시적으로 '일상의 잔재'가 포함된다.

그러나 REM 수면 중에는 신경전달 물질이 활동을 억제하는 경향이 있으므로 평소에 우리가 꿈을 꾸는 동안 엎치락 뒤치락하지는 않는다(Peever & Fuller, 2016).

이런 식으로 우리는 어느 정도 자신과 같이 잠자는 배우자가 깨는 것을 피할 수 있다. 그러나 안구 근육이 자극되어 꿈에 연관된 REM 활동을 보여준다. 뇌간 그물체 형성물은 또한 기억에 관련된 대뇌피질의 일부를 자극한다.

그러면 대뇌피질은 이러한 자극 근원을 합성하거나 모아서 꿈을 형성한다. 그러나 PET 스캔 연구에 따르면 우리가 경험을 이해하는 듯한 뇌의 전두엽은 수면 중에 상대적으로 비활동적인 것으로 나타났다(Steck & Steck, 2016).

따라서 꿈은 논리정연한 구성이라기보다 감정이 지배할 가능성이 높다.

최근의 사건이 뇌에 반영될 가능성이 높기 때문에 우리는 그 사건에 대해 꿈을 꾸기 쉽다. 수면 중에는 외부 세계로부터 뇌 자극이 차단되면서 학습경험과 기억이 재생되고 통합된다(Henley-Einion & Blagrove, 2014). 가능하면 시험보기 전 잠을 자는 게 유익하다.

5. 수면장애

악몽은 불쾌감을 유발하지만 수면장애를 초래하지는 않는다. 수면장애라는 용어는 사람의 기능을 심각하게 방해할 수 있는 다른 문제에 사용된다.

불면증 등 일부 수면장애는 미국 성인의 적어도 절반이 경험하는 흔한 장애이다. 무호흡(호흡 일시 정지)과 같은 다른 장애들은 10% 미만에게 영향을 미친다.

이 장에서는 불면증과 흔하지 않은 수면장애 : 기면증, 무호흡증, 야경증, 야뇨증 및 몽유병에 대해 알아본다.

불면증(insomnia) 미국 성인의 약 30%가 연중 불면증의 영향을 받는 것으로 알려졌다(National Sleep Foundation, 2018).

TRUTH

Ⓣ F 불면증은 잠들기 위해 너무 애를 써도 생길 수 있다.

많은 사람들이 밤에 잠을 자려고 너무 애쓰기 때문에 불면증이 있는 것이 사실이다. 잠을 자려고 애쓰면 불안감 때문에 잠이 더 들지 않는다.

나이 든 노인이 젊은 사람보다 약하고 통증의 가능성이 높으므로 잠자리가 불편하여 불면증을 겪을 가능성이 높다. 잠을 자려고 애쓰면 자율적인 행동과 근육 긴장으로 말미암아 수면의 어려움을 더 심각하게 만들 수 있다.

Mykhailo Shcherbyna/Alamy Stock Photo

"피로가 최고의 베개입니다."

벤자민프랭클린, 작가, 정치가 및 과학자(1706-1790)

사람의 의지만으로 억지로 잠이 들게 할 수 없다. 피곤한 상태에서 긴장을 풀었을 때 잠이 잘 들 수 있는 조건이 형성된다.

기면증(발작성 수면)이 있는 사람은 갑자기 잠에 빠진다. 미국에서 무려 10만 명이 기면증의 고통을 겪는데, 이는 유전적 영향으로 알려져 있다. '수면 발작'은 15분 정도 지속될 수 있으며, 이후에는 상쾌해진다.

그럼에도 불구하고 수면 발작은 아주 위험하다. 수면 발작이 운전 중 또는 날카로운 도구로 작업하는 동안 발생할 수도 있다.

기면증(narcolepsy) 갑자기 잠에 빠지는 수면 발작증

수면 무호흡증 잠자는 동안 호흡이 일시적으로 없거나 중단되는 증상

야경증(수면 경악장애) NREM 수면의 가장 깊은 단계에서 발생하는 무서운 꿈 같은 경험; 악몽이 REM 수면 중에 발생하는 것과 대조된다.

수면 발작은 수면 마비 상태라고 불리는, 근육 그룹 또는 전신 근육의 붕괴를 동반할 수 있다. 수면 마비의 경우 의식에서 수면으로 전환하는 동안 움직일 수 없으며 환각(사람 또는 물체가 가슴을 누르는 것처럼)이 일어날 수 있다.

기면증은 REM 수면 기능의 장애로 추정되는 데 기면증을 가진 많은 사람들이 각성제와 항우울제의 도움을 받는다(Vijayalakshmi, 2017).

수면 무호흡증(sleep apnea)은 공기 통로가 막히는 위험한 수면장애이다. 무호흡증 환자는 주기적으로 하루에 수백 번까지 호흡을 멈춘다. 이 장애 때문에 자다가 일어나서 거칠게 숨을 쉬다가 다시 잠에 들 수도 있다.

수면 무호흡증 환자들은 일반적으로 이산화탄소의 축적에 의해 거의 '완전'하지는 않지만, 깨어나도록 자극을 받는다. 수면 무호흡증은 비만과 만성 코골이와 관련이 있으며, 고혈압과 심장마비 및 뇌졸중으로 이어질 수 있다(Bauters et al., 2016).

수면 무호흡증의 원인에는 두꺼운 구개 등 공기 통로를 막는 해부학적 변형과 뇌의 호흡 센터 문제가 포함된다. 수면 무호흡증은 체중 감량과 수술적 조치, 그리고 잠잘 때 기도가 열려있도록 하는, 공기 압력을 제공하는 마스크를 써서 연속적으로 양압의 공기를 기도에 공급하는 CPAP 장치를 이용하여 치료한다.

깊은 수면장애 **야경증**(수면 경악장애)**과 야뇨증 및 몽유병**은 모두 깊은(3단계 또는 4단계) 수면 중에 발생한다. 그 증세는 어린이들에게 더 흔하며 신경계의 미숙함을 반영할 수 있다(Gedam et al., 2018).

야경증(sleep terrors, '야간 테러'라고도 함)은 REM 수면 중에 발생하는 악몽과 유사하지만 그보다 더 심하다.

야경증은 대개 밤중에 처음 두 수면주기 동안 발생하는데, 악몽은 새벽에 발생할 가능성이 높다.

심장 박동과 호흡 속도가 급격히 상승하면서 갑자기 일

FICTION

T Ⓕ 몽유병이 있는 사람을 깨우는 것은 위험하다.

신화와는 반대로, 몽유병에서 깨어나면 폭력적으로 된다는 것은 사실이 아니다. 그러나 깨어난 후 혼란스러울 수 있다.

어나 앉거나 종잡을 수 없는 말을 하며 엎치락뒤치락하기도 한다. 그런 사람은 완전히 깨어나지 않고 다시 잠이 들며, 누군가 가슴을 누르는 듯한 모호한 이미지를 떠올릴 수 있다. (악몽의 기억이 더 자세한 경향이 있다.)

야경증 증세는 종종 취침 시간에, 제4단계 수면에 들어 있는 시간을 줄이는 소량의 진정제에 의해 완화된다. 야뇨증은 아마도 신경계의 미성숙함을 반영한다. 대부분의 경우는 청소년기 이전에, 종종 8세까지 해소된다.

아이들이 소변이 나오려고 할 때 깨도록 길들이는 방법들이 도움이 되고 있다(Law et al., 2018). 약물 이미프라민(imipramine)이 이용된다. 자다가 가끔 이불에 오줌을 싸는 것은 비난받을 일이 아니며, 대부분의 아이들은 성장과정에서 이런 현상이 사라진다고 안심을 시켜주는 것으로 충분하다.

어린이의 절반이 때때로 자면서 말을 한다. 성인도 간혹 한 번씩 그렇게 한다. 설문조사에 따르면, 약 7%~15%의 어린이들이 자면서 걷는다. 전문적으로 말하면 몽유증(somnambulism)이라고 불리는 행동 패턴이다(Arya & Jain, 2013; Cotton & Richdale, 2010).

5,000명에 가까운 15세~100세 사람들의 무작위 표본 중에 2%만이 그런 증상을 보였다(Ohayon et al., 1999). 몽유병 환자들이 야간에 배회하기도 하는데, 부모들은 '사고가 날까 봐' 걱정한다. 몽유병 환자는 깨어나서 걸어다닐 수 있을 때 질문에 응답하긴 해도, 자기가 밤에 배회한 것을 보통 기억하지는 못한다. 일반적으로 소량의 진정제로 사라지거나, 성장하면서 증상이 없어진다.

4-3 의식의 변환 : 최면, 명상 및 바이오피드백

아마도 당신은 최면에 관한 책에서 동료 학생이 친구를 가수면 상태에 들어가도록 시도하는 것을 보았을 것이다.

또는, 나이트클럽 공연 중 최면에 걸린 청중을 보았을 것이다. 그 사람은 어린 시절로 돌아온 것처럼 행동했고, 뱀이 물려고 한다고 상상했거나 두 의자 사이에 한동안 뻣뻣하게 누워 있었다고 상상했을 것이다.

최면, 명상 및 바이오피드백의 세 가지 변경된 의식상태를 고려해 보자.

이들 각각은 우리의 일상생활에 의례 일어나는 일이 아닌 자극에 초점을 맞추기 때문에 발생하는 변경된 의식 상태이다.

1. 최면

의식의 변경 상태 중에서 우리가 가장 많이 듣는 것은 최면이다. **최면**이라는 단어는 잠이란 뜻의 그리스어에서 유래된 것이다. 사람이 암시를 받을 수 있고 마치 가수면 상태인 것처럼 행동하는 변경된 의식상태이다.

현대의 최면술은 18세기 Franz Mesmer의 아이디어에서 진화한 것이다. 메스머는 우주의 모든 것이 자성의 다양한 형태로 연결되어 있다고 주장했는데, 그 주장이 크게 빗나가지 않았을 수도 있다. 그러나 그는 또한 사람들이 동물 자성에 의해 서로에게 끌릴 수 있다고 주장했다.

그러나 메스머는 기괴한 소품을 사용하여 자신의 '주문'을 받은 사람들의 가벼운 질환을 치료하는 데 성공했다.

과학자들은 이제 그의 성공이 동물 자성이 아닌 위약 효과에 기인한다고 생각한다.

오늘날 최면술은 나이트클럽에서만 행해지는 것이 아니다. 치과와 출산 및 의료절차에서 일종의 마취제로도 사용된다(Kendrick et al., 2016). 일부 심리학자들은 최면을 사용하여 고객의 불안을 줄이고 두려움을 극복하거나 만성 통증 인식을 낮추도록 도와준다.

241명의 수술 환자를 대상으로 한 연구에서 최면이 어떻게 사람들의 고통과 불안을 해소하는 데 도움이 될 수 있는지를 보여준다.

최면 암시 감수성이 높아지고 가수면 상태에 있는 것처럼 행동하는 의식이 변경된 상태

환자들은 국소 마취만을 이용하여 시술을 받았다(Lang et al., 2000). 그들은 진통제를 원하는 만큼 사용할 수 있었지만 최면을 받은 환자는 혈압과 심장 박동수로 측정할 때 추가 통증 치료제가 필요하지 않았고 불안이 줄었다.

최면된 환자는 수술보다는 즐거운 영상에 집중했다.

이완 훈련에 도움을 주는 최면술은 사람들이 스트레스에 대처하고 면역체계의 기능을 향상시키는 데 도움이 된다(Accardietal., 2014; Kiecolt-Glaseretal., 2001). 또한, 연구조사에 의하면 최면이 다른 형태의 치료법, 특히 사람들이 체중을 조절하고 담배를 끊는 일을 돕는 유용한 보조제가 될 수 있다(Tahiri et al., 2012; Tonnesen, 2009). 또 경찰은 최면을 통하여 증인의 기억을 촉발할 수 있다.

최면적 가수면 상태(hypnotictrance)라고 하는 의식 상태는 전통적으로 대상자들에게 작은 빛, 벽의 반점, 최면술사가 건네 준 물건 또는 그의 목소리에 관심을 집중하도록 요청함으로써 유도되었다. 최면술사는 보통 대상자의 팔다리가 따뜻해지고 무겁고 편안해진다고 암시한다.

대상자는 또한 졸리거나 잠들고 있다는 말을 들을 수도 있다. 그러나 최면적 가수면 상태와 수면 단계들의 뇌파 기록을 보면 차이가 나타나므로 최면은 수면이 아니다. (대상자들은 수면이라는 단어가 최면적 가수면 상태를 시사한다는 것으로 이해하고 있다.)

연구원들은 또한 최면으로 인한 뇌의 변화를 연구하고 있다.

FICTION

T (F) 당신은 의지에 반하여 최면에 걸릴 수 있다.

자신의 의지에 반해 최면에 걸릴 가능성은 극히 낮다. 최면에 걸리려면 대상자 편에서 암시 감수성과 협조가 필요하다.

예를 들어, 레이빌 등(Rainville, 2002)은 최면에 걸린 사람들의 PET 스캔을 사용했으며, 정신적 몰두와 정신 이완이 뇌의 대뇌피질의 혈류 변화(몰두)와 흥분 및 관심에 관여된 뇌의 부분(이완)에 관련이 있음을 발견했다.

최면에 걸리기 쉬운 사람들을 최면 암시 감수성이 있다고 말한다. 암시 감수성의 일부는 가수면 상태 동안 예상되는 것에 대한 지식이다. 일반적으로 말하면, 감수성 있는 사람들은 환상을 갖기 쉬워서 최면술사와 협조하기를 원한다(Accardi et al., 2014; Dienes & Hutton, 2013). 따라서 그들은 최면술사의 지시에 세심하게 응한다.

최면에 대한 설명 동물 자성은 더 이상 최면술에 대한 설명으로 사용되지 않지만 다른 이론이 있다. 프로이트에 따르면 최면에 걸린 성인은 자신이 사실과 논리보다는 환상과 충동을 강조하는 유치한 반응 모드로 돌아가는 것을 허용한다. 최면에 대한 현대의 견해는 상당히 다양하다.

테돌 사빈(Theodore Sarbin)은 최면에 대한 **역할 이론**(role theory)적 견해를 제안한다(Accardi et al., 2014; Sarbin & Coe, 1972).

그는 사람들이 최면에 걸린 것처럼 행동하도록 지시받으면 최면적 가수면 상태로 인한 행동의 변화가 성공적으로 모방될 수 있다고 지적했다. 예를 들어, 사람들은 최면에 걸림 여부에 상관없이 두 의자 사이에 딱딱하게 누워 있을 수 있다.

역할 이론 사람이 최면에 걸린 것처럼 행동하는 능력의 관점에서 최면 사건을 설명하는 이론

반응 세트 이론 최면술사가 암시한 경험의 생성에서 반응 기대가 핵심적인 역할을 한다는 견해

Jose Luis Pelaez Inc/Getty Images

또한, 사람들은 최면의 '역할', 즉 가수면 상태를 구성하는 행동에 익숙하지 않으면 최면에 걸릴 수 없다. 사빈은 대상자들이 최면 상태의 역할을 조작한다고 생각하지 않는다. 사빈은 그 대신 최면술사의 지시에 따라 자신들이 그 역할을 연기하도록 허용한다고 말한다.

최면의 **반응 세트 이론**(response set theory)은 역할 이론과 관련이 있다. 그 이론은 최면술사가 암시하는 경험에 대한 기대감이 한몫을 한다고 제안한다(Accardi et al., 2014). 최면술사의 각 암시에 대한 긍정적인 반응은 대상자가 추가 암시를 따를 가능성이 높다는 기초를 마련한다(반응 세트를 생성함). 역할 이론과 반응 세트 이론은 암시 감수성이 있는 사람들이 최면을 받고 싶어하며, 역할을 잘 수행하며, 생생한 상상력을 가지고, 자신에게 기대하는 것이 무엇인지를 알고 있다는 연구발표가 있다(Accardietal., 2014; Cavallaroet al, 2010).

최면술사가 피험자가 따르는 암시를 할 수 있을 때, 최면술사는 '문 안에 발을 들여놓고', 대상자가 추가적인 암시를 따를 가능성을 높인다.

최면에 걸린 사람들이 보여주는 행동을, 예측하는 사람들은 최면적 사건을 설명하기 위하여 최면적 가수면 상태(이례적이고 신비로운 인식변경 상태) 개념에 의존할 필요가 없다는 것을 의미한다.

이제 다른 방법으로 우리의 주의를 집중시키는 두 종류의 의식 변경 상태(명상과 바이오피드백)에 대해 생각해 보자.

2. 명상

사전에서는 명상을 '생각하는 행위 또는 과정'으로 정의한다. 그러나 일반적으로 이 개념은 우주나 이 세상에서의 나의 위치를 흔히 영적인 맥락에서 깊이 생각하는 것을 말한다.

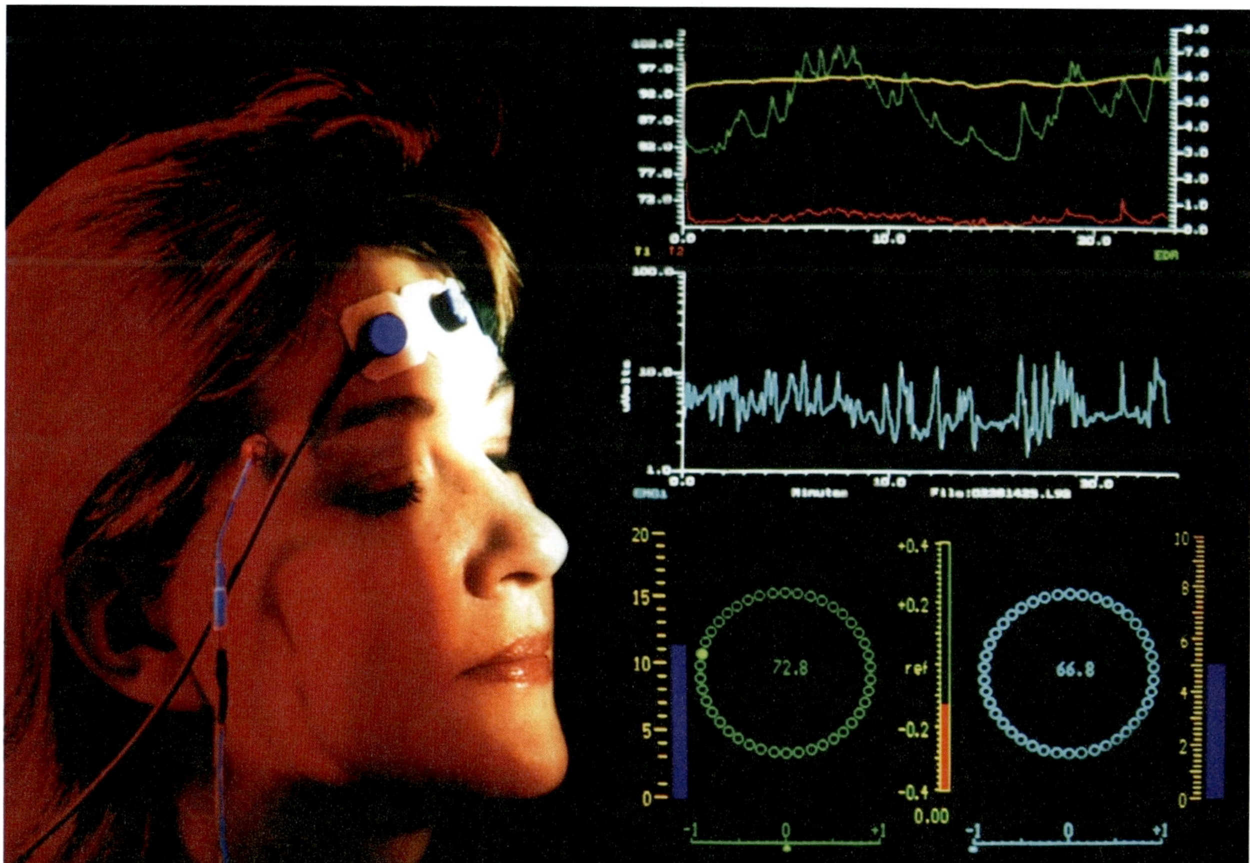

RGB Ventures/SuperStock/Alamy Stock Photo

바이오피드백

바이오피드백은 신체 기능에 대한 정보를 유기체에 제공하거나 '피드백'하는 시스템이다. 바이오피드백 훈련을 통해 사람들은 심박수 및 혈압과 같은 일반적으로 자동적인 여러 기능을 자발적으로 제어하는 방법을 배웠다.

이것은 심리학자들이 흔히 사용하는 용어이며, 명상은 세상과의 관계를 바꾸기 위해 의식을 집중시키는 다양한 방법을 의미한다.

역설적으로, 이 단어의 사용에서 명상은 사람들이 생각을 유보하고 세상이 사라지도록 놓아주는 과정을 의미할 수도 있다.

심리학자와 다른 전문가가 말하는 명상은 보통 사전에서 가장 먼저 찾는 종류의 정의가 아니다. 오히려 그들은 의례, 운동, 심지어 수동적인 관찰까지 – 사람과 환경 사이의 정상적인 관계를 변경하는 행위들을 의미하는 경향이 있다.

그것들은 문제해결, 계획, 걱정 및 그날의 사건에 대한 인식을 유보하는 방법이다.

이 방법들은 의식 – 정상적인 주의집중의 초점–을 변경하고 긴장을 풀어주는 느낌으로 유도함으로써 사람들이 스트레스에 대처할 수 있도록 도와준다.

1959년에 마하리시 마헤시 요기(Maharishi Mahesh Yogi)가 명상의 한 형태인 **초월 명상**(TM)을 미국에 들여왔다.

사람들은 주문(만트라 — 변경된 의식 상태에 도달하는 데 도움이 된다는 단어나 소리 및 진언)에 집중함으로써 초월 명상을 실행한다. 초월 명상에는 영적 경험을 포괄하도록 의식을 넓히는 것과 같은, 과학적으로 평가할 수 없는 몇몇 목표가 있지만, 불안을 줄이고 혈압을 낮추는 것과 같은 측정 가능한 목표도 있다.

예를 들어 허버트 벤슨(Herbert Benson, 1975)은 초월 명상이 심장박동 수와 호흡 수를 낮추는 것을 보았고 그 현상을 이완 반응이라고 했다(Taylor et al., 2010). 심혈관 질환의 위험인자인 고혈압 환자의 혈압이 감소했다.

명상을 하는 사람들은 이완감과 관련된 뇌파인 알파파를 더 많이 생성했으며, 명상은 또한 사람들의 수면을 돕는 멜라토닌 호르몬도 야간에 증가시키는 것으로 나타났다(Nagendra et al., 2012).

초월 명상(TM, transcendental meditation) Maharishi Mahesh Yogi가 미국에 들여온, 단순화된 명상 형태로, 스트레스에 대처하는 방법으로 사용됨.

마음챙김 명상(MM, mindfulness meditation) 문제에 대해 고민하기보다는 현재 이 순간에 집중하는 데 쓸 수 있는 기법을 의뢰인에게 제공하는 명상 형태

바이오피드백 훈련(BFT, bio-feedback training) 신체 기능에 대한 정보를 유기체에 다시 체계적으로 공급하여 유기체가 그 기능을 통제할 수 있도록 한다.

TRUTH

(T) F 쥐에게 심박수를 높이거나 낮추도록 가르칠 수 있다.

바이오피드백 훈련을 통해 쥐에게 심박수를 높이거나 낮추도록 가르칠 수 있다는 것은 사실이다. (쥐가 심박수를 변화시키고 있음을 '알고'있다는 뜻이 아니다.)

뇌 영상 연구에 따르면 명상은 자율신경계의 주의력과 제어에 관여하는 신경구조를 활성화하여 이완감을 주는 데 도움이 되는 것으로 나타났다(Rubia, 2009).

매사추세츠대학교 의료센터의 스트레스 감소 클리닉 설립자인 심리학자 존 카뱃 진(Jon Kabat-Zinn)은 인지행동치료에서 '**마음챙김 명상**'(MM)의 사용을 장려했다.

마음챙김 명상은 초월 명상과는 달리, 영적 목표를 달성하는 척 하지 않는다.

대신 마음챙김 명상은 문제에 대해 고민하기보다는 현재 순간에 초점을 맞추는 데 사용할 수 있는 만트라(Mantra) 같은 기법을 의뢰인에게 제공한다.

마음챙김 명상은 의뢰인의 불안감 같은 문제에 대처하고 스트레스를 낮추는 것을 도와준다(Hoge et al., 2013).

3. 바이오피드백

심리학자 닐 엘카 밀러(Neal E. Miller, 1909~2002)는 실험실 쥐에게 심박수를 높이거나 낮추도록 훈련시켰다. 그 절차는 간단했지만 기발했다. 제임스 올드와 피터 밀너(1954)에 의해 발견된 바와 같이, 쥐의 시상하부에는 '쾌락중추'가 있다. 그 곳의 작은 전기적 자극은 쥐의 행동을 다음과 같은 원리로 강력하게 강화시킨다: 쥐는 보상을 얻기 위해 레버를 누르는 등 자신이 할 수 있는 행동을 터득한다.

밀러(1969)는 쥐의 쾌락중추에 전극을 심었다. 그런 다음 일부 쥐에게 심박수가 증가할 때마다 전기 충격을 주었다. 다른 한 무리 쥐들에게는 심박수가 감소할 때마다 전기 충격을 주었다.

90분 동안 훈련 후, 쥐들은 심박수를 보상받은 방향으로 20% 만큼이나 올리거나 내리는 것을 학습했으며, 이와 같은 밀러의 연구는 **바이오피드백 훈련**(BFT)의 예이다.

바이오피드백은 신체 기능에 대한 정보를 제공하거나 '피드백'하는 시스템이다. 밀러는 쥐들이 표적화된 신체 반응 — 이 경우 심박수가 높아지거나 낮아짐 — 에 몰두

했을 때 뇌에 전기적 자극을 주는 방법으로 쥐에게 정보를 피드백한 것이다.

마찬가지로 사람들은 전에는 의식적으로 통제할 수 없다고 생각했던 심박수를 포함한 일부 신체 기능을 자발적으로 변경하는 법을 배웠다. 그러나 사람들의 뇌에는 전극이 심어져 있지 않다. 대신에 사람들은 표적 반응이 나타날 수 있는 깜박 소리나 다른 신호를 받는다.

습관이라는 족쇄는 너무 약해서, 아주 강력해진 상태가 되고 나서야만 느낄 수 있다.

영국인 작가, 편집자, 사전편찬가 Samuel Johnson 박사 (1735 – 1752)

바이오피드백 훈련은 사람들이 스트레스나 긴장 및 불안과 같은 고통을 극복하는 것을 돕는다. 예를 들어, 사람들은 EEG 피드백을 통해 알파파를 방출하여 더 편안함을 느낄 수 있다. 심리학자는 대상자에게 "깜박임이 빨라지도록 하라"고 한다. 알파파가 방출될 때마다 더 빨리 깜박일 수 있다. **근전도**(EMG)는 근육 긴장을 관찰한다.

근전도를 사용함으로써 사람들이 이마나 손가락이나 다른 곳의 근육 긴장을 보다 잘 인식하고 긴장을 푸는 법을 배울 수 있으므로 근육긴장성 두통의 불편함과 발생률을 낮춘다(Sun-Edelstein & Mauskop, 2012).

사람들은 다른 기구를 사용하여 심박수와 혈압 및 발한을 감소시키는 법을 배웠다(Greenhalgh et al., 2010).

바이오피드백은 스포츠 심리학자들이 광범위하게 사용하는 방법이며, 운동선수들이 자신이 수행해야 하는 과제에서 불안이나 긴장을 조절할 수 있도록 필수적이지 않는 근육들을 이완시키는 법을 가르쳐 준다.

4-4 약물에 의한 의식 변환

오늘날에는 **향정신성 물질** 또는 약물의 슈퍼마켓이라고도 한다.

미국에는 지각을 왜곡하고 기분을 바꾸는 약물 — 당신의 기분이 좋아지게 하거나 가라앉히거나 현실에서 벗어나게 하는 약물 — 이 넘쳐난다.

이러한 약물 중 일부는 합법적이며, 여타 약물들은 불법적인 것이다. 어떤 건 오락적 용도로, 또 어떤 것을은 의료용으로 사용된다.

종류에 따라서 바르게 사용하면 안전하고 그렇지 않으면 위험하다. 어떤 사람들은 친구들이 약물을 이용하기 때문에 자신도 함께 약물을 사용하기도 하고, 어떤 사람들은 부모가 그런 짓을 하지 말라고 해서 오기로 더 약물을 사용하기도 한다. 어떤 사람들은 쾌락을 위하여 하고, 또 어떤 사람들은 진정한 자신을 찾거나 또는 탈출구를 찾기 위해 약물을 사용한다.

젊은이들은, 종종 학습 능력을 저하시키고 무모한 행동과 연관되는 약물에 빠진다(Pani et al., 2010). 알코올은 고등학교나 대학 캠퍼스에서 가장 인기있는 약물이다(Johnston et al., 2018). 미국 대학생의 거의 절반이 마리화나를 피웠다(Johnstonet al., 2018).

근전도(EMG, electromyograph) 근육의 긴장을 측정하는 도구

향정신성 물질(psychoactive substances) 자극 또는 지각, 왜곡과 같은 심리적 효과가 있는 약물

Noble Stock/Jupiter images

많은 미국인들이 밤에는 잠을 자기 위해 **진정제**를 쓰며 아침에는 일과를 시작하기 위해 **각성제**를 쓴다. 코카인은 한 때 부유층들의 기분을 좋게하는 환각제였지만, 가격이 저렴해지면서 이제는 고등학생들까지도 사용한다.

1. 약물 사용 및 약물 사용장애

약물 사용은 어디에서 끝나고 약물 사용장애는 어디서부터 시작될까? 대부분의 심리학자들은 미국정신의학회(American Psychiatric Association, 2013)의 정신장애 진단 및 통계편람(Diagnostic and Statistical Manual of Mental Disorders)을 사용하여 **약물 사용장애**(substance use disorder)를 정의한다. 이 편람은 현재 제5판이며 일반적으로 간단히 DSM-5라고 말한다.

DSM-5는 행동, 인지 및 생물학적 증상 또는 요인으로 약물 사용장애를 정의한다.

DSM-5는 여러 가지 약물을 반복적으로 사용함에 따라 약물 사용 통제장애, 사회적 문제, 위험한 행동(예: 무모한 운전 또는 무방비적 성행위) 및 중독성을 시사하는 생물학적 요인들과 관련된 '뇌회로'에 변화가 있음을 지적한다.

학교에 결석하거나 직장에서 술에 취해 있거나 '잠을 자고 있는' 사람들은 약물 사용장애의 가능성이 있다. 과도한 음주는 심부전 같은 건강 문제와 교통 사고 및 강간과 같은 대인관계 문제와 관련이 있기 때문에 장애를 암시할 수 있다(Moure-Rodriguezetal., 2016; Ullman & Bhat, 2016).

약물 사용장애는 약물 사용에 대한 통제력 상실이 특징이다. 이 사람들의 일상에서 약물을 구하고 사용하는 일을 중심으로 이루어질 수 있다.

신체적 중독을 시사하는 생물학적 증상에는 **내성**(tolerance)이나 **금단증상** 또는 둘 다가 포함된다.

내성은 물질에 대한 신체의 습관화이며, 정기적으로 사용하면 비슷한 효과를 얻기 위해 점점 더 많은 용량이 필요하다.

약물의 사용수준이 갑자기 감소하면 **금단증후군**(abstinence syndrome, 즉, 금단 증상 중의 특징적인 하나의 그룹)이 나타난다. 알코올의 금단 증상에는 불안, 떨림, 초조, 빠른 맥박 및 고혈압이 포함된다.

약물 사용장애를 가진 사람들이 약물없이 지낼 때는 갈망(전형적으로 진전, 빈맥 및 발한과 같은 불안의 징후가 동반하는 강렬한 약물 사용 욕구)을 경험한다. 만성 음주자가 갑자기 금주하면 심한 발한, 초조, 방향감각 상실 및 무서운 환각(종종 기어 다니는 동물의)과 함께 진전섬망증(the DTs)을 경험할 수 있다.

진정제(depressants) 신경계의 활동 속도를 낮추는 약

각성제(stimulants) 신경계의 활동을 증가시키는 약

약물 사용장애 사용 통제 불능, 사회적응 장애, 위험한 사용, 내성 및 금단 증상이 특징인 문제

내성 약물에 대한 습관화로 비슷한 효과를 달성하기 위해 점점 더 많은 양의 약물이 필요하다.

금단증후군 중독성 약물 사용 수준의 갑작스런 감소로 인한 금단 증상의 특징적인 하나

2. 약물 사용장애의 유발 요인

약물 사용은 보통 청소년기에 호기심으로 사용이 시작된다(Marlatt, 2010; Schulte et al., 2009). 청소년들은 호기심, 또래들의 압박에 대한 부응, 부모의 약물사용, 반항심, 권태나 압력에서의 탈출, 또는 흥분과 쾌락을 추구하는 등 여러가지 이유로 약물을 시험 삼아 사용한다(T. T. Clark, 2010; Lindgren et al., 2010).

사회적 인지 이론가들은 사람들이 종종 다른 사람들의 추천이나 관찰에 근거하여 알코올과 바리움(valium 또는 diazepam)과 같은 진정제를 사용해 본다고 말한다.

약물의 사용은 동료의 영향 또는 약물의 기분에 대한 긍정적 효과와 불안, 두려움 및 스트레스 감소 등에 의해 강화될 수 있다(McCartyetal., 2012; Wolitzky-Tayloretal., 2012).

많은 사람들이 불안이나 우울증, 심지어 낮은 자존감에 대한 처방으로 약물을 사용한다. 약물을 사용하는 부모는 자녀의 약물에 대한 지식을 증가시킨다. 또한, 그들은 결과적으로 자녀

Tetra Images/Getty Images

알코올-미국에서 가장 대중화된 약물
알코올은 향정신성 약물로서 스위스 군용칼(맥가이버 칼)로 비유할 수 있다.

에게 약물을 언제 사용하는지를 알려준다. 예를 들어, 긴장을 극복하기 위해 또는 파티나 다른 모임에서 사람들을 만나는 것과 관련된 불안감을 줄이기 위해 술을 마신다(Power et al., 2005).

사람들은 알코올이나 오피오이드(opioid, 아편 같은 작용을 하는 합성 진통제)나 코카인 및 니코틴을 포함한 다양한 물질에 생리의학적 의존 성향이 유전적일지 모른다(Agrawal et al., 2010; Clarke et al., 2013; Kuo et al., 2010).

예를 들어, 알코올 중독자의 양부모가 양육하는 생물학적 자녀는 일반 양부모의 생물학적 자녀보다 알코올 관련 문제가 발생할 가능성이 더 높다.

알코올 중독에 대한 유전적 성향은 알코올에 대한 더 높은 민감성(즉, 더 즐거움을 많이 느낌)과 내성이 관련될 수 있다(Radcliffe et al., 2009). 알코올 중독자 부모가 있는 대학생들은 부모가 알코올 중독자가 아닌 대학생보다 술을 마시면 근육 조절과 시각-신체운동 협응능력이 좋다. 또한 그들은 술을 마실 때 덜 취한다고 느낀다(Correia et al., 2012).

약물 사용과 약물 사용장애에 대해 배웠으므로 다양한 종류의 향정신성 약물을 살펴보자.

일부는 진정제, 다른 일부는 각성제, 또 다른 일부는 환각제이다.

Digital Vision/Photodisc/Getty Images

알코올을 잘못 사용하면 치명적일 수 있다.
거의 매일 4명의 대학생이 알코올 관련 원인으로 사망한다.

4-5 진정제(Depressants)

우울증 약물은 일반적으로 중추신경계의 활동을 늦추는 작용을 한다.

우울증 약물은 또 각각 특유의 효과가 있다.

이 장에서는 알코올과 아편제 및 바르비투르산염(barbiturate)의 영향에 대해 알아본다.

1. 알코올

알코올만큼 중요하고 많은 사람들에게 의미있는 약물은 없다. 알코올은 저녁식사 시간 이완제, 취침 진정제, 칵테일 파티의 사교촉진자이기도 하다. 우리는 술을 마시며 기념일 등을 축하하고, 우리가 성취한 일에 박수를 보내며, 또 즐겁게 소원을 빈다. 청년들은 알코올로 그들이 성인이 되었음을 표출한다. 대부분의 고등학생이나 대학생들은 적어도 때때로 알코올을 섭취한다(Johnston et al., 2016; Miech et al., 2016).

한편, 알코올은 상처 표면의 세균을 죽이기도 한다.

사람들은 스위스 군용칼(맥가이버 칼)처럼 술을 마신다. 또, 술은 처방전 없이 구입할 수 있는 다용도 약이 되기도 한다.

비판이나 낙인없이 공공장소에서 마실 수 있는, 불안이나 우울증 또는 외로움을 덜어 주는 약이다. Valium정제를 복용하는 사람은 약해 보일 수 있다. 맥주 한 병을 마시는 사람은 '마초'(남자답게 용감함)로 보일 수도 있다.

그러나 군용칼에는 날카로운 칼날도 있다. 알코올만큼 남용된 약물은 없다.

천만 명 내지 2천만 명의 미국인이 알코올 중독자라고 해도 과언이 아니다. 대조적으로, 750, 000~1백만 명은 정기적으로 헤로인을 사용하고, 약 800, 000명은 정기적으로 코카인을 사용한다(Johnston et al., 2018). 과도한 음주는 생산성 저하, 직장 상실 및 사회적 지위의 하향 이동과 관련이 있다. 그러나 미국인의 절반은 정기적으로 술을 마신다.

캠퍼스 안에서의 알코올 섭취 상황은 어떨까? 매일 약 4명의 대학생 사망 원인이 알코올이다(Correia et al., 2012).

성별 간에 효소의 차이가 있는가?
여성은 남성보다 알데히드 탈수소효소가 적다. 그러므로 술은 '여성의 뇌에 더 빨리 작용한다'고 한다.

폭음(남성은 5잔 이상, 여성은 4잔 이상으로 정의됨)은 공격적인 행동, 학교성적 부진, 성적 문란 및 사고 등과 관련이 있다(McCauley et al., 2010; Randolph et al., 2009; Swartout & White, 2010).

그럼에도 불구하고, 남자 대학생의 거의 절반, 여자 대학생 10명 중 3명은 적어도 한 달에 두 번은 폭음을 한다(Johnston et al., 2018). 언론은 헤로인과 코카인 과다 복용에 의한 사망에 더 많은 관심을 기울이고 있지만, 매년 사고와 과음을 포함한 음주 관련 원인으로 더 많은 대학생들이 사망하고 있다(Correia et al., 2012; Hustad etal., 2010).

알코올의 영향은 음주의 양과 지속기간에 따라 다르다. 알코올은 체내에서 혈당을 운반하는 혈관을 확장시키므로 적게 마시면 촉진제가 될 수 있다. 높은 복용량은 진정효과가 있으므로 알코올이 진정제로 분류된다. 알코올은 사람들을 이완시키고 경미한 동통과 통증을 완화 시킨다. 알코올은 말을 어눌하게 하며 인지기능과 신체 능력을 저해한다.

알코올은 자제력을 감소시킨다. 술을 마신 사람은, 무방비의 성행위 같은, 마시지 않았다면 하지 않을 행동을 할 수 있다(Collins et al., 2010; Tumwesigye et al., 2012). 술에 취했을 때 사람들은 행동의 결과를 예견할 수 없을 것이다. 또한, 그들은 도덕적 신념을 생각할 가능성이 낮아질 수 있다.

아편제 희열감이 넘치고 신경계를 저하시키는 아편 양귀비에서 추출한 마약

마약 통증을 완화하고 수면을 유도하는 데 사용되는 약물; 이 용어는 일반적으로 아편제에 사용된다.

오피오이드 아편제 수용체에 작용하지만 아편 양귀비에서 추출되지 않은 화학물질

한편, 알코올은 의심을 씻어 낼 수 있는 들뜨고 행복한 기분을 유발한다.

우리 문화에서 알코올은 자유로워진 사회적 역할과 관련이 있다. 술을 마시는 사람은 알코올에 책임이 있다고 할 것이다("내가 아니라 알코올 때문이다").

남성은 여성보다 알코올 중독자가 될 가능성이 높다. 왜일까? 문화적으로 설명한다면 일반적으로 여성에게 더 엄격한 사회적 제약이 있다는 것이다. 생물학적으로 설명한다면 알코올이 여성을 더 힘들게 하니까 지나치게 탐닉하지 않게 된다는 것이다.

여성의 음주는 남성보다 더 빨리 '여성의 뇌에 작용한다'라고 한다면 아마도 맞는 말일 것이다. 여성은 남성보다 위장에서 알코올을 대사시키는 효소(알데히드 탈수소효소)가 적기 때문에 알코올의 영향을 더 많이 받는다(Petrosino et al., 2014; Shimizu et al., 2012). 따라서 알코올은 상대적으로 온전히 여성의 혈류와 뇌로 도달한다.

알데히드 탈수소효소의 수치는 일부 종족의 음주량과 관련이 있다. 유럽인보다 알데히드 탈수소효소 수치가 낮은 아시아인과 아시아계 미국인은 유럽인이나 유럽계 미국인보다 얼굴 빨개짐, 빠른 심박수, 현기증 및 두통이 나타나므로 알코올에 '홍조반응'을 보일 가능성이 높다(Kawano, 2010). 알코올에 대한 이러한 민감성 때문에 아시아계 미국인과 여성의 음주는 억제하는 것이 좋다.

술을 어떻게 마시고 왜 마시는지에 관계없이 정기적인 음주는 생리학적 의존성을 유발할 수 있다. 의존성이 생기면 금단 증상을 피하기 위해 술을 마실 동기가 부여된다. 그럼에도 불구하고, 알코올 중독자가 '건강이 악화되어' 금주해야 하는 경우에도 많은 중독자가 다시 술을 마신다.

아마도 그들은 여전히 스트레스에 대처하는 수단이나 실패에 대한 변명으로 술을 마시기를 원할 것이다.

2. 아편제 및 오피오이드

아편제(opiates)는 양귀비(opium)에서 추출한 **마약**(narcotics) 그룹으로, 그 이름에서 유래되었다.

고대 수메르 사람들이 처음 아편 양귀비에 '기쁨의 식물'이라는 의미를 부여했다. **오피오이드**(opioid)는 아편

TRUTH

Ⓣ F 헤로인은 한때 모르핀 중독 치료제로 사용되었다.

헤로인이 발견되자마자 모르핀 중독 치료제로 호평를 받았다는 것은 사실이다. 그때는 헤로인이 얼마나 중독성이 있었는지 깨닫지 못했다.

제와 화학 구조는 비슷하지만 인위적으로 만들어진다. 아편제에는 모르핀(morphine), 헤로인(Heroin), 코데인(Codeine), 데메롤(Demerol) 및 그 유사 약물이 포함된다. 아편제는 통증완화에 주로 쓰인다.

헤로인의 섭취는 "황홀함"을 줄 수 있다. 사용자들은 헤로인이 큰 즐거움을 제공하므로 음식이나 섹스 욕구를 근절할 수 있다고 주장한다. 고용량은 졸음과 의식의 혼미를 유발하고, 시간 관념을 망각시키며 판단력을 저해할 수 있다. 아편제를 정기적으로 사용하면 뇌는 아편제와 화학적으로 유사한 신경전달물질(통증을 완화하는 엔돌핀) 생성을 중단한다.

그 결과, 사람들은 생리학적으로 아편제에 의존할 수 있기 때문에 아편제가 없다면 괴로움을 경험한다. 금단증후군은 독감 같은 증상으로 시작되어 떨림 · 경련 · 발한이 교차되는 오한, 빠른 맥박, 고혈압, 불면증, 구토 및 설사로 진행될 수 있다.

이러한 문제점은 고등학생들에게 전달되어 그들 대다수는 헤로인 사용을 반대한다(Johnston et al., 2018).

헤로인은 한때 모르핀 중독 치료제로 사용되었다. 그러나 지금은 헤로인에 대한 생리학적 의존성을 치료하는 데 사용되는 중독성 합성 오피오이드인 메타돈(methadone)이 있다. 메타돈은 헤로인보다 작용이 느리고 극도의 전율감을 제공하지 않지만 금단 증상을 예방한다.

3. 바르비투르산염

Nembutal 및 Seconal과 같은 **바르비투르산염**은 불안과 긴장 및 통증의 완화 · 간질 · 고혈압 및 불면증 치료를 포함하는 여러 가지 의학적 치료제의 진정제이다.

바르비투르산염은 정기적으로 사용하면 생리학적 · 심리적 의존성을 빠르게 유발한다. 따라서 의사는 신중하게 그 약물을 처방해야 한다. 바르비투르산염은 긴장을 이완시키고 가벼운 행복감을 주기 때문에 길거리 마약으로 인기가 있다.

TRUTH

Ⓣ F 많은 보건 전문가들은 과잉활동장애 어린이에게 각성제를 투여하여 진정시킨다.

각성제가 과잉활동장애 어린이를 진정시키기 위해 처방되는 것이 사실이다. 그 이유는 각성제가 뇌의 '실행 중추'가 충동적인 행동을 제어하도록 돕기 때문이다.

복용량이 많으면 졸음, 운동 장애, 언어 장애, 과민성 및 판단력 장애를 준다. 바르비투르산염에 생리학적으로 매우 의존적인 사람이 그 약물을 갑자기 중단하면 경련을 일으키고 사망할 수 있다.

중독효과 때문에 알코올과 다른 진정제를 동시 복용하는 것은 위험하다.

4-6 각성제

각성제는 신경계의 활동을 증가시킨다. 각성제의 효과 중 일부는 긍정적일 수 있다. 예를 들어, 암페타민은 인지활동을 자극하고 충동을 제어하는 데 도움이 된다(Adler et al., 2015).

일부 자극제는 희열감과 자신감에 도움이 되기 때문에 길거리 마약으로 매력적이다. 그러나 위험도 있다. 이 장에서는 암페타민(amphetamin)과 코카인(cocaine) 및 니코틴(nicotine)에 대해 논의해 보자.

1. 암페타민 및 관련 각성제

암페타민(amphetamin)은 제2차 세계대전 중에 군인들이 밤에 경계를 게을리하지 않도록 하기 위해 처음으로 사용된 각성제이다. 트럭 운전사들도 밤새 운전하기 위해 사용했다. 학생들은 때때로 밤샘 벼락치기 공부에 암페타민을 사용하는 반면, 다이어트 중인 사람은 때때로 배고픔을 줄이기 때문에 암페타민을 사용한다.

암페타민은 많은 양을 복용할 때 느끼는 극도의 희열감 때문에 남용된다. 어떤 사람들은 알약 형태로 암페타민을 삼키거나 가장 강한 형태인 액체 메테드린(methedrine)을 정맥에 주사한다.

바르비투르산염 불안을 완화하거나 수면을 유도하는 데 사용되는 중독성이 있는 진정제

암페타민 탄소, 수소 및 질소로 구성된 무색 액체인 알파-메틸-베타 페닐에틸아민에서 추출한 각성제

그림 4.4 코카인이 어떻게 다행감을 느끼게 만들면서도 사람들의 기분을 '급락'하게 만들어 버릴까?

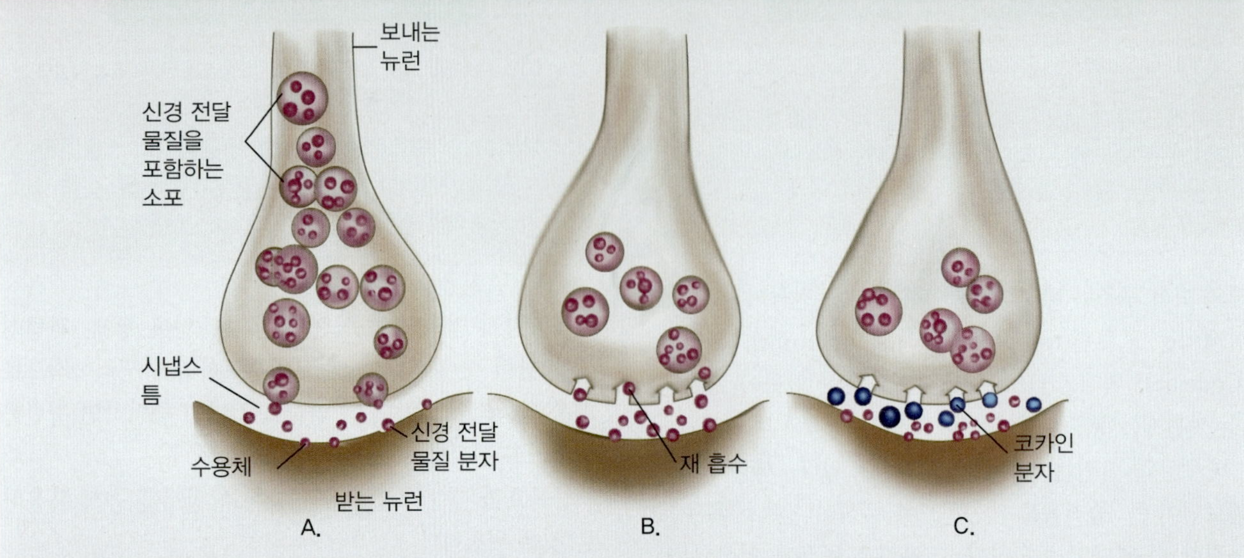

A. 신경계가 정상적으로 기능할 때, 신경전달물질은 시냅스 전 뉴런의 운반체에 의해 시냅스 틈으로 방출된다. 상당 부분이 시냅스 후 뉴런의 수용체 부위에 의해 흡수된다.
B. 재흡수라고 불리는 과정에서, 시냅스 전 뉴런은 보통 초과량의 신경전달물질 분자를 재흡수 한다.
C. 코카인 분자는 평상시에 신경전달물질의 분자를 재흡수 하는 시냅스 전 뉴런의 부위에 결합한다. 그 결과, 노르에피네프린과 도파민 및 세로토닌 분자들은 시냅스의 틈 부분에서 더 오래남아 있어 전형적인 기분변화 효과를 증가시키고 '황홀한' 희열감을 준다. 코카인 사용을 끊으면 시냅스 후 뉴런이 흡수하는 신경전달물질이 감소해서 사람의 기분이 '급락'한다.

결과적으로 그들은 며칠 동안 깨어 있고 기분이 들뜬 상태를 유지할 수 있다. 그러나 그 들뜬 기분은 언젠가는 끝난다. 오랜 동안 기분이 떠 있던 사람들은 때때로 '나락'으로 떨어지거나 깊은 잠이나 우울증에 빠지게 된다. 들뜬 기분이 급격하게 감소할 때 자살을 하기도 한다.

다른 한편으로, 의사는 활동 과잉인 어린이들의 행동을 통제하도록 돕기 위해 종종 각성제로 처방한다. Ritalin이나 Adderall과 같은 각성제는 어린이의 ADHD(주의력 결핍 과잉 행동장애)를 치료하는 데 널리 사용된다.

각성제는 주의력을 향상시키고, 공격적이고 파괴적인 행동을 감소시키며, 학업 성취도를 높인다.

왜 이들 각성제가 아이들을 진정시킬까? 과잉 행동은 대뇌피질의 미성숙과 관련이 있으며, 이 약물은 그 피질을 자극하여 통제할 것이다. 다른 한편으로, 이들 각성제를 지속적으로 사용하는 어린이와 성인에게는 수면장애 및 식욕저하의 위험이 증가한다(Adler et al., 2015).

암페타민에 대한 내성이 빠르게 생겨서, 특히 우울증 치료에 사용하는 경우는 사용자의 의존성이 증가할 수 있다.

이러한 각성제가 물리적 중독을 야기하는지의 여부는 논란의 대상이 되어왔다.

TRUTH

Ⓣ F 코카콜라 회사는 한 때 코카콜라에 강력한 각성제인 코카인을 넣어 만들었다.

코카콜라 음료 성분 중 코카인이 들어간 것은 사실이지만 지금은 불법이다. 그 당시에는 코카인의 위험에 대해서 사람들이 알지 못했다.

그런데 고용량의 복용은 초조, 불면증, 식욕부진, 환각, 편집망상(예: 다른 사람들이 도청하거나 해를 입힐 것이라는 잘못된 생각) 및 과민성을 유발할 수 있다.

코카인(cocaine)은 청량음료의 이름을 딴 식물인 코카잎에서 추출된다. "코카콜라가 삶의 활력을 더해 준다."라고 했던 광고를 기억하는가?

카페인과 설탕 함량을 감안할 때, 코카콜라(Coca-Cola)인 Coke는 활력을 증가시켜 줄 것이다. 코카콜라가 한 때 코카인을 사용해 '삶의 활력을 증가'한 것은 사실이고, 그 때는 합법이었지만 지금은 불법이다. 그러나 코카콜라는 회사가 콜라의 주 재료였던 코카인 사용을 중단한 1906년 이래로 코카콜라가 아니다.

코카인(cocaine)은 희열감을 주고, 배고픔을 줄이고, 통증을 완화시키며, 자신감을 높이는 각성제이다. 그림 4.4에서 볼 수 있듯이 코카인은 정상적으로는 신경전달물질인 노르에피네프린과 도파민 및 세로토닌의 분자를 재흡수하는 시냅스 전 뉴런의 부위에 결합하여 작동하는 듯하다.

결과적으로, 이 전달물질의 분자는 시냅스의 갈라진 틈에 더 오래 남아서 기분변화 효과를 증가시키고 '황홀한' 감정을 생성한다. 그러나 코카인 수치가 떨어지면 시냅스 후 뉴런이 흡수하는 신경전달물질이 적어져서 사용자의 기분이 '추락'한다.

코카인은 코카잎을 '차'로 끓이거나 분말 형태로 만들어서 코로 흡입하거나, 액체 형태로 주사할 수 있다. 코로 반복적 흡입하는 경우에는 코의 혈관을 위축시켜 피부를 건조시키며 때로는 연골이 노출되고 코 중격이 천공된다. 이러한 문제가 생겼을 때는 성형수술을 요한다. '크랙(crack)' 및 '바주카(bazooka)'로 알려진 강력한 코카인 파생물은 정제되지 않았기 때문에 저렴하다.

신체적 위험에는 혈압의 갑작스러운 상승으로 관상동맥을 위축시키고 심장으로의 산소 공급을 감소시키며 심장박동을 빠르게 하는 등, 갑자기 젊은 운동선수가 사망하는 일이 발생하는 호흡기 및 심혈관계 붕괴로 이어지는 사건들이 있다(Johnson et al., 2016).

과다 복용은 초조와 불면증, 떨림, 두통, 메스꺼움, 경련, 환각 및 망상을 유발할 수 있다. 크랙의 사용은 뇌졸중과 관련이 있어 왔다. 지난 1년 동안 12학년 학생들 중 약 2.5%만이 코카인을 사용했으며 약 절반은 한 번 또는 두 번이라도 코카인을 사용할 때 '큰 위험'이 있다고 믿는다(Johnston et al., 2016).

Vaping: 전자 담배의 출현

다행인지 불행인지, 전자 담배가 보급되고 있다. 전자 담배에는 궐련 담배가 없으므로 탄화수소나 타르가 없다. 그 대신에 배터리와 입으로 흡입되는 증기를 만드는 발열체가 있다. 그 증기에는 니코틴이 포함되는데, 이는 전통적인 담배의 니코틴만큼 중독성이 있다.

증기에 함유된 다른 물질이 항상 공개되지는 않는다. 그러나 그것들은 청소년들에게 분명히 매력적인, 밀크초콜릿 크림과 풍선껌 등 수백 가지의 풍미로 유혹한다.

미래 모니터링 조사(Johnston et al., 2016)에 따르면 2016년에 궐련 담배보다 전자 담배를 사용한 10대 청소년들이 더 많았다(표 4.1 참조). 실제로 8학년과 10학년의 경우에 전자 담배 사용 빈도가 궐련 담배의 두 배 이상이었다.

전자 담배는 일반 담배의 암 같은 위험이 있지는 않지만, 그 안의 니코틴은 똑같이 중독성이 있으며 궐련 담배를 피우게 되는 진입점으로 작용할 수 있다(Nocera, 2015). 8학년부터 12학년까지는 전자 담배가 일반 담배보다 덜 위험하다고 생각하지만, 사용자 수와 장기적인 미지수를 감안할 때, 그들의 위험평가가 맞을지는 아직 두고 볼 일이다. 담배 흡연의 위험에 대한 경고는, 8학년~12학년 학생들 80~90%가 하루에 한 갑 이상의 담배를 피우면 '큰 위험'이 있다고 보기 때문에, 청소년에게 경각심을 줄 것이다.

그러나 전자 담배의 사용은 우후죽순 격으로 번진다. 전자 담배의 니코틴과 증기에 대하여 알려지지 않은 것들에 대한 경고는 아직 정확하게 전달되지 않고 있다.

표 4.1 8학년, 10학년 및 12학년생의 지난 30일 동안의 전자 담배와 궐련 담배 사용 빈도 비교

	8학년	10학년	12학년
전자 담배	8.7%(중2)	16.2%(고1)	17.1%(고3)
궐련 담배	4%	7.2%	13.6%

Source of data: Johnston et al., 2016, p. 44.

Phanie/Alamy Stock Photo

Vaping(증기 마시고 내뱉기): 전자 담배를 피는 청소년
전자 담배는 궐련 담배에 함유된 탄화수소('타르')가 없을지 모르나, 중독성 있는 니코틴의 원천이다.

흡연으로 매일 2대의 점보 제트기가 추락한다면?

담배 흡연의 위험성은 오늘날 널리 알려져 있다. 일반외과 의사가 미국인의 사망 원인 중 가장 예방 가능한 원인이 흡연이라고 했다. 흡연으로 사망하는 미국인의 수는 매일 2대의 점보제트기가 추락할 때의 사망자 수와 비슷하다.
비행이 그만큼 안전하지 않다면 정부가 모든 항공편을 취소시키지 않을까? 사람이 계속 항공편을 예약할까?

Richard Cooke/Alamy Stock Photo

코카인은 생리학적 및 심리적 의존성을 야기한다. 코카인[눈(snow), 코크(coke)라고도 함]은 1800년대 초부터 국소 마취제로 사용되어 왔다. 1884년에 프로이트는 코카인을 주목했고, 자신의 우울증과 싸우기 위해 그것을 사용하면서 'Song of praise'라는 글을 출간했다. 프로이트가 초기에는 코카인을 예찬했지만, 그것이 습관성이 있고 환각과 망상을 야기시킨다는 걸 깨달으면서 열렬함이 사라졌다.

2. 니코틴

니코틴은 담배 연기 속의 각성제이다. 니코틴은 호르몬 아드레날린의 분비를 자극한다. 도파민 · 아세틸콜린, GABA 및 엔도르핀을 포함한 신경전달물질의 방출을 촉진한다(Herman et al., 2014).

아드레날린은 심박수를 가속화하고 혈당을 높인다. 아세틸콜린은 기억 형성에 중요하며, 니코틴은 기억력과 주의력을 향상시키는 효과와 단순하고 반복적인 작업의 능률을 향상시키고, 기분을 좋게 하기도 한다(Levin, 2013).

GABA와 엔도르핀이 있어서, 니코틴은 자극제이지만 이완효과가 있다(Bricker et al., 2012). 니코틴은 식욕을 억제하고 신진대사 속도를 높인다. 따라서 어떤 사람들은 체중을 조절하기 위해 담배를 피운다.

니코틴은 담배 제품에 생리학적으로 의존하게 하는 대리물질이다(Small et al., 2010).

Niday Picture Library/Alamy Stock Photo

"나는 유혹을 제외한 모든 것에 저항할 수 있다."

Lady Windermere's Fan-Oscar Wilde,
아일랜드 극작가, 소설가 및 시인
(1854-1900)

금단 증상으로는 신경과민, 졸음, 무기력함, 두통, 불규칙한 배변, 어지러움, 불면증, 현기증, 경련, 두근거림, 떨림 및 발한이 있다.

미국에서 판매되는 담배 팩에는 다음과 같은 메시지가 있다. "경고 : 의사는 흡연이 건강에 해롭다고 한다." 라디오와 텔레비전 방송에서 담배 광고가 금지되었다. 매년 약 440,000명의 미국인이 흡연 관련 질병으로 사망한다(미국폐협회, 2013; 질병관리 및 예방 센터, 2013).

이 숫자는 매일 공중에서 두 대의 점보 제트기가 충돌할 때 죽는 승객 숫자보다 많다.

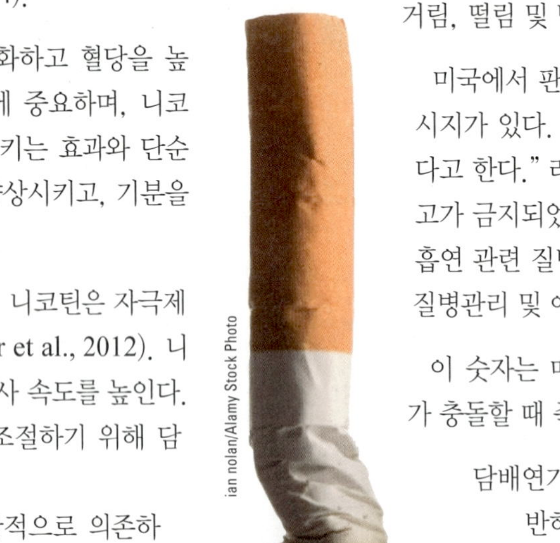

ian nolan/Alamy Stock Photo

담배연기의 일산화탄소는 혈액이 산소를 운반하는 능력을 저하시켜 호흡을 어렵게 한다. 담배와 시가 연기의 **탄화수소**, 즉 타르는 폐암을 유발한다.

표 4.2 실태요약, 미국 : 성별, 교육 수준 및 흡연

인자	그룹	담배를 피우는 %비율
성별	여성:	14.8%
	남성:	18.8%
교육 수준	12년 미만 :	22.9%
	대졸 이상 :	7.9%

Centers for Disease Control and Prevention. (2015). Current cigarette smoking among adults—United States, 2005–2014. *Morbidity and Mortality Weekly Report, 64*(44), 1233–1240.

또한, 담배 흡연은 동맥을 굳어지게 하며(Campbell et al., 2010) 심장 질환, 만성 폐 및 호흡기 질환 및 기타 건강 문제로 인한 사망과 관련이 있다. 담배를 피운 여성은 골밀도가 감소하여 볼기뼈와 등뼈의 골절 위험이 증가한다(American Lung Association, 2013).

담배를 피우는 임산부에게는 유산, 조산, 사산아 및 학습장애 어린이의 위험이 높아진다(American Lung Association, 2013).

간접 흡연(다른 흡연자의 담배 연기를 마시는 것) 또한 호흡기 질환, 천식 및 기타 건강 문제를 야기시킨다.

유년기에 담배 연기에 장기간 노출(수동 흡연이라고도 함)되면 후두, 목구멍, 비강, 뇌, 방광, 직장, 위 및 유방 등에 암 발생 위험이 높아진다(American Cancer Society, 2015).

간접 흡연(secondhand smoke)의 영향 때문에 많은 비행기와 식당 및 기타 공공 장소에서 흡연이 금지되어 있다. 흡연자 비율은 성별 및 교육수준과 관련이 있다(표 4.2 참조). 고학력자일수록 담배를 피울 가능성이 적고 흡연을 해도 금연할 가능성이 높다.

전자 담배를 사용하면 흡연자가 암을 유발하는 탄화수소를 흡입하지 않고도 니코틴에 노출된다. 전자 담배는 담배처럼 보이지만 궐련 담배 부분이 없다. 액체 니코틴은 증기로 가열되어 사용자가 마시고 내쉬지만, 재료가 태워지지 않기 때문에 '흡연'하는 것은 아니라고 볼 수 있다.

전자 담배는 흡연자가 담배 연기에 들어있는 중독성이 강한 각성제인 니코틴에 노출된다. 전자 담배의 안전성을 판단하기 위한 연구가 진행 중이다. 그러나 전자 담배를 사용하는 중학생과 고등학생의 수는 우후죽순처럼 늘고 있다(Johnston et al., 2016).

TRUTH

Ⓣ F 흡연 관련 원인으로 사망한 사람들의 수는 자동차 사고, 알코올 및 기타 모든 약물 남용, 자살, 살인 및 AIDS로 인해 사망한 사람들 수보다 많다.

자동차 사고, 알코올 및 약물 남용, 자살, 살인 및 AIDS로 인한 사망보다 흡연 관련 사망이 더 많다는 것은 사실이다.

4-7 환각제

환각제는 환각, 즉 외부 자극이 없는데도 감각과 지각을 생기게 하기 때문에 그렇게 이름 지어졌다. 환각제는 이완, 희열 또는 경우에 따라 공황 등 추가 효과를 줄 수도 있다. 이 장에서는 마리화나, LSD 및 기타 환각제에 대해 논의해 보자.

1. 마리화나

마리화나는 대마초 삼식물(Cannbis sativa)에서 생산되는 물질로, 세계 여러 지역에서 야생으로 자란다. 마리화나는 일부 사람들이 긴장을 풀고 기분을 향상시킬 수 있도록 도와준다. 또한, 때로는 가벼운 환각을 일으키므로 환각제의 하나로 논의한다.

마리화나의 주요 환각물질은 델타-9-테트라하이드로칸나비놀(THC)이다. THC는 그 식물의 가지와 잎에서 발견되지만 수지에 고도로 집중되어 있다. 대마(hash라고도 함)는 수지에서 추출되며 마리화나보다 더 강력하다.

일부 사용자는 마리화나가 사교활동을 돕는다고 하는데 강한 중독상태는 예리한 인식, 자기 통찰력, 창의적 사고 및 타인과의 공감대를 증가시킨다.

시간이 느려지는 것 같고, 노래 하나가 몇 분이 아닌 1시간이라고 느낄 수 있다. 심장박동과 같은 신체감각에 대한 인식이 높아진다.

마리화나 사용자는 강한 중독상태가 성적 감각을 높인다고 한다. 사용자는 시각적 환각이 생길수 있으며 방향 감각 상실을 야기할 수 있다.

탄화수소(hydrocarbons) 수소와 탄소로 구성된 화합물

간접 흡연 담배 제품과 다른 사람들의 호기에서 나오는 연기; 수동 흡연이라고도 함.

환각제 환각을 일으키는 물질

마리화나 대마초의 꽃과 잎 부분을 건조한 식물성 물질

흡입자의 기분이 좋으면, 방향감각 상실이 우주와의 '조화'로 해석될 수 있지만, 일부 사용자는 방향감각 상실이 위협적이며 자신의 정체성을 되찾지 못할까 두려워 한다(Bonn-Milleretal., 2007).

마리화나에는 여러 가지 건강상의 위험이 있다. 예를 들어, 운전 및 기계조작에 사용되는 지각적 운동협응 능력이 저하된다. 단기 기억력을 악화시키고 학습능력을 저해하여 충동으로 연결된다(Dougherty et al., 2013).

> **"다른 사람들에게 보이는 모범으로써, 내 자신이 절제를 좋아한다는 것이 아니라, 항상 잠들때는 담배를 피우지 말고 깨어 있을 때는 담배를 삼가지 않는 것이 나의 규칙이었다"**
>
> Mark Twain, 미국 작가 겸 유머리스트 (1835 - 1910)

정신과 의사 리차드 프리드먼(Richard Friedman, 2018)은 마리화나가 효과적인 통증 완화제일 뿐만 아니라 마리화나가 아니라면 통증을 줄이기 위해 오피오이드를 처방해야 할 많은 사람들을 도울 수 있다고 주장한다.

프리드먼은 마리화나가 헤로인이나 오피오이드와 같은 마약을 사용하기 전에 사용되는 약이 아니며, 오히려 많은 경우에 더 위험한 약물의 필요성을 느끼지 않도록 한다고 주장한다.

심하게 취하면 메스꺼움과 구토를 할 수 있다. 정기적인 사용자는 내성과 금단증상을 경험할 수 있다(Gorelick et al., 2013; Gonzalez & Swanson, 2012).

마리화나를 많이 사용하면 더 심각한 위험이 있을 수 있다. 연구에 따르면 하루에 약 여섯 개비의 마리화나 담배를 피운 청소년의 해마 변화가 보고되었다(Ashtari etal., 2011). 반면에, 다른 연구에서는 차이를 확인하지 못했다(Koendersetal., 2017).

또 일부 연구에서는 마리화나를 심하게 피우는 사람들의 뇌에서 회백질과 백질의 용적에 뚜렷한 차이가 있는 것으로 발표되었지만 또 다른 연구에서는 동일하지 않았다.

이 책에서는 마리화나가 뇌의 구조를 변화시킨다는 결론을 내리기 전에 더 많은 연구가 필요하다는 결론을 내릴 수밖에 없다(Fitzcharles & Eisenberg, 2018).

LSD(lysergic acid diethylamide) 리세르그산 디에틸아미드; 환각제

플래시백 LSD 사용 후 며칠 또는 몇 주 후에 발생하는 LSD 경험과 비슷한 왜곡된 인식 또는 환각

메스칼린 페요테 선인장에서 추출한 환각제

펜시클리딘(PCP) 화학 구조의 약어인 다른 환각제

많은 예를 언급했지만, 마리화나의 오락용 사용이 미국 전역의 합법화된 여러 주에서 이미 보편화되었거나 되고 있다. '의료용 마리화나' 또한 의사들이 만성 통증을 겪는 많은 환자를 돕기 위해 처방해 왔다.

국립 과학 · 공학 및 의학 아카데미위원회(2017)는 만성 통증치료에서 마리화나의 이점을 확인했으며 마리화나가 화학요법을 받고 있는 암 환자의 메스꺼움과 구토 치료에 효과적이라고 보고한다.

2. LSD 및 기타 환각제들

LSD는 합성 환각제인 리세르그산 디에틸아미드(lysergic acid diethylamide)의 약자이다. LSD 사용자는 그것이 '의식을 넓히고' 그들에게 새로운 세계를 열어 준다고 주장한다.

때때로 사람들은 LSD를 사용하는 동안 큰 통찰력을 얻었음을 말하지만, 그 성분이 줄어들어서 없어지면 그 통찰을 적용하거나 기억할 수 없다. LSD는 생생하고 다채로운 환각을 만들어 낸다.

일부 LSD 사용자에게는 LSD '여행'에서 본 환각과 비슷한, 사용 후 며칠이나 몇 주 또는 그 이상 후에 발생하는 왜곡된 인식 또는 환각으로 인한 **플래시백** 현상이 나타난다. 플래시백 경험은 미국 정신의학협회(American Psychiatric Association, 2013)에 의해 기술적으로 '환각제 지속 지각장애'(HPPD)라고 불린다.

플래시백에 대한 심리적 설명은 LSD를 정기적으로 사용한 사람들은 공상 비행을 허용할 가능성이 높다는 것이다. 그러나 HPPD 환자 38명을 대상으로 한 연구에 따르면 LSD를 확장적으로 사용하면, 특히 눈을 감았을때, 뇌가 환상같은 경험의 내부 근원을 억제하지 못할 수 있다

는 것을 시사한다(Catts & Catts, 2009).

다른 환각제에는 **메스칼린**(mescaline, 페요테 선인장에서 추출함)과 **펜시클리딘**(PCP; phencyclidine)이 있다. PCP는 마취제 및 동물 진정제로 개발되었다. 〈angel dust〉, 〈ozone〉, 〈wack〉 및 〈rocket fuel〉라는 거리 이름이 사용된다. 〈Killer joint〉나 〈Crystal supergrass〉라는 용어는 마리화나와 결합된 PCP를 지칭한다.

환각제를 정기적으로 사용하면 내성과 심리적 의존성이 생길 수 있지만 환각제가 생리학적 의존성을 조성하는지는 알려져 있지 않다. 고용량을 쓰면 협응력을 저해하고, 판단을 흐리게 하고, 기분을 좋게 하고, 무서운 환각 및 편집증 망상을 야기할 수 있다.

적용

오피오이드(Opioid) 유행 현상

오피오이드 유행 현상에 대한 몇 가지 사실을 알아보자.

▶ 오피오이드는 중독성이 강하다.
즉, 반복해서 사용하면 몸 안에 그 약물이 들어있는 상태가 '새로운 정상 상태'로 여겨진다. 일단 그렇게 되면그 약물이 없는 게 고통이고 그것을 갈망하게 된다.

▶ 25~54세 유럽계 미국인 및 남성의 과다 복용률이 가장 높다(Hedegaardetal., 2017).

▶ 2016년에 40,000명 이상의 미국인이 오피오이드 과다복용으로 사망했으며, 2000년 이후 과다복용으로 인한 사망률이 200% 증가했다. 이는 자동차 사고나 총기 또는 HIV/AIDS로 인한 사망자보다 많은 수다.

▶ 수백만 명의 사람들이 진통을 위해 메타돈, 옥시코돈(OxyContin), 하이드로코돈(Vicodin)과 같은 오피오이드를 일상적으로 처방받는다. 4명 중 1명이 중독되어 발버둥친다(Prescription Opioid Overdose Data, 2017).

▶ 헤로인보다 30~50배 강력한 펜타닐(fendanyl)이 가장 강력한 오피오이드 처방약이다.

▶ 펜타닐 과다복용으로 인한 사망자 수가 가장 많으며, 길거리에서 파는 오피오이드는 종종 중국과 멕시코에서 들여온 펜타닐이 섞여있기 때문이다.

▶ 암시장의 펜타닐은 종종 희열효과를 높이기 위해 헤로인이나 코카인이 섞여 있다(Fentanyl, 2017).

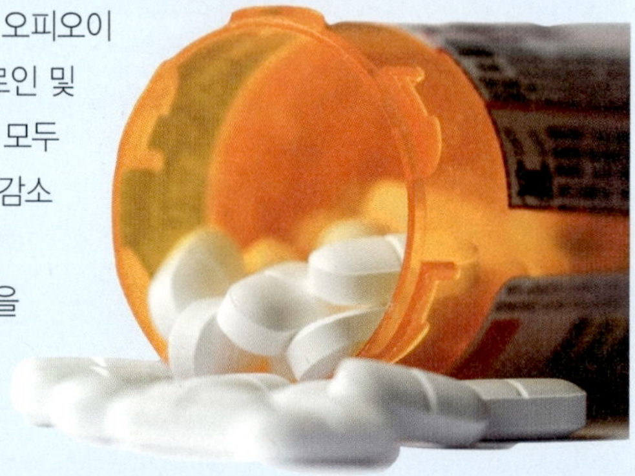
Charles Wollertz/Alamy Stock Photo

길거리 펜타닐 또는 펜타닐이 섞인 헤로인에는 어떤 사람들은 오락 목적으로 오피오이드를 찾는다. 다른 사람들은 고통 때문에 처방받는다. 처방용 오피오이드와 헤로인 및 합성오피오이드(아편 양귀비에서 추출한 것이 아니라 실험실에서 제조된 것)는 모두 뇌와 다른 곳의 세포에 있는 오피오이드 수용체에 결합함으로써 통증 인식을 감소시킨다.

오피오이드가 오피오이드 수용체에 결합함은 또한 행복감을 만들며, 고용량을 복용하면 즐겁고 황홀할 정도로 '붕 뜬' 기분을 유발한다. 오피오이드를 혈류에 주사하는 것이 뇌를 가장 빠르게 자극시키는 방법이다. 그러나 빠른 반응은 중독과 과다 복용으로 이어질 가능성이 높다.

오피오이드 과다복용의 위험은 뇌의 더 깊은 부분의 오피오이드 수용체의 자극이 졸음을 유발하고 호흡을 억제하여 사망으로 이어질 수 있기 때문에 발생한다. 또한, 정상적인 신체는 자체로 소위 '격렬한 운동 후의 황홀감'(Fuss et al., 2015)을 느끼게 하는 오피오이드 유사물질(엔도르핀)을 생산하여 자연적으로 불편함을 완화하도록 돕는다는 것에 주목하라. 그러나, 오피오이드 약물의 반복적인 사용은 엔도르핀 생산을 감소시켜 사람들이 복용을 중단했을 때 왜 불편함을 경험하는지를 설명한다.

오피오이드 의존을 끝내야 한다고 생각하면 의사는 진통제로 오피오이드를 처방하는 것을 중단할 것이다. 오피오이드에 의존하는 환자가 더 이상 합법적으로 구할 수 없는 경우에는 암시장에서 구입하려고 한다. 불행히도, 그들은 종종 길거리에서 산 오피오이드의 펜타닐 등에 더 유해한 물질이 섞여 있는지 알 수 없다.

해야 할 일

- ▶ 수술이나 질병으로 고통받고 있다면, 일정 시간 동안 오피오이드를 사용한 다음에 점차적으로 줄이거나 끝내도록 의사와 계획을 상의해야 한다. 향후 비중독성 진통제로 전환하는 것이 계획의 일부가 될 수 있다.
- ▶ 만성 통증에 오피오이드를 처방하는 것이 위험하다는 것을 인식하라. 오피오이드는 환자에게 내성이 생기면 효과를 잃고 중독과 과다 복용의 발판을 마련하게 된다.
- ▶ 복용량의 절반 또는 알약 반 토막을 써 보고 효과가 있는지를 기다려 보라. 며칠 후에 복용량의 1/4로 시험해 보라. 통증이 완전히 없어지지 않더라도 견딜 만하다면 보다 적은 복용량이 자신에게 적합하다고 판단할 수도 있다.
- ▶ 많은 사람들에게 아세트아미노펜(타이레놀)과 이부 프로펜(애드빌, 모트린)의 병용은 오피오이드만큼 효과적이라는 사실을 기억하라(Chang et al., 2017). 그러나 이 약들에 대한 '경고 라벨'에 유의하라. 그것들은 처방전 없이 사용할 수 있지만 강력한 약물이고, 나름대로 남용의 위험이 있다.
- ▶ 불편감에 집중하면서 끔찍하고 견딜수 없다고 자신에게 말함으로써 불편감을 증폭시키는지를 살펴보라. 관심 있는 것들로 자신을 바쁘게 만들고, 고통이 참을 수 없거나 끝이 없는 것이라는 생각에 도전하라. 통증 관리를 전문으로 하는 심리학자나 의사가 도움이 될 수 있다.
- ▶ 자신의 고통에 집중하는 환경을 바꾸어 보라. 여행이나 영화를 보고 멋진 곳에서 저녁 식사를 하라.
- ▶ 오피오이드를 사용하는 사람들과 시간을 보내고 있다면 다른 사람들과 사귀어라.
- ▶ 당신이 오피오이드에 중독되었는지 어떤 문제가 있는지 등에 확신이 없다면 전문가와 상담하라.
- ▶ 무엇보다도, 오피오이드를 사용하는 경우, 약물 이름과 복용량 및 순도를 정확히 파악하라. 처방전을 받아 평판이 좋은 약사에게서 구입하라. 암시장에서 구입한 다음에 당신 자신이 통계에 추가되는 위험을 감수하지 마라.

자가 평가

당신은 알코올 문제가 있는가?

음주 문제가 있는가? 다음 네 가지 질문에 대한 대답이 평가에 도움이 될 수 있다.

예 아니오 음주를 줄여야 한다고 느낀 적이 있는가?

예 아니오 사람들이 당신의 음주에 대하여 비판하여 짜증난 적이 있는가?

예 아니오 음주에 대해 기분 나쁘거나 죄책감을 느낀 적이 있는가?

예 아니오 아침에 신경을 진정시키거나 숙취를 없애기 위해 일어나자마자 ('잠을 깨우는 한잔'으로) 술을 마신 적이 있는가?

LJSphotography/Alamy Stock Photo

단 하나의 "예" 답변으로도 알코올 문제가 있을 수 있다고 생각한다. "예" 답변이 둘 이상이면 문제가 있을 가능성이 높다. 어느 경우라도 위의 답변에 대해 의사나 다른 의료인과 상의하기를 권고한다.

점검하기

빈칸 채우기

정답은 책 뒷부분에서 확인 가능하다.

1. 의식은 감각적 인식, 선택적인 주의 집중, 직접적인 내적 ________, 단일 자아 및 깨어 있는 상태 등 몇 가지 의미가 있다.

2. REM 수면 중 EEG 패턴은 각성 상태와 유사하기 때문에 REM 수면을 ________수면이라고 한다.

3. 전형적인 8시간을 자는 동안, 우리는 다양한 수면 단계를 ________번 오르내리는 여정을 거친다.

4. ________합성 모델에 따르면 꿈은 신경활동을 반영한다.

5. 최면은 사람이 암시 감수성이 높아지고 마치 ________에 있는 것처럼 행동하는 변경된 의식 상태이다.

6. 명상에서, 일반적인 사람–환경 관계를 변경하기 위해 ________에 집중하다.

7. 약물사용 장애는 약물사용에 대한 ________의 상실을 특징으로 한다.

8. 약물사용 장애의 생물학적 또는 생리학적 증상에는 내성 및 약물 사용을 중단한 경우의 ________증후군이 포함된다.

9. ________은 자신감을 높이지만 혈압 상승을 유발하고 관상동맥을 위축시키는 각성제이다.

10. ________ 물질이 인식을 왜곡한다.

선다형 문항(Multiple Choice)

1. 우리가 무언가를 보거나 소리를 듣는 것을 '의식적'이라고 말할 때, 다음 중에 한 가지를 뜻한다 :

 a. 스트림 b. 행동개념
 c. 단일 자아지각 d. 감각적 인식

2. 포식자로부터 가장 위험한 동물이 덜 잔다는 관념은 다음 중 어느 관점에서 나오는가?

 a. 행동주의자 b. 환경적
 c. 진화적 d. 발달적

3. 다음 중 뇌파와 수면 주기에 대해 바르게 말한 것은?

 a. 저주파 뇌파는 깨어 있는 것과 관련이 있다.
 b. 고주파 뇌파는 깨어 있는 것과 관련이 있다.
 c. 우리가 잠을 잘 때 기록할 수 있는 뇌파는 없다.
 d. "수면" 뇌파와 "깨어 있는" 뇌파의 차이를 말하기는 어렵다.

4. Allegra는 최면 암시 감수성이 있다고 합니다. 그녀는 _________이다.

 a. 환상에 걸리기 쉽다.
 b. 가수면 상태에서 예상되는 것이 무엇인지 모른다.
 c. 최면술사의 지시보다는 자신의 내적 감정에 주의를 기울인다.
 d. 위의 모든 것.

5. 초월명상에 대한 고전적인 연구에서 Benson은 명상이 다음 상태로 이끈다고 밝혔다 :

 a. 영적인 자각 b. 확대된 의식
 c. 이완반응 d. 더 강렬한 겉잠상태

6. 다음 중 아이들이 '성장하면서 극복할' 가능성이 가장 높은 것은?

 a. 불면증 b. 야뇨증
 c. 수면무호흡증 d. 기면증

7. Clay는 음주를 중단하기 위해 AA에 가입했을 때 알코올 금단 증상들을 설명하는 팜플릿을 받았다. 이 증상들이 포함하는 것은?

 a. 고혈압과 빠른 맥박 b. 초조와 떨림
 c. 불안과 쇠약해짐 d. 위의 모든 것

8. 대학 캠퍼스에서 가장 인기있는 약물은?

 a. 알코올 b. 마리화나
 c. 코카인 d. LSD

9. Elyse는 헤로인에 대한 내성을 가졌고 적어도 8시간마다 재투여가 없을 때마다 금단 증상을 경험하는 대학생입니다. 그녀는 자신이 통제력을 상실했고 자신의 습관에 맞춰서 생활을 편성해야 한다고 느낍니다. 그녀는 다음 중 어느 것으로 분류되는가?

 a. 약물 중독 b. 약물사용장애
 c. 어리석은 판단 d. 불안장애

10. 다음 중 미국에서 과잉 활동장애가 있는 어린이에게 사용하도록 처방될 가능성이 가장 높은 것은 무엇인가?

 a. 리탈린 b. 모르핀
 c. 도파민 d. 진정제

5 학습

© Andrew Adolphus

학습 성과

이 장의 성취 목표

- **5-1** 학습과 경험 및 변화를 정의할 수 있다.
- **5-2** 고전적 조건형성의 원리와 방법을 설명할 수 있다.
- **5-3** 고전적 조건형성의 적용을 설명할 수 있다.
- **5-4** 조작적 조건형성의 원리와 방법을 설명할 수 있다.
- **5-5** 조작적 조건형성의 적용에 대해 설명할 수 있다.
- **5-6** 학습의 인지적 요인에 대해 논의할 수 있다.

나는 딸에게 우리의 새로운 가족인 강아지 피비가 공을 물어오게 하는 방법을 보여주고 있었다. 나는 손으로 누르면 끽끽 소리를 내는 부드러운 공을 샀다. 피비는 공을 가지고 노는 것을 즐겼으며, 공을 쫓아 달리고 싶어할 것이라고 생각했다.(잘못된 판단이었다!)

나는 공을 피비의 코 밑으로 흔들었다. 피비는 냄새를 맡고 짖었고, 신나게 꼬리를 흔들었다.

딸이 보는 가운데, 나는 공을 6m 정도 던지고 피비에게 "가져와!"라고 외쳤다.

바라보기만 하는 피비를 보며 딸이 조롱하듯 웃었다. 나는 다시 공을 가져와서 피비의 코 밑에서 흔들었고, 피비는 더 세차게 꼬리를 흔들며 짖어댔다. "가져와!"라고 말하며 다시 공을 던졌지만, 피비는 달리기를 거부했다.

피비는 내 다리에 매달리며 짖어댔다.

내가 또다시 공을 주워왔을 때, 딸이 말했다.

"아빠, 무슨 뜻인지 모르겠어요?"

"모르겠는데."

"피비가 아빠에게 공을 가져오라고 가르치고 있어요." 딸이 말했다.

개는 공이나 그 밖에 장난감을 가져오는 법을 학습해야 하는가, 아니면 새가 둥지를 짓듯이 본능적으로 '내재'된 반응인가?

RubberBall/Alamy Stock Photo

5-1 학습과 경험 그리고 변화

피비는 내가 '올바른' 일을 했을 때, 즉 공을 잡아왔을 때, 신나하는 모습을 보여줌으로써 나에게 해야 할 일을 가르쳐주고 있었다. 학습은 심리학의 핵심 영역이다.

심리학에서 학습이란 교사의 말을 듣거나 스케이트 보드 점프를 하거나 태블릿 컴퓨터 사용을 마스터하는 것 그 이상을 가리킨다. 행동주의적 관점에서 볼 때, **학습**(learning)은 실습이나 경험을 통한 행동의 영구적인 변화라고 볼 수 있다.

이러한 행동주의적 관점은 인식과 선택의 역할을 덜 중요하게 평가한다. 심리학자들은, 공을 쫓는 법을 배울 수 있는 것은 그 행위로 인해 보상을 받거나 행동을 강화하도록 유도되기 때문이라고 했다.

인지심리학자들은 학습이란, 경험을 통하여 유기체가 환경을 표현하는 법을 변화시키는 과정으로 정의한다. 이러한 변화는 유기체의 행동에 영향을 주지만, 완전한 결정을 하지는 않는다. 인지심리학자에게 있어서 학습은 행동의 변화로 나타날 수 있지만, 학습 자체는 정신적인 과정이라고 보았다.

인지심리학자들은 사람들이 스스로 관찰한 공격행동과 그 밖에 행동들의 모방 여부를 선택하고, 자신의 가치와 일치하는 행동을 모방한다고 제안한다.

우리가 무언가를 올바르게 수행한다는 칭찬을 받을 때처럼 때때로 학습 경험은 직접적이다.

학습 (1) 행동주의자들에 따르면, 경험으로 인한 행동의 영구적인 변화
(2) 인지 이론가는 경험으로 유기체가 환경을 표현하는 방식이 변화하는 과정

TRUTH OR FICTION?

당신의 생각은? 속설, 상식 또는 넌센스?

'진실'일 경우 T, '거짓'일 경우 F를 선택한 다음, 여러분의 선택이 정확한지를 검토해 보자.

T	F	메스꺼운 식사를 한 번 하게 되면 맛에 대한 혐오가 몇 년 간다.
T	F	심리학자들은 토끼를 무서워하는 소년에게 가까이 갈 때마다 쿠키를 먹게 함으로써 두려움을 극복하도록 도와 주었다.
T	F	2차 세계대전 동안 심리학자 B.F. Skinner는 비둘기들에게 미사일을 목표물로 유도하는 훈련을 시킬 것을 제안하였다.
T	F	슬롯 머신을 하는 사람들은 언제 이길지 모르지만 한 치의 망설임도 없이 동전을 집어넣는다.
T	F	쥐를 훈련시키면 경사로를 오르고, 다리를 건너고, 사다리를 타고, 장난감 자동차 페달을 밟는 등, 몇 가지 작업을 순서대로 수행하도록 할 수 있다.
T	F	배우기 위해서는 실수를 해야 한다.
T	F	미디어의 폭력과 실제 공격성 사이에는 과학적 연관성이 확립되지 않았다.

Ivan Pavlov(1849~1936)
와 러시아 실험 의학 연구소의 동료들.
파블로프의 실험이 심리 과학에서 가지는 중요성은 무엇일까?

SVF2/Getty Images

그러나 우리는 다른 사람들의 경험을 통해서도 — 그들의 행동을 관찰함으로써 배울 수 있다. 우리는 책과 시청각 매체를 통해서 그들의 인생 이야기를 배운다.

이 장에서는 조건화 및 인식이 중심적 역할을 하는 학습을 포함하여, 다양한 종류의 학습에 대해서 알아보자.

5-2 고전적 조건형성 : 수반성(연합) 학습

고전적 조건형성은 우리가 어떤 사건들을 다른 사건들과 연관시키는 방법을 학습하는 것이다. 이는 의도하지 않은 것이며 자동적인 학습이다.

예를 들어, 우리는 일반적으로 F학점보다는 A학점을 선호하며 녹색불보다 빨간색 불에 멈출 가능성이 높다. 왜 그럴까?

> 우리는 성적 표기나 신호등에 대해 본능적인 반응을 가지고 태어나지 않았다.

A학점은 선생님과 보호자들의 나에 대한 인정과 관련이 있다. 길을 건너거나 자동차를 탄 경험으로 인해 우리는 녹색 표시등을 '가라'라는 단어와 연관시키고 빨간색 표시등을 '멈춰라'와 연관시킨다.

고전적 조건형성(Classical conditioning)은 유기체가 사건들을 예측하거나 서로 연관지을 수 있게 되는 단순한 학습 형태이다.

고전적 조건형성 중립 자극이 반응을 불러일으키는 무조건 자극과 짝을 지어 반복적으로 자극하면 결과적으로 해당 중립 자극이 그 자체로써 반응을 유발하게 하는 단순한 학습 방법

반사 자극에 대한 학습되지 않은 단순한 반응

자극 반응을 이끌어 내는 환경 조건

파블로프라는 이름을 들어본 적이 있다면, 아마도 이는 개를 대상으로 한 그의 학습에 관한 연구 때문일 것이다.

이반 파블로프(Ivan Pavlov, 1927)는 우연한 계기로 학습 심리학에 큰 공헌을 했다. 파블로프는 실제로 침샘에서 반응을 일으키는 입 속의 신경 수용체를 확인하려고 시도하고 있었다. 그러나, 실험실 조수가 실수로 금속 사료 그릇을 쳤을 때처럼 원하지 않는 시간에도 개가 침을 흘려 그의 실험은 방해를 받았다.

우리가 케이크를 한 입 베어 물면 침이 분비되듯이, 개 또한 혀에 고깃가루를 묻히면 침이 분비된다. 파블로프는 자신의 연구를 위해 개들에게 고깃가루를 먹이고 있었다. 왜냐하면 침이 고깃가루에 대한 **반사**(reflex)작용으로 나온다는 것을 알고 있었기 때문이다.

반사작용은 학습되는 것이 아니라 특정 **자극**(stimuli)에 의해 유발된다. 그러나 파블로프는 반사작용도 연관관계를 통해 학습되거나 조절될 수 있음을 발견했다. 그의 개들은 과거에 반복적으로 사료 그릇을 부딪치는 소리가 날 때마다 먹이를 주었던 경험 때문에, 그 소리에 반응하여 침을 흘리기 시작했다.

조수가 실험실에 들어갈 때에도 개들은 침을 흘렸다. 왜 그랬을까? 과거에 조수가 사료를 주었기 때문이었다.

처음에 파블로프는 개의 추가적인 타액 분비가 그의 연구를 방해한다고 보았다. 그러나 그는 이 '문제'가 조사할

가치가 있다는 것을 깨달았고, 개들은 어떤 자극에도 반응하여 침을 분비하게 할 수 있음을 알아냈다.

그의 초기 실험에서 파블로프는 개에게 종소리가 들릴 때 침을 분비하도록 훈련시켰다. 파블로프는 이렇게 훈련된 타액 반응을 '**조건반사**(conditionaled reflexes)'라고 불렀다.

반사작용은 이전에 관심을 끌지 못하던 자극(예 : 사료 그릇의 부딪치는 소리)과 관심 반응(이 경우 타액 분비)을 유발하는 자극(이 경우 음식)을 반복적으로 제시하는 것을 전제조건으로 하였다. 오늘날에는 '조건반사'를 일반적으로 '조건반사반응'이라고 한다.

그림 5.1 고전적 조건형성 작동 방식

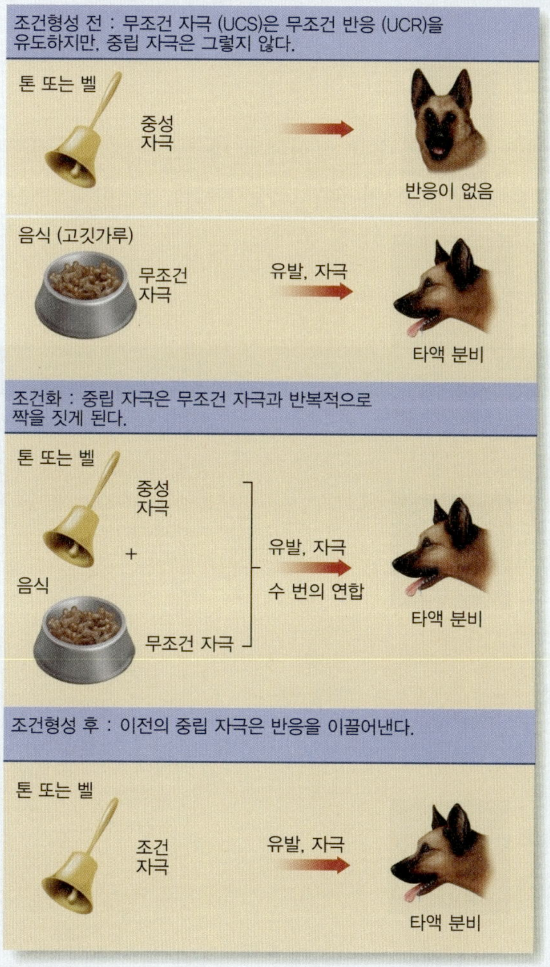

조건형성 전에 음식은 타액 분비를 유발한다. 중성 자극인 소리는 아무 반응도 일으키지 않는다. 조건형성 과정 중에는, 고깃가루를 개 혀에 넣기 직전에 신호음을 울린다. 여러 번 반복 한 후에는 소리만 들어도 타액 분비(CR)를 유발하게 된다.

파블로프는 개의 혀에 고깃가루를 묻혔을 때 개가 침을 분비했다는 것에서 조건반응을 확인했다. 그 다음에는 고깃가루를 주기 0.5초 정도 전에 매번 소리를 냈다.

이러한 행위를 여러 번 반복한 후, 고깃가루는 주지 않은 채 소리만 냈다. 그래도 개는 침을 흘렸다. 소리에 반응하여 타액을 분비하는 학습이 된 것이다.

1. 고전적 조건형성 설명

행동주의자들은 공개적으로 관찰 가능한 학습 조건의 관점에서 고전적 조건의 결과를 설명한다.

그들에게 고전적인 조건형성은 하나의 자극이 기존의 다른 자극의 반응을 직접 유발하게 하는 단순한 학습 형태이다. 왜 그럴까? 자극이 반복적으로 동시에 나타나기 때문이다. 파블로프의 실험에서, 개는 고깃가루와 소리가 함께 주어지기 때문에 소리에 반응하여 타액을 분비하도록 학습되었다.

인지 심리학자들은 고전적 조건형성을 통해 사건들 간의 관계를 학습하는 것으로 본다. 이 관계를 통해 유기체는 정신적으로 자신의 환경을 표현하고 예측할 수 있다.

파블로프의 실험에서, 소리는 정신적으로 고기와 연결되었기 때문에 개는 소리에 반응하여 침을 흘렸다. 인지적 초점은 유기체가 학습한 정보에 있다. 유기체들은 사건 간의 관계에 대한 규칙을 생성하고, 시험하는 정보를 찾는 존재들로 간주된다.

2. 고전적 조건형성에서의 자극 및 반응

파블로프의 실험에서 고깃가루는 **무조건 자극**(UCS)이다. 고깃가루에 대한 타액 분비는 학습되지 않은 **무조건 반응**(UCR)이다. 소리는 개에게 처음에는 의미가 없거나 관심 밖의 자극이었다. 그것은 개로 하여금 소리가 나는 곳을 보도록 만들었을 수 있다— **지향 반사**.

그러나 그 소리는 음식과 관련이 없다. 이후 고깃가루와의 반복적인 연계를 통해 소리는 타액 분비 반응에 대한 학습 또는 **조건자극**(CS)이 된 것이다.

무조건 자극(unconditioned stimulus) 조건화 전에 유기체로부터 반응을 이끌어 내는 자극

무조건 반응(unconditioned response) 무조건 자극 반사에 대한 비학습 반응

지향 반사(orienting reflex) 유기체가 자극에 주의를 기울이는 비학습 반응

소리(또는 조건자극)에 대한 타액 분비는 학습 또는 **조건반응**(CR)이다.

따라서 타액 분비는 반응을 유발하는 데 사용된 방법에 따라 무조건 반응 또는 조건반응일 수 있다(그림 5.1 참조).

많은 어른들이 시도한 작은 실험이 있다. 그들은 아기에게 미소를 짓고 '키치쿠(kitchie-coo)'라고 말한 다음 아기의 발을 간지럽힌다. 아기는 웃으면서 발을 구르거나 뒤로 젖힌다. 몇 번의 반복 시행 후에, 어른들이 단순히 '키치쿠(kitchie-coo)'라고 말하는 것만으로도 아기가 웃으면서 발을 뒤로 젖히는 것을 알 수 있다.

조건자극(conditioned stimulus) 과거에는 관심 밖의 자극이다가, 관련 반응을 유발하는 자극과 반복적으로 연계되어 조건반응을 유발하는 자극

조건반응(conditioned response) 조건자극에 대한 학습된 반응

소거(extinction) 자극에 따른 사건이 더 이상 발생하지 않음에 따라 해당 자극이 학습된 반응을 불러 일으키는 능력을 잃는 과정(학습된 반응은 소거된다고 함.)

3. 소거 및 자발적 회복

어린이는 자동차가 진입하는 소리(CS)를 부모의 도착(UCS)과 연결하는 방법을 배울 수 있다. 따라서, 아이는 차 소리가 들리면 신이 나서 소리칠 수 있다(이 때의 소리침은 CR).

소거는 시간이 지나면서, 이에 따른 사건들 간의 관계도 변함에 따라 나타난다. 새 집으로 이사한 후, 아이의 부모는 대중 교통으로 통근하게 되었다. 근처 차도에서 자동차 소리가 나면 부모의 귀가가 아닌 이웃의 귀가 신호일 수 있다.

CS(자동차 소리) 다음에 더 이상 UCS(부모의 귀가)가 나타나지 않으면 CS(자동차 소리)는 CR(아이의 반응)을 이끌어 낼 수 없게 된다. 이런 방식으로 자극에 따른 사건이 발생하지 않으면 아무런 결과도 일어나지 않게 된다.

고전적인 조건형성에서, **소거**(extinction)는 CS가 더 이상 UCS와 연합되지 않음에 따라 CS가 CR을 도출하는 능력을 상실해 가는 과정이다. 즉, 유아는 더 이상 차도에서 나는 차 소리에 기뻐하지 않는다. 인지적 관점에서 소거는 어린이의 환경에 대한 정신적 표현을 변화시킨다. 더 이상 CS는 아이가 같은 예측을 할 수 없도록 하기 때문이다.

CR의 소거에 대한 실험에서 파블로프는 반복적으로 CS(소리)가 UCS(이 경우 고깃가루)를 동반하지 않는 경우, CR(소리에 대한 침 분비)의 소거를 초래한다는 것을 발견했다.

그림 5.2 학습과 소거 곡선

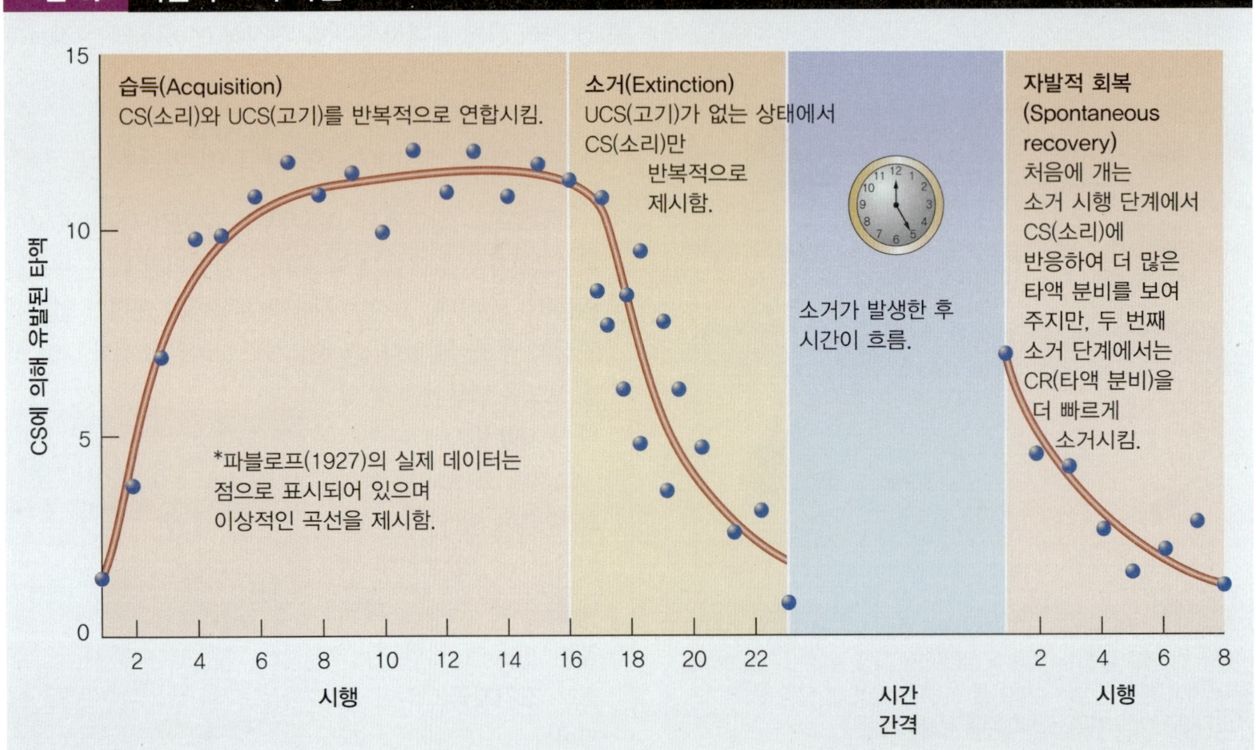

기본적으로 개는 더 이상 소리가 들려도 침을 흘리지 않았다. 흥미롭게도, 그림 5.2는 초기 조건화 이후, 개의 타액 분비물이 잠시 증가한 후 다시 감소하였음을 보여준다.

개는 초기 두 세 번의 고깃가루와 소리의 결합으로 소리에 반응하여 침을 흘리도록 조건화되었다.

이러한 자극들 간 결합이 지속되자 타액 분비가 증가했다(타액 방울 수로 측정됨). 하지만 7~8회 시도한 뒤에는, 타액 분비물은 11~12방울로 줄어들었다.

이어진 일련의 실험에서, 고깃가루 없이 소리만 제시된 몇 번의 실험을 통해 타액 분비는 소거되는 것을 알 수 있었다. 약 10번의 소거 실험 후, 개는 더 이상 타액을 분비하지 않았다. 즉, 소리가 울릴 때, 더 이상 CR이 나타나지 않았다.

Rubberball/Mike Kemp/Getty Images

우리가 파블로프의 개에게서 타액 분비를 소거시킨 후, 며칠이 지나 다시 소리를 내면 어떻게 될까?

개가 다시 CR(이 경우 소리에 반응하여 타액 분비)을 보여줄 거라 예상했다면 당신이 옳았다. 유기체는 시간이 지남에 따라 소거된 CR을 **자발적으로 회복**(spontaneous recovery)하는 경향이 있다. 이러한 이유로, 소거라는 용어는 약간의 오해의 소지가 있을 수 있다. 한 종의 동물이 멸종하는 경우, 번식할 수 있는 구성원들이 죽은 상황으로 그 종은 사라진다. 그러나 CR의 실험적인 소거는 영구적인 소거로 이어지지는 않는다. 오히려, 소거는 반응을 억제하게 된다.

진화심리학자들은 소거와 마찬가지로 자발적 회복 또한 적응력이 있다고 말한다. 야생에 있는 물웅덩이에는 일년 중 몇 달 동안만 물이 채워져 있을 수 있다. 그러나 진화는, 물웅덩이를 때때로 갈증과 연관시키는 동물의 생존을 선호하는 방향으로 이루어져, 물웅덩이에 다시 물이 채워졌을 때 동물들이 그 곳으로 돌아가도록 한다.

시간이 흐르고 계절이 변하면 때때로 순환경로를 따라 이전의 위치로 돌아온다. 자발적 회복은 유기체가 때때로 반복되는 상황에 적응하도록 도와준다.

4. 일반화 및 변별

그 어떤 대상도 완전히 똑같을 수는 없다. 신호등들은 서로 약간 다른 높이에 매달려 있으며, 빨강과 초록의 음영은 미세하게 다르다. 두 마리의 개가 짖는 소리도 서로 다르며, 같은 동물이 내는 소리라도 첫 번째 소리와 다음 번 소리는 다르다.

덤불의 바스락거리는 소리는 매번 다르겠지만, 진화는 덤불의 바스락거리는 소리에 도망치는 토끼와 사슴의 생존을 더 선호하는 방향으로 이루어진다. 적응은 우리로 하여금 기능적으로 같은 자극에 유사하게 반응(자극 **일반화**, generalization)하고, 그렇지 않은 자극에는 다르게 반응(자극 변별)할 것을 요구한다.

Hedrus/Shutterstock.com

성공적인 자발적 회복에 관한 사례

물웅덩이는 때때로 마르고 계절이 변함에 따라 다시 물로 채워질 수 있다. 진화는 시간이 지나도 물웅덩이를 갈증과 계속 연관시키는 동물의 생존에 유리할 것이다. 그 이유는 물웅덩이로 되돌아가면 물을 찾는 데 성공할 수 있기 때문이다.

자발적 회복(spontaneous recovery) 시간 경과에 따른, 소거된 반응의 회복

일반화(generalization) 조건화에서, 조건화된 자극과 유사한 자극에 의해서도 CR이 유발되는 경향

파블로프는 상이한 자극에 대해 그것들이 기능적으로 동등한 것처럼 반응하는 것(일반화된 반응)이 동물들의 적응과정이라고 언급했다.

일반화는 애초 반응에 조건화된 자극과 유사한 자극에 의해 CR이 유발되는 경향을 가리킨다. 예를 들어, 파블로프가 개에게 원을 보여주면 침을 분비하게 됨으로써 일반화를 증명했다.

그 개는 다른 닫힌 도형들, 심지어 정사각형을 보고도 타액을 분비했다. 도형의 모습이 원과 비슷할수록 타액 분비물은 증가했다. 그러나 음식이 원의 형태를 따르고 사각형이 아니라면 어떻게 될까?

유기체는 (1) 유사하다고 생각되는 많은 자극들이 기능적으로는 다르며 (2) 각각에 대하여 별도로 적응해야 한다는 것을 배워야 한다. 예를 들어, 생후 몇 달 동안 아기는 어머니의 목소리를 다른 여성의 목소리와 구별하는 법을 배우게 된다. 아기는 종종 어머니의 목소리가 들릴 때 울음을 멈추지만, 낯선 사람의 말이 들릴 때에는 계속 운다.

파블로프는 원에 반응하여 타액을 분비하도록 훈련된 개가 타원에 대하여는 타액을 분비하지 않도록 훈련될 수 있음을 보여주었다. 여러 번의 소거 실험 후, 개는 더 이상 타원에 반응하여 타액을 분비하지 않았다. 대신, **변별**(discrimination)의 모습을 보여주었다: 개는 오직 원에 대한 반응으로만 타액을 분비했다.

파블로프는 변별 작업의 난이도를 높이는 것이 개를 괴롭게 한다는 사실을 발견했다. 파블로프는 개를 타원이 아닌 원을 보고 타액을 분비하도록 훈련시킨 후, 점차적으로 더욱 둥근 타원을 보여 주었다. 결국, 개는 더 이상 타원을 원과 구별할 수 없게 되었다.

개는 스트레스를 받아 배뇨, 배변을 했으며 심하게 짖고, 실험실 직원을 물려고까지 했다. 개의 공격적인 행동을 어떻게 설명해야 할까? 80년 전에 쓰여진 고전 작품인 〈좌절과 공격〉에서 행동주의 성향의 심리학자 그룹은 좌절이 공격성을 유발한다고 언급했다(Dollard et al., 1939).

타원과 원을 구별하지 못하는 것이 왜 좌절스러울까?

변별 조건화에서 유기체가 CS와 UCS를 예측하지 않는 유사 자극을 구별하려는 경향

고순위 조건형성(higher-order conditioning) 이전에 관심이 없던 자극(중립 자극)이 CS와 반복적으로 동시성을 이룸으로써 그 조건화된 자극에 의해 야기되는 반응을 이끌어 내는 고전적인 조건형성 절차

우선, 구별을 하면 음식과 같은 보상이 주어졌다.

개가 이를 달성하지 못하면 음식을 먹을 수 없었다. 그러나 인지 이론가들은 다르게 보았다(Hilton, 2012; Rescorla, 1988). 그들은 파블로프의 실험에서 타원이 점점 원형이 됨에 따라 개는 환경에 대한 인지적 구도를 적응시키는 능력을 상실했기 때문에 좌절했다고 말한다.

일상생활은 일반화와 변별을 필요로 한다. 우리는 다른 도시로 여행할 때 호텔에 머무를 것으로 기대하기 마련이다. 다행히 워싱턴의 녹색 불빛은 파리의 녹색 불빛과 같은 의미를 지닌다.

그러나 저녁에 집으로 돌아오려면 우리 집과 다른 사람들의 집을 구별할 수 있는 능력이 필요하다. 만약, 우리가 우리의 친구 또는 동료들을 다른 사람들과 구별할 수 없다면 혼란스러울 수밖에 없을 것이다.

5. 고순위 조건형성

뜨거운 난로를 만져서 화상을 입은 어린이의 경우를 생각해 보자. 이 경험 후, 어린이에게 난로는 두려움을 불러일으키는 대상이 된다. 그리고 난로라는 단어를 듣는 것만으로도 두려움이 생길 수 있다.

어른이 미소를 지으며 '키치쿠(kitchie-coo)'라고 한 다음 유아의 발을 간지럽혔던 작은 실험을 상기해 보라.

몇 번의 반복 후에는, 미소만 지어도 아기가 발을 오므린다. 뜨거운 난로를 만지고 유아의 발을 간지럽히는 경험은 고순위 조건형성의 한 예이다.

고순위 조건형성(highter-order conditioning)에서는, 이전의 자극들(예를 들어, 난로라는 말을 듣거나, 간지럼을 태웠던 어른이 방에 들어오는 것을 보는 것)이 이미 학습된 자극이나 CS(예 : 난로를 보거나 '키치쿠(kitchie-coo)'라는 문구를 듣는 것)와 반복적으로 짝을 이룬 후에 직접 학습된 자극 또는 CS로써 작용하게 된다.

파블로프는 먼저 개가 소리에 반응하여 타액을 분비하게 함으로써 고순위 조건형성을 보여주었다. 그런 다음 빛을 비추는 것과 소리를 반복적으로 짝지었다. 짝을 지어 반복 시행한 후, 빛(고순위 조건형성된 자극)을 비추면 소리(1차 CS)에 의해 유발된 반응(타액 분비)을 불러일으켰다.

5-3 고전적 조건형성의 적용

고전적인 조건형성의 가장 중요한 응용 분야들 중에는 공포조건 형성과 공포의 역조건 형성 또는 소거가 있다. 우리가 논의하는 두려움 감소법은 행동 치료의 일부이며 13장에서 자세히 설명하고 있다.

1. 맛혐오(Taste Aversion)

Bronx에서 살던 어린 시절, 나는 토요일 아침이면 친구들과 영화를 보러 가곤 했다. 어느 날 친구들이 나에게 버터 팝콘 두 큰 컵을 먹어 보라고 부추겼다.

TRUTH

Ⓣ F 한 번의 메스꺼운 식사를 하게 되면 수 년간 지속되는 맛혐오를 초래할 수 있다.

한 번의 메스꺼운 식사가 수 년간 지속되는 맛혐오를 초래할 수 있음은 사실이다. 진화 심리학자들은 맛혐오를 생존에 유리한 현상으로 보았다.

나는 버터 팝콘 한 컵은 아무 문제없이 먹을 수 있었지만, 두 번째는 억지로 쑤셔 넣게 되었다. 나는 더부룩함과 어지러움을 느꼈고, 당분간 팝콘을 못 먹을 것이라고 생각했다. 실제로 놀랍게도 그 후 나는 버터 팝콘을 1년 동안 쳐다보지도 못하게 되었다.

심리학자들은 버터 팝콘에 대한 나의 반응을 맛혐오라고 지칭한다. 수십 년이 지난 지금까지, 버터 팝콘의 독특한 냄새에 여전히 속이 뒤집힌다. 한 번의 메스꺼운 식사는 몇 년간 맛혐오를 유발할 수 있다. 맛혐오는 고전적인 조건형성의 흥미로운 예이다. 그것은 유기체에게 유해한 음식을 피할 동기를 부여하므로 적응적이다.

심리학자들은 단 한 번의 나쁜 경험으로도(즉, UCS와 CS가 한 번만 동시에 이루어져도) 맛혐오가 학습될 수 있다고 했다. 진화 심리학자들은 맛혐오의 빠른 습득이 인간 또는 동물이 생존하고 번식할 가능성을 더 높여 준다고 말했다.

RubberBall/Alamy Stock Photo

맛혐오는 몇 가지 측면에서 다른 종류의 고전적 조건형성과 다르다. 첫째, 단 한 번의 연계만으로 가능하다. 나는 한 번의 팝콘 과다 섭취로 평생 팝콘을 혐오하게 되었다. 둘째, 대부분의 고전적인 조건형성에서는 UCS와 CS 사이의 짧은 시간간격이 요구되지만, 맛혐오에서는 UCS(메스꺼움)가 CS(음식의 맛)보다 몇 시간 후에 발생할 수 있다.

맛혐오의 진화 맛혐오 또한 유기체가 시간적으로 연결된 자극들을 서로 연관시키도록 학습한다는 관점이다. 실제로 모든 자극이 동일하게 만들어지는 것은 아니다. 진화론적 관점에서는 동물(및 인간)들이 환경에 적응할 수 있는 방향으로 혐오감을 형성하도록 생물학적인 준비가 되어 있다고 한다(McNally, 2016; Mieth et al., 2015).

맛혐오를 빨리 습득하는 사람들은 독성있는 음식을 섭취할 가능성이 적고 생존, 번식해서 유전자를 미래 세대에 존속할 가능성이 높다.

앞선 연구에서 Garcia와 Koelling(1966)은 두 그룹의 쥐들을 실험하였다. 각 그룹은 세 부분으로 구성된 동일한 CS에 노출되었다: 단맛의 물, 빛, 그리고 클리커(딸깍 소리가 나는 장비). 한 그룹의 쥐는 방사선이나 독에 의해 메스꺼움을 경험하도록 유도되었고, 다른 그룹에게는 전기 충격을 가했다.

조작이 가해진 후, 메스꺼움을 느낀 쥐 그룹은 단물에 대한 혐오를 보였지만 빛이나 클리커에는 그렇지 않았다. 세 가지 자극이 동시에 가해졌지만, 쥐는 오직 맛혐오만을 갖게 되었다.

전기 충격을 받은 쥐 그룹은 빛과 클리커를 혐오했지만 단물에 대한 맛혐오는 보이지 않았다. 자연 속에서 메스꺼움은 빛이나 소리보다는 독이 든 음식에서 비롯될 가능성이 높다. 따라서 메스꺼움을 느낀 쥐에게는 맛혐오가 생기는 것이 당연했다.

반대로 통증은 빛(예 : 불, 번개)과 날카로운 소리(예 : 잔가지들이 부러지는 소리, 물체가 떨어지는 소리)와 관련된 자연 현상에서 비롯될 가능성이 높다. 따라서, 전기 충격을 받은 동물은 단물보다는 빛과 클리커에 대한 혐오감을 형성한 것이다.

고전적인 조건형성에서 유기체는 소리와 같은 자극을 음식과 연결하는 법을 배운다. 이제 자극들 사이의 연결이 끊어졌을 때 발생하는 현상에서부터 시작하여 고전적 조건형성의 다양한 요소들을 알아보자.

2. '리틀 앨버트' : 정서적 반응의 고전적 조건형성

1920년 왓슨(John B. Watson)과 그의 미래의 아내 레이너(Rosalie Rayner)는, 두려움과 같은 감정적 반응이 고전적 조건형성의 원리를 통해 습득될 수 있다는 그들의 실험을 설명하는 기사를 발표했다.

그들의 실험 대상은 '리틀 앨버트'라는 이름으로 심리학 문헌에서 알려진 아이였다. 아이는 실험 이전에 실험용 쥐를 가지고 노는 것을 즐겼다.

왓슨은 앨버트가 쥐와 놀 때 머리 뒤에서 강철 막대를 부딪쳐 놀라게 했다. 7회의 이와 같은 실험 후, 큰 소리가 중단되었음에도 불구하고 앨버트는 쥐에 대한 두려움을 보였다. 이러한 앨버트의 두려움은 토끼나 털옷처럼 쥐와 유사한 형태의 물체에게까지 일반화되었다.

쥐에 대하여 조건형성된 앨버트의 두려움은, 고통스런 결과없이(UCS가 없을 때) 쥐를 지각하여야만(CS) 소거가 가능할 것이다.

조작적 조건형성에 관한 부분에서 살펴본 바와 같이, 털이 난 동물에 대한 기피는 두려움의 환원으로 인해 더욱 강화되었을 수 있다.

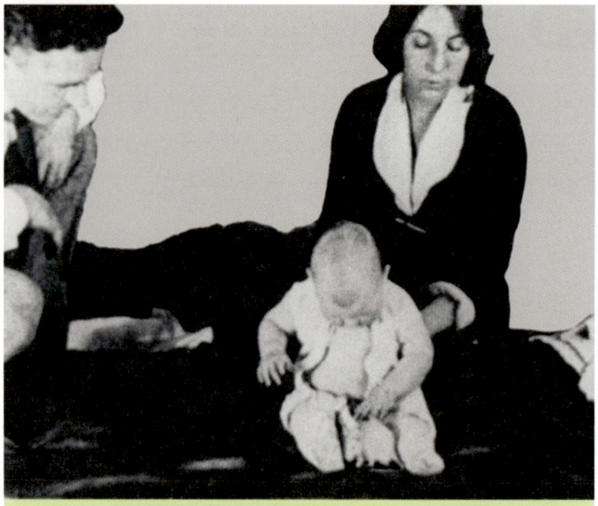

심리학 역사에 한 획을 그은 중요한 실험으로 소개되었던 '앨버트(Little Albert)' 실험. 존 왓슨과 로잘리 레이너는 소년이 동물과 놀 때 뒤에서 큰 소리를 내어 쥐를 두려워하도록 조건화하였다. 많은 심리학자들은 해당 실험이 비윤리적이라고 주장했다.

두려움에 대한 준비성과 조건형성 왓슨과 레이너는 앨버트에게 쥐에 대한 두려움을 쉽게 주입시켰지만 그가 꽃이나 화분을 두려워하게끔 훈련할 수 있었을까? 아마 어려울 것이다. 오만(Arne Ohman)과 미네카(Susan Mineka, 2003)가 제안한 것처럼, 인간(및 기타 영장류)은 진화에 의해 자신에게 해가 되는 뱀과 같은 특정 동물에 대한 두려움이 **생물학적으로 준비**되어 있을 수 있다.

즉, 사람들은 천둥, 날카로운 물건, 어둠, 그리고 높은 곳을 두려워할 준비가 되어 있다. 이 모든 것들은 조상들에게 위험 요소였을 뿐만 아니라, 현대인에게도 여전히 위협이 될 수 있다(Mineka & Oehlberg, 2008; Simpson & Campbell, 2016).

생물학적 준비성(biological preparedness) 유기체의 생물학적 구성으로 특정 종류의 CR이 획득된 상태

역조건 형성 기분 좋은 자극을 두려움 유발 자극과 연관시켜서 그 두려움을 감소하는 기법

홍수법(flooding) 고전적 조건형성의 원리에 기초하여 두려움을 감소시키는 행동 기법; 실제 해가 없는 상태에서 두려움을 유발하는 자극(CS)을 지속적으로 제시함으로써 두려움 반응(CR)이 소거된다.

3. 역조건 형성

역조건 형성에서 유기체는 이전에 조건형성된 반응과는 호환되지 않는 방식으로 자극에 반응하는 법을 배운다. 예를 들어, 긴장이완은 두려움의 반응과 호환되지 않는다. 역조건형성의 기본적인 논리는 다음과 같다:

왓슨이 보여 주듯이 두려움이 쨍그랑거리는 소음 같은 고통스러운 경험에 의해 조건화될 수도 있다면, 아마도 즐거운 경험을 대체함으로써 두려움이 반대방향으로 조건화될 수 있다.

TRUTH

(T) F 심리학자들은 토끼를 무서워하는 소년에게 가까이 갈 때마다 쿠키를 먹게 함으로써 두려움을 극복하도록 도와주었다.

심리학자들이 어린 소년에게 토끼를 점점 더 가까이 데려가는 동안 쿠키를 먹도록 함으로써 토끼에 대한 두려움을 극복하도록 도운 것은 사실이다. 그들은 쿠키를 먹는 즐거움이 두려움을 역조건화시켰다고 믿는다.

1924년에 왓슨의 제자 존스(Mary Cover Jones)는, 피터라는 두 살짜리 아이의 두려움을 역조건화하려고 시도했다.

피터는 토끼를 무서워했다. 그가 사탕과 쿠키를 먹을 동안 존스는 토끼를 점점 더 가까이 데리고 갔다. 피터가 맛있게 먹고 있을 동안 존스는 우선 토끼를 방의 먼 구석에 두었다. 피터는 경계하는 눈으로 바라보았지만 계속해서 맛있는 간식을 먹었다.

몇 달에 걸쳐 토끼를 점점 더 가까이 데려갔고, 어느 순간 피터는 간식을 먹는 동시에 토끼를 만지게 되었다. 존스는 먹는 기쁨이 두려움과 양립할 수 없다고 이론화하고 그것을 역조건화하였다.

4. 홍수법 및 체계적 둔감법

존스가 만약 점차적으로 토끼를 가까이 데려가 마침내 피터의 무릎에 털썩 올려놓았다면 이것을 **홍수법**이라고 할 수 있다. 홍수법은 역조건형성과 마찬가지로 두려움을 줄이기 위한 행동 치료법이다. 그것은 소거의 고전적 조건형성 원리에 기초하고 있다(Green et al., 2017).

홍수법에서 대상자는 두려움이 사라질 때까지 계속해서 두려움을 불러 일으키는 자극에 노출된다. 예를 들어, 리틀 앨버트의 경우 그의 두려움이 사라질 때까지 쥐를 가까이에 두거나 접촉시켰을 수 있다. 소거의 경우, UCS(강철 막대의 부딪침 소리)가 없는 상황에서 CS(쥐)는 CR(두려움)이 더 이상 발생하지 않을 때까지 반복적으로 제시된다.

홍수법은 일반적으로 효과적이지만 불쾌한 경험이다.(당신이 쥐를 두려워하는데 쥐가 있는 방에 남겨지는 것은 반가운 일은 아닐 것이다.)

이런 이유로 행동 치료사들은 흔히 **체계적 둔감법** 방식을 선호한다. 이 경우 대상자는 편안한 상황에서 두려움을 불러일으키는 자극에 노출된다(Kaskas et al., 2017).

예를 들어, 리틀 앨버트는 편안한 상태에서 쥐의 사진을 보거나 쥐가 가까이 오기 전에 먼 거리에서 쥐를 볼 기회를 얻었을 수 있다. 체계적 둔감법은 홍수법보다 시간이 오래 걸리지만 불쾌하지는 않다.

어떠한 경우에서든, 사람들은 단순한 연계를 통해 학습할 수 있다. 진화론적 관점에서 볼 때, 조건형성과 의식적 성찰을 포함하여 복수의 경로로 학습할 수 있는 유기체들은, 단지 조건형성만으로 학습 경로가 제한되어 있는 유기체들보다 생존 가능성이 더 높다.

5-4 조작적 조건 형성 : 무엇을 위해 무엇을 하는가에 대한 학습

고전적인 조건 형성을 통해 우리는 자극을 연관시키는 법을 배운다. 그 결과, 한 자극에 대한 수동적인 반응은 또 다른 자극에 대한 반응으로 일어나게 된다. 리틀 앨버트의 경우, 쨍그랑거리는 소음이 쥐와 연관되어 졌다.

그 결과, 쥐는 쨍그랑거리는 소리가 불러일으키는 두려움을 유발하게 되었다. 그러나 고전적 조건 형성은 이러한 상황에서 발생하는 하나의 학습방식일 뿐이다. 앨버트가 쥐에 대한 두려움을 가진 후, 그의 행동이 자발적으로 바뀌었다. 그는 두려움을 줄이기 위한 방법으로 쥐를 피하려고 했다. 따라서 앨버트는 다른 종류의 학습, 즉 조작적 조건 형성에 참여한 것이다.

조작적 조건 형성에서 유기체는 그 행동의 결과로 인해 어떠한 일을 하거나 하지 않도록 학습된다. 예를 들어 나는 메스꺼움을 예방하기 위해 버터 팝콘을 기피했다.

존스(Mary Cover Jones)는 왓슨과 레이나의 리틀 앨버트 실험에 대한 후속 실험으로, 두려워하는 대상을 즐거운 경험과 연관시킴으로써 두려움을 역조건화시킬 수 있음을 보여주었다. 그녀는 두 살짜리 아이에게 쿠키와 사탕을 먹이면서 아이가 두려워하던 토끼를 점점 더 가까이 데려가게 되었다.

jsolpietro/Shutterstock.com

체계적 둔감법(systematic desensi-tization) 사람이 편안한 상태를 유지하는 동안 여러 강도의 두려움 유발 자극을 점차적으로 제시함으로써 두려움을 감소시키는 행동 기법

또 우리는 목이 마르면 물을 찾고, 성적으로 흥분될 때는 성관계를, 너무 덥거나 추우면 21℃~23℃ 정도의 환경을 찾게 된다.

고전적 조건형성은 유기체가 어떻게 환경에 대한 기대를 형성하는지에 중점을 두는 반면, 조작적 조건형성은 그들이 어떻게 대처하는지에 중점을 둔다. 손다이크와 스키너가 조작적 조건형성에 기여한 내용을 살펴보자.

1. 손다이크와 효과의 법칙

1890년대에 불가사의하게도 길 잃은 고양이들이 할렘의 골목길에서 사라지고 있었다. 그 후 일부가 컬럼비아 대학교 박사 과정생인 손다이크(Edward L. Thorndike, 1874~1939)의 연구실로 옮겨졌다.

손다이크는 학습에 대한 보상과 처벌의 효과에 관한 실험에서 그들을 실험대상으로 이용하고 있었다.

손다이크는 고양이를 '퍼즐 박스'에 넣었다. 고양이가 매달려 있는 끈을 잡아 당기게 되면 자물쇠가 풀려, 음식이 담긴 그릇으로 뛰쳐나갈 수 있었다.

고양이들은 퍼즐 박스에 처음 놓여지면 철근과 봉우리를 할퀴거나 깨물곤 했다. 이러한 임의의 행동 속에서 고양이들이 우연히 줄을 잡아당기게 되는 데는 3~4분 정도가 걸릴 수 있다. 그러나 이것이 반복되면 걸리는 시간이 점점 줄어들고, 7~8회 시도한 후에는 고양이를 넣자마자 즉시 줄을 당길 수 있다.

손다이크는 고양이가 끈을 당기는 법을 학습한 현상을 **효과의 법칙**으로 설명했다.

즉, 끈 잡아당김과 같은 반응은 손다이크의 말을 빌리자면 보상(상자에서 빠져나와 먹는 것)에 의하여 특정상황(이를 테면 퍼즐 박스 안에 있는 상황)에서 '**강화**'될 것이다.

그러나 처벌하는 경우, 다시 반응이 '**약화**'(stamped out)될 것이라고 했다. 즉, 유기체는 처벌을 받지 않는 방식으로 행동하도록 학습할 것이다. 뒤이어 우리는 처벌이 학습에 미치는 영향이 확실하지 않다는 것을 살펴볼 것이다.

그림 5.3 비둘기 프로젝트

제2차 세계대전 중에 스키너는 미사일을 목표물로 정확히 유도하기 위하여, 군사 목표물 이미지를 쪼도록 훈련 받은 비둘기들을 활용할 것을 제안했다. 그러나 이는 실현되지 않았다.

2. 스키너와 강화

특이한 전쟁 이야기로는 스키너(Burnkus F. Skinner, 1904~1990)의 이야기가 단연 최고일 것이다. 스키너의 전시 노력 중 하나는 '비둘기 프로젝트(Project Pigeon)'였다.

제2차 세계대전 중에 스키너는 비둘기로 하여금 미사일을 목표물로 유도하도록 훈련시킬 것을 제안했다. 그 훈련은 비둘기들이 스크린에 투사된 목표물을 쪼도록 음식 알갱이들로 유인한다는 것이었다(그림 5.3 참조).

훈련이 끝난 비둘기들은 미사일에 배치된다. 화면에 표시된 비슷한 목표물들을 쪼아댐으로써 미사일의 비행경로는 수정되어 '적중'하게 되고 비둘기는 희생된다. 그러나 비둘기 장비가 너무 큰 데다 스키너의 제안은 진지하게 받아들여지지 않았으므로, 이러한 미사일 제조 계획은 무산되었다.

비록 비둘기 프로젝트는 무산되었지만, 스키너가 프로젝트에 적용했던 학습 원리는 폭넓게 이용되었다. 스키너는 비둘기와 다른 동물들로 하여금 **조작적 행동**, 즉, 환경에서 반응하거나 환경을 조작하는 행동에 참여하도록 가르쳤다.

고전적 조건형성에서는 타액 분비 또는 안구 깜박임과 같은 비자발적 반응들이 종종 조건형성된다.

효과의 법칙(law of effect) 유쾌한 경험은 반응을 강화(stamp in)시키고 불쾌한 경험은 이를 약화(stamp out)시키는 것으로 보는 손다이크의 관점.

강화(stamped in) 반응의 빈도를 증가시키도록 어떠한 자극을 해당 반응에 연이어 제공하는 것

TRUTH

Ⓣ F 제2차 세계대전 동안 심리학자 스키너(B.F. Skinner)는 비둘기가 미사일을 목표물로 유도하도록 훈련시킬 것을 제안했다.

스키너가 제2차 세계대전 중에 목표물로 미사일을 유도하는 데 비둘기를 활용할 것을 제안한 것은 사실이다. 그러나 그 제안은 실현되지 않았다.

조작적 조건형성에서는 목표물 쪼기, 레버 누르기 또는 테니스 경기에 필요한 기술과 같은 자발적인 반응들이 습득되거나 조건형성된다.

따라서 **조작적 조건형성**에서 유기체의 어떠한 행동은 그 행동의 효과 때문에 나타나는 단순한 형태의 학습이라고 정의된다. 자발적 조건화에서 우리는 음식, 포옹, 우수한 시험 성적, 관심, 또는 사회적 인정과 같은 만족스러운 결과로 이어지는 조작적 행동에 관여하는 법을 배운다. 이러한 행동은 단순히 **조작**(operant)이라고 일컫기도 한다.

예를 들어, 일부 어린이들은 부모와 교사의 관심과 인정을 얻기 위해 사회적 규칙을 따르는 법을 배운다. 아이러니하게도, 어떤 어린이들은 관심을 받기 위해 '잘못된 행동'을 하는 법을 배울 수도 있다.

특히, 아이들은 '좋은' 행동이 일상적으로 무시될 때 '나쁜' 행동을 하게끔 학습될 수 있다. 학교에서 좋은 성적을 내지 못하는 일부 아이들은 엇나간 친구들로부터의 인정을 요구한다(Wentzel & Muenks, 2016).

3. 조작적 조건형성의 방법

스키너는 많은 이론적 · 기술적 혁신을 이루었다. 그 중에는 레버를 누르는 것과 같은 개별 행동을 행동의 한 단위 또는 유형으로 한 연구가 있었다. 다른 심리학자들은 유기체들의 생각이나 느낌에 집중했을지 모르지만, 스키너는 측정 가능한 그들의 행동에 초점을 맞추었다.

많은 심리학자들은 이러한 종류의 행동이 특히 인간의 행동을 설명하고 예측할 때 중요하지 않다고 말했다. 그러나 스키너의 지지자들은 각 행동에 초점을 맞추는 것이 잠재적으로 이로운 변화를 유도할 수 있다고 지적한다.

예를 들어, 심리학자는 우울증 극복을 돕기 위해 환자의 '감정'에 초점을 맞출 수 있다.

그림 5.4 '스키너 상자' 속의 쥐

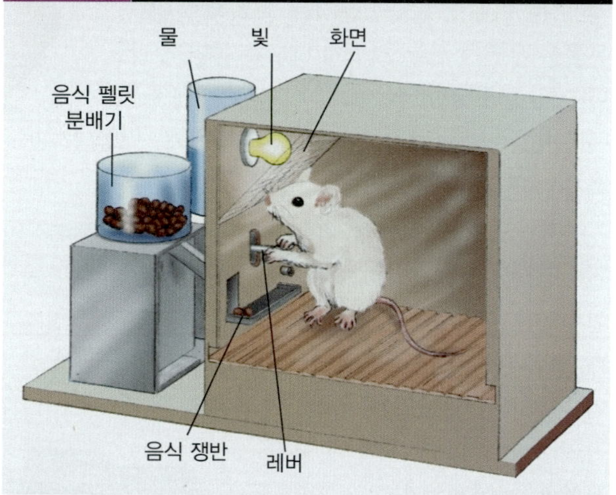

스키너는 쥐와 비둘기를 대상으로 한 조건화를 사람의 학습에 대해 설명하는 '모델'로 이용하였다. 그 상자를 통해 그는 동물의 환경을 통제함으로써 환경이 동물의 행동을 어떻게 결정했는지 보여줄 수 있었다. 스키너의 접근 방식은 사고와 의사 결정의 역할에 전혀 비중을 두지 않았다.

스키너 지지자들은 '우울한 사람'이 하는 일의 유형을 목록화(및 수정)하는 데 중점을 둘 것이다. 우울한 행동을 직접 수정하면 '우울증'에 대한 환자의 자기평가가 개선될 수도 있다.

조작적 행동을 연구하기 위해 스키너는 스키너 상자(Skinner box)라고 명명된 동물 우리(또는 '조작적 공간')를 고안했다.(이러한 상자는 그림 5.4를 참고하라.)

동물 우리는 실험 조건들을 조심스럽게 도입하거나 제거하기에 좋고, 실험실 동물에 대한 그 영향을 관찰할 수 있게 해주기 때문에 매우 이상적인 도구이다.

그림 5.4의 쥐는 음식을 빼앗기고 한쪽 끝에 레버가 달린 스키너 상자에 넣어졌다. 처음에 쥐는 상자 주위를 킁킁거리며 무작위적으로 행동했다. 쥐가 레버를 처음 누른 것은 우연에 의한 것이었다. 그러나 이 행동으로 인해 음식 부스러기가 상자 안에 떨어졌다.

이 음식 부스러기는 쥐가 레버를 다시 누를 확률을 높였다. 따라서 음식 부스러기는 레버 누르는 행동을 강화했다고 표현할 수 있다.

조작적 행동(operact behavior) 환경을 이용하거나 조작하는 행동

조작적 조건형성(operant conditioning) 유기체가 강화를 통해 어떤 행동을 하도록 배우는 단순한 형태의 학습

조작(operant) 조작적 행동과 동일한 의미

조작적 조건형성에서 첫 번째 '올바른' 반응이 왜 또는 어떻게 발생했는지는 중요하지 않다. 동물은 우연히 또는 그렇게 하도록 물리적으로 인도되어 행동할 수 있다. 당신은 개에게 "앉아!"라고 명령한 다음 실제로 앉을 때까지 개의 뒤쪽을 아래로 누를 수 있다.

마지막으로, 당신은 음식을 주거나 머리를 쓰다듬거나 칭찬을 통하여 앉는 행동을 강화한다. 동물 조련사들은 물리적인 인도 또는 유혹을 이용하여 첫 번째 '올바른' 반응을 유도한다. 개가 앉거나 구를 때까지 기다렸다가 기회를 포착하여 훈련시키려면 시간이 얼마나 걸릴지 상상할 수 있겠는가?

물론, 사람의 경우 철자법이나 덧셈 또는 기계 조작과 같은 작업을 배울 때 단지 구두로도 원하는 반응을 얻을 수 있다. 그러나 그들은 올바른 반응을 했을 때 이 사실을 인지하게끔 공지받아야 한다. 흔히 사람들이 새로운 기술을 학습하는 데 있어 그 결과를 알고 있는 것만 해도 충분한 강화 효과로 작용할 수 있다.

Nina Leen/Time Life Pictures/Getty Images

스키너는 자신의 이러한 조작적 공간을 '스키너 상자'라고 부르지 말라고 요청했지만 역사는 지금까지 그의 바람을 존중하지 않고 있다.

4. 강화물의 종류

스키너 상자에서 반복적으로 레버를 누르거나, 퀴즈를 공부하는 등과 같은 이전의 반응들이 나타날 확률을 증가시키는 모든 자극을 '강화물'이라 한다. 강화물에는 동물이 음식을 빼앗겼을 경우의 음식 알갱이, 갈증을 느낄 때의 물, 짝짓기 기회, 그리고 이전에 식사와 연관지어진 소리 등이 포함된다. 스키너는 정적 및 부적 강화물과 1차 및 2차 강화물을 구분했다.

정적 및 부적 강화물 **정적 강화물**(positive reinforcers)은 그것이 적용되었을 때 특정한 행동이 일어날 가능성을 증가시킨다. 음식과 인정은 일반적으로 정적 강화물 역할을 한다.

부적 강화물(negative reinforcers)은 그것이 제거됨으로써 특정 행동이 일어날 가능성을 증가시킨다(그림 5.5 참조). 사람들은 종종 일이 잘못될 것을 두려워할 필요가 없도록 미리 계획하는 법을 배운다.

이러한 경우, 두려움이 제거되면 미리 계획하는 것과 같은 행동의 반복 확률이 높아지기 때문에 두려움은 부적 강화물 역할을 한다.

정적 강화물(positive reinforcer) 제시될 때 조작의 빈도를 증가시키는 강화물

부적 강화물(negative reinforcer) 제거될 때 조작의 빈도를 증가시키는 강화물

1차적 강화물(primary reinforcer) 학습이 아닌 유기체의 생물학적 구성에 기초하여 효과를 발휘하는 강화물

2차적 강화물(secondary reinforcer) 기존에 확립된 강화물과의 연계를 통해 강화작용으로써의 가치를 얻게 되는 자극

그림 5.5 정적 강화와 부적 강화

절차	행동	결과	행동의 변화
정적 강화의 사용	행동 (공부)	학생이 공부를 할 경우, 정적 강화물(교사의 칭찬) 제공	행동 빈도 증가 (학생의 공부 증가)
부적 강화의 사용	행동 (공부)	학생이 공부를 할 경우, 부적 강화물(교사의 칭찬이 중단) 제거	행동 빈도 증가 (학생의 공부 증가)

C. Sherburne/Photolink/Getty Images

니코틴은 단기적 강화로 작용한다. 금연의 어려움 중 하나는 니코틴의 강화가 강력하고 즉각적인 반면, 흡연으로 인한 건강 상실은 지연되고 불확실한 처벌 혹은 위협이라는 점이다.

즉각 강화물 및 지연 강화물 즉각 강화물은 지연 강화물보다 효과적이다. 따라서 행동의 단기적 결과는 종종 장기적 결과보다 더 많은 동기를 제공한다.

예를 들어, 어떤 학생들은 사교의 즐거움이 즉각적이기 때문에 공부해야 할 때 사교 행위를 한다.

공부의 성과는 기말시험이나 졸업 전까지 맛보지 못할 수 있다.(이것은 시험을 자주 치르는 어린 학생들의 성과가 더 좋은 이유이다.) 담배를 끊는 것이 어려운 이유는, 니코틴의 강화물이 즉각적인 반면, 건강에 미치는 흡연의 악영향은 시간이 지나서야 나타나기 때문이다.

단기 강화에 초점을 맞추는 것은 낯선 사람과의 성관계나 피임 실패와 같은 위험한 성관계와도 관련이 있다(Rettenberger et al., 2016; Shuper et al., 2010).

인간의 특징 중 하나는 행동의 장기적 결과를 예측하고 그에 따라 선택할 수 있는 능력이다. 그러나 다이어트를 하려는 사람 앞에 놓인 쿠키와 같은 즉각적인 강화물은 실제로 강력한 유혹이 될 수 있다.

1차 및 2차 강화물 우리는 또한 1차 및 2차(또는 조건) 강화물들을 구별할 수 있다. **1차 강화물**은 유기체의 생물학적 구조로 인해 효과적이다. 스키너는 자신의 조작적 공간을 스키너 상자라고 부르지 말라고 요청했지만 역사는 지금까지 그의 바램을 존중하지 않고 있다. 예를 들어, 음식, 물, 따뜻함(정적 강화물) 및 통증(부적 강화물)은 모두 1차적 강화물 역할을 한다.

2차적 강화물은 기존 강화물과 연계됨으로써 그 가치를 부여받는다. 이러한 이유로 그들은 **조건 강화물**이라고도 불린다. 우리는 돈이 1차 강화물과 교환될 수 있다는 것을 알기 때문에 그것을 추구한다.

5. 조작적 조건형성에서의 소거 및 자발적 회복

케이샤의 선생님은 검사한 숙제를 모두 돌려주기 전에 "잘했어요"라고 표시한다. 어느 날부터 선생님은 더 이상 숙제장에 아무 것도 표시하지 않는다. 그것으로 강화작용은 끝난다. 강화물은 반응을 강화하는 데 이용된다. 강화가 중단되면 어떻게 되는가?

파블로프의 실험에서 고깃가루는 타액 분비 직후에 나오면서 그 적절성을 확인시켜 주는 사건이었다. 조작적 조건형성에서 다음의 사건들은 강화물이다. 학습된 반응의 소거는 강화없이 반복되는 조작적 행동의 결과로 생긴다. 케이샤는 숙제를 완성하도록 하는 강화가 없으면 숙제를 더 이상 하지 않을 수 있다.

다시 말해서, 강화물들은 조작적 조건을 유지하거나 조작적 조건형성에서 습관적인 행동을 강화시킨다. 다행스럽게도 사람들은 스스로 칭찬함으로써 원하는 행동을 강화할 수 있다. 케이샤의 경우, 선생님이 그것을 인정해주든 않든 본인이 올바른 일을 하고 있다고 스스로에게 말할 수 있다.

학습된 반응의 자발적 회복은 고전적 조건형성뿐만 아니라 조작적 조건형성에서도 발생하거나 적응적이다.

봄이 오면 나뭇가지에 다시 부드러운 새싹이 나듯이, 강화물들도 시간이 지나면 다시 나타나게 된다.

6. 강화물 대 보상 및 처벌

강화물은 행동의 빈도를 증가시키는 자극으로 정의된다. 스키너는 강화물과 보상 및 처벌을 구별했다. 강화물은 그 효과로 알려져 있으며, 반면 보상과 처벌은 그에 대한 기분으로 더 잘 알려져 있다. 음식, 포옹, 다른 사람이 논쟁을 시작했음을 인정하는 등 대부분의 강화물들은 기분을 좋게 하거나 즐거운 경험일 수 있다.

그러나 손을 때리거나 교사의 못마땅함, 심지어 정학이나 방과 후 남아 벌서기 등 일반적으로 부정적 감정을 불러일으킬 것이라고 예상되는 것들도 어떤 사람들에게는 정적 강화물이 될 수 있다. 아마도 그러한 경험이 교사에 대한 반항을 확고히 해주거나 일탈적인 하위문화로의 소속감을 확인시켜 주기 때문일 것이다(Atkins et al., 2002; Chaplain, 2017).

조건 강화물(conditioned reinforcer) 2차 강화물을 가리키는 다른 용어

그림 5.6 부적 강화 대 처벌

절차	행동	결과	행동의 변화
부적 강화물의 사용	행동 (공부) →	학생이 공부를 할 경우, 부적 강화물(교사의 칭찬이 중단) 제거 →	행동 빈도 증가 (학생의 공부 증가)
처벌의 사용	행동 (수업시간에 떠들기) →	학생이 수업시간에 떠들 경우, 처벌(방과 후 나머지 학습) →	행동 빈도 감소 (수업시간에 덜 떠듦)

스키너는 강화의 개념을 보상의 개념보다 선호했다. 강화는 유기체(인간이든 동물이든)가 어떤 것을 유쾌해하거나 불쾌하게 느끼는지를 알기 위해 그것의 '머리 속으로 들어가려' 하지는 않기 때문이다. 어떤 것이 강화물인지는 과학적으로나 경험적으로 규명된다. 즉 어떤 종류의 자극이 행동의 빈도를 증가시키는지를 관찰함으로써 파악된다.

심지어 부적 강화물조차도 그들이 뒤따르는 행동의 빈도를 증가시키는 반면, 처벌은 그것을 감소시킨다(그림 5.6 참조). 처벌은 바람직하지 않은 행동을 빠르게 억제할 수 있으며(Marchant et al., 2013), 어린이가 뛰어서 길을 건너려고 할 때와 같은 '비상 사태'에서 타당할 수 있다.

> **"교육은 배운 것이 잊혀졌을 때 살아 남는 것이다"**
>
> B. F. Skinner,
> 미국 심리학자 (1904 – 990)

심리학자들은 정적 처벌과 부적 처벌을 구분한다. 두 종류의 처벌은 모두 기피하고픈 경험이며, 둘 다 뒤따르는 행동의 빈도를 줄인다. 정적 처벌은 때리기, 꾸짖기 또는 주차딱지를 떼는 것과 같이 원치 않는 행동을 줄이기 위해 불쾌한 자극을 적용하는 것이다.

부적 처벌은 반 아이들을 서로 떼어놓아 친구들끼리 수다를 떨 수 없게 하거나 스마트폰이나 태블릿 컴퓨터를 압수하여 학생이 딴생각을 못하게 하는 등 유쾌한 자극을 제거하는 것을 가리킨다. '타임 아웃(하던 행동을 멈추도록 명령하는 행위)'은 잘못 행동하는 어린이로부터 보상의 기회를 박탈하는 것이기 때문에 부적 처벌의 한 형태이다.

변별 자극(discriminative stimulus) 조작적 조건화에서 강화가 가능함을 나타내는 자극

연속 강화(continuous reinforcement) 모든 올바른 반응들이 강화되는 강화계획

부분 강화(partial reinforcement) 모든 올바른 반응들이 강화되지는 않는 여러 강화계획 중 하나

7. 변별 자극

스키너는 비록 비둘기를 미사일 운전석에 들여놓는 데 성공하지는 못했지만 신호등에 반응하도록 훈련시킬 수 있었다. 다음 실험을 시도한다고 상상해 보라: 벽에 버튼이 있는 스키너 상자에 비둘기를 넣는다. 잠시 동안 음식을 주지 않는다. 비둘기가 버튼을 쫄 때마다 음식물이 상자에 떨어진다. 비둘기는 곧 버튼을 쪼는 법을 배우게 될 것이다.

이제 상자 안에 작은 녹색 표시등을 넣고 하루 동안 간헐적으로 켜고 끄는 것을 반복한다. 녹색 표시등이 켜질 때마다 버튼을 쪼는 행위를 음식으로 강화한다. 비둘기는 얼마 걸리지 않아 빛을 차단한 상태에서는 버튼을 쪼든, 털을 다듬든, 소리를 내든, 날갯짓을 하며 돌아다니든, 얻는 게 매한가지라는 것을 학습하게 될 것이다.

녹색 표시등은 변별적인 자극이 되었다. 녹색 또는 적색 등과 같은 **변별 자극**(discriminative stimuli)은 행동(비둘기의 경우 버튼을 쪼는 것)이 강화될 것인지를(음식을 상자 안에 떨어뜨림으로써) 나타낸다. 강화되지 않은 행동(또는 조작)은 소거되는 경향이 있다. 즉, 이 실험에서 비둘기의 경우, 불이 꺼졌을 때 버튼을 쪼는 행동은 소거된다.

잠깐의 성찰을 통해 우리는 변별 자극이 우리의 행동에 영향을 미치는 여러 가지 방법을 떠올릴 수 있을 것이다. 전화벨이 울릴 때 전화를 받는 것이 더 효율적이지 않은가? 누군가가 화가 나있거나 당신을 못마땅해할 때, 그 사람에게 어떤 부탁을 하는 것이 현명하다고 생각하는가?

버튼을 쫄 때마다 음식을 상자 안에 떨어뜨리면, 이러한 버튼 쪼는 행동을 비둘기가 학습하게 됨을 보았다. 비둘기가 계속 버튼을 쪼게 하고 싶지만 갖고 있던 음식이 모두 동이 난다면 어떻게 해야 하는가? 이어지는 내용에서 살펴보듯이, 음식을 거의 주지 않고도 비둘기로 하여금 계속해서 버튼을 쪼아대도록 만들 수 있다.

8. 강화 계획

조작적 조건형성에서 어떤 반응들은 **연속 강화**를 통해 유지된다. 두꺼운 옷을 걸칠 때마다 당신은 매번 더 따뜻해질 것이다. 물을 마실 때마다 당신의 갈증은 더 해소될 것이다. 그러나 사람들이 슬롯 머신으로 돈을 탕진하는 것을 본 적이 있다면 행동이 **부분 강화**를 통해서도 유지될 수 있음을 알고 있을 것이다.

도박에 관한 속설은 견고한 학습이론에 기초한다. 처음에 많은 돈을 벌 수 있도록 게임을 세팅해 놓았다면 사람들을 도박에 푹 빠져들게 할 수 있다. 그런 다음 점차적으로 우승(강화물) 횟수를 줄여나가 결국에는 우승할 확률이 낮은 상황으로 도박을 지속시킨다. 부분 강화계획은 다른 행동에서와 마찬가지로 도박행위를 강화 없이도 오랫 동안 유지시킬 수 있다(James et al., 2017).

부분 강화로 유지되던 반응은 연속 강화로 유지되던 반응보다 소거에 대한 저항력이 더 높다(Yeung et al., 2014). 인지적 관점에서 볼 때, 부분 강화를 경험한 유기체는 모든 반응에서 강화가 있을 거라고 기대하지는 않는다고 볼 수 있다. 따라서 강화가 없을 때도 지속될 가능성이 높다.

기본적으로 강화계획에는 고정간격, 변동간격, 고정비율 및 변동비율의 네 가지가 있다.

간격 계획 **고정간격 계획**에서는 올바른 반응이 강화되기까지 고정된 시간(예 : 1 분)이 경과해야 한다. 고정간격 계획의 경우, 강화 이후에 유기체의 반응속도가 떨어지다가, 다시 강화가 일어날 시간이 다가오면서 또 증가한다. 예를 들어, 1분 고정간격 계획에서, 쥐가 첫 번째 조작, 이를테면 레버를 처음 누르는 행동에 대하여 1분 경과 후 음식물을 통해 강화된다.

쥐의 레버 누르는 속도는 각 강화 후에 느려지지만, 1분 간격의 끝이 가까워질수록 레버 누르는 빈도가 증가한다(그림 5.7 참조). 마치 쥐가 강화되기 전에 잠시 기다려야 한다는 것을 아는 것처럼 말이다. 누적 기록의 결과는 **고정간격 스캘럽**(fixed-interval scallop)이라고 하는 전형적인 일련의 상향 파동 또는 부채꼴 파동을 보여준다.

자동차 딜러는 그 해 여름과 가을에 재고 라인 구매에 대한 인센티브를 제공할 때 고정간격 강화계획을 사용한다. 어떤 의미에서 그들은, 현재 자동차가 폐기해야 할 상태이거나 자제력 없는 소비자를 제외하고는 그 이외 기간의 구매활동을 억제하고 있는 것이다.

마찬가지로, 통신원이 매일 일정시간에만 전자 메일을 보내는 경우, 당신은 언제나 특정 시간에만 메일 수신함을 확인하도록 학습하게 된다.

변동간격 계획에서 강화는 더욱 예측하기 힘들어진다. 따라서 반응속도는 더 느리지만 더 안정적이다.

그림 5.7 고정간격 스캘럽(The Fixed-Interval Scallop)

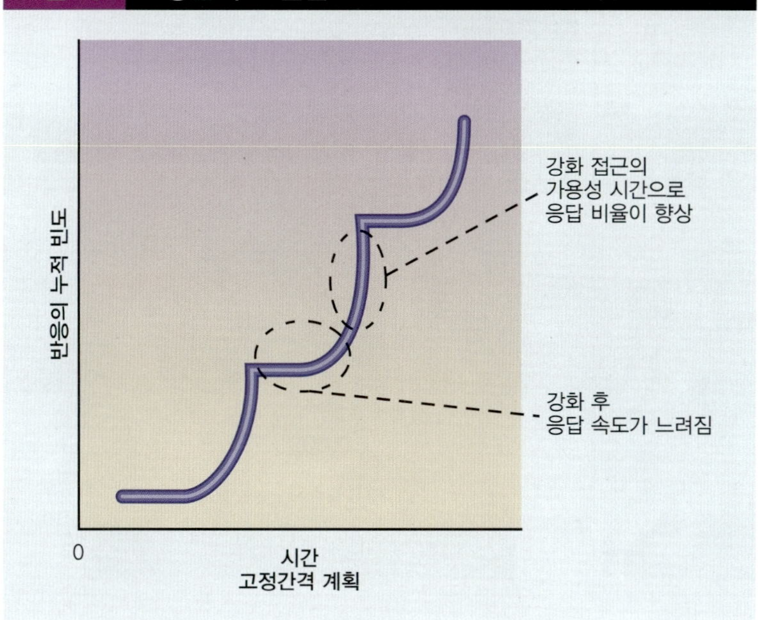

고정간격 계획(fixed-interval schedule) 강화가 가능한 이전 시간과 후속시간 사이에 일정시간이 경과해야 하는 계획

변동간격 계획(variable-inerval schedule) 강화가 가능한 이전 시간과 이후 시간 사이에 변동시간이 경과해야 하는 계획

TRUTH

Ⓣ F 슬롯머신을 하는 사람들은 그들이 언제 이길지 모르는 상황에서도 머신에 동전을 계속 집어넣는다.

슬롯머신을 하는 사람들이 그들이 언제 이길지 모르는 상황에서 계속 머신에 동전을 집어넣는다는 것은 사실이다. 강화의 불확실성은 행동의 빠른 반복으로 이어질 수 있다.

상사가 우리에게 매주 보고서를 요구한다면, 우리는 매주 기한 직전에 마무리를 하려고 애쓸 것이다. 이는 매주 쪽지시험이 있을 때 전날 밤 벼락치기 하는 경우와 같다.

그러나 상사가 언제든 특정 프로젝트의 진행 상황에 대한 보고서를 요청할 수 있다는 것을 알고 있다면(변동간격), 우리는 항상 합리적인 준비 상태를 유지할 것이다. 이 경우, 우리 노력의 강도는 고정간격 계획(예 : 주별 보고서)에서의 수준에는 미치지 못할 것이다.

마찬가지로, 정기적으로 예정된 쪽지시험보다 깜짝 쪽지시험을 볼 때 벼락치기를 할 가능성이 적다.

대신 깜짝 쪽지시험을 준비하기 위해 최소한 정기적으로 공부할 것이다. 또한, 통신원으로부터 들쭉날쭉한 시간에 전자 메일을 받을 경우, 전자 메일의 수신 여부를 정기적으로 확인할 동기가 줄어 든다.

비율 계획 **고정비율 계획**에서는 고정된 수의 올바른 반응이 이루어진 후 강화가 제공된다.

친구들은 일상생활에서 네 가지의 기본적인 강화계획에 따라 서로에게 영향을 미친다.

통근 열차는 일반적으로 정해진 간격으로 도착한다. 물고기들은 여러 다양한 간격으로 먹이를 무는 행위를 한다. 근로자는 그가 작업하는 양에 비례하여 급여를 받을 것이다. 슬롯머신의 도박꾼들은 변동비율 계획으로 상금을 탄다.

	고정	변동
간격	 S-F/Shutterstock.	 nenad vojnovic/Shutterstock.com
비율	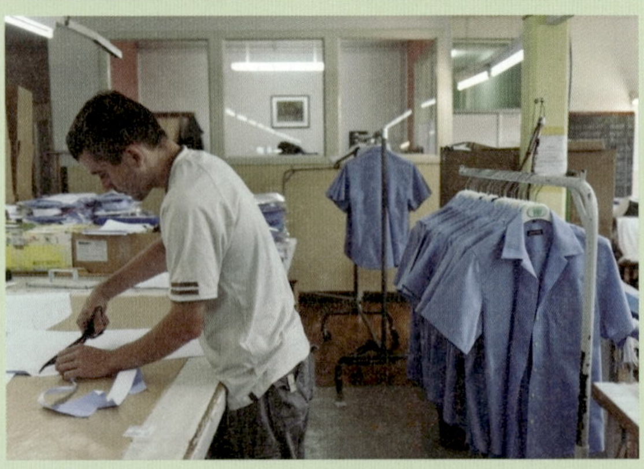 Jasmin Brutus/Alamy Stock Photo	 Jupiterimages/Photos.com

Will & Deni McIntyre/Science Source

이 여성은 바이오피드백 훈련을 통해 이마의 근육을 이완시켜서 불안감을 줄인다.

변동비율 계획에서는 변동된 수의 올바른 반응이 이루어진 후에 강화가 제공된다. 10 : 1 비율 계획에서는 후속(올바른) 반응이 강화되기 전까지 수행되어야 하는 평균적인 올바른 반응의 수가 10이지만, 무작위적으로는 올바른 반응 대 강화의 비율이 이를테면 1 : 1부터 20 : 1까지 다양할 수 있다.

고정 및 변동비율 일정은 모두 높은 반응속도를 유지한다. 고정비율 계획의 경우, 마치 유기체가 강화되기 전에 일정횟수의 반응을 해야 함을 학습하게 되는 것과 같다. 그런 다음 가능한 한 빨리 '그것들을 해치워 버린다'.

근로자가 10달러를 받기 위해 5장의 셔츠를 꿰매어야 하는 경우, 고정비율(5 : 1) 계획을 적용받는 것이며, 이 경우 근로자는 일정하게 빠른 속도로 바느질을 할 가능성이 높다.

각 강화가 일어나기 전에 잠시 휴식시간이 있을 수는 있지만 말이다. 변동비율 계획의 경우, 강화는 언제든지 발생할 수 있다. 이러한 예측 불가능한 상황에도 높은 반응속도가 유지된다.

ZUMA Press, Inc./Alamy Stock Photo

TRUTH

Ⓣ F 쥐로 하여금 경사로를 오르고, 다리를 건너고, 사다리를 오르고, 장난감 자동차를 밟는 등 다른 여러 가지 작업을 순서대로 수행하도록 훈련시킬 수 있다.

쥐로 하여금 다리를 건너거나 경사로를 오르는 등 여러 행동들을 순서대로 하게끔 훈련시킬 수 있다는 것은 사실이다. 이러한 동작을 순서대로 학습할 수 있게 하는 방법을 조성이라고 한다.

슬롯머신은 변동비율 계획에 따라 상금을 타게 하는 경향이 있으며, 도박꾼들은 보통 쉬지 않고 계속해서 동전을 집어넣고 게임한다. 도박꾼들의 경우, 승리의 예측 불가능성이 높은 반응속도를 유지한다. 심지어 어떤 도박꾼들은 상금을 수거하러 가지도 않은 채 원래 갖고 있던 돈이나 새로 딴 돈으로 끊임없이 게임을 한다.

5-5 조작적 조건형성 적용

고전적 조건형성과 같이 조작적 조건형성은 단순히 특별한 실험 절차가 아니다. 많은 부모와 또래 친구들은 보상과 처벌을 통해 아이들이 각각의 성별에 적합한 행동유형을 학습하도록 유도한다.

여러분의 친구들은 마음이 넓고 공격적이지 않은 사람들과 어울리고, 그렇지 않은 사람들은 피하는 것으로 서로에게 영향을 미친다(Warman & Cohen, 2000; Bowen & Wretman, 2014).

또한, 조작적 조건형성은 태도 형성에도 중요한 역할을 한다. 어른들은 종종 자신들의 가치관과 아이들의 태도가 일치하면 아이들에게 상을 주고, 그와 반대되는 행동을 하면 처벌하거나 그것을 무시한다. 이와 같은 조작적 조건형성의 구체적인 적용 사례를 알아보자.

고정비율 계획(fixed-ratio schedule) 고정된 수의 올바른 반응 후에 강화가 제공되는 계획

변동비율 계획(variable-ratio schedule) 변동적인 수의 올바른 반응 후에 강화가 제공되는 계획

1. 바이오피드백 훈련

바이오피드백 훈련(BFT)은 조작적 조건형성을 기반으로 한다. 이를 통해 인간과 그 하위동물은 강화를 확보하기 위해 자율반응을 통제하는 방법을 배울 수 있었다(N. E. Miller, 1969; Vernon et al., 2003). BFT에서 사람들은 정보의 형태로 강화를 받는다. 예를 들어 우리는 뇌파를 측정하는 '뇌파도'로부터 피드백을 받아 알파파(이완과 관련된 뇌파의 종류)를 방출하는 법을 배울 수 있다. 사람들은 어떠한 기구를 사용하여 근육 긴장을 완화하고 심박수 및 혈압을 낮추는 법을 배운다.

2. 조성

당신이 춤을 추어 본 적이 없는 사람들에게 힙합 춤을 가르치고 있다면, 그들이 어설퍼도 칭찬을 아끼지 않아야 한다. 그렇지 않으면 그들은 춤을 배우는 데 오래 걸릴 것이다.

우리는 조성을 통해 복잡한 행위를 가르칠 수 있다. **조성**은 행동 목표를 향한 진보적인 노력을 강화한다.

예를 들어, 댄스 초보자가 겨우 용기를 내어 쭈뼛쭈뼛 무대로 나왔을 때 "잘했어요"라고 미소로 칭찬하는 것이 현명할 것이다. 비록 그의 춤 실력이 형편 없더라도 말이다. 표준 변속으로 자동차를 운전하도록 누군가에게 가르치는 경우, 단순히 제때에 기어 변속을 한 것만으로도 크게 칭찬(강화)해 주라.

그러나 훈련이 진행됨에 따라 이러한 강화를 제공하기 위한 우리의 기대치는 높아지기 마련이다. 우리는 목표에 근접한 행동들을 강화하게 할 수 있다. 쥐가 사다리를 오르도록 훈련시키려면 초기에는 쥐가 사다리를 향해 몸을 틀기만 해도 먹이를 주어 그 행동을 강화한다.

그 다음에는 쥐가 사다리로 다가갈 때까지 기다렸다가 먹이를 주고, 그 이후 단계에서는 쥐가 사다리를 직접 만졌을 때까지 기다렸다가 먹이를 준다. 이러한 방식을 사용하면 목표된 행동이 일어나기를 마냥 기다릴 때보다 쥐로 하여금 사다리를 훨씬 빨리 오르도록 할 수 있다.

조성(shaping) 처음에는 목표 행동의 근사치를 강화하는, 복잡한 행동을 가르치는 절차

연속적 근사행동(successive approximations) 목표 행동에 점차적으로 도달해 가는 행동들

당신은 귀가 후 순간적으로 어떻게 집에 도착했는지 정확히 기억 못한 적이 있는가? 당신의 귀가 과정 전체를 '잃어버린' 것처럼 느낄 수 있다. 당신은 도로에서 위험한 상황에 처했던 적이 있는가?

실제로, 당신의 운전행위와 경로에 대한 반응이 너무 습관적이 되어버려서 그것들에 집중할 필요가 없어졌을 수 있다. 운전하면서 당신은 저녁 식사, 일 또는 주말에 대해 생각할 수 있었을 것이다.

그러나 엔진 문제나 비바람과 같이 비정상적인 일이 발생했다면 당신은 아마 충분히 당신의 운전행위에 주의를 기울여 매우 안전한 여행을 했을 것이다.

3. 행동 수정

강화물은 유쾌한 경험이 아니라 행동의 빈도를 증가시키는 자극으로 정의됨을 기억하라. 아이러니하게도, 어른들은 종종 아이들이 바람직하지 않은 행동을 하면 그것에 집중해 징계하면서도 바람직한 행동을 하면 무덤덤하게 반응함으로써 아이들의 잘못된 행동을 강화한다.

마찬가지로, 아이들이 잘못 행동했을 때 목소리를 높이는 교사는 실제로 다른 학생들의 눈에는 그 아이가 영웅으로 비춰지게 할 수 있다. 이 경우, 교사의 의도와는 반대로 다른 아이들마저 엇나간 행동을 할 수 있다. 그러나 교사는 행동 수정을 사용하여 아이가 적절하게 행동할 때 이를 강화하고, 가능한 경우 잘못된 행동은 무시함으로써 이를 소거시킬 수 있다.

교사는 또한 잘못된 행동을 막기 위해 정적 강화로부터 배제된 '타임아웃'을 자주 이용한다. 이 방법은 아이가 방해되는 행동을 할 때 보통 약 10분 동안 어둡고 폐쇄된 공간에서 정해진 시간 동안 가만히 서 있게 한다. 고립되어 있는 동안 그 아이는 친구나 교사의 관심을 끌 수 없으며 아무런 강화물이 존재하지 않는다.

4. 프로그램화된 학습

스키너는 조작적 조건형성을 기반으로 하는 프로그램화된 학습이라는 교육 방법을 개발했다.

FICTION

T (F) 배우기 위해서는 실수를 해야 한다.

프로그램화된 학습 방법에서 학습자는 실수하지 않고도 학습할 수 있다. 이 학습 방법은 '시도와 실수' 중 실수 요소를 동반하지 않는다.

이 방법은 어떤 복잡한 작업도 여러 개의 작은 단계로 나눌 수 있다고 가정한다. 이러한 단계들은 개별적으로 형성한 다음 순서대로 결합되어 올바른 행동 사슬을 형성할 수 있다.

프로그램화된 학습은 실수를 처벌하지 않는다. 대신, 즉각적인 피드백을 통해 올바른 반응이 강화된다. 모든 어린이는 궁극적으로 100점을 목표로 각자 본인에게 맞는 속도로 이에 도달한다. 또한, 프로그램화된 학습은 오류가 발생하지 않도록 학습 경험을 구성하는 것이 교사(또는 프로그램)의 임무라고 가정한다. 프로그램화된 학습에서는 실수하지 않고 배울 수 있다.

5-6 학습의 인지 요인

고전적이고 조작적인 조건형성은 원래 비교적 간단한 형태의 학습으로 생각했다. 조건화의 상당한 매력 포인트는 바로 관찰 가능한 사건(이 경우, 실험실 여건)으로 행동을 설명하려는 행동주의 목표를 충족한다는 것이다. 이 이론적 근거를 바탕으로, 일부 심리학자들은 가장 복잡한 인간 행동이 일련의 조건형성 사례들의 결합이라고 제안한 바 있다.

그러나 많은 심리학자들은 조건형성이 학습된 행동의 모든 사례를 설명하기에는, 심지어 쥐의 실험조차도 너무 기계적인 과정이라고 말한다(Weiner, 2006). 그들은 학습심리학에서 추가적 결과를 묘사, 설명하기 위해 인지요인들에 의존한다.

"소년은 소년처럼 행동할 것이다". 이러한 소년다움(또는 소녀다움)의 얼마나 많은 부분이 선천적, 생물학적으로 영향을 받은 것이고, 얼마나 많은 부분이 관찰에 의해 학습된 것일까?

OJO Images Ltd/Alamy Stock Photo

인지 심리학자들은 연관 및 강화와 같은 개념 외에도 정신 구조, 스키마(schema), 템플릿 및 정보처리와 같은 개념을 사용한다. 인지 심리학자들은 사람들이 정보를 검색하고 증거를 따져본 후 결정을 내리는 것으로 본다.

기계적 연관과는 대조적으로 학습의 인지적 요인과 관련되는 몇 가지 고전적인 연구들을 살펴보자. 이러한 인지적 요인은 인간의 경우에만 국한되지는 않는다. 물론, 오직 인간만이 이러한 요인에 대해 이야기할 수 있지만 말이다.

1. 잠재 학습 : 인지적 지도 형성

많은 행동주의자들은 유기체가 강화된 반응이나 조작만 습득한다고 주장한다. 그러나 톨먼(E.C. Tolman)은 쥐가 강화가 없는 환경에서도 학습할 수 있음을 보여 주었다. 이때 그는 쥐가 주변 환경에 대한 **인지적 지도**(cognitive maps)를 형성해야 한다고 했다.

톨먼은 먹이를 목표로 한 표준적인 실험에서 일부 쥐에게 미로를 통과하도록 훈련시켰다. 두 번째 쥐들은 먹이 목표나 그 밖에 보상없이 며칠 동안 하나의 미로를 돌아다닐 수 있도록 하였다.

후자의 쥐들이 미로를 탐험하도록 10일간 내버려둔 후, 미로의 맨 끝에 있는 상자에 먹이를 두었다. 단지 한두 번 시험만에 후자의 쥐들은 전자의 쥐들만큼 빠른 속도로 먹이통에 도달할 수 있었다(Tolman & Honzik, 1930).

톨먼은 쥐들이 보상이 없는 상태에서도 미로를 탐험함으로써 미로에 대해 배웠다고 결론지었다. 쥐들은 미로에 대한 인지적 지도를 만들었다. 비록 미로를 통과하는 빠른 경로를 따르도록 외부적 자극을 받은 바는 없지만, 단순히 미로를 자유로이 탐험하는 것만으로도 빠른 경로를 학습할 수 있었다.

그러나 먹이를 통해 빠른 경로를 습득하도록 동기가 부여될 때까지, 이 학습은 숨겨져 있거나 **잠재 학습**(latent learning)으로 간주될 수 있다.

잠재 학습 보이지 않거나 숨겨진 학습

2. 수반성 이론

행동주의자와 인지 심리학자들은 고전적인 조건형성을 다른 방식으로 해석한다. 행동주의자들은 그것을 자극들 간 짝짓기로 설명한다.

인지 심리학자들은 고전적 조건형성을, 유기체가 자신의 환경에 대한 정신적 표현을 형성하거나 수정할 수 있도록, 자극이 정보를 제공한다는 관점에서 설명한다.

레스콜라(Robert Rescorla)는 어떤 견해가 더 정확한지를 보여주기 위한 연구를 수행했다. 그의 **수반성 이론**은 조건 자극(CS)이 무조건 자극(UCS)에 대한 정보를 제공할 때만 학습이 발생한다고 제안한다.

개를 대상으로 한 고전적 조건형성에서 레스콜라는 인지적 개념을 참조하지 않고는 설명하기 어려운 결과를 얻었다. 그의 연구의 각 단계들은 특정 소리음(CS)과 전기충격(UCS)을 서로 다른 방식으로 병행하였다. 한 동물 그룹에 대해서는, 소리음이 울린 후에 전기 충격이 일관되게 가해졌다. 즉, 파블로프의 연구에서처럼 UCS가 CS에 뒤이어 제공되었다. 이 그룹의 개들은 소리음에 대한 반응으로 두려움을 표출하는 것을 학습하였다.

두 번째 그룹의 개들은 동일한 횟수의 소리음과 전기 충격을 받았지만, 그 충격이 소리음을 즉시 뒤따라 나온 적은 없었다. 다시 말해, 소리음과 충격은 동시에 시행되지 않았다. 이때 행동주의자의 관점에서는, 개들이 소리음과 전기 충격을 연관시키는 법을 학습하지 못했어야 한다.

그러나 실제로, 개들은 소리가 났을 때 두려워할 것이 없다는 것을 배웠다. 그들은 실험실이 조용할 때는 전기 충격이 언제 올지 모르기 때문에 항상 긴장상태를 유지했다. 그러나 소리음을 들었을 때는 긴장하지 않았다.

세 번째 그룹의 개들도 역시 동일한 횟수의 소리음과 전기 충격을 받았지만, 해당 자극들은 임의의 간격으로 제공되었다. 레스콜라에 따르면, 행동주의자들은 소리음과 전기 충격의 간헐적인 짝짓기가 어느 정도의 학습을 가져왔을 것이라고 주장할 것이다.

> **수반성 이론** 자극이 다른 자극의 발생 가능성에 대한 정보를 제공할 때 학습이 발생한다는 견해
>
> **관찰 학습(observational learning)** 직접적인 경험이 아닌, 다른 사람들 (모델이라고 함)의 관찰을 통한 지식과 기술의 습득
>
> **모델(model)** 다른 유기체에 의해 모방된 반응에 관여하는 유기체

그러나 실제로는 그렇지 않았다. 동물들은 그 소리음에 대한 두려움을 보이지 않았다.

레스콜라는 이 경우, 소리음이 전기 충격을 예측할 수 없는 방향으로 제시됐기 때문에 이 그룹의 동물들이 아무런 학습도 하지 못했다고 제안한다. 레스콜라는 CS(이 경우, 소리음)가 UCS(이 경우, 전기 충격)에 대한 정보를 제공하는 경우에만 학습이 발생한다고 결론지었다.

3. 관찰 학습

당신은 실생활, 영화 및 TV를 통해 다른 사람들을 보고 얼마나 많은 것을 배웠는가? 직접 시도한 적은 없더라도 영화나 텔레비전을 통해 스카이 다이빙, 서핑 보드, 지문채취 등의 방법에 대한 대략적인 아이디어를 갖고 있을 수 있다. 사람들은 다른 사람들을 관찰함으로써 어떻게 배우는가?

관찰 학습에 대한 실험에서 반두라(Albert Bandura)와 그의 동료들은, 사람들이 다른 사람의 행동을 관찰하여 기술을 습득할 수 있음을 보여주는 실험을 수행했다(e.g., Bandura et al., 1963). 관찰 학습에서의 용어를 이용하자면 모방된 반응에 참여하는 사람을 **모델**이라 지칭한다.

모델링된 행동이 강화되는 것을 보았을 때, 우리는 대리 강화되었다고 표현한다. 이 결과, 우리와 모델 모두의 경우 그러한 행동에 관여할 가능성이 높아진다.

어린이가 요리하거나 청소하는 부모를 볼 때 관찰 학습이 발생한다. 교사가 칠판에 문제 푸는 것을 보거나 외국어로 수업하는 것을 들을 때에도 관찰 학습은 발생한다. 관찰 학습은 강화를 통해 습득되지 않는다. 명백한 반응에 전혀 관여하지 않고도 우리는 관찰을 통해 배울 수 있다(Bandura, 2016).

동작에 단순히 주의를 기울이는 것으로 충분하다. 물론 우리가 습득한 기술을 연마하기 위해서는 연습이 필요할 수 있다. 또한, 우리는 이러한 기술을 휴면 또는 잠복 상태로 둘 수도 있다. 예를 들어, 주위에서 부추기거나 그 대가로 처벌보다는 보상을 받을 거라 믿지 않는 이상, 공격적인 행동은 모방하지 않을 수 있다.

거울 뉴런(mirror neurons) 우리가 다른 사람들을 관찰함으로써 배울 수 있다는 것은 분명하지만, 우리(원숭이 등 유인원 포함) 안에 다른 사람들의 행동을 자동으로 모

방하게 하는 무언가가 있을까? 대답은 '그렇다'이다. 이는 거울 뉴런과 관련된다. 거울 뉴런은 한 동물이 다른 동물의 행동을 관찰할 때 활성화되고, 그 행동은 첫 동물의 모방 행동을 자극한다(Ferrari & Rizzolatti, 2015).

거울 뉴런은 신생아 앞에서 혀를 내밀 때 아기도 덩달아 혀를 내미는 것과도 관련된다. 그러나 아기가 성장함에 따라 이러한 특정한 유형의 자동 모방은 서서히 사라지는 경향이 있다(Fogassi & Rizzolatti, 2013).

그럼에도 불구하고 거울 뉴런은 다른 사람이 어떤 물건을 향해 손을 뻗을 때 그 사람의 의도를 미리 눈치챌 수 있게끔 해준다. 거울 뉴런은 주변 사람이 하품을 할 때 우리가 덩달아 하품을 하게 되는 것과도 관련된다(Haker et al., 2013). 이와 유사하게 웃음도 '전염'될 수 있다(Provine, 2016).

비디오 게임이나 미디어 속의 폭력으로부터 우리는 무엇을 학습하게 되는가? 연구 결과에 따르면, 우리는 공격적 기술뿐만 아니라 폭력이 정상적인 상황이라는 생각 등 굉장히 많은 것을 학습하게 된다.

Denis Rozhnovsky/Alamy Stock Photo

4. 미디어의 폭력성과 공격성

란자(Adam Lanza)는 2012년 20세의 나이로 자살하였다. 그 전에 그는 침대에 누워 있던 어머니를 사살하였다. 그런 다음 코네티컷 주 뉴타운에 있는 Sandy Hook 초등학교에서 20명의 초등학생과 6명의 성인을 포함하여 총 26명을 사살하였다.

왜 란자가 이런 일을 했는지는 모르지만, 그는 그를 지지해주는 어머니와 함께 살고 있었는 데 그의 창문이 쓰레기더미로 덮여 있었다. 그는 고독한 사람이었고 어머니와도 이메일로만 대화했다. 그는 생일과 공휴일을 싫어했으며 음식을 특정한 방식으로 접시에 정확하게 배치하지 않으면 먹지 않았다. 또한, 미국 역사상 최악의 대량 살인 사건들을 설명해 놓은 스프레드 시트도 보관하고 있었다.

그는, 1999년 콜럼바인 고등학교 살해사건의 주인공 클리볼드와 해리스처럼; 1997년에 알래스카의 한 학교에서 4명의 사람들을 살해한 램지처럼; 그리고 2007년 '버지니아 테크 대학살'로 불리는, 32명을 죽인 조승희처럼 폭력적인 비디오 게임을 즐겼다.

영화, TV 및 비디오 게임과 같은 미디어의 폭력이 실제 현실에서 폭력을 유발하는지에 대한 논쟁은 50년 이상 진행되어 왔다. 연구에 따르면 미디어 폭력이 정서적 각성, 공격적인 행동 및 폭력적인 생각을 증가시키는 위험 요소일 가능성은 매우 높게 나타났다(Anderson et al., 2017).

폭력적인 비디오 게임은 특히 청중의 참여가 필요하기 때문에 가장 큰 위험을 초래하는 것으로 보인다(Gonzalez & Greitemeyer, 2018).

게이머들은 단지 시청만 하는 것이 아니라 직접 참여한다. 어떤 게임들은 경찰, 매춘부 또는 방관자를 죽이는 게이머들을 포상한다. 가상 무기에는 총, 칼, 화염 방사기, 검, 몽둥이, 자동차, 손 및 발이 포함된다. 때때로 게이머는 영웅의 역할을 맡기도 하지만, 범죄자의 역할을 맡는 경우도 흔하다.

텔레비전도 위험 요소이다. 그것은 우리의 비공식적 관찰 학습의 주요 출처 중 하나이다. 아이들은 단순히 텔레비전을 켜는 것만으로도 살인, 구타 및 성폭행에 일상적으로 노출된다(Huesmann et al., 2013). 아이들이 하루에 2~4시간 동안 텔레비전을 본다면, 초등학교를 마칠 때까지 8,000건의 살인과 10만 건의 폭력 행위를 시청했을 것이다(Eron, 1993).

아이들이 영화관에 간다면 폭력에 노출될 가능성이 적은가? 그렇지 않다. 한 연구에 따르면 거의 모든 G 등급의 애니메이션 영화에 폭력 장면이 있는 것으로 나타났다(Yokota & Thompson, 2000). 또 다른 연구에서는 PG-13 등급 영화 속 총기 폭력 장면이 지난 30년 동안 3배 이상 증가하여 R등급 영화만큼, 혹은 그보다 더 많은 장면들을 담고 있는 것으로 나타났다(Bushman et al., 2013).

Albert Bandura의 공격적 모델의 모방에 대한 고전적 연구

반세기 전, 반두라와 그의 동료들은 미디어 폭력의 시청이 아이들의 공격적인 행동에 영향을 주는지에 대한 질문에, 관찰학습에 대한 그의 견해를 적용했다.
그들은 아이들이 자주 관찰하는 공격적 행동을 본받는다는 것을 발견했다.
맨 윗줄에서, 어른 '모델'은 아이들이 보는 앞에서 광대 인형을 공격한다. 아래 줄은 공격적인 행동을 모방하는 소년과 소녀를 보여준다.

Stanford University

폭력적인 PG-13 영화는 특히 청소년들에게 인기가 많다. 음악, 뮤직 비디오, 광고 및 만화책도 폭력으로 가득 차 있다.

왜 이렇게 폭력물이 많은가? 그 까닭은 단순하다: 폭력물이 잘 팔리기 때문이다. 그러나 폭력물은 판매되는 것 이상으로 영향을 미치는가? 즉, 미디어 폭력이 실제 폭력을 유발하는가? 만약 그렇다면 가상의 내용이 현실로 흘러 들어가는 것을 막기 위해 부모와 교사는 무엇을 할 수 있는가?

미디어에서의 폭력의 영향에 관한 합의 — 일치가 되는가? 어쨌든, 대부분의 보건 전문 기관들은 미디어 폭력이 직접적이진 않더라도 현실에서의 공격적 행동에 기여한다는 데 동의한다(Anderson et al., 2017).

폭력적인 TV 쇼와 영화를 보고 폭력적인 비디오 게임을 하는 대부분의 사람들은 살해 소동을 피우지 않는다. 그럼에도 불구하고, 다양한 연령, 사회 계층, 종족, 문화적 배경을 가진 소년 · 소녀들에게서 미디어 폭력과 실생활의 공격성 사이에 연관성이 발견되었다(Anderson, 2016).

폭력적 묘사가 그러한 영향을 미치게 되는 여러 방법들을 생각해 보아라(Anderson et al., 2010; Huesmann et al., 2013).

- **관찰 학습** : 어린이들은 관찰을 통해 학습한다. 텔레비전 폭력은 어린이들이 습득할 수 있는 공격적인 '기술'의 모델을 제공한다.
  실제로 어린이들은 남들의 말에 귀를 기울이기보다는 그들의 행동을 모방할 가능성이 높다.
- **탈억제** : 처벌은 행동을 방해하거나 억제한다. 반대로 미디어 폭력은, 특히 장면 속 인물들이 폭력을 저지르고도 처벌받지 않거나 포상을 받을 때 공격적인 행동 억제를 방해할 수 있다.
- **정서적 각성 증가** : 미디어 폭력과 공격적인 비디오 게임은 시청자 혹은 게이머의 정서적 각성 수준을 증가시킨다. 사람들은 강하게 각성되었을 때 더욱 공격적이고 시비를 가리지 못할 가능성이 높아진다.
- **공격적 생각과 기억의 촉발** : 미디어 폭력은 공격적인 생각과 기억을 촉발시킨다.
- **습관화** : 우리는 반복적인 자극에 익숙해진다. 미디어 폭력에 반복적으로 노출되면 실제 폭력에 대한 시청자의 민감도가 떨어질 수 있다. 아이들이 폭력을 일상으로 인식하면 폭력에 더 관대해지고, 공격적인 충동의 억제를 덜 중요하게 생각할 수 있다.

그림 5.8 미디어 폭력과 공격적 행동 사이에는 어떤 관계가 있는가?

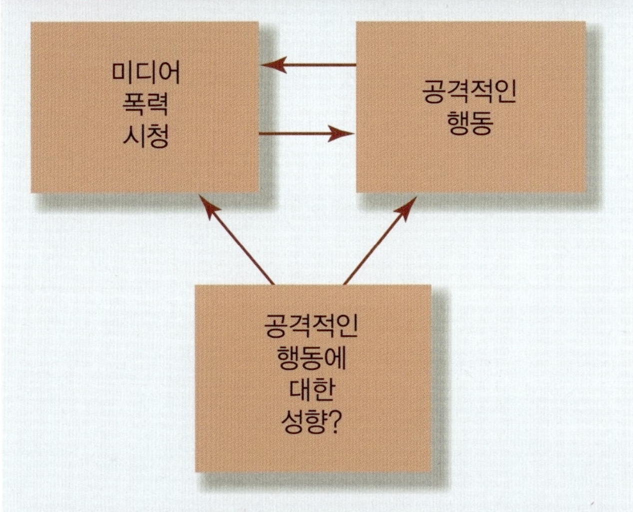

미디어 폭력이 공격적인 행동을 유발하는가? 공격적인 어린이가 폭력적인 프로그램을 선호하는가? 아니면 공격적 성향을 유발하는 성격적 특성 등 다른 요소들이 공격적 행동과 미디어 폭력에 대한 관심에 기여하는가?

FICTION

T (F) 떠도는 온갖 속설에도 불구하고, 미디어의 폭력과 현실에서의 폭력 사이에 과학적 연관성이 확립된 적은 없다.

실제로, 미디어의 폭력성과 현실에서의 공격성 사이에 분명한 과학적 연관성이 확립되어 있다.

- **공격적인 선택지 제공** : 미디어 폭력은 여러 사회적 상황에 대처하는 방법으로써 공격적인 행동 옵션이나 역할을 제공한다.

폭력적인 비디오 게임은 또한 청소년 범죄(DeLisi et al., 2013; Lin, 2013) 및 데이트 폭력(Friedlander et al., 2013)과도 관련이 있다. 폭력적인 비디오 게임을 하는 것은 실험실에서 공격적인 사고와 행동을 증가시킨다(Anderson et al., 2010).

그러나 여성보다는 남성이 폭력적인 비디오 게임을 한 후 공격적으로 행동할 가능성이 비교적 높으며, 현실을 적대적인 장소로 볼 가능성이 높다.

또한, 더 높은 성적을 받은 학생들은 폭력적인 비디오 게임에 노출된 후 공격적으로 행동할 가능성이 낮다. 따라서 남성과 여성의 성 역할에 대한 고정 관념, 잠재적인 생물학적 성 차이 및 사회적 관계와 학업 성취도 같은 조절변수들 또한 미디어 폭력의 영향과 관련이 있다. 미디어 폭력에 대한 노출과 공격적인 행동 사이에는 순환적인 관계가 있는 듯하다(Anderson et al., 2017).

그렇다. 미디어 폭력과 폭력적인 비디오 게임은 공격적인 행동에 기여한다. 공격적인 젊은이들이 그것을 더욱 모색할 가능성도 높다. 그림 5.8은 미디어 폭력과 공격적인 행동 사이의 잠재적 연관성을 탐구한다.

가족 또한 아이들이 미디어 폭력을 모방할 가능성에 영향을 미친다. 연구에 따르면 부모의 약물 남용, 부모의 신체적 처벌 및 독신 육아는 유아기의 공격성에 기여한다(Brook et al., 2001; Ferguson, 2013). 부모의 거절과 신체적 처벌은 아동의 공격 가능성을 더욱 증가시킨다 (Bradshaw et al., 2013).

이러한 가족적 요인은 공격적인 자녀에게 부모가 없거나, 혹은 부모가 어린 자녀에게 미디어에서 보는 사회적으로 부적절한 행동을 따라해서는 안 되는 것임을 이해하도록 도와줄 가능성이 낮음을 시사한다. 가혹한 가정생활은 그 자체로도 텔레비전 시청자 또는 게이머에게 세상에 대해 폭력적인 인상을 심어줄 수 있다.

아이들은 비록 미디어나 다른 출처로부터 공격적 기술을 습득했을지라도, 그것이 자신에게 부적절하다고 생각하면 공격적으로 행동할 가능성이 줄어든다.

아이들에게 미디어 폭력을 모방하지 않도록 가르치는 것 어린이들은 토요일 아침 만화 쇼가 아니라면 저녁 드라마와 뉴스에서라도 미디어 폭력에 노출된다. 또는, 친구들에게 폭력에 대해 듣거나, 다른 아이들이 싸우는 것을 보거나, 신문에서 폭력에 대해 읽는다.

그러한 폭력의 근원들이 숨겨져 있다 하더라도, 햄릿, 맥베스, 성서 등에서 폭력에 대해 배울 것이다. 어린이가 폭력적인 모델에 노출되는 것을 막는다는 것은 현실적이지 않을 수 있다.

그러면 어떻게 해야 하는가? 학부모와 교사는 미디어 폭력의 영향을 줄이기 위해 많은 일들을 할 수 있다. 폭력적인 쇼를 보는 어린이는 다음과 같은 안내를 받을 때 덜 공격적으로 행동할 수 있다.

- ▶ 미디어에서 관찰되는 폭력적인 행동은 대부분의 사람들의 행동을 대표하지 않는다.
- ▶ 그들이 시청하는 공격적인 행동은 현실이 아니다. 그것은 카메라 기법, 특수 효과 및 스턴트를 반영한다.
- ▶ 대부분의 사람들은 비폭력적인 방법으로 갈등을 해결한다.
- ▶ 현실에서 폭력의 결과는 피해자에게는 물론, 때로는 가해자에게도 해롭다.

진화가 이끈 역사에도 불구하고, 그리고 대부분의 종에서 성공적인 공격행위가 유전자를 미래 세대에 전할 권리를 일반적으로 얻는다는 사실에도 불구하고, 인간은 사고하는 존재이다.

아이들이 폭력을 자신에게 부적절하다고 생각하면, 미디어 등에 노출되어 공격적인 기술을 습득하더라도 공격적으로 행동할 가능성이 줄어든다.

만약 우리가 학습한 것을 기억하지 못한다면 학습에 대해 이야기하는 것은 소용이 없을 것이다. 다음 장에서는 기억에 대해 살펴본다. 8장에서 우리는 학습이 사고, 언어 및 지능과 어떻게 관련되어 있는지를 볼 것이다.

적용

흡연에 대한 'ABC' 수정

흡연에 대한 정보는 널리 알려져 있다. 흡연은 암, 호흡기 질환, 동맥경화(심장 질환의 위험 요인) 및 그 밖의 건강 문제를 유발한다. 미국에서 약 50만 명이 매년 흡연 관련 원인으로 사망한다. 다행히 최근 흡연률은 남성의 약 19%, 여성의 15% 수준으로 떨어진 바 있다. 그러나 그 수치로 보아도 아직까지 담배를 피우는 사람들이 수천만 명에 이르고, 이 중 수백만 명의 사람들은 담배를 끊고 싶어도 못 끊는다는 것을 알 수 있다. 그러나 니코틴에 대한 중독은 강력하다. 당신도 여기에 해당하는가?

학습 이론가들은 행동 수정(여기서는 흡연 행동의 'ABC', 즉 흡연의 선행요소인 사람, 장소, 그 밖의 흡연으로 이어지는 원인들, 흡연행위 그 자체, 그리고 흡연의 결과를 수정하는 것)을 포함하여 사람들이 그러한 중독에서 벗어날 수 있도록 돕는 방법을 고안했다.

흡연에 대한 A(선행사건) 수정: 습관적인 흡연은 다양한 자극들과 관련이 있다.

다음과 같은 방법으로 자극-반응 연결을 끊을 수 있다.

LJSphotography/Alamy Stock Photo

- ▶ 집과 사무실에서 재떨이, 성냥, 담배, 라이터 등을 제거한다.
- ▶ 차고, 욕실 또는 지하실로 흡연 장소를 제한한다. TV를 보거나 책을 읽거나 음악을 듣거나 전화를 사용하는 동안에는 담배를 피우지 않는다.
- ▶ 흡연자와는 가까이 하지 않는다.
- ▶ 금연을 지켜야 하는 건물, 아파트, 강의실 또는 콘서트, 체육관, 박물관, 저녁 수업에 자주 드나들어 비흡연자들과 어울린다.
- ▶ 흡연을 유발하는 내적인 유인을 관리한다. 자기 이완 또는 명상을 연습한다. 불안감이나 우울감이 들 때 담배가 아닌 친구를 사귄다.

흡연에 대한 B(행동) 통제: 다음과 같은 방법으로 흡연을 예방하고 통제한다

- ▶ '반응 예방' — 물리적으로 흡연을 방지하거나 하기 어렵게 만든다(예 : 담배를 집에 두지 않음).
- ▶ 유혹이 있을 때 대체 반응을 활용한다(예 : 박하사탕을 먹거나 무설탕 껌 씹기, 개 산책 시키기, 드라이브 나가기 또는 운동하기).
- ▶ 유혹을 받을 때 스스로에게 "이것이 정말로 필요한가?"라고 되묻는다.
- ▶ 피우고 있는 담배의 불을 끈다.

흡연에 대한 C(결과) 통제: 흡연은 불안 및 금단증상을 완화시키며, 쾌감과 각성 등의 즉각적인 보상을 가져다 준다. 이러한 단시간의 보상을 다음과 같은 방법으로 바꿀 수 있다.

- ▶ 스스로 금연에 대해 보상하고 흡연에 대해 처벌하라. 예를 들어, 한 번 담배를 흡입할 때마다 1달러씩 모아서 싫어하는 친척의 생일선물을 주는 등과 같은 불쾌한 일에 쓴다.
- ▶ 싫어하는 담배 브랜드로 바꾼다.
- ▶ 점진적인 금연 일정표를 설정하고 이를 준수할 경우 스스로에게 보상을 제공한다.
- ▶ 색인 카드에 본인이 금연하는 이유를 적어두는 등, 동기 부여가 되는 생각을 한다. 예를 들어, "담배를 피우지 않는 일수만큼 수명이 늘어난다.", "담배를 끊으면 숨을 깊게 쉴 수 있게 된다.", "담배를 끊으면 추가로 아낄 수 있는 돈이 생긴다.", "다른 사람들에게 나의 금연 성공담을 떳떳하게 들려줄 수 있다.", "담배를 끊으면 하루하루 나의 폐가 깨끗해질 것이다.", "암에 걸릴 위험이 줄어든다." 등이 있다. 이러한 문장들을 20~25개 정도 들고 다니면서 매일 몇 장씩 읽어나가라.

점검하기

빈칸 채우기

정답은 책 뒷부분에서 확인 가능하다.

1. 무조건 자극에 대한 반응을 _________ 반응이라고 한다.
2. 조건 자극에 대한 반응을 _________ 반응이라고 한다.
3. UCS(예 : 고기)없이 CS(예 : 소리)를 반복적으로 제공하면 CR (타액 분비)이 _________된다.
4. 소멸된 반응들은 종종 시간이 지남에 따라 _________ 회복을 보인다.
5. 존 비 왓슨(John B. Watson)과 로잘리 레이너(Rosalie Rayner)는 조건형성을 사용하여 "리틀 _________"로 알려진 소년으로 하여금 쥐를 두려워하게 했다.
6. _________의 행동 치료 방법에서, 대상자는 두려움이 사라질 때까지 두려움 유발 자극에 지속적으로 노출된다.
7. 강화물들은 그것들이 제거될 때 조작이 발생할 확률을 높인다.
8. _________ _________ 계획에서, 강화가 다시 가능하려면 직전의 올바른 반응이 있은 후 특정 시간이 경과해야 한다.
9. _________ 학습은 학습 과제를 작은 단계로 나누고 각 단계마다 올바른 수행을 강화한다.
10. _________ 이론에 따르면 CS는 UCS가 뒤따를 가능성을 나타내기 때문에 학습이 일어난다.

선다형 문항(Multiple Choice)

1. 행동주의자들에 따르면, _________는 경험으로 인해 발생하는 유기체 행동의 비교적 영구적인 변화이다.

   a. 소멸
   b. 학습
   c. 습득
   d. 고순위 조건화

2. 타액선을 유발하는 신경 수용체를 식별하려고 시도하던 중 Ivan Pavlov는 실수로 _________을 통해 반응이 학습될 수 있음을 발견했다.

   a. 조작적 조건형성 b. 관측.
   c. 본능 d. 연계

3. Roberto는 고속도로에서 계속해서 Pizza Hut 광고 표지판들을 보았다. 피자를 먹을 생각에 그의 입에서 침이 나오기 시작했다. 표지판은 _________이다.

   a. 무조건 자극
   b. 무조건 반응
   c. 조건 자극
   d. 조건 반응

4. 조니는 밝고 붉은 곱슬머리를 가진 깡패에게 매일 학교 운동장에서 괴롭힘을 당했다. 어느 날, 조니의 아버지는 그의 사장 Dale씨를 집으로 초대했다. 사장님은 밝고 붉은 곱슬머리를 가지고 있었고, 조니는 그의 방으로 달려가 울었다. Dale씨의 머리카락은 _________의 역할을 했으며, 조니의 두려움은 _________였다.

   a. UCS; CR b. UCS; UR
   c. CS; CR d. CR; CS

5. 얼룩말들은 물이 말라버린 물웅덩이에 여러 번 찾아감으로써 그곳에 가지 않도록 학습하게 된다. 그러나 한 두 달이 지나면 다시 그 물웅덩이로 돌아가 볼 수 있다. 물웅덩이가 말라버려서 다시 찾아가지 않도록 학습하는 것과, 그 이후 일정 시간이 지나 다시 돌아가 보는 것은 _________가(이) 뒤따르는 _______의 예시이다.

   a. 자발적 회복, 소거
   b. 목표에 근접한 행동들, 조성
   c. 일반화, 변별 훈련
   d. 상황 이론, 잠재 학습

6. 다음 중 Skinner에 따른 조작적 조건형성을 가장 잘 나타내는 것은 무엇인가?

   a. 저녁식사를 알리는 종소리에 개가 침을 흘린다
   b. 깡통 따개 소리가 들리면 고양이가 쫓아온다
   c. 돌고래가 후프를 뛰어 넘을 때마다 물고기 먹이를 준다
   d. 연어의 짝짓기 행동

7. 행동에 부적 강화가 뒤따를 때, 행동은 _______ 가능성이 높다.

   a. 소거될 b. 억제될
   c. 감소될 d. 증가될

8. 슬롯머신은 _________ 강화계획을 사용하여 도박꾼들로 하여금 계속 도박을 하게 만드는 경향이 있다.

   a. 고정 간격 b. 변동 간격
   c. 고정 비율 d. 변동 비율

9. Fournier 교수는 매주 월요일에 쪽지시험을 낸다. 이 경우 학생들은 _________ 강화계획에 있기 때문에 _________하는 경향을 보일 것이다.

   a. 고정 비율, 쪽지시험을 치른 직후부터 공부를 시작
   b. 고정 간격, 일주일 동안 정기적으로 공부
   c. 고정 간격, 일요일 밤마다 공부
   d. 변동 간격, 수업에 집중

10. 조니는 하루에 한두 시간 동안 텔레비전으로 폭력적인 장면들을 시청하지만 집 밖에서 폭력적이지는 않다. 어느날 학교에서 집으로 가는 길에 Billy가 그를 공격했고, 조니는 빌리에 맞서 텔레비전에서 본 행동을 모방하여 그가 다시는 공격하지 못하도록 했다. 비록 조니는 공격을 받기 전까지는 폭력적인 행동을 보이지 않았지만 그가 텔레비전을 보는 동안 _________에 참여했음을 추측해 볼 수 있다.

    a. 잠재 학습
    b. 조성
    b. 변별 훈련
    c. 조작적 조건형성

6 기억 : 과거와 미래의 어떤 것에 대한 추억

© Andrew Adolphus

학습 성과

이 장의 성취 목표

- 6-1 기억을 정의하고 기억의 유형을 분류할 수 있다.
- 6-2 기억의 과정을 설명할 수 있다.
- 6-3 감각 기억의 기능을 설명할 수 있다.
- 6-4 단기 기억의 기능을 설명할 수 있다.
- 6-5 장기 기억의 기능을 설명할 수 있다.
- 6-6 잊어버린 인간의 정체성을 설명할 수 있다.
- 6-7 기억의 생물학적 측면을 설명할 수 있다.

'기억할 수 없는 뇌'는 헨리 몰래슨(Henny Molaison)의 실제 이야기 이며, 그는 사람들을 만날 때마다 사람들의 이름과 얼굴을 다시 학습해야 했다(Dittrich, 2016). 또한, 그는 미국 대통령의 이름도 알지 못했고 그 전날 발목을 삐었기 때문에 휠체어를 탄 것도 기억하지 못했다. 이 기사의 저자(Luk Dittrich)에 따르면, 몰래슨은 기억력 문제에도 불구하고 온화한 성격이었다고 한다.

몰래슨의 기억상실증(그의 건망증)은 그가 간질을 치료하기 위해 뇌수술을 하고 난 후에 나타났다.

수술은 뇌의 양쪽에서 해마와 편도체 및 기타 뇌 구조의 대부분을 파괴하여 길어 봐야 0.5분 정도의 순간적 사건을 기억할 수 있었다. 그러나 몰래슨은 영어를 잊지 않았다는 것을 명심하라. 또한, 걷는 법과 이야기하는 법을 잊지 않았다.

> 기억이 없으면 과거는 없다.

몰래슨은 심리학자들이 6장에서 배우게 될 많은 것들을 이해하도록 돕는다. 예를 들어, 단지 하나의 기억만이 아니라 다른 종류의 기억을 할 수 있고, 여러 종류의 기억이 뇌의 여러 부분의 기능과 관련되어 있다는 것이다.

친숙한 비유를 사용하기 위해 이 장은 뇌의 정보를 '백업하는 것'에 관한 것이라고 하겠다. 정보를 백업하지 않고 기억을 사용하지 않으면 과거가 없어진다. 기억이 없으면 경험은 사소하고 당신에게 일어난 모든 것이 사라진다.

메모를 작성하거나 휴대 전화의 메모리 칩에 기록하는 것 이외의 방법으로 심리학자가 배운 내용을 살펴보자.

6-1 기억의 종류

몰래슨은 아침 식사를 하기 위해 먹은 음식, 아침 식사를 먹었는지의 여부, 또는 어디에서 살았는지(양로원) 또는 누가 돌봐 주었는지 등을 기억하지 못했다. 이것들은 모두 일시적인 추억이고, 인생에서 일어나는 사건의 기억이다.

몰래슨의 이야기로 이 장을 시작하겠다는 생각이 들었을 때, 나는 그것에 대해 나의 아이디어를 적어 두고 될 수 있는 대로 빨리 글을 쓰는 것을 잊지 말라고 스스로 반복해서 상기하려고 노력했다.

우리는 때때로 우리 자신에게 반복 상기하는 쇼핑리스트와 같이, 장래에 무언가를 할 것을 기억하면서 내 미래의 기억을 끌어내려고 노력했다. 다양한 기억 시스템을 살펴보면서 시작하겠다.

1. 명시적 기억

명시적 기억(선언적 기억이라고도 함)은 특정 정보를 위한 기억이다. 명백한 것은 명확하게 언급되거나 설명된다. 선언적이라는 용어는 이들 기억이 특정 정보를 진술하거나 공개(즉, 선언)한다는 것을 나타낸다. 정보는 자서전이나 일반적인 지식을 참조할 수 있다.

명시적 기억의 종류에는 일화 기억과 의미 기억이 있다. 기억은 보유한 정보 유형에 따라 식별된다.

일화 기억(episodic memory, 나는 기억한다) **일화 기억**은 우리에게 일어나거나 우리에게 존재하는 일에 대한 기억이다. 일화 기억은 자서전 기억이라고도 한다. 당신이 아침에 먹은 것에 대한 당신의 기억과 오늘 수업에서 교수님이 말한 것에 대한 기억은 일시적인 기억이다.

명시적 기억 특정 정보를 명료하게 뚜렷이 표현하는(명확한) 기억

일화 기억 사람에게 발생하거나 사람의 존재로 발생하는 사건에 대한 기억

TRUTH OR FICTION?

당신의 생각은? 속설이나 상식 또는 넌센스?

'진실'일 경우 T, '거짓'일 경우 F를 선택한 다음, 여러분의 선택이 정확한지를 검토해 보자.

T F 경찰이 전화기를 줬을 때 자신이 누구인지 기억하지 못하는 여성이 자동적으로 어머니의 번호로 전화를 걸 수 있다.

T F 학습은 그것을 기억하려면 의미가 있어야 한다.

T F 당신이 볼 수 있으면 사진처럼 정확한 기억을 한다.

T F 우리의 모든 경험은 뇌에 영구적으로 각인되어 있으므로 적절한 자극은 우리를 정확하게 기억하게 한다.

T F 파티에서 만난 사람의 이름보다 1학년 교사의 이름을 기억하는 것이 더 쉬울 수 있다.

T F 2001년 9월 11일 아침에 현재 있었던 장소와 하고 있는 일을 항상 기억할 수 있다.

T F 스테레오를 켠 상태에서 공부를 했다면, 스테레오를 켠 상태에서 시험을 보는 것이 좋다.

T F 스페인어를 배우면 프랑스어를 기억하기가 더 어려워질 수 있다.

우리는 “2004년의 눈보라를 기억한다.”와 같이 일화 기억을 언급할 때 “기억한다…”라는 구절을 사용하는 경향이 있다.

의미 기억(semantic memory, 나는 알고 있다) 일반적인 지식은 의미론적 기억이며, 또 다른 종류의 명백한 기억이다. **의미 기억**은 의미와 관련이 있다. 당신은 미국을 방문하거나 개인적으로 학습하지 않아도 50개의 주가 미국에 있음을 ‘알 수’ 있다. 당신은 셰익스피어를 어깨 너머로 쳐다보지 않았지만 햄릿을 만든 사람이라는 것을 ‘알고’ 있다. 이것이 의미 기억의 예이다.

당신의 미래 추억은 여러 개의 기억 시스템이 있는 의미론적 기억일 가능성이 높다. 즉, 현재 위치와 앉은 자세를 기억하는 것보다 몇 가지 유형의 기억이 있다는 것을 ‘알고’ 있을 가능성이 높다.

우리는 “내가 알고 있다”(또는 “내가 들었다”) “—1898년의 눈보라”에서와 같이 의미론적 기억과 관련하여 “나는 알고 있다…”라고 말할 가능성이 더 높다. 친구에게 이메일을 보낸 것은 기억해야 하지만 셰익스피어가 햄릿을 썼다는 것은 알고 있다.

2. 암시적 기억

암시적 기억(비선언적 기억이라고도 함)은 작업 수행 방법에 대한 기억이다. 자전거 타기나 휴대폰 연락처 목록 이용 및 문자 메시지와 같은 작업을 수행하는 것이 바로 행동 자체이다. 암시적 기억은 제의되지만 암시적으로 명백히 진술되거나 말로 나타나지 않을 수 있다.

암시적인 기억은 사람들이 하는 것이지만 분명하게 말하는 것이 아니다. 암시적 기억은 인지적 · 신체적 절차와 기술을 포함하며 절차적 또는 기술 기억이라고도 한다.

암시적인 기억은 우리가 몇 년 동안 사용하지 않아도 오래 기억할 수 있다. 랜드 마크나 방향에 주의를 기울이지 않고 ‘습관적으로’ 수업을 듣는 것은 암시적 기억의 또 다른 예이다. 누군가 2곱하기 2가 무엇인지 물으면, 숫자 4라는 것을 의식적인 계산 없이 알 수 있을 것이다. 알파벳이나 곱셈표를 수백 번 살펴본 후에, 우리의 기억은 자동적이거나 암시적이게 된다.

의미 기억 일화 기억과는 대조적으로 일반 지식

암시적 기억 사람들이 명확하게 진술하지 않은 것들에서 예시된 것처럼 암시적이지만, 암묵적으로 표현되지 않은 기억

당신의 기억에 대한 5가지 도전

당신의 기억에 도전하라. 이것은 심리학자가 사람들의 기억 기능이 정상 한계 내에 있는지 여부를 판단하기 위해 사용하는 실제 기억력 테스트가 아니다. 대신, 기억이 어떻게 작동하고 재미 있을지에 대한 통찰력을 제공한다.

지시 사항 : 빈 종이 네 장에 1~4까지 번호를 매긴다. 또한 초침이 있는 시계를 사용하라. 그런 다음에 이 지시 사항을 따르라.

1. 다음 10개의 글자를 15초 동안 살펴보라. 이 장 후반에 1장에 쓸 수 있는지를 물어볼 것이다. (속임수 없다! 지금은 하지 마라.)

THUNSTOFAM

2. 이 9개의 그림을 30초 동안 보아라. 그런 다음, 종이를 본 직후, 2번 번호 종이에 올바른 순서로 그려 보라. (나중에 그림에 대해 이야기하겠다.)

3. 60초 동안 다음 17개의 문자 목록을 보고 3번 번호 종이에서 이를 재현할 수 있는지를 확인하라.

GMC-BSI-BMA-TTC-IAF-BI

4. 매일 보는 링컨 페니의 정확한 모습은 이 동전들 중 어느 것인가? 이번에는 다른 종이에 그릴 내용이 없다. 당신이 서랍 뒤에 던져 놓는 것과 유사하다고 생각하는 페니에 동그라미를 하거나 체크 표시를 하라.

5. 다음 그림을 1분 동안 검토하라. 그런 다음, 4번 종이에 그림 이름을 적어보고, 완료되면 계속 읽어라. 곧 그 모양을 그리라고 할 것이다.

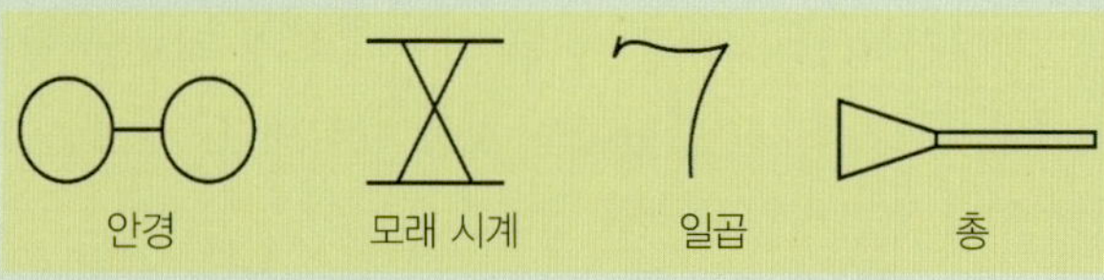

이 장을 읽으면서 이러한 기억 문제의 결과에 대해 알아보자.

우리는 암시적 기억을 사용하기 위해 집중할 필요가 없다. 알파벳이나 곱셈표에 대한 당신의 기억은 심리학자들이 **점화**(priming)라고 부르는 현상으로 자동으로 만들어내는 많은 반복의 결과이다. 뇌 영상과 관련된 연구에 따르면 점화를 통해 사람들은 신경 활동이 적은 정신적 작업을 수행할 수 있다(Cabeza & Moscovitch, 2013). 몇 년 동안의 점화는 사람들이 다음 단어 조각 중에서 완전한 단어를 만드는 데 도움이 된다(Radel et al., 2013; Schacter et al., 2007). 다음 조각의 단서가 제한되어 있어도 단어로 만들 수 있다.

PYGY . . . . TXT. . . . . BUFL

답은 '피그미', '텍스트' 및 '버팔로'이다. 당신은 다른 것을 생각할 수 있는가?

다니엘 슈렉터(Daniel Schacter, 1992)는 거리를 방황하던 기억상실증을 가진 여성의 이야기를 통해 암시적인 기억을 보여 준다. 경찰은 그녀가 자신이 누구인지 기억할 수 없고 신분증도 없다는 것을 알았다. 성과 없는 질문을 한 경찰은 그녀의 전화번호를 알아낼 수 있는 아이디어를 찾았다. 그녀에게 아는 사람들의 전화번호를 물었을 때, 그녀는 대답이 없었다.

그녀는 어머니의 전화번호를 기억할 수 없었고, 숫자를 명시적으로 만들 수도 없었다. 어머니의 이름이나 어머니가 있는지를 기억조차도 할 수 없었다. 그러나 어머니의 전화번호로 전화를 거는 것은 습관적으로 했다.

우리는 이전에 그녀가 수백 번 전화를 걸어봤기에 자동적으로 연락을 할 수 있었다고 가정할 수 있다. 암시적 기억은 우리가 구체적으로 정보를 기억하려고 시도하지 않을 때에도, 경험의 영향을 받는다.

3. 과거 기억과 미래 기억

과거 기억(Retrospective momory)은 이전에 배운 정보를 회상하는 것이다. 일화나 의미 및 암시적 기억에는 배운 것들을 기억하는 것이 포함된다. **미래 기억**(prospective memory)은 청구서를 지불하거나 현금을 인출하는 것을 기억하는 것과 같은 미래의 일을 기억한다는 것을 의미한다.

자전거를 타는 방법을 잊어 본 적이 있는가?

Ocean/Corbis

우리 대부분은 우리가 무언가를 해야 한다고 생각했을 때, 기억할 수 없는 미래의 기억에 실패했다. 우리가 시간에 대해 집착하거나 산만해지거나 스트레스를 받을 때 미래 기억이 실패할 수 있다. 다양한 종류의 미래 기억 작업이 있다.

예를 들어, 정시에 수업을 받는 것과 같은 습관적인 업무는 임의의 시간에 커피를 마시는 사람과 같은 가끔의 업무보다 기억하기가 더 쉽다(Squire, 2004). 하지만 여기서 동기 부여도 중요한 역할을 한다. 만나는 사람이 당신을 흥분시키면 커피를 마신 날짜를 기억할 가능성이 더 높다.

심리학자는 또한 사건 기반 및 시간 기반, 예비 기억 작업으로 구분한다(Gonneaud et al., 2013).

사건 기반 작업은 아침에 약을 먹거나 음식을 먹은 후에 양치질을 하는 것과 같은 작업에 의해 시작된다. 시간 기반 작업은 특정 시간 또는 오후 7시 30분에 즐겨 보는 뉴스 프로그램을 시청하거나 또는 4시간마다 알약을 복용(Cook et al., 2014)하는 것과 같이 사건 사이에 일정 시간이 경과한 후에 수행된다.

TRUTH

Ⓣ F 경찰이 전화기를 줬을 때 자신이 누구인지 기억하지 못하는 여성이 자동적으로 어머니의 번호로 전화를 걸었다.

경찰이 전화기를 줬을 때 자동적으로 어머니의 번호로 전화를 한 그녀는 자신이 누구인지 기억하지 못한 것은 사실이다. 그녀의 정체성은 의미상 기억이었고 어머니에게 전화하는 것은 암시적인 기억이었다. 두 가지 다른 기억 시스템이 그녀의 행동에 관여했다.

점화 종종 반복의 결과로서 기억에 접근하려는 의식적인 노력 없이 기억에서 특정한 연관의 활성화

과거 기억 명시적(이성적 및 의미적) 및 암시적 기억으로 표시되는 과거 사건, 활동 및 학습 경험을 위한 기억

연령과 관련된 기억의 감소는 회고적 및 전향적 기억에서 발생한다(Angel et al., 2016). 일반적으로, 노인의 기억 감소는 정보 자체의 '손실'이 아니라 인지 처리 속도와 관련이 있을 수 있다.

미래 기억의 경우, 노인들은 젊은이들과 같은 특정 단서나 알림을 동등하게 인식하는 것처럼 보인다. 그러나 노인은 단서나 알림에 응답하는 데 시간이 더 걸린다(Mattll et al., 2013). 즉, 친구를 만나면 무언가를 물어본다는 것을 기억할 가능성이 있지만, 특정 질문을 기억하는 데 시간이 더 걸릴 수 있다.

기분과 태도는 미래의 기억에 영향을 미친다. 예를 들어, 우울한 사람들은 자신이 하고 싶은 일을 하도록 상기시키는 시도를 하지 않을 것이다(Zhou et al., 2017).

다음 부분으로 넘어 가기 전에, 기억 부분의 문제(즉, 4장)에서 처음 보았던 네 가지 인물의 이름을 쓴 종이로 돌아가서 정확히 당신이 할 수 있는 그림을 골라라. 우리는 그것에 대해 곧 이야기할 것이다.

6-2 기억의 과정

컴퓨터 과학자뿐만 아니라 심리학자도 정보처리에 대해 말한다. 종이 대신에 컴퓨터를 사용하는 것을 생각해 보라. 시스템이 작동하면 정보를 입력하기 시작한다.

예를 들어, 키보드에 알파벳 문자를 입력하거나 이미지를 스캔하거나 음성 인식 기술의 경우에 말하기를 통해 컴퓨터 기억에 정보를 입력할 수 있다. 그러나 컴퓨터에서 해체하여 메모리를 열어도 이러한 글자와 이미지 또는 사운드를 찾을 수 없다.

컴퓨터가 전자 기억에 넣을 수 있는 형태로 입력한 문자와 이미지 및 사운드를 변경하도록 프로그램되었기 때문이다. 마찬가지로 정보를 인식할 때 정보를 기억에 배치해야 하는 경우, 즉 정보를 부호화하여 기억할 수 있는 형태로 변경해야 한다.

부호화 정보를 기억에 넣을 수 있도록 수정하는 것; 인코딩은 정보처리의 제1단계

유지 보수 예행 연습 정보를 기억에 남길 수 있는 정신적 반복

정교한 예행 연습 새로운 정보가 이미 알려진 정보와 관련되는 암호 부여 종류

1. 부호화

외부 세계에 대한 정보는 물리적 · 화학적 자극의 형태로 우리의 감각에 도달한다. 정보처리의 첫 번째 단계에서는 이러한 자극을 **부호화**하여 기억에 배치할 수 있다. 우리는 감각적 입력과 우리 자신의 아이디어를 정신적으로 표현할 수 있는 심리적 형식으로 변환한다. 이를 위해 일반적으로 시각적 · 청각적 · 의미적 코드를 사용한다.

gemini62/Shutterstock.com

기억 문제에 대한 섹션에서 처음 본 문자 목록을 참조하여 암호 부여 사용을 설명해 보겠다. 1번 번호 종이에 글자를 써라. 잠깐 시간을 보내고 돌아와라.

시각적 코드를 사용하여 목록을 기억했다면 정신적으로 그림을 그려 표현했을 것이다. 즉, 편지의 정신적인 이미지를 유지했거나 유지하려고 시도했을 것이다.

당신은 또한 자신에게 편지 목록을 읽기로 결정했을 수도 있다. 그렇게 함으로써 음향 코드를 사용했거나 자극을 일련의 사운드로 표현했을 것이다. 이 목록을 3음절로 된 단어 'thun-sto-fam'으로 읽었을 수도 있다. 이것은 음향 코드이지만, 목록을 다음과 같이 해석한다는 의미에서 글자의 '의미'도 포함한다. 이 접근법에는 의미 코드의 요소가 있다.

의미적 코드는 의미의 측면에서 자극을 나타낸다. 위의 10개의 글자는 그 자체로는 의미가 없었다. 그러나 '미국(**TH**e **UN**ited **ST**ates **OF** **AM**erica)'이라는 친숙한 문구에 대한 약어(단어로 발음되는 문구의 첫 글자로 구성된 용어)의 역할을 할 수 있었다.

2. 저장(Storage)

두 번째 기억 과정은 저장이다. **저장**은 시간이 지남에 따라 정보를 유지하는 것을 의미한다. 만약 당신이 편지 목록을 저장하는 작업을 맡았고, 그것을 기억하라는 명령을 받았다면 어떻게 저장할 것인가?

한 가지 방법은 **유지 보수 예행 연습**을 통해 정신적으로 목록을 반복하거나 목록을 반복해서 말하는 것이 도움될 수 있다.

앞서 보았듯이 글자 목록을 부호화할 수도 있다. 이 암호 부여를 **정교한 예행 연습**이라고 한다. 당신은 기억하려고 하는 글자의 의미를 '정교화'하거나 확장하고 있다. 예컨대 위에서 언급한 것처럼 10개의 문자 목록은 '미국'

FICTION

T (F) 기억해야 한다면 학습은 의미가 있어야 한다.

우리가 기억해야 한다면 학습이 의미가 있어야 한다는 것은 사실이 아니다. 유지 보수 예행 연습도 종종 효과가 있다.

의 약어이다. 즉, 구에 있는 각 단어의 처음 두 문자를 가져와서 함께 묶어 THUNSTOFAM의 10개 문자를 구성한다. 이것을 인식했다면, 문자 목록의 저장은 거의 즉각적일 수 있으며 아마도 영구적일 것이다. 그러나 충분한 유지 보수 예행 연습도 종종 필요하다.

3. 반복시연

세 번째 기억 과정은 반복시연이다. 저장된 정보를 **반복시연**한다는 것은 정보를 찾아서 의식으로 되돌리는 것을 의미한다. 우리의 이름, 직업과 같은 잘 알려진 정보는 반복시연이 쉽고 빠르다. 그러나 대량의 정보 또는 완벽하게 이해되지 않은 정보를 기억하려고 하면 반복시연이 어렵거나 실패 할 수 있다.

파일 이름을 사용하여 컴퓨터에 저장된 정보를 반복시연하는 것이 가장 쉽다. 마찬가지로, 우리의 기억에서 정보를 반복시연하려면 적절한 검색 신호에 대한 지식이 필요하다.

THUNSTOFAM을 3음절 단어로 부호화한 경우, 반복시연 전략에는 단어를 다시 수집하고 디코딩 규칙이 포함된다. 다시 말해, 당신은 'thun-sto-fam'의 단어를 말하고 철자를 써서 복호화(decode)할 것이다. 'thumb' 및 'sto'와 같은 'thun' 소리의 철자를 'stow'로 표기할 수 있다.

그러나 의미 코드를 사용하거나 '미국(**T**he **U**nited **St**ates **of** **A**merica)'이라는 약어를 사용하면 10개의 글자를 '기억'하기 위해 문구('미국')를 구상하고 각 단어의 처음 두 글자를 읽는다. 실제로 10개의 글자 목록을 재구성하고 있다.

그러나 10개의 글자 목록을 기억하지 못하면 어떻게 되겠는가? 무엇이 잘못되었을까? 세 가지 기억 과정 측면에서 (a) 유용한 방법으로 목록을 부호화하지 않았거나 (b) 부호화된 정보를 저장소에 입력하지 않았거나 (c) 정보를 저장했지만 신호를 잊어버렸을 수도 있다.

David Noton Photography/Alamy Stock Photo

"사고의 흐름은 계속 흐르지만 대부분의 요소는 밑바닥 없는 망각에 빠진다. 어떤 요소들은 통과하는 순간에 살아남는 요소가 없다. 다른 것 중에서 몇 순간과 몇 시간 또는 며칠로 제한되어 있다. 다른 사람들은 다시 말도 안 되는 흔적을 남긴다. 생명을 유지하는 한, 그것들을 기억할 수 있게 한다."

윌리엄 제임스, 미국 철학자 및 심리학자(1842-1910)

'**T**he **U**nited **St**ates **of** **A**merica'이라는 문구 또는 문구의 복호화 규칙과 같은 문구를 기억한다.

우리는 이 장을 시작해 먼 길을 왔지만 아직 기억을 정의하지 않았다. 아직 준비가 되지 않았지만, 몇 가지 기본 개념을 살펴보았으므로 시도해 보겠다. **기억**은 정보가 부호화와 저장 및 반복시연되는 과정으로 정의될 수 있다.

윌리엄 제임스(1890)는 일부 기억이 신뢰할 수 없다는 사실에 흥미를 느꼈다. 그들은 다른 한 추억이 평생 함께하는 동안 '한쪽 귀로 들어가고 다른 쪽으로 나갈 것이라고 했다'. 세계는 광경과 소리 및 기타 감각 정보로 눈부신 배열을 이루지만, 그 중 일부만 기억된다.

심리학자 앳킨슨과 쉬프린(Richard Shiffrin, 2016)은 일부 정보가 즉시 손실되고 다른 정보는 잠깐 동안 유지되며 다른 정보는 평생 동안 유지되는 방법에 대한 모델을 제안했다.

반복시연 저장된 정보의 위치 및 의식으로의 복귀; 정보 처리의 세 번째 단계

기억 어느 정보가 부호화되고 저장되며 반복시연됨에 따른 과정의 기억

그림 6.1 세 단계의 기억: 감각 기억, 단기 기억, 장기 기억

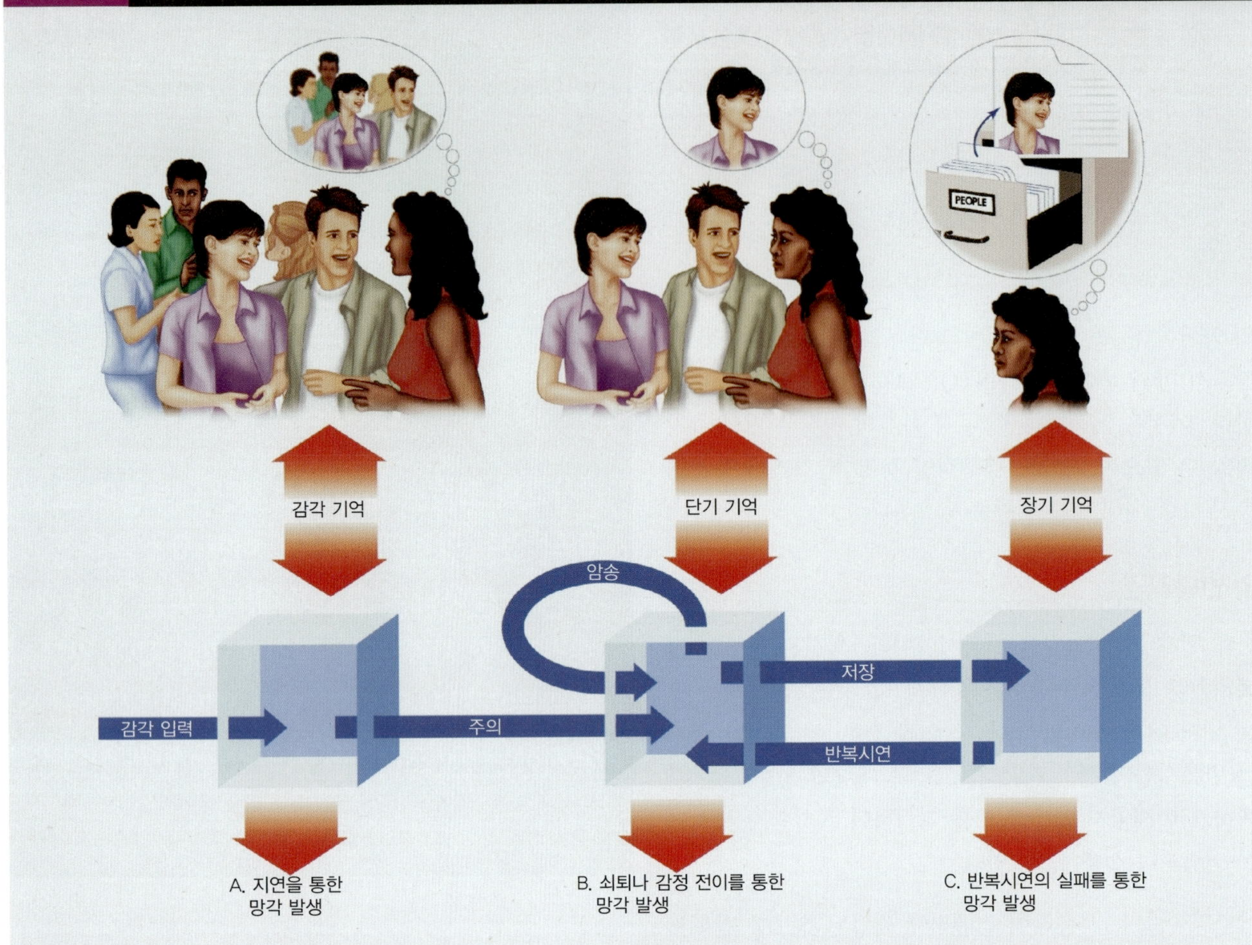

Atkinson-Shiffrin 모델은 세 단계의 기억이 있다. (a) 감각 기억, (b) 단기 기억 (c) 장기 기억. 파트 A는 감각 정보가 감각 기억의 기재사항에 영향을 미친다는 것을 보여 준다. 기억 흔적들이 쇠퇴하기 전에 감각 기억에 잠깐 동안 유지된다. 정보에 주의를 기울이면 대부분의 정보를 단기 기억으로 전송할 수 있다. 파트 B : 정보는 유지 보수 예행 연습 또는 정교한 예행 연습을 통해 단기 기억으로 유지될 수 있다. 그렇지 않으면 쇠퇴되거나 변위될 수 있다. 파트 C : 정보가 장기 기억으로 전송되면 무기한 보관될 수 있다. 그러나 장기 기억의 정보가 잘못 구성되었거나 정보를 반복시연할 단서를 찾을 수 없으면 정보가 손실될 수 있다.

그림 6-1과 같이 그들은 정보 기억 여부(그리고 얼마나 오래)를 결정하는 세 단계의 기억 : 감각 기억, 단기 기억, 장기 기억을 제안했다.

6-3 감각 기억

감각 기억(sensroy memory) 자극에 의해 처음 접하는 기억의 유형 또는 단계; 감각 기억은 짧은 인상을 가지고 있지만 일련의 인식이 심리적으로 연속적일 정도로 충분히 오래감.

기억 흔적(menory trace) 기억은 자극에 의한 인상을 반영하는 신경계의 추정되는 변화를 추적함.

시각적 자극을 볼 때 우리의 인상은 유동적으로 보일 수 있다. 그러나 실제로는 충동성 안구운동이라고 하는 일련의 안구 고정으로 구성된다. 이러한 움직임은 초당 약 4번을 한 지점에서 다른 지점으로 이동한다. 그러나 감각 기억 때문에 시각적 감각은 연속적이거나 흐르는 것처럼 보인다. 감각 기억은 자극에 의해 처음 발견되는 기억의 유형 또는 단계이다. **감각 기억**은 인상을 짧게 유지하지만, 일련의 인식이 연결되는 것처럼 보일 정도로 길다.

감각 기억의 기능을 이해하기 위해, 우리의 편지 목록으로 돌아가 보자 : 'THUNSTOFAM' 목록이 1초 동안 화면에서 깜박인 경우, 자극의 시각적 인상 또는 **기억 흔적**도 1초 동안 지속될 것이다. 심리학자들은 목록의 기억 흔적을 시각적 감각 기록부에 보유하고 있음을 말한다.

글자가 화면에서 0.1초 동안 번쩍였다면 감각 기억만으로 글자를 기억하는 능력이 제한될 것이다. 당신의 기억은 하나의 눈 고정에 기초할 것이고, 1초가 지나기 전에 이미지의 흔적이 사라질 것이다. 1세기 전, 심리학자인 윌리엄 맥두걸(William McDougall, 1904)은 연구 결과에 참여하여 1~12개의 글자를 일렬로 배열한 것을 보여 주었다. 이러한 조건에서 사람들은 일반적으로 4~5개의 글자만 기억할 수 있었다. 따라서 단일 행으로 배열된 10개의 문자 목록인 THUN- STOFAM을 다시 기억하게 한다면, 더 처리할 수 있도록 이를 부호화했는지 여부에 따라 달라질 수 있다.

> **"기억을 잘 하려면 관심을 쏟아야 한다."**
>
> Dr. Samuel Johnson, English Poet, Editor, and Lexicographer (1709 – 1784)

스펄링(George Sperling, 1960)은 맥두걸의 실험 방법을 수정했으며 사람들이 볼 수 있는 것과 보고할 수 있는 것 사이에 차이가 있음을 보여 주었다. 맥두걸은 전체 보고서 절차를 사용하여 사람들이 배열에서 본 모든 철자를 보고하도록 요청했다. 스펄링은 수정된 부분 보고서 절차를 사용하여 세 줄의 문자 중 하나의 내용을 보고하도록 요청했다. 일반적인 절차에서 스펄링은 화면에서 다음과 같이 3행의 문자를 0.05초 동안 깜박였다.

A G R E
V L S B
N K B T

전체 보고서 절차를 사용하여 사람들은 전체 디스플레이에서 평균 4개의 문자(3개 중 1개)를 보고할 수 있다. 그러나 디스플레이를 표시한 직후 스펄링이 행이 있는 곳을 화살표로 가리키며 시청자가 보고하기를 원했고, 대개 행에 있는 대부분의 문자를 성공적으로 보고했다.

스펄링이 6개의 문자를 2행으로 배열한 경우 사람들은 일반적으로 오류없이 각 행을 보고할 수 있다. 사람들에게 각각 4개의 문자로 된 3개의 행(총 12개)을 살짝 보여주면 지정된 행에 평균 4개의 문자 중 3개의 문자를 정확하게 보고해, 12개의 문자 중에서 약 9개가 인식되었음을 보여준다.

스펄링은 행을 가리키기 전에 한 시간 동안 사람들의 기억에 영향을 미친다는 것을 발견했다. 편지를 보여 준 후에 몇 분의 1초를 가리키는 것을 지연시키면 사람들은 행에 있는 철자를 보고하는 데 성공하지 못했다. 그가 1초가 지나도록 허용했다면, 화살표는 사람들이 기억하는 데 전혀 도움이 되지 않았다.

스펄링은 시각 자극의 기억 흔적이 1초 안에 쇠퇴한다고 결론을 내렸다(그림 6.1 참조). 단일 안구 고정으로 사람들은 지정된 행에서 대부분의 문자를 즉시 읽을 수 있는 능력으로 알 수 있듯이 대부분 12개의 문자를 명확하게 볼 수 있다. 그러나 1초의 분수가 줄어듦에 따라 글자의 기억 흔적이 희미해진다. 1초가 지나면 흔적이 사라진다.

1. 영상적 기억(Iconic Memory)

심리학자들은 우리가 각 감각에 대한 감각 기록을 가지고 있다고 생각한다. 시각적 자극의 정신적 표현을 **영상**이라고 한다. 영상을 보유한 감각 기재사항은 **영상적 기억**으로 표시된다. 상징적인 기억은 정확하고 사진적인 기억이다. 신경학적 손상을 볼 수 있고 손상되지 않은 경우에 사진 기억력이 있다. 그러나 그런 기억은 간단하다.

대부분의 사람들이 일반적으로 사진 기억(오래 동안 시각적 자극의 정확한 정신적 표현을 유지하는 능력)으로 생각하는 것을 기술적으로는 **직관적 심상**(eidetic imagery)이라고 한다. 소수의 사람들만이 이미지를 표현할 수 있다.

> **TRUTH**
>
> (T) F 당신이 볼 수 있다면, 당신은 영상적 기억을 가질 것이다.
>
> 볼 수 있는 사람들은 영상적 기억을 가지고 있지만, 사람들이 일반적으로 영상적 기억으로 생각하는 것을 기술적으로 직관적 심상이라고 한다.

2. 영상적 기억과 충동성 안구 운동

충동성 안구 운동은 초당 약 4번 발생하지만 영상적 기억은 최대 1초 동안 영상을 유지한다. 이러한 이유로 시각 정보의 흐름은 매끄럽고 지속적으로 보인다. 당신이 읽고 있는 단어가 솟구치지 않고 페이지 전체에 흐른다는 인상은 상징적인 기억의 산물이다.

> **영상(icons)** 감각 기억에 잠깐 열린 시각적 자극의 정신적 표현
>
> **영상적 기억** 시각 자극들을 정신적으로 표현하는 감각 기재 사항
>
> **직관적 심상** 몇 분에 걸친 세부적인 시각적 기억의 유지

마찬가지로 동영상은 초당 16~22개의 개별 프레임 또는 정지 이미지를 제공하지만 영상적 기억을 사용하면 필름의 이미지를 매끄럽게 인식할 수 있다(Kassim et al., 2018).

3. 음향 기억(Echoic Memory)

소리의 정신적 표현 또는 청각 자극을 **음향**이라고 한다. **음향 기억**은 에코들을 유지하는 감각 기재 사항이다.

청각 자극의 기억 흔적(에코)은 시각 자극(아이콘)의 흔적보다 몇 배 더 오래 지속될 수 있다.

이 차이는 음향 코드가 시각적으로 제공되는 정보를 유지하는 데 도움이 되는 이유 중 하나이거나 THUNSTOFAM의 문자나 음절을 말하면 목록을 더 쉽게 기억할 수 있는 이유 중 하나이다.

6-4 단기 기억

작문 과제를 완료하고 단어 처리 프로그램에 단어와 문구를 입력하거나 말한다고 상상해 보아라. 컴퓨터 기억에 있다는 표시로 모니터에 나타난다. 워드 프로세싱 프로그램을 사용하면 단어를 추가하고, 단어를 삭제하고, 철자가 올바른지 확인하고, 이미지를 추가하고, 문단을 다른 곳으로 이동할 수 있다.

컴퓨터 기억의 정보를 조작할 수 있지만 정보는 저장되지 않는다. 저장 공간에 입력되지 않았다. 프로그램이나 컴퓨터가 충돌하면 정보가 사라진다. 컴퓨터의 기억은 단기적인 일이다.

정보와 장기 연결을 유지하려면 정보를 저장해야 한다. 저장한다는 것은 이름을 부여하는 것인데 나중에 정보를 찾고 검색할 수 있도록 기억할 이름을 부여하고 컴퓨터에 정보를 저장하도록 지시하는 것이다(달라고 말할 때까지 저장 공간에 두라).

감각 기재 사항에서 자극에 초점을 맞추는 경우, 자극의 흔적이 소멸된 후 1분 동안 자신의 작업 기억이라고도 하는 **단기 기억**(STM)에 남을 것이다. 골드만 라킥이 말했듯이, '**작업 기억**(working memory)은 생각을 처음부터 끝까지 연결하는 정신적 접착제'(1995)이다.

새 전화번호를 받고 적어 두거나 즉시 전화를 걸면, 단기 기억에 해당 번호가 유지된다. 파티에서 누군가의 이름을 들은 다음에 그 사람의 주소를 저장할 때 즉시 그 이름을 사용하면, 그 이름을 단기 기억으로 유지되게 된다.

단기 기억에서, 이미지가 반복되거나 연습되지 않으면 10~12초 후에 이미지가 상당히 희미해지는 경향이 있다. 단기 기억은 시각적 이미지를 유지하는 데 집중할 수 있지만, 시각적 자극을 소리 또는 청각 자극으로 부호화하는 것이 더 일반적이다. 그런 다음 소리를 연습하거나 반복할 수 있다.

Comstock/Stockbyte/Getty Images

이 배우들은 음향 기억을 예행 연습하여 대본을 외우고 있다. 배우가 스크립트를 암기할 때 먼저 시각 정보(인쇄된 단어)를 영상(뇌 내의 해당 소리)으로 부호화한다. 그런 다음, 필요에 따라 시각적 정보를 다시 참조하여 영상을 예행 연습(반복)하여 영상을 기억에 완료한다. 결국 다른 배우의 대사는, 자신의 대사에 대한 기억을 유발하는 신호가 된다.

음향 감각 기억에 잠깐 유지되는 청각 자극 (사운드)의 정신적 표현

음향 기억 청각 자극의 정신적 표현을 간략하게 유지하는 감각 기재 사항

단기 기억 자극의 흔적이 소멸된 후 최대 1분 동안 정보를 보유할 수 있는 기억의 유형 또는 단계; 작업 기억이라고도 함.

작업 기억 단기 기억을 위한 또 다른 용어

일단 정보가 단기 기억 속에 있으면, 우리는 그 일을 할 수 있다. 워드 프로세싱 프로그램의 정보처럼 정보를 조작할 수 있다. 그러나 반드시 저장되지는 않는다.

새 전화번호를 적어 두거나 휴대폰의 연락처 목록에 내용을 입력하는 등의 방법으로 저장하지 않으면 그 정보는 영원히 사라질 수 있다. '저장'하기 위해 새로운 정보를 연습해야 하지만 장기 기억에서 정보를 검색하려면 적절한 신호가 필요할 수 있다. 이제 이 장의 시작 부분에서 기억해야 할 과제의 첫 글자 목록을 기억하는 작업으로 돌아가 보자.

글자를 3음절의 '단어' THUN-STO-FAM으로 부호화했다면 아마도 3음절의 '단어'를 마음 속으로 연습(사운드로 말하기)한 '다음 소리'에서 철자를 썼을 것이다. 몇 분 후에 누군가 철자가 대문자(THUNSTOFAM)인지 소문자(thunstofam)인지 물으면 자신감을 갖고 대답하지 못할 수도 있다.

청각 부호를 사용하여 목록을 불러오는 데 도움이 되었으며, 대문자와 소문자가 비슷하게 들리게 발음할 수 있기 때문에 THUNSTOFAM은 단기 기억에 보관하기가 용이하다. 그러나 문자 목록이 TBXLFNTSDK라면 어떨까? 이 문자 목록은 그대로 발음할 수 없다. 이 문자를 부호화하려면 복잡한 약어를 찾아야 하며, 아마도 불가능한 작업이겠지만, 1초 안에 그렇게 해야 한다.

기억력을 돕기 위해 기억 흔적들이 사라지기 전에 될 수 있는 대로 많이 문자를 빨리 읽고 반복하려고 시도할 것이다. 말한 대로 각 문자를 시각화하고 쇠퇴하기 전에 답장을 보내려고 시도할 수 있다(즉, 전체 목록을 통해 실행).

글자를 소리로 부호화한 다음에 소리를 연습한다고 가정해 보자. 목록을 보고하라는 메시지가 표시되면 실수로 T-V-X-L-F-N-T-S-T-K를 말할 수 있다. 잘못된 V 및 T 사운드는 각각 올바른 B 및 D 사운드와 비슷하기 때문에 범할 수 있는 오류이다.

1. 연속위치효과(The Serial-Position Effect)

TBXLFNTSDK 문자 목록을 불러오라는 요청을 받으면 나열된 단어의 첫 번째 문자와 마지막 문자 T와 K를 다른 문자보다 정확하게 기억해 낼 수 있다. 나열된 단어의 첫 번째 항목과 마지막 항목을 상기시키는 경향은 **연속위치효과**라고 한다.

이 효과는 첫 번째 자극과 마지막 자극에 더 많은 주의를 기울이기 때문에 발생할 수 있다. 그것들은 다른 자극에 대한 시각적 또는 청각적 경계 역할을 한다. 또한, 첫 번째 항목은 다른 항목보다 더 자주(더 많은 반복) 예행이 연습될 수 있다. 마지막 항목은 가장 최근에 예행 연습이 되었을 가능성이 크므로, 단기 기억에 보관될 가능성이 높다.

2. 청킹(Chunking)

의미 없는 글자 10개를 빠르게 기억하기 위해 연습하는 것은 쉬운 일이 아니다. TBXLFNTSDK를 사용하면 단기 기억에 보관해야 하는 10개의 개별 요소 또는 **연속위치효과**(serial-position effect) 정보가 있다. THUNSTOFAM을 3음절로 부호화할 때 한 번에 3개의 덩어리 짓기만 기억할 수 있다. 이는 소화가 훨씬 쉬운 기억 작업이다.

앞서 언급했듯이 심리학자 조지 밀러(George Miller, 1956)는 보통 사람이 전화번호를 암기할 때 한 번에 약 7개의 정수를 기억하는 것이 편안하다는 것을 발견했다. 기업은 전화 회사에 많은 프리미엄을 지불하여 두 개 또는 세 개의 0 또는 반복되는 숫자(예 : 592 - 2000 또는 272 - 3333)로 전화번호를 얻을 수 있다. 이 숫자에는 덩어리 짓기 정보 수가 적으므로 기억하기 쉽다.

비즈니스 전화번호를 고객이 기억하면 매출이 증가한다. 금융 서비스 회사는 수신자 부담 전화번호 CALLIRA를 사용하여 본연의 업무도 하고, 의미있게 관련된(의미적으로 코딩된) 정보를 두 개의 덩어리로 줄일 수 있다.

앞에서 제시한 기억에 대한 세 번째 도전으로 돌아가라. 여섯 글자 그룹(GMC-BSIBMA-TCC-IAF-BI)을 기억할 수 있었는가? 다르게 그룹화했다면 작업이 더 간단했을까? GM-CBS-IBM-ATT-CIA-FBI를 읽을 수 있도록 대시(문장부호)를 문자의 앞으로 이동하는 것은 어떠한가?

이렇게 하면 동일한 문자 목록이 있지만 의미적으로 부호화할 수 있는 6개의 정보 덩어리도 있다(의미한 바에 따라). '대기업 및 정부기관'과 같은 규칙을 기억하여 목록을 생성할 수도 있다.

> **연속위치효과** 시리즈의 첫 번째 항목과 마지막 항목을 보다 정확하게 불러오는 경향
>
> **청킹** 불연속 정보로 인식되는 자극 또는 자극 그룹 덩어리 짓기

앞에서 제시한 기억에 대한 두 번째 도전을 다시 생각해 보라. 9개의 덩어리 짓기 정보를 기억하라는 요청을 받았다. 아마도 덩어리 짓기 3과 5에 대해 음향 코드 'L'과 '사각형'을 사용했을 수도 있지만 다른 7개의 덩어리 짓기에는 명확한 코드를 사용할 수 없다. 이제 그림 6.2를 보라.

도전의 요소가 익숙한 삼목 두기 격자로 정렬될 수 있음을 인식한 경우 9개의 요소를 기억하려면 두 개의 정보 덩어리가 필요할 수 있다. 첫 번째는 격자의 정신적 이미지였을 것이고, 두 번째는 복호화 규칙이 될 것이다.

각 요소는 페이지에서 단어를 읽는 경우(왼쪽 위에서 오른쪽 아래), 1에서 9까지의 숫자 순서는 그 자체로는 문제가 되지 않을 것이다. 왜냐하면 몇 년 전에 이 시리즈를 배웠으며 그 이후에 수많은 계산으로 예행 연습을 했기 때문이다.

그림 6.2 익숙한 격자

기억에 대한 두 번째 도전에서 9개의 도면은 숫자가 그 안에 배치되고 순서대로 배열될 때 이 익숙한 삼목 두기 격자를 형성한다. 이 모양을 불러오는 방법은 9개의 덩어리 정보를 2개로 축소한다. 하나는 tic-tac-toe 그리드(격자)를 하는 것이다. 두 번째는 격자에서 도면을 복호화하는 규칙이다.

3. 단기간 기억의 간섭

대학생과의 고전적인 실험에서 로이드(Lloyd)와 마거릿 피터슨(Margaret Peterson, 1959)은 예행 연습 예방이 어떻게 단기 기억으로 혼란을 유발할 수 있는지를 보여 주었다. 학생들에게 HGB와 같은 3글자 조합(일반적으로 3가지 쉬운 정보)을 기억하도록 요청했다. 그런 다음 학생들에게 181과 같은 임의의 숫자에서 3(즉, 181, 178, 175, 172 등)만큼 빼기를 시켰다.

학생들은 카운트를 멈추고 그림 6.3에 나타난 시간 간격 후에 문자 순서를 보고하도록 했다.

올바르게 기억한 문자 조합의 비율은 몇 초 내에 크게 감소하였다. 18초 동안 빼기를 하면서 총명한 학생들의 기억에서 문자 순서를 지워버렸다.

심리학자들은 단기 기억에서 새로운 정보가 나타나는 것이 오래된 정보를 **대체**한다고 말한다.

정보 순서 때문에 숫자 순서 1~9 자체는 문제가 되지 않는다. 단 몇 개의 정보만 동시에 단기 기억에 보관할 수 있다(Farrell, 2012).

6-5 장기기억

장기기억(Long-tern memory: LTM)은 정보 처리의 세 번째 단계이다(그림 6.1 참조). 장기 기억은 이름, 날짜, 장소, 조니가 2학년에 한 일, 수잔이 12세 때 당신에 대해 말한 내용을 포함하는 방대한 정보 저장소라고 생각하라.

프로이트를 비롯한 일부 심리학자들은 거의 모든 인식과 생각이 영구적으로 저장된다고 믿었다. 그러나 일부는 검색하지 못할 수도 있다.

그림 6.3 단기 기억에 미치는 영향

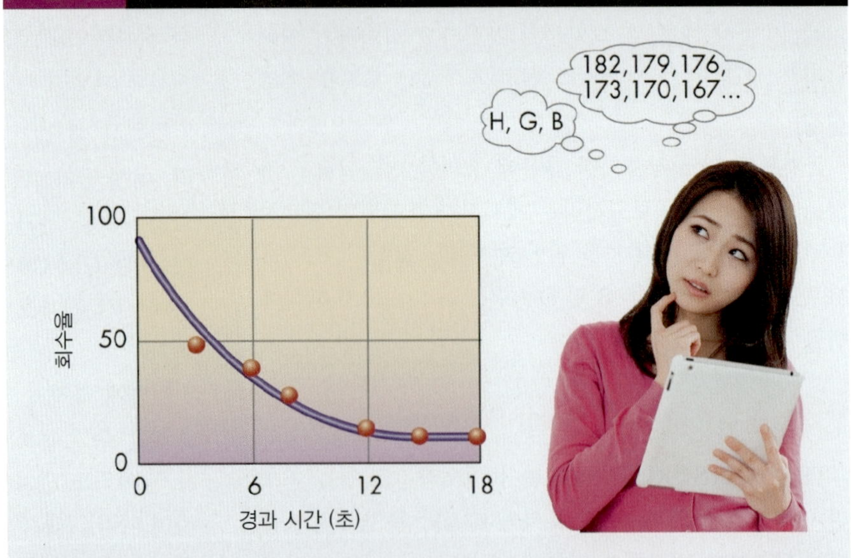

이 실험에서 대학생들은 세 글자를 뒤로 세면서 세 글자를 기억해야 했다. 단 3초 후, 기억의 보유가 반으로 줄었다. 단어를 기억하는 능력은 15초 정도 지나면 거의 완전히 사라졌다.

대체(displace) 기억 이론에서 변위, 새로운 정보를 추가하여 단기 기억에서 정보가 유실되도록 하는 것

장기기억(LTM) 비교적 영구적인 저장이 가능한 기억의 유형 또는 단계

적절한 신호가 없기 때문에 일부 기억은 '잃어버린' 것일 수 있다. 또 다른 사람들은 **억압**(repression)의 힘에 의해 무의식적으로 유지될 수 있다.

이 견해를 고수하는 사람들은 종종 신경외과 의사 와일더 펜필드(Wilder Penfield, 1969)의 연구를 지적했는데, 펜필드의 많은 환자들은 뇌의 일부가 전기적으로 자극을 받았을 때 기억과 같은 이미지가 나타났다고 보고했다.

FICTION

T (F) 우리의 모든 경험은 뇌에 영구적으로 각인되어 있으므로 적절한 자극이 정확하게 기억하게 할 수 있다.

모든 경험이 뇌에 영구적으로 각인되는 것은 사실이 아니다. 경험에 주의를 기울이고 유용한 방식으로 부호화하면 더 많은 경험이 기억될 것이다.

오늘날 대부분의 심리학자들은 이 개념을 과장된 것으로 보고 있다. 예를 들어, 기억 연구원 엘리자베스 로프터스는 펜필드의 연구에 의해 자극된 '기억'에 세부 사항이 부족하고 때로는 틀렸다고 지적한다(예 : Bernstein & Loftus, 2009). 따라서 우리의 모든 경험이 뇌에 영구적으로 각인되어 있음을 보여 주지는 않았다. 이제 LTM에 대한 다른 질문을 살펴보겠다.

1. 장기기억은 얼마나 정확한가?

심리학자인 엘리자베스 로프터스(Elizabeth Loftus)는 세상을 개념화하는 방식에 따라 편견과 요구에 의해 기억이 왜곡된다고 지적한다. 우리는 **스키마**의 형태로 세계의 많은 부분을 나타낸다. 스키마는 사람이나 사물 및 상황에 대한 우리의 인식에 영향을 줄 수 있는 신념이나 기대와 같은 세상을 정신적으로 표현하는 방법이다. 이제 4번 종이의 문제를 풀어보라. 6-1의 3번의 지침에 따라 그림을 '기억에서' 그렸다.

이제 그림 6.4를 보라. 그룹 1의 도면과 그룹 2의 도면 중 어느 것에 더 가까운가? 예를 들어 첫 번째 그림이 덤벨보다 안경처럼 보인다면 그룹 1과 비슷하다고 해도 놀라지 않을 것이다.

결국 그 그림들은 그룹 1의 그림과 비슷하게 표시되었다. 라벨은 그림에 대한 스키마로써 역할을 하며 그에 대한 지식을 조직화하는 방식으로 이러한 계획들은 기억에 영향을 미쳤을 수 있다. 그건 그렇고, 페니를 꺼내 보라. 기억에 대한 도전에 대답할 때 정확한 페니를 선택했는가?

그림 6.4 재구성적 기억

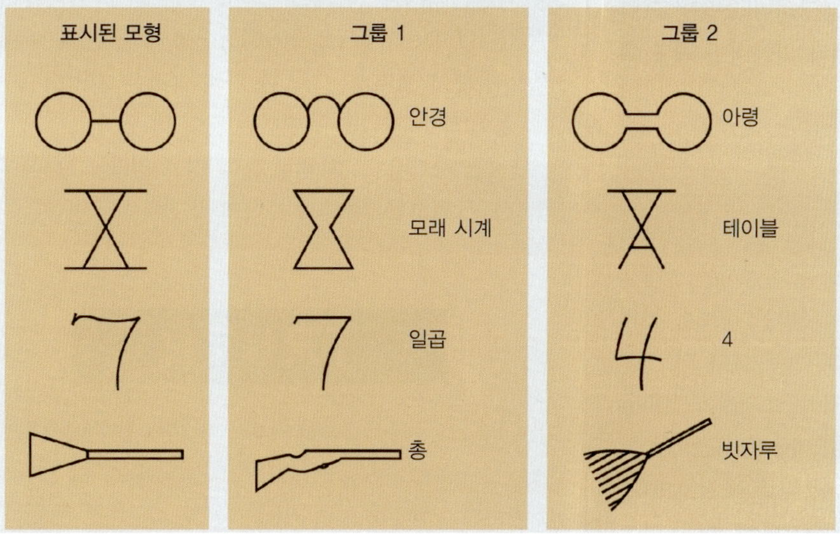

고전적인 실험에서 카마이클(Carmichael)과 호건(Hogan) 및 월터(Walter, 1932)는 왼쪽 상자에서 피규어를 보여 주고 다른 상자에 제안된 대로 피규어를 고쳐서 발언해 주었다. 그렇게 했을 때 실험자는 예를 들어 "이 그림은 안경(또는 아령)처럼 보인다."라고 말할 수 있다. 사람들이 나중에 그림을 재구성할 때 레이블에 영향을 받았다.

2. 얼마나 많은 정보를 장기기억에 저장할 수 있는가?

개인용 컴퓨터인 뇌에는 몇 테라 바이트의 저장 공간이 있는가? 컴퓨터와는 달리, 정보를 저장하는 인간의 능력은 모든 실제적인 목적에 제한적이지 않다.

억압 프로이트의 정신역동 이론에서의 억압, 의식에서 불안을 불러일으키는 사고의 방출 인식

스키마 사람과 사물 및 상황에 대한 인식에 영향을 줄 수 있는 신념이나 기대와 같은 세상을 정신적으로 표현하는 방법

TRUTH

Ⓣ F 파티에서 만난 사람의 이름보다 1학년 교사의 이름을 기억하는 것이 더 쉬울 수 있다.

방금 만난 사람들보다 1학년 교사의 이름을 기억하기가 더 쉽다는 것은 사실이다. 추가로 이름을 학습하면 몇 분 전에 배운 이름을 기억하는 데 방해가 될 수 있다. 그것은 아마도 1학년 교사와 의미 있는 상호작용을 했을 것이다.

웹 페이지나 사진 또는 비디오를 저장하면 가장 큰 하드드라이브도 채워진다. 그러나 과거에 봤던 영화 중 얼마나 많은 '영화'를 자신의 장기 기억에 저장했는가? 당신은 얼마나 많은 영화 속 장면과 이야기를 마음대로 재실행할 수 있는가? 또한, 완전한 감각 시스템이 있다고 가정하면 개인의 보관함 속의 영화에는 색상 및 사운드뿐만 아니라 향기, 촉각적 감각 등이 있을 것이다.

장기 기억은 저장할 수 있는 알려진 정보의 양에 대한 제한이 없는 생화학적 '하드드라이브'이다.

새로운 정보는 단기 기억의 오래된 정보를 대체할 수 있지만 '저장'에 있는 장기 기억이 변위에 의해 손실된다는 증거는 없다. 장기 기억은 평생 지속될 수 있다. 이제, 우리는 초등학교 친구의 이름과 같은 장기 기억을 잊어버렸거나 '잃어버린' 것처럼 보일 수 있지만, 그것들을 구할 적절한 단서를 찾지 못할 수도 있다. 그러나 초등학교(단서)를 지나다 보면 갑자기 오래 전부터 잊어버린 학교 교사의 이름을 떠올릴 수 있다.

3. 처리 정보 수준

정교한 예행연습(새로운 정보가 이미 알려진 정보와 관련된 코딩의 종류)을 사용하여 사물을 기억하는 사람들은 유지 보수 예행 연습을 사용하는 사람들(정보를 기억에 보관하기 위해 정보를 반복적으로 반복)보다 더 깊은 수준에서 정보를 처리하고 있다. 퍼거스 크레이크(Fergus Craik, 2016)와 로버트 록하트(Robert Lockhart)는 '기억 레벨 처리 모델'을 개척했다. 이 모델은 정보가 깊게 처리되고 주의 깊게 부호화되고, 숙고하며, 이미 알고 있는 것과 관련이 있을 때 기억이 유지되는 경향이 있다.

기억은 기억이 한 단계의 기억에서 다른 단계로 전달되는지의 여부가 아니라, 정보에 얼마나 주의를 기울이고 정보를 얼마나 깊이 처리하는지에 달려 있다(Rose & Craik, 2012).

칵테일 파티에서 한 사람씩 다른 이름으로 질문을 받았다면 방금 만난 사람의 이름을 기억하기 보다는 1학년 교사의 이름, 즉 수많은 상호작용을 한 사람의 이름을 기억하기가 더 쉬울 수 있다.

우리가 고등학교에서 해결한 모든 수학 문제를 생각해 보아라. 각 문제는 절차와 특정 공식을 적용한다. 약간 다른 상황에서 절차와 공식을 반복해서 적용함으로써 정교하게 연습할 수 있다. 결과적으로, 우리는 그것들을 기억할 가능성이 높다.

뇌의 특정 부분, 특히 대뇌피질의 전두엽 영역에서의 활동과 깊은 처리를 연결하는 생물학적으로 지향적인 연구도 많이 있다(Fellner & Hanslmayr, 2017). 노인들이 기억상실을 보이는 한 가지 이유는 젊은이들처럼 정보를 처리하지 않는 경향이 있기 때문이다.

심층적으로 가공하기 위해서는 지속적인 주의가 필요하며, 뇌 손상 및 뇌졸중을 겪은 사람들과 함께 노인들은 이전과 마찬가지로 주의를 집중할 수 없다.

4. 섬광 기억

2001년 9월 11일의 공격과 같은 일부 사건이 평생 기억에 남는 이유는 무엇인가? 우리는 놀랍거나 중요하며 정서적으로 감동적인 사건을 기억하는 경향이 있다. 이러한 사건은 경험을 상세하게 보존하는 섬광 기억을 만들 수 있다(Talarico et al., 2017). '섬광'이 꺼질 때에 왜 기억이 뚜렷이 새겨지는가? 한 가지 요소는 기억의 구별이다. 눈에 띄는 자극을 구별하는 것이 더 쉽다.

그러한 사건은 그 자체로 눈에 띄고 있다. 그들에 의한 감정도 특별하다. 따라서 기억의 창고에서 골라내는 것이 상대적으로 쉽다.

TRUTH

Ⓣ F 2001년 9월 11일 아침에 현재 있었던 위치와 수행한 작업을 항상 기억할 수 있다.

당신이 지금보다 약간 젊었을지라도 그 사건이 오래 전에 일어났음에도 불구하고, 당신의 기억에 있는 '섬광 전구'는 2001년 9월 11일에 시작되었을 것이다. 앞으로 수십 년 동안 자신의 현재 위치와 현재하고 있는 일을 기억할 것이다.

2001년 9월 11일 테러 공격과 같은 일부 사건이 평생 기억에 남을 수 있는 이유는 무엇인가?

대통령 암살이나 친척의 상실과 같은 주요 사건도 우리 삶에 중요한 영향을 미치는 경향이 있다. 우리는 그들과 함께 관계의 네트워크를 형성할 가능성이 높다. 즉, 우리는 그것들을 정교하게 연습할 것이다. 우리의 예행 연습에는 미래에 대한 큰 기대 또는 깊은 두려움이 포함될 수 있다.

2001년 9월 11일 아침 테러리스트가 세계무역센터와 국방부를 공격했을 때 자신이 어디에 있었는지, 무엇을 했는지 등을 항상 기억할 것이다.

생물학은 심리학과 밀접한 관련이 있다. 강한 감정은 스트레스 호르몬의 분비와 관련이 있으며 스트레스 호르몬은 '대뇌 조직에 흉터를 남기는 것처럼' 사건을 기억에 남길 수 있게 한다.

5. 장기기억에 있는 조직

장기 기억의 창고는 일반적으로 잘 조직되어 있다. 물건은 바닥에 쌓이거나 옷장에 버리지 않는다. 우리는 쥐와 고양이에 관한 정보를 창고의 특정 구역, 아마도 동물 또는 포유류 구역으로 수집하는 경향이 있다.

우리는 참나무, 단풍나무, 유칼립투스에 관한 정보를 나무 부분에 넣었다. 이러한 자극의 분류는 기본적인 인지 기능이다. 특정 인스턴스(사례)에 대해 예측하고 정보를 효율적으로 저장할 수 있다.

그림 6.5와 같이 계층 구조에 따라 정보를 구성하는 경향이 있다. 계층 구조는 공통 또는 고유한 기능에 따라 항목(또는 정보 덩어리)을 그룹 또는 클래스로 배열한다. 그림에 표시된 계층 구조를 따라가면서 그 아래 항목에 속하는 클래스를 더 포괄하거나 중요하게 생각한다. 예를 들어, 모든 포유류는 동물이지만 포유류 이외의 많은 종류의 동물이 있다.

항목이 장기 기억으로 올바르게 구성되면 항목에 대한 정확한 정보를 기억하거나 알 수 있다. 예를 들어, 고래가 수중에서 숨을 쉬는지 여부를 '기억'하는가? 고래가 포유류임을 모르거나(또는 포유류에 종속된 그림 6.5에서) 포유류에 대해 전혀 모른다면 정답은 암기 학습의 먼 사례에 따라 달라질 수 있다. 즉, 신뢰할 수 있는 의미 기억이 아닌 간헐적인 일화적 기억에 의존할 수 있다.

예를 들어, 고래에 관한 TV 다큐멘터리에서 일부 세부 사항을 기억할 수 있다. 그러나 고래가 포유류라는 것을 알고 있다면 고래가 수중에서 숨을 쉬지 않는다는 것도 알고 기억해야 한다. 어떻게? 고래가 종속된 그룹인 포유류에 대한 지식에서 고래에 대한 정보를 재구성한다.

비슷하게, 당신은 그들이 포유류이기 때문에 고래는 온혈 동물이고, 새끼를 낳고, 물고기인 참치와 상어보다 훨씬 똑똑하다. 고래를 물고기로 잘못 분류한 경우, 기억을 검색하여 수중 호흡을 하는 잘못된 답을 구성했을 수 있다. 따라서 기억은 특정 내부 논리가 있는 매우 복잡한 파일링 시스템에 따라 구성된다.

정보를 잘못된 파일에 저장하면 파일 시스템 자체의 결함이 아닐 수 있다. 그럼에도 불구하고 정보를 검색하기 위한 최상의 신호를 찾을 수 없다는 의미에서 정보를 '손실'할 수 있다.

6. 설단 현상

얼마나 자주 '혀끝'에 무언가가 있었는데 그것을 기억하지 못했는가? 혀끝에 무언가가 남아 있으면 실망스러운 경험이 될 수 있다. **설단 현상**은 알고 있는 느낌으로도 알려져 있다.

설단 현상 정보를 쉽게 검색할 수는 없지만 기억에 저장되는 느낌; 감정을 아는 경험이라고도 함.

그림 6.5 장기기억의 계층 구조

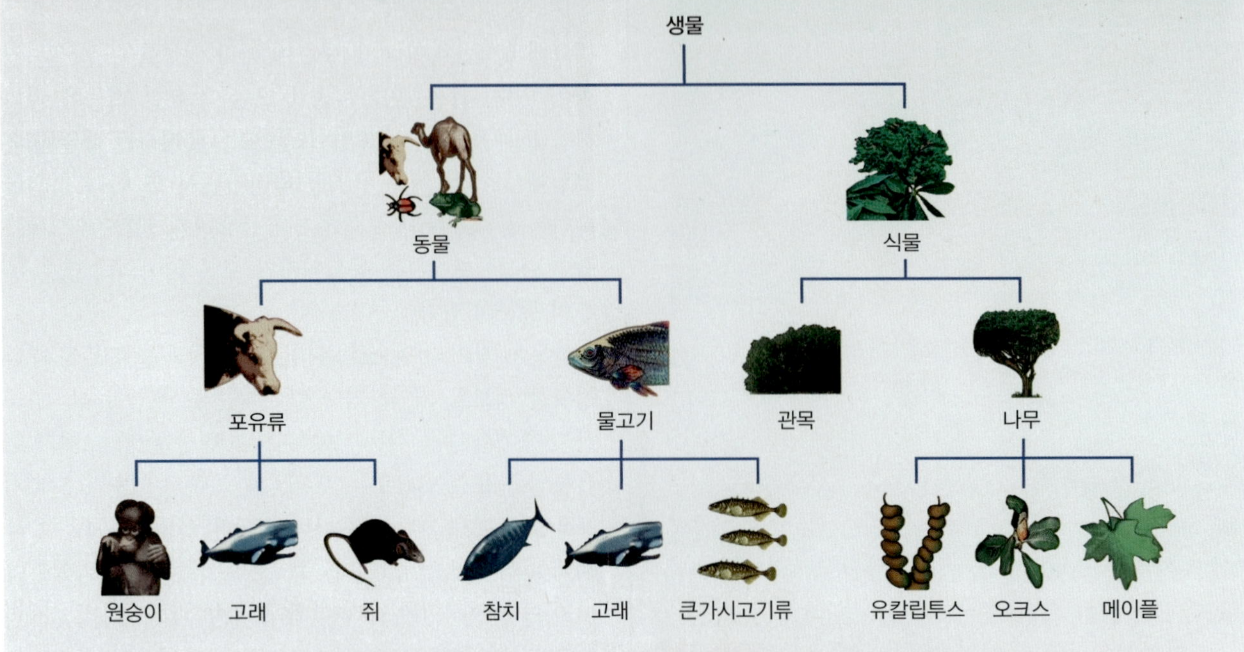

고래는 기억의 계층 캐비닛 어디에 보관되어 있는가? 고래의 분류는 다음 질문에 대한 답변에 영향을 줄 수 있다. 고래는 수중에서 호흡하는가? 그들은 온혈동물인가? 그들은 새끼를 돌보는가? 생물학적 순수 주의자에 대한 참고 사항 : 이 수치는 종족, 부류, 명령 등을 정확하게 나타내기 위한 것이 아니다. 오히려 개인의 분류 체계를 구성하는 방법을 보여 준다.

연구는 설단 현상에 대한 통찰력을 제공한다. 고전적인 연구에서 브라운과 맥닐(Brown & McNeill, 1966)은 중국과 일본에서 사용되는 작은 강 보트인 'sam pan'과 같은 학생들에게 다소 특이한 단어를 정의했다. 그런 다음 학생들은 배운 단어를 기억하게 한다.

> **"모든 것은 데자뷔이다."**
>
> 요기 베라, 미국 메이저 리그 야구 선수 (1925-2015)

일부 학생들은 종종 '혀 끝에'라는 올바른 단어를 가지고 있지만 junk나 barge 또는 house boat와 유사한 의미를 가진 단어를 보고했다. 또 다른 학생들은 Saipan, Siam, Sarong, Sanching과 같이 비슷하게 들리는 단어를 보고했다. 왜 그럴까?

우선, 그 단어는 생소했기 때문에 정교한 예행 연습이 이루어지지 않았다. 학생들은 그 단어를 그들이 알고 있는 다른 것과 관련시킬 기회가 없었다. 브라운과 맥닐은 또한 저장 방법이 소리와 단어의 의미를 모두 포함하는 신호에 따라, 즉 음향 및 의미 코드에 따라 색인화 되도록 제안했다. 소리와 의미가 비슷한 단어를 혀 끝의 단어와 스캔하여 유용한 신호를 찾아서 검색 중인 단어를 검색할 수 있다.

맥락의존기억 부호화되고 저장되거나 학습된 문맥에서 더 잘 검색되는 문맥 종속 기억 정보

때로는 주제에 대한 학습이 불완전하기 때문에 답이 혀 끝에 있는 것 같다. 우리는 정확한 답을 알지 못하지만 무언가를 알고 있다. (실제로 글쓰기 능력이 충분하지 않으면 불완전한 지식을 너무나 강력하게 제시하여 주제에 대한 에세이 문제에 대해 좋은 성적을 얻을 수 있다!) 그때 문제는 검색이 아니라 학습과 기억의 원래 과정, 즉 부호화와 저장이다.

7. 맥락의존기억

우리가 정보를 얻는 맥락은 검색에서 중요한 역할을 할 수 있다. 나는 어렸을 때 살았던 아파트 건물의 복도를 걸었던 것을 기억한다. 요리 냄새는, 계단 아래에서 놀고 있거나, 라디에이터에 떨어지거나, 저녁 시간에 아이를 부르는 앞집 이웃의 떨리는 소리를 불러일으켰다. 악취는 특히 관련 기억을 유발할 가능성이 높다.

kazoka/Shutterstock.com

TRUTH

Ⓣ F 스테레오를 켠 상태에서 공부했다면, 스테레오를 켠 상태에서 시험을 보는 것이 좋다.

스테레오를 켠 상태에서 공부한 경우에는 이어폰과 마찬가지로 스테레오를 켜면 테스트를 더 잘 수행할 수 있다.(물론, 교수는 시험 중에 음악 듣기를 반대할 수 있다.)

내 경험은 상황에 따른 기억의 예였다. 나의 기억은 그들이 형성된 맥락에서 특히 분명했다. 가능하면 시험을 치르는 같은 방에서 공부하는 것도 도움이 될 수 있다. 예를 들어, 시험장에서 또는 동일한 조건에서 공부하는 것과 같은 적절한 상황에 있는 경우, 재생을 극적으로 향상시킬 수 있다(Isarida & Isarida, 2006; Isarida et al., 2018).

코넬의 이중 언어 학생 20명을 대상으로 한 연구에 따르면, 기억의 '문맥'은 언어로 확장된다(Marian & Neisser, 2000). 학생들은 평균 14세의 나이로 러시아에서 이주했으며 실험 당시 평균 22세였다. 그들은 러시아와 미국에서의 경험의 세부 사항을 상기하도록 요청 받았다.

그들이 러시아어로 면담을 할 때, 그들은 러시아 생활에서 경험을 더 잘 검색할 수 있었다. 마찬가지로 영어로 면담할 때 미국에서 일어난 사건을 더 잘 기억할 수 있었다.

상태 의존 기억(state-dependent memory)은 상황에 따른 기억의 확장이다. 정보를 부호화하고 저장한 것과 비슷한 생물학적 또는 감정적 상태에 있을 때 정보를 더 잘 검색할 수 있다. 사랑의 서두를 느끼는 것은 사랑에 빠지는 다른 이미지를 유발할 수 있다.

분노의 장악은 좌절 사건의 기억을 자극할 수 있다. 이 분야의 연구는 우리가 냉정하거나 부주의한 상태로 확대된다.

6-6 망각

DAL, RIK, BOF 및 ZEX의 공통점은 무엇인가? 그들은 모두 말도 안 되는 음절이다. **무의미 음절**(nonsense syllables)은 모음이 사이에 있는 두 자음의 의미 없는 세트이다. 그것은 헤르만 에빙하우스(Hermann Ebbinghaus, 1850~1909)에 의해 처음으로 기억과 기억을 연구하기 위해 사용되었다.

무의미 음절은 의미가 없으므로 의도적인 예행 연습, 의미적 암호 부여 또는 학습을 의미 있게 만드는 다른 방법보다는 단순한 음향 암호 부여 및 유지 보수 예행 연습에 의존해야 한다는 점을 기억해야 한다. 따라서 망각 측정에 사용하기에 적합하다.

1. 망각 측정에 사용되는 기억 작업

심리학자들은 세 가지 기본 기억 과제를 사용하여 인식과 기억 및 재학습을 망각하는 정도를 측정했다. 무의미 음절은 각각을 연구하는 데 사용되었다. 이러한 기억 과제에 대한 연구는 망각의 본질에 대한 몇 가지 결론을 이끌어 냈다.

재인(recognition) **망각**의 한 측면은 우리가 경험한 것을 인식하지 못하는 것이다. 인식을 측정하는 방법에는 여러 가지가 있다. 많은 연구에서 심리학자들은 피험자들에게 무의미 음절 목록을 읽도록 요청한다. 그런 다음에 피험자들은 그 두 번째 목록을 읽고 음절 중 하나가 첫 번째 목록에 나타난 것으로 인식하는지 여부를 판단한다. 망각은 이전에 읽은 음절을 인식하지 못하는 것이다.

다른 종류의 인정 연구에서 해리 바릭(Harry Bahrick, 1975) 등은 다양한 시간 동안 학교를 졸업한 고등학교 졸업생을 연구했다. 그들은 졸업생 반 친구들의 사진을 네 배나 많은 낯선 사람의 사진과 함께 제시했다.

상태 의존 기억 부호화되거나 저장되거나 학습된 생리적 또는 정서적 상태에서 더 잘 검색되는 상태 종속 기억 정보

무의미 음절 의미 없는 두 자음 세트로, 그 사이에 모음이 샌드위치되어 기억을 연구하는 데 사용됨.

최근 졸업생들은 이전 급우들을 90% 올바르게 인식했으며, 졸업한 지 40년이 된 사람들은 이전 반 친구들을 75% 인식했다. 인식 수준은 20%에 불과했다(5명 중 한 장의 사진은 실제 반 친구의 것임).

따라서 고령자조차도 장기적 의미 인지 기억능력이 있다는 것을 보여 준다. 인식은 가장 쉬운 유형의 기억 작업이다. 객관식 시험이 빈칸 채우기 또는 에세이 시험보다 쉬운 일이다. 우리는 정답을 쉽게 기억하는 것보다 더 쉽게 정답을 인식할 수 있다.

회상(recall) 에빙하우스의 기억 재생 연구에서, 또 다른 기억 과제는 메트로놈의 비트까지 소리가 들리지 않는 음절 목록을 큰 소리로 읽은 다음에 그가 얼마나 많은 기억을 생성할 수 있는지를 알아볼 것이다. 목록을 한 번 읽은 후에는 보통 단기 기억의 일반적인 한계인 7음절을 불러올 수 있었다.

심리학자들은 종종 짝 지은 동료라고 불리는 **무의미 음절 쌍 목록**(paired associates)을 사용하여 기억재생을 측정한다. 한 쌍으로 된 동료 목록이 그림 6.6에 표시된다. 대상은 목록을 쌍으로 읽는다. 나중에 각 쌍의 첫 번째 멤버가 표시되고 두 번째 멤버가 재생하도록 요청된다.

재생은 인식보다 어렵다. 인식 작업에서 하나는 항목이 이전에 표시되었는지 또는 여러 항목 중 어떤 항목이 자극과 짝을 이루는지 나타낸다(복수 선택 시험에서와 같이). 재생 작업에서 사람은 다른 음절을 큐로 사용하여 음절을 검색해야 한다.

그림 6.6 쌍 목록(Paired Associates)

무의미 음절 쌍 목록 재생을 측정하는 실험에서 쌍으로 제시된 짝이 없는 음절

'의미'가 늘어난 경우에도 두 음절을 의미 있게 연결하거나 의미적으로 부호화할 수 있으면 검색이 더 쉬워진다. 그림 6.6의 첫 번째 무의미 음절을 고려하라. CEG-arette를 흡연하는 WOMan의 이미지는 사람에게 신호 WOM이 제공될 때 CEG를 더 쉽게 검색할 수 있도록 한다.

바릭(Harry Bahrick et al., 2008)은 사람들이 1년에서 50년 전에 대학 성적을 기억할 수 있는지를 알아보기 위한 연구를 수행했다. 연구원들은 1년에서 50년 전에 졸업한 오하이오 웨슬리안 대학교 동문 276명을 모집했다.

참가자들은 대학 성적을 상기하도록 요청받았으며, 실제 성적과 비교하여 기억이 확인되었다.

동문은 3,967개의 대학 성적 중 3,025를 정확하게 상기했다. 그림 6.7에서 볼 수 있듯이, 올바른 추론 횟수는 응답자의 연령에 따라 일반적으로 누락 오류로 말미암아 감소했다. 그러나 40년 전 학교를 졸업한 졸업생들은 약 8년 전 학교를 졸업한 졸업생들보다 더 이상 실수를 하지 않았다. 더 좋은 성적을 받은 학생들은 더 적은 실수를 했다. 잘못된 항목의 81%가 성적을 부풀렸다.

연구자들은 실제 일화 기억이 실패하고 대부분의 사람들이 기억을 더 정서적으로 만족스럽게 왜곡한 후에 빈틈을 메우기 위해 관련 일반 기억을 가져오라고 제안한다("나는 일종의 좋은 학생이었다; 나는 B+을 얻었다").

재학습(relearning) 재학습은 보존을 측정하는 세 번째 방법이다. 초등학교에서 모든 주의 수도를 배워야 했던 것을 기억하는가? 와이오밍과 델라웨어의 수도는 어디인가?

"나는 사람들이 당신이 한 말을 잊고 사람들은 당신이 한 일을 잊을 것이지만 사람들은 그들이 어떻게 느끼게 되었는지 절대 잊지 못할 것이다."

Maya Angelou, 미국 작가이자 시인(1928~2014)

그림 6.7 세기 후반의 대학 졸업생을 위한 기억

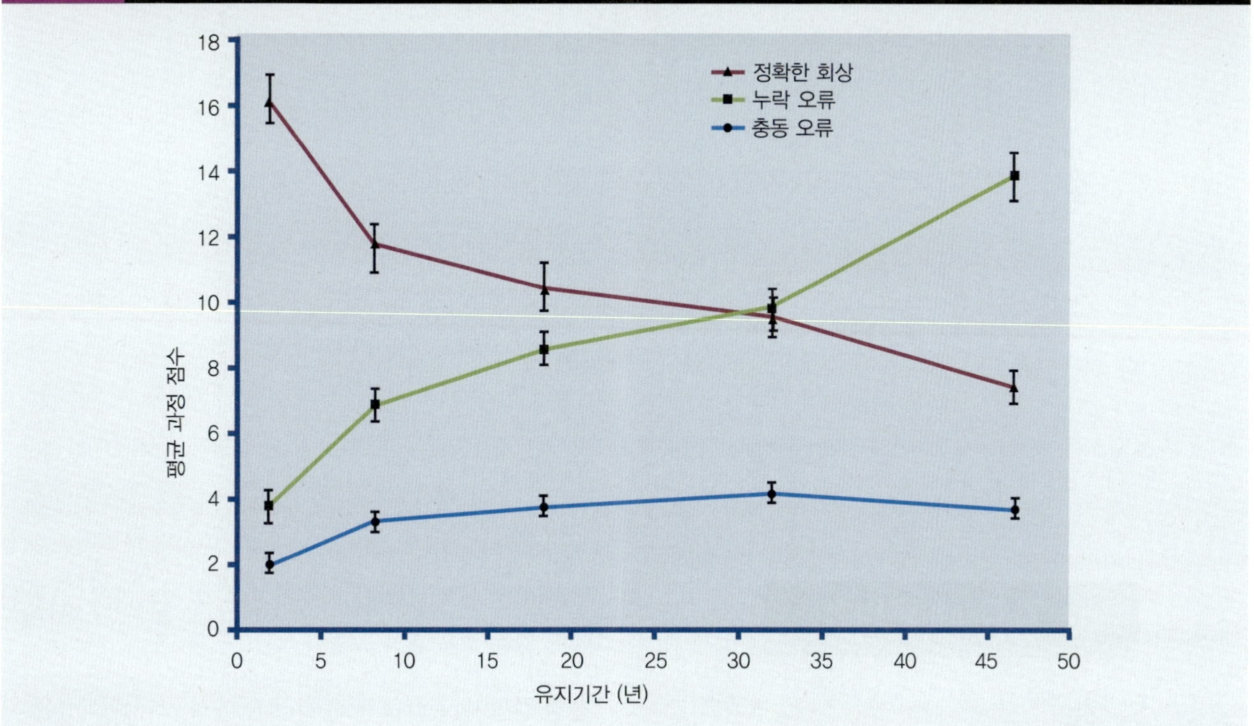

체옌(Cheyenne for Wyoming) 및 도버(Dover for Delaware)와 같이 한 번 학습한 자료를 기억하거나 인식할 수 없는 경우에도 두 번째는 더 빠르게 학습할 수 있다.

재학습의 효율성을 연구하기 위해 에빙하우스(Ebbinghaus)는 **저축 방법**(method of savings)을 고안했다. 첫째, 그는 말도 안되는 음절이나 단어 목록을 배우는 데 필요한 반복횟수를 기록했다. 그런 다음에 일정 시간이 지난 후 목록을 다시 학습하는 데 필요한 반복횟수를 기록했다.

다음으로, 반복횟수의 차이를 계산하여 절감 효과를 결정했다. 목록을 학습하기 전에 20번 반복해야 하고 1년이 지난 후에 다시 20번 반복해야 한다면 저축현상은 발생하지 않았다. **재학습**은 초기 학습만큼 지루했다. 그러나 1년 후에 10번만 반복하여 목록을 학습할 수 있다면 학습에 필요한 반복횟수의 절반이 절약된 것이다.

그림 6.8은 에빙하우스의 고전적인 망각 곡선을 보여준다. 보시다시피, 목록을 배운 후 즉시 절약으로 측정한 기억 손실은 없었다. 그러나 목록을 배우고 첫 시간 동안 기억력이 반으로 줄어들었다. 학습의 상실은 점점 점진적으로 되었다.

보존 기간을 다시 반으로 줄이려면 한 달(31일)이 걸렸다. 즉, 자료를 배운 직후에 가장 빠르게 잊어버리는 일이 있었다. 우리는 시간이 지남에 따라 속도는 느리게 진행되는 자료를 계속 잊어버린다.

2. 간섭 이론(Interference Theory)

감각적인 입력을 처리하지 않고, 부호화하고, 연습할 때, 이미지의 흔적이 사라져서 이를 잊어버릴 수 있다. 감각 기억과 같은 단기 기억의 물질은 붕괴를 통해 손실될 수 있다. 파티에서 몇 개의 새로운 이름을 기억하려고 할 때 발생할 수 있는 변위를 통해 손실될 수도 있다.

스페인어를 배우는 것이 왜 프랑스어를 기억하기 어렵게 만들 수 있는가? 그 해답은 **간섭 이론**에서 찾을 수 있다. 이 견해에 따르면, 새로 배운 자료가 그것을 방해하기 때문에 단기 및 장기 기억의 자료도 잊어버린다. 두 가지 기본 유형의 간섭은 **역행 간섭**과 **선행 간섭**이다.

저축 방법 원래 목록을 학습하는 데 필요한 반복 횟수와 특정 시간이 경과한 후 목록을 다시 학습하는 데 필요한 반복횟수의 차이를 계산하는 보존 측정 방법

재학습 목록을 학습하기 위해 원래 필요한 반복횟수와 특정 시간이 지난 후에 목록을 다시 학습하는 데 필요한 반복횟수의 차이를 절약함.

간섭 이론 다른 학습이 방해하기 때문에 저장된 자료를 잊어버릴 수 있다는 견해

그림 6.8 얼마나 빨리 잊을 수 있는가! 에빙하우스의 망각곡선

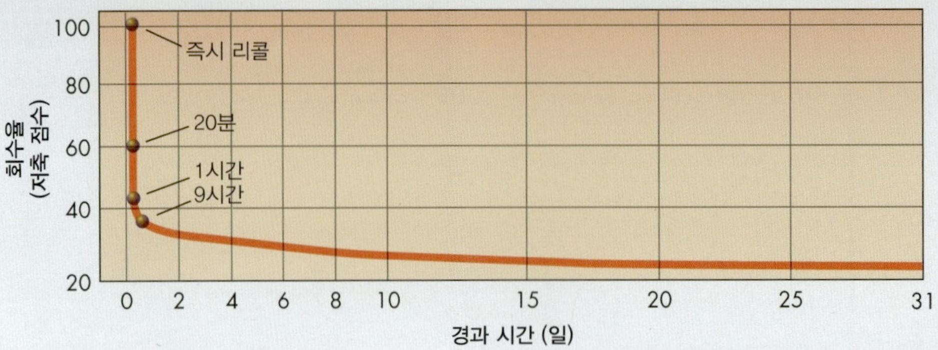

학습 후 첫 시간 동안 단어 목록의 기억이 급격히 떨어진다. 더 점진적으로, 첫 시간 내에 보존이 절반으로 줄어든다. 그러나 보존 기간을 다시 반으로 줄이려면 한 달(31일)이 걸린다.

TRUTH

T F 스페인어를 배우면 프랑스어를 기억하기가 더 어려워질 수 있다.

스페인어나 이탈리아어와 같은 로맨스 언어를 배우면 나중에 프랑스어를 배우거나 다른 언어를 배우는 데 방해가 될 수 있다. 새로운 학습은 기존 학습을 방해할 수 있으며 그 반대도 마찬가지이다.

특히, 이름이 소리가 비슷하거나 각 팔다리의 상대 위치에 있는 경우 더욱 그렇다.

선행 간섭(proactive interference)에서 오래된 학습은 최근 학습된 자료를 검색할 수 있는 능력을 방해한다. 대학에서 배운 프랑스어 또는 이탈리아어 단어를 검색하려고 할 때 고등학교에서 배운 스페인어가 나타날 수 있다. 세 언어는 모두 비슷한 어근과 철자가 있는 로맨스 언어이다. '사전적 금지'라고도 한다.

역행 간섭(retroactive interference)에서 새로운 학습은 오래된 학습의 검색을 방해한다. 예를 들어, 의대생은 반복적인 반복 학습을 통해 다리의 뼈 이름을 기억할 수 있다. 나중에 팔의 뼈 이름을 배우면 다리 뼈의 이름을 검색하기가 더 어려워질 수 있다.

'소급적 억제'라고도 한다.

역행 간섭 이전에 학습한 자료를 검색할 수 있는 능력과 새로운 학습의 간섭

선행 간섭 최근 학습한 자료를 검색할 수 있는 기능을 통해 오래된 학습에 의한 간섭을 사전에 방지

GoGo Images Corporation/Alamy Stock Photo

역행 간섭에서 새로운 학습은 기존 학습의 검색을 방해한다. 선행 간섭에서 오래된 학습은 최근 학습된 자료를 검색하는 기능을 방해한다. 예를 들어, 고등학교에서 학습한 프랑스어는 대학에서 배운 스페인어 단어를 검색하려고 할 때 불쑥 튀어나올 수 있다.

이전에 배운 일본어 단어는 아마도 최근에 배운 프랑스어나 이탈리아어를 검색하는 능력을 방해하지 않을 것이다. 일본어의 근원과 소리가 로맨스 언어와 크게 다르기 때문이다.

3. 억압

프로이트에 따르면, 우리는 고통스런 기억과 용납할 수 없는 생각이 불안과 죄책감 및 수치심을 유발하기 때문에 잊어버리도록 동기 부여된다. 프로이트에 따르면, 억압은 고통스러운 기억과 의식적 인식에서 받아들일 수 없는 충동을 자동으로 빼내는 것이다. 고통스러운 기억과 감정에 직면하지 않기를 원한다.

정신 분석가들은 억압이 **해리성 기억 상실**(dissociative amnesia)과 같은 장애의 중심에 있다고 믿으며 이는 12장에서 논의된다. 억압(동기 부여)이 존재하는지와 그것이 어떻게 작용하는지에 대한 심리학에 대해 현재 논쟁이 진행 중이다.

억압에 대한 연구는 종종 정신분석학 저널에서 발견되는 사례 연구의 형태로 이루어진다. 참전 용사들은 외상 후 전장 경험을 잊고 외상 후 스트레스 장애(일명 '전장 신경증'이라고 함)를 개발한 다음 외상 사건을 회상하고 논의한 후에 '더 나은 느낌'을 보인 사례 연구가 많이 만들어졌다.

비평가들은 그러한 기억의 억압과 회복에 대한 증거는 약하고 이런 종류의 '기억'은 면접관의 제안에 의해 심어질 수 있다고 주장한다(Henley, 2019; Volpini et al., 2016). 다음에 볼 수 있듯이, 이 문제는 여전히 논란의 여지가 있다.

사람들은 실제로 아동의 억압된 기억을 회복하는가? 불안정한 과학적 지원에도 불구하고 소위 회복된 기억, 특히 친척이나 교사 또는 친구의 어린 시절 성적 학대에 대한 기억이 있다. 문제는 이러한 기억이 깊이 뿌리 박힌 신념을 키우는 치료사에 의해 유도되어 진실한 기억처럼 보이는가 하는 것이다. 이러한 기억에 도전하는 최초의 사람 중 하나인 정신과 의사 해럴드 리프(Harold Lief)는 "우리는 이 회복된 기억의 몇 퍼센트가 실제 기억이고 몇 퍼센트가 가짜 기억인지 모른다."라고 말한다.

심리학자 로프터스(Elizabeth Loftus & Davis, 2006; Loftus, 2017)는 잘못된 기억을 이식하는 것이 얼마나 쉬운지를 보여주는 수많은 연구를 인용한다.

한 연구에서 연구자들은 자신이 쇼핑몰에서 길을 잃었거나 어린이처럼 심한 통증으로 입원했다는 사실을 절반 정도 확신할 수 있었다.

4. 유아기 기억상실

프로이트는 사람들의 초기 경험에 대해 인터뷰했을 때 3세 이전에 발생한 일화를 기억할 수 없고 기억은 5세까지 흐려졌다는 것을 발견했다. 이 현상을 **유아기 기억상실**이라고 한다.

유아기 기억상실은 일화가 먼 과거에 발생했다는 사실과 거의 관련이 없다. 중년 및 노인은 6세에서 10세 사이의 생생한 기억을 가지고 있지만 수십 년 전에 일어난 사건이다.

그러나 18세 미만의 사람들은 18세 미만의 사건이 있었음에도 불구하고 6세 이전의 일화를 기억하려고 할 때 기억력이 급격히 감소한 것으로 나타났다(Wetzler & Sweeney, 1986).

프로이트는 어린 아이들이 부모에게 공격적인 충동과 욕망을 가지고 있다고 믿었다. 그는 유아기 기억상실이 이러한 충동의 억압에 의한 것이라고 생각했다. 그러나 유아 기억상실로 잃어버린 일화는 그러한 '원시적인' 충동의 방향으로 가중되지 않는다.

실제로, 유아 기억상실은 아마도 생리적 및 인지적 요인의 상호작용을 반영한 것이다. 예를 들어, 기억 저장과 관련된 변연계(**해마**, hippocampus)의 구조는 약 2세가 될 때까지 성숙하지 않는다. 또한, 뇌 경로의 골수화는 처음 몇 년 동안 불완전하여 정보처리 및 기억 형성의 비효율성에 기여한다.

유아기 기억상실에 대한 인지적 설명도 있다(Cho et al., 2012; Coughlin et al., 2018; Piolino et al., 2009) :

- 유아는 과거를 기억하는 데 특별히 관심이 없다.
- 나이가 많은 어린이와는 달리, 유아는 일화를 자신의 삶에 대한 의미 있는 이야기로 구성하지 않는 경향이 있다. 따라서 특정 일화에 대한 정보가 손실되는 경향이 있다.

해리성 기억상실 심리적 갈등이나 외상에서 비롯된 것으로 생각되는 개인 정보의 기억상실 해소

유아기 기억상실 3세 정도 전에 발생한 사건을 기억할 수 없음; 유년기 기억상실이라고도 함.

해마 새로운 기억 형성에 중요한 역할을 하는 변연계의 구조

영원히 27살

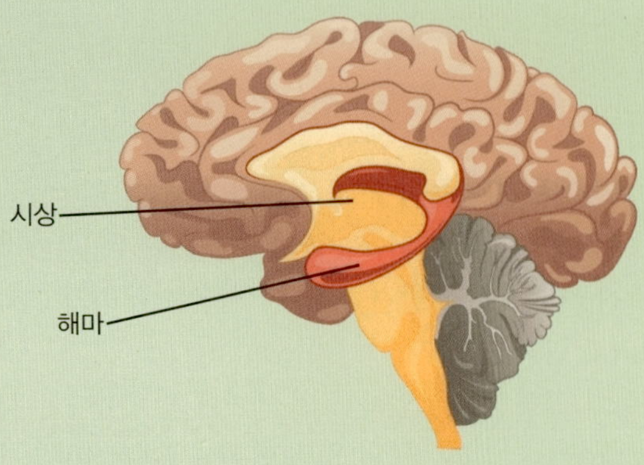

해마는 새로운 기억의 형성에 필수적이다. 이 장의 시작 부분에서 만난 몰래슨의 고전적인 사례를 고려하라. 뇌의 일부는 때때로 간질 환자를 돕기 위한 병변이 있다. 몰래슨의 경우, 해마의 일부가 제거되었다(Dittrich, 2016). 수술 직후 몰래슨의 정신 기능은 정상적으로 나타난다. 그러나 시간이 지남에 따라 새로운 정보를 처리하는 데 문제가 있음이 분명해졌다.

예를 들어, 수술 2년 후 몰래슨은 수술 당시 27세라고 믿었다. 가족이 새 주소로 이사했을 때 몰래슨은 새 집을 찾거나 새 주소를 기억하지 못했다. 그는 삼촌의 죽음에 대한 적절한 슬픔으로 대답했지만, 삼촌에 대한 질문과 왜 방문하지 않았는지 물어 보기 시작했다. 그는 삼촌의 일화를 상기할 때마다 처음 듣는 것처럼 슬퍼했다. 몰래슨은 수술로 말미암아 그는 단기 기억에서 장기 기억으로 정보를 전송하지 못했다.

연구에 따르면 부모가 아이들과 함께 과거를 떠올리면 유아에 대한 아이들의 기억이 강화된다.

- ▶ 유아는 사건을 상징하거나 분류하기 위해 언어를 안정적으로 사용하지 않는다. 따라서 감각 입력을 부호화하는 능력, 즉 기억 형성을 용이하게 하는 청각적 및 의미적 코드를 적용하는 능력은 제한적이다.

그러나 연구 결과에 따르면 유아기 기억상실이 현재 기억되어 있고 그들이 가지고 있는 물건이나 사건 사진에 노출되면 유아기 기억상실이 발생하는 것으로 추정되는 기간 동안 유아는 사건을 기억할 수 있다.

선행성 기억상실 외상의 영향으로 인한 외상 후 발생하는 사건을 기억하지 못함

역행성 기억상실 외상의 영향으로 인해 물리적 외상 전에 발생한 사건을 기억하지 못함

엔 그램 기억 흔적에 해당하는 뇌의 전기 회로 추정

어쨌든 우리는 성장할 때 때때로 기억나지 않는, 한 처음 2년 동안의 일화를 기억할 것 같지 않다. 오늘날 분명해 보이는 많은 초기 아동기 기억이 재구성되고 많은 부정확성을 가질 수 있다. 그것들은 또한 우리가 그 사건을 일으킨 기간보다 늦게 일어난 사건에 대한 기억일 수도 있다. 그러나 그러한 초기 기억들이 체계적으로 억압되었다는 증거는 없다.

5. 선행성과 역행성 기억상실

성인은 또한 기억 상실증과 역행성 기억 상실증의 경우와 같이 생물학적 이유로 일반적으로 기억 상실증을 경험한다. 소위 **선행성 기억상실**(anterograde amnesia)에서 머리 타격이나 감전 또는 수술과 같은 외상 후 기간 동안 기억상실이 있다. 어떤 경우에는 외상이 모든 기억 과정을 방해하는 것처럼 보인다. 주의력과 감각 입력의 부호화 및 예행 연습 기능이 모두 손상되었다. 많은 수사관들이 해마 손상과 같은 특정 종류의 뇌 손상을 기억상실과 관련시켰다.

역행성 기억상실(retrograde amnesia)에서 외상의 원인은 사람들이 사고 전에 발생한 사건을 기억하지 못하게 한다. 잘 알려진 역행성 기억 상실증의 한 사례로, 한 남자가 오토바이 사고로 머리 부상을 입었다(Baddeley, 1982). 그는 의식을 되찾았을 때 11세 이후에 일어난 모든 사건에 대한 기억을 잃었다. 사실, 그는 여전히 11살이라고 믿었다. 다음 몇 달 동안 그는 점차 과거에 대한 더 많은 지식을 기억했다. 그는 오토바이를 타기 전까지 기억에 문제가 없었다.

그러나 그는 사고 직전에 사건을 기억하지 못했다. 사고로 인해 빠르게 기억되고 있던 정보가 장기 기억으로 옮겨지는 것을 막을 수 있었다. 기억 단계의 관점에서, 우리의 인식과 아이디어는 장기 기억으로 옮겨질 경우 한동안 강화되거나 방해받지 않아야 할 수도 있다(Sekeres et al., 2017).

6-7 기억의 생물학

심리학자들은 정보의 부호화와 저장 및 검색과 같은 정신적 과정, 즉 기억이 뇌의 변화를 동반한다는 것을 알고 있다. 20세기 초에 많은 심리학자들은 기억 연구에 **엔 그램**(engram) 개념을 사용했다. 엔 그램은 기억의 흔적에 해당하는 뇌의 전기 회로, 즉 경험과 유사한 신경학적 과정으로 여겨졌다.

목격자 증언을 믿을 수 있는가?

어린이의 인지 발달 연구자 장 피아제(Jean Piaget)는 샹젤 리제(Champs Élysées)를 따라 바퀴 달린 유모차에서 그를 납치하려는 시도를 분명히 기억했다. 그는 흥분된 무리, 그를 구출한 간호사의 얼굴에 찰과상, 경찰관의 흰색 몽둥이, 가해자의 비행을 회상했다. 그러나 피아제의 기억은 거짓이었다.

몇 년 후, 간호사는 그녀가 이야기를 꾸며냈다고 인정했다. 그러나 간호사가 제공한 허위 정보는 자신의 기억 속에 심어져 있었다.

목격자 증언을 신뢰할 수 있는가? 목격자의 진술이 피아제보다 사실이라고 믿을 만한 이유가 있는가?

목격자 증언의 한 가지 문제점은 실험자가 선택한 단어와 증인을 심문하는 변호사가 선택한 단어가 기억의 재구성에 영향을 미치는 것으로 나타났다(Smalarz & Wells, 2015). 예를 들어, 앞에서 설명한 실험에서와 같이, 원고의 변호사는 피고의 차가 원고의 차에 부딪쳤을 때 얼마나 빨리 진행되었는가"라고 증인에게 물을 수 있다.

질문이 있었다면 "사고가 발생했을 때 피고인의 차는 얼마나 빨리 진행되었는가?"(Loftus & Palmer, 1974). 피고의 변호사는 부딪치다라는 단어의 사용이 증인에게 편견을 심어 주었다고 주장할 수 있는가? 부딪치다라는 단어를 들은 배심원들은 어떠한가? 운전자가 무모하다고 가정할 때 편견이 있는가?

어린이는 성인보다 암시를 받기 쉬운 증인인 경향이 있으며 미취학 아동은 나이든 어린이보다 암시를 받기 쉬운 경향이 있다(Klemfuss & Ceci, 2012; Cutler & Kovera, 2010). 그러나 올바르게 질문을 받으면 어린 아이들조차도 정확하고 유용한 증언을 할 수 있다(Klemfuss & Ceci, 2012; J.Johnson et al., 2016).

목격자에 의한 범죄자 식별에도 문제가 있다. 우선 목격자는 얼굴의 특징, 키, 몸무게와 같은 보다 의미 있는 특성보다 피의자의 옷에 더 많은 주의를 기울일 수 있다.

한 실험에서, 비디오 녹화 범죄 시청자들은 가해자가 테이프에 찍힌 안경과 티셔츠를 착용했기 때문에 범죄자로 잘못 식별했다. 실제로 범죄를 저지른 사람은 덜 자주 식별되었다(Sanders, 1984).

목격자 증언은 얼마나 신뢰할 만한가? 추억은 사진보다 재구성한 것이다. 질문의 표현은 또한 기억의 내용에 영향을 미친다. 그러므로 변호사들은 때때로 증인들을 '지도'하는 방식으로 질문을 하지 말라고 지시받는다.

목격자 증언의 다른 문제는 다음과 같다(Nadel & Sinnott-Armstrong, 2012).

- **용의자가 증인과 다른 인종 또는 인종 그룹에 속할 경우에 식별이 정확하지 않다.**
- **심문관이 오해의 소지가 있는 제안을 하면 용의자 식별이 어렵다.**
- **증인은 자신의 증언이 확실하다고 주장할 때 더 신뢰할 만한 것으로 보이지만, 확실성의 주장이 정확하다는 증거는 거의 없다. 따라서 목격자 증언에는 많은 문제가 있다.**

목격자 증언의 정확성을 광범위하게 연구한 엘리자베스 로프터스(예 : Wright & Loftus, 2008)조차도 법정에서 가치 있는 도구라는 데 동의한다. 결국 목격자에 의한 확인은 종종 정확하며 Loftus는 목격자 사용에 대한 대안이 무엇인지를 묻는다. 목격자의 증언을 막는다면 얼마나 많은 범죄자가 풀려날까?

그러나 칼 래쉴리(Karl Lashley, 1950)와 같은 생물학적 심리학자들은 그러한 회로나 그것들이 수용될 수 있는 뇌의 구조를 찾기 위해 많은 시간을 보냈다.

기억의 생물학에 대한 많은 연구는 오늘날 뇌의 각성제, 뉴런, 신경 전달 물질, 호르몬 및 구조의 역할에 중점을 두고 있다.

1. 신경 활동과 기억

자극 환경에서 사육된 쥐는 기억과 관련된 신경 사건에 대한 통찰력을 제공한다. 동물은 빈곤한 환경에서 사육된 쥐보다 뇌 피질에서 더 많은 수상돌기 및 시냅스를 발생시킨다. 또한, 시각 자극 쥐들은 시각 피질에서의 시냅스 수를 증가시킨다(Mui et al., 2018).

그림 6.9 장기 강화에 따른 보존(LTP)

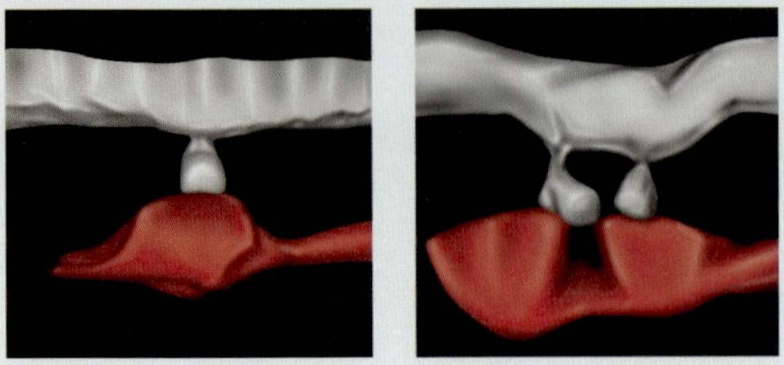

LTP는 시냅스에서 세로토닌 및 글루타메이트와 같은 신경 전달 물질의 작용을 통해 발생할 수 있다. 구조상으로, 수상돌기는 전달신경세포의 축삭과 연결된 새 가지를 싹틔우고 그들이 받는 자극의 양을 증가시키면 부분 A와 B에 표시된 것처럼 LTP가 발생할 수도 있다.

따라서 경험의 저장은 뇌 세포들 사이의 의사소통 수단을 포함한다.

다른 의미를 통해 수신된 정보는 정보를 나타내는 대뇌 피질 영역의 해당 변경으로 이어질 가능성이 높다. 예를 들어, 소리가 청각 피질의 변화를 유사하게 유발할 수 있다. 여러 의미로 인식된 경험은 대뇌피질의 많은 부분에 분명히 저장되어 있다. 감각 경험의 기억은 뇌의 관련 영역에서 신경 활동과 관련이 있는 것으로 보인다.

군소(Aplysia) 및 하늘소갯민숭이(Hermissenda)와 같은 바다 달팽이 연구는 기억의 생물학에 대한 더 많은 통찰력을 제공한다.

군소는 인간의 수십 억에 비해 약 20,000개의 뉴런을 가지고 있다. 결과적으로 연구자들은 특정 뉴런의 시냅스에서 경험이 어떻게 반영되는지 연구할 수 있었다. 바다 달팽이는 사람이 뜨거운 난로나 가시에서 반사적으로 손을 빼내는 방식으로 자극을 받을 때 아가미를 반사적으로 철회한다.

한 종류의 실험에서 연구원들은 물을 뿌려서 충격을 가한다. 몇 번의 반복 후에, 바다 달팽이는 물로 물을 뿌릴 때 아가미를 빼내도록 조절된다. 바다 달팽이가 조절되면 특정 시냅스에서 더 많은 세로토닌이 방출된다.

결과적으로 이러한 시냅스에서의 전송은 시험(학습)이 진행됨에 따라 더욱 효율적으로 된다.

장기 강화(LTP) 짧고 빠른 자극을 따르는 시냅스 전달의 장기 강화(LTP) 효율 향상

이러한 더 큰 효율을 **장기 강화**(long-term potentiation: LTP)라고 한다. 그림 6.9에서 볼 수 있듯이, 수상돌기(dendrite, derdron)는 전달신경세포의 축삭에 부착된 새로운 가지를 돋아 LTP에 참여할 수도 있다.

LTP를 향상시키는 물질이 제공된 쥐는 적은 오차로 미로를 통과한다. 즉, 그들은 잘못된 골목을 선택할 가능성이 적다(Cortese et al., 2018).

세로토닌과 아드레날린, 노르아드레날린, 아세틸콜린, 글루타메이트, 항이뇨 호르몬, 성 호르몬 에스트로겐 및 테스토스테론을 포함한 다른 많은 자연 발생 화학 물질들도 기억에서 어떤 역할을 하는 것으로 나타났다.

2. 뇌 구조와 기억

기억은 뇌의 단일 구조에 존재하지 않는다. 기억은 뇌의 다양한 부분을 그리는 복잡한 신경망에 의존한다(Ekstrom & Ranganath, 2017).

그림 6.10 뇌의 전두엽 피질

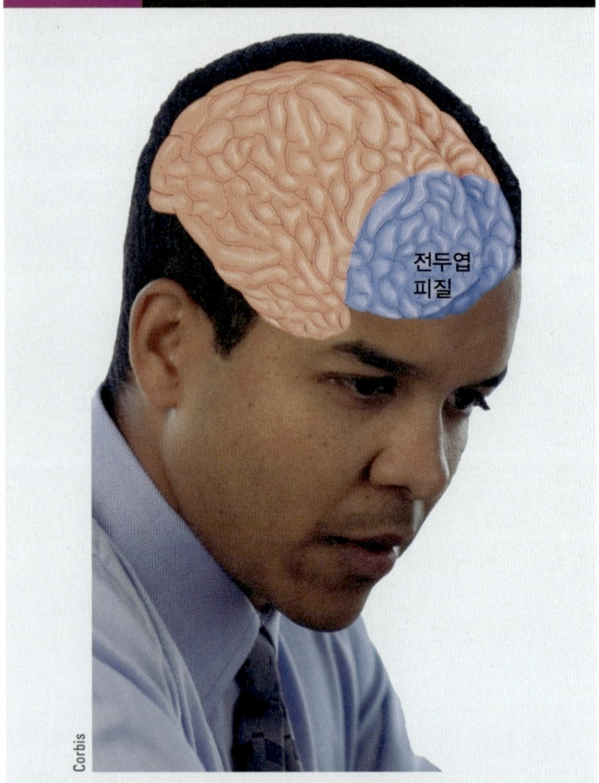

전두엽 피질은 짝을 지어 나온다. 하나는 각 반구에서 발견되며 눈썹의 바깥 가장자리보다 약간 위에 있다. 전두엽 피질은 시각 및 공간 문제 해결 중에 매우 활동적이다. 자신에 대한 자신의 감각, 즉 세계에 대한 지속적인 감각은 전전두엽 피질에 주로 존재할 수 있다.

다양한 종류의 추억 사이의 관계 기억

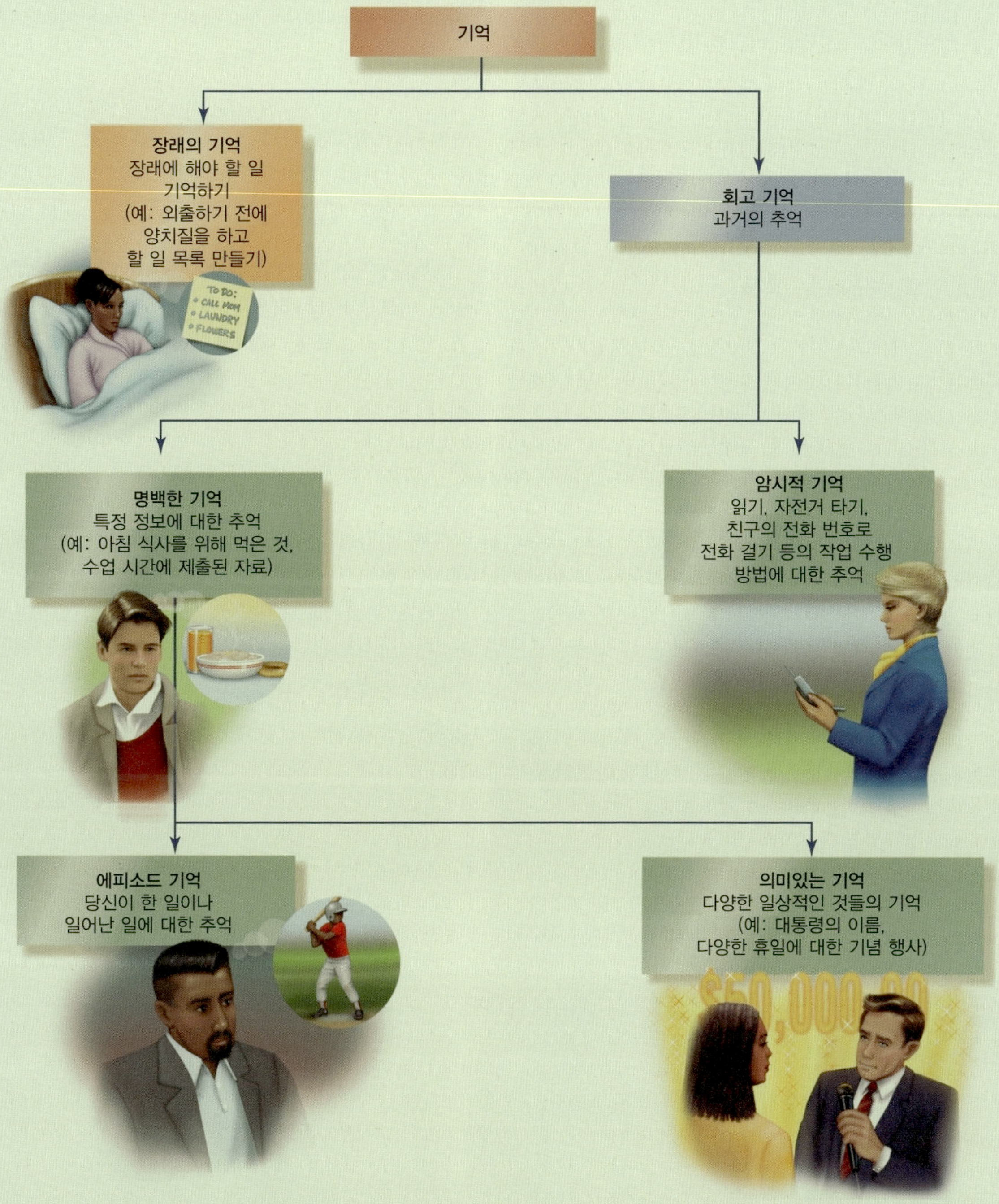

기억은 과거의 사건(회고 기억) 또는 미래의 사건(유망한 기억)을 다룰 수 있다. 과거의 기억은 명시적(선언적) 또는 암시적(비 선언적)일 수 있다. 명시적 기억에는 개인 일화(일화 또는 자서전 기억이라고 함) 또는 일반 정보(의미적 기억)의 기억이 포함된다.

그러나 뇌의 일부는 기억에서 더 특정한 역할을 한다. 해마는 새로운 정보를 저장하지 않고도 새로운 정보를 저장하는 데 중요하다(Wixted et al., 2018). 그러나 해마는 보관함이 아니다. 오히려 감각 정보를 피질의 일부로 전달하는 데 관여한다. 보관함은 어디에 있는가?

뇌는 감각 피질의 적절한 영역에 기억의 일부를 저장한다. 시력은 시각 피질이나 청각 피질의 소리 등에 저장된다. 변연계는 이벤트를 기억할 때 이러한 정보를 통합할 책임이 있다. 그러나 전두엽은 사건 발생 장소와 시기에 관한 정보를 분명히 저장하고 있다(Khalaf & Graff, 2016; C.R.E. Wilson et al., 2008).

그러나 무언가를 회상하기로 한 결정은 무엇인가? 시간을 거슬러 올라가거나 미래에 무언가를 하기 위해 기억하려고 노력하는 의식의 불꽃은 무엇인가? 전두엽 피질(그림 6.10 참조)은 기억의 집행 센터이다(Nee et al., 2013).

과거, 현재, 미래에 발생하는 경험을 정신적으로 표현하고 알 수 있는 능력을 가진 사람들에게 의식을 부여하는 것으로 보인다. 그것은 사람들이 정신적으로 시간을 거슬러 여행하여 개인의 자서전인 과거를 다시 경험할 수 있게 한다.

그것은 사람들이 수업에 가는 길에 편지를 보내거나 잠자리에 들기 전에 이를 닦는 것과 같이 미래에 하고 싶은 일에 집중할 수 있게 한다.

해마는 또한 장소와 시기에 관여한다(Eichenbaum et al., 2016; Ekstrom & Ranganath, 2017). 우리가 약 2살이 될 때까지 해마는 성숙해지지 않는다. 면역력은 유아기 기억상실과 관련이 있을 수 있다.

해마 손상이 있는 성인은 새로운 일화 기억('where and when')을 형성할 수 없지만 새로운 절차 기억을 형성할 수 있다(Fields, 2005). 실습 시간을 기억할 수 없어도 새로운 기술을 개발할 수 있다(Squire & Kandel, 2008).

시상은 언어 기억의 형성에 관여한다. N.A.로 알려진 공군 생도의 시상 중 일부가 펜싱 사고로 손상되었다. 이후 N.A.는 더 이상 언어적 기억을 형성할 수 없었지만, 시각적 기억을 형성할 수 있었다(Squire, 2004). (사람들에게 사진을 보여 주고, 시간이 지나고 보여 준 것을 지적하도록 요청함으로써 시각적 기억을 측정할 수 있다.)

따라서 정보의 부호화와 저장 및 검색에는 생물학적 활동이 포함된다. 우리가 배우면서 새로운 시냅스가 개발되고 기존 시냅스에서 변화가 발생한다. 뇌의 일부도 기억 형성에 관여한다.

다음 장에서는 사람들이 환경에 적응하거나 새로운 환경을 만들기 위해 저장한 정보를 조작하는 방법을 살펴본다.

적용

기억 심리학을 사용하여 기억력 향상

인간은 빙하시대, 석기시대, 철기시대, 그리고 좀 더 최근에는 산업혁명에서 살아남았다. 이제 우리는 소위 정보화시대와 폭발적인 정보 폭발에 대처하려고 노력하고 있다. 이를 처리하기 위해 컴퓨터가 개발되었다. 인간도 정보를 처리하며, 현재 그 어느 때보다 처리해야 할 정보가 더 많다. 다행히 심리학자들은 기억력 향상을 위한 방법을 고안하는 데 도움을 주었다.

훈련 및 실습 : "A, B, C, D, ..."

우리는 학습을 '의미 있는' 것으로 만드는 것이 권장되지만, 훈련과 실습에는 그 역할이 있다. 반복(암기 유지 예행 연습)은 단기 기억에서 장기 기억으로 정보를 전송하는 데 도움이 된다. 이것은 당신이 알파벳을 배우고 계산하는 방법이다. 학생들은 맞춤법 단어를 반복해서 기억하여 쓴다. 운동 선수는 운동을 반복하여 암시적인 기억이 된다. 일부 학생들은 플래시 카드를 사용하여 사실을 기억한다. 예를 들어, 그들은 카드의 한쪽에 '현대 행동주의의 창시자는 ________'이고 반대편에는 'John Broadus Watson'이라고 쓸 수 있다. 수학에서는 홀수 또는 짝수 문제뿐만 아니라 이 장의 끝에서 모든 문제에 대해 작업하는 것을 고려하라.

새로운 정보를 이미 알려진 것과 관련

새로운 정보를 이미 알려진 것과 관련시키는 것은 정교한 예행 연습의 한 형태이며 학습이 의미 있는 방법이다. 운율을 생각하면 새로운 지인의 이름을 더 잘 기억할 수 있다. 이제 당신은 그 이름에 대해 약간의 생각을 했고, 그 사람을 위한 두 개의 태그가 있다. 검색이라는 단어의 철자를 검색하려는 경우 'c 다음을 제외하고 i 앞에 e' 규칙을 검색하여 수행하라(영어 철자에 대한 니모닉 규칙). 물론 예외가 있다. '이상한' 단어이기 때문에 규칙을 따르지 않는다.

비정상적이고 과장된 관계 형성

한 심리학자는 흥미로운 방법을 사용하여 심리학과 학생들에게 기억 형성의 기초를 가르친다: 그는 먼저 책상에서 춤을 추고 나서 양처럼 '매애' 하고 울며 마침내 "네 발로 엎드려 돼지처럼 '꿀꿀' 거렸다."라고 말했다. 그의 장난은 '성공적인 접근'에 관해 가르치는 부분에 대한 반응으로, 원하는 반응으로 행동을 형성했다. 학생들이 그를 '모양' 만들게 하기 위해, 그들이 원하는 것을 알아내려고 노력할 것이라고 말했다. 그가 틀렸다고 생각하면 그들은 야유할 것이고, 그가 원하는 것을 했다면 그들은 박수를 쳤다. 그래서 그는 결국 돼지처럼 행동했다.

로시의 방법을 사용: 주머니 안에 있는 로사 미트 로프

특이한 연관성을 형성하는 또 다른 방법은 loci 방법이다(LOW–sigh로 발음). 신체 일부 또는 집안의 가구와 같은 일련의 관련 이미지를 선택하라. 그런 다음에 쇼핑 목록 또는 기억하고 싶은 다른 목록의 항목이 각 이미지에 첨부된 것으로 가정하라. 이 강력한 응용 프로그램을 고려하라. 재킷 주머니에 미트 로프를 상상하고 머리에 아침 식사 접시의 균형을 잡고 쇼핑 목록을 기억하라.

Tetra Images/Alamy Stock Photo

미트 로프와 같은 단일 품목이 아닌 주머니에 미트 로프 또는 좋아하는 완전한 저녁 식사를 배치하면 여러 항목을 하나의 정보 덩어리로 결합할 수 있다. 슈퍼마켓에서는 미트 로프의 재료를 기억하고 각 재료가 필요한지 고려한다. 아침 식사 접시는 주스, 토스트 빵, 계란, 시리얼, 곡물 과일, 커피 또는 차, 커피 우유 또는 레몬차 등이 필요한지 여부를 알려준다.

조정 사용: 개념적 다리 만들기

중개 방법은 또한 연관성을 형성하는 데 의존한다. 두 항목을 서로 묶는 세 번째 항목과 연결한다. 존의 아내 이름이 틸리라는 것을 기억하기 어려우면 어떻게 해야 하는가? 다음과 같이 John과 Tillie 사이를 중재할 수 있다. john은 욕실에 대한 속어임을 반영하라. 욕실에는 종종 세라믹 타일이 있다. 물론, 타일은 Tillie처럼 들린다. 그래서 간다: 존 → 욕실 타일 → Tillie.

기억술 장치 사용 : '발가락을 담가라'

대체로 기억 조깅 방법은 모두 기억술 또는 정보 기억 시스템이라고 할 수 있다. 그러나 소위 기억술 장치는 일반적으로 정보 덩어리를 약어나 jingle(딸랑딸랑 울리는 소리) 또는 문구와 같은 형식으로 결합한다. 예를 들어, 'Every Good Boy does Fine'이라는 문구를 회상하면 많은 사람들이 음악 직원의 선을 기억하는 데 도움이 되었다. E, G, B, D, F. 2장에서, SAME이라는 약어가 구심성 뉴런과 원심성 뉴런을 구별하기 위한 기억술 장치 역할을 한다는 것을 알았다. 3장에서 심리학 학생들은 무지개의 색을 기억하기 위해 Roy G. Biv라는 약어를 사용한다고 했다.

일부 기억술 장치

기억술 장치	부호화된 정보
집(HOMES)	오대호(Great Lakes) : Huron, Ontario, Michgan, Erie, Superior
털이 많은 남자는 면도기를 살 것이다(All Hairy Men Will Buy Razors)	토양의 성분(Constituents of soil) : air, humus, mineral salts, water, bacteria, rock particles
그녀의 발가락을 담가라 (Soak Her Toe)	SOHCAHTOA로 번역하거나 : Sine = Opposite / Hyoptenuse Cosine = Adjacent / Hypotenuse Tangent = Opposite / Adjacent
Roy G. Biv	Spectrum : red, orange, yellow, green, blue, indigo, violet

약어는 많은 분야에서 응용될 수 있다. 지리를 고려하라. HOMES의 약자는 Huron, Ontario, Michigan, Erie 및 Superior의 Great Lakes를 나타낸다. 단봉 낙타에는 한 개의 혹이 있고 박트리안 낙타(Bactrian camels)에는 문자 B를 옆으로 돌리면 두 개의 혹이 있다는 것을 기억할 수 있다. 위의 표에는 일부 기억술 장치가 나열되어 있다. 마지막으로 기억술의 철자를 어떻게 기억하는가? 쉽지 않은 사람들에게 'aMNesty'를 기꺼이 부여하라.

점검하기

빈칸 채우기

정답은 책 뒷부분에서 확인 가능하다.

1. 사람에게 일어난 사건에 대한 기억은 _________ 기억이다.

2. _________ 기억은 일반 지식과 관련이 있다.

3. 정보를 저장하는 한 가지 방법은 _________ 예행 연습 또는 정신적으로 반복하는 것이다.

4. 정보를 저장하는 또 다른 방법은 우리가 이미 알고 있는 것과 새로운 정보를 연관시킬 때 _______ 예행 연습을 하는 것이다.

5. 앳킨슨–쉬프린(Atkinson–Shiffrin)은 _________, _________ 및 _________의 3단계 기억을 가정한다.

6. _________ 이미지는 오랜 시간 동안 시각적 자극의 정확한 정신적 표현을 유지하는 능력이다.

7. 놀랍고 중요하며 감정적인 사건에 대한 자세한 기억을 _________ 기억이라고 한다.

8. _________ 간섭에서 새로운 학습은 기존 학습의 검색을 방해한다.

9. _________ 간섭에서 오래된 학습은 최근 학습된 자료를 검색할 수 있는 능력을 방해한다.

10. 경험은 수상돌기의 발달과 _________에 의해 뇌 세포 간의 의사소통 수단을 향상시킨다.

선다형 문항(Multiple Choice)

1 . 저녁 식사를 위해 먹었던 것을 기억하는 것은 _________ 기억의 예이다.

a. 절대적인　b. 일화적인
c. 매달린　d. 의미론적인

2. 해밀턴(Hamilton)은 모퉁이 델리에서 세 가지를 얻는 것을 잊지 말라고 말했다. 가게에 가는 도중, 그는 제이슨(Jason)을 만나 몇 분 동안 대화를 나눴다. 그 후 그는 두 가지 항목만 기억할 수 있었다. 제이슨과의 대화는 해밀턴에게 방해가 되었다.

a. 일화 기억
b. 의미 기억
c. 잠재적 기억
d. 암시적 기억

3. 오늘 아침에 무엇을 먹었는지 기억할 수는 없지만 누가 햄릿을 썼는지는 알 수 있다. 셰익스피어가 햄릿을 썼다는 지식은?

a. 일화 기억　b. 잠재적 기억
c. 암시적 기억　d. 의미 기억

4. THUNSTOFAM을 3음절 THUN-STO-FAM으로 나누고 10개의 글자를 기억하기 위해 여러 번 반복하는 방법은 다음과 같은 기법을 사용하는 예이다.

a. 덩어리 짓기 및 유지 보수 예행 연습
b. 부호화과 정교한 예행 연습
c. 감각 기억과 단기 기억
d. 작업 기억 및 의미 기억

5. 트레이시(Tracy)는 어렸을 때 테니스 레슨을 받았지만 대학에서 테니스 수업에 등록하기로 결정했을 때는 몇 년 동안 테니스를 치지 않았다. 그녀가 라켓을 집어 든 직후, 그녀는 생각조차 하지 않고 정확한 포핸드 그립으로 옮겼다는 사실을 알고 놀랐다. 트레이시의 _________ 기억이 가능해졌다.

a. 암시적인　b. 일화적인
c. 정신 운동　d. 의미적인

6. 무언가를 한 번하는 방법을 배운 후 잊어 버렸다면 다시 배우려고 하면 어떤 일이 일어날까?

a. 불안은 재학습 능력을 방해할 것이다.
b. 독창적인 학습은 혀 끝에 있다.
c. 해마에는 도파민이 분비될 것이다.
d. 처음 배운 것보다 더 빨리 배울 것이다.

7. 정보를 기억에 넣을 수 있도록 정보를 수정하는 과정은?

a. 저장　b. 암기
c. 부호화　d. 목록 작성

8. 정신적으로 목록을 반복하거나 자신에게 말하는 것은?

a. 메타 기억
b. 정교한 예행 연습
c. 회고적 기억
d. 유지 보수 예행 연습

9. 에반(Evan)은 3주 전에 파티에서 레슬리(Lesley)를 만났다. 수업 시간에 그녀와 맞닥뜨렸다. 그는 자신의 이름을 알고 있는 것처럼 느끼지만 정보를 검색할 수는 없다. 이 경험은?

a. 기억술 실패
b. 혀끝 현상
c. 강화
d. 데자뷔

10. 뇌 손상에 대한 임상적 증거로부터 장기 기억을 위한 저장 용기는?

a. 해마
b. 하나의 특정 뇌 영역
c. 다른 뇌 영역
d. 전두엽과 시상

7 사고, 언어 및 지능

Image Source/Alamy Stock Photo

학습 성과

이 장의 성취 목표

- **7-1** 사고를 정의하고 문제 해결 및 의사 결정에 사고가 어떻게 사용되는지 설명할 수 있다.
- **7-2** 언어의 본질을 설명할 수 있다.
- **7-3** 언어발달의 폭발기(2세)에 대해 설명할 수 있다.
- **7-4** 지능의 본질에 관한 이론을 논의할 수 있다.
- **7-5** 지능 측정 방법과 '지능검사 논란'에 대해 논의할 수 있다..
- **7-6** 지능 발달에서 선천성과 후천성의 역할에 대해 논의할 수 있다.

섭씨 48.8℃의 사막이나 섭씨 −40℃의 북극 기후에서 살 수 있을 정도로 적응력이 강한 것은 어떤 생명체인가?

어떻게 생긴 생물체가 수개월 동안 달리고, 걷고, 오르고, 헤엄치고, 물 속에서 살 수 있으며, 달로 날아가고 되돌아올 수 있을까? 더 이상 의문을 제기하지 않겠다.

바로 인간이 그 생물체이다. 인간의 알몸으로는 이러한 극한의 온도에 적응할 수 없다.

강인한 힘만으로는 물 속에서 살거나 달로 여행하는 것을 허용하지 않는다. 그보다는 사고, 언어 및 지능과 같은 인지 과정이 인간을 이러한 조건에 적응하게 하고 신체적 한계를 뛰어 넘을 수 있게 한다.

인간의 인지 과정은 인간이 생존하고 번영할 수 있게 해준다. 대부분의 동물은 더 강하고, 더 빨리 달리고, 더 예리하게 냄새를 맡고, 더 오래 살 수 있지만, 오직 인간만이 문학, 음악, 수학 및 과학을 만들어 냈다.

> **지능은 심리학에서 가장 논쟁의 여지가 있는 주제일 수 있다.**

이 장에서는 다음 세 가지 **인지** 영역인 사고, 언어 및 지능을 살펴본다. 우리는 지능이 심리학에서 가장 논쟁의 여지가 있는 주제라는 것을 알게 될 것이다.

7-1 사고

그리스의 철학자 아리스토텔레스는 합리적인 사고 능력에 있어 인간은 하등 생물과는 다르다고 주장했다. 왜 그렇게 생각했을까?

사고는 정보에 주의를 기울이고 정신적으로 표현하고 정보를 추론하며 판단과 결정을 하는 것을 의미한다. 사고는 세상을 이해하고 변화시키려는 의도적이고 계획적인 시도를 말한다.

꿈이나 공상과 같은 정신적 과정은 사고를 나타내지 않는다. 그것들은 계획되지 않아도 스스로 진행할 수 있다. 우리는 사고의 많은 구성요소를 제공하는 개념을 알아볼 것이다.

1. 개념

개념은 공통 속성을 가진 대상, 관계, 사건, 추상화 또는 자질을 그룹화하는 데 사용되는 정신 범주이다. 개념에 있어 인식은 매우 중요하다.

그것들은 '반지의 제왕'에 있는 중간 지구나 '오즈의 마법사'에 있는 오즈 땅과 같이 결코 측정되지 않았거나 측정할 수 없는 사물의 대상, 사건, 활동 및 비전을 나타낼 수 있다.

대상에 대한 '이름 붙이기'는 그들에 대한 경험과 문화적 환경에 따라 다르다. 사각형, 원, 삼각형 등의 개념은 자연에서 흔히 볼 수 있는 것이 아니다. 나미비아 북부의 힘바(Himba)족과 같이 이러한 모양의 집을 짓지 않는 일부 사람들에게는 그러한 말이 없다(Roberson et al., 2005; Davidoff et al., 2008).

그러나 이러한 모양은 형상의 기본 개념으로, 기하학의 문제와 같이 새로운 개념을 분류하고 개념 간의 관계를 조작하는 것과 많은 생각이 관련된다.

인지(cognition) 정보처리, 이해 및 전달과 관련된 인지 정신 활동

사고 정보에 주의를 기울이고, 정신적으로 표현하고, 그것을 추론하고, 결정하는 것

개념 공통 속성을 가진 객체, 관계, 이벤트, 추상화, 아이디어 또는 자질을 함께 분류하는 데 사용되는 개념 정신 범주

TRUTH OR FICTION?

당신의 생각은? 속설이나 상식 또는 넌센스?

'진실'일 경우 T, '거짓'일 경우 F를 선택한 다음, 여러분의 선택이 정확한지를 검토해 보자.

T	F	오직 인간만이 통찰력으로 문제를 해결할 수 있다.
T	F	울음은 어린아이가 처음으로 사용하는 언어이다.
T	F	어린 아이들은 문법 규칙을 이해하지 못하기 때문에 "아버지가 사라졌다(goed away)" 및 "엄마가 앉았다(sitted)"고 말한다.
T	F	'스트리트 스마트'는 지능의 표시다.
T	F	창의적인 사람들은 똑똑하다.
T	F	두 명의 자녀가 지능 시험에서 같은 항목에 정확하게 대답할 수 있지만, 한 자녀는 평균 IQ보다 높은 점수를 받고 다른 자녀는 평균 IQ보다 낮은 점수를 받을 수 있다.
T	F	지능 검사는 지능 이외의 많은 것을 측정한다.

그림 7.1 정보 저장 개념의 계층 구조

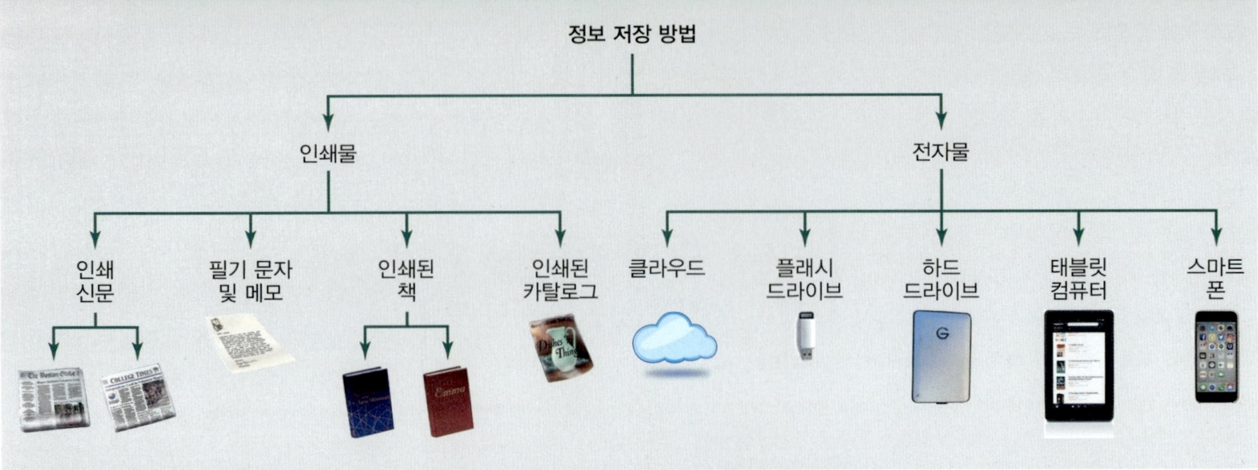

Zoonar GmbH/Alamy Stock Photo; IB Photography/Alamy Stock Photo; Courtesy of Rathus; Oleksiy Maksymenko Photography/Alamy Stock Photo; Courtesy of Rathus.

사람들은 '정보를 저장하는 방법'이라는 개념을 가질 수 있다. 이 방법에는 다음과 같은 하위 개념인 인쇄 방법 및 전자 방법이 포함된다. 인쇄된 방법에는 손으로 쓴 편지 및 메모, 책 및 신문과 같은 하위 개념이 포함된다. 인쇄 신문의 개념에 따라 예로는 '보스턴글로브(Boston Globe)'와 '칼리지타임스(College Times)' 등이 있다. 전자 방식의 개념에는 클라우드, 플래시 드라이브, 하드 드라이브, 태블릿 컴퓨터(일부는 전자책을 읽는 데 주로 사용됨) 및 스마트 폰과 같은 하위 개념이 포함된다.

우리는 계층 구조로 개념을 구성하는 경향이 있다(그림 7.1 참조). 예를 들어, 신문 범주에는 학교 신문 및 로스앤젤레스 타임스와 같은 개체가 포함된다. 신문, 인쇄된 책 및 카탈로그는 정보를 저장하는 인쇄물과 같은 상위 범주로 결합될 수 있다. 플래시 드라이브, 하드 드라이브 및 클라우드를 추가하면 더 높은 범주(정보를 저장하는 객체)를 만들 수 있다.

이제 범주적 사고가 필요한 질문을 고려해 보자. 신문과 클라우드의 비슷한 점은 무엇인가? 이러한 질문에 대한 답은 두 객체를 모두 포함한 범주를 제공해야 한다. 이 경우 둘 다 정보를 저장한다고 말할 수 있다. 기술이 다르더라도 기능은 비슷하다.

프로토 타입(원형)이 좋은 예로써, 카테고리의 주요 기능과 가장 일치한다. 울새나 타조 중 어떤 동물이 당신에게 더 새처럼 보이는가? 해마 또는 참치 중 물고기의 원형에 더 적합한 것은 무엇인가?

개(dog) 및 빨강(red)과 같은 많은 간단한 원형이 **전형**적인 예를 통해 학습된다. 연구에서는, 대부분의 사람들이 과일과 채소는 정의를 통해 배우는 것보다 모범 사례의 경험을 통해 깨우치는 것이 더 효율적이라고 제안한다(Banaji & Gelman, 2013; Freund, 2009).

프로토 타입(prototype) 범주의 좋은 예가 되는 개체 또는 이벤트 범주의 개념 원형타입

전형(examplar) 구체적인 예를 듦

우리는 개를 가리키며 아이에게 '개' 또는 "이것은 개이다"라고 말한다. 개는 '개' 개념의 긍정적인 예이다.

그 다음 "이것은 개가 아니다"라고 말할 때, 개가 아닌 부정적인 사례가 아이에게 보여진다. 그래서 아이를 가르칠 때, "이것은 개가 아니다. 이것은 고양이다"라고 말하는 것이 단순히 "이것은 개가 아니다"라고 말하는 것보다 더 나을 것이다. 아이들은 개와 말의 차이점을 발견할 때까지 개와 다른 네 발 달린 동물들을 처음에는 '개' 개념 안에 포함시킬 수 있다.

언어 발달에서 범주(예 : 개와 같은 말)에 사례를 과도하게 포함하는 것은 과잉확대라고 볼 수 있다. 아동의 원형은 긍정적이고 부정적인 예를 보여주고 그와 관련된 설명을 하면 더욱 정교해진다. 학사 또는 제곱근과 같은 추상적 개념은 보다 기본적인 개념을 포함하는 설명을 통해 형성되는 경향이 있다.

2. 문제 해결

문제 해결은 사고의 중요한 측면이다. 여기 해결해야 할 문제가 있다. 이 시리즈의 다음 두 글자는 무엇인가?

O T T F F S S E _ _?

어떻게 답을 찾았는가? 개인 메모리 뱅크를 검색하고 O와 T 등이 무엇을 상징할 수 있는지, 자문해 보았는가? 글자가 나타내는 문구를 생각해 보았는가?

별자리의 첫번째 글자는 무엇인가? 만약 당신이 검색 엔진에 의지하지 않고 스스로 답을 찾지 못한다면, 나중에 그것에 대해 논의해 볼 것이다.

3. 문제 해결 방법

문제를 해결하는 첫 번째 작업은 문제를 이해하는 것이다.

문제 이해 문제를 잘 이해하려면 일반적으로 세 가지 기능이 필요하다.

- 문제에 대한 우리의 정신적 표현은 서로 의미있는 방식으로 관련되어 있다. 우리가 기하학의 문제를 해결하고자 한다면, 실제 삼각형처럼 우리의 정신 삼각형을 총 180도 각도로 회전시켜야 한다.
- 문제에 대한 우리의 정신적 표현 요소는 외부 세계의 문제 요소와 일치한다. 병원 응급실에서 환자를 평가하는 경우, 치료 계획을 세우기 전에 무엇이 잘못되었는지 진단을 내리려고 한다. 이를 위해 심장 박동수, 체온 및 혈압을 포함한 환자의 활력징후를 파악하여 환자에 대한 우리의 정신적 사진이 그들의 몸에서 일어나고 있는 것과 일치하도록 한다.
- 우리는 문제에 적용할 수 있는 배경 지식의 창고를 보유하고 있다. 문제를 해결하기 위해 필요한 경험이나 교육 과정 또는 적절한 검색 엔진을 보유하고 있다.

알고리즘 사용 **알고리즘**은 문제 유형을 해결하기 위한 특정 절차이다. 알고리즘은 적절하게 사용된다면 항상 해결책이 될 수 있다. 피타고라스 정리와 같은 수학 공식은 알고리즘의 예이다. 올바른 공식을 사용한다면 문제에 대한 정답이 산출된다.

문제를 해결하기 위한 올바른 공식을 찾으려면, 문제의 요소 중 하나 이상을 나타내는 변수가 포함된 모든 공식에 대해 메모리를 스캔해야 한다. 피타고라스 정리는 직각 삼각형에 관한 것이다. 따라서 직각 삼각형 관련 문제에 대해서는 이 공식을 사용하는 것이 좋다.

처음으로 누군가를 만나고 좋은 인상을 남기고 싶다면 만남의 본질(예 : 면접 또는 소개 날짜)을 고려한 다음, 만남을 위한 옷을 차려입고 행동하는 방법을 고안하라. 취업 면접이라면 알고리즘은 옷을 단정하게 입고 얼굴이나 신발 등을 잘 정돈하고 향수를 너무 많이 사용하지 않는 것일 수 있다. 만약 데이트라면, 당신은 면접 정장을 갈아입고 향수를 더 많이 뿌릴 수도 있다.

어느 경우든, 미소를 짓고 눈을 마주치는 것은 모든 공식의 기본이다.

아나그램은 뒤섞인 단어이다. Korc는 암석이나 코르크에 대한 아나그램이다. 아나그램 문자에서의 과제는 뒤섞인 문자 그룹을 단어로 재구성하는 것이다. 어떤 아나그램 문제는 우리가 모든 문자를 사용하게 하고, 다른 것들은 단지 일부 문자만을 사용하도록 허용한다.

DWARG이라는 문자로부터 몇 단어를 만들 수 있는가? **체계적인 무작위 검색**(systematic random search) 알고리즘을 사용하는 경우 1~5개의 문자를 사용하여 가능한 모든 문자 조합을 나열한다. 사전 또는 철자 검사 프로그램을 사용하여 각 조합이 모두 실제 단어인지 확인할 수 있다. 방법은 다소 시간이 걸릴 수 있지만 효과적이다.

Johner Photography/Veer

문제가 발생했을 때 먼저 무엇을 하는가?
문제를 "이해" 한다는 것은 무엇을 의미하는가?

휴리스틱 장치 사용 때때로 사람들은 '빠른 결론'을 내리기 위해 지름길을 사용한다. 그리고 이것은 종종 올바른 결론이 될 수 있다. 바로 가기는 **휴리스틱**(heuristics) 또는 휴리스틱 장치라고 하며, 문제를 단순화하고 해결하는 데 도움이 되는 규칙이다. 휴리스틱은 대체로 과거에 효과가 있었던 전략을 기반으로 한다.

알고리즘과 대조적으로, 휴리스틱은 정확한 해결책을 보장하지는 않는다. 그러나 그것들이 작동할 때 더 빠른 해결책을 찾을 수 있다. 아나그램 문제를 해결하기 위한 휴리스틱 장치는 익숙한 문자 조합을 찾은 다음, 나머지 문자에 이러한 조합이 포함된 단어가 있는지 확인하는 것이다.

알고리즘(algorithm) 올바르게 적용될 때 항상 작동하는, 문제를 해결하기 위한 체계적인 절차

체계적인 무작위 검색 가능한 모든 솔루션이 특정 규칙집합에 따라 테스트 되는 문제를 해결하기 위한 알고리즘

휴리스틱(heuristics) 문제를 단순화하고 해결하는 데 도움이 되는 경험적 법칙

예를 들어 DWARG에서 다음과 같은 몇 가지 익숙한 조합을 찾는다. dr와 gr. 우리는 draw, drag, grad와 같은 단어를 빨리 떠올릴 수 있다. 이 방법의 단점은 우리가 어떤 단어는 누락시킬 수 있다는 것이다.

휴리스틱 장치의 한 가지 유형은 **수단-목표 분석**(means-end analysis)이다. 이 휴리스틱 장치를 사용하여 현재 상황과 목표의 차이를 평가하고 이 차이를 줄이기 위해 할 수 있는 일을 한다. 당신이 차를 운전하고 가다가 길을 잃었다고 가정해 보자. 가고 싶은 곳으로 가려면 무엇을 해야 하는지 분석한 휴리스틱 장치 중 하나가 길 찾기를 요구할 수 있다.

이 접근 방식에는 '방향 감각'이 필요하지 않다. 알고리즘은 더 복잡하고 과학적인 지식을 필요로 한다. 예를 들어, 만약 당신의 목적지가 당신의 현재 위치의 서쪽에 있다는 것을 안다면 당신은 해가 저무는 방향으로 운전하려고 할 것이다(해외 네비게이션 앱인 'Waze'를 사용할 수도 있다).

유추의 사용 유추는 차이가 나는 다른 방식들 사이의 부분적인 유사성이다. 유추 휴리스틱은 이전 문제의 해결책을 새로운 문제의 솔루션으로 적용한다. 이전 문제를 참조하여 새로운 문제를 해결하려고 할 때마다 유추 휴리스틱을 사용한다(Dinuta, 2013; Donnelly, 2017).

다음 숫자 계열 문제에서 유추 휴리스틱을 사용할 수 있는가? 다음 일련의 숫자를 보고 순서를 결정하는 규칙을 찾아보라.

8, 5, 4, 9, 1, 7, 6, 3, 2, 0

이것은 다소 추상적이고 수학적이다. 실제로도 유추 휴리스틱은 정기적으로 사용된다. 예를 들어, 새로운 강사와 함께 새학기를 시작할 때, 당신은 아마도 그 강사를 보며 떠올릴 만한 인물을 생각하게 될 것이다. 그러면 아마도, 여러분은 자신이 떠올린 강사와 친하게 지내는 데 도움이 되었던 것을 기억해 내고 새로운 강사에게 시도해 보게 될 것이다. 우리는 비슷한 상황에서 우리를 도왔던 것들(아날로그)을 찾는 경향이 있다.

OTTFFSSENT를 보면, 1(one)부터 10(ten)까지 숫자의 알파벳 첫 글자를 사용했다. 8, 5, 4, 9, 1, 7, 6, 3, 2, 0의 순서로 이루어진 10자리 숫자를 보면, 이것을 발음할 때 각각의 첫 번째 글자는 알파벳 순서라는 것을 알게 된다.

수단-목표 분석(means-end analysis) 현재 상황과 목표의 차이를 평가하여 문제를 해결하려는 휴리스틱 장치

4. 문제 해결에 영향을 미치는 요인

문제 해결 방법은 문제를 해결하는 데 있어 가장 중요한 요소이다. 다른 요인들도 효과에 영향을 준다. 문제 해결을 더 쉽게 또는 더 어렵게 할 수 있는 세 가지 요소는 다음과 같다. 당신의 전문 지식수준, '마음 갖춤새'(습관적 정신자세)에 사로잡힐 것인지의 여부, 문제에 대한 통찰력을 키울 수 있는지에 대한 여부가 그것들이다.

전문지식 문제 해결에 대한 전문지식의 역할을 이해하려면 다음의 아나그램(Novick과 Coté, 1992)을 해독해 보라. 각각의 경우, 실제 영어단어를 형성하기 위해 모든 문자를 사용하라.

NSUO
RCWDO
IASYD

각 아나그램 ('sound', 'crowd", and 'daisy')을 해독하는 데 얼마나 걸렸는가? 모국어가 영어인 사람, 즉 '전문가'가 다른 언어를 사용하는 2개 국어 사용자보다 더 효율적으로 해독할 수 있는가? 그 이유는 무엇인가?

전문가들은 초보자보다 더 효율적이고 신속하게 문제를 해결한다. 일반적으로 특정 종류의 문제를 해결하는 전문가는 다음과 같은 특성이 있다(Bassok & Novick, 2012; Feltovich et al., 2018).

- ▶ 특정 영역을 잘 알고 있다.
- ▶ 문제의 요소를 잘 기억한다.
- ▶ 문제 해결을 용이하게 하는 정신적 이미지나 표현을 형성한다.
- ▶ 문제를 비슷한 문제와 관련시킨다.
- ▶ 목표 지향적이며 문제 해결을 위한 효율적인 방법이 있다.

이러한 요소는 서로 관련되어 있다. 예를 들어 미술사학자들은 그림의 복잡한 내용을 이해할 수 있는 데이터베이스를 얻는다. 버섯 그림의 세부 사항에 대한 그들의 기억과 같은 것을 말한다.

노빅과 코티(Novick & Coté, 1992)는 전문가들 사이에서 2초 안에 아나그램 문제에 대한 해결책이 '튀어 나오는' 것을 발견했다. 전문가들은 분명히 초보자보다 더 효율적인 방법을 사용했다. 전문가들은 병렬 처리를 사용하는 것 같았다. 즉, 문제의 두 가지 이상의 요소를 동시에 처리했다.

예를 들어, DNSUO의 경우, 어떤 자음(D, N 또는 S)이 모음 앞에 있을 가능성이 높은지 시험해보는 동시에 모음(CO 또는 OU)의 순서를 활용해 볼 수 있었으며, 재빨리 sou와 sound를 만들어냈다. 초보자는 직렬 처리, 즉 문제의 한 요소를 한 번에 처리할 가능성이 더 컸다.

마음 갖춤새(mental set) 유사한 문제를 해결하는 데 도움이 되는 동일한 접근 방식으로 새로운 문제에 대응하는 경향을 **마음 갖춤새**라고 한다. 마음 갖춤새는 일반적으로 우리의 일을 더 쉽게 만들어 주지만 문제 사이의 유사성이 환상적일 때 우리를 혼란스럽게 할 수 있다.

통찰력 문제 해결에서 **통찰력**을 얻으려면 메트칼페(Metcalfe, 1986)가 제기한 다음 문제를 고려해 보라.

> 낯선 사람이 박물관 큐레이터에게 다가가서 고대 청동 동전을 주웠다고 했다. 동전은 고유의 모양을 띠고 있었으며 날짜는 544 BCE로 표시되어 있다. 큐레이터는 이전까지 미심쩍은 출처로부터 기꺼이 수집을 해왔지만, 이번에는 경찰에 즉시 전화를 걸어 낯선 사람을 체포했다. 그 이유는 무엇일까?

이 문제에 대한 답을 주지는 못하지만 당신이 해결책에 도달하면 단번에 알게 될 것이라고 장담한다. '물론!'이라고 생각할 것이다. 문제의 정보가 갑자기 재구성되어 해결책이 순식간에 나타난 것처럼 보일 것이다.

심리학자 마이어(N.R.F. Maier)의 쥐로 알려진 비스마르크는 자신이 제시한 문제에서 정보를 갑자기 재구성하여 자신의 종에 대한 통찰력의 증거를 보여 주었다(Maier & Schneir-la, 1935). 비스마르크는 사다리를 타고 음식이 놓인 탁상 위로 올라가도록 훈련받았다. 가끔 마이어는 쥐가 목표에 도달하지 못하도록 그물 장벽을 사용했다. 그러나 그림 7.2에서 볼 수 있듯이 두 번째 사다리를 쥐에게 보여 준다.

처음에 비스마르크는 킁킁거리며 그물을 긁었고 통과하는 경로를 찾으려고 시도했다. 그런 다음 그는 얼굴을 씻는 데 약간의 시간을 보냈다. 그러다 갑자기 공중으로 뛰어올랐고 몸을 돌려 익숙한 사다리를 오르내리고, 새로운 사다리를 올라타서 디저트를 먹었다.

비스마르크가 갑자기 문제의 요소들 사이의 관계를 인식하여 통찰력으로 해결책을 찾은 것일까? 그는 게슈탈트 심리학자들이 말하는 아하! 경험(알아차림,통찰)을 갖게 된 것이다.

인큐베이션 부화기는 닭의 알을 따뜻하게 해서 부화할 수 있도록 한다. 문제 해결에서의 **인큐베이션**은 일부 프로세스가 계속 작동할 수 있으므로 잠시 문제에서 물러나는 것을 말한다. 나중에, 우리는 순식간에 해답을 얻게 될 수 있다. 문제에서 물러서 있을 때 우리에게 소득은 없지만, 집요한 마음 갖춤새로부터 멀어지게 하여 도움이 될 수 있다(Gilhooly, 2016; Kop-pel & Storm, 2014).

기능적 고착 **기능적 고착**은 문제 해결을 방해할 수 있다. 예를 들어, 먼저 펜치가 무엇인지 스스로에게 물어보라. 그것은 잡기 위한 도구, 종이를 눌러 놓는 문진, 또는 무기를 위한 도구인가?

펜치 한 쌍은 이들 중 하나의 기능을 할 수 있지만, 그것을 잡는 도구라고 생각하는 경향은 이전의 경험으로 촉진된 것이다.

그림 7.2 통찰력으로 먹이를 얻게 된 비스마르크

비스마르크는 사다리 A를 올라 저녁 식사를 하는 법을 배웠다. 그러나 이제 먹이 목표물(F)은 철망 장벽 B에 의해 차단된다. 비스마르크는 잠시 동안 얼굴을 씻고, 명백한 통찰력으로 사다리 A를 내려가고 새 사다리 N을 올라타고 목표에 도달한다.

마음 갖춤새(mental set) 비슷한 문제에 성공적으로 사용된 접근 방식으로, 새로운 문제에 대응하는 경향을 설정

통찰력(insight) 게슈탈트 심리학에서 해결을 가능하게 하는, 정신적으로 표현된 문제 요소들 사이의 관계에 대한 갑작스런 인식

인큐베이션(incubation) 문제해결의 배양. 우리가 한 동안 좌절감을 주는 문제에서 물러나 있을 때 '갑자기' 해결책이 나타나는 과정

기능적 고착(functional fixedness) 이름이나 익숙한 사용법으로 객체를 보는 경향

FICTION

T (F) 오직 인간만이 통찰력으로 문제를 해결할 수 있다.

인간만이 문제를 해결하기 위해 통찰력을 이용한다는 것은 사실이 아니다. 비스마르크에 대한 마이어의 연구에 따르면 쥐도 통찰력을 가질 수 있다고 한다.

당신은 아마 물건을 잡기 위해 펜치를 사용했을 것이다. 기능적 고착은 어떤 물체를 그것이 갖는 이름이나 익숙한 기능 면에서 생각하는 경향이다. 친숙한 물체를 사용하여 문제를 새로운 방식으로 해결하는 것을 어렵게 한다는 점에서 마음 갖춤새와 비슷할 수 있다.

5. 판단과 의사결정

여러분은 사람들이 판단이나 의사결정을 내릴 때 장단점을 신중하게 따질 정도로 이성적이라고 생각할지도 모른다. 또는, 모든 관련 정보를 찾아서 조사해야 한다고 생각할 수도 있다. 하지만 실제로 사람들은 제한된 정보를 바탕으로 대부분의 결정을 내린다. 그들은 빠른 길을 택한다. 문제 해결과 마찬가지로 사람들은 판단 및 의사결정에 어림짐작의 **휴리스틱**(heuristic) 장치를 사용한다.

예를 들어, 재무관리자가 회사자체를 직접 조사하는 대신 주식의 흐름을 보고 판단하도록 할 수 있다. 또는, 의사의 자격을 보는 것보다 친구가 추천한 의사를 선택할 수도 있다. 이 항목에서는 판단 및 의사결정의 다양한 요소를 알아본다.

의사결정의 휴리스틱 동전을 여섯 번 뒤집는다고 상상해 보라. 다음 세 가지 가능한 결과에서 H는 앞면을, T는 뒷면을 나타낸다. 가장 가능성이 높은 순서는 무엇인가?

H H H H H H
H H H T T T
T H H T H T

당신은 가장 가능성 있는 순서로 T H H T H T를 선택했는가? 대부분의 사람들도 그렇다. 왜 그럴까? 두 가지 이유가 있다.

첫째, 사람들은 연속으로 여섯 번의 앞면(H)이 나오기가 불가능하다는 것을 인식한다. 달성 가능성은 1/2 × 1/2 × 1/2 × 1/2 × 1/2 × 1/2 또는 1/64이다. 세 번의 앞면과 세 번의 뒷면이 나올 가능성은 여섯 번의 앞면이 나올 가능성보다 높다(또는 여섯 번의 뒷면).

둘째, 사람들은 앞면과 뒷면의 순서가 무작위로 나타나야 한다는 것을 알고 있다. T H H T H T는 무작위로 보이지만 H H H T T T는 그렇지 않다.

사람들은 **대표성 휴리스틱** 때문에 T H H T H T를 선택하는 경향이 있다. 의사결정 휴리스틱에 따르면, 사람들은 대표성을 나타내는 사건의 모집단에 따라 사건의 표본에 대해 판단한다(Richie & Josephson, 2018).

이 경우 사건 샘플은 여섯 번의 동전 던지기이다. '모집단'은 무한한 무작위 동전 던지기이다. 하지만 각 서열은 동일하거나 동일하지 않다. 여섯 개의 머리 또는 세 개의 머리 및 세 개의 꼬리가 더 가능성이 있는지에 대한 질문이 있다면 정답은 3 및 3일 것이다.

첫째, 사람들은 연속적으로 여섯 번의 앞면이 나올 가능성은 낮다고 인식한다. 특정 서열 T H H T H T가 나올 확률은 얼마나 될까? 첫 번째 동전 던지기에서 뒷면이 나올 확률은 1/2이다.

두 번째 결과가 앞면으로 나올 확률 역시 1/2이다. 따라서, T H H T H T의 배열을 얻을 확률은 다른 배열을 얻을 확률과 동일하다. 1/2 × 1/2 × 1/2 × 1/2 × 1/2 × 1/2 = 1/64.

의사결정에 사용된 또 다른 휴리스틱 장치는 **가용성 휴리스틱**이다. 이 휴리스틱에 따르면 빈도 또는 확률에 대한 추정치는 관련 사건의 예를 찾는 것이 얼마나 쉬운지에 따라 결정된다.

Jose Luis Pelaez Inc./Blend Images

의사결정 : 의사를 어떻게 선택하는가?
친구나 가족의 평판이나 조언으로 찾아가는가? 온라인으로 의사의 자격 증명을 확인하는가? 캠퍼스 혹은 특정 건강 보험 플랜에 가입되어있어 선택의 여지가 없는가?

대표성 휴리스틱(representativeness heurstic) 휴리스틱 의사결정을 통해 사람들은 대표하는 모집단에 따라 표본에 대한 판단을 내림.

가용성 휴리스틱(availability heurstic) 정보나 사례에 근거하여, 사건의 빈도나 확률에 대해 추정하는 휴리스틱 의사결정

당신의 대학에 예술 전공 등록이 더 많은지 아니면 사회학과가 더 많은지 질문해 보겠다. 등록 통계에 익숙하지 않다면, 당신이 알고 있는 많은 예술 전공과 사회학 전공에 기초하여 대답할 것이다.

고정(닻내림; anchoring) **및 조정 휴리스틱**은 판단에 상당한 관성이 있을 수 있음을 제안한다. 의견을 제시하거나 추정할 때, 우리는 초기 견해 또는 추정을 가지고 있다. 이것이 닻, 즉 기준점이 된다. 추가 정보를 받으면 간혹 조정하기도 한다.

즉, 만약 여러분이 어떤 종교나 정당이 '올바른' 정당이라고 믿으면서 자란다면, 그 믿음은 기준점인 닻의 역할을 한다. 종교나 정당에 불일치가 나타나는 경우, 자신의 견해를 조정할 수는 있지만, 기꺼이 그렇게 하지는 않을 것이다.

수학 문제를 통해 더 자세히 설명해 보겠다. 다음 곱셈 문제를 각각 별도의 종이에 써 보자.

A. $8 \times 7 \times 6 \times 5 \times 4 \times 3 \times 2 \times 1$

B. $1 \times 2 \times 3 \times 4 \times 5 \times 6 \times 7 \times 8$

친구 몇 명에게 문제 A를 보여 준다. 답변을 추정하기 위해 5초씩 제공하라. 다른 친구들에게 문제 B를 보여 주고 답을 추정하기 위해 5초를 준다.

곱하는 수의 순서로 인해 결과가 바뀌지 않기 때문에 곱셈 문제에 대한 답은 동일하다. 그러나 아모스 트버스키(Amos Tversky)와 대니얼 카너먼(Daniel Kahneman, 1982; 2016)이 고등학생들에게 이러한 문제를 보여 주었을 때, 버전 A를 보인 학생들의 평균 추정치는 버전 B를 보인 학생들의 평균 추정치보다 상당히 높았다. 8을 첫 번째 순서에서 본 학생들은 평균 2,250의 추정치를 제시했다.

반면에 1을 첫 번째로 본 학생들은 평균 512의 추정치를 제시했다. 즉, 8이 닻(기준점)의 역할을 했을 때 추정치는 더 컸다. 그러면 곱셈 문제에 대한 정답은 무엇인가? 고정 및 조정 휴리스틱을 사용하여 두 그룹이 왜 멀리 떨어져 있는지 설명할 수 있는가?

프레이밍 효과 **프레이밍 효과**는 정보가 제시되는 문구나 맥락이 의사결정에 영향을 미치는 방식을 말한다(Stark et al., 2017). 정치 단체들은 광고주들과 마찬가지로 프레임 효과를 인식하고 이에 따라 단어를 선택한다.

예를 들어, 낙태 지지자들은 자신을 'pro-choice; 선택존중자'라고 부르고, 반대자들은 자신을 'pro-life; 생명존중자'라고 말한다. 각 그룹은 긍정적인 방식으로 자신을 표현하고('pro'–무엇; 무엇인가에 지지나 찬성의 표현) 대중적인 가치(자유나 삶)를 말한다.

과신오류 우리의 결정이 정확하든 부정확하든, 우리 대부분은 그 결정에 대해 지나치게 확신하는 경향이 있다. 우리는 또한 뒤늦게 깨닫는 경향이 있다. 우리가 틀렸다고 밝히면, 우리는 "그것을 내내 알고 있었다"는 것을 보여줄 방법을 찾는다. 또한, 이용 가능한 정보에 접근할 수 있었다면 실제로 결과를 알았을 것이라고 과신하기도 한다.

예를 들어, 주요 선수가 뒤쪽 허벅지 근육이 당긴다는 것을 알고 있었다면 축구 경기에 다른 결과를 예측했을 것이다. 선거 당일에 거센 바람이 분다는 것을 알았다면, 더 적은 유권자 투표율과 다른 결과를 예상했을 것이다. 판단이 틀릴 때 조차도 과신하는 것에 대한 몇 가지 이유가 있다.

- 우리는 자신의 추측이 얼마나 빈약한지 알지 못하는 경향이 있다.
- 우리는 판단을 확신하고 그렇지 않은 것을 무시하는 사례에 초점을 맞추는 경향이 있다.
- 작업 기억은 공간이 제한되어 있기 때문에 판단에 반하는 정보를 잊어버리는 경향이 있다.
- 우리는 자신이 믿는 일을 발생시키기 위해 노력하므로 때로는 자기 충족 예언이 된다.

6. 동기화된 추론(Motivated Reasoning)

동기화된 추론은 진공청소기와 같다. 일단 우리가 정치에서처럼 사물에 대한 의견을 형성하면, 동기화된 추론은 '그것을 지지하고 동의하기 위해 다른 모든 것들을 끌어들인다.'(Lodge & Taber, 2000) 이웃이나 룸메이트에게 강한 혐오감을 가지게 되면 그들의 자선활동에 대한 어떤 것도 듣고 싶지 않을 것이다.

고정 및 조정 휴리스틱(anchoring and adjustment huristic) 가정 또는 첫 번째 추정치가 인지적 기준점 역할을 하는 의사결정 휴리스틱. 추가 정보를 받으면 조정을 하지만 기준점과 가깝게 유지되는 경향이 있음.

프레이밍 효과(framing effect) 의사결정에 대한 정보가 제시되는 문구나 맥락의 영향

동기화된 추론 가능한 모든 증거에 대한 신중한 평가보다는 감정에 근거한 결정과 판단을 하는 것

아프리카 회색 앵무새는 인간의 말을 흉내 낼 수 있지만 그 말을 이해하고 있을까? 일부 동물 학자들은 실제로 그렇다고 생각한다.

Martin Harvey/Getty Images

정치에서도 마찬가지이다. 귀하가 '일회성' 유권자이고 그 문제가 총기 규제, 낙태, 기후 변화 또는 이민과 관련이 있는 경우, 당신은 대부분의 다른 고려사항은 제쳐두고 이 문제에 대한 당신의 입장에 동의하는 출마자의 손을 들 수 있다(Kahne & Bowyer, 2017).

이민자들이 범죄를 더 악화시킨다고 생각하는 사람은 모순적인 증거를 듣지 못할 수도 있다(Guo, 2017). 마찬가지로 이민을 지지하는 개인은 범죄를 저지른 이민자에 대한 일화를 듣는 것이 고통스러울 수 있다.

민주주의는 합리적인 논거에 근거한다. 이 책은 교과서이며 특정 문제에 대해 어느 쪽에도 치우치지 않는다. 다른 사람의 주장을 받아들이기 전에 증거를 주장해야 하는 일반적인 문제는 제외한다. 대신 토론을 위해 몇 가지 질문을 하겠다.

인간 활동이 지구 온난화에 책임이 있는지에 대한 증거가 무엇이라고 생각하는가? 구매할 수 있는 총기에 대한 통제가 더 엄격해야 하는지에 대한 일반적인 문제에서 고려해야 할 요소는 무엇인가? 뉴스가 '가짜'인지 아니면 '진짜'인지 어떻게 결정하는가? 트위터를 사용하는 경우 동의한 정보만 리트윗 하는가(Ohlheiser, 2018)? 만약 뉴스 기사나 트윗이 널리 퍼진다면, 그것이 사실인가?

7-2 언어

아일랜드의 극작가인 오스카 와일드(Oscar Wilde)는 "언어에 한해서만, 우리는 하위 동물을 능가하며, 언어는 생각의 자녀가 아닌 생각의 부모"라고 하였다. 그는 우리에게 꽤 생각할 거리를 주었다. 인간은 언어를 사용하는 유일한 종인가? 우리는 잠시 후 그 질문에 대해 고심할 것이다. 그리고는 언어와 생각 중 어느 것이 먼저인지 자문한다.

언어를 사용하지 않고 생각할 수 있는가? (시도해 보라.) 나중에 다시 그 질문으로 돌아가 보자. 현재 유인원이 언어를 사용할 수 있는지, 그리고 언어가 조류에게도 해당되는 것인지, 특히 아프리카 회색 앵무새를 위한 것인지 고려해 보자.

1. 비인간과의 커뮤니케이션

최근, 다양한 동물 종과의 의사소통 연구에 의해 언어에 대한 인간의 독점적 주장에 의문이 제기되고 있다. 아프리카 회색 앵무새는 다른 많은 앵무새와 마찬가지로 인간의 말을 흉내낼 수 있지만, 그것이 모방하는 단어 중 일부를 이해할 수 있을 정도로 지능적이라고 의심된다.

많은 돌고래와 고래들 사이에서 자발적인 언어 발달이 발생하는 것으로 오랫동안 알려져 왔지만, 우리에게는 확실한 과학적 증거가 부족하다. 원숭이는 특징적인 울음소리, 즉 의성어로 근처 포식자의 위험을 알린다. 그러나 이러한 소리에는 기호가 없다.

언어는 기호를 조작하는 데 사용되는 규칙과 함께 기호 시스템이다. 단어와 같은 기호는 대상, 사건, 또는 아이디어를 나타낸다. 침팬지와 고릴라는 손으로 표시하여 의사소통을 하도록 배워왔기 때문에, 그들이 실제로 인간의 방식으로 언어를 사용하고 있는지에 대한 문제는 훨씬 더 복잡하다.

침팬지는 인간과 유전자 코드의 약 98.42%를 공유하고 있는, 사람과 가장 가까운 유전적 동족이다(Zimmer, 2002~2003). 침팬지와 고릴라에 대한 자기공명영상(MRI) 연구에 따르면, 인간과 마찬가지로 대부분의 침팬지들에게서 브로카 영역(Broca's area)의 일부인 대뇌피질의 왼쪽 반구가 확대된 것이 확인되었다(Schenker et al., 2008).

인간과 침팬지에게서 이제 남은 차이점은 입과 후두의 미세한 통제 능력 등과 부분적으로 관련되어 있으며, 이것은 유인원에서는 볼 수 없는 것이다(Sherwood et al., 2008).

침팬지와 인간의 유전적 차이는 침팬지가 왜 말을 할 수 없는지 설명할 수 있지만, 침팬지와 다른 유인원들에게 언어를 사용할 수 있는 의미 있는 능력을 부여하기도 한다(Tomasello, 2017).

유인원은 실제로 언어를 사용하는가? 유인원은 말을 하지 않지만 일부는 미국 수화 및 기타 기호 시스템을 사용하도록 배웠다. 예를 들어, 원숭이에게 언어를 가르치기 위한 노력의 일환에서 선구자였던 워쇼라는 침팬지는 32세까지 181개의 표식을 사용하고 있었다(King, 2008).

워쇼에 의해 입양된 아기 침팬지인 루이스는 수화로 훈련된 다른 침팬지를 관찰하는 것만으로도 표지판을 사용할 수 있게 되었다. 다른 침팬지들은 의사소통을 위해 플라스틱 기호를 사용하거나 컴퓨터 키보드에서 키를 눌렀다.

컬럼비아 대학교의 조이스 버틀러(Joyce Butler)는 언어학자 노암 촘스키(Noam Chomsky)의 이름을 딴 침팬지 님 침프스키(Nim Chimpsky)에게 '음료'의 표시를 보여 주었고 님은 그녀를 모방했다.

수 새비지 럼보(Sue Savage-Rumbaugh)와 그녀의 동료들(Segerdahl et al., 2006; Washburn et al., 2007)은 피그미 침팬지가 언어의 의미적 미묘함 중 일부를 이해할 수 있다고 생각한다. 그녀는 침팬지 캔지가 다른 침팬지의 훈련을 관찰하면서 언어를 습득했고, 두 살 반 어린이의 문법적 능력을 가지고 있다고 주장한다.

캔지는 또한 인간이 사용하는 여러 단어를 이해한다. 캔지는 장난감 개가 장난감 뱀을 물게 해달라는 요청을 받았을 때 뱀을 개의 입에 물렸다.

유인원이 언어 생산을 배울 수 있다는 견해에 대해 비판하는 허버트 테라스(Terrace & Metcalf, 2005)와 스티븐 핑커(Steven Pinker, 1994~2011)와 같은 학자들은 다음과 같이 주장한다.

- 원숭이는 보상을 얻기 위해 주어진 순서대로 표시를 합칠 수 있지만, 진화 사다리에서 더 낮은 비둘기와 같은 동물들 역시 보상을 얻기 위해 특정한 순서대로 버튼을 쪼을 수 있다.
- 아이들이 새로운 단어를 배우는 것보다 원숭이가 새로운 신호를 배우는 것이 더 오래 걸린다.
- 유인원이 결정하는 부호의 순서는 신뢰할 수 없으며 그들이 문법의 규칙을 이해하지 못한다는 것을 암시한다.
- 유인원의 신호를 관찰하는 사람들은 관찰자 편견을 가질 수 있다. 즉, 그들이 보고자 하는 것을 보고 있는 것일 수 있다.

과학자들은 침팬지와 고릴라가 언어를 얼마나 잘 이해하고 생산하는지에 대해 계속 토론할 것이지만, 의사소통을 위해 상징을 사용하는 법을 배웠다는 것은 의심의 여지가 없다(Segerdahl et al., 2006).

2. 언어란 무엇인가?

유인원과 언어에 대한 논의에서 알 수 있듯이 언어를 정의하는 방식은 중요하지 않다. 우리가 단순히 언어를 의사소통의 체계로 정의한다면, 새와 꿀벌을 포함하여, 많은 동물들이 언어를 가지고 있다고 할 수 있다.

새들은 특정한 지저귐과 소리를 통해 나무나 덤불을 소유했다는 소식을 전할 수 있다. 꿀벌의 흔들림 춤은 다른 꿀벌에게 음식 공급원이나 포식자의 위치를 알려준다. 이 모든 것은 본능적인 의사소통 패턴이지만 언어의 의미는 아니다.

언어에서 소리나 기호는 물체와 행동의 상징이다. 유인원은 의사소통을 하기 위해 기호를 사용하는 법을 배웠지만 그러한 사용법이 언어의 적절한 정의인가?

많은 언어 전문가들이 한 부분을 더 요구한다. 그들은 **언어**를, 문법 규칙에 따라 배열된 기호를 이용한 생각과 감정의 의사소통이라고 정의한다. 본능적인 흔들림 춤과 비명은 기호나 문법이 없다. 이 엄격한 규칙에 따라 인간만이 언어를 사용한다. 유인원이 문법 규칙을 처리할 수 있는지 여부는 논쟁 중이다.

언어를 사용하면 한 사람이 다른 사람과 지식을 주고받을 수 있고, 한 세대가 다른 세대와 의사소통할 수 있다. 언어는 경험을 기록하기 위한 수단을 만든다. 그것은 우리가 직접 경험을 통해 배울 수 있는 것보다 더 많은 것을 배우기 위해 다른 사람들의 입장이 되어 볼 수 있게 한다. 언어는 또한 많은 사고 단위를 제공한다.

진정한 언어는 의미성, 무한한 창의성 및 변위(초월성)와 같은 특성으로 하위 동물의 의사소통 시스템과 구별된다(Hoff, 2005).

- **의미성**(Semanticity) : 언어의 소리(또는 신호)는 의미가 있다. 단어는 행동, 대상, 관계 개념 (이상, 이상 등) 및 기타 아이디어의 기호로 사용된다. 새와 꿀벌의 통신 시스템은 단어와 기호를 사용하지 않는다. 따라서 의미가 부족하다.
- **무한한 창의성**(Infinite creativity) : 문장을 모방하기보다는 창조하는 능력이다.
- **변위(초월성)** : 다른 시간이나 장소에서 대상 및 객체에 대한 정보를 전달하는 기능이다. 언어를 사용하면 한 사람에서 다른 사람으로, 한 세대에서 다른 세대로 지식을 전달하여 인간의 적응력을 높일 수 있다.

3. 언어와 인식

언어와 사고의 관계는 복잡하고, 항상 명백하지는 않다. 예를 들어, 언어를 사용하지 않고 생각할 수 있는가? 단어나 문장을 사용하지 않고 문제를 해결할 수 있는가? 장 피아제(Inhelder & Piaget, 1958)는 언어가 세상에 대한 지식을 반영하지만, 언어 없이 많은 지식을 습득할 수 있다고 믿었다. 예를 들어, 둥글거나 빨간색이라는 단어를 모르거나 사용하지 않아도 둥글거나 붉은 개념을 이해할 수 있다.

4. 언어와 문화

언어마다 동일한 개념에 대해 다른 단어가 있으며 개념이 반드시 겹치는 것은 아니다.

언어 문법 규칙에 따라 배열된 기호를 통한 정보 통신 언어

의미성 단어가 대상, 사건 또는 아이디어의 상징으로 사용되는 언어의 우수함

무한한 창의성 단어를 원래 문장으로 결합하는 능력

변위(초월성, displacement) 다른 시간과 장소에서 물체와 사건에 관한 정보를 전달하는 기능

언어-상대성 가설 언어는 우리가 세상을 보는 방식으로 구성된다는 견해

Arnold Media/Getty Images

눈(snow)에 대해 얼마나 많은 단어를 알고 있는가?

앞에서 언급했듯이 우리 자신의 언어(예 : 사각형 및 삼각형)로 표현된 개념은 다른 문화의 언어로 존재하지 않을 수 있으며 그 반대도 마찬가지이다.

영어 사용자가 다른 언어를 사용하는 사람들이 경험한 생각을 공유할 수 있는가? 답은 아마도, 많은 경우나 대부분의 경우 그럴 것이다. 하지만 어떤 경우에는 그렇지 않다. 어쨌든, 이 질문은 언어-상대성 가설을 제시한다.

언어-상대성 가설(linguistic-relativity hypothesis) 언어-상대성 가설은 벤자민 워프(Benjamin Whorf, 1956)에 의해 제안되었다. 워프는 언어가, 우리가 세상을 인식하는 방식으로 구성된다고 믿었다. 즉, 우리가 세상을 이해하기 위해 사용하는 범주와의 관계는 우리의 언어에서 파생된다. 따라서 다양한 언어를 사용하는 사람들이 세상을 다른 방식으로 개념화한다.

따라서 대부분의 영어 사용자는 이누이트(에스키모)와 비교해 볼 때, 눈에 대한 생각이 제한적일 수 있다. 우리는 '눈'에 대한 단어를 몇 개 밖에 가지고 있지 않지만, 이누이트족은 많은 단어를 가지고 있다. 이누이트가 말하는 눈은 단단한지, 떨어지는지, 녹는지, 얼음으로 덮여 있는지 등에 따라 다르다. 눈에 대해 생각할 때, 우리가 선택할 수 있는 단어는 더 적고 서술형 형용사를 찾게 된다. 그러나 이누이트는 복잡한 기상 조건을 설명하는 단일 단어를 쉽게 찾을 수 있다.

그러므로 그들은 이 다양한 눈에 대해 생각하기가 더 쉬울까? 마찬가지로 필리핀의 하누누족 사람들은 쌀의 껍질을 벗겼는지, 껍질을 벗기지 않았는지, 그리고 어떻게 준비하는지에 따라 쌀에 대해 92개의 단어를 사용한다. 우리는 낙타에 대한 한 개의 단어를 갖고 있지만 아랍인은 250개가 넘는다.

영어에는 색상을 설명하는 수백 개의 단어가 있다. 영어 사용자와 중국인 사이의 색상 인식 및 라벨링에는 약 95%의 겹침이 있다(Moore et al., 2002). 그러나 쇼나어(Shona)를 사용하는 사람들은 색을 위해 단 3개의 단어만 사용하고, 바사어(Bassa)를 말하는 사람들은 밝고 어두움에 해당하는 두 단어만 사용한다고 한다. 그럼에도 불구하고 비산업화된 사회에서 사용되는 언어에 대한 연구는 흰색, 검은색, 빨간색, 녹색, 노란색 및 파란색과 겹치는 부분을 찾는다.

또한, 몇 단어만 사용하여 색상을 구분하는 사람은 더 많은 단어를 사용하는 사람과 동일한 색상 변형을 인식하는 것 같다. 예를 들어, 뉴기니의 다니(Dani)족은 색에 대한 단어가 두 개뿐이다. 하나는 노란색과 빨간색을 나타내고 다른 하나는 녹색과 파란색을 나타낸다. 연결 및 기억 수행과제에서 다니족은 스펙트럼의 다양한 색상을 식별할 수 있음을 보여 준다.

대부분의 인지 과학자들은 더 이상 언어-상대성 가설을 받아들이지 않는다(Pinker, 2007). 우선, 성인은 생각의 단위로 말과 함께 이미지와 추상적 논리 명제를 사용한다. 또한, 영아는 말하기를 배우기 전에 상당한 인지 기능을 보여 준다.

또 다른 비판은 언어의 어휘가 전통적으로 말하는 사람의 인지적 한계가 아니라, 중요하다고 보는 개념의 범위를 암시한다는 것이다.

예를 들어, 19세기의 사람들이 마법처럼 들어 올려져 비행기 안에 있게 된다면, 그들이 비행기라는 단어를 모르더라도 그들은 새나 큰 곤충 속에서 날고 있다고 생각하지는 않을 것이다.

7-3 언어 발달

2세의 언어폭발 시기: 언어는 울고, 떼쓰고, 재잘거리는 언어 발성으로 시작하여 특정 단계로 발전한다. 이 소리는 기호가 아니다. 즉, 개체나 대상을 나타내지 않는다. 그러므로 그들은 언어적이 아닌 전언어적 단계라고 할 수 있다.

1. 초기 언어음

부모들이 잘 알고 있듯이, 신생아는 한 가지의 선천적이고 매우 효과적인 구두 표현을 가지고 있다: 울기-더 울기. 그러나 울음은 언어를 나타내지 않는다.

울음은 불편함을 전달하고, 바로 돌봐주기를 원하는 사람을 찾는다. 그러나 울음소리는 사물이나 행동을 나타내지 않으므로 언어의 전 단계이다.

Mike Kemp/Rubberball

FICTION

T (F) 울음은 아기가 처음으로 사용하는 언어이다.

아기의 울음이 처음으로 언어를 사용한다는 의미를 나타내는 것은 아니다. 울음은 언어의 형태가 아닌 언어의 전 단계이다.

울음은 전언어적 단계이다. 2개월 동안, 아기들은 '쿠잉'(cooing, '아아', '오오')을 시작한다. 또 다른 형태의 표현은 즐거움과 관련이 있는 것 같다. 5개월~6개월까지 아이들은 옹알이를 하기 시작한다.

아이들은 목이 쉰 듯한 독일어 ch 소리, 특정 아프리카 언어들의 딸깍 소리, 그리고 굴리는 소리 *r*을 포함하여 많은 언어에서 옹알이 소리를 낸다. 아기들의 옹알이는 종종 '바', '가', 그리고 때때로 의미 있는 '마마'에서처럼 자음과 모음을 결합한다(McCardle et al., 2009).

처음에 '마마'는 그것의 출현에 대한 가족의 기쁨에도 불구하고 순전히 우연이다(죄송합니다, 아빠). 울음과 '쿠잉'같은 옹알이는 선천적이며 전언어적이다. 청각장애 아동과 언어가 매우 다른 문화권의 아동은 모두 동일한 소음을 유발하는 것으로 보인다(Hoff, 2005).

울음은 아기가 처음으로 사용하는 언어이다. 그렇다고 아기의 울음이 처음으로 언어를 사용한다는 것을 나타내는 것은 아니다. 울음은 언어의 형태가 아닌 언어의 전 단계이다. 그러나 아이들은 몇 달 안에 가정에서 사용되는 소리를 골라 낸다.

9개월 또는 10개월이 되면 그들은 소리를 규칙적으로 반복하고 낯선 소리는 중단하게 된다. 사실, 모국어 고유의 음소(즉, 최소의 소리 단위)를 습득한 초기 경험으로 인해 나중에 다른 언어에서 사용되는 음소를 발음하고 구별하기가 어려울 수 있다(Iverson et al., 2003).

아이들은 11개월에서 13개월에 첫 단어를 말하는 경향이 있지만 8개월에서 18개월까지의 범위는 정상이다(McCard-le et al. 2009년; Tamis-LeMonda et al., 2014). 부모는 명확하게 발음되지 않는 첫 번째 단어를 자주 놓친다.

홀로프레스(holophrase) 복잡한 의미를 표현하는 데 사용되는 단일 단어(단어 발화)

과잉규칙화 불규칙 동사 및 명사의 변형을 (예 : 과거 시제 및 복수형) 위한 규칙적인 문법 적용

어휘의 성장은 처음에는 느리다. 아이들이 첫 단어를 말한 후 10개 단어의 어휘를 달성하는 데 3~4개월이 걸릴 수 있다. 약 18개월이 되면 아이들은 수십 단어를 만들어 낼 수 있다.

2. 문법의 발달

전 세계 아이들의 첫 번째 언어 발화는 복잡한 의미를 표현할 수 있는 단일 단어이다. 이러한 아이들의 초기 발화는 한 단어가 문장의 구실을 하는 **홀로프레스**(holophrase)이다. 예를 들어, 아이가 사용하는 '엄마'는 "엄마가 간다", "이리 와 엄마", "당신은 나의 엄마입니다"와 같이 다양한 의미를 나타내는 데 사용될 수 있다.

마찬가지로, 고양이는 "고양이가 있습니다", "그 박제된 동물은 내 고양이처럼 생겼습니다." 또는 "지금 당장 내 고양이를 주세요."라는 의미로 사용될 수 있다.

아이들은 몸짓과 억양으로 전체적인 홀로프레스를 보강하여 부모에게 그들이 의도하는 것을 보여 준다. 즉, 그들은 부모가 그들의 요구대로 하면 기뻐하고 그렇지 않으면 울부짖는다. 2세가 끝날 무렵, 아이들은 두 단어로 된 문장을 말하기 시작한다. 이 문장들은 텔레그램과 유사하기 때문에 전신 음성이라고 한다.

텔레그램은 '불필요한' 단어를 잘라낸다. "화요일 집에"는 "화요일에 집에 돌아갈 것으로 예상됩니다."의 약자일 수 있다. 두 단어의 발화는 거의 모든 언어의 발달에 동시적으로 나타나는 것 같다(Ertem et al., 2018).

두 단어로 된 말은 짧지만 문법적으로 정확하다. 아이는 부모가 의자에 앉도록 하기 위해 "Sit chair"라고 말하지 "Chair sit"이라고 말하지 않는다. "Mommy go"라는 것은 엄마가 떠나는 것을 의미한다. "Go Mommy"는 엄마가 떠나고 싶다는 소망을 나타낸다.

FICTION

T (F) 어린 아이들은 문법 규칙을 이해하지 못하기 때문에 went 대신 goed, sat 대신에 sitted와 같이 잘못된 동사의 과거형을 사용한다.

실제로 어린 아이들은 문법 규칙을 이해하면서도 "daddy goed away", "mommy sitted down"이라고 말한다. 이러한 매력적인 오류는 과잉규칙화의 한 예다.

두 단어로 된 발화에는 다른 종류가 있다. 예를 들어 일부에는 명사나 대명사 및 동사("Daddy sit")가 포함되어 있다. 다른 것들은 동사와 사물을 포함한다.("Hit ball") 영어, 루오어(아프리카어), 독일어, 러시아어, 터키어처럼 다양한 언어에서도 다양한 종류의 두 단어 발화 출현 순서는 분명히 동일하다(Slobin, 1983). 이 순서의 불변성은 우리가 보게 되듯이 언어 발달이론에 영향을 미친다.

과잉규칙화(overregularization)는 언어 발달에서 선천성과 양육의 역할을 이해하기 위한 중요한 발달과정이다(Ambridge et al., 2013; Pinker, 2011). 영어에서는 *d* 또는 *ed*를 추가하여 정규 동사의 과거시제를 만들고 *s*나 *z* 소리로 복수형을 만든다.

따라서, 걷는다(walk)에서 걸었다(walked)를, 고양이(cat)에서 고양이들(cats)을, 강아지(dog)에서 강아지들(dogs)을 만든다. 불규칙 동사와 명사도 있다.

예를 들어, 보았다(saw), 앉았다(sat), 갔다(went), 단수인 양(sheep)은 복수일때도 그대로 양들(sheep)로 남아있고, 단수인 아이(child)는 복수형태인 아이들(children)이 된다.

처음에 아이들은 연장자를 모방하여 불규칙 동사와 명사를 배운다. 두 살짜리 아이들은 처음에는 올바르게 형성하는 경향이 있다. 그런 다음 과거 시제와 복수형을 형성하는 문법 규칙을 알게 된다. 그 결과, 매력적인 오류를 만들어 낸다(Pinker, 2007).

예를 들어, 3세에서 5세인 아이는 "I seed it"보다 "I saw it"이라고 말할 가능성이 높으며 "Mommy sitted down"보다 "Mommy sat down"이라고 말할 가능성이 더 크다." 그들은 농장에서 "gooses"와 "sheeps"를 이야기하고, 놀이터에서 부딪친 "childs"에 대해 이야기 할 것이다. 불규칙을 정규화하는 경향은 과잉규칙화를 의미한다.

부모는 과잉규칙화에 대해 걱정해야 하는가? 전혀 그렇지 않다. 과잉규칙화는 잘못된 언어 발달이 아니라 문법 지식을 반영한다. 1년 또는 2년 안에, 단수's 형태인 mouses는 불규칙 복수형태인 mice로 변형할 것이며, 더 이상 sitted라는 잘못된 표현을 사용하지 않을 것이다. 부모는 한동안 과잉규칙화를 즐길 수도 있다.

그 밖의 발달 6세가 되어서야 어린이 어휘는 10,000 단어로 확장된다. 7~9세까지, 대부분의 어린이들은 단어가 하나 이상의 의미를 가질 수 있다는 것을 인식하고 언어에 약간의 정교함을 요구하는 수수께끼와 농담에 재미를 느낀다.

> **"사람은 말을 하지만 애완동물이나 식물은 말을 하지 않는다. 이처럼 유전이 언어에 관여한다는 것에는 이론이 없을 것이다.**
> **또한 일본에서 자란 아이는 일본어를 말하는 반면 캘리포니아에서 자란 아이는 영어를 할 수 있기 때문에 환경도 매우 중요하다."**
>
> Steven Pinker, M.I.T. 심리학자 (B. 1954)

초등학교와 고등학교 사이에 언어는 더욱 복잡해지며 아이들은 빠르게 어휘를 추가한다. 실제로 어휘는 평생 동안, 특히 전문 분야와 관심 분야에서 발달할 수 있다.

3. 언어 발달의 선천성과 후천성

수십억 명의 어린이들이, 부모님이 사용하는 언어를 습득하여 몇 세대씩 조금씩 바꾸어 왔다.

언어 발달은 다른 많은 발달 영역과 마찬가지로 선천성과 후천성 사이의 상호작용을 반영한다.

학습 이론과 언어 발달 학습 이론가들은 학습 법칙에 따라 언어가 발달하는 것으로 보고 있다(Hoff, 2005). 그들은 일반적으로 모방과 강화의 개념을 말한다. 사회인지 관점에서 부모는 모델이 된다.

아이들은 적어도 부분적으로는 관찰과 모방을 통해 언어를 배운다. 많은 단어들, 특히 명사와 동사(불규칙 동사 포함)는 분명히 모방을 통해 배운다.

아이들은 처음에는 모델링 결과로 정확하게 들었던 불규칙 동사 형태를 반복한다. 그러나 모델링이 언어 학습의 모든 사건을 설명하는 것은 아니다. 앞서 언급했듯이, 아이들은 문법에 대한 이해를 발전시켰기 때문에 불규칙 동사 형태를 과도하게 정교화한다.

모방에 의한 학습은 아이들이 관찰하지 않은 문구와 문장을 어떻게 말하게 되었는지 설명할 수 없다. 예를 들어, 부모들은 "Bye-bye sock"이나 "All gone Daddy"와 같은 표현의 모델을 아이들에게 들려줄 가능성이 거의 없지만, 아이들은 그렇게 말한다.

"모성어(엄마가 아기에게 하는 단순한 말)" — "맛있고 맛있는" 및 "키티 고양이"

성인이 어린이의 언어 발달을 촉진시킬 수 있는 한 가지 방법은 베이비 토크 또는 '모성어(motheres)'를 사용하는 것인데, 이는 기술적으로 유아 지향어(Infant-Directed Speech; IDS) 라고 한다(Lahey & Ernestus, 2013; Meltzoff & Brooks, 2009). 조부모, 아버지, 형제 자매 및 관련 없는 사람들도 IDS를 사용하는 것이 관찰되었기 때문에, 모성어라는 용어는 제한적이다.

또한, 여성(보통 남성은 아님)은 종종 애완 동물을 마치 유아 대하듯이 대화한다(Jeannin et al., 2017). 유아 지향어는 아랍어, 영어, 코만치, 이탈리아어, 프랑스어, 독일어, 코사어(아프리카어), 일본어, 중국어, 태국어, 수화까지 다양한 언어에서 사용된다(Broesch & Bryant, 2013; Lee et al. al., 2010; Nonaka, 2004).

IDS에는 다음과 같은 특징이 있다(Broesch & Bryant, 2013; Meltzoff & Brooks, 2009; Shruti et al., 2018) :

- 더 느리고 더 높은 음조의 말이며, 생각들 사이에서 잠시 멈추는 것을 포함한다.
- 문장은 간략하고, 명사, 동사, 그리고 단지 몇 개의 수식어에 초점을 맞추고 있다.
- 핵심 단어는 문장의 끝에 배치되어 더 높고 더 큰 목소리로 말한다.
- 영어의 경우 명사에 소문자 *y*가 자주 추가돼 아빠는 빠빠(dad는 daddy), 개는 멍멍이가 된다.
- 성인은 "코를 보여줘", "코는 어디에 있어요?"와 같이 때때로 약간의 변형을 사용하여 문장을 반복한다.
- '맛있어'는 '맛있어 맛있어'로 중복 사용한다. 아빠는 '빠빠'로 대체될 수 있다.
- 많은 IDS가 대상에 이름을 붙이는 것에 중점을 둔다(Meltzoff & Brooks, 2009). 어휘는 구체적이며 어린이의 환경을 나타낸다. 예를 들어, 박제 사자는 '키티'라고 할 수 있다.
- 복합 레이블(label)로 물체를 설명할 수 있다. 개는 '멍멍이 개'가 될 수 있고 고양이는 '야옹 고양이'가 될 수 있다. IDS 사용자는 자녀가 인식할 수 있는 레이블을 하나 이상 사용하려고 노력한다.
- "아기가 피곤한가?"와 같이 부모는 자녀를 대변한다. "아, 너무 피곤해요."와 같이 부모는 자녀가 사용할 수 있는 문장의 모델을 제공함으로써 자녀가 스스로 표현하는 것을 돕는다.

IDS는 의사소통과 언어 발달을 장려하는가? 연구는 유아어의 사용을 지지한다. 유아는 성인 대화보다 IDS를 선호한다(N.A.Smith & Trainor, 2008).

짧고 간단한 문장과 높은 음의 소리는 복잡한 문장이나 낮은 음의 소리보다 아동의 반응을 유도하고 어휘 발달을 향상시킬 가능성이 높다(Broesch & Bryant, 2013). 아이들의 소리를 흉내내는 것은 발성을 장려하게 된다.

Rubberball

학습 이론은 변하지 않는 언어 발달 순서와 폭발적인 어린이의 언어 습득에 대해 설명할 수 없다. 두 단어의 발화조차도 다양한 문화에서 일관된 패턴으로 나타난다. 시기는 아이마다 다르지만 질문 유형, 수동적 문장과 능동적 문장 등 사용하는 순서는 모두 같게 나타난다.

언어 발달에 대한 생득적 접근 언어 발달에 대한 생득이론은 어린이들의 천성을 구성하는 선천적인 요소들이 특정한 방식으로 언어를 배우고 익히게 한다고 주장한다(Chomsky, 1965). 이런 관점에서 아이들은 언어 학습에 신경학적으로 '미리 설정된 연결(prewiring)'을 가져온다.

심리 언어학적 이론에 따르면, 언어 습득은 부모의 말과 강화에 노출되는 것과 같은 환경적 영향과 선천적인 언어 습득 경향의 상호작용을 포함한다.

노엄 촘스키(Noam Chomsky, 2009년 Cherniak 참조)는 선천적 경향을 **언어 습득 장치**(LAD)라고 한다. LAD에 대한 증거는 인간의 언어적 보편성과 언어 발달의 특이한 순서에서 발견된다.

LAD는 문법을 배우기 위해 신경계를 준비한다. 표면적으로 언어는 크게 다르다. 그러나 언어가 촘스키(1965)가 말하는 '보편적인 문법'(아이디어를 문장으로 바꾸는 기본 규칙 세트)을 공유하기 때문에 LAD는 전 세계 어린이들에게 적용된다.

다음 섹션에서 언어 개발의 일부 측면, 특히 어휘 개발이 지능과 밀접한 관련이 있음을 알 수 있다. 다수의 연구자들은 언어 학습이 하나 이상의 민감한 시기에 발생하며, 약 18~24개월에 시작하여 사춘기까지 지속된다고 말한다(Bates, 2001). 이러한 민감한 기간 동안(뇌 구조의 차별화와 같이) 신경 발달은 언어 학습을 용이하게 하는 가소성을 제공한다.

7-4 지능 이론

지능의 개념은 사고와 밀접한 관련이 있다. 사고는 정보의 이해와 조작과 관련이 있지만 **지능**은 세상을 이해하고 도전에 대처할 수 있는 근본적인 능력이다(Sternberg, 2018a). 즉, 지능은 사고를 가능하게 하는 것으로 보여진다. 이러한 개념이 겹치더라도 심리학자는 우리의 사고방식에 관심이 있지만, 일반인 및 심리학자는 종종 우리가 얼마나 다양한 지능을 가지고 있는지에 관심이 있다.

사고와 마찬가지로 지능을 직접 보거나 만질 수는 없지만 심리학자들은 이 개념을 학교에서의 수행 및 직업 상태와 같은 성과와 연계시킨다(Nisbett, 2009; Sternberg, 2018a).

심리학자들은 지능에 관한 수천 건의 연구에 참여했지만 지능이 무엇인지에 대해서는 견해가 완전히 일치하지 않는다. 하지만 심리학자들은 지능을 이해하고 정의하는

도표 7.1 기본 정신 능력

능력	정의
시각 및 공간 능력	형태와 공간 관계 시각화
지각 속도	자극의 유사점과 차이점을 인식하면서 지각적 세부 사항을 빠르게 파악
수치 능력	계산 번호
언어의 의미	단어의 의미를 아는 것
기억	정보 회수(예 : 단어 및 문장)
단어 유창성	단어를 빠르게 생각(예 : 운율 및 교차 낱말 퍼즐 수행)
연역적 추론	일반적인 규칙에서 예제 도출
귀납적 추론	예제에서 일반적인 규칙 추론

데 도움이 되는 이론을 발전시켜왔다.

1. 요인 이론(Factor Theories)

많은 연구자들은 지능을 하나 이상의 요소로 구성된 것으로 보고 있다. 요인 이론은 지능이 한 가지 능력에서 수백 가지에 이르는 여러 가지 정신적 능력으로 구성되어 있다고 주장한다.

1904년 영국의 심리학자 찰스 스피어만(Charles Spearman)은 지능적인 행동이 '일반 지능' 또는 광범위한 추론 및 문제 해결 능력에 대해 'g'라고 이름붙인 공통된 기본 요소를 가지고 있다고 주장했다. 스피어만은 한 영역(예 : 어휘)에서 뛰어난 사람들이 다른 부분에서도(예 : 수학) 유능할 수 있다는 점에 주목하여 그의 견해를 내세웠다.

그는 또한 가장 유능한 사람들조차 음악이나 사업 또는 시와 같은 일부 영역에서 상대적으로 우수하다고 말했다. 이런 이유로 그는 '특수 요인' 혹은 's'가 특정 능력을 설명한다고 주장했다.

현대 심리학자들은 예를 들어 SATs와 같은 특정 테스트를 신뢰하는 수준의 연구에서 g라는 용어를 계속 사용한다(Lubinski & Benbow, 2006).

심리 언어학(psycholinguistic theory) 언어 학습은 환경적 요인들과 언어를 습득하는 선천적 경향 사이의 상호작용을 포함한다는 견해

언어 습득 장치(LAD, language acquisition device) 어린이의 문법 학습을 용이하게 하는 신경 '사전 연결'

지능(intelligence) 일반적인 사고 능력, 추론, 계획, 문제 해결, 추상적 사고, 복잡한 아이디어 이해, 빠르게 배우고 경험으로부터 배울 수 있는 능력을 포함

g 일반 지능에 대한 스피어만의 상징

s 특정 능력 또는 개별 능력에 대한 스피어만의 상징

미국의 심리학자 루이스 서스톤(Louis Thurstone, 1938)은 특정 능력에 대한 테스트를 분석하고 스피어만이 지능을 지나치게 단순화했다고 결론지었다. 서스톤의 데이터는 8가지 특정 요소의 존재를 시사했으며, 이는 '기본 정신능력'이라고 명명했다(표 7.1 참조).

서스톤의 **기본 정신능력**에는 오늘날 가장 널리 사용되는 지능 테스트에서 측정된 항목 유형이 포함된다. 서스톤의 1차적 정신능력이 차별적인지, 아니면 'g'를 평가하는 방식이 다른지에 대한 의문은 아직 남아 있다.

2. 다중 지능 이론

서스톤은 지능의 다양한 요인 또는 구성 요소에 대해 집필하였다. 다중 지능에 관한 하워드 가드너(Howard Gardner)의 이론(1983/1993, 2009, 2016)에서 그는, 하나의 지능이 아니라 여러 종류의 지능이 있다고 제안한다. 가드너는 그의 이론에서 여러 종류의 지능을 각각 하나의 '지능'이라고 언급한다.

그것들은 매우 많이 다를 수 있기 때문이다. 이 '지능' 중 두 가지는 친숙한 것이다. 언어 지능과 논리-수학 지능이 그것이다. 그러나 가드너는 신체-운동 지능(댄서와 운동 선수가 보여주는 종류), 음악 지능, 공간 지능 및 두 가지 개인 지능을 제안한다.: 자신의 내적 감정에 대한 인식(자기 성찰 지능)과 다른 사람들의 감정에 대한 민감성(대인관계 지능).

기본 정신능력(primary mental abilities) 지능에 대한 예시를 구성하는 기본 능력에는 단어 유창성 및 수치 능력이 포함

가드너(2009)는 최근에 '자연 지능(혹은 자연친화 지능)'과 '초월 지능'을 추가했다. 자연 지능은 동물과 식물, 하늘의 별과 같은 자연 현상을 보고 그들의 본질과 행동을 지배하는 법과 통찰력을 개발하는 능력을 말한다. 초월 지능은 더 큰 철학적 삶의 문제를 다루는 것을 의미한다. 가드너에 따르면 사람은 교향곡을 작곡하거나 수학 이론을 발전시킬 수는 있지만, 언어와 개인적 기술에 있어서는 평균적이라고 할 수 있다.

가드너의 견해에 대한 비평가들은, 사람들이 삶의 어떤 측면에서는 다른 사람들보다 더 지능적으로 기능한다는 데 동의한다. 또한 전체 지능이 평균이더라도 많은 사람들이 신체 — 운동 지능과 같은 특별한 재능을 가지고 있다는 데 동의한다. 그러나 이 비평가들은 그러한 재능이 '지능형' 또는 특별한 재능으로 여겨지는지에 대해 의문을 제기한다(Neisser et al., 1996).

그림 7.3 스턴버그의 지능 이론

'요소(분석)적 지능'
(학업 능력)
문제 해결, 비교 및 대조, 판단, 평가 및 비판 능력

'경험(창의)적 지능'
(창의력과 통찰력)
발명, 발견, 추측 또는 이론화 능력

'맥락(실용)적 지능'
(스트리트 스마트)
환경의 요구에 적응하고 실제 상황에서 지식을 적용하는 능력

스턴버그에 따르면 요소(분석) 지능(학업 능력), 경험(창의성) 지능, 맥락(실용성) 지능(스트리트 스마트)의 세 가지 유형의 지능이 있다. 심리학자들은 지능과 창의성 사이의 관계에 대해 논의하지만 스턴버그의 모델 내에서 창의성은 지적 기능의 한 유형이다.

언어 능력, 추론 능력 및 수학 문제 해결 능력은 대부분의 사람들이 지능으로 의미하는 음악 또는 체조 재능보다 더 밀접한 관련이 있는 것 같다.

3. 지능의 삼원이론

이론심리학자 로버트 스턴버그(Robert Sternberg, 2000; 2016)는 요소(분석)적, 경험(창의)적, 맥락(실용)적 지능을 포함하는 삼중지능이론을 구성했다(그림 7.3 참조).

요소(분석)적 지능은 학업 능력으로 정의될 수 있다. 이를 통해 문제를 해결하고 새로운 지식을 습득할 수 있다. 그것은 표준 지능 테스트로 측정한 지능 유형이다.

문제 해결 기술에는 정보 인코딩, 정보 비트 결합 및 비교, 해결책 생성이 포함된다. 스턴버그의 유추 문제를 고려해 보자.

워싱톤은 1이면, 링컨은 ______.

(a) 5
(b) 10
(c) 15
(d) 50

유추를 해결하려면 먼저 요소를 식별하고 다른 정보와 비교하여 요소(워싱턴, 1 및 링컨)를 올바르게 인코딩 해야한다. 먼저 워싱턴과 링컨을 대통령의 이름으로 인코딩한 다음 워싱턴과 1을 의미있는 방식으로 결합하려고 시도한다. (기타 가능성 : 예를 들어 기념과 도시의 이름도 있다.)

이름을 대통령으로 인코딩하면 두 가지 가능성이 빠르게 떠오른다. 워싱턴은 최초의 대통령이었고 그의 사진은 1달러짜리 지폐에 있다. 그런 다음 두 가지 가능한 솔루션을 생성하고 시도해 볼 수 있다.

첫째, 링컨은 5번째, 10번째, 15번째 또는 50번째 대통령이었나?

TRUTH

○ T F '스트리트 스마트'는 지능의 표시이다.

적어도 심리학자 로버트 스턴버그의 견해에 따르면 스트리트 스마트는 지능의 표시인 것이 사실이다.

둘째, 링컨의 사진은 어떤 지폐에 있는가? (역사책을 보거나 지갑을 들여다 봐야 확인 가능한가?) 답은 (a) 5이다. 링컨의 모양은 5달러짜리 지폐에서 찾을 수 있기 때문이다. (그는 15대 대통령이 아닌 16대 대통령이었다.)

경험(창조)적인 지능은 새로운 상황에 대처하고 문제에 대한 가능한 한 많은 해결책을 만들어내는 능력으로 정의된다.

새로운 상황을 친숙한 상황(즉, 유사점과 차이점을 인식)과 신속하게 연관시키는 것이 창의적이라 할 수 있다. 창의성을 요소(분석)적 지능 또는 학업 능력과 분리시키는 것을 고려하는 심리학자들은 학업 능력과 창의성 사이에는 적당한 관계가 있다고 주장한다(Simonton, 2009). 그러나 스턴버그에게는 창의성은 지능의 한 형태이다.

맥락(실용)적인 지능('스트리트 스마트')을 통해 사람들은 어려운 사람들을 포함한 다른 사람들을 상대하고 환경의 요구를 충족시킬 수 있다.

예를 들어, 고용주의 요구 사항에 맞게 행동을 조정하여 일을 하는 것은 적응력이 있다고 할 수 있다. 또, 고용주가 비합리적인 요구를 한다면 보다 적합한 직업을 찾는 것도 적응력이 있다고 할 수 있다.

스트리트 스마트는 사람들이 현실 세계, 특히 다른 사람들과 어울리는 데 도움이 되는 것으로 보이지만 특별히 학업적 성공을 예측하지는 않는다(Heng, 2000).

4. 감성 지능과 사회적 지능

존 메이어(John Mayer, 2008) 등은 학문적 기술과 마찬가지로 사회적, 정서적 기술 지능의 한 형태인 감성 지능 이론을 개발했다(Boyatzis et al., 2015; Stein & Deon-arine, 2015). 감성 지능은 가드너의 두 가지 '지능'과 유사하다. 대인 관계 지능과 자기 성찰 지능(타인의 감정에 대한 통찰력 포함)이 그것이다.

또한, 자기 통찰력과 자기 통제, 즉 자신의 기분을 인식하고 조절하는 능력도 포함된다. 감성 지능을 개발하지 못하면 스트레스, 우울증 및 공격적인 행동에 대처할 수 있는 능력이 떨어진다(Brackett et al., 2011).

그러나 감성 지능은 지능의 한 형태인가? 심리학자 울릭 나이서(Ulric Neisser, 1997)는 메이어와 그의 동료들(2008)의 주장에 대해 "감성 지능은 삶의 결과를 결정하는 데 확실히 중요하지만 그것들을 지능의 형태로써 얻을 수 있는 것은 없다."고 지적했다.

도표 7.2 지능 요약 도표

이론	기본 정보	
일반요인 대(對) 특수요인 (지지자: 찰스 스피어만)  애크런 대학교 심리학 역사를 위한 니콜라스 및 도로시 커밍스 센터	▪ 스피어만은 지능을 연구하기 위해 요인 분석을 만들었다. ▪ 지능의 일반적인 요소(g)에 대한 강력한 증거가 있다. ▪ 요인은 특정 능력, 기술 및 재능이다.	▪ g의 개념은 오늘날-한 세기 후에도 여전히 사용되고 있다.
기본 정신 능력 (지지자 : 루이스 서스톤)  George Skadding // 시간 생활 사진 / 게티 이미지	▪ 서스톤은 요인 분석을 사용했다. ▪ '1차' 능력이 많이 있다. ▪ 모든 능력과 요소는 학문지향적이다.	▪ 다른 연구자들(예 : 길포드)은 수백 가지 요소를 발견했다고 주장한다. ▪ 더 많은 요인들이 주장될수록, 그것들은 더 많이 중복된다.
삼원이론 (지지자 : 로버트 스턴버그)  제공 : Tufts University	▪ 지능은 요소(분석)적, 경험(창의)적, 그리고 맥락(실용)적인 요소로 구성되어 있다. ▪ 분석 지능은 학업 능력과 유사하다.	▪ 이 이론은 고대 그리스 철학자 아리스토텔레스의 견해와 일치한다. ▪ 비평가들은 창의성을 지능의 구성 요소로 보지 않는다.
다중 지능 (의견 : 하워드 가드너)  ©2003 제이 가드너	▪ 가드너는 별개의 '지능'을 이론화했다. ▪ 지능에는 학문적 지능, 개인 및 사회적 지능, 재능 및 철학적 지능이 포함된다. ▪ 이론은 다른 지능에 대한 뇌의 다른 근거를 가지고 있다.	▪ 지지자들은 '지능'의 수를 계속 확장하고 있다. ▪ 비판자들은 지능의 측면보다는 '지능'을 이론화 할 때 오히려 가치가 없다고 생각한다. ▪ 대부분의 비판자들은 음악과 신체 기술을 '지능형'이 아닌 특별한 재능으로 생각한다.

지능이란 무엇이며 얼마나 많은 지능이 있을 수 있을까? 아직 지능의 본질에 대한 최종적 정의는 없지만 심리학자 린다 고트프레드슨(Linda Gottfredson)의 정의를 공유하고 싶다. 지능은 무엇보다도 '추론, 계획, 문제 해결, 추상적 사고, 복잡한 아이디어 이해, 빠르게 배우고 경험으로부터 배울 수 있는 능력'을 포함하는 매우 일반적인 지적 능력이다.

그것은 단지 책을 통한 학습, 좁은 학문적 기술 또는 잘 본 시험과 같은 것이 아니다. 오히려 그것은 우리의 주변 환경을 이해하고, 무엇을 해야 하는지 파악할 수 있는 더 넓고 깊이 있는 능력을 말한다(Nisbett, 2009).

5. 창의성과 지능

연구 방법을 혁신하는 예술가, 음악가, 시인, 과학자 및 기타 창조적인 사람들을 생각해 보라. 지능의 개념과 마찬가지로 창의성의 개념은 정의하기가 어렵다.

한 가지 쟁점은 창의성이 지능과 구별되는 것인지, 아니면 스턴버그가 제안하듯이 지능의 한 종류인지에 대한 여부이다.

예를 들어, 창의성이 지능과 구별되지 않는 한 "창의적인 사람들은 지능적인 경향이 있는가?"라는 질문을 하지 않을 것이다.

TRUTH

T F 창조적인 사람들은 똑똑하다.

스턴버그는 창의력을 지능의 한 측면으로 보고 창의적인 사람들이 똑똑한 것은 사실이라고 했다. 그러나 많은 다른 심리학자들은 특히 창의적이지 않더라도 지능적일 수 있다고 생각한다.

창의성을 지능의 한 측면으로 간주하면 지능과 창의성이라는 두 가지 개념이 겹친다. 그러나 지능이 학업 능력과 더 밀접한 관련이 있다고 생각한다면, 고도로 지능적인 사람이 창조적이거나 창조적인 사람이 항상 지능적이라는 것은 사실이 아니다.

그의 삼원이론에서 스턴버그는 **창의성**을 새롭고 유용한 작업을 수행하는 능력으로 정의한다(Sternberg et al., 2018b). 창조적인 사람들은 기존 솔루션이 없고 입증된 공식이 없는 문제를 해결할 수 있다. 창조적인 사람들은 많은 자질을 공유한다(Plucker et al., 2015): 그들은 기회를 얻고, 한계를 거부하고, 예술과 음악을 감상하며, 일반적인 재료를 사용하여 독특한 것을 만들어 낸다.

그들은 사회적 규범에 도전하고 인기에 연연하지 않는다. 그들은 다른 사람들이 곧이곧대로 받아들이는 아이디어에 도전한다(Sternberg, 2018b).

창의적 문제 해결은 수렴적 사고라기보다는 다양한 것을 요구한다. **수렴적 사고**에서 사고는 현재의 사실로 제한된다. 문제 해결사는 최선의 해결책을 찾기 위해 자신의 생각을 좁힌다. (당신은 수렴적 사고를 사용하여 객관식 질문에 대한 정답에 도달한다.)

다양한 사고에서 문제 해결사는 문제의 요소와 자유롭게 연관되어 "이끈다(leads)"가 거의 무한한 과정을 진행할 수 있도록 한다. 시험에서 에세이 문제를 풀 때 **확산적 사고**(divrgent thingking)를 사용할 수 있다.

문제 해결에는 두 가지 종류의 사고가 포함될 수 있다. 처음에 확산적 사고는 가능한 많은 해결책을 만들어 내는데 도움이 된다. 그런 다음 수렴적 사고를 사용하여 가능한 해결책을 선택하고 다른 해결책을 거부한다.

지능 시험 문제는 대개 정답에 초점을 맞추기 위해 분석적이고 수렴적인 사고가 필요하다.

수렴적 사고(convergent thinking) 문제에 대한 하나의 최상의 해결책으로 좁혀지는 사고 과정

확산적 사고(divergent thingking) 문제에 대한 여러 솔루션을 생성하려는 사고 과정

그림 7.4 스탠포드–비네 지능 측정과 유사한 항목

수준(년)	항목
2	1. 어린이들은 입, 귀, 머리카락과 같은 인형의 일부를 식별하여 기본 어휘에 대한 지식을 보여 준다. 2. 어린이는 모델과 일치하는 4개의 블록으로 구성된 타워를 만들어 시각적 운동과 함께 계산 및 공간 기술을 보여 준다.
4	1. 어린이들은 질문을 받을 때 빠진 단어를 채워 단어 유창성과 범주적 사고를 보여 준다. "아버지는 사람입니다. 어머니는?" "햄버거는 뜨겁습니다. 아이스크림은?" 2. 어린이들은 다음과 같은 질문을 받을 때 올바르게 대답함으로써 이해력을 보여 준다. "사람들은 왜 자동차를 가지고 있습니까?" "사람들은 왜 약을 먹습니까?"
9	1. 어린이들은 이 질문에서처럼 언어적 부조리를 지적할 수 있다. "과학자들은 옛 묘지에서 조지 워싱턴의 5세 때 두개골을 발견했다. 우스운 부분이 있나?" 2. 어린이들은 다음 질문들에 답하여 단어에 대한 유창성을 나타낸다. "코골이와 같은 운율의 숫자를 말해 줄 수 있습니까?" "접착제와 같은 운율의 색깔을 말해 줄 수 있습니까?"
성인	1. 성인은 단어의 차이점을 정확하게 설명함으로써 단어의 의미와 개념적 사고에 대한 지식을 보여 준다. "질병과 불행", "집과 가정", "무결성과 명성"과 같은 단어 쌍. 2. 성인은 다음과 같은 질문에 정확하게 대답함으로써 공간 기술을 보여 준다. "자동차가 북쪽으로 향하기 위해 오른쪽으로 방향을 틀었다면, 차가 돌기 전에 어떤 방향으로 가고 있었을까요?"

Rubberball/Mike Kemp/Getty Images

창의력 테스트는 개인의 사고가 얼마나 유연한지 결정한다.

다음은 겟젤스와 잭슨(Getzels and Jackson, 1962)이 창의력의 한 요소인 연관 능력을 측정하기 위해 사용한 테스트의 항목이다. 다음 각 단어에 대해 가능한 한 많은 의미를 써보자. '(a) dark; (b) sack; (c) pitch; (d) fair;' 한 단어가 아닌 각 단어에 대해 여러 가지 의미를 쓰는 사람들은 잠재적으로 더 창의적인 것으로 평가된다.

지능 테스트에서 점수에 대한 이야기를 시작했으므로 심리학자가 지능 측정에 대해 어떻게 다루는지 살펴보겠다. 또한, 심리학자들이 지능 측정의 유효성을 검증하는 방법, 즉 그들이 실제로 지능을 측정하고 있음을 입증하는 방법을 알아보자.

7-5 지능 측정

심리학자들은 지능의 본질에 동의하지 않지만, 일반인 및 교육자들의 교육 및 직업 선택에 영향을 미치기 때문에 사람들이 가진 지능에 많은 관심이 있다. 하지만, 우리는 '지능'이 변하는 대상이며, IQ 점수는 기껏해야 개인의 지적 기능을 특정 시점에서 다소 모호하게 보여 준다는 점을 유념해야 한다(Green-wood, 2015; Otero, 2015). 이 장에서는 가장 널리 사용되는 두 가지 지능 테스트 중 하나를 알아본다.

1. 스탠포드-비네(Stanford-Binet) 지능검사

심리학의 많은 개념은 다음과 같은 기원이 있다. 학업 성취가 어린이의 지능에 달려 있다는 상식적인 개념은, 알프레드 비네(Alfred Binet)와 테오도르 시몬(Theodore Simon)이 지능 측정을 발명하게 했다.

20세기 초, 프랑스 공립학교 시스템은 정규수업을 받을 가능성이 없는 어린이를 식별할 수 있는 검사를 찾고 있었다. 이 아이들이 확인되면 특별한 주의를 기울일 수 있기 때문이었다. 이 테스트의 첫 번째 버전인 **비네시몽(Binet-Simon) 지능검사**는 스케일은 1905년에 사용되었다. 그 이후로 주로 스탠포드 대학에서 광범위한 수정과 개선 작업을 거쳐, 현재 버전은 **스탠포드-비네 지능검사**(Stanford-Binet Intelligence Scale, SBIS)이다(Terman, 2016).

정신 연령(MA, mental age) 스탠포드 비네 지능 척도에서 개인이 획득한 누적 크레딧 수

지능 지수(IQ, intelligence quotient) (a) 원래, 아동의 MA (정신 연령)을 CA(생활연령)으로 나눈 비율 (b) 일반적인 지능 시험 점수

비네는 나이가 많아질수록 지능이 증가한다고 가정하므로, 연령이 높은 어린이는 연령이 낮은 어린이보다 더 많은 항목을 가져와야 한다. 따라서 비네는 그림 7.4 에서와 같이 난이도에 따라 배열된 일련의 연령별 질문을 포함했다.

비네-시몽 검사는 **정신 연령**(MA; mental age)이라는 점수를 산출했다. MA는 아동이 기능하는 지적 수준을 보여 준다. 예를 들어, MA가 6인 어린이는 지능적으로 평균 6세와 같은 기능을 한다. 시험을 치르면서 아이들은 정답마다 '개월 수'의 크레딧을 받는다. 그들의 MA는 연령과 개월 수의 크레딧을 합산하여 결정된다.

루이스 터만(Louis Terman)은 스탠포드 대학교의 미국 어린이들에게 사용하기 위해 비네-시몽 검사를 채택했다. 그 결과 SBIS의 첫 번째 버전은 1916년에 출판되었다. SBIS는 원래 테스트보다 더 많은 항목을 포함했으며 2세에서 16세 사이의 어린이에게 사용되었다. 또한 SBIS는 MA보다는 **지능 지수(IQ)**를 산출했다. 결과적으로 미국의 교육자들은 학생들의 IQ 연구에 관심을 많이 갖게 되었다. SBIS는 오늘날 2세 이상의 어린이와 성인에게 사용된다.

IQ는 아동의 정신 연령과 실제 또는 **생활 연령**(CA; chronological age) 사이의 관계를 반영한다. 이 비율의 사용은 동일한 MA 점수가 다른 연령대의 어린이들에게 다른 영향을 미친다는 사실을 반영한다. 즉, 8 MA는 6세에게는 평균 이상이지만 10세에게는 평균 이하이다. 1912년 독일 심리학자 빌헬름 스턴(Wilhelm Stern)은 이 문제를 해결하기 위한 방법으로 IQ를 제안했다. 스턴은 다음 공식을 사용하여 IQ를 계산했다.:

TRUTH

Ⓣ F 두 명의 자녀가 지능 시험에서 같은 항목에 정확하게 대답할 수 있지만, 한 자녀는 평균 IQ보다 높은 점수를 받고 다른 자녀는 평균 IQ보다 낮은 점수를 받을 수 있다.

두 명의 어린이가 지능 테스트에서 동일한 항목에 정확하게 대답할 수 있지만, 한 학생은 평균 IQ보다 높고 다른 학생은 평균 IQ보다 낮을 수 있다. 두 학생 중 더 어린 아이가 더 높은 IQ 점수를 얻을 것이다.

그림 7.5 웩슬러(Wechsler) 성인 지능 척도와 비슷한 항목

$$IQ = \frac{\text{정신 연령(MA)}}{\text{생활 연령(CA)}} \times 100$$

이 공식에 따르면 MA가 6이고 CA가 6인 아이의 IQ는 100이다. 나이가 많은 아이들뿐만 아니라 지적 문제를 다룰 수 있는 아이들은 IQ가 100보다 높다. 예를 들어, 평균 10세인 SBIS에서도 8세인 IQ는 125이다. 같은 나이의 다른 아이들만큼 정확한 답을 하지 못하는 아이들은 그들의 CA보다 낮은 MA를 얻는다. 따라서 IQ 점수는 100 미만이다.

오늘날 SBIS의 IQ 점수는 같은 나이의 다른 사람들의 결과와 비교하여 도출된다. 같은 연령인 사람들의 평균보다 더 많은 항목에 정확하게 답변하는 사람들은 IQ 점수를 100 이상 얻는다. 그들 연령대의 평균보다 적은 수의 항목에 정확하게 답변한 사람은 100점 미만의 점수를 받는다.

따라서 두 명의 어린이가 지능 테스트에서 동일한 항목에 정확하게 대답할 수 있지만, 한 명은 IQ에서 평균 이상이고 다른 한 명은 IQ 평균 이하일 수 있다. 그것은 아이들의 나이가 다를 수 있기 때문이다. 둘 중 더 '지능적인' 아이는 더 어릴 것이다.

2. 웩슬러 검사

SBIS와 달리 데이비드 웩슬러(David Wechsler)는 어린이 및 성인과 함께 사용할 일련의 검사 척도를 개발했다. 웩슬러는 테스트 문제를 여러 개의 개별 하위 테스트로 분류한다(그림 7.5 참조). 각 테스트는 다른 지적 과제를 측정한다.

이러한 연유에서, 하위 테스트는 개인이 다른 유형의 과제와 비교하여 한 유형의 과제에서 얼마나 잘 수행하는지 보여 준다(예 : 단어 정의 과제, 블록을 사용한 기하학적 설계 구성 과제). 이러한 방식으로 웩슬러 검사는 사람들의 상대적 강점과 약점을 알아내고 전반적인 지적 기능을 측정한다.

웩슬러는 자신의 척도 중 한 부분은 언어성을 평가하고, 다른 부분은 동작성을 평가하는 것으로 설명했다. 일반적으로 언어성 하위 테스트에는 언어 개념에 대한 지식이 필요하고, 동작성 하위 테스트에는 공간 관계 개념에 대한 지식이 필요하다.

웩슬러 검사는 언어성 및 동작성 IQ를 계산할 수 있다. 기술지향적이지 않은 대학생들은 종종 동작성 지능보다 언어성 지능이 더 높다. 교육 수준이 낮은 사람들은 종종 언어성 지능보다 동작성 지능이 더 높다.

웩슬러는 또한 편차 IQ의 개념을 도입했다. IQ를 계산하기 위해 정신 연령을 생활 연령으로 나누는 대신에, 한 사람의 대답이 동일한 연령 그룹의 답변과 어떻게 비교되는지에 대한 점수를 매겼다. 모든 연령 수준에서 IQ 테스트 평균 점수는 100이다.

그림 7.6 IQ 점수의 대략적인 분포

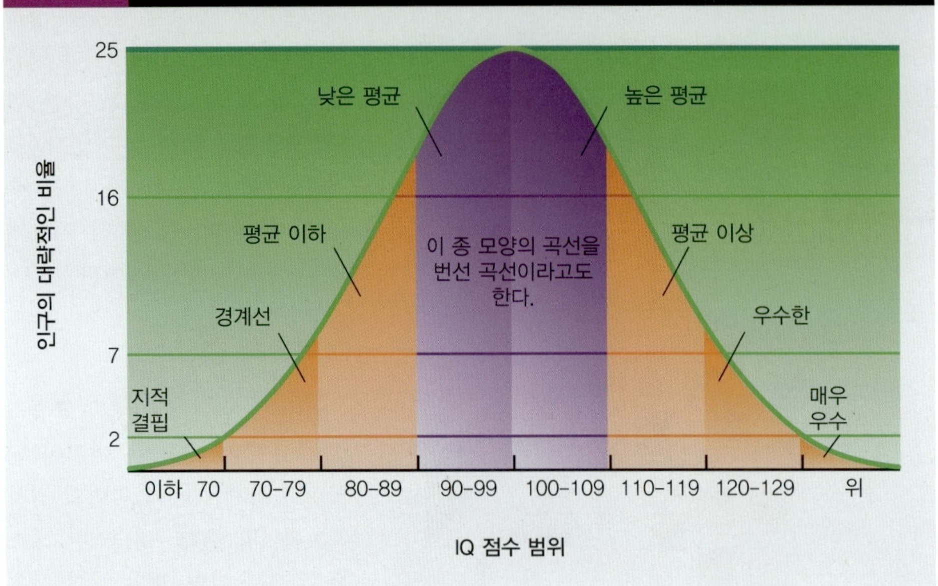

웩슬러는 IQ 점수를 분산시켜 중간 50%를 90~110까지의 '광범위한 평균 범위'로 정의하였다. 그림 7.6에서 볼 수 있듯이 IQ 점수는 평균을 중심으로 군집화된다. 인구의 4%만이 IQ 점수가 130 이상 또는 70 미만이다.

3. 집단 검사

SBIS 및 웩슬러 검사는 한 번에 한 사람에게 관리된다. 이 일대일 비율은 검사자가 응시자를 면밀히 관찰할 수 있기 때문에 최적이다. 검사자는 언어 장애, 질병 또는 시끄럽거나 조명이 어두운 방과 같이 검사 수행을 저해하는 요인에 대해 주의를 기울여야 한다. 그러나 공립학교 및 군대와 같이 숙련된 검사자가 거의 없는 대규모 기관은 대규모 그룹에 동시에 시행할 수 있는 검사를 선호할 수 있다.

어린이를 위한 집단 검사는 제1차 세계대전 중에 처음 개발되었다.

처음에 이 테스트는 학교 행정관이 아이들을 배치하는 데 도움이 되었기 때문에 주목했었다. 그러나 몇 년이 지나고도, 많은 관리자들이 이 시험들에 전적으로 의존하고 어린이의 능력에 대한 다른 정보 출처를 찾지 않게 되면서 집단 검사는 비난을 받게 되었다.

최선의 경우, 지능 검사는 개별 어린이에 대해 단 한가지의 출처만 제공한다. 특히 IQ 점수라는 숫자만으로, 어린이의 특별한 능력과 재능을 충분하게 정의할 수 없다.

4. 지능 검사의 신뢰성과 유효성

수년에 걸쳐 SBIS 및 웩슬러 검사는 신뢰성과 타당성이 확인되었다. 신뢰성의 측면에서, 점수는 검사에서 재검사까지 다소 일관적이다. 이러한 종류의 신뢰성을 검사 — 재검사 신뢰도라고 한다.

이 검사는 또한 학교 환경에 대한 동기 부여와 적응이 포함되더라도, 학업수행과 같은 예상 변수와 점수가 중간 정도의 상관관계가 있다는 타당성을 보여 준다(Gygi et al., 2017; Nisbett, 2009).

5. 지적 기능의 개인차

미국의 평균 IQ 점수는 100에 매우 가깝다. 그러나 사회 · 경제적, 민족적 집단에 따라 평균의 차이가 있다. 남성과 여성 중 누가 더 지능적인지의 여부와 사회에서 가치 있는 지적 또는 인지 기능의 종류에 성별 차이가 있는지에 대한 질문도 제기되었다.

지능 검사는 분열을 초래하고, 과학만큼 편견과 '전통'에 바탕을 둔 계급제도나 사회질서를 유지하는 것으로 보아 왔다. 이 항목에서는 (a) 사회 · 경제적, 인종적 차이와 (b)인지 기능의 성별 차이에 대해 논의한다.

사회 · 경제적, 민족적 차이 사회 · 경제적, 민족적 집단 사이의 지능검사 점수 차이를 제시한 연구가 있다. 미국의 하위층 어린이들이 획득한 IQ 점수는 중상류층 어린이들이 획득한 IQ 점수보다 10~15점 낮다.

아프리카계 미국인 어린이는 동갑내기인 유럽계 미국인에 비해 15% 낮은 IQ 점수를 얻는 경향이 있다(Nisbett et al., 2012; Saklofske et al., 2015). 라틴 아메리카 및 아메리카 원주민 어린이들도 유럽계 미국인의 기준보다 낮은 점수를 받는 경향이 있다.

많은 IQ 연구는 사회 계층과 민족성의 요소를 혼동한다. 왜냐하면 불균형적인 수의 아프리카계 미국인, 라틴 아메리카계 미국인 및 원주민들이 하위 사회 · 경제적 계층들에서 발견되기 때문이다(Nisbett, 2009).

우리가 관찰한 것을 특정 민족 집단으로 제한해도 여전히 사회 계층의 영향을 발견할 수 있다. 즉, 중산층 유럽계 미국인은 더 가난한 유럽계 미국인을 능가한다. 중산층 아프리카계 미국인, 라틴 아메리카 및 아메리카 원주민은 같은 민족의 더 가난한 구성원을 능가한다.

워싱턴 포스트 칼럼니스트 유진 로빈슨(Eugene Robinson, 2011)은 "교육을 받은 중산층 흑인과 가난하고 교육 수준이 낮은 흑인 사이에 격차가 생겼다"고 말한다. 즉, 아프리카계 미국인은 매우 다양한 그룹을 이루고 있다.

아시아와 백인 사이에는 지적 차이가 있을 수도 있다. 예를 들어, 아시아계 미국인은 SAT의 수학 부분에서 유럽계 미국인을 능가하는 경우가 많다. 중국(대만)과 일본의 학생들은 수학과 과학의 성취도 시험에서 유럽계 미국인을 능가한다(Nisbett, 2009).

또한, 미국에서는 아시아계 미국인, 한국인, 일본인, 필리핀인 및 중국계 미국인이 유럽계 미국인, 아프리카계 미국인 및 라틴계 미국인보다 고등학교 및 대학을 졸업할 가능성이 높다(Kurtz-Costes et al., 2014; Sternberg, 2007).

아시아인은 뉴욕시 인구의 12%, 캘리포니아 주 인구의 12%를 차지하지만, 전국적으로 유명한 뉴욕시의 스튜이버선트(Stuyvesant) 고등학교(과학계열)의 73%와 캘리포니아의 명문 공립 대학교인 버클리 캘리포니아 대학교의 41%를 차지하고 있다(Knapp et al., 2011; Liu, 2009; NYC Department of Education, 2018).

아시아계 미국인은 미국 최고의 대학에 성공적으로 입학하기 때문에, 일부 학교는 더 다양한 학급을 이루기 위해 수용할 아시아인의 수를 제한할 수 있다(Hartocollis & Saul, 2017).

TRUTH

Ⓣ F 지능 검사는 지능 이외의 많은 것을 측정한다.

지능 검사는 지능 이외의 많은 것을 측정하는 것이 사실이다. 심리학자들은 이러한 것들에는 미국의 지배적인 중산층 문화에 대한 친숙함과 잘 수행하려는 동기가 포함된다고 지적한다.

대부분의 심리학자들은 그러한 인종적 차이가 선천적인 차이라기보다는 교육에 대한 문화적 태도를 반영한다고 말한다(Nisbett et al., 2012). 즉, 아시아 어린이들은 학교에서 학업에 더욱 동기를 부여받을 수 있다.

연구에 따르면 중국인과 일본인 학생들과 그들의 어머니들은 학업적 성공이 고된 노력 때문이라고 여기는 경향이 있다(Bae et al., 2008). 유럽계 미국인은 자녀의 학업 성공을 '선천적' 능력에 기인한 것으로 여기는 경향이 상대적으로 높다(Bae et al., 2008).

아프리카계 미국인이나 라틴 아메리카 지역에서 자란 아이들은 지능 검사에서 문화적으로 불리하기 때문에 지능 검사는 문화적 편견이 있다고 할 수 있다(Dotson et al., 2009). 레이몬드 카텔(Raymond B. Cattell, 1949)과 플로렌스 굿이너프(Florence Goodenough, 1926)를 포함한 많은 심리학자들은 문화적 배경을 배제하고 지능 검사를 만들려고 노력했다.

카텔의 문화-**공정 지능 검사**(Culture-Fair Intelligence Test)는 아동의 기하학적 설계 진행을 통제하는 규칙을 이해하고 사용하는 능력을 통한 추론을 평가한다(그림 7.7 참조).

굿이너프의 **인물화 검사**(Draw-A-Person Test)는 모든 문화적 배경을 가진 어린이들이 사람을 관찰하고 부분과 전체의 관계를 확인할 수 있는 기회를 가졌다는 전제를 기반으로 한다. 그녀는 단순한 지시 사항으로 아이들에게 남자나 여자의 그림을 그리도록 요구한다. 아이러니하게도, 유럽계 미국인 아동은 '문화를 배제한' 검사에서 아프리카계 미국인 아동보다 뛰어나다(Rushton et al., 2003).

그림 7.7 카텔의 문화적으로 공정한 지능 검사의 샘플

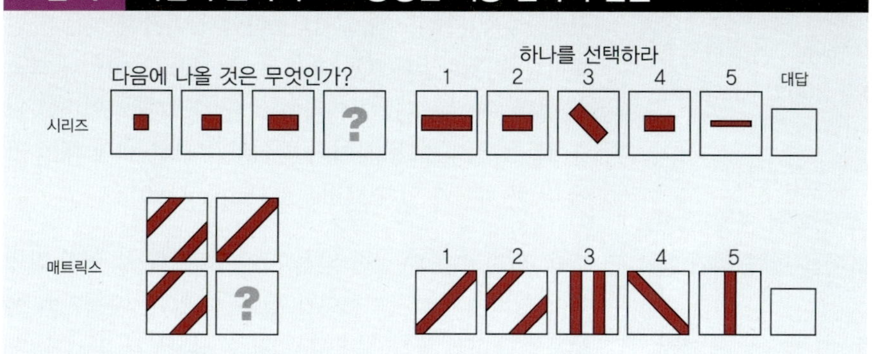

그림 7.8 한때 남성이 독점했었던, 많은 여성이 종사하는 전문직

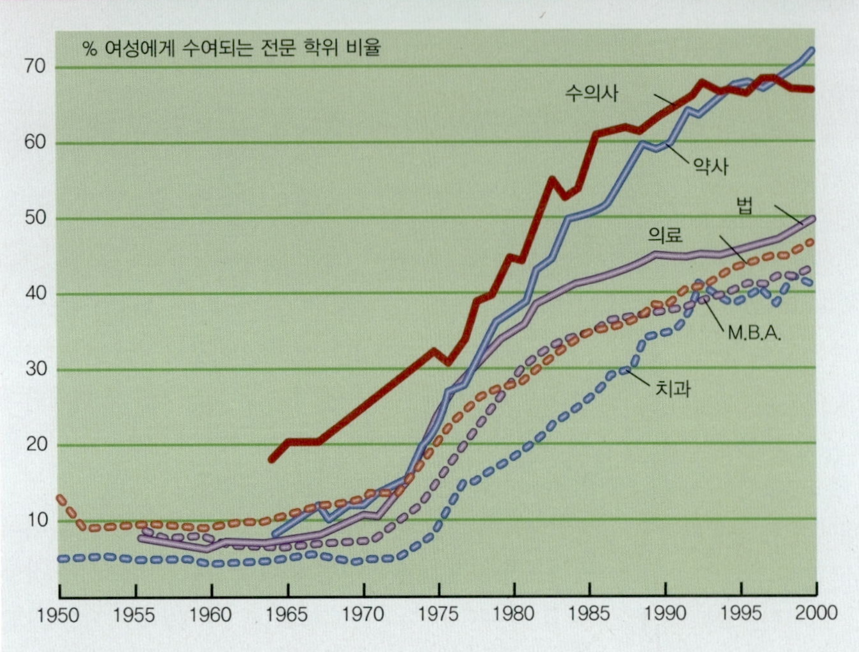

는 것처럼 보인다. 남성 그룹은 수학, 과학 및 지도 읽기에 사용되는 종류의 시각적 공간 능력이 뛰어나다(Gold et al., 2018; Yazzie, 2010). 그러나 더 많은 여성들이 예술, 건축, 소위 STEM(과학, 기술, 공학, 수학 융합교육) 분야와 같은 공간 관련 기술이 필요한 직업에 종사하고 있다.

또한, 여성들이 공간 관련 활동에 참여하고, 공간 기술에 대한 학문적 훈련을 받고, 어린시절(남성형) 건축완구 등을 가지고 놀 때는 성별 차이가 현저하게 감소 또는 제거된다(Gold et al., 2018).

반세기 이상 동안, 남성 청소년이 일반적으로 수학에서 여성보다 우수하다고 믿어 왔으며, 연구는 그러한 신념을 지지하는 경향이 있었다(Else-Quest & Hyde, 2017; Miller & Halpern, 2014). 그러나 자넷 하이드(Janet Hyde)와 그녀의 동료(2008)가 2학년에서 11학년까지 약 7백만 명의 어린이를 대상으로 한 연구에 따르면, 표준화된 시험에서 수학 능력에 대한 성별 차이는 없다.

아마도 그들은 혜택받지 못한 아이들보다 블록을 가지고 놀거나 동물, 사람, 그리고 사물들을 스케치했을 가능성이 더 높기 때문일 것이다(테스트 담당자의 그림을 기반으로 하는 쳐너프 테스트와 관련된 실습). 문화를 배제한 검사는 학문적 성공뿐만 아니라 다른 지능 검사도 예측하기 힘들다.

성별의 차이 한때는 세계 정세에 대한 더 많은 지식과 과학 및 산업기술 때문에 남성이 여성보다 더 지적이라고 널리 믿었다. 그러나 이러한 차이는 인지 능력의 차이를 반영하지 않았다. 오히려 그들은 세계 문제, 과학 및 산업에서 여성을 배제하였음을 반영한다. 또한, 지능 검사는 인지 능력의 전반적인 성별 차이를 보여주지 않는다(Miller & Halpern, 2014).

연구 결과에 따르면, 어휘, 다른 단어와 의미가 유사한 문장 및 단어 생성능력, 철자법, 외국어 지식, 발음과 같은 언어 능력에서 소녀들이 소년들보다 다소 우월하다는 것을 알 수 있다(Andreano & Cahill, 2009; Halpern, 2012).

소녀들은 소년보다 언어를 조금 더 빨리 습득하는 것처럼 보인다. 또한, 미국에서는 초등학교 저학년 여자 아이들보다 남자 아이들이 심각한 장애에 이를 만큼 읽기 문제를 가지고 있다(Halpern, 2012).

남성은 작업기억에서 시각적 이미지의 조작을 더 잘하

비록 미국의 수학 시험의 평균 점수에서 성별의 차이는 없지만, SAT의 양적 척도에서 300점 이하 또는 700점 이상의 점수를 획득한 사람의 비율을 보면, 남성이 여성보다 극단적으로 수행할 가능성이 분명히 더 높다(Else-Quest et al., 2010).

그럼에도 불구하고 대부분의 미국인들은 남학생과 여학생에 대해 서로 다른 기대를 가지고 있으며, 이러한 기대는 여전히 수학에 능숙한 여학생이 소위 STEM(과학, 기술, 공학, 수학 융합교육) 분야에 들어가지 못하게 단념시킬 수 있다(Else-Quest & Hyde, 2017). 그러나 보고된 성별 차이는 그룹 차이라는 것을 참고하라. 이러한 기술에는 남성과 여성 사이의 차이보다 그룹 내의 개인 간에 더 큰 차이가 있다(Miller & Halpern, 2014).

즉, 일반 여성과 일반 남성 사이에서보다 두 여성 간의 언어 실력에서 더 큰 차이가 있을 수 있다. 수백만의 여성들이 수학과 공간 능력에서 '평균' 남성보다 앞서 있다.

남자들은 언어적으로 뛰어난 셰익스피어를 배출하였다. 게다가, 대부분의 경우, 인지능력의 성별 차이는 작다(Else-Quest & Hyde, 2017).

남성들이 주가 되는 분야에서 더 많은 여성들이 종사하게 되면서 언어, 수학 및 시각-공간 능력의 차이가 좁혀지는 것으로 보인다.

학자들이 지적 기능에서 성별 차이에 대해 토론하고, 여성은 남성이 그 분야를 독점하는 동안 그러한 문제에 대해 말하고 있었다(Cox & Alm, 2005).

알프레드 비네

"최근의 일부 철학자들은 개인의 지능이 고정된 양, 증강될 수 없는 양이라는 것을 단언하는 개탄스러운 의견들에 도덕적 승인을 얻은 것 같다. 우리는 이 잔인한 비관론에 항의하고 대응해야 한다. 우리는 그것이 아무것도 아닌 것에 기초를 두고 있다는 것을 증명하려고 노력할 것이다."

AF Fotografie/Alamy Stock Photo

그림 7.8은 여성이 비즈니스에서 법률, 의학에 이르기까지 과학 및 전문 분야에 진출하여 이러한 고정 관념을 깨뜨리고 있음을 보여 준다.

7-6 지능의 선천성과 후천성

다른 인종 그룹이 지능 검사에서 다른 점수를 매기는 경향이 있다면, 심리학자와 같은 교육자 그리고 공적인 삶과 관련된 사람들은 그 이유를 알고 싶어한다.

그림 7.9 IQ 점수와 유전 간의 관계 연구 결과

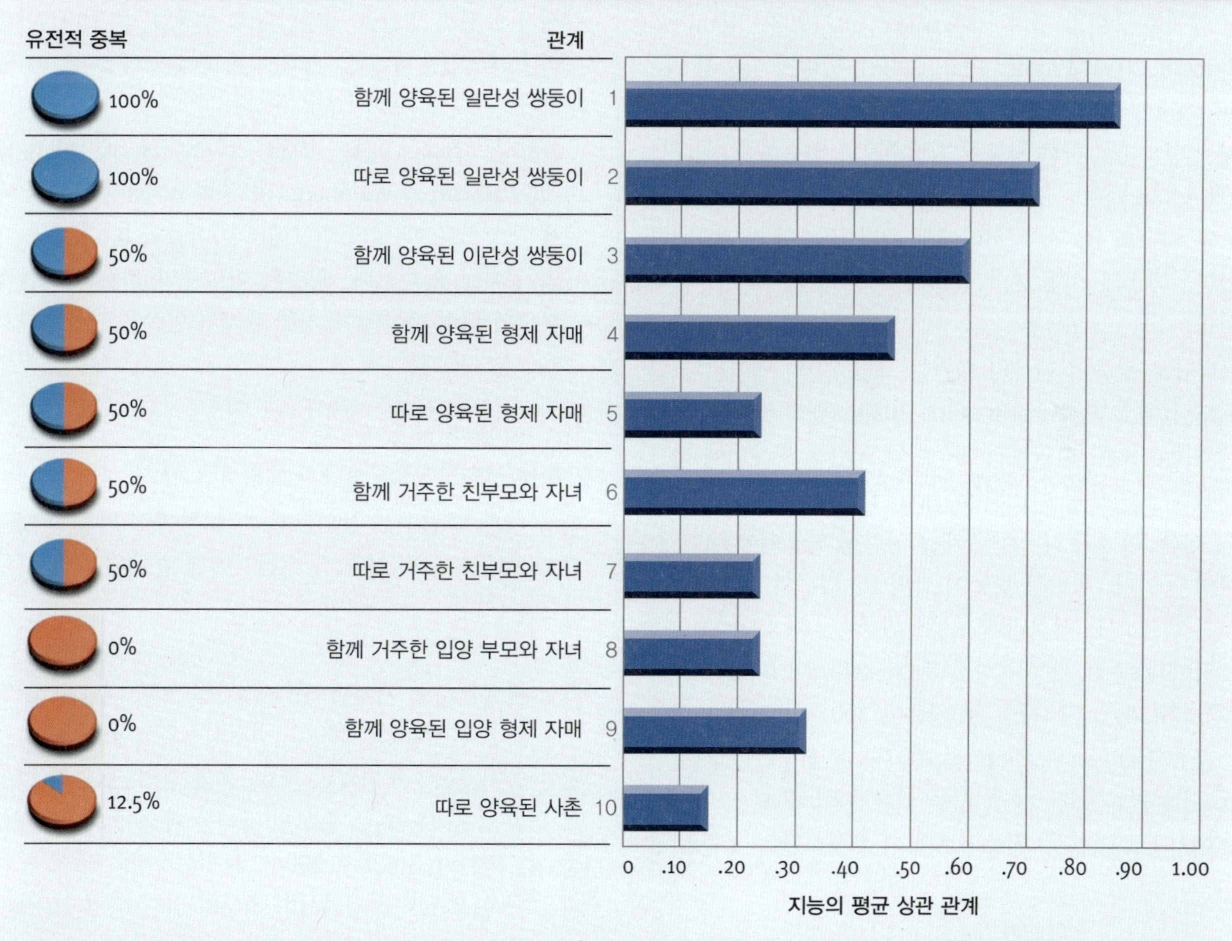

전반적으로, 더 밀접한 관련이 있는 사람들의 IQ 점수 상관 관계가 더 높지만, 함께 자란 사람들은 떨어져 자란 사람들보다 IQ가 더 비슷하다. 이러한 결과는 유전적 요인과 환경적 요인 모두 IQ 점수에 기여한다는 것을 시사한다.

우리는 이것이 중요한 경험적 발견을 활용할 수 있는 하나의 논쟁이라는 것을 알게 될 것이다. 심리학자는 지능 개발에서 선천성(유전적 영향)과 후천성(환경적 영향)의 역할에 대한 풍부한 연구 결과를 자랑스럽게 말할 수 있다.

1. 지능에 대한 유전적 영향

유전적 영향에 대한 연구는 친족 연구, 쌍둥이 연구 및 입양 연구를 사용했다. 유전이 지적 기능에 영향을 미치는지 알아보기 위해 이들 각각을 고려해 보자.

우리는 함께 또는 떨어져 있는 채로 양육된, 밀접하면서도 먼 관계가 있는 사람들의 IQ 점수를 조사할 수 있다. 유전이 인간 지능에 관여하는 경우, 밀접하게 관련이 있는 사람들은 멀리 떨어져 있거나 관련이 없는 사람들보다 더 비슷한 IQ를 가져야 한다(Petrill et al., 2010).

그림 7.9는 인간의 IQ와 유전에 대한 백 개 이상의 연구 결과를 종합한 것이다(McGue et al., 1993; Plomin & Spinath, 2004; Plomin et al., 2008). 일란성 쌍둥이 (Inozyygotic 또는 MZ)의 IQ 점수는 서로 다른 양육 환경에 있었는데도 다른 쌍둥이의 점수보다 비슷하다. 이란성 쌍둥이(dizygotic 또는 DZ)의 IQ 점수, 형제 자매 및 부모와 자녀의 IQ 점수 사이에는 중간 정도의 상관관계가 있다. 아동과 양부모의 점수와 사촌의 점수는 상관이 없다.

대규모 쌍둥이 연구의 결과는 그림 7.9의 데이터와 일치한다(예 : Wadsworth et al., 2014). 켄터키 주 루이빌에 있는 500쌍의 일란성 쌍둥이와 이란성 쌍둥이에 대한 고전적인 연구에 따르면(Wilson, 1983), 일란성 쌍둥이에 대한 IQ 점수의 상관관계는 이란성 쌍둥이에 대한 것보다 높았다. 이란성 쌍둥이 간의 IQ 점수의 상관관계는 다른 형제 간의 상관관계와 동일했다.

맥아더 종적 쌍둥이 연구(MacArthur Longitudinal Twin Study)는 14개월 된 쌍둥이 200쌍의 지적 능력을 조사했다(Oliver & Plomin, 2007). 이 연구는 MZ(일란성) 쌍둥이가 공간 기억, 사물 분류 능력 및 단어 이해력 면에서 DZ(이란성) 쌍둥이보다 더 유사하다는 것을 발견했다.

유전성(heritability) 한 사람에서 다른 사람으로의 형질 변이가 유전적 요인에 기인하거나 설명될 수 있는 정도

요약하자면, 연구는 일반적으로 지능의 **유전성**이 40%에서 60% 사이임을 시사한다(Neisser et al. 1996; Plomin et al., 2013).

다시 말해, IQ 점수와 다른 사람의 IQ 점수 차이의 약 절반은 유전으로 설명할 수 있다.

함께 양육된 유전자 쌍(예 : MZ 쌍둥이)은 분리되어 양육된 유사한 유전자 쌍(예 : 다른 MZ 쌍둥이)보다 IQ 점수에서 더 높은 상관 관계를 나타낸다. 이 결과는 DZ 쌍둥이, 형제 자매, 부모와 자녀, 그리고 관련없는 사람들에게 적용된다. 따라서 함께 양육하는 것은 IQ의 유사성과 관련이 있다.

이러한 이유로, IQ 점수의 유전성에 대한 역할을 입증하기 위해 사용된 동일한 그룹의 연구는, 환경 또한 IQ 점수를 결정하는 데 중요한 역할을 한다고 제안한다.

지능에 대한 유전적 영향을 탐구하기 위한 또 다른 방법은 입양아의 IQ 점수와 친부모 및 입양 부모의 점수 사이의 상관 관계를 비교하는 것이다. 아이들이 어린 나이에 친부모로부터 분리될 때, 그들의 IQ와 친부모의 강한 관계가 유전적 영향을 반영한다고 주장할 수 있다. 어린이의 IQ와 입양 부모의 관계는 환경에 영향을 줄 수 있다.

콜로라도(Baker et al., 1983), 텍사스(Horn, 1983) 및 미네소타(Scarr & Weinberg, 1983)에서의 1세 및 2세 아동을 대상으로 한 여러 연구에서 아이들의 IQ 점수와 그들의 양부모 점수보다, 입양된 아이들의 점수와 그들의 친부모의 점수 사이에 더 강한 관계가 있음을 발견했다.

2. 지능에 대한 환경의 영향

이제 다양한 연구 전략을 채택하고 있는, 지능에 대한 환경 영향의 연구를 살펴보겠다. 여기에는 가정 환경의 역할에 대한 관찰 및 교육 프로그램의 효과에 대한 평가가 포함된다.

가정 환경 가정 환경과 양육 스타일은 IQ 점수에도 영향을 미친다(Bradley, 2006). 정서적 · 언어적인 반응, 적절한 놀이 도구, 자녀와의 교류, 독립 장려, 다양한 일상의 경험 등을 제공하는 부모의 자녀는 나중에 더 높은 IQ 점수를 얻는다(Bradley, 2006). 또한, 가정의 구성과 안전은 더 높은 IQ 및 성취시험 점수와 관련이 있다(Bradley et al., 1989; Petrill et al., 2010).

다른 연구는 어린이의 초기 환경이 IQ 점수 및 학업 성취도와 연결되어 있다는 견해를 지지한다.

그림 7.10 지적 기능에 영향을 미치는 복합 요인들

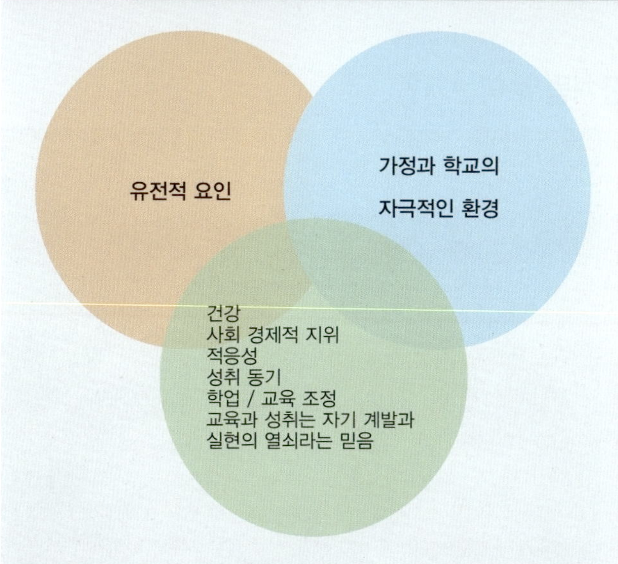

지적 기능은 유전적 요인, 건강, 성격 및 사회 문화적 요인의 상호 작용에 영향을 받는 것으로 보인다.

예를 들어, 빅토리아 몰페스(Victoria Molfese)와 그녀의 동료(1997)는 가정 환경이 3~8세 아동의 IQ 시험 점수를 예측하는 가장 중요한 단일 요인임을 발견했다.

교육 지능은 사람들이 교육을 통해 이익을 얻는 것을 허용하는 것으로 여겨지지만, 교육은 지능에 기여하는 것 같다. 미취학 아동에게 풍부한 초기 환경을 제공하기 위해 정부가 자금을 지원한 것은 아동에게 지적 이득을 가져다 주었다.

예를 들어, 헤드 스타트(Head Start) 프로그램은 중산층 아이들이 당연하게 갖는 자료와 활동에, 혜택받지 못하는 아이들이 노출되게 하여 그들의 IQ 점수, 성취도 시험 점수, 학업 능력을 향상시킨다(Bierman et al., 2008).

여기에는 글자와 단어, 숫자, 서적, 그림 연습, 나무 못 및 페그 보드, 퍼즐, 장난감 동물 및 인형이 포함된다.

반면에 일부 어린이의 IQ 점수와 성과는, 헤드 스타트(취학 전 저소득층 아동을 대상으로 하는 미국의 교육지원 제도) 이전의 지적 자극이 덜한 환경으로 돌아오면, 헤드 스타트 경험 후 몇 년 동안 다시 감소하는 경향이 있다(Nisbett, 2009).

나중에 학교 교육도 IQ에 기여한다. 생일과 관련된 입학 기준으로 인해 거의 같은 연령의 어린이들이 1년 차이로 학교 교육을 시작할 때, 학교에 다니는 어린이들은 더 높은 IQ 점수를 얻는다(Neisser et al., 1996). 또한, 여름 방학 동안 시험 점수는 감소하는 경향이 있다(Neisser et al., 1996).

지능, 가정 환경 및 교육 경험에 대한 연구 결과는 어린이의 지적 기능을 향상시키기 위해 실제로 많은 것을 할 수 있음을 보여 준다.

플린효과(The Flynn Effect) 철학자이자 연구원인 존 플린(John Flynn, 2007)은, 서방 세계의 IQ 점수가 1947년에서 2002년 사이에 미국에서 약 18점이나 크게 증가한 것을 발견했다.

심리학자 리차드 니스벳(Richard Nisbett, 2009)은 이 엄청난 차이를 설명하기에는 우리의 유전 암호가 반세기 안에 충분히 변화할 수 없었을 것이라고 주장하였다. 그러면서 개선된 교육 시스템의 영향과 대중 매체의 침투와 같은 사회적, 문화적 요소들이 변화의 이유들 중 하나임에 틀림없다고 결론지었다.

전체 미국 인구에 대해 그러한 환경적 요인이 시간이 지남에 따라 어느 정도의 변화를 일으킬 수 있다면, 아프리카계 미국인이나 유럽계 미국인과 같은 소집단 간에 상당한 차이를 만들 수도 있다. 예를 들어, 두 인종 그룹 간의 IQ 점수 차이는 15포인트에서 9포인트로 감소했다. 지난 30년 동안 5점(Nisbett, 2011)은 유전적 요인을 반영하기에는 너무 큰 차이이다.

그것은 인종 간의 교육 격차가 줄어들고 있다는 것을 시사한다. 대체로 지적 기능은 그림 7.10에서 제안한 바와 같이 복잡한 유전적, 물리적, 개인적, 사회 · 문화적 요소의 복합적인 상호 작용을 반영하는 것으로 보인다.

아마도 우리는 한 사람의 지능이 얼만큼 유전에 기인하는지, 얼마나 많은 환경적인 영향이 있는지를 정확하게 분류하는 것에 대해 크게 걱정할 필요가 없을 것이다.

심리학은 전통적으로 인간의 존엄성을 지지해 왔다. 실패할 위험이 있는 모든 인종의 자녀를 식별하고 환경을 풍요롭게 하기 위해 할 수 있는 일을 하는 것이 더 알맞을 수 있다.

적용

지적 기능을 강화하고 향상시키는 것이 불가능한 꿈처럼 보이는가?

지능이 고정된 상품, 일종의 '머리를 쥐어짜는 것'이라고 믿는 경우에만 가능하다. 사실, 지능 또는 지적 기능은 연령, 가정에서의 경험, 교육 및 기타 많은 요인에 따라 변화한다. 여기에는 지능 테스트 항목에 대한 일상적인 대응 차이가 포함된다. 가정 환경과 조기 교육 경험의 영향에 대한 연구에 따르면 자녀의 지적 기능(및 자신의 능력)을 향상시키기 위해 할 수 있는 일이 많이 있다.

pea pod/Alamy Stock Photo

- 자녀를 위해 안전하고 체계적인 가정을 제공하라.
- 자녀에게 감정적이고 언어적인 반응을 하라.
  적절하고 흥미를 불러일으키는 놀이 자료를 제공하라.
  그들의 놀이에 참여하라.
- 다양한 경험을 제공하라.
  아이들을 지역 박물관과 문화 행사에 데려 가라.
- 자녀들이 독립적이고, 스스로 문제를 해결하고, 가능한 한 스스로 많은 학업을 하도록 격려하라.
  그러나 비고츠키(Vygotsky)가 자신의 근접발달영역(the zone of proximal development)과 비계(scaffolding)에 대한 개념에서 제안하는 것처럼 도움을 줄 수 있다(9장을 미리 살펴보라).
- 자녀가 교육 기초를 알고 있는지 확인하라.
  그들을 글자와 단어, 숫자, 책, 그림 연습, 나무 못과 페그 보드, 퍼즐, 장난감 동물, 인형 등의 자료와 활동에 노출시킨다.
- 자녀에게 음악 훈련을 제공하는 것을 고려하라.
  또한, 공간 관계 기술을 향상시킬 수 있다.

점검하기

빈칸 채우기

정답은 책 뒷부분에서 확인 가능하다.

1. _________는 공통 속성을 가진 객체, 관계 또는 이벤트를 그룹화하는 데 사용되는 정신 범주이다.
2. A(n) _________는 특정 유형의 문제를 해결하기 위한 특정 절차이다.
3. _________ 장치는 빠른 해결을 위한 지름길 역할을 하는 경험 법칙이다.
4. _________ 세트는 유사한 문제를 해결하는 데 도움이 되는 동일한 접근 방식으로 새로운 문제에 대응하는 경향이다.
5. _________ – 상대성 가설에 따르면, 언어는 우리가 세상을 인식하는 방식을 구성한다.
6. 'I standed' 및 'Mommy sitted down'과 같은 문장의 사용은 _________의 예이다.
7. 스피어만은 지능적인 행동에는 _________라고 이름 붙인 공통적 기본요소(일반 요인)와, 특정 능력을 설명하는 특수 요인이 존재한다고 제안하였다.

8. 가드너는 _________ 지능의 존재를 제안한다. 각 지능은 뇌의 다른 영역에 기반한다.

9. 스턴버그는 분석적, 창의적 및 _________ 지능을 포함하여 "삼원지능" 모델을 구성했다.

10. 스탠포드–비네 지능검사는 _________ _________라는 점수를 산출한다.

선다형 문항(Multiple Choice)

1. 8살의 스테파니는 자신의 개 버들이 개이고 모든 개가 동물이라는 것을 이해한다. 스테파니의 동물 개념은?

   a. 직관적 b. 사상적
   c. 과장된 d. 계층적

2. 알고리즘은 일반적으로 시간이 많이 걸리는 반면 _________는(은) 작동할 때 더 빠른 솔루션을 제공한다.

   a. 아나그램
   b. 방식
   c. 체계적인 무작위 검색
   d. 휴리스틱

3. 마이스의 쥐(비스마르크) 연구에서 발생한 문제 해결에 대한 결론은 무엇인가?

   a. 인간만이 통찰력으로 문제를 해결할 수 있다.
   b. 쥐는 실험실 조건에서 통찰력을 보여 주었다.
   c. 쥐는 실험실 조건하에서 시행착오 학습을 보여 주었다.
   d. 쥐는 다양한 조건에서 통찰력이 있다.

4. 배양 효과에 대한 그럴 듯한 설명은?

   a. 무의식이 통찰력을 자유롭게 하는 경향
   b. 문제 해결자를 집요하면서 비생산적인 마음 갖춤새(mental set)로부터 떨어져 있게 하는것
   c. 휴리스틱 장치에 대한 의식적인 검색
   d. 자발적 수단 – 최종 분석

5. 진정한 언어는 다음을 제외한 모든 하위 동물의 커뮤니케이션 시스템과 구별된다.

   a. 무한한 창의력 b. 변위(초월성)
   c. 소리 만들기 d. 의미론

6. "닭은 저녁 식사 준비가 되었습니다."와 "사자는 저녁 식사 준비가 되었습니다."라는 문장을 읽을 때, 먹을 준비가 되어 있고 먹힐 준비가 되어 있는 것을 이해하면, 각 경우에 다른 _________와 함께 "먹을 준비가 되었다."는 문구를 사용하고 있는 것이다.

   a. 형태소 b. 음소
   c. 요인 d. 의미

7. 제이미의 어머니는 4살짜리 딸이 복수(plurals)와 시제(tenses)를 과잉규칙화 하는 것에 대해 걱정했다. 그녀는 유명한 학습 이론가인 액턴 박사에게 제이미를 데려갔다.

   a. 제이미의 말이 저절로 해결될 때까지 기다려라.
   b. 그녀를 언어 치료사에게 데려가라.
   c. 모방과 반복을 통해 그녀의 문법을 수정하라.
   d. 다른 언어로 수업을 시작하라.

8. 로버트 스턴버그에 따르면 세 가지 유형의 지능은?

   a. 논리적, 음악적, 감정적
   b. 실험적, 논리적, 언어적
   c. 언어, 성능, 문제 해결
   d. 분석적, 창의적, 실용적

9. 독특하고 유익한 것들을 수행하고 기존의 것으로부터 새로운 조합을 생성하는 능력 요소 설명은?

   a. 통찰력 b. 창의성
   c. 지성 d. 전문적 지식

10. 본문에 따르면 자넷 하이드와 그녀의 동료들은 2학년에서 11학년까지 약 7백만 명의 어린이의 수학에서의 수행능력을 연구했으며, 다음과 같은 것들을 발견했다.

   a. 남학생은 여학생보다 높은 점수를 받았다.
   b. 소녀는 소년보다 높은 점수를 얻었다.
   c. 성적에 있어 전체적인 성별 차이는 없었다.
   d. 유럽계 미국인은 다른 인종 또는 민족 그룹보다 높은 점수를 받았다.

8 동기와 정서

Tetra Images/Alamy Stock Photo

학습 성과

이 장의 성취 목표

- 8-1 욕구, 추동 및 보상을 포함한 동기 부여 측면을 정의할 수 있다.
- 8-2 동기 이론을 밝힐 수 있다.
- 8-3 굶주림에 대한 생물학적, 심리적 기여를 설명할 수 있다.
- 8-4 인간의 성 호르몬의 역할과 성 반응주기를 설명할 수 있다.
- 8-5 성취 동기를 설명할 수 있다.
- 8-6 정서 표현에 대해 논의할 수 있다.
- 8-7 정서반응 이론에 대해 논의할 수 있다.

구도자들은 12월 21일 대홍수가 도시와 지구의 다른 지역을 뒤덮게 되는 세상의 종말이 온다는 말을 들었다. 구도자들은 리더인 마리안 키치(Marian Keech)의 집에 모였으며, 수호자들이 우주에서 그녀에게 보낸 메시지를 그녀가 기록했다.

그 메시지는 '자동 기술'을 통해 수신되었다. 즉, 수호자는 키치를 통해 예언을 전달하였고, 그녀는 의식없이 수호자들의 말을 써내려갔다. 그러나 또 다른 메시지는 좋은 소식이었다. 구도자들의 믿음으로 인해 21일 자정이 되면 구도자들은 비행접시로 구원받는다는 것이었다.

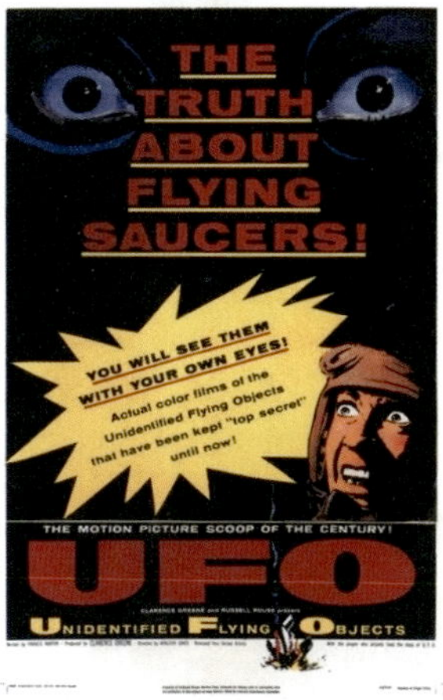

The Advertising Archives/Alamy Stock Photo

레온 페스팅거(Leon Festinger)와 그의 동료들(1956)은 고전적인 관찰 연구에서 자신들이 운명적인 그 시간에 키치의 집에 참석하게 된 방법을 설명했다.

그들의 목적은 예언이 실패하는 동안이나 그 이후에 구도자들의 행동을 관찰하는 것이었다. 페스팅거는 두 가지 주요 인식 사이에 불일치 또는 갈등이 있을 것이라고 제안한 인지–부조화 이론을 시험하고 있었다. (1) 키치는 예언자이고, (2) 키치는 옳지 않다.

갈등은 어떻게 해결될 수 있는가? 한 가지 방법은 구도자들이 키치에 대한 믿음을 잃는 것이다. 그러나 연구자들은 자신들의 이론에 따라 말하고 추가 개종자를 찾지 못하면, 그 집단은 매우 당황할 것이다. 기념비적인 그 날로 돌아가보자. 집단의 많은 구성원들은 직장을 그만두고 예상되는 종말을 맞기 전까지 흥청거리며 지냈다.

이제 자정이 가까워지자 그들은 안절부절 못하며 날아다니는 접시를 기다렸지만 찾아 볼 수 없었다.

불안한 시선을 주고받았다. 침묵이 흐른 다음 기침을 했다. 천천히 아주 천천히 시간이 지나갔다. 시계를 확인하고는 더 많은 시선을 주고받았다. 새벽 4시, 미친 듯 분개한 키치는 집단의 구성원들이 자신을 의심하고 있다는 것을 느꼈다고 불평했다. 그러나 새벽 4시 45분에 그녀는 갑자기 안심하는 것처럼 보였다.

또 다른 메시지가 도착했다. 그리고 키치는 '자동 기술'을 통해 그것을 모두 적었다! 사실 구도자들은 자신들의 믿음을 통해 세상을 간신히 구할 수 있었다. 우주의 힘은 세상이 죄악의 길을 좀 더 여행하도록 내버려 두기로 결정했다.

왜 그럴까?

구도자들의 믿음으로 인해 희망이 생긴 것이라고 주장했다.

추종자들의 믿음이 회복되면서 추종자들은 통신사와 신문사에 전화를 걸어 이 같은 사실을 전했다.

미네소타 대학교(University of Minnesota)의 세 명의 심리학자들은 집으로 돌아갔으며 지쳤지만 깨달았다. 그들은 '예언이 실패할 때'라는 제목의 책을 썼으며, 이 책은 자신들 이론의 주요 문서 중 하나로 남게 되었다.

8-1 동기 심리학

동기(motivation) 심리학의 확산을 통해 구도자들도 갈등 해결을 위해 동기를 부여받을 수 있을 것으로 기대했다. 동기 심리학은 행동의 이유와 관련이 있다.

왜 우리는 먹는가? 왜 우리 중 일부는 앞서 나가려고 애쓰는가? 왜 우리 중 일부는 무시무시한 속력으로 오토바이를 타는가? 왜 어떤 사람들은 공격적인가? 예언이 실패했을 때 왜 구도자들도 불편한 상태가 되는가?

이러한 질문에 답하기 위해 심리학자들은 동기, 욕구, 추동, 보상과 같은 개념을 사용한다. **동기**는 목표를 향해 우리를 이끌어가면서 행동을 활성화시키는 가정된 상태이다.

동기 유기체가 무언가를 하도록 권유나 보상을 경험하는 상태

동기는 직접 보고 측정되지 못하기 때문에 이를 가정된 상태라고 한다. 그것들은 행동에서 추론된다.

TRUTH OR FICTION?

당신의 생각은? 속설이나 상식 또는 넌센스?

'진실'일 경우 T, '거짓'일 경우 F를 선택한 다음, 여러분의 선택이 정확한지를 검토해 보자.

T	F	몇 시간 동안 모든 감각적인 자극을 쉬면서 모든 것에서 벗어나면 편안하다.
T	F	사람들은 뱃속의 수축, 즉 '통증'으로 인해 굶주림을 느낀다.
T	F	패션 잡지는 여성의 섭식 장애에 영향을 줄 수 있다.
T	F	돈으로 행복을 살 수 없다.
T	F	혀를 물거나 발가락을 흔들면 거짓말 탐지기를 속일 수 있다.

동기는 욕구, 추동, 보상의 형태를 취할 수 있으며, 이것들 또한 행동을 통해 추론된다.

심리학자들은 생리적, 심리적 **욕구**(need)에 대해 말한다. 우리는 생존하기 위해 생리적 욕구를 충족시켜야 한다. 예로는 산소, 음식, 물, 통증 회피, 적절한 온도, 폐기물 제거 등이 있다. 굶주림, 갈증과 같은 일부 생리적 욕구는 신체적 결핍 상태이다. 우리가 한동안 먹거나 마시지 않으면 음식과 물에 대한 욕구가 나타난다. 또한, 몸에는 산소와 비타민 등이 필요하다.

심리적 욕구에는 성취, 힘, 자존감, 사회적 인정, 소속에 대한 욕구가 있다. 심리적 욕구가 반드시 결핍 상태에 근거하지는 않는다. 성공에 대한 욕구를 가진 사람은 이미 성공적인 성과의 역사를 가지고 있다. 사람들의 생물학적 구성은 비슷하기 때문에 우리는 비슷한 생리적 욕구를 공유한다.

그러나 문화적 환경의 영향을 받기 때문에 우리의 욕구는 다른 방식으로 표현될 수 있다. 우리 모두는 음식이 필요하지만 어떤 사람들은 채식을 선호하는 반면 다른 사람들은 고기를 선호한다. 학습은 심리적 욕구에 들어가기 때문에 사람들마다 크게 다를 수 있다.

욕구는 **추동**(drive)을 불러일으킨다. 음식의 고갈은 굶주림을 유발하고, 물의 고갈은 갈증을 유발한다. 생리적 추동은 생리적 욕구의 대응물이다. 음식과 물을 먹지 않으면 몸에 이러한 물질이 필요할 수 있다. 그러나 굶주림과 갈증에 대한 추동의 경험은 심리적이다.

추동은 더 오랜 기간 결핍되었을 때 우리를 행동하도록 자극하여 더 강해지는 경향이 있다. 우리는 1시간보다 10시간 동안 음식을 먹지 않을 때 더 배가 고프다.

승인, 성취, 소속에 대한 심리적 욕구 또한 추동을 불러일으킨다. 우리가 먹으려는 추동을 가진 것처럼 비즈니스 세계에서 앞서 나가려는 추동을 가질 수 있다.

심리학자들은 이러한 추동의 기원을 더 많이 알기 위해 노력하고 있다. 우리는 또한 보상을 받기 위해 열심히 할 수 있다는 것을 알고 있다. **보상**(incentive)은 욕구를 충족시킬 수 있거나 그 자체로 바람직한 대상, 사람 또는 상황이다. 돈, 음식, 성적으로 매력적인 사람, 사회적 승인 및 관심은 모두 보상으로 작용할 수 있다.

동기 목표를 향해 유기체를 추진시키는 유기체 내의 가상 상태

욕구(need) 박탈 상태

추동(drive) 유기체에서 욕구와 관련된 각성 상태

인센티브 욕구를 충족시킬 수 있거나 자신을 위해 바람직한 것으로 인식된 물건, 사람 또는 상황

본능 유기체가 특정 목표에 도달할 수 있도록 특정 행동 패턴을 활성화하기 위해 타고난 성향을 수반

8-2 동기 이론

심리학자들은 인간과 소위 하등 동물들이 왜 일을 하는지를 이해하는 것이 중요하다고 동의하지만 동기의 정확한 본질에 대해서는 동의하지 않는다. 동기에 대한 다양한 이론적 관점을 고려해보자.

1. 진화론적 관점

진화론적 관점은 많은 동물들이 특정 방식으로 특정 상황에 반응하기 위해 신경이 '미리 구조화된', 즉 사전 프로그램된 상태로 태어났다고 지적한다(Morgenson, 2018; Shackelford & Hansen, 2014). 거미는 **본능**(instinct)적으로 거미줄을 친다. 새들은 본능적으로 둥지를 짓는다.

꿀벌은 음식의 위치를 다른 꿀벌에게 알리기 위해 본능적으로 '춤을 춘다'. 이러한 본능적인 행동은 특정 종에서 발견된다. 즉, 본능적인 행동은 종에 따라 다르며 타고난다. 본능적인 행동은 세대에서 세대로 유전적으로 전달된다.

심리학자들은 인간이 본능을 가지고 있는지, 그렇다면 어떤 종류인지, 얼마나 많은지를 궁금해 했다. 100년 전 심리학자인 윌리엄 제임스(William James, 1890)와 맥두걸(William McDougall, 1908)은 인간이 생존과 사회적 행동을 장려하는 본능이 있다고 주장했다.

George Diebold/Photodisc/Getty Images

고정행위 패턴
수컷 샴투어(Betta splendens)는 지느러미와 아가미를 펼치고 다른 수컷들과 원을 만들어 정형화된 위협 자세를 취한다. 다른 수컷이 물러나지 않으면 갈등이 생길 것이다.

제임스는 사회적 본능으로 사랑, 동정, 겸손을 포함시켰다. 맥두걸은 12개의 '기본' 본능인 굶주림, 성행위, 자기주장 등을 기록했다.

다른 심리학자들은 더 긴 목록을 만들었으며, 여전히 일부 학자들은 사람들이 본능을 가지고 있다는 사실을 부정한다. 사람들이 본능을 가지고 있는지, 그리고 무엇을 할 수 있는지에 대한 문제는 여전히 해결되지 않은 채 남아 있다.

어린 원숭이들은 무엇을 하고 있으며 왜 이런 행동을 하는가?

유기체는 감각 자극을 얻고, 어린 붉은 털 원숭이처럼 물체를 조작하고, 환경을 탐험하기 위해 타고난 추동을 가지고 있는가. 원숭이들은 재미를 위해 도구를 가지고 원숭이 주위에 나타난다. 외부 보상은 필요하지 않다. 마찬가지로 아이들은 굶주림이나 갈증과 같은 생리적 추동을 만족시키지 못하도록 경적을 울리고 삐걱거리더라도, 그러한 소리를 내는 도구를 갖고 놀기를 좋아한다.

2. 추동감소와 항상성

프로이트는 긴장이 우리를 휴식 상태에서 회복시키는 방식으로 행동하도록 동기를 부여한다고 믿었다. 프로이트의 견해는 1930년대 심리학자 클라크 헐(Clark Hull)이 제시한 바와 같이 **추동감소 이론**과 유사하다(Henley, 2019).

헐에 따르면, 굶주림, 갈증, 통증과 같은 기본적인 추동은 흥분(긴장)을 유발하고 행동을 활성화시킨다. 우리는 긴장을 줄이는 행동 방법을 배운다. 또한, 경험을 통해 후천적으로 얻은 추동이라 부르는 추진력을 얻는다.

돈으로 음식, 음료, 집을 구할 수 있기 때문에 돈을 벌기 위한 추진력을 얻어 범죄와 극한의 온도로부터 우리를 보호한다.

다른 사람들과 그들의 선의가 특히 영아일 때 기본적인 추동을 줄이는 데 도움이 되기 때문에 사회적 인정과 소속을 위한 추동을 얻을 수 있다. 모든 경우에 긴장을 줄이는 것이 목표이다.

그러나 일부 사람들은 돈이나 관계를 위한 과도한 추동으로 간주될 수 있는 것을 얻는 것처럼 보인다. 그들은 물질적 필요가 충족된 후에도 오랫동안 돈을 모으고, 어떤 사람들은 잠시 동안이라도 홀로 있는 것이 어렵다는 것을 알게 된다.

굶주림과 같은 기본적인 추동은 결핍 상태에 있을 때 자극이 된다. 굶주림에 대한 감각은 우리에게 신체 균형을 회복시키는 방식으로 행동하도록 동기를 부여한다. 안정된 상태를 유지하는 이러한 경향을 **항상성**이라고 한다.

항상성은 온도 조절기처럼 작동한다. 실내 온도가 목표점 아래로 떨어지면 난방 시스템이 켜진다. 목표점에 도달할 때까지 열이 계속 유지된다.

마찬가지로 대부분의 동물은 더 이상 배가 고프지 않을 때까지 먹는다. 그러나 많은 사람들이 마음에 드는 디저트를 볼 때처럼 '기분전환으로' 먹고 있으면, 이는 추동감소보다 더 많이 먹고 있다는 뜻이다.

3. 자극 탐색

신체적 욕구는 굶주림, 갈증과 같은 추동을 유발한다. 그런 경우, 우리는 우리에게 영향을 미치는 긴장이나 자극을 줄이기 위해 동기를 부여받는다.

그러나 자극 동기의 경우 유기체는 자극을 증가시키려고 한다(Harlow, 1953). 1950년대 몬트리올 맥길 대학교(McGill University)에서 수행된 고전적인 연구는 감각 자극과 작용의 중요성을 시사한다.

일부 '운이 좋은' 학생들에게는 아무것도 하지 않는 것에 대해 실제로 하루에 20달러(인플레이션으로 이제는 200달러 이상 될 것 같다)가 지급되었다. 하루 200달러에 아무것도 하지 않으면서 '일하기'를 원하는가? 너무 성급하게 대답하지 말라. 이 연구 결과를 보면 전혀 마음에 들지 않을 수 있다. 이 실험에서, 학생 자원봉사자들은 조용한 칸막이 안에서 눈가리개를 했다(Bexton et al., 1954).

추동감소 이론 유기체가 추동을 줄이는 효과가 있는 행동에 관여하는 법을 배운다는 견해

항상성(homeostasis) 신체가 안정된 상태를 유지하는 경향

손으로 어떤 것도 느낄 수 없도록 그들의 팔에는 붕대를 감았다. 에어컨의 둔하고 지속적인 윙윙 거리는 소리만 들을 수 있었다.

많은 사람들이 잠시 잠을 자기는 했지만, 감각이 박탈된 채 깨어있는 몇 시간 후에는 대부분은 지루해하고 짜증을 냈다. 시간이 지남에 따라 많은 사람들이 더 불편해 했다.

FICTION

T (F) 몇 시간 동안 모든 감각적인 자극에서 휴식을 취하면서 모든 것에서 벗어나면 편안하다.

몇 시간 동안 모든 감각적인 자극에서 휴식을 취하면서 모든 것에서 벗어나면 편안하다는 것은 종종 사실이 아니다. 사람들은 일반적으로 감각적인 자극이 없으면 지루하고 당황하게 된다. 아마도 멋진 휴가는 사람이 경험하는 감각적인 자극을 변화시킨다.

많은 학생들이 금전적 보상에도 불구하고 첫날 실험을 포기했다. 며칠 동안 남아있던 많은 사람들은 그 후 얼마 동안 간단한 문제에도 집중하기가 어렵다는 것을 알게 되었다. 많은 사람들에게 그 실험은 편안한 휴식을 주지 못했다. 대신, 지루하고 불편하고 지남력 상실을 초래했다.

인간과 다른 동물들은 새로운 자극을 찾도록 동기를 부여받은 것으로 보인다. 쥐가 음식을 빼앗긴 경우에도 음식이 있는 곳으로 바로 가기보다는 낯선 미로를 탐색할 수 있다. 방금 교미하여 1차 성욕이 줄어든 동물은 종종 새로운 성 파트너를 볼 때 성에 대한 새로운 관심을 보인다.

인간(및 비인간)은 더 적은 종류의 음식을 이용할 때보다 뷔페와 바이킹 요리를 먹을 때 더 많은 칼로리를 섭취하게 된다(Wansink & Shimizu, 2013; Yip et al., 2013). 아이들은 가상의 사람이나 괴물을 공격하는 즐거움을 위해 비디오 게임을 하며 시간을 보낸다(Krossbakken et al., 2018).

자극 동기는 진화의 이점을 제공한다. 환경을 탐험하고 조작하기 위해 활발하고 동기 부여가 된 동물은 생존할 가능성이 더 높다.

가장 가까이 키가 큰 나무가 어디에 있는지를 안다면 표범을 피하고 유전자를 미래 세대에게 전달시킬 가능성이 높다. 그러나 생존은 이런저런 위험으로부터 자신이나 집단을 방어하는 문제라는 점에 주목하라.

자기실현 매슬로와 다른 인본주의 심리학자에 따르면 자기실현은 인간이 존재할 수 있는 자기주도적인 노력이다.

매슬로의 욕구위계 가장 기본적인 (굶주림과 갈증 같은 생리적 욕구) 욕구에서 가장 정교하고 복잡한 (자기실현)에 이르는 욕구 순서

다음 장에서, 우리는 많은 심리학자들이 외부 위협이 없는 상황에서도 사람들이 자신의 고유한 잠재력을 개발하도록 동기화된다고 믿는 것을 알 수 있다.

4. 인본주의 이론

아브라함 매슬로(Abraham Maslow, 1908~1970)와 같은 인본주의 심리학자들은 인간 행동이 기계적인 것이 아니라 생존과 긴장을 줄이는 것을 목표로 한다고 제안한다.

매슬로는 사람들도 개인의 성장을 위한 의식적인 욕망에 의해 동기 부여가 된다고 믿었다. 인본주의자들은 사람들이 개인적인 성취를 얻기 위해 고통, 굶주림, 많은 종류의 긴장을 참는다고 지적한다.

매슬로는 우리가 자기실현을 위한 능력에 의해 다른 동물들과 구별된다고 믿었고, 우리가 존재할 수 있다고 믿는 것은 **자기실현**(self-actualization)을 위한 노력이라고 믿었다.

매슬로는 자기실현이 배고픔만큼 인간에게 중요한 욕구라고 생각했다. 자기실현의 욕구는 많은 돈을 갖고 살더라도 사람들에게 콘서트 피아니스트, 최고 경영자 또는 베스트셀러 작가가 되기 위해 노력하도록 강요한다.

매슬로는 인간의 욕구를 단계별로 체계화했다. 매슬로의 **욕구 위계**(hierarchy of needs)는 굶주림과 갈증과 같은 생리적 욕구에서부터 자기실현에 이르기까지 다양하다(그림 8.1 참조).

매슬로는 우리가 자연스럽게 이런 위계를 올라가기 위해 노력한다고 믿었다.

매슬로 이론을 비판하는 비평가들은 동기 위계가 모든 사람에게 적용하기에는 개인적 차이가 너무 많다고 주장한다. 생리적, 안전, 사랑 욕구가 충족된 사람들은 성취와 인정에 거의 관심을 보이지 않는다.

일부 예술가들은 안락하고 따뜻한 집을 포기하거나 가족과 떨어져 지내야 하더라도 자신의 직업에 전념한다. 그리고 와해되고 불안전한 가정의 많은 아이들이 학교에서 성취하려고 노력한다(Kronborg et al., 2018).

그림 8.1 매슬로의 욕구 위계

더 이상 배가 고프지 않으면 어떻게 하는가? 매슬로는 일단 기본적인 생존 욕구가 충족되면 더 높은 심리적 욕구를 향해 나아간다고 믿었다. 이 사진의 사람은 어디에 적합한가?

5. 동기에 대한 인지적 관점

인지 이론가들은 사람들이 자신의 세계를 정신적으로 표현한다고 지적한다. 피아제(Piaget)의 인지발달 이론에서와 같이, 사람들은 사건을 예측하고 통제할 수 있도록 세상을 이해하려고 노력하는 자연 과학자라고 생각한다. 따라서 사람들은 불일치를 제거하려고 노력한다(또는 이 장의 시작 부분에 있는 구도자의 경우에서 보았듯이). 세상을 이해할 수 있는 능력이 전체적으로 유지되도록 정보의 불일치를 제거하려고 노력한다.

아이들 또한 자신의 성별과 소년소녀들이 자신의 문화적 환경에서 해야 한다고 가르치는 경험 사이에 일관성을 유지하려고 노력한다. 그들이 남성인지 여성인지를 이해하자마자 대부분 같은 성별의 어른들의 행동을 모방하기 시작한다(Canevello 2017; Starr & Zurbriggen, 2017).

인지부조화 이론에 따르면, 사람들은 일반적으로 일관된 신념을 갖고 자신의 행동을 정당화하도록 동기화된다. 그렇기 때문에 우리는 무엇을 얻기 위해 노력해야 하는지에 대해 일반적으로 감사할 가능성이 더 많다. 동기의 각 이론은 몇 가지 제공하는 것들이 있다.

추동감소 이론은 우리가 목이 마를 때 물을 마시는 이유를 설명할 수 있지만, 자극 동기는 우리가 클럽에 가고 술을 마시는 이유를 설명할 수 있다. 각 이론은 행동의 특정 측면에 적용될 수 있다. 이 장이 진행됨에 따라 각 이론을 뒷받침하는 연구에 대해 설명할 것이다.

8-3 배고픔

생존하기 위해서는 음식이 필요하지만, 많은 사람들에게 음식은 생존 이상을 의미한다.

> **"일반적으로 내 아이들은 텔레비전에서 나오지 않은 음식은 거부한다."**
>
> Erma Bombeck (미국 유머작가) (1927-1996)

음식은 가족 관계와 돌봄의 상징이다. 우리는 음식을 부모-자녀 관계의 양육과 휴일에는 집을 방문하는 것과 연관시킨다. 친구와 친척은 우리가 그들의 집을 방문할 때 음식을 제공하며, 싫다고 말하는 것은 개인적인 거부로 간주될 수 있다. 베이컨과 계란, 크림과 설탕이 든 커피, 고기, 으깬 감자 등 모두 미국의 가치와 풍요로움을 공유하는 것처럼 보인다.

1. 배고픔에 대한 생물학적 영향

굶주림을 조절하는 신체 메커니즘을 고려할 때 식사를 조절하는 **포만**(satiety) 신호를 얻는 입에서 시작해보자. 우리는 또한 소화기관에서 포만 신호를 얻지만, 이러한 신호가 뇌에 도달하는 데 시간이 오래 걸린다.

햄버거를 보고 냄새 맡으면 배 고픈가?

당신 혼자만 그런 것이 아닐 것이다. 우리 중 일부는 혈당 수치가 떨어질 때만 먹을 수 있지만, 대부분은 맛있고 향기로운 음식에 끌릴 수 있다. 무엇이 배고픔을 유발하는가? 혈당 수치가 떨어질 때만 식사에 관심이 있는가, 아니면 음식의 모습과 향기가 식욕을 자극하는가?

ltummy/Shutterstock.com

그러므로 우리가 씹고 삼키는 것에서 포만 신호를 받지 못하면 충분한 음식을 섭취한 후에도 오랫동안 더 먹을 수 있다.

씹고 삼키는 것이 포만감을 준다는 것을 증명하기 위해 연구원들은 개를 이용한 고전적인 '가짜 수유' 실험을 수행했다. 연구원들은 삼킨 음식이 몸 밖으로 떨어지도록 동물의 목구멍에 튜브를 삽입하였다.

음식이 위장에 도달하지 않았지만 동물들은 잠시 후에 먹기를 멈추었다(Janowitz & Grossman, 1949).

따라서 씹고 삼키는 느낌은 약간의 포만감을 주었다. 그러나 그 연구에서 개는 음식이 위장에 도달한 동물보다 더 빨리 먹기를 재개했다. 굶주림에 대한 추가 조절 요인을 찾기 위해 위장으로 넘어가 보자. 텅 빈 위장은 위장의 수축으로 이어지며, 이를 우리는 굶주림 통증이라고 부른다. 고전적인 연구에 따르면 위장의 수축은 굶주림에 결정적이라고 한다.

포만 만족한 상태; 포만감

복내측 시상하핵 섭취중지 센터로 기능하는 시상하부 이면의 중심 부위

섭식항진 과도한 식사를 하는 특징이 있음.

한 남자(A.L. 워시번)가 위장에 팽창된 풍선을 삼켰다. 그의 위장의 수축은 풍선을 짜서 관찰자가 수축을 기록할 수 있었다. 워시번은 또한 배고픔을 느낄 때 키를 눌렀으며, 연구원들은 그의 위장의 수축과 배고픔 사이의 일치성을 발견했다(Cannon & Washburn, 1912).

의학적 관찰과 고전적인 연구에 따르면 위를 제거한 인간과 비인간은 여전히 정상적인 체중을 유지하기 위해 음식섭취를 조절한다는 사실을 알았다(Tsang, 1938). (음식은 내장을 통해 흡수된다.)

이 발견으로 시상하부, 혈당 수준 및 간 수용체를 포함하여 배고픔을 조절하는 다른 대사기전을 발견하게 되었다. 음식 섭취가 부족해지면 혈당 수치가 떨어진다. 혈당의 높고 낮음은 시상하부와 연결되어 배고픔을 유발한다.

시상하부는 완두콩 크기의 뇌구조로 섹스, 공격성, 배고픔 등 동기 부여의 여러 측면에 관여한다. 배고픔 추동과 관련된 두 부분이 특히 중요하다. 연구원이 수술 중 쥐의 **복내측 시상하핵**(ventromedial nucleus; VMN)을 파괴하면 쥐가 눈을 뜨자마자 음식이 있는 곳을 더듬는다(Sclafani, 2018).

그런 다음 엄청난 양의 퓨리나 랫 차우 또는 가능한 모든 것을 먹는다. 연구원들은 쥐의 뇌에서 복내측 시상하핵이 '섭취중지 센터'처럼 기능한다고 결론지었다. 복내측 시상하핵이 전기적으로 자극을 받는 경우, 즉 '스위치가 켜진' 경우, 쥐는 전류가 꺼질 때까지 식사를 중단한다. 복내측 시상하핵이 파괴되면 쥐는 섭식항진을 한다(그림 8.2 참조).

TRUTH

(T) **F** 사람들은 위장의 수축으로 인해 배고픔을 느낀다.

위장의 고통은 굶주림과 관련이 있다는 것은 사실이지만, 위장의 수축은 한때 생각했던 것만큼 영향력이 없다.

그림 8.2 섭식항진(Hyperphagic) 쥐

농구 경기와 비슷한 대회에서 우승한 쥐는 시상하부의 복내측 시상하핵에서 병변이 생긴 후 폭식을 했다. 마치 병변이 체중에 대한 설정점을 몇 단계 위로 올리는 것과 같다. 쥐의 몸무게는 이제 정상 수준의 약 5배이다. 그러나 이제는 기분 좋게 통통한 모습을 유지할 만큼만 먹으므로 결국 파열될 염려가 없다. 측면 시상하부에 병변이 생긴 경우 그 동물은 건강에 해로울 만큼의 체중으로 줄어들 수도 있다.

즉, 정상 체중의 약 두 배가 될 때까지 계속 먹는다. 그런 다음 식사 속도를 낮추고 더 높은 체중을 유지한다. 마치 집안의 온도 조절 장치를 65°F에서 70°F로 올리는 것처럼 섭취중지 센터의 설정 점이 더 높은 수준으로 올라간 것과 같다. 어떤 사람들은 뇌의 기저 부근에서 종양이 발생해 복내측 시상하핵을 손상시키고 분명히 과식으로 비만을 유발한다(Acs et al., 2015).

반대로, **측면 시상하부**(lateral hypothalamus)는 '섭취시작 센터'처럼 기능할 수 있다. 측면 시상하부를 전기적으로 자극하면 쥐가 먹기 시작한다(N.E. Miller, 1995). 측면 시상하부를 파괴하면 쥐가 완전히 식사를 중단할 수 있다. 즉, **무섭식증**(aphagic)이 된다.

그러나 무섭식증을 가진 쥐를 한동안 강제로 먹이면 스스로 먹기 시작하고 상대적으로 체중이 줄어든다. 마치 쥐의 설정치를 낮추는 것과 같다. 온도 조절기를 70°F에서 40°F로 낮추는 것과 같다.

2. 배고픔에 대한 심리적 영향

신체의 많은 부분이 배고픔 추동을 조절하기 위해 동시에 작용하지만 이것은 이야기의 일부일 뿐이다. 인간의 경우, 배고픔 추동은 더 복잡하다. 생리적 요인뿐만 아니라 심리적 요인도 중요한 역할을 한다.

음식의 모습이나 냄새로 배가 고파진 적이 몇 번이나 있는가? 배가 고파서가 아니라 친척의 집에 있거나 식당이나 커피숍 주위를 어슬렁거리다가 몇 번이나 식사를 했는가? 아니면 불안하거나 우울하다고 느끼기 때문인가? 아니면 단순히 지루해서인가?

연구에 따르면 우리 대부분이 이미 가정한 바, 텔레비전 주위에 앉아 있으면 먹는 음식의 양이 증가한다는 것이 확인되었다(van den Broek et al., 2018). 텔레비전을 시청하면 배부름을 나타내는 육체적 변화와 이미 섭취한 양에 대한 인지적 자각을 방해할 수 있다. 마찬가지로 영화에서 팝콘, 사탕 및 청량음료를 게걸스럽게 먹을 때도 해당된다. 움직이기보다 앉아 있는 시간이 더 길수록 체중이 더 증가하는 경향이 있다(Mason & Hecht, 2017).

3. 과체중 : 심각하고 영구적인 문제

과체중에 관한 몇 가지 사실을 고려하라(Bray & Bouchard, 2014; Hales et al., 2017) :

- 체질량지수(Body Mass Index: BMI) 지침에 따르면 미국인 성인 3명 중 2명 이상이 과체중이며 3명 중 1명은 비만이다.
- 건강에 해로운 체중 증가 문제는 미국에서 상승하는 추세이다. 예를 들어, 미국인의 과체중이 1988~1994년에는 60%였으나, 2013년에는 68%가 과체중이었다.
- 40세 이상에서 아프리카계 미국인 여성의 78% 이상과 라틴계 미국인의 81%가 과체중이며, 절반 정도는 비만이다.
- 대학 학위를 소지한 사람의 22%에 비해 고교 졸업장을 받지 않은 사람의 36%가 비만으로 교육 수준에 따라 비만이 감소한다(Adult Obesity Prevalence Maps, 2017).

> **"음식에 대한 사랑보다 진실한 사랑은 없다."**
> George Bernard Shaw, 아일랜드 극작가 (1856-1950)

측면 시상하부 섭취시작 센터의 역할을 하는 시상하부의 측면 부위

무섭식증 절식을 특징으로 함.

도표 8.1 고도비만에 비흡연자인 40세와 같은 연령의 정상 체중을 가진 사람의 잠재수명 비교

	유럽계 미국인	아프리카계 미국인
Male	9	8
Female	7	5

출처 : Finkelstein, E.A., Brown, D.S., Wrage, L.A., Al-laire, B. T., & Hoerger, T. J. (2010). 과체중 및 비만과 관련된 개인의 잠재수명. 비만, 18 (2), 333–339.

- 비만은 2형 당뇨병, 고혈압, 높은 콜레스테롤 수치, 뇌졸중, 심장병, 일부 암 및 관절염을 포함한 다양한 만성 질환의 원인이다(성인 비만 원인 및 결과, 2017).
- 체중 조절은 '성공적으로' 다이어트 한 경우에도 손실된 체중이 거의 회복되는 대부분의 사람들을 파악하기 어렵다.

연방정부가 얻은 데이터를 사용한 연구에 따르면 BMI가 40 이상인 고도비만은 표 8.1(Finkelstein et al., 2010)에서 볼 수 있듯이 체중이 정상인 사람보다 수명이 짧다. 모든 건강 문제가 비만과 관련이 있는데, 왜 그렇게 많은 사람이 뚱뚱한가?

과체중이 되는 요인 많은 생물학적, 심리적 요인이 비만에 관여한다. 과체중은 유전이다. 알버트 스턴카드(Albert Stunkard)와 그의 동료(1990)의 스칸디나비아 입양아에 대한 연구에 따르면, 아이들은 입양 부모보다 생물학적 부모와 체중이 더 비슷하다는 것을 발견했다. 오늘날 유전은 원숭이와 쥐를 포함한 인간과 다른 동물에서 비만에 중요한 역할을 한다는 것이 널리 인정되고 있다(Qasim et al., 2018 Saeed et al., 2018).

날씬한 프로필을 유지하려는 과체중 사람들의 노력은 결핍의 시대에 생명을 보존하는 데 도움이 되는 적응 메커니즘에 의해 파괴될 수 있다. 이 메커니즘은 누군가가 다이어트를 할 때 신체가 더 적은 에너지(열량을 조금 태우는)를 생산하도록 한다(Brain & Bouchard, 2014; de Oliveira et al., 2017).

이것은 과체중인 사람들이 다이어트를 통해 체중이 줄지 않는다는 의미가 아니다. 예상보다 더 오래 걸릴 수 있다는 의미이다. 신체의 지방 조직은 또한 근육보다 음식을 더 느리게 대사(연소)시킨다.

이러한 이유로 지방 대 근육 비율이 높은 사람은 근육이 많은 같은 체중의 사람보다 음식을 더 느리게 대사시킨다(Aksoy et al., 2018). 즉, 체중이 같은 두 사람은 근육과 지방의 분포에 따라 다른 속도로 음식을 대사시킬 수 있다. 한편, 지방 세포의 정상적 분포는 남녀가 다르다. 남자의 평균은 근육이 40%, 지방이 15%이다. 여성의 평균은 근육이 23%, 지방이 25%이다. 따라서 전형적인 근육과 지방 분포를 가진 남녀의 체중이 같은 경우 지방 세포가 많은 여성은 그 체중을 유지하기 위해 덜 먹어야 한다.

우리는 또한 '비만을 유발하는 환경'에 살고 있다(Ravussin & Ryan, 2018). 설탕과 지방이 많은 음식은 어디에나 있다. 미국의 어린이는 매년 평균 10,000개의 식품 광고에 노출되어 있다. 이런 광고의 10개 중 9개 이상이 패스트 푸드, 설탕 시리얼, 사탕, 청량음료 등이다(Harris et al., 2009; Sixsmith & Furnham, 2010).

게다가 상황도 원인이 된다. 가족 축하 행사, TV 시청, 논쟁 및 직장에서의 긴장은 모두 과식을 유발하고 다이어트를 중단시킬 수 있다. 다이어트를 위한 노력은 우울증과 불안과 같은 부정적인 정서에 의해 방해받을 수 있으며, 이는 폭식으로 이어질 수 있다(Smith et al., 2018).

4. 섭식 장애

국립섭식장애협회(National Eating Disorders Association, 2018)에 의해 보고된 바와 같이, 미국의 섭식 장애에 관한 몇 가지 사실을 고려하라 :

- 10대 소녀의 절반 이상과 10대 소년의 약 1/3이 금식, 식사 건너뛰기, 흡연, 구토, 완하제 사용 등 건강에 해로운 방법을 사용하여 체중을 조절하려고 한다.
- 1학년에서 3학년까지 5명 중 약 2명은 더 날씬해지기를 원한다.
- 열 살짜리 소녀 5명 중 4명 이상이 뚱뚱한 것에 대한 두려움을 보고하고 있다.
- 9살에서 11살짜리 소녀의 거의 절반은 '때때로' 또는 '매우 자주' 다이어트를 하고 있다.
- 여자 대학생의 90% 이상이 한 때 다이어트를 했다.

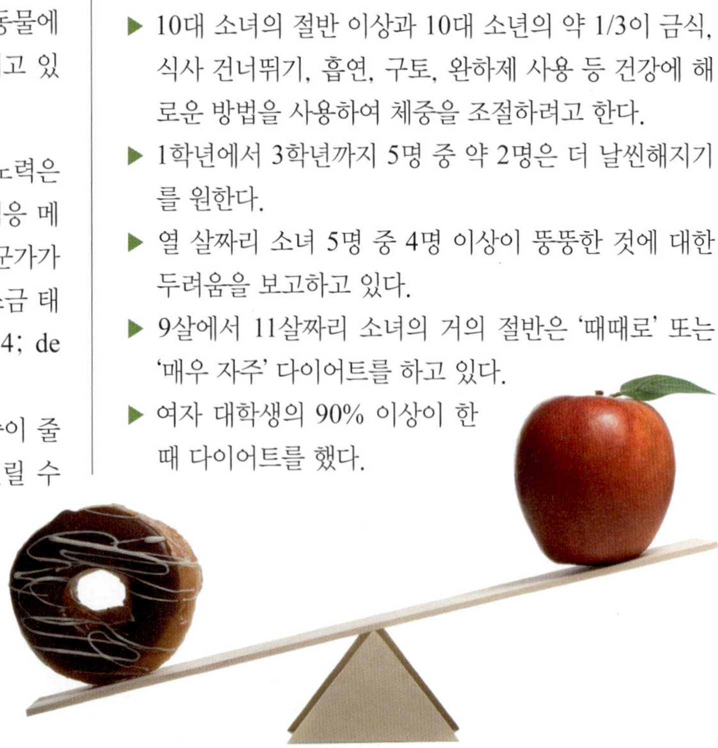

Rubberball/Mike Kemp/Getty Images

이것이 오늘날 모델의 신체 수치인가?

정상 또는 건강한 체질량지수(BMI) 범위는 18.5에서 24.9 사이임을 고려하라. 이 패션쇼 모델의 평균 BMI는 17이다. 미국 여성 3명 중 거의 2명은 BMI가 25를 초과하기 때문에 이러한 모델과 자신을 비교한 여성들은 실망할 것이다. 그러나 일부 여성 (및 일부 남성)은 체중에 너무 집착하여 식욕부진 또는 신경성 폭식증이 발생한다.

섭식 장애는 섭식 패턴에서 지속적이고 심한 장애를 특징으로 한다. 이 부문에서는 개인이 지나치게 날씬하고, 신경성 식욕 부진, 그리고 체중은 정상일 수 있지만 그 체중을 유지하는 데 사용된 방법이 아닌 신경성 폭식증 등의 섭식 장애에 중점을 둔다.

신경성 식욕 부진증(Anorexia Nervosa)은 지나치게 체중이 증가한다는 고도 불안, 극적인 체중 감량, 왜곡된 신체 이미지 및 건강한 체중에 도달하거나 이를 유지하기에 충분한 섭취에 대한 저항을 특징으로 생명을 위협하는 섭식 장애이다. 신경성 식욕 부진증은 청소년기와 청년기에 주로 여성을 괴롭힌다(Stice et al., 2013a).

부유한 여성들은 피트니스 센터와 헬스클럽에 더 많이 접근할 수 있기 때문에 더 큰 위험에 처할 수 있다. 부유한 여성들은 또한 날씬한 몸매를 이상화하는 잡지를 구독하고 날씬한 여성에 대한 호기심을 충족시키는 부티크에서 쇼핑할 가능성이 높다. 미국 여성들은 정기적으로 자신의 수치에 만족하지 못하게 하는 비현실적인 슬림화 표준에 직면하게 된다(Prendergast et al., 2015).

여자 운동 선수들도 위험에 처해 있다. **여성 운동 선수의 세 가지 문제 요소**는 에너지의 저가용성(음식을 잘 먹지 못해서), 월경 문제, 골밀도 감소, 즉 보통 후기 성인기에 사람들을 괴롭히는 건강 문제들이다(Love-less, 2017). 신경성 식욕 부진이 있는 여성은 1년 안에 체중의 25% 이상이 줄어 호흡기 및 심혈관 문제를 일으킬 수 있다(Papadopoulos et al., 2009). 이러한 건강 문제를 감안할 때 신경성 식욕 부진 여성의 사망률은 약 5%이다.

한 가지 일반적인 패턴은, 소녀는 사춘기에 도달한 후 체중이 증가한 것을 알게 되고, 체중을 줄여야겠다고 결심한다. 그러나 체중을 줄인 후에도 계속 다이어트를 하고 많은 경우 심한 흥분상태에서 운동을 한다.

신경성 식욕 부진증 극심한 체중 감소와 왜곡된 신체 이미지를 특징으로 생명을 위협하는 섭식 장애

여성 운동 선수의 세 가지 문제 요소 (1) 저에너지, (2) 월경 문제 (3) 골밀도 감소와 관련하여 특히 대학에서 여성 운동 선수에게 영향을 미치는 문제

TRUTH

(T) F 패션 잡지는 여성들의 섭식 장애에 영향을 줄 수 있다.

패션 잡지가 여성들의 섭식 장애에 영향을 줄 수 있다는 것은 사실이다. 그들은 대부분의 사람들이 만들기 불가능한 날씬하고 이상화된 몸을 원한다. 하지만 일부는 거의 모든 칼로리 섭취량을 포기하면서 날씬해지려고 노력한다.

이런 패턴은 체중이 줄어들면서 계속된다. 이런 장애를 가진 소녀들은 건강 문제에 대해 부인한다. 일부는 힘의 증거로서 열성적인 운동 일과를 지적한다. 자신을 과체중으로 보는 신체 이미지의 왜곡은 식욕부진의 특징이다(Harrison, 2013).

신경성 폭식증(Bulimia Nervosa)은 폭식과 구토를 반복한다. 식욕부진증과 마찬가지로, 청소년기와 청년기 동안 여성을 괴롭히는 경향이 있다(Bravender et al., 2010). 폭식증은 식이요법과 같이 종종 음식을 제한한 후 바로 따라온다. 제거 방법에는 여러 가지가 있다. 어떤 사람들은 구토를 한다. 다른 방법으로는 엄격한 식이요법이나 금식, 완하제 사용, 까다로운 장기간 운동프로그램에 참여하는 것이 있다.

섭식 장애를 가진 사람은 자신의 신체에 대해 완벽주의자가 되는 경향이 있다. 그들은 이상화된 체형과 몸무게에 보다 조금도 만족하지 않을 것이다(Chang et al., 2014; Wade et al., 2015).

폭식증은 식욕부진과 마찬가지로 호르몬 불균형을 유발한다. 신경성 폭식증이 있는 많은 여성들은 월경주기가 불규칙하다(Mountjoy & Goolsby, 2015). 물론, 섭식 장애는 그 자체로 나쁘고 위험하지만, 종종 심한 우울증과도 관련이 있다(Stice et al., 2013b).

섭식 장애의 기원 건강 전문가들은 섭식 장애의 기원에 대해 많은 연구를 해왔지만 아직 많은 질문들이 남아있다는 것을 인정한다. 많은 부모들은 자녀, 특히 유아들을 먹이는 데 집착한다.

따라서 일부 심리학자들은 이제 아이들이 부모와의 전쟁에 참여하는 방법으로 식사를 거부한다고 제안한다.("넌 무언가를 먹어야 해!", "난 배고프지 않아요!")

신경성 폭식증 폭식과 구토를 반복하는 것을 특징으로 하는 섭식 장애

종종 섭식 장애를 가진 청소년 가족들에게서 전쟁이 일어나는 것 같다.

그러한 가족의 부모는 종종 가족의 기능에 만족하지 못한다. 부모들은 자신도 종종 식사와 다이어트 문제를 갖고 있다. 부모들은 또한 딸들을 상대로 매력적이지 않다고 여기는 것을 알려주면서, 그리고 섭식 장애가 발생하기 전에 부모가 체중 감량을 해야 한다는 생각을 아이들에게 알려주면서 '행동으로 옮긴다.'(Cooper et al., 2001; Crittenden & Dallos, 2009).

청소년 여성의 섭식 장애에 대한 또 다른 방해 위험 요인은 학대와 방치로 인한 것으로 보고된 섭식 장애의 수는 다양하지만 아동 학대, 특히 성적 학대의 경험이다(Tan & Holub, 2015).

사회 문화적 기후 또한 식습관에 영향을 미친다. 미국에서 날씬함은 이상화되어 있다. 현재의 패션 잡지와 카탈로그를 살펴보면 일반적인 여성보다 평균 9% 더 크고 16% 더 날씬하고 풍만한 가슴선을 가진 모델을 찾고 있다. 매년 갱신되는 미국의 롤 모델인 미스 아메리카(Miss America)도 수년에 걸쳐 날씬해졌다.

지난 80년 동안 우승자의 신장은 불과 2% 커졌지만 체중은 5kg이나 줄었다. 1920년대에 미스 아메리카의 체중은 신장과 비교해 BMI 20~25를 인정했으며 이는 세계보건기구(WHO)에 의해 정상으로 간주되었다. WHO는 BMI가 18.5보다 낮으면 영양실조 상태로 분류한다.

그러나 최근 미스 아메리카는 BMI 17에 가깝다(Shick et al., 2011). 문화적 이상이 날씬해짐에 따라 건강 차트에 따르면 평균 체중을 가진 여성은 과체중을 느끼고 평균을 넘어선 많은 여성은 거대한 느낌을 주게 된다.

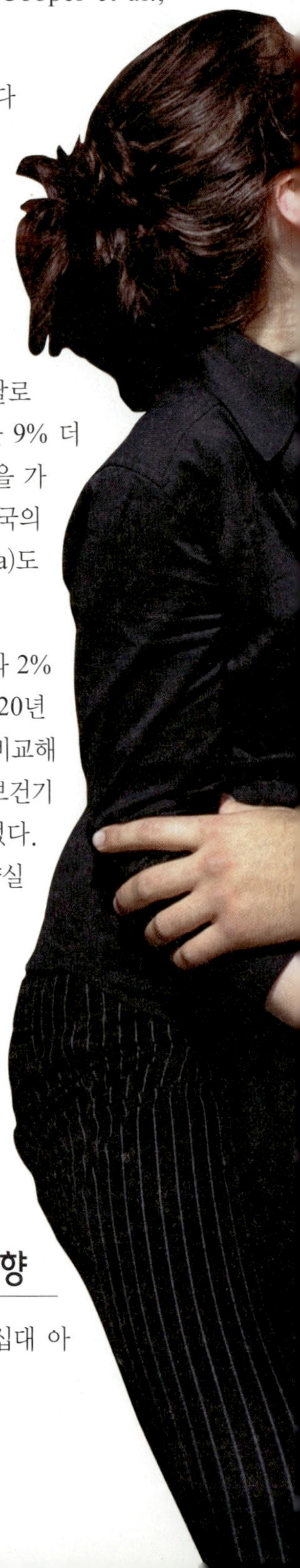

8-4 성적 동기 부여 및 성적 지향

텔레비전 코미디에서 한 어머니는 십대 아들을 '발 달린 호르몬'이라고 언급했다.

그녀는 아들이 섹스에 집착하는 것을 알게 되었기 때문이다. 이는 우리 문화의 청소년들에게 충분히 정상이다. 또한, 성에 대한 청소년의 선입견은 사춘기에 발생하는 성호르몬의 급증과 밀접한 관련이 있음을 널리 이해하고 있다. '발 달린 호르몬'이라는 말은 동기뿐만 아니라 움직임을 의미하며 움직임은 방향을 의미한다.

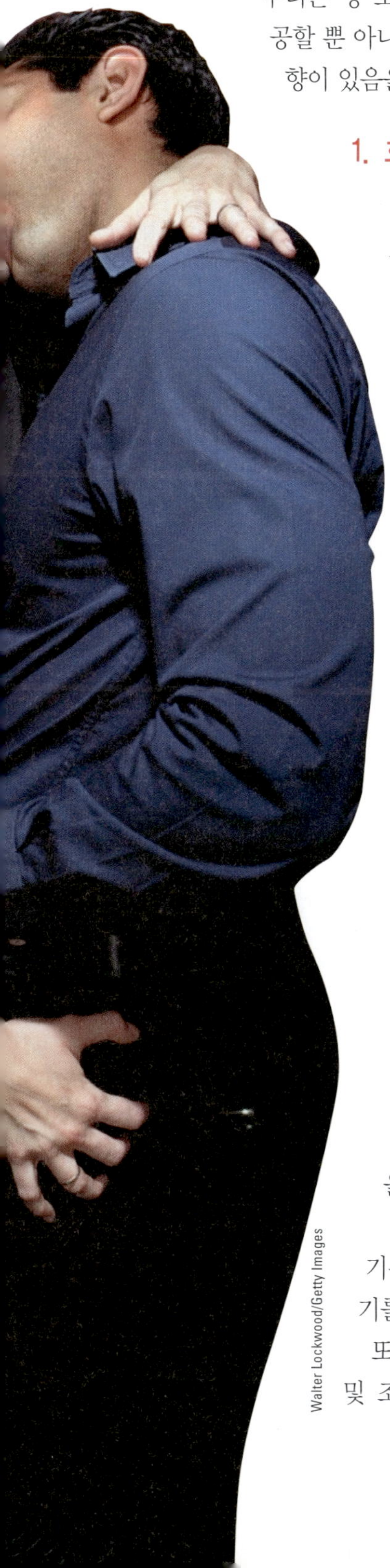

Walter Lockwood/Getty Images

우리는 성 호르몬이 우리에게 추진력을 제공할 뿐 아니라 특정 방향으로 나아가는 경향이 있음을 알게 될 것이다.

1. 호르몬과 성적 동기

성 호르몬은 성욕을 자극한다고 말할 수 있다. 연령이나 건강 문제로 인해 테스토스테론을 거의 생산하지 않는 남성을 대상으로 한 연구에 따르면 테스토스테론 대체요법을 받을 때 성욕이 증가하는 것으로 나타났다(Brock et al., 2016).

여성들 사이에서 가장 흔한 성 문제는 성적 욕구나 관심이 부족한 것이고, 여성의 성욕 또한 테스토스테론 수치와 관련이 있다(Regan, 2013).

남성은 여성이 생산하는 테스토스테론의 7~10배를 생산 하지만 여성은 부신과 난소에서 안드로겐('남성' 성 호르몬)을 생산한다. 테스토스테론 주사, 패치 또는 환약으로 호르몬을 충분히 생산하지 못하는 여성의 성욕을 높일 수 있다.

성 호르몬은 남성과 여성의 성기관의 발달을 촉진하고 생리주기를 조절한다.

또한, 성적 행동에 대한 활성화 및 조직화 효과가 있다. 그것들은 성욕에 영향을 미치고 성적 반응을 촉진시킨다.

이것을 **활성화 효과**(activating effects)라고 한다. 암컷 생쥐, 쥐, 고양이, 개는 암컷 성 호르몬이 많을 때 **발정기**(estrus)에만 수컷을 받아들인다. 발정기 동안 암컷 쥐는 수컷을 껴안고 귀를 흔들고 꼬리가 달린 등을 한쪽으로 아치 모양으로 만들어 수컷이 들어올 수 있게 한다.

2. 성적 반응과 성적 행동

남성은 여성보다 섹스에 더 많은 관심을 보인다(Masters et al., 2013). 1,000명 이상의 학부생을 대상으로 한 설문조사에 따르면 남성은 여성보다 캐주얼 섹스 및 여러 섹스 파트너에 더 관심이 높은 것으로 나타났다(Schmitt et al., 2012). 여성은 낭만적인 관계와 섹스를 하기를 더 원할 것이다(Treger et al., 2013).

비록 우리가 유사성보다는 성별 차이에 중점을 두도록 문화적으로 더 잘 적응하고 있지만 윌리엄 마스터스(William Masters)와 버지니아 존슨(Virginia Johnson, 1966)은 성적인 자극에 대한 남성과 여성의 생물학적 반응이 매우 유사하다는 것을 발견했다.

마스터스와 존슨은 성 반응주기라는 용어를 사용하여 남성과 여성이 성적으로 흥분할 때 신체에서 발생하는 변화를 설명한다. 마스터스와 존슨은 성적 반응주기를 4단계로 나눈다: 흥분기, 고조기, 절정기, 쇠퇴기.

성적 반응주기는 **혈관 울혈**과 근염이 특징이다. 혈관 울혈은 생식기 조직에 혈액이 부어오르면서 음경의 발기와 질 개구부 주변의 부종을 유발한다. 혈관이 확장되면서 고환과 유두가 부풀어 오른다. 근긴장은 근육 긴장으로, 찡그림, 손발의 경련, 오르가슴의 경련을 유발한다.

발기, 질 윤활, 오르가슴은 모두 반사 작용이다. 즉, 적절한 성적 자극에 반응하여 자동적으로 발생한다.

활성화 효과 성적 행동의 가능성을 증가시키는 성 호르몬의 각성 효과

발정 성 호르몬 수치에 따라 많은 암컷 포유류의 주기적 성적 흥분

흥분 단계 성 반응주기의 첫 번째 단계로 근육 긴장, 심박수 증가, 남성의 발기, 여성의 질 윤활이 특징

성적 반응주기(sexual response cycle) 마스터스와 존슨의 성적 반응 모델로, 흥분기, 고조기, 절정기, 쇠퇴기 4단계로 구성

혈관 울혈(vasocongestion) 혈관이 혈액으로 충혈 성교를 하는 동안 생식기와 유방이 팽창

근긴장 근육 긴장

흥분기(excitement phase)에서 혈관 울혈은 남성의 발기를 유발한다. 음낭 피부가 두꺼워지고 덜 헐렁해진다. 고환의 크기가 커지고 높아진다. 여성에서 흥분은 질 윤활이 특징이다. 혈관 울혈은 음핵을 팽창시키고 질 입술을 평평하게 하고 퍼지게 하며 질의 안쪽 부분을 확장시킨다. 젖꼭지는 남성과 여성 모두에게서 세워질 수 있다. 또 심박수와 혈압이 상승한다.

고조기(plateau phase) 성적인 각성 수준은 **고조기** 동안 다소 안정적으로 유지된다. 혈관 울혈로 인해 음경 머리 둘레가 약간 증가한다. 고환은 사정 위치로 올라가고 크기는 1.5배에 달할 수 있다. 여성의 경우, 혈관 울혈이 질 바깥쪽으로 부풀어 오르고 질 내부는 더 넓어진다. 심박수는 분당 100~160비트로 증가할 수 있다. 혈압이 계속 상승한다.

절정기(orgasmic phase) 남성의 **오르가슴** 동안 근육 수축은 정액을 몸에서 밀어낸다. 즐거움의 감각은 수축의 강도와 정액의 양과 관련이 있다. 처음 3~4회의 수축은 일반적으로 가장 강렬하며 0.8초 간격으로 발생한다(4초마다 5회 수축). 추가적인 수축은 더 천천히 발생한다.

여성의 오르가슴은 질을 둘러싸고 있는 골반 근육의 3~15회 수축에 의해 나타난다. 마찬가지로 남성의 수축은 먼저 0.8초 간격으로 발생한다. 약하고 느린 수축이 뒤따른다. 혈압과 심박수는 최고점에 이르며 심장은 분당 최대 180회에 이른다. 호흡은 분당 40회까지 증가할 수 있다.

쇠퇴기(resolution phase) 절정기 후 **쇠퇴기**에서 신체는 미각성 상태로 돌아간다. 남성은 불응기로 들어가서 다른 오르가슴이나 사정을 경험할 수 없다. 여성은 불응기를 거치지 않기 때문에 원하는 경우 빨리 재각성될 수 있다.

성적 반응주기는 여성과 남성이 성적 자극에 노출될 때 발생하는 상황을 설명한다. 그러나 사람들은 어떤 종류의 성적 경험을 추구하는가? 섹스 파트너는 몇 명인가? 섹스 파트너는 누구인가? 우리는 미국 사람들의 성 생활에 대해 무엇을 알고 있는가?

고조기 성적 반응주기의 두 번째 단계 절정기를 준비할 때 혈관 울혈, 근육 긴장, 심박수, 혈압의 증가가 특징

사정(ejaculate) 음경에서 정액을 배출하는 과정

절정기 성적 흥분의 최고조 비자발적 근육 수축, 성적 긴장 해소, 보통 주관적인 쾌감과 관련

쇠퇴기 성적 반응주기의 네 번째 단계로 이 단계에서 신체는 점차적으로 사전 각성 상태로 돌아감.

3. 성적 행위 조사

잘 알려진 킨제이 보고서(Kinsey reports, Kinsey et al., 1948, 1953)는 1938년에서 1949년 사이에 미국에서 5,300명의 남성과 5,940명의 여성을 인터뷰했다. 면담자들은 자위, 구강성교, 혼전 성관계를 포함한 성적 경험에 대해 물었다. 대부분의 남성들은 결혼하기 전에 자위를 하고 성관계를 가졌다는 사실을 알게 되어 놀랐다. 또한, 소수의 여성들이 이러한 행동을 보고했다. 그러나 킨제이는 인구의 무작위 표본을 얻지 못했다.

그의 샘플은 유색인, 농촌 지역, 노인, 가난한 사람, 가톨릭 신자, 유태인으로 불충분했다. 따라서 킨제이의 결과가 당시 일반적인 미국인의 성적 행동을 정확하게 반영했는지 여부를 알 수 있는 방법이 없다. 그러나 킨제이가 발견한 관계에서 특히 교육 수준과 혼전 성 관계 사이의 긍정적인 연결은 충분히 정확할 수 있다.

미국에서 성에 대한 정확한 보고를 하려는 경우, 국가의 모든 사람에게 동등한 기회를 주어야 한다. 그런 일은 절대 완벽하게 일어나지 않는다.

대학생을 인터뷰하고 전화번호부를 사용하여 연락하려면 어떻게 해야 하는가? 그렇게 하면 핸드폰만 사용하는 모든 학생을 제외시키게 된다. 최근 미국의 국가 성 건강 행동 설문조사를 발표한 연구원들은 이런 유형의 일이 일어나지 않도록 조치를 취했다.

전체적으로, 그들은 14세에서 94세 사이의 5,865명의 청소년과 성인을 대상으로 설문조사를 했으며, 대부분의 연구원들이 믿고 있는 것으로 합리적으로 미국 인구의 정확한 단편이며 또는 사람들이 보고하려는 것에 대한 합리적으로 정확한 그림을 도출했다.

피임 및 질병 예방법의 이용 가능성에도 불구하고, 미디어에서 일상적인 성행위 묘사가 널리 퍼져 있음에도 불구하고, 질병 통제 및 예방 센터(Martinez et al., 2011)의 조사에 따르면 소수의 십대는 1980년대와 1990년대의 십대들에 비해 현재 미혼이면서 섹스를 하고 있는 것으로 나타났다(그림 8.3 참조).

이 조사에 따르면 2006년 이후 미혼 여성 십대의 43%와 미혼 남성 십대의 42%가 적어도 한 번은 섹스를 한 반면, 그 비율은 여성의 경우 52%, 남성의 경우 60%였다. 미혼 십대들도 콘돔을 사용할 가능성이 높아짐에 따라 십대 임신도 꾸준히 감소하고 있었다.

그림 8.3 최소한 한 번 성관계를 가진 청소년

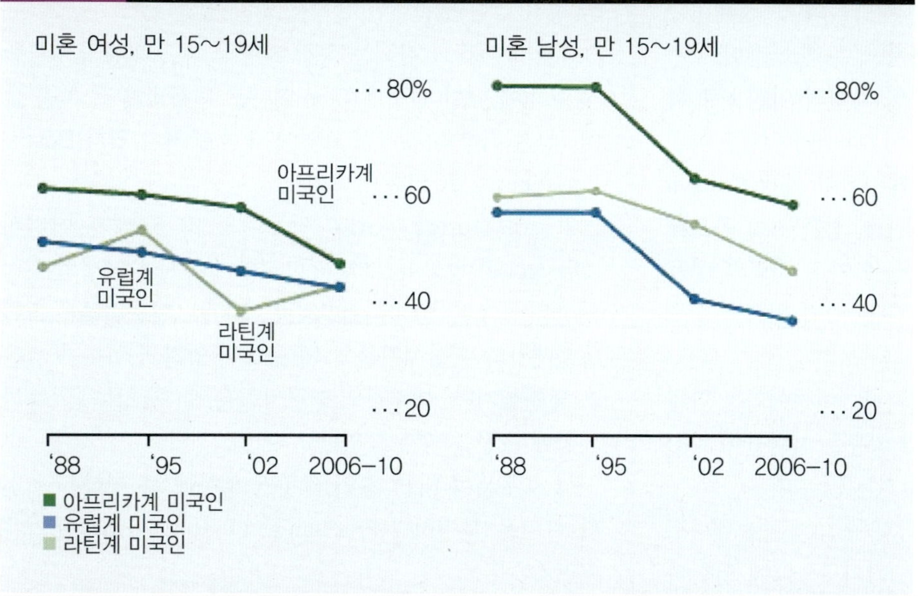

출처 : Martinez, G., Copen, C. E., & Abma, J. C. (2011). 미국의 청소년 : 성행위, 피임약 사용 및 출산, 2006~2010. 가족 성장에 대한 전국 조사. 국립 건강 통계 센터. 생명 건강 통계, 23 (31).

4. 성적(sexual) 지향 및 성(gender) 정체성

마일리 사이러스(Miley Cyrus)는 디즈니 채널 시리즈 한나 몬타타의 역할을 통해 유명해졌다. 마일리는 낮에는 평범한 미국의 여학생인 마일리 스튜어트를 연기했지만 밤에는 십대 아이돌 녹음 예술가 한나 몬타타로 이중생활을 했다. 성적으로 말하면, 마일리는 또 다른 이중생활을 하는 것으로 볼 수 있다.

마일리는 남성과 여성 모두에게 성적이고 낭만적인 관계가 있다고 말하는 **성소수자**(Lesbian, gay, bisexual and transgendered) 운동가이다. 마일리는 영국 잡지에 이렇게 말했다. "저는 성에 매우 개방적이에요.", "저는 성적 표현이 다양해요. 데이트를 하려고 하는데 함께 있는 사람은 물론이고 2주마다 스타일을 바꿔요"(de Casparis, 2015). Paper지 인터뷰에서 그녀는 다음과 같이 덧붙였다. "나는 성인 18살만 넘으면 누구하고도 사랑할 수 있어요. 저는 소년이나 소녀와는 관계가 없으며, 내 파트너가 소년이나 소녀와 관계를 가질 필요가 없어요"(Petrusich, 2015).

마일리는 여성과 남성에 대한 자신의 낭만적인 관심사를 설명하기 위해 '범성욕주의자'라는 단어를 사용했다. 성적 취향은 자신의 성별, 다른 성별 또는 둘 다에 대한 낭만적인 관심사 및 에로틱한 매력의 방향에 관한 것이다. 자신의 성과 같은 동성에게 에로틱하게 끌리는 사람은 **동성애자**(homosexual)로 분류된다.

동성애에는 **게이**(남성)와 **레즈비언**(여성)이 포함된다. **이성애자**(heterosexual)는 다른 성을 가진 사람들에게 에로틱하게 끌린다. 하지만 성에 관해 전부 그런 건 아니다. 동성애자와 이성애자도 각각 동성이나 이성과 낭만적인 관계로 발전하는 것을 선호한다.

세계 에이즈의 날을 기념하는 콘서트 도중 카네기 홀에서 공연하는 가수, 마일리 사이러스(Miley Cyrus). 마일리는 Paper 지 인터뷰에서 "나는 성인 18살만 넘으면 누구하고도 사랑할 수 있다."라고 말했다.

Dave Kotinsky/Getty Images

성적 반응주기의 불응기 개인이 성적인 자극에 반응하지 않는 절정기 이후의 기간

성소수자(LGBT 운동가) 레즈비언, 게이 남성, 양성애자 및 트랜스 젠더의 권리를 위해 싸우는 사람

동성애자 동성의 사람들과 성적으로 흥분하고 낭만적인 관계를 형성하는 데 관심이 있는 사람

게이 남성 동성애자

레즈비언 여성 동성애자

이성애자 다른 성을 가진 사람들과 성적으로 흥분하고 낭만적인 관계를 형성하는 데 관심이 있는 사람을 말함.

성 정체성 여성, 남성 또는 중간쯤의 심리적 감각

성 정체성(gender identity)은 여성, 남성 또는 중간쯤으로 자신을 보는 감각을 말한다. 사람들의 성 정체성은 일반적으로 자신의 성별과 일치하지만, 트랜스 젠더 또는 그냥 '트랜스'라고 불리는 사람은 다른 성의 일원으로 확인된다.

레버른 콕스(Laverne Cox)나 케이틀린 제너(Caitlyn Jenner)와 같이, 그들은 자신을 잘못된 성을 가진 몸으로 볼 수 있다. 많은 트랜스는 다른 성을 가진 사람의 삶을 선택하고, 그들 중 일부는 신체가 다른 성의 외모를 갖도록 호르몬 치료 및 수술을 받는다.

미국 남성과 여성의 약 7%가 자신을 '이성애와는 다른 성'으로 정의하지만 나머지 93%의 행동은 사람들이 자신을 분류하는 방식과 정확히 일치하지는 않는다.

예를 들어, 같은 성을 가진 사람과 구강성교를 했다고 말하는 사람은 약 14%에 달하는 거의 두 배에 달한다(Herbenick et al., 2010a, 2010b, 2010c; Reece et al., 2010). 더 적은 사람들이 자신을 트랜스라고 밝힌다(Arcelus et al., 2015).

성 불일치(Gender Nonconformity) 성 불일치란 주어진 문화에서 자신의 성별과 관련된 성 역할 고정 관념과 일치하는 방식으로 행동하지 않는다는 의미이다. 평균적으로 게이는 다소 여성스럽고 레즈비언은 다소 남성적인 경향이 있지만 각 그룹마다 상당한 차이가 있다(Burri et al., 2015 Rieger & Savin-Williams, 2012).

많은 게이와 레즈비언은 어린 시절 친구들과는 '다른' 행동과 느낌을 회상한다. 많은 게이들은 어릴 때 경쟁적인 스포츠에 흥미가 없었다고 보고한다(Rieger & Savin-Williams, 2012).

반대로, 멜리사 하인스(Melissa Hines)와 그녀의 동료들 (2015)은 태어나기 전에 기준보다 높은 농도의 남성 호르몬에 노출된 여성 배아와 태아는 다음과 같은 것이 보인다고 보고했다.

- 유년기 동안 남성의 정형화된 놀이 증가
- 레즈비언이 될 가능성 높음
- 성 정체성의 변화 가능성 (자신을 남성으로 볼 확률이 높음)
- 신체적으로 공격적인 행동을 보이는 경향이 높음

성적 취향과 성 정체성의 기원 20세기 전반에 걸쳐 정신 분석 학자들은 소년과 소녀가 동성의 부모와 제대로 동일시하지 못한 초기 아동의 무의식적 갈등의 관점에서 동성애를 설명하려고 했다. 많은 학습 이론가들은 어린이의 성적 경험과 관련된 설명을 찾고 있었다.

그러나 이러한 견해는 성적 지향과 성 정체성의 생물학적 요인에 대한 연구에 의해 대부분 대체되었다. 예를 들어, 성적 취향의 유전적 요인에 대한 증거가 있다(Best & Fortenberry, 2013).

일란성(Monozygotic) 쌍둥이의 약 52%가 이란성(Dizygotic) 쌍둥이 22%와 비교하여 동성애 남성의 성적 취향을 공유한다(Dawood et al., 2009). 연구원들은 또한 동성애자와 이성애자들의 뇌 구조에 약간의 차이가 있음을 발견했지만, 대부분의 연구자들은 성 호르몬의 가능한 역할에 초점을 맞추고 있다.

성 호르몬이 다른 종의 짝짓기 행동에 큰 영향을 미친다는 것은 분명하다(Pradhan & Olsson, 2015). 인간은 어떤가?

테스토스테론은 태아기의 남성 성기 발달에 필수적이다. 테스토스테론이 없다면 우리는 모두 여성형의 성기가 발달할 것이다(남성 유전 정보를 가진 사람은 불임이 되지만). 잠시 멈추고 성인기 남성과 여성의 호르몬 수준 차이가 있는 양쪽 성을 가진 사람들의 성적 취향을 연결시키지 못했다는 연구 보고에 주목하자(Hines et al., 2015).

성인기에 테스토스테론의 효과는 활성화에 분명히 한계가 있다. 즉, 그것은 성적 욕망의 강도에 영향을 주지만, 동성이나 이성 파트너를 선호하는 건 아니다. 그러나 남성으로서 또는 여성으로서 성 정체성과 성적 취향은 태아기에 발달할 수 있다(Berenbaum, 2018).

스웨덴의 신경과학자인 이반카 사빅(Ivanka Savic)과 그녀의 동료(2010)는 성 기관의 성적 분화는 임신 첫 2개월 동안 발생하지만 뇌 구조의 성 분화는 임신 후반기에 훨씬 늦게 시작된다고 지적했다.

생식기와 뇌의 성 분화는 모두 테스토스테론의 급증에 의존하지만, 각각 다른 시기에 발생한다. 따라서 독립적으로 발생할 수 있다. 성적 취향이나 성 정체성의 기초가 되는 생물학적 요인이 다른 방향으로 발전하는 동안 개인의 성 기관이 한 방향으로 발달할 가능성이 있다.

연구에 따르면 항 안드로겐 약물에 노출된 태아는 남성의 남성형 행동을 감소시키고, 안드로겐에 노출되면 여성 중에서 남성형 행동을 증가시킬 수 있다(Arnold & McCarthy, 2016; Barrett & Patisaul, 2017; Gore et al., 2017).

태아의 뇌가 성적으로 분화되는 그 시기에 화학적 변화가 일어나면 생식기가 정상적으로 발달하더라도 정형화된 선호와 행동 패턴이 변할 수 있다.

얼마 전까지만 해도 대중은 일반적으로 성적 취향이 선택의 문제이며 게이와 레즈비언은 성격상의 결함으로 고통을 받는다고 믿었다. 동성애자들은 자신들이 매력적으로 생각하는 이성애자보다 선택의 여지가 없다는 것이 이제는 더 분명해졌으며, 2015년 대법원의 동성 결혼 합법화로 대중은 동성애에 대해 더 관대해졌다(McCarthy, 2017).

올림픽 금메달리스트 브루스 제너(Bruce Jenner)가 케이틀린 제너(Caitlyn Jenner)로의 공개적인 전환은 트랜스젠더 주의에 대한 폭 넓은 이해와 관용에 기여했다.

8-5 성취 동기

많은 학생들은 주의가 산만해도 공부를 계속한다. 많은 사람들이 앞으로 나아가고, '성공하고', 많은 돈을 벌고, 발명하고, 불가능을 이루기 위해 끊임없이 노력한다. 심리학적 연구에 따르면 이 사람들은 성취 동기라는 것을 가지고 있다고 지적했다.

심리학자 데이비드 맥크릴랜드(David McClelland, 1958)는 환상 평가를 통해 성취 동기의 평가를 개발하는 데 도움을 주었다. 한 가지 방법은 헨리 머레이(Henry Murray)가 개발한 주제통각검사(Thematic Apperception Test; TAT)이다.

TAT에는 다양한 해석이 가능한 그림과 그림이 있는 카드가 들어 있다. 개인에게는 하나 이상의 TAT 카드를 보여주고 그림의 주제에 대한 이야기를 구성하도록 요청한다.: 단서가 되는 것, 등장 인물이 생각하고 느끼는 것, 일어날 수 있는 것을 가리킨다. 하나의 TAT 카드는 그림 8.4와 유사하다. 카드의 의미는 모호하고 불분명하다.

소녀가 잠을 자고 책에 대해 생각하고 친구와 외출하기를 바라는가? 이 카드에 대해 말할 수 있는 두 가지 이야기를 생각하라.

▶ 이야기 1 : "그녀는 업무에 뒤쳐져 있고 특히 일을 좋아하지 않기 때문에 책을 읽어야한다는 것에 화를 냈다. 그녀는 친구들과 외출하는 것이 더 좋고 그렇게 하기 위해 몰래 빠져나올 수도 있다."

그림 8.4 도대체 무슨 일이 일어나고 있는가?

이 카드는 TAT 카드처럼 모호한 상황을 나타내며 이 카드에 대한 해석은 자신에 대한 뭔가를 말한다.

▶ 이야기 2 : "그녀는 생각한다. '언젠가 나는 위대한 학자가 될거야. 이런 책을 쓰면 모두 나를 자랑스러워할 거야.' 그녀는 항상 읽는다."

두 번째 이야기는 첫 번째 이야기보다 더 많은 성취 동기를 제안한다. 고전적인 연구에 따르면 높은 성취 동기를 가진 사람들은 비슷한 학습 능력을 가지고 있지만 낮은 성취 동기를 가진 사람들보다 더 높은 성적을 얻는다.

성취 동기가 높은 사람들은 비슷한 기회를 가진 동기부여가 적은 사람들보다 높은 급여를 받고 승진할 가능성이 더 높다(Maurer & Chapman, 2013; Story et al., 2009). 맥크릴랜드(1965)는 TAT를 사용하여 높은 성취동기를 가진 대학생과 낮은 성취 동기를 가진 대학생으로 분류했다.

맥크릴랜드는 높은 성취 동기를 가진 대학 졸업생의 83%가 위험, 의사 결정 및 비즈니스 관리, 영업 또는 자영업과 같은 큰 성공 기회를 특징으로 하는 직종에 종사하는 것을 발견했다.

기업가가 아닌 일자리를 선택한 졸업생의 대부분 (70%)은 낮은 성취 동기를 나타냈다. 성취 동기가 높은 사람은 도전을 좋아하고 목표를 달성하기 위해 적당한 위험을 감수하려고 한다.

5. 외적 동기 대 내적 동기

지금 이 과목에서 잘 하기를 원하는가? 그렇다면 왜 그런가? 캐롤 드웩(Carol Dweck, 2017)은 성취 동기가 성과 또는 학습 목표 또는 둘 다에 따라 움직일 수 있음을 발견했다. 예를 들어, 그 과정의 성과와 같은 실적 목표에 주로 동기를 부여하는가? 그렇다면, 당신의 동기가 대학원 입학, 좋은 직장에 취업, 부모나 강사의 인정을 받거나 비난을 피하는 것과 같은 실질적인 보상과 관련이 있기 때문에 일부 그럴 수도 있다.

어렸을 때 저는 인생에서 돈이 가장 중요하다는 생각을 했어요. 이제 나이를 먹으니 그것이 사실이라는 것을 압니다."

Oscar Wilde, 아일랜드 극작가, 소설가 및 시인 (1854~1900)

성과 목표는 일반적으로 칭찬이나 수입과 같은 외적 보상을 통해 달성된다. 성과 목표를 개발하는 어린이의 부모는 성적이 좋으면 장난감이나 돈과 같은 보상으로 응답하고 성적이 나쁘면 분노와 특권을 제거하는 응답을 할 가능성이 높다.

아니면 학습 목표가 주로 당신이 잘 하도록 동기화 시키는가? 즉, 당신의 중심 동기가 지식과 기술, 즉 주제를 이해하고 숙달하는 능력을 향상시키는가? 학습 목표는 대개 자기 만족과 같은 내적 보상으로 이어진다. 학습 목표를 개발하는 학생들에게는 종종 자녀들이 독립적으로 생각하고 행동하도록 격려하는 강한 성취 동기를 가진 부모가 있다.

부모와 교사는 아이들을 따뜻하게 바라보며, 배우려는 노력에 대해 칭찬하고, 참신하고 자극적인 경험에 노출시키며, 끈기를 장려함으로써 학습 목표를 개발하도록 돕는다(Dweck, 2017). 이런 방식으로 자극을 받은 어린이들은 자신을 위해 높은 기준을 설정하고, 자신의 성과를 자기 가치와 연관시키며, 그들의 성공을 우연이나 다른 사람의 개입보다는 노력의 결과로 본다.

우리 중 많은 사람들이 과정뿐만 아니라 인생의 다른 영역에서도 성과와 학습 목표를 모두 달성하기 위해 노력한다. 성적은 명확한 이점과 관련되어 있기 때문에 중요하지만 그것 자체의 목적을 위한 학습 또한 가치가 있으며 큰 즐거움을 줄 수 있다.

정서 인지적, 생리적, 행동적 구성 요소가 있는 느낌의 상태

8-6 정서(Emotion)

정서는 우리의 삶을 물들인다. 부러움에는 녹색, 분노에는 빨간색, 슬픔에는 파란색이다. 사랑과 갈망과 같은 긍정적인 감정은 삶을 기쁨으로 가득 채울 수 있다. 두려움, 우울, 분노와 같은 부정적인 감정은 우리를 공포로 가득 채우고 매일 따분하게 한다.

때때로 우리의 감정은 '배경에 숨어 있다.' 때때로 그런 정서들은 온종일 지배한다. 그리고 정서를 정의하기가 어려울 수도 있다. 두려움이 위협에 대한 반응인 것처럼 정서는 상황에 대한 반응일 수 있다. 분노는 공격을 유발할 수 있기 때문에 정서는 행동을 유발할 수 있다. 정서 자체도 목표가 될 수 있다.

우리는 행복이나 사랑을 경험하게 하는 방식으로 행동할 수 있다. 따라서 정서는 동기 부여와 밀접하게 관련이 있다. 우리는 감정에 이끌리며, 우리의 욕구를 충족시키거나 충족시키지 못하면 강력한 정서적 결과를 얻을 수 있다. 정서는 생리적, 인지적, 행동적 구성 요소를 말하는 것으로 정의된다.

정서는 자율 신경계(Antonomic Nervous System: ANS)의 흥분과 관련이 있다(Owens et al., 2017). 흥분이 클수록 감정이 더 강해진다. 또한, 흥분의 유형은 경험되는 감정에 영향을 미치는 것으로 보인다. 정서라는 단어는 느낌에 관한 것이며, 인지에 관한 것이 아니다. 특히 사건의 의미에 대한 해석은 정서의 중요한 측면이다.

일반적으로 위협에 대한 반응으로 발생하는 두려움은 위험에 처한 것에 대한 인식과 **교감 신경계**의 흥분(예: 빠른 심장 박동, 호흡, 발한, 근육 긴장)을 포함한다. 정서에는 또한 행동의 경향도 포함된다.

두려움은 상황을 피하거나 도망가는 행동의 경향과 관련이 있다(표 8.2 참조). '사회적 도발에 대한 반응으로 분노는 도발자가 되돌려받아야 한다는 인식과 교감 신경계 및 부교감 신경계를 자극하고 공격하려는 경향이 있다(Williams, 2017).'

우울증에는 대개 무력감과 절망감, 부교감 신경의 자극, 활동하지 않는 경향성, 때로는 자기 파괴에 대한 인식이 수반된다.

행복, 슬픔, 질투, 혐오, 당황, 좋아함 등은 모두 인지

도표 8.2 정서의 구성

정서	생리	인지	행동
무서움	교감 신경 흥분	위험에 처해 있다는 믿음	회피 경향
분노	교감 신경과 부교감 신경의 흥분	좌절감이나 잘못 취급되고 있다는 신념	공격 경향
우울	부교감 신경의 흥분	무력감, 절망감, 무가치함에 대한 생각	게으름, 가능한 자기 파괴적 경향

적, 생리적, 행동적 요소를 지니고 있다.

1. 정서 표현(Expression of Emotions)

행복과 슬픔은 모든 문화에서 발견되지만, 전 세계 사람들이 같은 방식으로 정서를 표현하는가? 많은 정서 표현이 보편적일 수 있음이 밝혀졌다(Ekman, 2003).

미소는 분명히 친근감과 인정의 보편적인 표시이다. 19세기 찰스 다윈(Charles Darwin, 1872)이 지적했듯이 치아를 드러내는 것은 보편적인 분노의 표시일 수 있다. 진화론의 창시자인 다윈은 얼굴 표정의 보편적인 인식이 생존 가치를 가진다고 믿었다. 예를 들어, 말없이 얼굴 표정으로 적(또는 친구)의 접근 신호를 보낼 수 있다.

대부분의 연구자들은 특정 얼굴 표정이 다양한 문화에서 자란 사람들에게 동일한 정서를 제시한다는 데 동의한다(Farb et al., 2013).

또한, 다양한 문화권의 사람들은 특정 표정으로 표시된 정서를 인식한다. 폴 에크만(Paul Ekman, 1980)은 분노, 혐오, 두려움, 행복, 슬픔, 놀라움을 나타내는 사람들의 사진을 찍었다(그림 8.5 참조). 그런 다음 전 세계 사람들에게 어떤 정서를 표현하는지를 말하도록 요청했다. 이 질문을 받은 사람은 유럽의 대학생부터 뉴기니 고원에 거주하는 부족인 포레(Fore) 족의 일원에 이르기까지 다양했다.

서구 문화와 거의 접촉하지 않은 포레 족을 포함한 모든 그룹은 정서에 대한 의견이 일치했다. 포레 족은 또한 기본적인 정서적 반응을 요구한 이야기 속 인물 인지에 대한 반응을 물었을 때 익숙한 표정을 보여주었다. 에크만과 그의 동료(1987)는 10개의 문화 연구에서 비슷한 결과를 얻었다.

반면에 얼굴 표정과 정서 사이에는 완벽한 일대일 관계가 없다(Farb et al., 2013). 얼굴 표정은 때때로 그들이 수반될 거라고 생각하는 감정이 없을 때 발생한다(Porter & ten Brinke, 2008). 목소리, 자세, 제스처 또한 사람들이 느끼는 것과 하려는 것에 대한 단서를 제공한다.

행복한 사람들

- 변화에 영향을 미치는 능력을 믿는다.
- 새로운 경험에 개방적이다.
- 새로운 관계를 발전시키는 데 위험을 감수할 수 있다.

그림 8.5 어떤 감정을 느끼는가? 어떻게 알 수 있는가?

Ekman™의 연구에 따르면 행복, 분노, 놀라움, 두려움과 같은 몇 가지 중요한 정서와 관련된 얼굴 표정은 보편적으로 인식되고 있다.

교감 신경계(sympathetic nervous system) 포식자에 대한 투쟁–도피 반응이나 큰 시험에 대해 걱정할 때와 같이 저장고에서 신체 에너지를 소비하는 과정에서 가장 활성화되는 자율 신경계 중 하나

부교감 신경계(parasympathetic nerve system) 휴식과 식사와 같이 몸에 에너지를 공급하는 과정에서 가장 활동적인 자율 신경계의 주요 부분

FICTION

T (F) 돈으로는 행복을 살 수 없다.

이 문제의 진실은 돈으로 사람들이 약간의 행복을 살 수 있는 것처럼 보인다는 것이다. 미국, 러시아, 중국 및 라틴 아메리카에서 실시된 설문조사에 따르면 사람들은 부유한 사회에 살거나 상당한 수입을 얻을 때 더 행복해지는 경향이 있다. 그리고 돈이 있으면 적어도 우리들 중 몇몇은 그 돈에 대해 걱정하는 불행을 피할 수 있다.

2. 긍정심리학

대공황 시대의 밴드 리더인 테드 루이스(Ted Lewis)는 "모두 행복한가?"라고 물음으로써 자신의 행동을 시작하곤 했다. 모두가 행복하지는 않지만 설문조사에 따르면 선진국의 대부분의 사람들이 그들의 삶에 상당히 만족하고 있다(Minkov & Bond, 2017).

많은 사람들은 심리학자들이 불안, 우울, 분노와 같은 부정적인 감정에만 관심이 있다고 생각할 수 있다. 전혀 아니다. 긍정심리학이라고 불리는 심리학 영역은 행복과 사랑, 낙관주의와 희망, 기쁨과 관능적 즐거움 같은 긍정적인 정서를 다룬다.

어떤 사람들은 단지 '행복하게 태어났는가?' 아니면 인생 경험이 행복을 결정하는가? 행복을 방해하는 요소는 무엇인가? 유전적 요인은 분명히 행복에 강력한 역할을 한다(Roysamb & Nes, 2018). 그들은 행복이 집안 내력인 경향이 있으며, 우리 삶 전반에 걸쳐 어느 정도 안정된 행복을 유지하는 경향이 있다고 지적한다.

우리가 사랑하는 사람이 우리를 사랑한다는 것을 배우거나 우리의 일에 대한 인정을 받는 것과 같은 긍정적인 사건은 현재 우리의 행복 수준을 확실히 높일 수 있다. 마찬가지로, 사랑하는 사람의 상실, 경제 파국이나 부상과 같은 부정적인 삶의 사건은 당연히 우리를 슬프게 할 수 있다. 그러나 말에서 떨어진 사고로 마비된 배우 크리스토퍼 리브(Christopher Reeve)가 그랬던 것처럼 우리는 어느 정도의 행복 수준으로 되돌아오는 경향이 있다.

긍정심리학 개인의 안녕과 만족, 즉 기쁨, 관능적인 즐거움 및 행복; 미래에 대한 낙관과 희망에 관한 심리학 분야

어떤 삶의 경험이 행복에 기여하는가? "돈으로는 행복을 살 수 없다"는 말에도 불구하고 사람들은 현금이 충분할 때 더 행복해지는 경향이 있다(Ruberton et al., 2016). 아마도 돈이 사람들을 행복하게 만들지는 않지만 적어도 그것을 가진 사람들은 돈에 대해 걱정할 필요가 없다.

중국 학생들은 돈을 제외한 만족감, 내면의 조화, 개인적 성취, 신체적 건강, 영적 향상, 미래에 대한 희망, 관대함, 자기 개발 측면에서 행복을 생각하는 경향이 있다(Lu, 2001). 결혼했거나 관계가 지속되는 사람들은 외로움보다 행복한 경향이 있다(Waite et al., 2009; Wienke & Hill, 2009).

행복한 사람들은 또한 새로운 경험과 새로운 관계에 더 개방적이다(Demir & Weitekamp, 2007). 연구에 따르면 종교인은 비종교인보다 더 행복하다고 한다(Barringer & Gay, 2017; Francis et al., 2017).

그리고 행복의 특징적인 측면이 있다. 어느 소득 수준의 사람들은 소득이 더 많은 사람들과 자신을 비교해 스스로를 비참하게 만들 수 있다(Cheung & Leung, 2008).

CSquared Studio/Getty Images

미소는 일반적으로 내면의 기분이 좋은 것에 대한 반응이지만, 안면-피드백 가설에 대한 실험적 연구에서는 미소를 짓는 행위가 우리의 기분을 향상시킬 수 있다고 제안한다.

행복은 또한 일이 잘 진행될 것이라는 가정에 대한 인지적 편견인 낙관론을 동반하는 경향이 있다(Wilhelm et al., 2010).

그러나 행복한 사람들은 종종 변화에 영향을 주고 더 열심히 노력하는 자신의 능력을 믿고 있기 때문에 그 '편견'은 근거가 없다. 행복한 사람들은 또한 성공을 위해 기꺼이 자신을 격려하고 노력하고 있으며, 일이 잘못 될 때 스스로를 비난하지 않는다. 이런 태도는 행복의 또 다른 요소인 자존감에 기여한다.

3. 안면-피드백 가설 (The Facial Feedback Hypothesis)

얼굴은 시각적 자극 중 특별한 장소를 가지고 있다. 얼굴 표정은 정서적 상태를 반영하며 이러한 표현을 '읽는' 능력을 통해 다른 사람들과 적절하게 상호작용할 수 있다.

그림 8.6 **우리는 보통 기분이 좋을 때 미소를 짓게 되는데, 반대로 미소를 먼저 짓는 것이 우리 기분을 좋게 만들지는 않을까?**

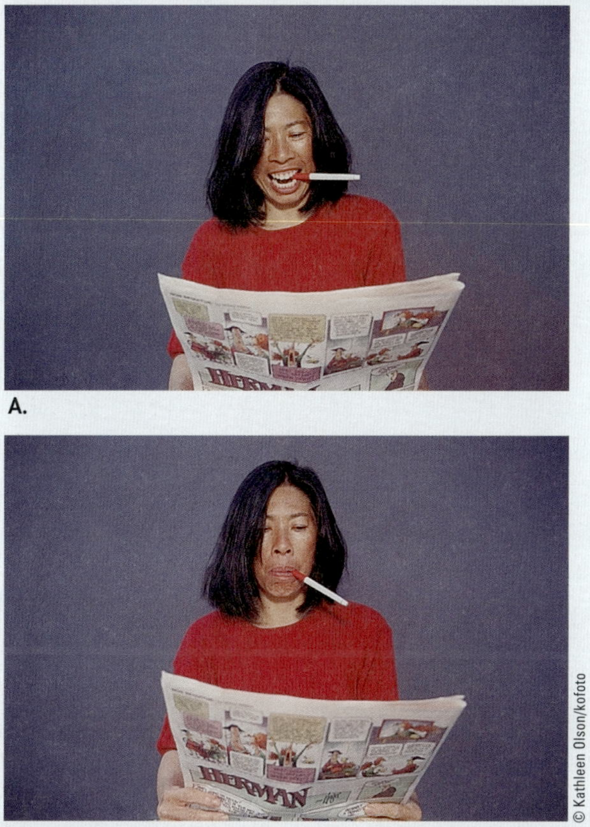

안면-피드백 가설에 따르면 미소는 그런 효과가 있다. 사람들이 치아 사이에 펜을 물고 미소를 지을 때 연재만화를 재미있게 평가할 가능성이 높다(사진 A 참조). 입술 사이에 펜을 물고 눈살을 찌푸리면 만화 등급이 곤두박질친다(사진 B).

안면-피드백과 정서 사이의 가능한 연결은 무엇인가? 하나는 흥분이다. 두려움을 나타내는 데 사용되는 것과 같은 안면 근육의 강렬한 수축은 흥분을 높이고 결과적으로 정서적 반응을 부추긴다. 안면 근육 수축에 대한 피드백은 그림 8.6과 같이 정서를 유발할 수 있다.

'뒤센(Duchenne)의 미소'에 참여하면 "눈꺼풀이 안구를 향해 약간 아래로 내려오도록 눈가 주름과 눈꺼풀 주름의 미묘한 처짐이 기쁜 정서를 유도하는 특징이 있다"(Price et al., 2013; Söderkvist et al., 2018).

스트레스 처리를 위한 권장 사항으로 '꿋꿋하게 버텨'라는 영국식 표현을 들어 보았을 것이다.

두려움이나 긴장으로 떨리는 대신 입술이 이완되는 동안 '뻣뻣한' 입술은 정서적인 반응을 억누르는 것이다. 그러나 강한 근육 긴장으로 입술이 뻣뻣해지면 안면-피드백이 정서적 반응을 높일 수 있다.

정서적 상태는 안면 근육과 뇌의 특정 전기적 활동 패턴을 유발할 수 있다. 그러나 다른 방법으로 작동할 수 있는가? 안면-피드백 가설은 얼굴 표정이 정서 상태에도 영향을 줄 수 있다고 주장한다. 즉, 정서와 표정 사이의 인과 관계도 반대 방향으로 작용할 수도 있다.

심리학적 연구는 안면-피드백 가설에 관한 몇 가지 흥미로운 사실을 발견했다. 예를 들어, 사람들이 미소를 짓도록 유도하면 더 긍정적인 감정을 보고하고 만화를 더 유머러스하게 평가하게 된다(Soussignan, 2002).

눈살을 찌푸리게 하면 만화를 더 공격적이라고 평가한다. 사람들이 얼굴 표정을 통해 고통을 보일 때 그들은 전기 충격을 더 고통스럽게 평가한다.

8-7 정서이론

32세의 데이비드는 잘 자지 않는다. 그는 새벽이 되기 전에 깨어나 다시 잠을 자지 못한다. 식욕도 떨어져 에너지가 낮고 다시 담배를 피우기 시작했다. 그는 점심에 술 두 잔을 마시고 술을 더 마시면 배가 아픈 것이 운이 좋다고 생각한다. 그렇지 않으면 너무 많이 마셨을 것이다. 그리고 나서 그는 "그래서 어떤 차이가 있을까?" 라고 생각한다.

안면-피드백 가설 정형화된 얼굴 표정이 정형화된 정서에 기여할 수 있다는 견해

> 때로는 성적으로 좌절하게 된다. 다른 때에는 성욕이 남아 있는지 궁금해 한다. 그는 깨어 있지만 매일 아침 침대에서 자신을 일으키는 것이 점점 어려워지고 있다. 이번 주에 그는 하루 결근을 하고 두 번이나 지각을 했다. 그의 감독관은 위협적이지 않는 방식으로 "어떻게 좀 해봐"라고 말을 꺼냈다. 데이비드는 다음 경고가 위협적이지 않을 것임을 알고 있다. 수가 떠난 이후로 내리막길을 가고 있었다. 심지어 자살이 데이비드의 마음에 스쳐갔다. 그는 자신이 미쳐가고 있는지 궁금했다.

데이비드는 우울한 정서를 경험하고 있으며 심각할 정도다. 우울은 관계가 끝나는 것 같은 상실 이후에 일어날 것으로 예상되지만, 데이비드의 감정은 여전히 남아 있었다. 그의 친구들은 그에게 나가서 할 일을 하라고 말하지만, 데이비드는 너무 무너져서 전혀 할 동기가 생기지 않았다.

가족과 친구들로부터 많은 호응을 얻은 데이비드는 아이러니하게도 나가서 자신이 좋아했던 일을 꺼내서 하도록 강요하는 심리학자와 상담을 했다. 심리학자는 또한 데이비드에게 그의 문제 중 일부는 스스로 의미 있는 변화를 만들 수 없는 자신을 실패자로 보는 것이라고 말했다.

정서의 '상식이론'은 사람에 의해 인지적으로 평가(해석)되는 어떤 상황이 있고 감정 상태(각성 및 생각의 결합)가 뒤따른다는 것이다. 예를 들어, 당신은 새로운 사람을 만나고, 그 사람을 유쾌한 사람으로 평가하며, 매력이 뒤따르는 것을 느낀다. 또는, 데이비드의 경우와 마찬가지로 사회적 관계가 끝나고, 상실을 인식하고, 그것을 바꿀 힘이 없다고 느끼며, 우울에 빠진다.

그러나 정서의 구성 요소가 어떻게 상호작용하는지에 대한 역사적 이론과 현대 이론은 이런 상식적인 견해와는 차이가 있다. 여러 가지 이론을 고려해 유용한 결론에 도달할 수 있는지 살펴보자.

1. 제임스 – 랑게(James–Lange) 이론

한 세기 전, 윌리엄 제임스(William James)는 우리의 정서는 사건에 대한 우리의 행동 반응을 일으키는 것이 아니라 오히려 뒤따라온다는 제안을 했다. 거의 동시에 덴마크 생리학자 칼 랑게(Karl G. Lange)도 이런 견해를 제안했다. 그러므로 그것은 제임스–랑게의 정서이론이라고 불린다.

제임스와 랑게(1922)에 따르면, 특정 외부 자극은 투쟁이나 도피와 같은 특정 패턴의 흥분과 행동을 본능적으로 유발한다(그림 8.7, 파트 A 참조). 우리는 공격적으로 행동하기 때문에 화를 내게 되고, 도망치기 때문에 두려워하게 된다. 정서는 단순히 자동적인 생리 및 행동 반응의 인지적 표현(또는 부산물)이다.

제임스–랑게 이론은 안면–피드백 가설과 일치한다. 즉, 미소는 깊은 슬픔을 극복할 정도로 강하지 않을지라도, 분명히 기분 좋은 느낌을 유발할 수 있다. 이 이론은 또한 우리의 행동을 변화시킴으로써 우리의 감정을 바꿀 수 있다고 제안한다.

그림 8.7 정서이론 : 어떻게 느끼는가?

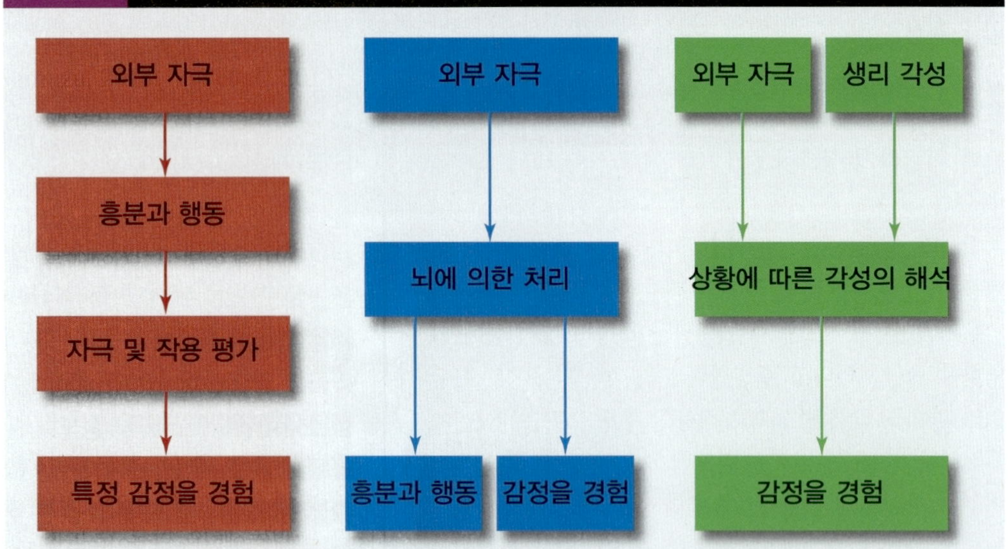

A. 제임스–랑게 이론
사건은 특정한 각성 패턴과 행동을 유발한다. 감정은 신체 반응을 평가한 결과이다.

B. 캐논–바드 이론
사건은 먼저 뇌에 의해 처리된다. 그 다음 각성, 행동 및 감정적 반응의 신체 패턴이 동시에 유발된다.

C. 인지 평가
사건과 각성은 개인에 의해 평가된다. 감정적 반응은 상황에 대한 개인의 평가와 각성 수준에서 비롯된다.

자신의 감정을 바꾸기 위해 행동을 바꾸는 것은 행동요법의 한 측면이다. 데이비드의 심리학자가 밖으로 나가서 일을 하도록 촉구했을 때, 심리학자는 자신의 행동을 바꾸면 자신의 기분에 긍정적인 영향을 줄 수 있다고 가정하고 있었다.

그러나 월터 캐논(Walter Cannon, 1927)은 각 정서마다 뚜렷한 생리학적 상관관계가 있다는 제임스-랑게의 주장을 비판했다. 그는 정서 A와 관련된 생리학적 흥분은 이론이 주장하는 것처럼 정서 B와 관련된 흥분과는 다르다고 주장했다. 제임스-랑게의 견해는 인식의 중요성을 저하시킨다는 점에 주목하라. 사건에 대한 우리의 행동적, 정서적 반응에서 인지적 평가, 개인의 가치 및 개인 선택의 역할을 부정한다.

2. 캐논 – 바드(Cannon-Bard) 이론

월터 캐논과 필립 바드(Philip Bard, 1934)는 사건이 신체 반응(흥분 및 행동)과 정서의 경험을 동시에 유발할 수 있다고 제안했다. 그림 8.7(파트 B)에서 볼 수 있듯이, 사건이 감지되면 (뇌에 의해 처리됨) 뇌는 자율 및 근육 활동(흥분 및 행동)과 인지적 활동(정서 경험)을 자극한다. 따라서, 캐논-바드의 정서이론에 따르면 정서는 신체 반응에 수반된다. 제임스-랑게 이론에서처럼 정서가 신체적인 변화에 의해 일어나지 않는다.

캐논-바드 이론의 중심 비판은 신체 반응(흥분 및 행동)과 정서가 실제로 동시에 자극되는지 여부에 초점을 맞춘다. 예를 들어, 고통이나 위험에 대한 인식은 우리가 고통이나 두려움을 느끼기 전에 흥분을 유발할 수 있다.

또한, 우리 중 많은 사람들이 발생할 수 있는 피해를 생각할 시간이 있었을 때 '좁은 탈출구'와 흥분되는 경험을 하고 나중에 흔들렸다. 외부 사건들, 생리학적 변화들(자율적 흥분 및 근육 활동과 같은), 인지 활동의 지속적인 상호 작용을 가능하게 하는 이론이 필요하다.

Dimitri Otis/Getty Images

3. 인지적 평가이론(Theory of Cognitive Appraisal)

정서 스트레스의 인지 요인에 대한 최근의 이론적 접근.

예를 들어, 스탠리 샥터(Stanley Schachter)는 많은 정서가 비슷한 신체 흥분의 패턴을 가지고 있지만, 우리가 그것들에게 부여하는 표시는 우리의 상황에 대한 인지적 평가에 크게 의존한다고 주장한다. 인지적 평가는 사건에 대한 우리의 인식과 다른 사람들이 그러한 사건에 반응하는 방식을 포함하여 많은 요인에 기초한다(그림 8.7, 파트 C 참조).

다른 사람들이 있을 때, 우리는 반응에 도달하기 위해서 사회적 비교에 참여한다.

고전적인 실험에서 샥터와 싱어(1962)는 상황에 따라 흥분에 대해 꽤 다르게 지정할 수 있음을 보여주었다. 연구원들은 참가자들에게 시력에 대한 비타민의 효과를 알아내고 싶다고 말했다.

참가자의 절반은 자율신경계의 교감신경을 자극하는 호르몬인 아드레날린 주사를 맞았다. 대조군은 위약의 주사를 맞았다.

아드레날린을 투여받은 사람들은 3가지 '인지 조작' 중 하나를 받았다. 그룹 1은 '비타민'의 정서적인 효과에 대해 아무 말도 하지 않았다. 그룹 2는 일부러 잘못된 정보를 받았다. 이 그룹의 참가자는 가려움증, 마비 또는 기타 관련이 없는 증상을 기대하게 되었다. 그룹 3은 그들이 경험할 수 있는 흥분의 증가에 대해 정확하게 알게 되었다. 그룹 4는 위약을 주사한 대조군으로 그 효과에 대한 정보는 알려주지 않았다.

주사 및 인지 조작을 받은 후, 실험 장치가 설정되는 동안 참가자들은 두 사람씩 대기하도록 요청받았다. 참가자들은 함께 기다렸던 사람이 실험자의 공모자임을 알지 못했다.

공모자의 목적은 참가자가 주사로 인해 일어났다고 생각하는 방식으로 대응하는 것이었다.

일부 참가자들은 태평스럽게 공모자와 함께 기다렸다. 그는 종이 비행기를 방 주위로 날리고 종이 공을 쓰레기통에 버렸다. 다른 참가자들은 화를 내는 공모자와 함께 기다렸다. 그는 실험에 대해 불평을 했고, 설문지를 찢고, 방에서 뛰어 나갔다.

(공모자들이 오스카상을 수상하면서 실제 참가자들은 단방향 거울을 통해 관찰되었다.)

그룹 1과 2의 사람들은 공모자의 행동을 모방했을 것이다. 태평스러운 공모자에 노출된 참가자들은 쾌활하고 편안한 행동을 했다. 화난 공모자에 노출된 참가자들은 그 사람을 불평하고 공격적인 행동을 모방했다. 그러나 그룹 3과 4의 사람들은 공모자의 행동에 덜 영향을 받았다.

샥터와 싱어는 그룹 1과 2의 참가자들은 모호한 상황에 있었다고 결론지었다. 이들 그룹의 참가자들은 아드레날린 주사로 흥분을 느꼈지만 특정 정서로 그것을 분류할 수 없었다. 그들은 공모자와의 사회적 비교를 통해 행복을 느끼든, 분노를 느끼든 흥분시키는 결과로 연결되었다.

그룹 3의 참가자들은 주사로 인해 흥분할 것으로 예상했지만 특별한 정서적 결과는 없었다.

이 참가자들은 모호한 상황이 아니기 때문에 공모자의 행복이나 분노 표출을 모방하지 않았다. 그들은 자신의 흥분이 아드레날린에 기인한다는 것을 알았다. 그룹 4의 참가자들은 아마도 공모자를 관찰함으로써 유발된 일부 흥분을 제외하고는 속성에 흥분은 없었다. 그들은 공모자의 행동을 모방하지도 않았다.

샥터와 싱어는 상황에 대한 다른 관점으로 인해 한 사람이 흥분을 행복으로 분류하고 다른 사람이 그것을 분노로 분류하기에는 두 정서 사이의 신체적 차이는 미미하다고 제안한다. 샥터-싱어 견해는 각 정서가 구체적으로 관련이 있고 쉽게 신체 감각을 인식한다고 주장하는 제임스-랑게 이론과 동떨어질 수 없다. 일어난 진실은 그 사이 어딘가에 있을 수 있다.

과학에서는 실험을 복제하고 동일하거나 유사한 결과를 얻을 수 있어야 한다. 그렇지 않으면 이론은 타당하다고 볼 수 없다. 샥터와 싱어 연구는 복제되었지만 결과는 다르다(Bies & Tripp, 2017). 예를 들어, 일부 연구에 따르면 참가자들은 공모자의 행동을 모방할 가능성이 적고 긴장이나 분노에 기인한 설명할 수 없는 흥분을 부정적으로 인식할 가능성이 있다(Zimbardo et al., 1993).

4. 최종 평가

우리는 이 모든 것으로 무엇을 만들 수 있는가? 연구에 따르면 다양한 정서와 관련된 흥분의 패턴은 샥터와 싱어가 제안한 것보다 더 구체적이지만 제임스와 랑게가 제안한 것보다는 덜 구체적이다(Dixon et al., 2017; Larsen et al., 2008).

뇌 영상을 이용한 연구는 행복과 슬픔과 같은 다른 정서가 뇌의 다른 구조와 관련이 있음을 시사한다(Dixon et al., 2017). 그럼에도 불구하고 연구자들은 단일 정서에 반응하는 뇌세포를 발견하지 못했다. 혐오 정서는 가장 구체적인 위치인 1차 미각 피질인 것 같다. '불쾌한' 경험과 관련된 정서가 여기에 집중되는 것이 타당하다.

샥터와 싱어 연구와 관련하여 짐바르도(Zimbardo)와 그의 동료들(1993)은 우리의 감정에 대한 통제력 부족과 진행 상황에 대한 이해 부족이 경험을 방해한다고 지적한다. 따라서 상황에 대한 인지적 평가는 정서적 반응에 영향을 주지만 샥터와 싱어가 믿었던 것은 아니다. 요약하면, 경험의 다양한 구성 요소(인지적, 생리적, 행동적)는 우리의 정서 반응에 기여한다.

주어진 상황에서 우리 몸이 흥분될 수 있지만 사람들도 그러한 상황을 평가한다. 흥분 그 자체는 하나의 정서 또는 다른 정서를 직접 유발하는 것으로는 보이지 않는다. 우리가 논의한 정서이론 중 어느 것도 모든 상황에 처해있는 모든 사람에게 적용되지 않는다는 사실은 위안이 된다.

분명히 우리의 정서는 일부 이론가들이 제안한 것처럼 거짓말 탐지기와 같이 쉽게 이해하고 조작되거나 심지어 감지되지 않는다.

TRUTH

(T) F 혀를 물거나 발가락을 흔들어 거짓말 탐지기를 속일 수 있다.

혀를 물거나 발가락을 흔들어 거짓말 탐지기를 속일 수 있다는 것은 진실이다. 이러한 방법은 신체가 일반적으로 거짓말과 관련된 신호를 방출하지 못하게 방해할 수 있다. 다음 페이지의 거짓말 탐지기의 기능을 참조하라.

거짓말 탐지기 : 거짓말 탐지기는 무엇을 감지하는가?

좋든 나쁘든 거짓말은 삶의 한 부분이다. 사람들은 이메일의 14%, 대면 상호작용의 27%, 전화 통화의 37%에서 거짓말을 한다(Hancock, 2007). 정치 지도자들은 거짓말로 당선된다.

사람들이 온라인 '경기(match)'에서 의사소통을 할 때 남성들은 개인 자산과 관계 목표에 대해 거짓말을 할 가능성이 높다(Fullwood & Attrill-Smith, 2018; Toma et al., 2008). 여성들은 체중에 대해 거짓말을 할 가능성이 가장 높다(Fullwood & Attrill-Smith, 2018; Toma et al., 2008). 대부분의 사람들은 일반적으로 다른 관계에 대해 연인에게 거짓말을 한다(Beggan & Allison, 2017).

사람들은 또한 직업을 얻기 위한 자격에 대해 거짓말을 하고, 물론 어떤 사람들은 어떻게 됐든 범죄를 저지른 것에 대해 거짓말을 한다.

얼굴 표정은 종종 속이는 단서를 제공하지만 일부는 똑바로 얼굴을 보거나 미소로 거짓말을 할 수 있다. 셰익스피어가 햄릿에서 지적했듯이 "사람은 미소를 지으며 악당이 될 수 있다." 거짓말을 감지하기 위해 장치를 사용하는 것은 오래 전부터 설득력이 없었다.

> 아라비아의 베두인족... 최근까지도 뜨거운 쇠를 핥게 했다. 상반되는 증인이 필요할 때까지; 혀를 태운 사람은 거짓말을 하는 것으로 생각되었다. 중국인은 거짓말을 탐지하는 비슷한 방법을 가지고 있다고 한다. 용의자는 쌀가루를 씹어서 뱉어 내야 했다. 가루가 말라 있으면 용의자는 유죄이다(Kleinmuntz & Szucko, 1984, 766~767쪽).

이러한 방법은 원시적이고 기괴하게 들릴 수도 있지만 현대 심리학적 지식과 광범위하게 일치한다. 거짓말이 발각되는 것에 대한 불안은 자율신경계의 교감신경 흥분과 관련이 있다. 교감신경의 흥분 중 하나는 타액이 부족해져 구강건조가 일어나는 것이다. 두려움과 죄책감 정서는 또한 교감신경의 흥분과 구강건조와 관련이 있다.

거짓말 탐지기는 심문 중 교감신경의 흥분을 나타내는 지표를 관찰한다 : 심박수, 혈압, 호흡 수, 피부 전기 반응(땀). 그러나 거짓말 탐지기를 사용하여 진실 또는 거짓을 평가하는 타당성에 대한 의문이 제기되었다(Meijer & Verschuere, 2017).

미국 거짓말 탐지기 협회는 거짓말 탐지기의 사용이 85%에서 95%까지 정확하다고 주장한다. 비평가들은 거짓말 탐지기 테스트가 덜 정확하고 거짓말보다 더 민감하다고 주장한다(Iacono, 2008).

긴장된 근육, 약물 및 이전의 거짓말 탐지기 테스트 경험과 같은 요인으로 인해 정확도가 크게 떨어질 수 있다. 한 실험에서 사람들은 심문을 받는 동안 혀를 물거나 (통증을 유발) 바닥을 향해 발가락을 압박하여 (근육을 긴장시키기 위해) 거짓말 탐지기에 기초한 판단의 정확도를 약 50%까지 줄일 수 있었다(Fiske & Borgida, 2008). Honts et al., 1985).

따라서 당신이 진실을 말할 때에도 검사관은 검사결과를 버리면서 당신이 거짓말을 하고 있다는 인상을 줄 수 있다.

타당성 문제로 인해 거짓말 탐지기 시험 결과는 더 이상 많은 법원에서 증거로 인정되지 않는다. 일부 과학자들은 거짓말 탐지의 미래가 뇌 스캔에 있다고 주장한다(Blitz, 2017; Meijer & Verschuere, 2017).

Blend Images/SuperStock

거짓말 탐지기를 속이는 한 가지 방법은 아마도 이것보다 덜 확실하게 혀를 깨무는 것이다.

적용

#MeToo : 성희롱 이해 및 근절

대다수의 여성이 #MeToo를 선언할 수 있다. MeToo 해시 태그는 2017년 성희롱과 폭행을 널리 퍼뜨린 삽화로 소셜 미디어에서 퍼져 나갔다(Bennett, 2017). 몇 개월 만에 하비 와인스타인(Harby Weinstein)과 같은 미디어 거물과 루이스 C.K., 맷 로어(Matt Lauer), 마크 할페린(Mark Halperin)과 같은 공공 인물이 권력의 자리에서 악평과 수치심으로 추락했다. TV 스타 빌 코스비(Bill Cosby)는 약 50명의 여성에게 마약과 폭행 혐의로 기소되었다. 빌 클린턴 대통령은 성폭행 혐의로 기소됐으며, 젊은 백악관 인턴인 모니카 르윈스키와 성 관계를 맺기 위해 자신의 권력 지위를 이용했다(Beggan & Allison, 2017). 도널드 트럼프 대통령은 2005년 Access Hollywood 주최자 빌리 부시(Billy Bush, Pérez Miles, 2017)와의 대화에서 성기로 여성을 '잡아야'겠다고 말한 것으로 기록되어 있다.

여성이 미래

PACIFIC PRESS/Alamy Stock Photo

기네스 팰트로(Gwyneth Paltrow), 안젤리나 졸리(Angelina Jolie), 샤를리즈 테론(Charlize Theron), 우마 서먼(Uma Thurman)과 같은 은막의 스타들은 모두 강력한 감독과 프로듀서들에 의해 희생되었다고 보고했다. 제임스 반 데르 비크(James Van Der Beek)와 전 축구 선수이자 배우인 테리 크루(Terry Crews)를 포함한 남성들도 있다. 여성뿐만 아니라 남성도 피해자가 되었지만, 성희롱자의 99%가 남성이다(2016년 대학 상담 및 심리검사 센터).

17~26세의 Washington Post–Kaiser Family Foundation(2015) 여론 조사에 응한 여성 응답자의 20%는 대학에서 성폭행을 당했다고 보고했다. 남성의 5%도 마찬가지였다. 여성들은 여론 조사원들에게 "우리는 일종의 씨름이었어요. 상황이 더 성적으로 변했지요. 저는 그에게 멈추라고 말했어요. 그는 내가 농담하고 있다고 생각했나봐요. 나는 얼어붙었죠. 동의에 대해서는 의문의 여지가 없어요. 나는 '안돼'라고 말했지만 그는 신경쓰지 않았어요."

여성의 약 60%가 직장에서 성희롱을 당했다고 보고했다(Smith, 2018). 다음 유형의 괴롭힘은 학교, 직장 또는 기타 환경을 적대적인 장소로 만든다(Holland & Cortina, 2016 University Counseling & Testing Center, 2016).

괴롭힘과 폭행 사이에 상당한 중복이 있음을 알 수 있다.

1. 성희롱 : 여성에 대한 모욕적이고 비하하는 태도를 전달하는 성차별적 발언과 행동 또한 불쾌한 낙서, 더러운 농담 및 성이나 여성에 대한 일반적인 의견도 포함.
2. 유혹의 시도 : 반복되는 성적 초대장, 편지, 이메일, 문자, 전화 통화와 같은 원하지 않는 부적절한 성적 접근.
3. 뇌물 수수 : 보상이나 보상 약속과 교환하여 성 활동을 추구.
4. 성적 강요 : 잘못한 일의 수행 평가 위협, 승진 보류, 해고와 같은 처벌의 위협을 통해 성행위 강요
5. 물리적 성적 강요 : 만지거나, 문지르거나, 움켜쥐거나, 노골적인 성폭행을 강요.

남성은 왜 성희롱이나 폭행에 연루되는가? 보스턴 대학교 공중보건대학의 폭력 예방 연구부서의 공동 책임자인 Emily Rothman(2017)에 따르면 최소한 네 가지 이유가 있다 : 첫째, 어떤 사람들은 충동조절의 어려움, 이 경우 성 충동 조절에 어려움을 겪는다. 그러나 일부 전문가들은 성희롱이 성보다 힘과 공격에 관한 것이라는 주장에 주목하자(Quick, 2018). 둘째, 다른 괴롭힘 꾼들은 친밀한 관계가 무엇인지에 대한 이상한 생각을 한다. 세 번째 이유는 특권의식이다. 텍사스 대학교(University of Texas)의 제임스 캠벨 퀵 (James Campbell Quick, 2018)이 제안한 바와 같이 사람들이 높은 권력의 자리에 있기 때문에 원하는 대로 할 수 있다는 것이다. 넷째, 일부 가해자들은 노출증, 관음증, 마찰애호증(동의없이 사람들을 문지르고 싶어 함) 또는 아동에 대한 성적 관심과 같은 이질적인 성적 자극에 의해 성적으로 흥분한다.

성희롱을 중단하려면 몇 가지 행동 유형이 필요하다(Smith, 2018).

▶ 성희롱이 거부되고 사소한 경우가 종종 발생하는 직장 문화와 싸우기

▶ #MeToo 운동에서처럼 '여성이 미래'라고 크게 말하고 공개적으로 밝히기
▶ 전문적인 태도 전달 — 직업적이며 전문적인 태도로 괴롭힘에 대응하여 괴롭힘을 중지
▶ 괴롭히는 사람과 함께 있는 것 피하기
▶ 괴롭힘 사건에 대한 기록을 저장하고 사건 발생 후 가능한 빨리 신뢰하는 사람들과 기록을 공유
▶ 대학, 직장 또는 정부 기관에 불만을 제기
▶ 법적인 구제: 성희롱은 불법적이고 적대적인 업무 또는 학업 환경을 조성함. 희롱이 범죄를 저지르게 되니, 인사 담당자 또는 필요한 경우 변호사와 상담하기

적용

체중 조절에서 날씬함

체중 조절을 위해 많은 일을 할 수 있지만, 먼저 심리학자는 모든 사람이 날씬해지려고 해서는 안 된다고 경고한다. 오늘날 미국의 여성들은 특히 부자연스러울 정도로 날씬한 여성을 이상적으로 따르는 사회적 압박을 받고 있다. 결과적으로 그들은 비현실적인 체중 감량 목표를 설정하는 경향이 있다. 그러나 많은 과체중인 사람들, 특히 심각한 비만인 경우, 과다 체중을 줄이면 2형 당뇨병 및 심장병과 같은 건강 문제의 위험이 줄어든다.

대부분의 건강 전문가들은 미국 사람들이 과일과 채소를 충분히 섭취하지 않고 지방을 너무 많이 섭취한다고 믿고 있다. 포화 지방과 콜레스테롤이 적은 음식을 섭취하면 심장에 좋으며 체중 감량에도 기여할 수 있다. 더 적은 칼로리를 섭취하면 체중이 줄어든다. 적은 칼로리를 섭취한다고 해서 더 적은 양을 먹는다는 의미는 아니다. 그것은 신선하고 단맛이 없는 과일과 채소(사과 파이 대신 사과를 먹는 것), 생선과 가금류, 탈지유와 치즈에 더 의존하는 저칼로리 식품으로 전환한다는 의미이다. 버터, 마가린, 오일 및 설탕을 줄이거나 제거한다는 의미일 수 있다.

'The Biggest Loser'라는 영화를 보면, 체중을 줄이고 벗어나는 데 다이어트만 하는 것보다 다이어트와 운동을 같이 하는 것이 더 효과적이라는 것을 말해 준다. 운동은 칼로리를 태우고 근육 조직을 형성하여 지방보다 더 많은 칼로리를 대사한다. 인지 행동 방법은 또한 체중 감량을 위한 많은 전략을 제공했다.

Science Photo Library/Alamy Stock Photo

다음은 체중을 줄이고 벗어나는 몇 가지 제안이다.

▶ 칼로리 섭취 목표를 설정하고 목표 달성 여부를 추적하라. 음식의 칼로리가 얼마나 되는지를 보여주는 앱을 다운로드하거나 책을 구하라.
▶ 고칼로리 식품 대신 저칼로리 식품을 대체하라. 아이스크림보다는 샐러리로 위장을 채워라. 아이스크림으로 폭식하는 대신 계획된 저칼로리 간식을 먹어라.
▶ 5분간 휴식을 취하라. 스스로에게 아직 배가 고픈지 묻고, 그렇지 않으면 식사를 중단하라.
▶ 과거에 당신을 부추겼던 유혹을 피하라. 치즈 케이크 공장이 아닌 알팔파 새싹 카페가 있는 쇼핑몰에서 쇼핑하라. 식당에 들어가기 전에 식사를 계획하라. 테이블의 화려한 접시가 아닌 자신의 접시를 준비하라. 목록에 있는 것을 쇼핑하라. 더 이상 배가 고프지 않을 때는 저녁 식사 후에 슈퍼마켓을 활기차게 걸어보라. 예쁜 꾸러미에 푹 빠지지 마라(그것 들에는 살찌는 것들이 들어있다). 부엌에서 머뭇거리지 마라. 다른 곳에서 공부하거나 TV를 보거나 편지를 써라. 살찌는 음식을 집에 가져가지 마라. 칼로리 목표를 달성하기에 충분한 음식만 준비하라.
▶ 더 많은 칼로리를 태우고 신진 대사 속도를 높이기 위해 운동하라. 접시가 아닌 배우자에게 다가가라(좀 더 재미있게 표현해 보자면). 계획되지 않은 간식을 먹는 대신 활기차게 걸어라. 매주 몇 분씩 추가하면서 운동 일정을 세워라.
▶ 칼로리 목표를 달성한 것에 대한 보상(음식은 아님)을 하라. 주간 칼로리 목표를 달성하면 휴가비 또는 새 전화기를 구입할 현금을 은행에 넣어라.

- ▶ 스스로 체중 감량에 도움이 되는 이미지를 사용하라. 살찌는 요리에 끌렸다면, 그것이 썩었고, 구역질이 나고 입안에서 역겨운 맛이 날 것이라고 상상하라.
- ▶ 문제 상황에 대한 해결책을 마음속으로 살펴보라. 사무실 파티에서 케이크를 나눠 줄 때 어떻게 할지 생각해 보라. 다음 번 친척집 방문을 연습하고 음식을 두 번, 세 번 정중하게 거절하는 방법을 상상하라.
- ▶ 마지막으로, 하루 동안 계획에서 벗어날 경우, 일을 지나치게 부풀리지 마라. 다이어트 중인 사람은 종종 자신이 완벽하게 성공하든 실패하든 특히 스스로를 못마땅하게 보거나 아니면 긍정적이든 부정적이든 강한 정서를 경험할 때 폭식하려는 유혹을 받는다. 하루만이 아닌 주간 또는 월간 추이를 고려하라. 폭식을 하면 다음날 다이어트를 재개하라.

체중 감량을 하고 중단하지 않는 것은 쉽지 않지만 할 수는 있다. 체중 감량에 전념하고 이를 위한 실행 가능한 계획을 세우는 것이 두 가지 핵심 요소이다.

점검하기

빈칸 채우기

정답은 책 뒷부분에서 확인 가능하다.

1. _________는 행동을 활성화시키고 유기체를 목표로 향하게 하는 가상의 상태이다.
2. A(n) _________는 욕구를 충족시킬 수 있는 것으로 인식되는 대상, 사람 또는 상황이다.
3. 추동은 신체가 안정된 상태, 즉 _________라고 하는 경향을 유지하도록 도와준다.
4. 매슬로는 사람들이 욕구위계를 가지고 있다고 주장했으며, 그 중 가장 높은 수준은 _________의 욕구이다.
5. 신경성 _________는 극적인 체중 감량 및 왜곡된 신체 이미지를 특징으로 하는 생명을 위협하는 섭식 장애이다.
6. 마스터스와 존슨은 성적 반응주기를 4단계로 나눈다 _________, 고조기, 절정기, 쇠퇴기.
7. 성 호르몬은 성행위를 활성화하고 _________ 영향을 미친다.
8. 맥크릴랜드는 주제 _________ 검사를 사용하여 성취 동기를 측정했다.
9. _________ 목표를 가진 학생들은 주로 좋은 성적, 부모의 보상 및 좋은 직장에 대한 기대와 같은 요인에 의해 주로 동기화된다.
10. 제임스-랑게 이론에 따르면 정서에는 특정한 흥분 및 _________ 패턴이 있다.

선다형 문항(Multiple Choice)

1. 돈, 음식 및 성적으로 매력적인 사람은 모두 _____로 볼 수 있다.

   a. 추동　　b. 생리적
   c. 보상　　d. 심리적

2. 추동 감소 이론은 기아, 고통 및 갈증을 ________로 정의한다.

   a. 기본 추동　　b. 본능
   c. 이차 추동　　d. 획득한 동기

3. 음식 부족으로 인해 혈당이 떨어지면 _________ 신호를 보낸다.

   a. 시상하부　　b. 기저막
   c. 뇌량　　d. 골수

4. 파라(Farah)는 먹을 때마다 즉시 스스로를 변명하고 화장실에 가서 구토를 한다. Farah는 _________ 진단을 받을 가능성이 가장 높다

   a. 신경성 식욕 부진증
   b. 신경성 폭식증
   c. 무섭식증
   d. 갑상선 질환

5. 학습 목표는 _________ 보상이므로 성과 목표는 보상이다.

   a. 내적 : 외적　　b. 자기 만족; 명성
   c. 외적 : 내적　　d. 전부 아니다

6. 본문에 따르면, 다음 중 어떤 호르몬이 여성의 성욕과 가장 밀접하게 관련되어 있는가

   a. 에스트로겐　　b. 프롤락틴
   c. 옥시토신　　d. 테스토스테론

7. 일란성 쌍둥이는 그 시대의 약 _________%가 동일한 성적 취향을 가진다.

   a. 12　　b. 32
   c. 52　　d. 72

8. 두려움에는 _________ 신경계의 활성화가 포함되지만 우울에는 _________ 신경계의 활성화가 포함된다.

   a. 말초; 신체
   b. 신체; 말초
   c. 부교감신경; 교감신경
   d. 교감신경; 부교감신경

9. 다음 중 사회경제적 요소와 행복에 관한 연구를 지지하는 인용은?

   a. "돈으로 사랑을 살 수는 없다."
   b. "좋은 자연은 돈 이상의 가치가 있다."
   c. "행복은 따뜻한 강아지이다."
   d. "돈이 있는 것은 재정적인 이유로 빈곤보다 낫다."

10. 다음 중 이성관계와 행복에 관해 올바른 것은 무엇인가?

    a. 결혼했거나 지속적인 관계를 유지하는 사람은 가장 높은 수준의 행복을 보고한다.
    b. 이혼하거나 별거 중인 사람이 가장 행복하다.
    c. 독신인 사람이 가장 행복하다.
    d. 우연한 성관계를 가진 사람이 가장 행복하다.

9 전 생애 여행

© Andrew Adolphus

학습 성과

이 장의 성취 목표

- **9-1** 태아기 발달과 성 호르몬의 기능에 대해 설명할 수 있다.
- **9-2** 아동의 신체 발달에 대해 설명할 수 있다.
- **9-3** 아동의 인지 발달을 설명할 수 있다.
- **9-4** 아동의 사회 발달과 정서 발달을 설명할 수 있다.
- **9-5** 청소년의 신체, 인지, 도덕, 사회, 정서 발달을 설명할 수 있다.
- **9-6** 성인 초기의 특징을 설명할 수 있다.
- **9-7** 성인의 신체, 인지, 도덕, 사회, 정서 발달을 설명할 수 있다.

우리가 해야만 하는 중요한 이야기가 있다. 아동기와 청소년기 동안의 주목할 만한 진전에 관한 흥미 있는 이야기이다. 이 이야기는 성인기 삶 전체에 대한 것이기도 하다. 수십억 명이 이전에도 이 항해를 했다. 사람들은 똑같지 않아서, 일어난 일들과 앞으로 일어날 일들은 이전에는 결코 일어난 적이 없었던 것들이다.

> 수십억 명의 사람들이 발달을 하지만 모두 각각 다 독특하다.

발달 심리학자들은 여러 가지 이유로 전 생애 발달 연구에 관심이 있다. 아동 초기 영향력과 발달 순서의 발견은 심리학자들이 성인을 이해하는 데 도움을 준다. 심리학자들은 부모와 형제, 자매와의 초기 상호작용과 유전 요인, 공격성, 지능과 같은 특질에 학교와 지역사회가 미치는 영향들에 관심이 많았다.

발달 심리학자들은 또한 발달 이상(developmental abnormalities)의 원인을 알고자 노력한다.

예를 들면, 임산부는 왜 흡연과 음주를 삼가야 하는가? 아동 학대의 요인이 무엇인가? 다른 발달 심리학자들은 성인 발달에 초점을 맞춘다. 예를 들어, 30대, 40대, 50대, 그 이상을 살아가면서 우리가 기대할 수 있는 것은 무엇인가?

발달 심리학자들이 알게 된 정보는 우리가 어떻게 아이들을 양육하고 자신의 삶을 살아갈지에 도움을 준다. 태아기 발달, 즉 임신과 출산 동안에 일어나는 변화들을 살펴보자.

이러한 변화들은 경이롭지만, 보이지 않는 곳에서(out of sight) 일어난다.

9-1 태아기 발달

신장과 체중의 가장 극적인 증가는 태아기 발달 동안 일어난다. 새로 임신된 유기체는 9개월 안에 거의 미세한 세포에서 50 cm의 신생아로 발달한다. 무게는 무려 10억 배가 된다.

> **"생과 사는 운명이므로 삶을 보람있고 즐겁게…"**
>
> George Santayana, (철학자, 시인, 소설가., 1863-1952)

임신 후 정자와 난자의 결합에 의해 형성된 단일 세포(수정란)가 2개의 세포로, 4개의 세포로, 8개의 세포로 계속해서 수 개월 동안 증식한다. 임신하게 됨으로써, 수정란은 자궁으로 3~4일간 이동하는 동안에 반복 분할된다.

공 모양의 증식 세포는 자궁벽에 이식을 시작하기 전 3~4일 동안 자궁 주위를 돌아다닌다.

공처럼 생긴 수정란은 자궁을 3~4일 더 유영하다가 자궁벽에 착상하기 시작한다. 착상은 그 후 일주일 이상이 걸린다. 임신부터 착상까지의 기간을 배란기라고 한다.

배란기는 자궁벽에 착상해서부터 8주째까지 지속된다. 이 단계에서 주요 장기 기관과 조직이 형성된다. 그림 9.1에서 볼 수 있듯이, 머리의 성장은 신체의 다른 부분보다 앞선다. 심장, 폐 등 장기의 성장도 사지의 성장보다 앞선다.

또한, 뇌와 장기 체계의 비교적 빠른 성장은 다른 발달에 영향을 준다. 백년 동안 아니 그 이상 심장은 매일, 매분 쉬지 않고 계속해서 뛴다.

임신 두 번째 달에 신경계는 메시지를 보내기 시작한다. 5~6주가 되면 배아는 0.75 cm에서 1.5 cm에 불과해, 아직 성기는 분명하게 만들어지지 않는다.

약 7주째에, 유전자 코드(XY 또는 XX)가 분명해지면서 성 기관이 구분된다.

> **수정란(zygote)** 수정된 난자(난자 세포)

TRUTH OR FICTION?

당신의 생각은? 속설이나 상식 또는 넌센스?

'진실'일 경우 T, '거짓'일 경우 F를 선택한 다음, 여러분의 선택이 정확한지를 검토해 보자.

T	F	당신이 0.6cm, 단 28g일 때 심장이 뛰기 시작했다.
T	F	6개월 전이나 한 살 전까지만 해도, '보이지 않는 것'은 말 그대로 '마음에 없다'는 것이다.
T	F	"엄마가 나에게 원하는 것이기 때문에"는 세 살짜리 아이에게 충분한 설명이 될 수 있다.
T	F	남자 청소년이 스스로를 영웅이라 생각하고 마치 강철로 만들어진 것처럼 행동하는 것은 정상적이다.
T	F	알츠하이머는 정상적인 노화이다.
T	F	대부분의 부모는 막내가 집을 떠날 때 '빈둥지 증후군'을 겪는다.

그림 9.1 자궁 속에서의 극적인 사건들

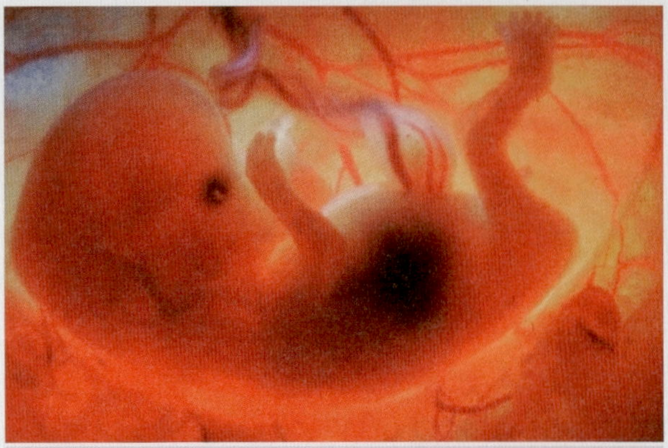

Claude Edelmann/Science Source

임신 첫 3개월 말까지 모든 주요 장기 체계가 형성된다. 손가락과 발가락이 완전히 만들어지고 태아의 성별을 시각적으로 확인할 수 있다.

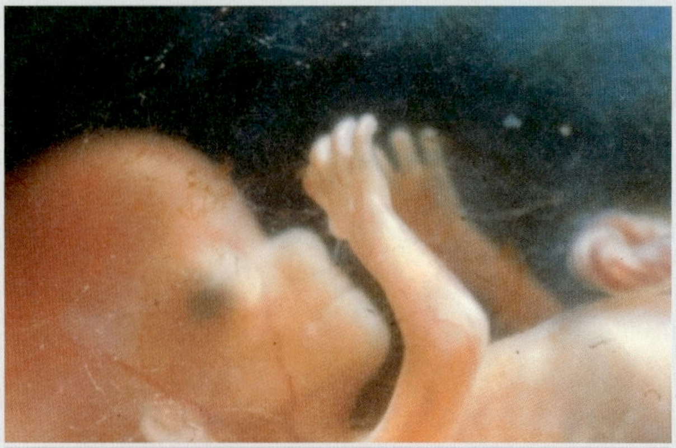

Petit Format/Science Source

임신과 출산의 중간 지점으로, 태아는 솜털로 덮여 있다.

Y 성 염색체가 존재하면 고환이 형성되어 안드로겐(남성 성호르몬)이 생성되고 남성 성기가 된다. 이 호르몬이 없으면 배아는 유전자 코드와 상관없이 여성 성기가 발달된다. 두 번째 달이 끝날 무렵, 머리는 둥글게 되고 얼굴은 약 3 cm 길이로, 무게는 0.94 g이 된다.

> **TRUTH**
>
> Ⓣ F 당신의 심장은 불과 0.6 cm 길이와 몸무게 28 g이었을 때부터 뛰기 시작했다.
>
> 사람은 심장이 0.6 cm 길이와 몸무게가 28g이었을 때부터 뛰기 시작한 것은 사실이다. 주요기관 시스템은 일찍 발달한다.

배아가 발달함에 따라 배아는 산모의 자궁에 있는 **양수 주머니** 속 탯줄에 매달려 있다. 주머니는 투명한 막으로 둘러싸여 있으며 양수를 담고 있다. 액체는 자연적인 에어백 역할을 하여 태아가 다치지 않고 움직일 수 있게 한다. 또한, 일정한 온도를 유지하도록 한다.

태어날 때까지 배아는 **태반**(placenta)을 통해 어머니에게서 영양분을 받고 폐기물을 내보낸다. 배아는 **탯줄**(umbilical cord)로 태반에 연결되어 있다. 태반은 자궁벽의 혈관에 의해 어머니와 연결되어 있다.

> **양수 주머니(amniotic sac)** 배아나 태아가 있는 자궁 내 주머니
>
> **태반** 모체의 자궁벽과 태아를 연결시켜 영양분 공급, 폐기물 제거와 같은 기능을 수행
>
> **탯줄** 영양소를 주고 폐기물을 배출하는, 어머니와 태아를 이어주는 줄

태아 단계는 3개월 초부터 출생까지 지속된다. 세 번째 달 말까지 주요 장기 시스템과 손가락과 발가락이 형성된다. 네 번째 달 중순에 어머니는 태동을 느낀다.

6개월 말 태아는 팔다리를 힘차게 움직일 수 있어 어머니는 종종 태아가 발로 차는 느낌을 받는다. 태아는 눈을 뜨거나 감고, 엄지손가락을 빨고, 깨고 잠자기를 번갈아 가면서 한다.

출생 전 3개월 동안 태아의 장기는 계속 발달한다. 심장과 폐는 점점 독립적으로 기능을 유지할 수 있게 된다. 태아의 체중은 약 2.5 kg이고 길이는 두 배이다. 신생아 남아는 평균 약 3.5 kg, 신생아 여아는 약 3 kg이다.

9-2 아동기 신체 발달

유아기(처음 2년의 유아기) 동안 키와 몸무게가 극적으로 증가한다. 영아는 대개 생후 약 5개월 만에 출생시 체중의 두 배가 되며, 생후 1년에는 세 배가 된다(World Health Organization, 2018). 첫 해에 키는 약 25 cm 증가한다.

유아들은 2년 동안 10~15 cm 더 크고 체중은 약 1~3 kg 더 늘어난다. 그 후, 청소년기 성장이 급등할 때까지 일년에 약 5~7 cm 더 큰다. 체중은 한창 때까지 매년 약 1 kg~2.7 kg 씩 증가해, 꾸준히 유지된다. 아동기 신체 발달의 다른 측면에는 반사 작용과 지각 발달이 있다.

1. 반사(Reflexes)

태어나자마자 의사나 간호사가 손바닥에 손가락을 대고 있을 것이다. 태어날 때 '잡기'는 인간의 발달에 있어서 선천성의 중요한 예이다. 잡기는 아기의 반사 신경이다. **반사**는 특정 자극에 의해 유발되는 단순하고 선천적인 반응이다. 반사는 생존에 필수적이며 의도없이 자동적으로 일어난다.

신생아는 살기 위해 먹어야 할 필요가 있다는 것을 모른다. 하지만 다행스럽게도, 찾기반사와 빨기반사가 일어나기 때문에 아기들은 먹으려고 한다. 뺨, 턱 또는 입가를 자극하는 쪽으로 머리를 돌린다. 이것을 '**탐색**(rooting)'이라고 한다. 또 입술에 닿는 물체는 자동으로 빤다.

신생아는 고통스러운 자극을 피하기 위해 수축반사를 한다. 모로반사는 영아가 갑작스런 소음이나 충돌, 잡아주는 것을 놓치게 되면 깜짝 놀라서 자신의 다리를 당기고 등을 구부리는 반사들을 말한다.

신생아는 손바닥에 닿는 물체(잡기반사)를 잡는다. 발바닥이 자극을 받으면 발가락을 펼친다(바빈스키 반사).

소아과 의사는 이러한 반사 신경을 테스트하여 아기의 신경 기능을 평가한다. 아기들은 숨을 쉬고, 재채기를 하고, 기침을 하고, 하품을 하며, 눈 깜박임을 하고, 배변을 하며, 반사적으로 소변을 본다.

Spencer Rathus

2. 운동 발달(Motor Development)

아동의 운동 발달은 머리를 들어 올리는 것과 같은 단순한 움직임에서부터 주위를 돌아다니는 것까지의 발전된 행동을 말한다. 성숙과 성장 모두 운동 발달에 중요한 역할을 한다. 뇌의 성숙은 운동 발달의 핵심이다. 운동 발달은 유아에게 가장 매력적인 변화를 제공한다. 부분적으로는 너무 빨리 발생하는 것 같기도 하다.

아이들은 차례대로 구르기, 앉기, 기어 다니기, 걷기, 뛰기를 한다. 이러한 활동이 처음 나타나는 시기는 차이가 있을 수 있지만 그 순서는 거의 같다(그림 9.2 참조). 발달 순서가 변하지 않는다는 것은 유전(성숙)을 시사한다.

신체 발달(예 : 키와 몸무게 증가, 사춘기의 영향), 언어 발달, 운동 발달 등은 성숙으로 인한 것이 분명하다. 그러나 환경적인 요인들 또한 발달에 영향을 끼친다. 아이들은 신체 크기와 성장 속도에 일정한 유전적 잠재력을 가지고 있을 수 있지만, 영양, 비교적 깨끗한 공기 등 환경적 요인도 유전 못지 않게 영향을 미친다.

아이들은 그들의 유전적 코드가 뇌의 특정 구조와 발달 진행 과정을 촉발시킬 때까지 말을 하거나 이해하지 못한다. 여기에도 환경이 관련되어 있다. 유아는 가정과 주변에서 사용되는 말을 배우기 때문에, 외국어를 듣거나 말하지 않는다.

3. 지각 발달(Perceptual Development)

신생아는 하루에 약 16시간을 자며, 세상에 대해 배울 기회가 많지 않다. 그러나 신생아들은 출생 후 세상을 합리적으로 잘 인식한다. 며칠 안에 영아는 눈으로 움직이는 빛을 따라가거나 추적할 수 있다. 3개월이 지나면 영아는 대부분의 색을 구별할 수 있다.

반사 자극에 대한 단순한 선천적 반응

탐색 어머니의 젖꼭지 같이, 접촉하는 쪽으로 향하는 신생아의 머리 돌리기

그림 9.2 운동발달 : 눕기부터 뛰기까지 - 두 살 전

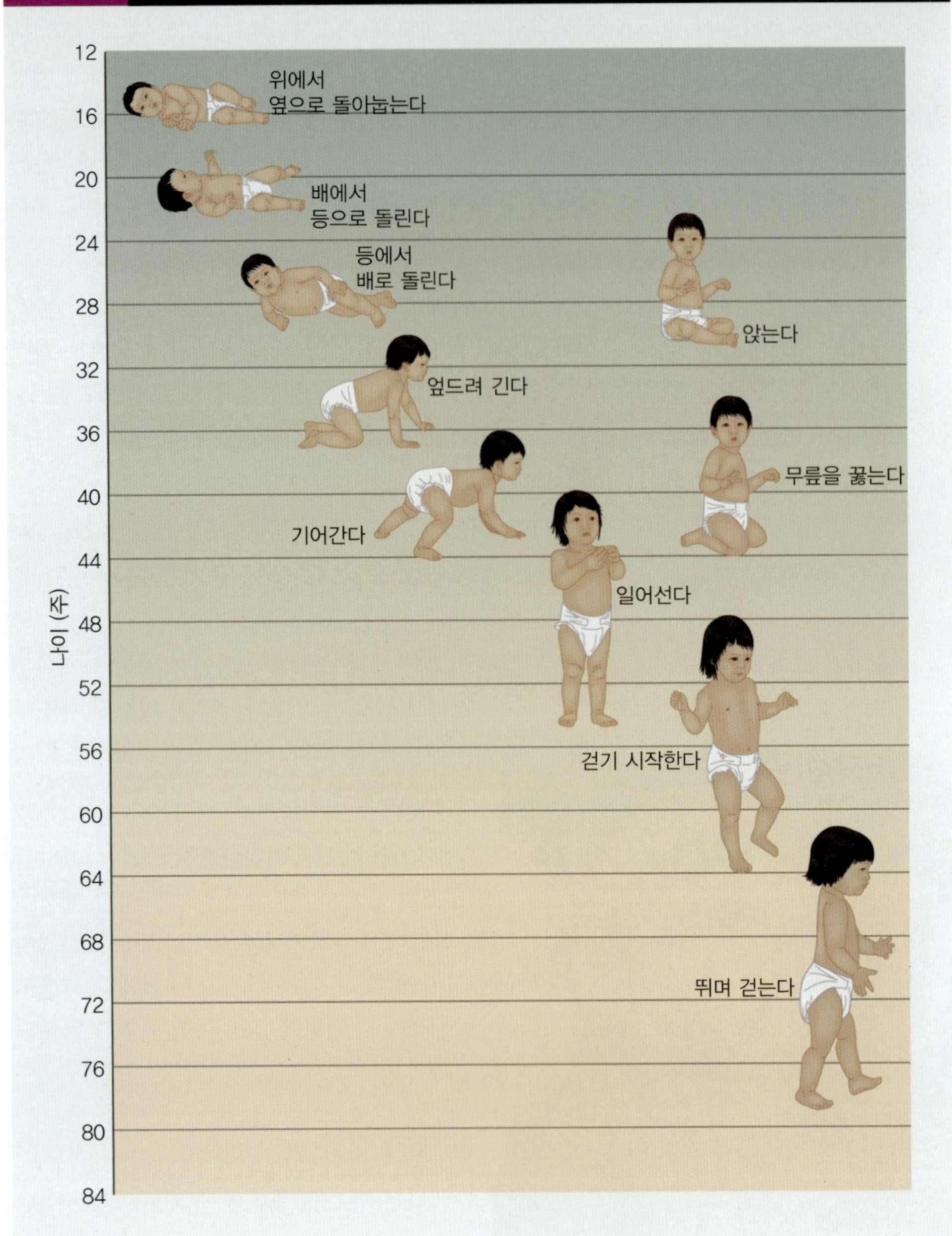

가 기기 시작할 때 쯤(약 6~8개월) 신호에 반응한다는 것을 보여주었다. 또한, 대부분은 열린 공간으로 기어 들어가는 것을 피할 수 있는 좋은 감각을 가지고 있다(Adolph & Franchak, 2017; campos et al., 1978).

정상적인 신생아는 잘 듣는다. 대부분의 신생아는 평소와는 다른 소리에 반사적으로 머리를 돌린다.

시각적 추적에 관한 발견과 함께 영아가 선천적으로 환경을 탐색하는 경향성이 있음을 나타낸다.

낮은 음조로 부드럽게 말하거나 노래하면 편안해한다. 예를 들어, 자장가는 유아를 편안하게 잠들도록 한다.

신생아는 어머니의 목소리를 다른 여성의 목소리보다 선호하지만 아버지의 목소리를 선호하지는 않는다(DeCasper & Prescott, 1984; Moon, 2017).

물론 아기들은 출생 2~3개월 전에 들을 수 있으므로, 자궁 속에서 몇 달 동안 어머니의 소리를 '경험'하였을 것이다. 영아들은 주로 어머니의 소리에 노출되어 있었기 때문에 이러한 학습은 신생아 선호에 기여할 수 있다.

신생아는 독특한 냄새를 구별할 수 있으며. 그들의 선호도는 아이들과 어른들의 냄새 선호도와 상당히 유사하다(Werner & Bernstein, 2001).

서로의 냄새로 엄마와 아기임을 아는 것은 어머니와 신생아를 결속시키게 한다(Craig & Faize, 2017).

신생아는 근시지만(멀리 떨어진 물체보다 가까운 것에 더 잘 집중함), 4개월 정도 영아는 성인만큼 멀리 있는 사물에도 초점을 맞출 수 있다(S.P. Johnson, 2011).

영아의 시각적 선호도는 한 자극만을 보는 데 쓰이는 **고정 시간**(fixation time)의 양으로 측정한다. 로버트 판츠(Robert L. Fantz, 1961)의 연구에서, 생후 2개월 된 영아들은 사람 얼굴의 자극을 선호했다(그림 9.3 참조). 고전적 연구에서는 영아

고정 시간(fixation time) 시각적 자극을 보는데 들인 시간

그림 9.3 생후 2개월 영아의 시각 자극 선호도 : 2개월 영아는 무엇을 보는 걸 좋아할까?

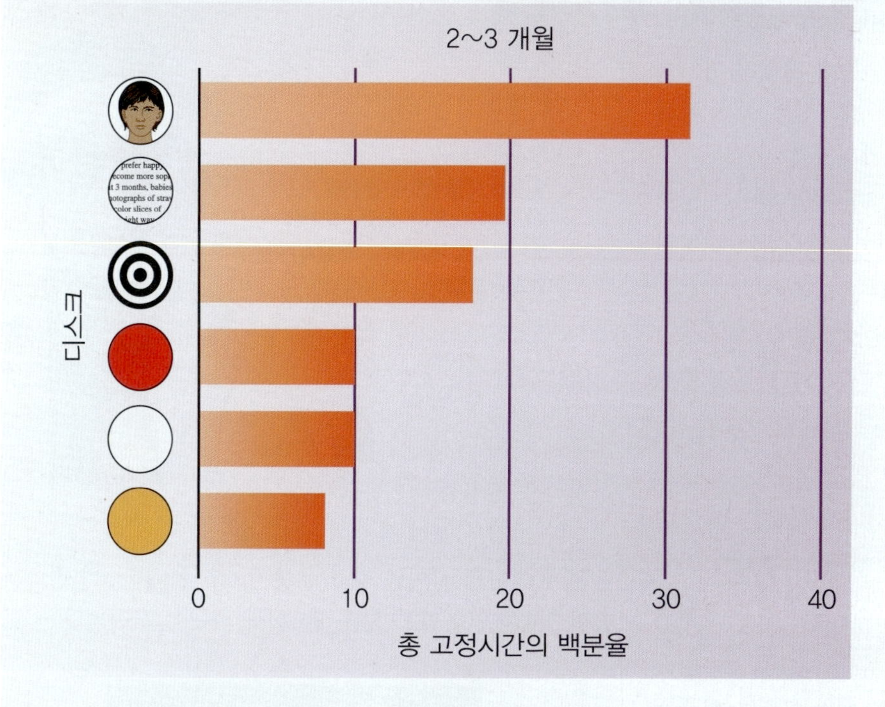

9-3 아동 : 인지발달

이 항목은 아동들이 정신적으로 표현하고 세상에 관해 생각하는 아동들의 **인지발달**(cognitive development) 연구에 관한 것이다. 인지 기능은 수년에 걸쳐 발전하기 때문에 아동들의 세상에 대한 생각은 성인의 생각과 상당히 다르다. 이러한 생각 중 다수는 매력적일 수 있지만 어른에 비해 비논리적이다. 자, 이제부터 인지발달에 대한 몇 가지 견해를 살펴보자.

1. 피아제의 인지발달 이론

장 피아제(Jean Piaget, 1896~1980)는 생물학 박사 학위를 받았다. 1920년, 피아제는 파리의 비네 연구소에서 지능 검사에 관한 일을 했다. 그의 첫 번째 과제는 프랑스 어린이들이 사용할 수 있도록 영어 구두 추론 항목을 수정하는 것이었다. 그렇게 하기 위해, 그는 다양한 연령대의 어린이들에게 항목들을 시도하여 어린이들이 정답에 이를 수 있는지 알아보았다.

피아제는 어린이들의 오답에 흥미를 느끼기 전까지는 지루해 했다. 다른 연구자는 어깨를 으쓱하고 그냥 지나갔었지만 피아제는 어린이의 '실수들'에서 특징을 알아냈다. 피아제의 관찰은 그의 인지발달 이론으로 이어졌다.

동화(assimilation) 피아제는 인간의 사고, 또는 지능을 '동화와 조절'이라는 개념으로 설명했다. **동화**란 기존의 인지적 구조를 통해 새로운 자극에 반응하는 것을 의미한다.

예를 들어, 대개 유아는 입으로 새 물건을 가져와서 빨거나 느끼며 무엇인지 알아내려고 한다. 피아제는 아이가 새 장난감을, 빨아들이는 **스키마**(도식)에 동화시키고 있다고 말한다.

조절(accommodation)은 사물에 반응하거나 세상을 보는 새로운 방법을 만들어 내는 것이다. 조절을 통해 어린이는 기존 스키마를 변형하여 새로운 사건들을 통합한다.

예를 들어, 생물학을 공부하는 아이들은 고래를 '물고기' 스키마로 동화시킬 수 없다는 것을 알게 된다. 그들은 '바다에 사는 다리가 없는 포유류'와 같은 새로운 스키마를 구성한다. 성숙과 성장의 결과는 새로운 자극에 적응하는 능력을 향상 시킨다. 이러한 개념을 인지 발달 단계에 적용해 보자.

2. 피아제의 인지발달 단계

피아제는 아동의 인지 과정이 순서대로 진행된다고 가정했다. 일부는 다른 아동보다 더 많이 나아갈 수 있지만 순서는 같다(Taber, 2013; Tryphon & Voneche, 2013). 피아제(1963)는 4가지 주요한 인지 발달 단계를 확인했다. 감각 운동기, 전조작기, 구체적 조작기, 형식적 조작기가 그것들이다.

동화(assimilation) 피아제에 의하면, 기존 스키마에 새로운 사건을 통합하는 것을 말함.

스키마(schema) 피아제에 의하면, 새로운 정보의 분류와 구성을 허용하는 가설적 정신 구조

조절 피아제에 의하면, 기존 스키마와 일치하지 않는 정보를 통합하거나 이해할 수 있도록 스키마를 수정하는 것을 말함.

감각운동기(sensorimotor stage) 0~2세 신생아는 잡기와 빨기 같은 기존 반사에 대해서만 새로운 자극을 동화시킬 수 있다. 그러나 한 달이 되면 영아는 이미 손을 빠는 즐거운 행동 패턴을 반복하는 의도적인 행동을 한다. 첫 한 달 동안, 영아는 다른 감각을 통해 지각된 자극을 연결하지는 못한다. 청각과 후각이 자극되는 쪽을 향해 반사적으로 돌리는 행동은 목적을 가지고 하는 것이라고는 할 수 없다. 그러나 생후 첫 몇 개월 동안 영아는 잡거나 만지고 있는 물체를 보면서 시력을 조정하기 시작한다.

3개월 또는 4개월된 영아는 자신의 손과 다리에 매료될 수 있다. 영아가 자신의 주먹을 펴고 쥐는 것에 열중하게 된다. 영아는 흥미로운 결과(예 : 딸랑이 소리)를 더 오래 지속시키거나 다시 발생시키기 위해 환경에 점점 더 관심을 가지는 행동을 하게 된다. 따라서 행동은 점점 더 의도적이고 목적을 가지게 된다. 4개월에서 8개월 사이 영아는 물건을 던져서 나는 '쿵쿵'하는 소리나 장난감을 걷어차는 스윙 같은 인과 행동에 관심을 가지게 된다.

6개월 미만의 대부분의 영아들은 아직 물체를 마음속으로 표상하지 못한다. 이러한 이유로 그림 9.4에서 볼 수 있듯이 영아는 없어졌거나 화면 뒤에 놓인 물체를 찾으려고 하지 않는다. 그러나 8~12개월이 되면 영아는 시야에서 제거된 물체가 여전히 존재한다는 사실을 깨닫고 그것을 찾으려고 시도한다. 이런 과정을 통해서, 영아들은 '**대상 영속성**' 개념을 형성하게 되어 까꿍 놀이를 할 수 있다(Kibbe & Leslie, 2013; Lowe et al., 2013).

1세에서 2세 사이에 영아들은 물건이 어떻게 구성되었는지에 관심을 보이기 시작한다. 이런 이유로, 그들은 부모와 자신의 얼굴을 지속적으로 건드리거나 손가락을 갖다 댄다. 두 살 끝무렵, 영아들은 분명한 행동을 하기 전 정신적인 시행 착오를 경험한다.

예를 들어, 없어진 대상을 찾을 때는 더 이상 마지막으로 본 장소에서 찾지 않는다. 오히려, 대상이 보이지 않더라도 대상을 따라 간다. 마치 마지막으로 본 곳에서 대상을 찾는 데 실패를 예상한 것처럼 말이다.

대상 영속성(object permanence) 아동이, 대상이 시야에서 없어진 후에도 계속 찾으며 여전히 존재하는 것으로 인식하는 것

피아제의 인지 발달 첫 단계인 감각운동기는 감각 정보와 운동 활동의 조정, 환경의 조기 탐사와 부족한 언어가 특징

전조작기 피아제의 두 번째 단계로, 비논리적 단어들과 기호들을 불규칙적으로 쓰는 것이 특징

피아제의 인지 발달 이론의 기본 개념

- 스키마
- 적응
- 동화
- 조절
- 평형

초기에 생물학자로 훈련받은 피아제는 아동이 그들의 환경을 정신적으로 동화하고 조절하는 것으로 보았다.

발달의 첫 단계는 운동 활동과 함께 자신과 환경에 대한 인식을 조정하는 법을 배우는 것이 가장 중요한 특징이 되기 때문에 피아제는 이를 감각 운동기라고 불렀다. 이 단계는 약 2세에 언어의 기초를 습득함에 따라 마무리된다.

TRUTH

(T) F 6개월 전의 영아는, '보이지 않는 것'은 문자 그대로 '마음에 없다.'

6개월 전에는 '눈에 보이지 않는 것'은 '마음에 두지 않는 것' 이 사실이다. 6개월 후, 유아는 정신적으로 대상을 인식하기 시작한다.

전조작기(2~7세)는 단어와 기호를 사용하여 대상들 간의 관계를 나타내는 것이 특징이다. 그러나 2세에서 7세 사이의 아동의 논리와 성인의 논리 사이의 유사성은 우연의 일치일 수 있다. 아동은 성인과 같은 단어를 사용할 수 있지만 이것이 세상에 대한 견해가 동일하다는 것을 의미하지는 않는다. 전조작기의 아동은 한 문제나 한 상황의 한 측면에만 초점을 맞추는 일차원적 사고를 하는 경향이 있다. 일차원적 사고의 결과는 자기중심성이다.

전조작기(preoperational stage)의 아동들은 한 번에 문제나 상황을 한 측면에 집중하는 경향이 있다. 전조작기의 아동들은 다른 사람들이 했던 대로 하지 못한다. 내 딸 아이가 두 살 반이 되었을 때, 어머니와 함께 가게에 갔던 것을 얘기해 달라고 부탁했다.

그림 9.4 대상 영속성 또는 비영속성? 눈에서 멀어지면 마음에서도 멀어질까?

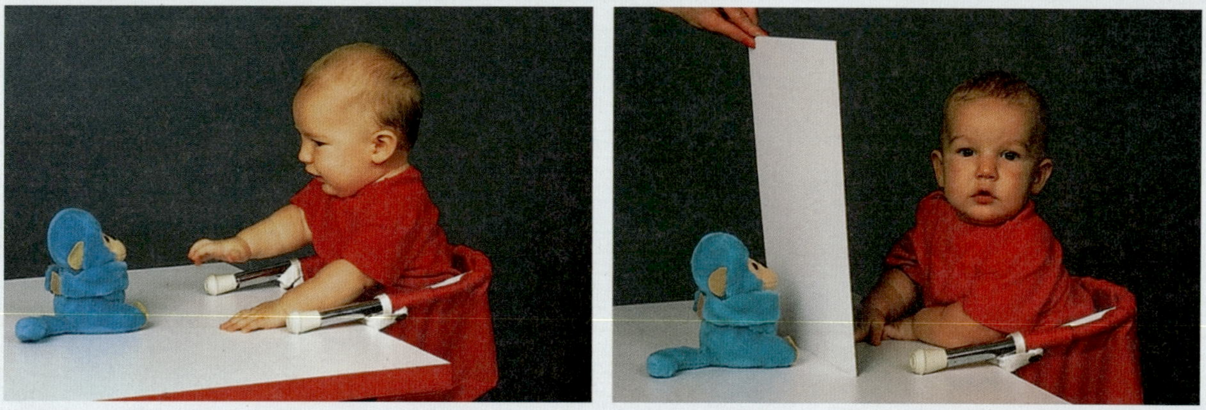

Doug Goodman/Science Source

감각 운동기 초기에 있는 이 영아에게는 시야에서 보이지 않으면 실제로 마음에서도 멀어진다. 영아와 장난감 동물 사이에 종이를 놓으면 영아는 모든 관심이 사라진다. 장난감은 아직 마음속으로 표상되지 않은 것 같다.

"아빠가 나에게 이야기 해요."라고 대답했다. 그녀는 내가 그녀의 눈을 통해 세상을 볼 수 없다는 것을 이해하지 못하는 것 같았다.

자기중심적인 전조작기의 아동들에게 온 세상은 자신의 요구를 충족시키고 즐겁게 하기 위해 세워진 무대이다. "텔레비전은 무엇인가?"라는 질문을 받으면 "내가 가장 좋아하는 쇼와 만화를 보는 것"이라고 대답할 수 있다.

그들은, 삶과 의식은 태양과 달과 같은 물리적 대상이라고 생각한다. 또한, 그들은 인공주의자들이다. 비와 천둥과 같은 환경적인 일이 인간의 발명품이라고 생각한다. 천둥이 무엇 때문인지 물어보면, 4살짜리 소년은 "남자의 불평 소리"라고 대답하기도 한다. 자기중심주의, 애니미즘, 인공주의의 예가 표 9.1에 나와 있다.

전조작적 사고에 대한 통찰력을 얻으려면 3살 또는 4살짜리 어린이를 찾아 다음과 같은 작은 실험을 해보자.

▶ 길고 가는 유리 잔의 물을 얇고 넓은 유리 잔에 붓는다. 그 다음 아이에게 얇고 넓은 유리 잔에 들어 있는 물이 길고 가는 유리 잔에 들어 있는 물보다 더 많은지, 적은지, 아니면 같은 양인지를 물어보라. 아이가 같은 양의 물이 들어 있다고 말하면 그것이 정답이다. 그러나 아이가 틀린 답을 말한다면 왜 그렇다고 생각하는가?

▶ 이제 흙 덩어리를 납작하게 만들고, 아이에게 어느 것이 찰흙의 양이 더 많은지, 적은지, 아니면 같은지를 물어보라. 아이가 다시 틀린 답을 말한다면 왜 그런다고 생각하는가?

질문에 대한 답에 도달하려면 아동은 **보존 법칙**을 이해해야 한다. 이 보존의 법칙은 질량, 무게, 부피와 같은 물질의 기본 특성이 모양이나 배열과 같은 표면적 특성을 변경할 때도 동일하게 유지된다는 것이다.

보존에는 높이와 넓이가 같은 두 가지 측면을 한 번에 생각하거나 집중할 수 있는 능력이 필요하다. 물질의 질량, 무게 또는 부피를 보존하려면 한 차원의 변화가 다른 차원의 변화를 보상할 수 있다는 인식이 필요하다.

도표 9.1 전조작 사고의 사례

사고의 유형	질문 예	전형적인 답변
자기 중심적 사고	왜 어두워집니까? 왜 태양이 빛나나요? 왜 눈이 있습니까?	그래서 잠을 잘 수 있습니다. 나를 따뜻하게 유지합니다. 나를 위해 여기에서 놀자.
애니미즘(물활론적 사고)	나무는 왜 잎이 있습니까? 별들이 왜 반짝거립니까?	따뜻하게 유지합니다. 그들은 행복하고 쾌활하기 때문입니다.
인공론적 사고	비가 오는 이유? 왜 하늘색 입니까? 바람이 무엇입니까?	물이 있는 캔을 비웁니다. 누군가가 그렸어요. 불고 있는 남자.

자기중심성(egocentrism) 피아제에 따르면 다른 사람들도 세상을 자기처럼 본다는 가정

보존 법칙(conservation) 피아제에 따른 보존의 법칙은, 표면적 특성이 변할 때도 무게와 질량과 같은 물질의 기본 특성이 동일하게 유지됨.

그림 9.5 보존 : 같은가 아니면 다른가?

A. 이 그림의 소년은 두 개의 동일한 용기에 들어있는 물의 양이 같다는 데 동의한다. **B.** 그런 다음 한 용기의 물이 길고 가는 용기에 부어지는 것을 보았다. **C.** 두 용기에 담긴 물의 양이 같은지 물었을 때는, 아니라고 대답한다.

그러나 그림 9.5의 전조작기의 소년은 한 번에 한 차원에만 초점을 둔다. 먼저 그는 얕고 넓은 유리의 물 두 잔을 보여 주면 같은 양의 물을 함유하고 있음에 동의한다.

그런 다음, 그가 보는 동안 물은 얕고 넓은 유리 잔에서 길고 가는 유리 잔에 부어진다. 이제 그에게 어떤 유리 잔에 더 많은 물이 들어 있는지 질문을 한다.

그는 길이가 길고 가는 유리 잔을 가리켰다. 왜일까? 그가 유리 잔을 볼 때 그는 더 가는 유리 잔이 더 길다는 사실을 안다.

전조작기의 아동은 상황의 가장 명백한 차원, 즉 더 가는 유리 잔의 더 큰 높이에 초점을 둔다. 그는 얕은 유리 잔의 너비가 커지면 높이가 줄어든다는 것을 알지 못한다.

피아제(1948)는 전조작기의 아동에 대해 도덕적 판단 또한 일차원적이라는 것을 발견했다. 다섯 살은 규칙과 권위를 따르는 경향이 있다.

왜 어떤 식으로 어떤 일을 해야 하는지 물어 보면 아동들은 "그렇게 하는 것이 방법이기 때문에!" 또는 "엄마가 그렇게 말했기 때문에!" 옳은 것은 옳고 나쁜 것은 나쁜 것이다. 왜? "왜냐하면!"— 그것이 이유이기 때문이다.

객관적인 책임 피아제에 따르면 사람의 동기보다는 피해의 양에 따라 책임을 배정함.

나이가 더 든 아동과 성인의 대부분은 범죄의 의도가 있을 때만 그 행동을 범죄라고 말한다.

사고는 위험할 수 있지만 가해자는 대개 잘못이 없는 것으로 간주된다. 그러나 일차원적인 전조작기의 아동의 법정에는 **객관적인 책임**(objective responsibility)이 있다.

사람들은 동기나 의도가 아니라 자신이 겪은 피해 양에 따라 형을 선고받는다. 객관적인 책임을 보여주기 위해 피아제는 아동들에게 어떤 캐릭터가 더 나쁜지, 왜 그런지 이야기해 준다.

예를 들어, 존은 문을 열 때 실수로 컵 15개를 깼고, 헨리는 부엌 캐비닛에 몰래 들어가서 금지된 잼을 잡으려다가 컵 한 개를 깼다. 전조작기의 아동은 존이 더 잘못했다고 판단한다.

왜그럴까? 존이 더 많은 컵을 깼기 때문이다.

TRUTH

(T) F "엄마는 내가 __를 하기 원하기 때문에..."는 3살짜리 아이에게는 완벽한 설명일 수 있다.

"엄마는 내가 ○○하기 원하기 때문에"는 3살짜리 아이에게는 완벽하게 좋은 설명일 수 있다. 이 추론은 엄마의 소망과 동시에 무언가를 하거나 하지 않는 다른 이유에 초점을 맞출 수 있다는 것을 설명한다.

구체적 조작기 약 7~11세가 되면 일반 아동은 **구체적 조작기**(concrete operational stage)가 시작된다. 약 12세까지 지속되는 이 단계에서 아동들은 성인과 같은 논리적 사고를 하기 시작한다. 그러나 논리적 사고나 조작은 일반적으로 추상적 생각보다는 구체적 대상이다.

구체적 조작기의 아동은 **탈중심화**(decentration)가 가능하다. 그들은 한 번에 문제의 두 가지 차원에 집중할 수 있다. 이러한 발달은 도덕적 판단, 보존, 기타 지적 활동에 영향을 미친다.

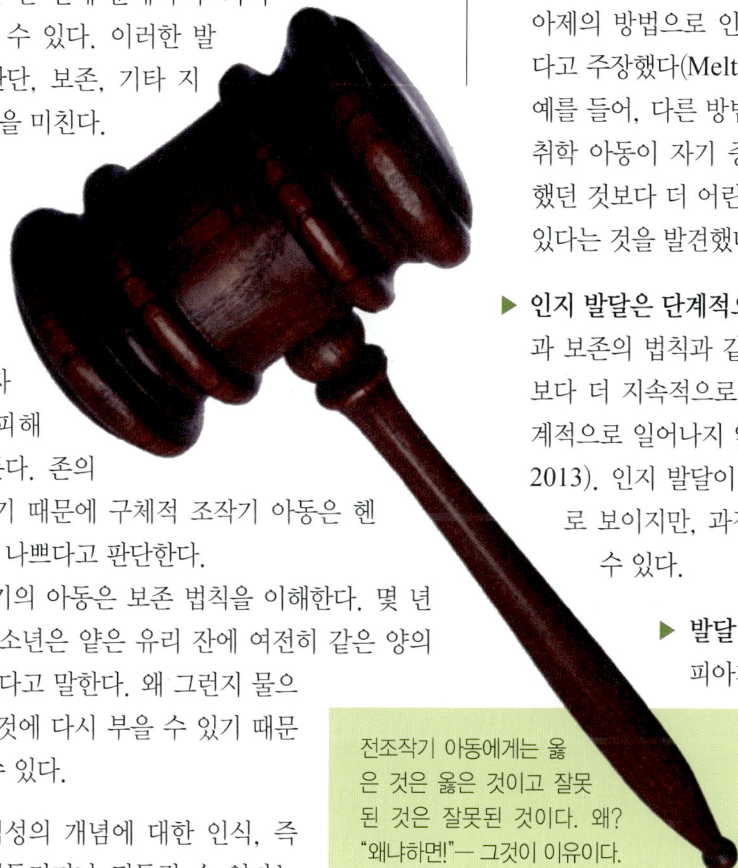

Comstock/Getty Images

아동들은 이제 **주관적 도덕 판단**을 보여준다. 죄를 지을 때, 그들은 범죄자들의 동기와 피해량에 중점을 둔다. 존의 잘못은 사고였기 때문에 구체적 조작기 아동은 헨리를 존보다 더 나쁘다고 판단한다.

구체적 조작기의 아동은 보존 법칙을 이해한다. 몇 년 전 그림 9.5의 소년은 얇은 유리 잔에 여전히 같은 양의 주스가 들어 있다고 말한다. 왜 그런지 물으면 그는 "다른 것에 다시 부을 수 있기 때문에"라고 답할 수 있다.

전조작기 아동에게는 옳은 것은 옳은 것이고 잘못된 것은 잘못된 것이다. 왜? "왜냐하면!"— 그것이 이유이다.

이 답은 가역성의 개념에 대한 인식, 즉 많은 과정을 되돌리거나 되돌릴 수 있다는 인식을 통해 대상이 복원된다는 것이다. 소년은 유리 잔의 높이와 너비를 동시에 집중하여 높이의 손실이 너비의 이득을 보상한다는 것을 안다.

이 단계의 아이들은 덜 자기중심적이다. 그들은 다른 사람들의 역할을 수행하고 다른 사람들의 관점에서 세상과 자신을 볼 수 있다. 그들은 상황과 가치가 다르기 때문에 사람들이 다른 방식으로 사물을 본다는 것을 알고 있다.

구체적 조작기에서 아동들 자신의 가치를 인정받고 안정성을 얻는다. 아동들은 부모의 사랑이 누군가가 일시적으로 화를 내거나 실망스럽게 할 때에도 견딜 수 있게 한다는 것을 이해하게 된다. 이 단원의 후반부, 청소년기 부분에서 피아제의 형식적 조작기에 대한 논의를 계속해 보기로 한다.

3. 피아제 이론의 평가

피아제 견해의 정확성과 관련하여 많은 질문이 제기되었다. 다음 몇 가지 질문이 있다 :

- **피아제의 타이밍이 정확했는가?** 일부 비평가들은 피아제의 방법으로 인해 어린이의 능력을 과소 평가했다고 주장했다(Meltzoff et al, 2013년; Reed,, 2013). 예를 들어, 다른 방법을 사용하는 다른 연구자들은 미취학 아동이 자기 중심적이지 않으며 피아제가 생각했던 것보다 더 어린 나이에 보존의 법칙을 이해할 수 있다는 것을 발견했다.
- **인지 발달은 단계적으로 이루어지는가?** 자기 중심성과 보존의 법칙과 같은 인지적 사건은 피아제의 생각보다 더 지속적으로 발전하는 것으로 보인다. 즉, 단계적으로 일어나지 않을 수 있다(Fuller, 2011; Reed, 2013). 인지 발달이 이전의 인지 발달에 기초한 것으로 보이지만, 과정은 단계보다 점진적으로 진행될 수 있다.
- **발달 순서는 항상 동일한가?** 여기서 피아제의 견해는 더 발전되어갔다. 인지 발달이 일어나는 순서에는 변화가 없는 것 같다.

요컨대, 피아제의 이론적 구조는 흔들렸지만 파편 수준으로 축소되지는 않았다. 이제 공산주의 러시아에서 활동이 금지된 러시아 심리학자인 레프 비고츠키(Lev Vygotsky, 1896~1934)의 관점을 고려해 보자.

피아제와 달리 비고츠키는 단계 이론가는 아니었다. 대신, 그는 세대에서 세대로 지식이 전달되는 것을 누적적인 것으로 보았으며, 아동과 부모의 상호작용이 인지 발달을 향상시키는 방법에 초점을 맞추었다.

구체적 조작기 피아제의 세 번째 단계로, 유형의 대상, 보존과 주관적 도덕에 관한 논리적 사고가 특징

탈중심화 유연하고 되돌릴 수 있는 사고가 가능해지도록 두 가지 이상의 차원에 동시에 초점을 맞춤.

주관적 도덕 판단(subjective moral judgment) 피아제에 의하면 가해자의 동기에 근거한 도덕적 판단

4. 비고츠키의 사회문화 이론

사회문화 이론이라는 용어는 다른 의미이다. 예를 들어, 이 용어는 행동과 정신 과정에서 민족, 성별과 같은 요인을 말한다. 그러나 비고츠키의 사회문화 이론은 아동들의 인지 발달이, 자녀를 양육하는 문화와 아동들을 가르치는 사람들에 의해 영향을 받는다는 것에 초점을 맞추고 있다.

비고츠키(Lev Vygotsky)의 이론은 정보와 인지 기술의 전수에 중점을 둔다.

기술의 전수에는 교육과 학습이 포함되지만 비고츠키는 학습을 조건화 측면에서 설명할 수 있는 기계적 과정으로 보지 않았다.

오히려 그는 일반적으로 가정에서 주로 성인과 아동의 사회적 상호작용에 중점을 두어, 아동이 계산 기술이나 독해 기술과 같은 인지 기술을 습득하고 정보를 얻는 데 사용할 수 있는 방식으로 아동의 학습 경험을 조직하는 방법에 중점을 두었다.

Brand X Pictures/Jupiterimages

비고츠키의 이론에 따르면 교사와 부모는 아동들에게 문제 해결 방법, 즉 인지 발판화(scaffolding)를 제공한다.

피아제와 마찬가지로 비고츠키는 아동에게 적응 능력이 있는 것으로 보았고, 아동은 자신의 사회적, 문화적 상호작용에 적응한다.

비고츠키 이론의 주요 개념은 근접발달 영역과 발판화이다. 근접성은 근사 및 근접 단어에서와 같이 '가까이' 또는 '가까운'을 의미하다. **근접발달영역**(zone of proximal development)은 아동이 더 숙련된 사람의 도움으로 수행할 수 있는 다양한 작업을 말한다(Haenen, 2001).

'영역'은 아동의 능력과 다른 사람의 도움으로 할 수 있는 일 사이의 관계를 말한다. 성인이나 노인은 아동의 능력에 도움을 줌으로써 이 근접한 영역에서 아동을 안내하는 것이 가장 좋다.

근접발달영역 아이가 좀 더 숙련된 사람의 도움을 받아 일을 수행하는 상황을 일컫는 말로 비고츠키의 용어

발판화 아이가 독립적으로 기능하는 것을 배우는 것을 돕는 일시적인 인지 구조 또는 문제 해결 방법을 일컫는 비고츠키의 용어

이 영역 내에서 아동은 다른 사람들과 함께 하고 다른 사람들로부터 배우게 된다(Meijer & Elshout, 2001).

다른 사람과 배우면서 아동은 자신의 기술을 습득하는 데 도움이 되는 대화와 설명을 내면화하거나 내면으로 가져오는 경향이 있다(Murata & Fuson, 2006; Umek et al., 2005). 아동들은 교사들로부터 단어의 의미를 배울 뿐만 아니라 문화적 맥락에서 문제 해결을 하는 방법도 배운다.

외부의 이야기가 내부의 이야기가 된다. 선생님의 것이 아이의 것으로 된다는 것이 무슨 의미인가? 사회 · 문화적 맥락이 아동에게 내재되어 있다. 따라서 우리는 사회문화 이론이라는 용어를 가지게 되었다.

발판화(scaffolding)는 작업자가 건물, 교량, 기타 영구적 구조를 제작할 수 있는 임시 골격 구조이다. 인지 발판화는 부모나 교사가 과제 수행을 배우고 있는 아동에게 주는 임시 지원을 말한다. 자녀가 더 능숙해지고 자급자족할수록 지도의 양은 줄어든다.

비고츠키 이론에서 교사와 부모가 문제 해결 방법을 아동에게 주고 인지 발판화를 얻게 되면 아동은 독립적으로 수행할 수 있는 능력을 얻게 된다.

피아제의 초점은 주로 성숙이었다. 두뇌의 성숙으로 인해 아동은 새로운 수준의 통찰력을 경험하고 갑자기 새로운 종류의 문제 해결 능력을 발달시킬 수 있다고 했다. 비고츠키는 교사와 학습자의 관계 과정에 초점을 두었다. 이제 아동이(그리고 성인) 무엇이 옳고, 무엇이 그른지에 대한 판단에 도달하는 인지 발달의 또 다른 측면을 살펴보자.

5. 콜버그의 도덕성 발달 이론

인지 발달 이론가 콜버그(Kohlberg, 1981)는 아동의 도덕 추론에 대한 그의 연구에서 다음과 같은 이야기를 했다.

유럽에서 한 여성이 특별한 종류의 암으로 사망했다. 의사가 그녀를 구할 수 있다고 생각한 약이 하나 있었다. 같은 마을의 약사가 최근에 개발한 것은 일종의 라듐이었다. 약을 만드는 데는 비용이 많이 들었지만 약을 만드는 10배의 비용을 청구했다. 그는 라듐을 200달러를 들여 만들었고 소량의 이 약물에 대해 2,000달러를 청구했다. 아픈 여성의 남편인 하인즈는 돈을 빌리려고 많은 사람들에게 갔지만, 약 1,000달러 밖에 모을 수 없었다. 그는 약사에게 아내가 죽어가고 있다고 말하고 더 싼 값으로 팔거나 나중에 지불할 수 있기를 요청했다. 그러나 약사는 "아니요, 나는 약을 개발했고, 그것으로 돈을 벌려고 한다." 라고 말했다. 그래서 하인즈는 필사적으로 아내를 위해 약을 훔치러 약국에 침입했다(Kohlberg, 1969).

하인즈는 도덕적 딜레마에 빠졌다. 법적 혹은 사회적 규칙(이 경우 도둑질 금지법)은 강한 인간적 요구(그의 아내를 구하려는 욕구)에 반한다. 하인즈가 약을 훔쳤어야 하는가? 아동과 성인은 각기 다른 이유로 "예"나 "아니오"로 답한다. 콜버그에 의하면, 그 이유는 그들의 도덕 발달 수준에 따라 분류될 수 있다.

단계 이론가로서 콜버그는, 도덕적 추론 단계는 특정한 순서를 따른다고 한다. 아동은 각기 다른 속도로 발달을 하며 모든 아동(또는 성인)이 가장 높은 단계까지 도달하는 것은 아니다. 그러나 순서는 항상 같다고 했다. 아동은 2단계에 들어가기 전에 1단계를 거쳐야 한다. 콜버그에 따르면, 도덕 발달의 세 가지 수준이 있고 각 수준에는 두 단계가 있다.

콜버그는 하인즈의 딜레마에 관해 사람들이 어떤 수준의 도덕성 발달 단계에 속해 있는지에 따라 약을 훔치지 않기로 한 하인즈의 결정을 정당화할 수 있다고 믿었다. 다시 말해서, 콜버그는 사람들의 '예' 또는 '아니오'의 대답 자체에 대해서는 관심이 없다. 다만, 그 대답을 하게 하는 도덕성 발달 단계의 수준에 관심이 있었다.

전인습적 수준(preconventional level)은 약 9세까지 대부분의 아동에게 해당된다. 이 수준의 아동들은 행동 결과에 대한 도덕적 판단에 기초한다. 예를 들어 1단계는 순종과 처벌을 지향한다. 좋은 행동은 순종적이며 처벌을 피하는 것이다. 따라서 1단계의 아동은 하인즈가 약물을 훔쳐야 하는지의 여부를 결정할 수 있다.

2단계에서 좋은 행동을 하면 사람들은 자신의 요구와 다른 사람들의 요구를 만족시킬 수 있다. (하인즈의 아내는 약을 필요로 하므로 이를 얻는 유일한 방법인 약을 훔치는 것은 잘못이 아니다.)

> **"우리는 마음이 커져가는 아이들에게서 아름다움과 행복의 기쁨을 발견한다."**
>
> Ralph Waldo Emerson, Essayist, Lecturer, and Poet (1803-1882)

인습적 수준(conventional level)의 도덕적 추론에서, 옳고 그름은 옳고 그름에 대한 관습적인(가족적, 종교적, 사회적) 준거에 따라 판단된다. 3단계 '좋은 소년-소녀 지향'에 따르면, 도덕적 행동은 다른 사람들의 요구와 기대를 충족시키는 것이다. 도덕적 행동은 '정상적인' 것 – 대다수가 하는 것이다. (하인즈는 '좋은 남편'이 되기 위해 약을 훔쳐야 한다. 아내를 돕는 것은 '자연적'이거나 '정상적인' 것이다. '좋은 사람들은 훔치지 않기 때문에' 약을 훔쳐서는 안 된다.)

4단계에서 도덕적 판단은 사회 질서를 유지하는 규칙에 근거한다. 권위를 존중하고 의무를 수행하는 것이 중요하다. (하인즈는 약을 훔쳐야 한다. 아내를 죽게 하면 잘못된 것이다. 나중에 약사에게 돈을 지불할 것이다.) 많은 사람들은 인습적 수준을 넘어서는 도덕적 성숙을 하지 못한다.

후인습적 수준(postconventional level)은 더 복잡하며 상처받은 개인의 욕구가 사회 질서 유지 필요에 반하는가와 개인적 양심에 초점을 둔다. 이 단원의 후반부인 청소년기에서 후인습적 수준에 대해서 논의해 보자.

6. 콜버그 이론의 평가

콜버그의 이론에서 알 수 있듯이, 증거는 아동의 도덕적 판단이 상향으로 진행된다는 견해를 지지한다(Snarey & Samuelson, 2014). 후인습적 사고는 청소년기에서 처음 일어난다. 형식적 조작 사고는 도덕적 판단에 필수적 조건이며 교육에 중요한 역할을 할 것이다(Moshman, 2011). 후인습적 추론은 추상적 도덕 원칙에 대한 이해와 다른 사람들의 견해와 감정에 대한 공감을 말한다.

콜버그는 도덕성 발달 단계가 보편적이라고 믿었지만 사회 · 문화 및 교육기관의 영향을 과소평가했을 수도 있다.

> **후인습적 수준** 콜버그에 따르면, 사회 질서 유지와 관련하여 개인의 필요와 개인의 양심의 중요성을 평가하는 도덕성 수준
>
> **인습적 수준(conventional level)** 콜버그에 따르면, 도덕적 판단이 사회적 관습을 크게 반영하는 기간; 도덕에 대한 '법과 질서' 접근

부모도 중요하다. 훈육에 있어 이유를 설명하고 다른 사람들의 감정에 대해 토론하는 것은 도덕적 추론을 발전시킨다(Nather, 2013년).

9-4 아동기 : 사회 정서 발달

사회적 관계는 우리가 자녀일 때 매우 중요하다. 우리가 유아일 때 생존은 부모에게 달려있다. 이러한 사회적 관계는 말년에 그들의 행복과 만족에 기여한다. 여기에서는 어린 시절의 사회적 발달에 대해 논의한다.

1. 에릭 에릭슨의 심리 사회적 발달 단계

에릭슨은 우리는 여러 단계의 심리 사회적 발달을 한다고 했다. 에릭슨의 첫 단계인 '신뢰감 대 불신감'은 양육자(보통 부모)에 의존하며 환경이 우리의 요구를 충족시키기를 기대하지만 그렇지 않을 경우도 있다.

3세 정도의 유아들은 '자율성 대 수치심과 회의'의 단계에 있다. 이 기간 동안, 부모와의 관계나 친구들과의 관계에서 자율성 또는 수치심을 형성할 수 있다.

이 단계의 유아는 변 보기와 같은 신체적 기능에 대한 자기 통제와 독립심을 발달시켜야 한다. 많은 유아들이 부모의 실망을 자아내는 자율성을 입증하는 방법 중 하나는 부모의 요청이나 명령을 따르는 것을 거부하는 것이다.

에릭슨은 아동들이 환경에 대한 통제력을 주장하고 성인 기술을 습득하기 시작하는 5세경부터 '주도성 대 죄책감'의 단계에 있다고 믿었다. 에릭슨은 또한 약 6~12세 아동들은 이 기간 동안 학교에서 학업적 도전과 사회적 도전을 경험하기 때문에 이 기간을 '근면성 대 열등감'의 단계라고 붙였다. 긍정적인 결과는 근면성에 기여하는 반면, 좌절은 열등감으로 이어질 수 있다. 나중에 우리는 에릭슨의 이론이 네 단계를 더 포함하고 있음을 볼 수 있다.

© Robert S. Marvin

에인스워스는 반려 동물에게 애착을 보일 수도 있다고 한다.

2. 애착(Attachment)

애착(attachment) 한 사람이 다른 사람에게 묶이는 지속적인 정서적 유대 관계

심리학자 에인스워스(Mary D.Salter Ainsworth, 1913~1999)는 **애착**을 하나의 동물이나 사람 등 다른 특정 개인 간에 형성되는 정서적 유대 관계로 정의했다. 애착은 유기체를 서로 결속시켜 준다. 이는 유아의 생존에 필수적이며 견딜 수 있도록 한다.

애착을 정의하는 행동으로는 (1) 접촉 또는 근접성을 유지하려는 시도와 (2) 분리 시 불안이 나타나는 것이다. 아기와 아동은 자신의 보호자와 접촉을 유지하려고 하다. 그들은 눈을 마주치며 잡아당기고, 안아달라고 요구하며 안아주지 않을 경우 보호자 앞에서 발을 동동 구를 수도 있다.

낯선 상황과 애착의 형태 영아가 낯선 상황에서 행동하는 방식은 보호자와의 유대감과 관련이 있다. 이러한 사실을 감안할 때, 에인스워스와 동료(1978)는 유아가 보호자(보통 어머니)나 낯선 사람과의 분리와 재결합에 어떻게 반응하는지 알기 위해 낯선 상황을 고안하여 관찰하였다. 이 방법을 사용하여 에인스워스와 동료들은 세 가지 안정 애착과 두 가지 불안정 애착을 정의했다.

1. **안정 애착**(secure attachment) 안전하게 애착한 유아는 어머니의 떠남에 온화하게 항의를 하고, 재결합과 동시에 상호작용을 추구하며, 어머니로부터 쉽게 위로를 받는다.
2. **회피 애착**(acoidant attachment) 회피적인 애착을 보이는 영아는 어머니가 떠날 때 가장 힘들어 한다. 그들은 소란 없이 스스로 놀며 어머니가 돌아오면 어머니를 무시한다.
3. **양가적/저항 애착**(ambivalent/resistant attachment)이 있는 유아는 가장 감정적이다. 그들은 어머니가 떠날 때 심한 고통의 징후를 보이고, 어머니가 돌아올 때 번갈아가며 집착하고 밀어내는 것으로 재결합에 대해 양면성을 보인다.

애착은 유아가 받는 보살핌의 질과 관련이 있다. 안전하게 애착된 아이들의 부모는 애정이 있고 신뢰할 수 있는 보호자일 가능성이 더 높다(George et al., 2010). 풍부한 연구 문헌은 안정된 애착의 이점에 대해 말한다.

예를 들어, 안정된 아동은 더 행복하고 사교적이며 부모와 더 협조적이다. 그들은 동료들과 더 잘 지내고 학교에서 더 잘 적응한다(George et al., 2010; Gross et al., 2017). 유아기에 불안정한 애착은 청소년기 동안 심리적 장애를 예측하게 한다(Milan et al., 2013).

애착단계 에인스워스는 3단계의 애착단계를 규정했다.

1. 초기 예비 애착 단계는 출생부터 약 3개월까지 지속되며 비변별적 애착이 특징이다. 즉, 아기는 혼자 있는 것을 좋아하거나 다른 사람과 함께 있는 것도 좋아하지만, 일반적으로 낯선 사람도 기꺼이 붙잡는다.
2. 애착형성 단계는 약 3~4개월에 발생하며 친숙한 인물을 선호한다.
3. 애착확정 단계는 약 6개월 또는 7개월에 발생하며 보호자에 대한 강한 집착을 보인다.

에인스워스의 동료인 볼비(Bowlby, 1988)는 애착에 대해, 낯선 사람에 대한 두려움으로 특징지어진다고 믿었다. 즉, 생후 8~10개월이 되면, 낯선 사람들이 젖을 먹일 때 아이들은 울며 매달릴 수도 있다. 그러나 모든 아동이 낯선 사람들에 대한 두려움을 느끼는 것은 아니다. 그러므로 애착에 대한 두려움을 애착 과정의 필수 부분으로 포함시킬 필요는 없다.

애착의 이론적 견해 20세기 초, 행동주의자들은 애착 행동은 경험을 통해 배운다고 주장했다. 보호자는 유아를 먹이고 다른 생리학적 요구들을 돌본다. 따라서 유아는 자신들의 요구를 충족하고 만족하기 위해 필요에 맞게 접근하는 법을 배운다. 기본적인 필요 충족과 관련된 만족감은 보호자가 있을 때 안전감으로 일반화된다.

심리학자 해리 할로우(Harry F. Harlow)의 고전적인 연구에 따르면 피부접촉은 학습 경험보다 중요하다고 한다.

할로우는 어머니나 동반자가 없는 아기 원숭이가, 보호소에 있는 천 조각에 붙어있는 경향이 있다는 것을 설명했다. 아기 원숭이들은 천과 접촉을 유지하려 하고 천과 분리될 때 고통스러워 했다. 할로우는 이유를 찾기 위해 일련의 실험을 했다(Harlow, 1959).

한 연구에서 할로우는 그림 9.6과 같이 두 마리의 대리모가 있는 붉은 털 아기 원숭이를 보호소에 두었다. 하나의 '어미'는 젖병이 연결된 철로 만들었고, 다른 대리모는 부드러운 융 천으로 만들었다. 아기 원숭이들은 '어미'가 음식으로 그들의 요구를 만족시키지 못하더라도 대부분의 시간을 천으로 만든 어미에게 달라 붙어 있었다.

할로우는 원숭이나 인간은 아마도 음식의 필요성 만큼이나 기본적인 접촉의 편안함을 필요로 한다고 결론지었다. 음식보다는 접촉의 편안함에 대한 만족이 유아 원숭이(및 인간)가 천으로 된 어미에게 붙어있는 이유일 수 있다. 인간의 피부 대 피부 접촉, 예를 들어 부모-유아 간 껴안기는 옥시토신 호르몬의 분비를 증가시키고, 옥시토신은 배려심의 발달과 관련이 있다(Vittner et al., 2018).

행동학자 콘라드 로렌츠(Konrad Lorenz)와 같은 연구자들은 많은 동물들에게 애착은 본능적으로 타고나는 것이라고 말한다.(행동학자들은 다양한 동물 종의 행동 특성을 연구한다.)

그림 9.6 어린 원숭이의 애착 : 어떤 '어미'를 더 좋아할까?

붉은 털 어린 원숭이는 철사 '어미'에 의해 먹이를 받지만, 부드러운 천으로 된 '어미'에게 대부분 달라붙어 있다. 먹는 곳은 알고 있지만 유아 원숭이(그리고 유아 인간)의 애착 발달에 접촉 안정은 음식보다 분명히 더 중요하다.

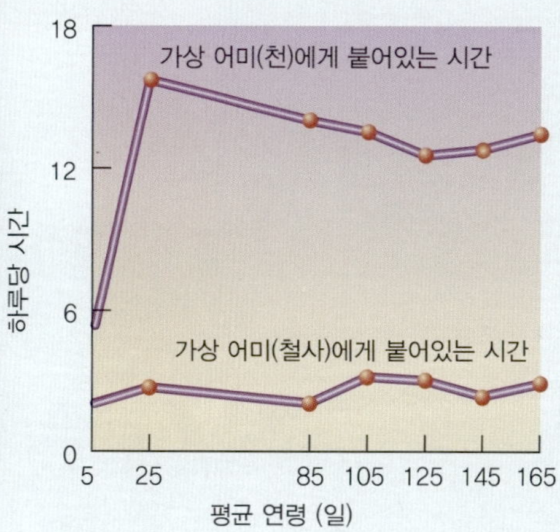

Nina Leen/Time Life Pictures/Getty Images

애착은 다른 본능과 마찬가지로 살아있는 동안에 특정 자극이 주어질 때, 즉 동물이 자극에 민감한 기간 동안 발생하는 것을 이론화한다. 어떤 동물들은 처음 만나는 움직이는 물체에 애착을 형성한다. 이러한 방식으로 애착이 형성되는 것을 '**각인**(imprinting)'이라고 한다.

로렌츠(1981)는 자신의 새끼 거위 가족 사진을 공개하면서 유명해졌다. 로렌츠는 새끼들을 어떻게 얻었을까? 그는 새끼 거위가 부화할 때와 같이 중요한 시기를 함께 지내 새끼 거위들이 그를 따르도록 했다.

거위와 다른 동물들의 결정적 시기는, 첫 걸음을 떼는 좀 더 어릴때 끝나고, 낯선 사람에 대한 두려움은 조금 더 크게 되면 끝난다. 새끼 거위들은 로렌츠를 집요하게 따라다녔고, 무서울 때는 그에게 달려갔고, 그가 떠날 때는 괴로움으로 끼룩끼룩 소리쳤으며, 그들 사이의 장벽을 극복하려고 애썼다.

끼룩끼룩을 울음으로 대신한다면, 그것은 모두 인간적인 소리들이다. 에인스워스와 볼비(1991)는 인간에 대한 애착을 본능으로 보았다. 그러나 인간의 애착은 이동과 낯선 사람들에 대한 두려움(보편적이지 않음)과 같은 문제와 관련이 적다. 또한, 인간과의 애착의 결정적 시기는 상당히 길다.

접촉 안정(contact comfort) 다른 사람과의 접촉을 통해 신체적 안락함을 찾기 위한 기본적인 욕구

행동학자(ethologist) 동물 종의 특징적인 행동 패턴을 연구하는 과학자

결정적 시기(critical period) 특정한 자극에 의해 본능적인 반응을 이끌어낼 수 있는 기간

권위있는 부모(authoritative parents) 엄격하고 따뜻한 사람들로, 권위있는 부모는 성숙한 행동을 요구하지만 규율에 있어 강압적인 징계의 힘보다는 이성을 사용

권위주의적 부모 규율이 경직되어 있고 복종을 위해 복종을 요구하는 부모

각인(imprinting) 유기체의 발달에 있어서 결정적인 시기에 발생되는 과정으로, 그 유기체는 이후에 수정하기 어려운 방식으로 자극에 반응

3. 양육방식

많은 심리학자들은 양육태도와 아동의 성격 발달의 관계에 대해 우려하고 있다.

바움린드(Diana Baumrind,1989, 1991, 2005, 2013; Smetana, 2017)는 특히 부모의 행동과 아동의 도구 능력 개발 간의 관계, 즉 목표를 달성하기 위해 환경을 조작할 수 있는 능력과 관련이 있다고 했다.

바움린드는 부모의 행동에 대한 네 가지 측면에 크게 초점을 맞추었다. (1) 엄격함; (2) 아동이 지적, 정서적, 사회적 성숙을 달성하도록 요구; (3) 의사소통 능력; (4) 따뜻함과 참여. 그녀는 세 가지 양육태도에 대해 권위 있는 태도, 권위주의적 태도, 허용적 태도로 구분했다. 다른 연구자들은 관여하지 않는 태도에 대해 이야기 한다. 이 네 가지 스타일은 다음과 같은 방식으로 정의된다.

1. **권위있는(민주적인) 부모**(authoritative parents) 가장 유능한 어린이의 부모는 네 가지 행동 영역 모두에서 높은 평가를 받는다. 그러한 권위있는 부모는 엄격하고 제한적이며 성숙한 행동을 요구한다. 그러나 온정적이며, 아이의 요구에 민감하게 반응한다. 그들은 많은 것을 기대하지만 그 이유를 설명하고 도움을 준다.

2. **권위주의적 부모**(authoritarian parents)는 옳고 그름에 대한 엄격한 지침을 가지고 있으며, 자녀가 그러한 지침을 따르도록 요구한다. 권위있는 부모와 권위적인 부모는 모두 엄격한 표준을 준수하지만, 권위있는 부모는 그들의 요구를 설명하고 자녀를 지지하는 반면, 권위적인 부모는 힘에 의존하고 자녀와의 의사소통을 잘하지 못한다(Larzelere et al., 2013). 권위주의적 부모는 자녀의 견해를 존중하지 않으며 냉정하고 거부적이다.

3. **허용적 부모**(permissive parents)는 대개 자녀를 쉽게 대한다. 결과적으로, 아동은 자신이 원하는 것을 거의 하게 된다. 허용적 부모는 따뜻하고 지지적이지만 의사소통 면에서는 열등하다.

로렌츠와 그의 거위 가족

Nina Leen/Time & Life Pictures/Getty Images

4. **무관심한 부모(방임적인: uninvolved parents)**는 자녀가 스스로 떠나는 경향이 있다. 부모는 요구를 거의하지 않으며 따뜻함이나 격려를 하지 않는다.

연구에 따르면 따뜻한 부모의 자녀는 사회적으로나 감정적으로 잘 적응할 가능성이 더 높다(Gauvain et al., 2013). 그들은 또한 도덕적 기준, 즉 양심을 발전시킬 수 있는 가능성이 더 높다.

사고력과 따뜻함으로 균형을 맞춘다면, 엄격함은 결실을 맺는 것과 같다. 권위 있는 부모의 자녀는 다른 자녀들보다 더 큰 자립, 자부심, 사회적 역량과 성취동기가 있다.

권위주의적 부모의 자녀는 종종 철수적이거나 공격적이며 대개 권위 있는 부모의 자녀만큼 학교에서 잘 적응하지 못한다.

허용적 부모의 자녀는 덜 성숙한 것 같다. 그들은 종종 충동적이고 변덕스럽고 공격적이다. 청소년기에 부모의 관찰 부족은 종종 비행과 학업성적 저하와 관련이 있다. 무관심한 부모의 자녀는 요구적 부모의 자녀보다 성적이 떨어지는 경향이 있다.

무관심한 부모의 자녀들은 '파티'에 참여하는 사람들과 어울리고 약물을 사용할 가능성이 더 높다. 따라서 부모는 합당한 요구를 하고 따뜻함과 격려를 나타내며 자녀들과 함께 시간을 보내는 것이 유익하다.

RubberBall Photography/Veer

9-5 청소년기

어쩌면 청소년기 만큼이나 흥미진진하고 어리석은 인생은 없을 것이다. **청소년기**는 사춘기와 성인의 책임에 의해 좌우된다. 유년기를 제외하고, 청소년기에는 다른 시간보다 더 많은 변화가 일어난다. 어린 시절과 마찬가지로 청소년기에는 신체적, 인지적, 사회적, 정서적 변화를 수반한다.

"아이들은 성장하고, 부모의 헌신을 보면서 부모를 사랑하기 시작한다. 때때로 자녀는 부모의 허물을 용서한다."

오스카 와일드(OscarWilde, 아일랜드 작가, 극작가이자 시인(1854-1900)

1. 신체발달(Physical Development)

청소년기의 가장 눈에 띄는 신체 발달 중 하나는 2~3년 동안 지속되며, 대부분 어린 시절을 특징짓는 키와 몸무게의 점진적인 변화를 끝내는 성장 발달이다.

이 짧은 기간 내에 청소년은 20~30 cm 정도 자란다. 대부분의 소년은 소녀보다 키가 크고 무겁다.

사춘기(puberty)는 신체가 성적으로 성숙하는 기간이다. 청소년기의 시작을 예고한다. 사춘기는 체모, 남성적 목소리로의 심화, 여성의 가슴과 엉덩이 커짐과 같은 **이차 성징**이 나타나기 시작한다. 소년의 뇌하수체 호르몬은 고환을 자극하여 테스토스테론의 생성을 증가시켜 음경과 고환이 커지고 체모가 자란다. 10대 초반에는 발기가 흔해지고 소년들은 사정할 수 있다. 사정 능력은 보통 성숙한 정자의 존재보다 적어도 1년 앞서 있다. 따라서 사정은 생식 능력의 증거가 아니다.

여아에서 체중이 증가하면 난소가 여성의 성 호르몬인 에스트로겐을 더 높은 수준으로 분비하게 하는 호르몬의 분비가 뇌에서 일어난다(Terasawa et al., 2012).

에스트로겐은 엉덩이와 유방 조직의 성장을 자극한다. 골반이 넓어지고 엉덩이가 둥글게 된다. 부신에서 생성된 소량의 안드로겐과 에스트로겐이 음모와 겨드랑이 털의 성장을 촉진한다. 에스트로겐과 안드로겐도 여성 성장의 발달을 촉진시킨다. 에스트로겐 생성은 사춘기 동안 주기적으로 나타나고 월경 주기를 조절한다.

초경(menarche)은 보통 11세에서 14세 사이에 시작한다. 소녀들은 배란하기 전에는 임신을 할 수 없지만 배란이 일어나면 몇 년 후에는 임신을 할 수 있다.

허용적 부모 규칙을 거의 적용하지 않고 자녀를 면밀히 감독하지 않는 부모

청소년기 사춘기와 성인의 책임을 가정하는 경계에 있는 삶의 시기

사춘기 처음으로 성적 재생산이 가능한 신체 발달 기간

이차 성징 체모 분포와 목소리 깊이와 같은 남성과 여성을 구별하는 특징들

초경 월경의 시작

뇌 발달

부모와 환경에 의해 뇌 활동이 완전히 결정된 영유아와 달리 '청소년'은 실제로 자신의 두뇌가 어떻게 연결되고 조작되는지를 제어할 수 있다. 이것은 십대 시절에 많은 것을 하는 것에 대해 말하는 것이다. 당신은 사춘기 때에 스포츠와 음악, 수학을 위해 당신의 뇌를 많이 사용할 것인가? 아니면 텔레비전 앞의 소파에 누워 있고 싶은가? — 국립정신건강연구소의 신경 과학자(제이 기드, Jay Giedd)

피아노나 바이올린을 연습하면서 하루에 몇 시간을 보내는 청소년의 뇌는 어떻게 될까? 그들의 학습은 물리적으로 사용되는 대뇌피질 부분의 두께를 두껍게 만들었을 것으로 해석된다. 대뇌피질의 두께 증가는 회백질의 증가를 나타내며, 이러한 회백질은 우리가 생각과 감각 운동을 할 때 뇌에서 메시지를 주고 받는 연합 뉴런으로 구성된다.

많은 청소년들이 때때로 나쁜 판단력을 보이며 과도한 음주, 무모한 운전, 폭력, 섭식 장애, 성적인 활동과 같은 대부분의 성인이 피할 위험을 감수한다(Ewing et al., 2016; Smith et al. al., 2013).

두뇌의 미숙함이 위와 같은 일을 하게 할 수 있다. 유르겔럼과 토드(Yurgelun-Todd)는 11세에서 17세의 청소년들에게 두려운 표정을 한 사람들의 사진을 보여준 후, 청소년의 뇌를 기능적 자기공명영상(fMRI)으로 스캔하였다. 성인과 비교할 때, 청소년의 전두엽(집행 기능의 자리)은 활동이 적었고 편도(두려움을 포함한 감정을 분별하는 변연계의 일부)는 더 활동적이었다.

청소년들은 종종 얼굴 표정을 잘못 읽는다. 14세 미만의 청소년은 두려움보다는 슬픔, 분노 또는 혼란을 더 자주 경험한다. 연구자들은 많은 청소년들이 성인의 판단, 통찰력과 추론 능력을 보여주지 못하는 한 가지 이유를, 전두엽의 미성숙이라고 주장한다(Yurgelun-Todd, 2007).

형식적 조작기 피아제의 네 번째 단계. 추상적인 논리적 사고와 원칙으로부터의 추론이 특징

2. 인지 발달(Cognitive Development)

사춘기를 겪는 청소년은 초등학생과는 다른 문제에 접근한다. 어린 아동은 사실과 구체적인 현실에 집착한다. 이들에게는 추상적 가능성과 그 가능성에 대해 추측하는 것이 매우 어렵다. 반면에 청소년은 추상적이고, 가상적인 것을 다룰 수 있다. 이 부분에서는 피아제와 콜버그의 견해를 참조하여 청소년의 인지 발달에 대해 알아 보자.

형식적 조작기(formal operafional stage) 피아제에 따르면, 아동들은 청소년기에 앞서 3단계의 인지 발달 단계를 거친다: 감각 운동기, 전조작기, 구체적 조작기.

형식적 조작기는 피아제 이론의 마지막 단계이며 인지 성숙도를 나타낸다. 서구 사회의 많은 아동들에게, 형식적 조작기는 청소년기에 시작(11세 또는 12세)한다. 그러나 어떤 사람들은 나중에서야 이 단계에 들어간다.

형식적 조작기의 주요 성과에는 분류, 논리적 사고 및 가설 능력이 있다. 주요한 특징은, 사상은 물론 아이디어에 대해 생각하고 아이디어 — 기호, 진술 및 전체 이론 — 를 분류하는 능력이다. 청소년은 일반적으로 전체에서 결론에 이르기까지 논리적 추론을 다룰 수 있다. 그들은 일반적으로 외부 환경과 상상의 세계를 모두 이해할 수 있다. 그들은 가상의 사고와 연역적 추론을 한다.

형식적 조작기의 청소년(및 성인)은 추상적으로 생각한다. 실제 세계에서 원과 사각형이 나타내는 것을 참조하지 않고 원과 사각형에 대한 기하학적 문제를 해결한다. 이 단계의 청소년들은 일반적인 원칙에서 행동에 대한 규칙을 도출하고 문제를 해결하기 위해 상황의 여러 측면에 동시에 집중할 수 있다.

뇌에서는 무슨 일이 일어나는 걸까?
이 청소년 음악가는 바이올린 연주를 배우는 것뿐만 아니라 부수적으로 대뇌피질의 일부를 두껍게 한다. 연합뉴런은 새로운 축삭 팁과 수상돌기를 발산하여 새로운 시냅스를 만들고 정보의 흐름을 향상시킨다.

Photodisc Photography/Veer

공식적인 운영 단계에서 청소년들은 가상의 상황을 다룰 수 있게 된다(Amsel, 2011). 그들은 상황이 다른 결과를 낳을 수 있다는 것을 알고, 그 결과를 상상하면서 미리 생각한다. 청소년들은 또한 그들의 가설을 검증하기 위해 사회적 '실험'을 수행한다. 그들은 그들에게 무엇이 가장 적합한지 보기 위해 다양한 목소리와 다른 사람들을 대하는 방법을 시험해 볼 수도 있다.

사춘기 자아중심성(adolescent egocentrism) 형식적 조작기의 청소년들은 연역적으로 추론할 수 있다. 청소년들은 사물이나 사람을 분류한 다음, 그에 대한 결론을 도출한다. 또한, 새로운 논리적 능력을 자랑스럽게 여길 수 있으며 새로운 종류의 자아중심성으로 이어진다. 그들은 성인이 고려할 수 있는 예외나 실제 문제를 인식하지 않고 논리를 수용할 것을 요구한다.

이 예제를 고려해 보라. "사람들을 다치게 하는 것은 잘못이다. 회사 A는 사람들을 다치게 한다(아마 오염으로 인해). 그러므로 회사 A는 엄중히 처벌되거나 폐쇄되어야 한다." 이 생각은 논리적이다. 그러나 중대한 변화나 심각한 처벌을 조급히 요구함으로써 회사가 문을 닫았을 때 해고될 수 있는 수천 명의 근로자와 같은 다양한 실제 문제를 충분히 고려하지 못할 수도 있다. 성인은 종종 삶의 경험을 통해 흑백이 아닌 회색 음영을 보게 된다.

미취학 아동의 생각은 다른 사람들의 관점을 취할 수 없는 자기중심주의를 특징으로 한다. 청소년의 생각은 다른 사람들의 생각을 이해할 수 있는 자기중심주의로 표시되지만, 다른 사람들에게 관심이 있는 것들과 자신에게만 관심이 있는 것들을 분리하는 데 여전히 어려움이 있다. 청소년기 자아중심성에는 두 가지 흥미로운 인지 발달이 일어난다.

상상 속의 청중(imaginary audience)의 개념은 다른 사람들이 우리의 생각과 행동에 관심이 있다는 믿음을 말한다. 따라서 청소년들은 자신을 관심의 중심으로 보고 다른 사람들도 자신의 외모와 행동에 관심이 있다고 가정한다. 청소년들은 무대 위에서 모든 시선을 받고 있다고 느낄 수 있다. 상상 속의 청중의 개념은 사생활에 대한 열렬한 청소년 욕구를 이끌 수 있다.

청소년이 왜 그렇게 자의식을 갖고 있는지, 왜 모든 얼굴 결점에 대해 걱정하고, 손질하는 데 시간을 소비하는지 설명하는 데 도움이 된다. 자의식은 약 13세에서 최고점에 도달한 다음 감소한다. 소녀들은 소년보다 자의식이 더 강한 경향이 있다.

개인적 우화 (personal fable)는 우리의 감정과 생각이 특별하고, 심지어 독특하며, 우리는 불굴의 존재라는 믿음이다. 개인적인 우화는 청소년의 과시와 위험 감수의 기초가 되는 것 같다.

도덕적 추론의 후인습적 수준 콜버그의 도덕적 추론 이론은 다음 세 가지 수준으로 구성된다: **전인습적, 인습적, 후인습적**. 어떤 사람은 하인즈가 다른 이유로 돈을 지불하지 않고 약을 복용함으로써 아내를 구해야 하는지 여부와 동일한 결정에 도달할 수 있다.

Thomas Northcut/Stone/Getty Images

청소년들은 거울에서 불완전성을 찾거나 자신을 감탄하는 데 많은 시간을 할애할 수 있다. 상상 속의 관객이라는 개념은 그들을 무대 위에 올려놓지만, 숭배자보다는 비평가들에게 둘러싸여 있다.

상상 속의 청중 청소년 자아중심성의 한 측면. 다른 사람들이 우리의 생각과 행동에 관심이 있다는 믿음

개인적 우화 청소년 자아중심성의 또 다른 측면; 우리의 감정과 사상이 특별하고 독특하며 우리가 불굴의 존재라는 믿음

TRUTH

Ⓣ F 남자 청소년들은 자신을 액션 영웅으로 생각하고 마치 강철로 만들어진 것처럼 행동하는 것이 보통이다.

남자 청소년들이 자신을 액션 영웅으로 생각하고 마치 강철로 만들어진 것처럼 행동하는 것이 정상인 것은 사실이다. 이것들은 개인적인 우화가 작용하고 있는 예들이다.

처벌에 대한 두려움 때문에 약물을 훔치지 않기로 결정하는 것은, 사회적 질서에 부정적인 결과를 초래할 수 있다는 신념으로 결정하지 않는 것보다, 인지적으로 덜 복잡하다.

콜버그의 도덕성 발달 수준 중 어느 것도 사람의 나이와 관련이 없다. 후인습적 추론이 가장 높은 수준이지만 대부분의 청소년과 성인은 도달하지 못한다. 그러나 후인습적 추론에 이른다면 대개 청소년기에서 나타날 수 있다. 콜버그(1969년)의 연구에 따르면, 7세에서 10세 사이의 사람들은 후인습적 도덕 판단이 없었다. 그러나 16세가 되면 5단계 추론은 청소년의 약 20%, 6단계 추론은 약 5%로 나타난다.

도덕적 판단은 인습적 준거들로부터나 혹은 권위적 특징들이 아닌 개인적인 가치에서 비롯된다. 계약적이고 합법적으로 지향된 5단계는 합의된 절차에서 비롯되고 법의 지배는 일반적으로 사회에 유리하다는 것을 인정한다. 따라서 긴급 상황을 제외하고는 법률을 위반해서는 안 된다.(하인즈가 약물을 훔치는 것은 불법이지만 이 경우에는 옳은 일이다.)

6단계 도덕적 추론은 인간 생활의 신성함, 개인의 존엄성, 정의, 황금률과 같은 보편적·윤리적 원칙을 준수할 것을 요구한다("여러분이 할 수 있는 대로 다른 사람에게 행하십시오"). 법이 부당하거나 개인의 권리에 반하는 것이라면 법을 지키는 것은 잘못된 것이다. 후인습적 도덕 수준의 사람들은 양심이 가장 높은 도덕적 권위라고 생각한다. 이 점이 혼란을 야기했다.

후인습적 도덕 수준 콜버그에 따르면, 도덕적 판단이 도덕적 원칙의 병변으로부터 파생되고 사람들은 도덕적 기준을 정하기 위해 그들 자신을 바라보는 시기

어떤 사람들에게는 그것이 편할 때 법을 어기는 것이 옳다는 것을 암시하지만, 이 해석은 틀렸다. 콜버그는 이 정도 수준의 사람들이 법을 어기거나 자신을 희생하더라도, 옳다고 생각하는 일을 해야 함을 느낀다고 설명한다.

3. 사회 정서적 발달

사회적, 정서적 발달 측면에서 청소년기는 격동과 연관되어 있다. 19세기에 심리학자 스탠리 홀(Stanley Hall)은 청소년기를 '질풍노도의 시기(Sturm und Drang)'라고 묘사했다. 현재의 견해는 '폭풍과 스트레스'가 준거라는 가정에 이의를 제기한다(Hollenstein & Lougheed, 2013).

많은 청소년들은 침착하고 즐거운 발달 시기를 경험한다. 우리는 개인차와 문화적 차이를 고려해야 한다.

확실히 많은 미국 청소년들이 마약을 남용하고, 임신하고, 성병에 감염되며, 폭력에 연루되고, 학교에 실패하고, 자살을 시도하기도 한다. 미국 질병통제예방센터(Heron, 2016)는 모든 청소년 사망자의 71%가 다음 세 가지 원인에서 비롯된 것으로 보고했다. 자동차, 기타 사고(40%), 자살(17%) 및 살인(14%). 그럼에도 불구하고 대다수의 미국인들은 청소년기를 아주 잘 통과한다.

부모와 친구들과의 관계 청소년들은 어린 아이들보다 부모님과 보내는 시간이 훨씬 적다(Longmore et al., 2013). 청소년은 아버지보다 어머니와 더 많이 상호작용하므로 어머니와 더 많은 갈등이 있다. 그러나 그들은 또한 그들의 어머니를 지지하고 의견을 받아들일 가능성이 더 높다고 생각한다(Longmore et al., 2013).

가족과 함께 보내는 시간을 단축하며, 독립을 위한 노력을 할 수 있지만 대부분의 청소년들은 부모에 대한 사랑, 충성심 및 존중을 유지한다(Smetana, 2011). 부모와 친밀하다고 느끼는 청소년들은 더 큰 독립심, 더 높은 자존심, 더 나은 학교 성적 및 더 적은 심리적 문제를 보일 가능성이 더 높다(Flouri & Buchanan, 2003; Longmore et al., 2013).

부모-청소년 갈등은 사춘기 동안 가장 증가하고, 후기 청소년기에는 감소한다(Smetana, 2011).

"어린이들을 집에 있게 하는 가장 좋은 방법은 집 분위기를 즐겁게 하고 긴장을 낮추는 것이다."

파커(Dorothy Parker, 작가, 시인, 비평가, 시나리오 작가, 1893~1967)

갈등은 일반적으로 집안일, 숙제, 통금 시간, 개인적인 외모, 재정 및 데이트와 같은 가족 생활의 일상적인 세부 사항에 중점을 두지만, 부모와 청소년은 일반적으로 사회적, 정치적, 종교적 및 경제적 문제에 대한 그들의 신념에서는 비슷하다(Smetana, 2011).

일반적으로 부모와의 관계는 여전히 긍정적이지만 십대의 활동, 영향 및 지원의 원천으로서 또래의 역할이 증가한다(Kirke, 2009). 청소년들은 우정의 수용, 자기 공개, 상호 이해 및 충성의 중요성을 강조한다(Crosnoe, 2011). 청소년들과 그들의 친구들은 전형적으로 같은 나이와 같은 인종이다(Castelli et al., 2009). 친구는 학교 태도, 교육적 열망, 학교 성취도, 음주, 약물 사용 및 성 행위에 대한 태도에서도 종종 비슷하다(Crosnoe, 2011).

부모는 종종 십대 자녀가 잘못된 친구 관계에 빠져 자기 파괴적이거나 부모의 소원에 반하는 행동에 관여할까봐 걱정한다. 그러나 연구에 따르면 대부분의 청소년 친구들은 나쁜 영향을 미치지 않는다(Allen & Antonishak, 2008). 많은 또래들이 학업 성취와 같은 긍정적인 행동을 강화한다(Allen & Antonishak, 2008; Crosnoe, 2011).

자아 정체성과 역할혼돈

에릭슨(1963)에 따르면, 우리는 8단계의 심리 사회적 발달을 겪고 있으며 각 단계는 특정한 '위기'가 있다고 한다. 이들 중 4개는 신뢰와 불신으로 시작하여 어린 시절에 일어난다.

5단계인 자아 정체성 대 역할혼돈은 청소년기에서 일어난다. **자아 정체성**은 자신이 누구이며 무엇을 나타내는지에 대한 확고한 의미이다. 그것은 어려운 시기를 헤쳐나갈 수 있고, 성취에 의미를 부여할 수 있다.

자아 정체성을 발달시키지 않는 청소년은 **역할혼돈**을 경험할 수 있다. 그들은 너무 연약하여 막다른 골목으로 몰리면 스스로 찾을 수 없는 정체성을 찾아주겠다고 약속하는 지도자들에게 이용당한다.

청소년들이 일반적으로 무엇이 될 것인가를 결정하는 데 있어서 상당한 선택권을 가지고 있는 서구 사회에서, 성인 정체성의 창출은 중요한 도전이다. 이 도전의 대부분은 자신의 관심사와 능력에 대해 배우고 직업이나 인생의 역할과 연결하는 것이다.

그러나 정체성에는 성적, 정치적, 종교적 신념과 약속도 포함된다. 개인이 한 사람과만 성적 관계를 맺을 것인가? 또는, 여러 사람들과 성적으로 접촉할 것인가? 정치적 스펙트럼을 따라 좌로 기울 것인가? 우로 기울 것인가? 종교는 어떤 역할을 할 것인가?

9-6 성인 초기

청소년들이 일찍이 바로 성인이 되었다. 현재 부유한 나라의 많은 젊은이들은 몇몇 이론가들이 18세에서 25세 사이의 새로운 발전기라고 말하는 것을 생각하면서 자신들의 시간을 보낸다. **성인 초기인** 이 기간 동안 많은 젊은이들이 대학교와 대학원에 다니고, 정체성 문제를 정리하고, 의미있는 삶을 계획한다. 그러나 미국에서도 그들은 성인 초기에 소풍을 즐길 여유가 없다.

아네트(Arnett, 2014)는, 5가지 특징이 청소년기(이전 단계)와 그 다음에 오는 성인기 사이에 끼어있는 성인 초기의 단계를 구별한다고 한다.

Barry Winiker/Getty Images

그러면 어찌해야 할까?
성인초기는 자기– 집중화 경향이 있다. 그들은 어린이와 청소년보다 의사 결정이 자유롭다는 것을 알고 있지만, 그것은 그들이 무언가를 만들어 내야 한다는 것을 의미한다.

자아 정체성(ego identity) 에릭슨의 용어로, 자신이 누구이며 무엇을 나타내는 지에 대한 확고한 의미

역할혼돈(role diffusion) 에릭슨의 용어로(자아 정체성 개발 실패로 인해) 삶의 역할이 명확하지 않음.

성인 초기 부유한 국가의 많은 젊은 이들이 대학과 대학원에 진학하고 정체성 문제를 정리하고 인생 계획을 세우는 기간, 약 18세에서 25세에 이르는 성인 초기 발달 기간

▶ **정체성 탐구의 시기** 18세, 20세에서 25세 또는 30세 사이의 많은 사람들은 그들의 연애 생활과 직업 생활 측면에서 중요한 선택을 하는 길을 가고 있다. 그들은 로맨틱한 파트너와 직업적인 가능성을 실험하고 있다.

▶ **불안정의 시기** 오늘날 미국인들은 평균 20명에서 29명이 약 7가지의 직업을 가지고 있다. 그들은 종종 로맨틱한 파트너를 선택한다. 때로는 파트너로 선택되기도 한다. 그들은 가구가 거의 없다면 이곳 저곳으로 이동할 수 있다. 그리고 그들은 종종 교육 방향을 바꾸고, 좋아하는 것을 찾고, 할 수 있는 것을 찾고, 이용 가능한 것을 찾는다.

▶ **자기집중의 시기** 성인초기의 사람들은 예외적으로 자기 중심적이다(Arnett, 2014). 그들은 어린이나 청소년보다 결정을 자유롭게 내린다. 그들은 더 성숙하고, 부모의 영향으로부터 더 독립적이며, 일반적으로 더 많은 자원을 가지고 있다.

▶ **중간에서 느끼는 시기** 성인초기는 한 가지 면에서 청소년과 유사하다. 청소년이 유년기와 성인 사이 어딘가에 있다고 느끼는 반면, 성인초기는 청소년과 '실제' 성인 사이에 있다고 생각할 것이다. 그들은 학교를 졸업했지만 더 많은 훈련이나 교육을 받을 것 같다. 그들은 때때로 어리석은 청춘의 유혹을 넘어서지만 아직 장기적이거나 적어도 영구적인 관계는 아니다. 보호자에게 전적으로 의존하지는 않지만 자립할 가능성은 거의 없다. 룸메이트나 아파트 사이에 있을 수 있다. 그들이 성인이 되었다고 생각하는지 물었을 때, 아네트는 18세에서 25세 사이의 가장 일반적인 대답은 어떤 면에서는 "예", 다른 면에서는 "아니오"로 나타났다고 했다. 청소년의 갈등과 탐구적 항해를 넘어 발전했지만, 아직 성인과 관련된 재정적 능력 및 대인관계에서의 책임을 질 능력이 없거나 원치 않을 수도 있다.

▶ **가능성의 시기** 성인초기는 일반적으로 세상이 그들 앞에 열려 있다고 생각한다. 성인의 대다수와 마찬가지로 낙관적 편견이 있다(Arnett, 2014). 그들은 일이 잘 될 것이라고 믿는다. 그러나 그들 중 일부는 '회전하는 문'이 있다. 그들은 금융과 감정적 자원의 쇠퇴에 따라 집을 나갔다가 돌아온다.

폐경기(menopause) 월경의 중단

9-7 성인기

발달은 전 생애를 걸쳐 계속된다. 많은 이론가들은 성인의 관심과 참여가 관찰 가능한 패턴을 따르므로 성인 발달의 '단계'에 대해 말할 수 있다고 생각한다.

다른 사람들은 더 이상 예측 가능한 단계나 단계를 가진 표준 수명 주기가 없을 수도 있다고 주장한다.

나이는 더 이상 인지력이나 신체적 능력의 상실을 의미하지 않으며, 심지어 주름살도 없다.

사람들은 그 어느 때보다 더 오래 살고 있으며 자신의 운명을 선택하기 위해 그 어느 때보다 자유롭다.

1. 신체 발달

성인기 동안 가장 분명한 발달 양상은 신체에 있다. 20세에서 40세에 이르는 성인 전기, 40세에서 65세에 이르는 중년기(성인 중기), 65세에 시작되는 노년기(성인 후기)의 신체 발달을 생각해 보자.

초기 성인기(early adulthood) 육체 발달은 성인 전기에 최고조에 이른다. 대부분의 사람들은 감각의 예리함, 힘, 반응 시간 및 심혈관 건강에 적합하다. 이 시기에 키가 가장 크며, 성인 중기를 통해 키의 성장이 안정적으로 유지되어 성인 후기에는 다소 감소한다. 남녀 모두의 체력은 20대와 30대 초반에 최고조에 달한 후 천천히 감소한다. 대부분의 운동선수는 30대에 감소를 경험하고 40세 이내에 은퇴한다. 성적으로 말하면, 성인 전기의 대부분의 사람들은 쉽게 흥분한다. 그들은 원하는 대로 발기를 하고, 또 유지하고 쉽게 윤활하는 경향이 있다.

중기 성인기(middle adulthood) 중년기에는 20대와 30대 동안 가지고 있었던 힘, 조정 및 체력을 갖지 못할 것이다. 그러나 40대에서 60대 사이의 기간은 상당히 안정적이다. 점진적인 육체적 쇠퇴가 있지만, 이는 사소한 수준이며, 중년 성인들이 청년들과 경쟁을 하거나 자신에 대한 이상적인 추억을 가진 경우에만 영향을 미칠 것이다. 중년 성인의 신체적 감소는 점진적으로 이루어지기 때문에, 보다 영양가 있는 식단을 먹고 운동을 시작한 사람들은 성인 초기 때보다 더 보기 좋고 기분이 좋아질 수 있다.

여성의 경우 **폐경기**는 일반적으로 중년기에 발생하는 가장 중요한 삶의 변화로 간주된다. 폐경은 보통 40대 후반 또는 50대 초반에 발생한다. 폐경기는 여성 성 호르몬의 분비 감소로 인한 갱년기의 마지막 단계이다.

배란이 끝나고 유방 조직과 피부 탄력이 약간 상실된다. 골밀도 손실은 골다공증(취성 뼈)을 유발할 수 있다. 갱년기 동안 많은 여성들이 일과성 열감, 수면 상실 및 불안과 우울증을 경험한다. 갱년기와 그 이후의 여성 경험은 신체적 증상의 강도와 자신의 개념이 생식 능력으로 포장된 정도를 반영한다.

후기 성인기(late adulthood) 나이 지진이 다가오고 있다. 65세 이상은 미국 인구에서 가장 빠르게 성장하는 연령대이다. 1900년에 25명 중 1명만이 65세 이상이었다. 오늘날의 수치는 15%로 3배 이상 증가했다. 2050년까지 미국인 5명 중 1명(22%)이 65세 이상일 것이다.

노년기에는 여러 가지 변화가 일어난다(그림 9.7 참조). 칼슘대사의 변화는 뼈의 결함을 증가시켜 낙상의 위험률이 높다. 피부의 탄력이 떨어지고 주름이 생길 수 있다. 노인들은 덜 예민하게 보고 듣는다. 후각의 감소로 인하여 음식의 맛을 내기 위해 더 많은 향신료를 사용할 수 있다. 노인들은 자극에 반응하는 데 더 많은 시간이 필요하다.

예를 들어, 나이가 많은 운전자는 변화하는 도로 상황에 대응하기 위해 더 많은 시간이 필요하다. 나이가 들어감에 따라 면역계의 기능이 저하되어 질병에 더욱 취약해진다. 연령 관련 변화는 성적 기능에 영향을 주지만, 대부분의 사람들은 일반적으로 건강을 유지하고 기대치를 조정하면 평생 동안 섹스를 즐길 수 있다.

그림 9.7 시간에 따른 변화

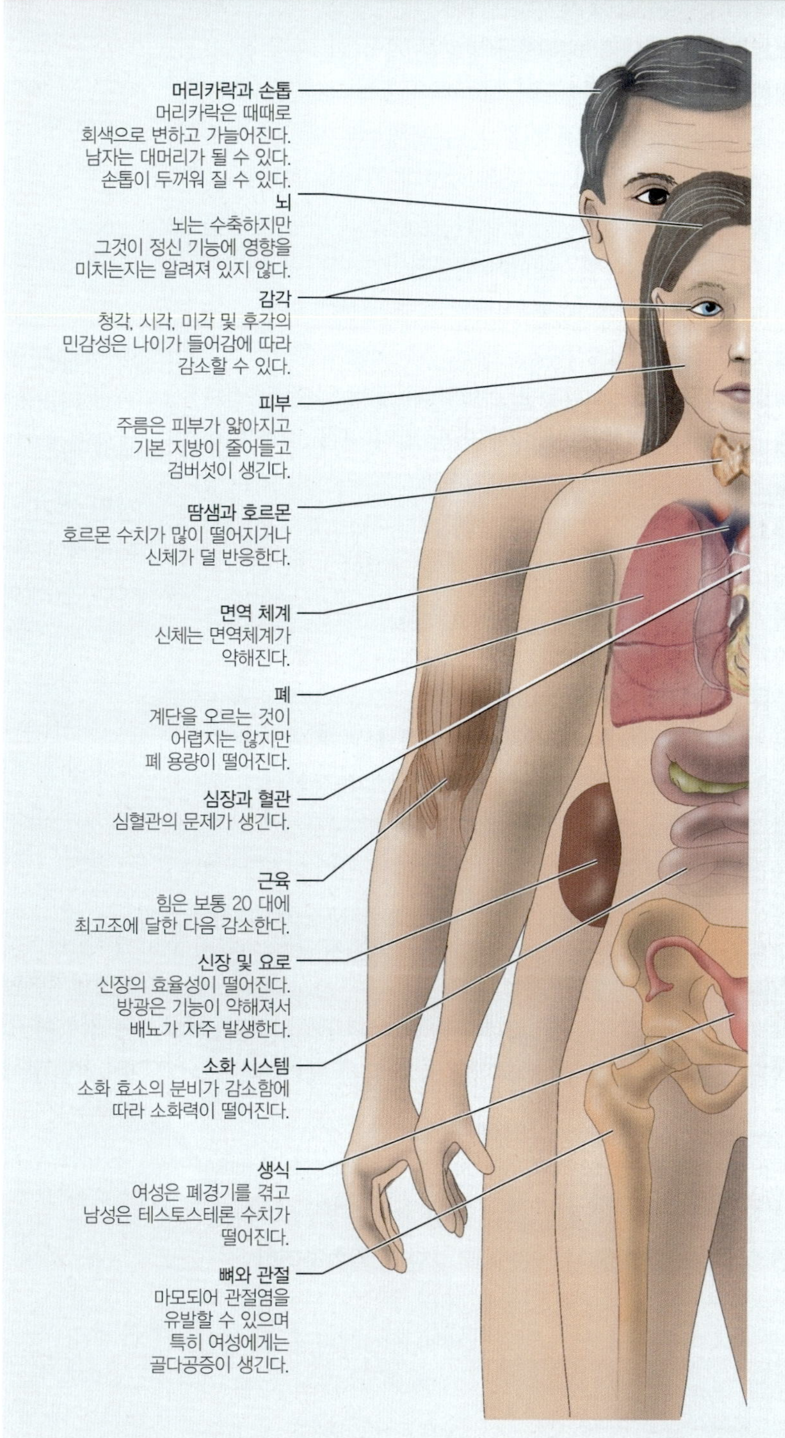

2. 인지 발달

신체 발달의 경우와 마찬가지로, 사람들은 성인 전기 동안 인지 능력이 가장 높다. 성인의 인지 발달에는 창의성, 기억 기능 및 지능과 같은 여러 측면이 있다. 사람들은 평생 창의력을 발휘할 수 있다.

80세의 나이에 컨닝햄(Cunningham)은 컴퓨터로 생성된 디지털 이미지를 사용하는 춤의 안무를 만들었다(Teachout, 2000). 호프만(Hans Hofmann)은 85에 가장 역동적인 그림을 만들었고 피카소(Picasso)는 90세에 그림을 그렸다. 할머니 모세는 78세가 되어서야 그림을 그리기 시작했다. 베르디(Giuseppe Verdi)는 79세 나이에 즐거운 오페라 팔스타프(Falstaff)를 썼다.

나이가 들수록 메모리 기능이 저하된다. 그러나 기억력의 감소는 사람들이 생각하는 만큼 크지 않다. 메모리 테스트는 일반적으로 의미없는 정보를 기억하는 능력을 측정한다.

노인들은 경험, 특히 전문 분야를 새로운 도전에 적용할 수 있는 영역에서 더 나은 메모리 기능을 보여준다. 예를 들면 다음과 같다. 누가 더 잘 배우고 화학 문제를 잘 해결할 수 있을까? 대학사 전공자인가 아니면 은퇴한 화학 교수인가? 당신은 결정화된 지능 때문에 화학 교수를 선택할 수 있다.

결정성 지능(crystallized intelligence)은 축적된 정보와 경험, 사회적 관습에 대한 인식 및 올바른 결정을 내릴 수 있는 능력에 의존하는 지식과 기술의 지능으로 정의된다. 우리는 화학 지식의 예를 사용하고 있지만 결정성 지능은 일반적으로 어휘와 세계 문제에 대한 축적된 사실로 나타난다. 따라서 결정성 지능은 수십 년에 걸쳐 증가할 수 있다.

유동성 지능(fluid intelligence)은 새로운 영역의 문제를 학습하고 해결하는 것처럼 정보를 빠르게 처리할 수 있는 능력으로 입증되는 정신적 유연성으로 정의된다. 일반적으로 지능 검사, 특히 시간 제한이 있는 문제에 대해 측정되는 일종의 지적 기능이다. 노인성 치매가 없는 경우, 일반적으로 수명기간 동안 결정성 지능은 표준화된 지능 검사의 하위 검사인 언어검사 점수와 함께 증가한다.

결정성 지능이 성인기에 걸쳐 증가하는 경향이 있음을 나타내는 동일한 연구는 유동성 지능의 감소를 나타내는 경향이 있다(Salthouse, 2016a, 2016b).

지적 기능에 대한 가장 심각한 공격 중 하나는, 4백만에서 5백만 명의 미국인, 특히 노인들에게 영향을 미치는 진보적이고 돌이킬 수 없는 뇌 질환인 **알츠하이머**이다. 65세에서 74세 사이의 미국인 10명 중 약 1명이 알츠하이머로 진단되며, 75세에서 84세 사이에는 2명 이상으로 증가한다. 알츠하이머는 노화와 관련이 있지만 정상적인 진행이 아닌 질병이다.

결정성 지능 세계 정세에 대한 어휘와 지식을 통해 알 수 있듯이 평생의 지적 성취

유동성 지능 새로운 종류의 문제를 해결하기 위해 빠르게 학습하는 것을 보여주는 정서적 유연성

알츠하이머 기억력, 언어, 문제 해결 및 기타 인지 기능의 상실이 특징인, 점진적인 형태의 정신 악화

3. 사회 정서적 발달

성인기 동안의 사회 및 정서 발달의 변화는 아마도 가장 '탄력적'이거나 유동적일 것이다. 이러한 변화는 문화적 기대와 개별 행동 패턴의 영향을 받는다. 결과적으로 많은 다양성이 있다. 성인기의 여러 단계에서 발생하는 몇 가지 변화 경향을 살펴보겠다.

FICTION

T (F) 알츠하이머는 노화의 정상적인 부분이다.

알츠하이머는 노화의 정상적인 부분이 아니다. 이름에서 알 수 있듯이 질병이다.

성인 전기 많은 이론가들은, 성인 전기에는 사람들이 독립적인 사회 구성원으로 자신을 세우는 기간이라고 말한다. 20대의 많은 사람들이 야심에 휩싸인다. 많은 사람들이 자신의 경력을 발전시키려고 노력한다. 전문적인 직업을 찾는 20대의 많은 사람들은 성공의 기술을 습득할 수 있다(Levinson et al., 1978; Levinson, 1996).

20대 청년들은 일반적으로 자신의 지원에 대한 책임을 지고, 스스로 선택하고, 부모의 영향을 받지 않는다. 많은 젊은이들은 이론가 레빈슨과 그의 동료(1978)가 '인생의 잠정적인 청사진 역할을 하는 꿈'이라고 부르는 것을 선택한다.

청년기에는 사람들이 가족을 떠나 자신의 가족을 만드는 경향이 있다. 에릭슨(Erik Erikson, 1963)은 이 시기를 '친밀감 대 고립감'의 단계라고 특징지었다. 에릭슨은 젊은 성인의 중심에 친밀한 관계가 형성되는 것을 보았다. 청소년기 동안 확고한 정체성을 발전시킨 청년들은 결혼과 우정을 통해 다른 사람들의 정체성 속에 녹여낼 준비가 되어 있다. 친밀한 관계를 발전시키기 위해 손을 뻗지 않는 사람들은 고립과 외로움으로 도태될 위험이 있다.

30세 정도가 되면 많은 사람들이 자신의 삶을 재평가하고 "내 인생은 어디로 가는가?", "왜 내가 이것을 하는가?"(Levinson et al., 1978)라고 스스로 묻는다. 그들이 직업을 바꾸거나 새로운 친밀한 관계를 형성하는 것은 드문 일이 아니다. 30대 후반의 특징은 뿌리를 정착시키는 것이다. 그들은 승진, 육아 및 장기 대출에 중점을 둔다.

성인 중기 에릭슨은 성인 중기의 위기는 '생산성 대 침체감'이라고 했다. 생산성은 자녀 양육이나 직장에서 일

"나는 아직 대부분의 여성들이 결혼, 육아, 그리고 직업을 함께 수행해야 하는 것에 대해 걱정하지 않는 것을 본 적이 없다. 많은 남자들이 같은 일로 고민하는 것은 보지 못했다."

작가이자 기자, 스타이넘(Gloria Steinem)

하는 것과 같이 가치가 있다고 생각하는 일을 하는 것이다. 그는 관대함이 자존감을 높이고 유지하게 한다고 이론화했다.

생산성은 교회나 시민 단체에 가입하여 세상을 더 나은 곳으로 만드는 것도 포함된다. 침체감은 같은 일을 30년 동안 하면서 동일한 임금을 받거나, 자녀 양육을 소홀히 하는 것과 같이 물에 휩쓸리는 것을 의미한다. 침체감은 자존감을 손상시킨다.

레빈슨(Levinson)과 동료들(1978)에 따르면, 40명의 남성들을 대상으로 한 사례 연구에서 약 40세에서 45세의 중년기에는 전환이 있는데, 이는 심리적 관점이 얼마나 오래 살았는가에서 몇 년이나 남았는가로 바뀌는 것을 특징으로 한다. 연구에 따르면 여성은 남성보다 먼저 중년기 전환을 경험할 수 있다(Zucker et al., 2002).

왜 그럴까? 이것의 대부분은 '생물학적 시계' 즉 아이를 낳을 수 있는 그들의 능력과 관련이 있다. 그러나 오늘날 많은 여성들이 40대와 그 이후에 자녀를 낳고 있다.

레빈슨에 따르면 여성과 남성 모두에서 중년기 전환은 중년기 위기를 유발할 수 있다. 중간 계층의 중년의 사업가는 10~20년 동안 아늑한 곳을 찾게 되나, 아늑한 곳은 우울증을 일으킬 수 있다. 오전 8시부터 오후 4시까지 두 명의 10대들이 없는 빈 집에 혼자 있는 주부는 그녀가 무너지고 있다는 것을 느낄지도 모른다.

그러나 많은 미국인들은 이 시대에 새로운 방향과 성취의 기회가 있음을 알고 있다. 이 기간 동안 많은 사람들이 생산력의 절정에 있다. 오늘날 건강한 중년 성인의 대부분은 아마도 30년에서 40년 정도 더 건강할 것이라고 기대할 수 있다.

빈 둥지 증후군 초기 수십 년 동안 심리학자들은 소위 **빈 둥지 증후군**(emptynest syndrome)이라는 것을 강조했다. 이 개념은 여성에게 가장 자주 적용되었다. 막내 아이가 대학에 가거나 결혼하거나 집을 떠날 때 여성은 상실감을 경험한다고 했다.

FICTION

T (F) 대부분의 부모는 막내가 집을 떠날 때 '빈 둥지 증후군'으로 고통받는다.

막내가 집을 떠날 때 대부분의 부모가 빈 둥지 증후군을 겪는 것은 사실이 아니다. 어떤 부모는 상당히 안도하고 있다.

그러나 연구에 따르면, 막내가 집을 떠날 때 부모는 빈 둥지 증후군으로 고통받는다는 사실을 알지 못한다고 했다. 두 부모 모두 상실감을 느낄 수 있지만 일단 자녀가 성인이 되면 대부분의 미국 부모는 자녀가 스스로 살도록 한다.

실제로, 많은 어머니들은 자녀가 집을 떠난 후 결혼 만족도, 개인의 변화, 예를 들어, 원숙미, 자신감, 안정성 등이 증가했다고 한다(Mitchell & Wister, 2016).

중년기 자녀와 노령 부모 : '샌드위치 세대' 기대 수명이 증가함에 따라 선진국의 중년 인구의 절반 이상이 부모가 적어도 한 명 이상 살아 있으며, 늦도록 성인기를 함께 한다(U.S.Bureau of the Census, 2011). 노령화 미국 부모의 2/3는 자녀 근처에 거주지가 있으며(U.S.Bureau of the Census, 2011) 자주 방문하고 전화한다.

중년 부모들과 나이 든 부모들 사이의 관계는 상당히 가까워질 수 있다. 노부모가 도움을 필요로 하는 경우, 보통 중년의 딸에게 맡겨지고, 그 딸을 **샌드위치 세대**라고 불렀다. 그녀는 부모를 돌보는 동시에 자녀 또는 손자를 돌보는 일 사이에 끼어 있다(Steiner & Fletcher, 2017). 그녀는 또한 일을 할 가능성이 높기 때문에 그녀의 역할은 과부하가 걸린다(Steiner & Fletcher, 2017).

성인 후기 생산성은 중년에 끝나지 않는다. 연구 결과에 따르면, 성인 후기의 많은 사람들은 계속 창의력을 발휘하고 자신이 누구이며 자신이 무엇을 의미하는지에 대한 확고한 인식을 유지하고 있다고 한다(Reitz & Staudinger, 2017). 그리스 철학자 플라톤(Plato)은 성인기 후반에는 너무 낙관적이어서 나중에 쾌락을 얻고 의미있는 공공 서비스에 참여해야 지혜를 얻을 수 있다고 했다.

빈 둥지 증후군 막내가 집을 떠날 때 부모가 느끼는 우울증과 목적 상실감

샌드위치 세대 자녀들의 요구를 충족시켜 줄 책임이 있지만 노부모에 대한 책임도 있는 중년의 사람들

심리학자 에릭슨에 따르면, 성인 후기는 '자아 통합 대 절망'의 단계라고 했다. 기본적인 도전은 인생이 나이가 들어감에 따라 삶의 의미와 가치가 있다는 믿음을 유지하고 죽음의 불가피성을 직면하는 것이다.

에릭슨은 플라톤처럼 지혜의 중요성에 대해 이야기했다. 그는, 자아의 통합은 인생의 의미에 대한 전문가의 지식으로 정의될 수 있고, 자신의 필요와 다른 것들의 균형을 맞추고, 행동과 성취에서 우수성을 향해 나아가는 지혜로부터 유래한다고 믿었다(Baltes & Staudinger, 2000; Sternberg, 2000).

에릭슨은 또한 사람들이 지혜를 통해 역사의 특정 시점에서 발생하고 제한된 자신의 수명을 수용할 수 있다고 믿었다. 우리는 대부분의 삶을 사물과 관계를 축적하는 데 소비하며, 에릭슨은 노년기에는 그 관계를 조정하며 그것을 버릴 수 있는 능력이 필요하다고 제안한다.

성공적인 노화 성공적인 노화 개념은 여러 가지 관점에서 노화를 다루고 있다. 에릭슨은 역사적으로 자신의 논리를 받아들이고 수용하는 데 중점을 두었지만, 성공적인 노화는 나이에 상관없이 인생의 경험을 극대화하는 데 중점을 둔다. 성공적인 노화를 연구하는 연구자들은 관절염과 당뇨병과 같은 만성 질환이 없거나 통제할 수 있으며, 신체 활동, 사회적 관계, 심각한 인지장애나 우울증이 없는 등 전반적인 건강 상태와 같은 요인에 중점을 둔다(Baltes & Rudolph, 2013).

연구에 따르면, 조깅이나 자전거 타기와 같은 지속적인 신체 운동은 해마에서 새로운 세포의 발달을 돕고 전반적인 뇌 건강과 기억력을 향상시킨다(Nokia et al., 2016). 성행위는 비록 어떤 면에서는 예전의 모습과는 다르더라도 여전히 바람직한 것으로 남아 있다(Griebling, 2011).

발테스와 카스텐슨에 따르면 성공적인 노인들은 보상을 통한 **선택적 최적화 및 보상**(selective optimization with compensation)을 통해 정서적 성취를 추구하는 경향이 있다고 한다. 그들은 중요하고 의미 있는 것으로 여겨지는 것에 집중하기 위해 그들의 삶을 재구성한다(Pruchno & Carr, 2017).

선택적 최적화 및 보상 신체적 쇠퇴와 인지적 장애에 직면하여 중요하고 의미 있는 것에 집중하기 위해 자신의 삶을 재구성함.

성공적인 세대들은 만족감을 주는 정서적 목표를 이룬다(English & Carstensen, 2014). 그들은 더 이상 특정 운동이나 사업 활동에서 경쟁하지 않는다. 대신, 그들은 자신의 삶에 대한 통제감을 유지할 수 있는 문제에 집중한다. 가능한 많은 운동 활동과 예술, 문화 활동을 계속하는 것처럼 사회적 접촉을 지속하고 새로운 것을 계획하는 것은 긍정적인 전망으로 보인다.

"쾌적한 꿈에 이르기까지" 미국 시인 브라이언트(William Cullen Bryant)는 그의 시 '타나토시스(Thanatosis)'로 가장 잘 알려져 있으며, 18세에 썼다. '타나토시스'는 에릭슨의 자아통합이라는 목표, 즉 삶을 통해 신뢰를 유지할 수 있는 낙관을 표현한다.

우리 어른들의 삶의 도전을 정면으로 충족시킴으로써, 아마도 우리는 존엄성을 가지고 떠날 수 있을 것이다. 그리고 우리가 '무수한 카라반에 가입'할 때가 되면, 우리는 또한 진실하게 삶을 떠날 수 있을 것이다.

시인은 이렇게 기록했다.

> 당신의 소환장이 올 때 수많은 카라반이 신비한 영역으로 이동한다. 각각은 죽음의 침묵의 홀에서 그의 방을 차지할 것이다. 평온한 신뢰로 당신의 무덤에 다가가라. 소파의 휘장을 감싸고 즐거운 '꿈'에 누워 있는 사람처럼.

물론 브라이언트는 나이 85세가 아닌 18세의 나이에 '타나토시스'를 썼다. 그리고 그는 죽었고, 그 나이에 그의 감정과 구절은 다를 수 있다. 그러나 과학과 달리 문학과 시는 현실을 완벽하게 반영할 필요는 없다. 그것들은 우리를 고무시키고 따뜻하게 해줄 수 있다.

Ron Levine/Getty Images

어머니에게 키스하는 여자는 '샌드위치 세대'에 있는 것으로 보인다. 그녀는 사춘기 아이들의 요구와 노부모의 요구 사이에서 '샌드위치'가 되어 있다.

자가 평가

함께 살 수 있는 어린이집을 찾으려면?

아이를 위한 탁아소나 개인 집을 고를 생각인가? 심지어 날카롭고 도전적인 질문을 하는 것을 두려워하지 말라. 주간 보호자가 질문을 좋아하지 않거나 만족스럽게 답변하지 않으면 당신은 자녀를 다른 곳으로 보내기를 원할 것이다.
점검 목록은 다음과 같다.

1. 센터에 면허가 있는가?
2. 센터는 몇 명의 어린이를 돌보는가? 돌보는 사람은 몇 명인가? 돌보는 사람에게 너무 많은 어린이, 특히 유아가 맡겨져서는 안 된다.
3. 돌보는 사람은 어떻게 고용되었는가? 센터가 추천서를 확인했는가? 교육 자격증은 무엇이 있는가?
4. 환경은 어린이에게 안전한가? 어린이의 손이 닿는 곳에 날카로운 물체가 있는가? 누구라도 밖에서 걸어 들어 올 수 있는가?
5. 식사는 언제 제공되는가? 간식이 있다면 무엇이고, 자녀의 식욕을 돋우거나 배가 고프다는 것을 알 수 있는가?
6. 자녀를 돌볼 보호자를 만날 수 있는가? 그렇지 않다면 왜 안 되는가?
7. 센터에 풍부한 교재와 자료들이 있는 환경인가? 책, 장난감, 게임, 교육용 물건이 흩어져 있는가?
8. 체육과 운동 발달을 향상시키는 스윙 및 세 발 자전거와 같은 시설과 기구가 있는가?
9. 센터 일정이 귀하의 필요와 일치하는가?
10. 센터는 편리한 위치, 안전한 장소에 있으며 적절하게 보안이 되어 있는가?
11. 부모가 알리지 않고 방문할 수 있는가?
12. 전반적인 환경과 장소가 마음에 드는가? '느낌'이 어떤가?

Westend61/Getty Images

적용

청소년이 접하는 '음란물 교육'

청소년들은 성적으로 노골적인 자료를 온라인에서 본다. 한때, 거친 사진, 잡지 및 '성인용' 상점 또는 영화관에서만 사용 가능하였던 것이 이제 노트북, 휴대 전화 및 기타 전자 장치에서 포르노를 이용할 수 있다(Owens et al., 2012). 일부 청소년은 음란물을 습관적으로 보고, 다른 청소년은 간헐적으로 보고, 일부는 한두 번 보고 관심을 잃는다(Willoughby et al., 2018).

Peter Dazeley/Getty Images

음란물을 정기적으로 볼 가능성이 가장 높은 청소년은 남성이며, 사춘기 단계에서 더 발전하며, 가족 관계에 어려움을 겪을 가능성이 더 높다(Peter & Valkenburg, 2016).

음란물을 정기적으로 보는 사람은 성적 관계에서 지배적인 남성의 고정 관념을 포함하여 엄격한 성 고정 관념을 따르고, 쉽게 성 경험을 가질 가능성이 높으며, 더 성적인 공격을 할 가능성이 높다 (Peter & Valkenburg, 2016; Rodenhizer & Edwards, 2017). 대부분의 포르노 비디오는 '남성 중심'이다. 그들은 여성들이 항문 섹스를 원하고 남자들이 자신의 몸에 사정하여 쇠약하게 하기를 왜곡되게 '가르친다'(French & Hamilton, 2018). 남성 '배우들' 또한 '기질이 좋다'고 생각해서 많은 남성 청소년들이 그들을 어떻게 바라볼 것인지에 대해 걱정하게 만든다(Jones, 2018).

무엇을 해야 하는가? 생활에서 청소년들이 절대 외설물에 노출되지 않을 것으로 예상하는 것은 비현실적이다. 대부분의 음란물이 '여성 중심'이 될 것으로 기대하는 것도 현실적이지 않다. 즉, 애정이 있고 돌보는 관계의 맥락에서 성적 활동을 묘사한다(French & Hamilton, 2018). 가능성의 영역 안에 있는 것은 성교육 과정으로 통합될 수 있는 '성적 역할'을 가르치는 것이다(Rothman et al., 2018).

대부분의 청소년들은 성적 역할의 남성 중심적 성격, 남성 지배력을 과장하는 방법과 지배적 남성이 억누르고 싶어 하는 여성의 욕구, 유해한 성 고정 관념과의 연관성, 데이트 폭력 및 관계 문제로 이어지는 방법에 관한 성적 역할에 대해 교육을 받을 수 있다 (Jones, 2018; Rothman et al., 2018).

점검하기

빈칸 채우기

정답은 책 뒷부분에서 확인 가능하다.

1. 신생아는 _________를 나타내며, 이는 특정 자극에 의해 유발되는 단순하고 학습되지 않은 고정 관념이다.

2. 피아제의 _________ 조작기는 보존과 가역성이 특징이다.

3. 비고츠키는 비계의 개념과 근접성 발달의 _________로 인지 발달을 설명했다.

4. 에인스워스는 _________ 단계, 애착형성 단계와 애착확정 단계의 세 가지 단계를 확인했다.

5. 사춘기는 남성의 목소리가 깊어지고 여성의 가슴과 엉덩이가 커지는 것과 같은 _________ 성적인 특성의 발달로 시작한다.

6. _________ 조작적 사고는 가설적 사고와 연역적 논리로 특징지어 진다.

7. 청소년 자아 중심성은 _________ 청중과 개인적 우화를 일으킨다.

8. 에릭슨은 청소년기의 삶의 위기를 자아 정체성 대 역할 _________으로 간주한다.

9. _________ 지능은 새로운 종류의 문제를 해결할 수 있는 능력으로 보여지는 정신적 유연성이다.

10. 연구에 따르면 대부분의 부모는 _________으로 고생한다.

선다형 문항(Multiple Choice)

1. 신생아는 아버지의 목소리보다는 어머니의 목소리를 선호한다. 이것은 대개 _________ 결과이다.
   a. 출생 후까지 들을 수 없음의
   b. 출생 전에 이러한 소리에 더 많이 노출되어 어머니의 목소리를 인식하는 법을 배움의
   c. 남성의 목소리처럼 낮은 음조의 소리를 들을 수 없음의
   d. 일반적으로 아빠보다 엄마를 선호함의

2. 피아제의 인지 발달 단계는 나이가 들어감에 따라 _________ 으로 진행된다.
   a. 감각 운동, 전조작, 구체적 조작, 형식적 조작
   b. 감각 운동, 구체적 조작, 형식적 조작, 전조작
   c. 전조작, 조작, 후 조작, 형식적 조작
   d. 동화, 적응, 조절

3. 벌금을 피하고 싶어서 장애인 구역에 주차하지 않기로 선택한 성인은 콜버그 이론의 _________ 수준에 있다.
   a. 비인습적인
   b. 후인습적인
   c. 전인습적인
   d. 인습적인

4. 에인스워스에 따르면, 떨어져 있을 때 어머니와의 거리가 멀어지고 분리 불안이 있는 아기는 ________을 보인다.
   a. 사회화　　b. 신경증
   c. 협회　　d. 애착

5. 할로우는 붉은 털 원숭이의 애착이 _________와(과) 관련되어 있다고 한다.
   a. 먹이　　b. 접촉 안정
   c. 학습 경험　　d. 불안정

6. 초경은 _________을(를) 설명하는 데 사용되는 용어이다.
   a. 청년기
   b. 청소년기 성장의 시작
   c. 첫 월경
   d. 남성 이차 성 특징의 시작

7. 형식적 조작은 청소년들이 _________ 생각할 수 있게 한다.
   a. 상징적으로
   b. 원인과 결과의 관점에서
   c. 구체적으로
   d. 가설적으로

8. 다른 사람들이 자신의 생각과 행동에 관심이 있다는 청소년의 믿음을 _________(이)라고 한다.
   a. 개인적 우화
   b. 상상의 청중
   c. 시치미 떼기
   d. 개인적인 환상

9. 평생 또는 획득한 지식의 지적 달성과 관련된 지능을 _________이라고 한다.
   a. 유동적 지능
   b. 창조적 지능
   c. 결정화된 지능
   d. 유연한 지능

10. 에릭슨은 중년의 삶의 위기를 _________이라고 한다.
   a. 신뢰와 불신
   b. 생산성 대 침체
   c. 정체성 대 침체
   d. 중년기 전환 대 절망

10 성격 : 이론과 측정

© Andrew Adolphus

학습 성과

이 장의 성취 목표

- **10-1** 성격에 대한 정신역동적 관점을 알고 이것이 성격연구에 어떤 기여를 했는지 설명할 수 있다.
- **10-2** 특성 이론을 알고 성격 5요인 모델('big five')을 설명할 수 있다.
- **10-3** 학습이론이 성격을 이해하는데 어떻게 기여했는지 설명할 수 있다.
- **10-4** 성격에 대한 인본주의적 실존적 관점을 설명할 수 있다.
- **10-5** 성격에 대한 사회문화적 관점을 설명할 수 있다.
- **10-6** 성격을 측정하기 위한 여러 가지 평가방법을 설명할 수 있다.

Tim Flach/Getty Images

약 1,000년 전에 신학자 루미(Rumi)가 쓴 시각장애인과 코끼리에 대한 우화이다.

> 3명의 시각장애인들은 코끼리라는 동물이 있다는 것을 듣고 코끼리가 어떻게 생겼는지 전혀 몰라 코끼리를 만져보는 것으로 그 '모양'이나 정보를 얻고자 하였다. 이 방법만이 유일하게 코끼리의 '형상'을 확인하는 방법이었다.
>
> 그들은 코끼리를 찾아갔고, 다행히 코끼리 조련사는 시각장애인들이 만질 수 있도록 허락했다. 첫 번째 시각장애인은 다리를, 두 번째 시각장애인은 턱을, 세 번째 시각장애인은 귀를 쓰다듬었고, 코끼리에 대한 지식이 생겼다고 믿으면서 만족스러워하며 집으로 돌아갔다. 그러나 코끼리에 대한 설명은 3명의 시각장애인들은 매우 다르게 묘사하였다.
>
> 다리를 만져본 첫 번째 사람은 코끼리가 기둥처럼 단단하고 튼튼하며 곧다고 하였다. 두 번째 사람이 동의하지 않으며, 코끼리를 단단하고 매끄러우며, 기둥처럼 튼튼하지 않고 끝부분이 날카로웠다고 묘사했다.
>
> 귀를 쓰다듬었던 세 번째 사람은 "맹세코 코끼리는 부드럽고 거칩니다."라고 단언했다. 기둥 같거나 단단하거나 매끄럽지도 않고 오직 넓고 두꺼우며 가죽 같다고 설명하였다.

인간의 성격에 대한 진실이 과연 존재 가능할까?

세 사람은 코끼리의 본질에 대해 논쟁했다. 각자 부분적으로는 옳았으나 코끼리의 본질에 대해 파악한 사람은 없었다. 그러나 각자 자신이 그 동물에 대해 가장 잘 알고 있다고 확신했고, 각자 다른 각도에서 코끼리를 이해하게 되었다.

자신의 첫 경험에 얽매여 동료의 얘기뿐 아니라 코끼리의 실제 본질을 깨닫지 못했다. 신체적 한계 때문만이 아니라 그들의 첫 만남이 코끼리를 특정한 방식으로 믿게 했기 때문이다.

사람과 자신에 대한 생각은 자신의 견해와 초기 신념이 바탕이 될 수 있다. 어떤 사람은 '이 사람은 외향적인 성격을 가지고 있다'거나 '그 사람은 상냥한 성격을 가지고 있다'와 같이 성격이 그 사람의 가장 두드러진 특성이라고 생각한다. 그러나 많은 심리학자들은 성격에 대해 보다 더 깊이 있는 설명을 한다.

프로이트에 대해 교육받은 사람은 우리의 평범한 인식의 범위를 넘어 우월성을 가리는 기본적인 정신 구조를 설명한다. 행동주의자들은 학습이 어떻게 성격 형성에 영향을 주는지에 대해 관심을 가진다. 인본주의 학자는 성격을 사람들이 가지고 있는 것이 아니라 오히려 그들의 삶에 의미와 방향을 부여하기 위해 창조한 것이라고 설명한다. 사회문화 학자는 문화, 인종, 민족이 성격에 미치는 영향을 고려해야 한다고 설명한다.

이슬람주의자는 학생들에게 시각장애인과 코끼리의 우화를 통해 누구도 진실에 대한 완전한 시각을 가질 수 없다는 것을 가르친다. 코끼리 우화를 통해 생각에 융통성을 가지고 새로운 아이디어에 개방적이어야 함을 상기해 보자.

TRUTH OR FICTION?

당신의 생각은? 속설이나 상식 또는 넌센스?

'진실'일 경우 T, '거짓'일 경우 F를 선택한 다음, 여러분의 선택이 정확한지를 검토해 보자.

- T F 손톱을 물어 뜯거나 담배를 피우는 것은 어린 시절 경험한 갈등의 징후이다.
- T F 2500년 전, 그리스의 한 의사가 오늘날에도 여전히 사용되고 있는 성격을 확인하는 방법을 알아냈다.
- T F 피를 뽑거나 구토를 하는 것이 한때 우울증을 대처하는 한 가지 방법으로 사용되었다.
- T F 기본적인 성격적 특성은 없다. 사람은 모두 사회에 의해 특정 방식으로 행동하도록 조건화 되어 있다.
- T F 가장 잘 적응하는 이민자는 출신국가의 언어와 습관을 버리고 새로운 이민국가의 문화에 일원이 되는 사람들이다.
- T F 심리학자는 성격 테스트에서 진실여부를 확인할 수 있다.
- T F 잉크 얼룩처럼 보이는 그림을 사용하는 심리 테스트는 피검자가 얼룩이 어떻게 보이는지 설명하는 것이다.

이 장에서 제시된 성격에 대한 견해 중 어느 것도 인간의 성격을 완벽하게 설명하지는 못하지만, 각각은 우리가 성격을 이해하는 데 도움을 줄 것이다. 이제부터 심리학자들의 성격에 관한 설명에 대해 열린 마음으로 접근해 보자.

시각장애인들은 코끼리를 만질 수 있었지만 학자들은 성격을 만질 수 없다. 그러므로 성격은 설명하고 이해하기가 더 어렵다. 심리학자들의 성격에 대한 다양한 접근법을 확인하기 전에 **성격**을 정의해 보자.

심리학자들은 성격을 한 사람과 다른 사람을 구별하는 감정, 동기, 행동의 합리적으로 안정된 패턴으로 정의한다.

10-1 정신역동적 관점

성격을 설명하는 몇 가지 **정신역동이론**(psychodynamic theory)들은 프로이트에 의해 시작되었다. 각각의 성격은 갈등으로 특정 지어지며, 처음의 갈등은 외부에 있다. 성, 공격성, 우월의 욕구, 사회규칙, 도덕규범 등과 충돌한다. 그러나 어느 시점에서 법과 사회규칙은 내면화된다. 갈등은 내적 에너지의 대립으로 인한 것이며, 우리의 행동, 생각, 감정은 이러한 내적 대립의 결과로 나타나는 것이다.

1. 프로이트의 심리성적 발달이론

사람들은 프로이트(Sigmund Freud, 1856~1939)를 20세기 가장 위대한 사상가 중 한 사람이라고 칭찬했으나 다른 이들은 그를 과대 평가했다고 비난했다. 그는 성을 비교적 자유롭게 설명하고자 하였으나, 그 자신은 성적인 문제에서 자유롭지 못한 모순을 가지고 있었다.

그는 사람들이 흔히 경험하는 문제들에 대한 심리 치료법을 고안했으나, 자신은 편두통, 스트레스, 실신, 혐오와 같은 심리적인 문제를 평생 안고 있었다. 하루에 20개의 시가를 피웠고, 구강암에 걸린 후에도 습관을 바꿀 수 없었다.

프로이트는 정신과 의사로 일하기 시작한 초창기에 의학적 장애가 없음에도 불구하고 어떤 사람들은 손의 감각이 상실되고 다리가 마비되는 경험을 하는 것을 보고 놀랐다. 증상은 종종 이것과 관련된 스트레스 사건이나 죄책감, 불안감에 대해 이야기한 후에 사라졌다. 이러한 사건과 감정은 의식의 표면 아래 숨겨져 있지만 행동에 영향을 줄 수 있다.

정신역동이론 프로이트의 관점은 행동을 결정하는 힘으로서 무의식적 동기와 갈등의 중요성을 강조함.

성격 한 사람을 다른 사람과 구별하는 합리적으로 안정된 감정, 동기 및 행동 패턴

프로이트는 인간의 마음을 빙산에 비유하고 빙산의 일부만 수면 위로 떠오를 뿐, 그 거대한 덩어리는 깊은 곳에 숨겨져 있다고 보았다(그림 10.1 참조). 프로이트는 사람도 자신의 마음 속의 생각이나 충동의 극히 일부만을 알고 있다고 보고, 마음의 훨씬 더 많은 부분, 즉 가장 깊은 이미지, 생각, 두려움과 충동은 의식의 아래에 있다고 주장했다.

프로이트는 표면 아래의 영역을 비의식과 전의식이라고 명명했다. 전의식은 의식에서 벗어나 있지만, 집중하면 의식화될 수 있는 것이다. 비의식은 수수께끼 같은 곳으로, 여기에는 성, 공격성과 같은 원시적 본능이 내포되어 있다.

화나 분노 등의 비의식적 충동은 의식적으로 경험할 수 없다(Boag, 2017). 다른 비의식적 충동은 불안을 유발할 수 있기 때문에 억압에 의해 표면 아래에 위치한다.

억압은 불안을 의식에서 자동으로 꺼내게 된다. 사람들은 추악한 경험을 잊어버린다는 연구들을 증거로 사람들이 자신을 억압할 수 있다는 것을 암시한다(Mund & Mitte, 2012). 다른 이론가는 기억상실과 왜곡이 발생하는 것은 인정하지만 억압이라는 프로이트의 개념은 근거 없는 믿음에 지나지 않는다고 생각한다.(Hayne, 2013).

비의식은 원시적인 표현을 추구하는 반면 학습된 가치는 그것들을 억제하려고 한다. 갈등은 감정적 폭발과 심리적 문제를 일으킬 수 있다. 비의식을 탐구하기 위해 프로이트는 정신분석이라는 연구방법을 사용했다. 이러한 이유로 그의 성격이론을 정신분석이론이라고도 한다. 정신분석에서 사람들은 편안하게 있는 동안 자신의 마음에 떠오르는 것을 검열 없이 이야기하도록 하며 자신의 성격 특성에 영향을 미친 아동기 경험을 토론한다.

성격 구조 프로이트는 성격의 구조에 대해 설명했다. 성격 구조는 직접 보거나 측정할 수 없지만 행동, 표현된 사고, 감정으로 확인할 수 있다. 프로이트는 세 가지 성격 구조로 원자아(id), 자아(ego), 초자아(superego)를 설명한다. **원자아**는 출생과 함께 존재하고 생물학적 욕구를 나타내며 비의식적이다.

그림 10.1 프로이트의 세 가지 성격 구조

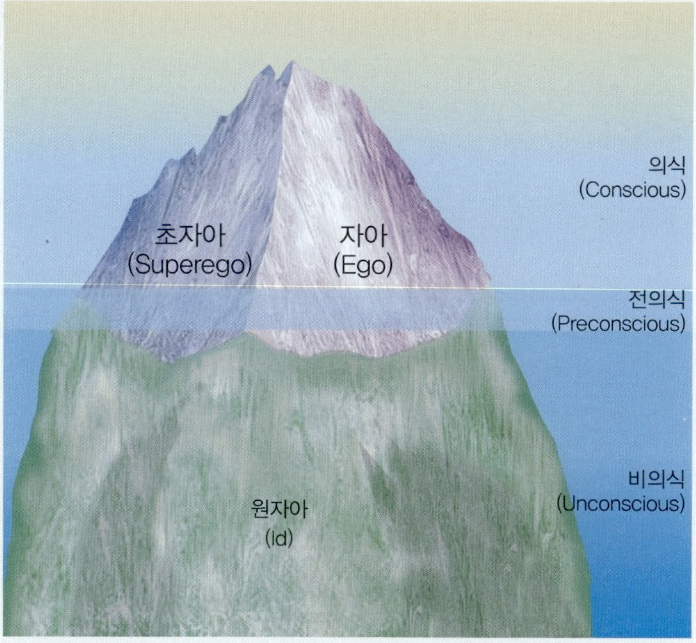

정신역동이론에 따르면, 인간 성격의 일부만이 정신의 표면 위로 올라와 의식적으로 지각될 수 있다. 전의식은 주의를 기울이면 의식에 나타날 수 있고 무의식은 신비에 싸여있다.

프로이트는 원자아를 '혼돈, 흥분상태'(1927/1964, p.73)라고 설명했다. 의식은 사랑하고 미워하는 것이 일관성이 없다는 것을 알지만, 원자아는 상충된 감정을 같이 가지고 있다.

원자아는 어머니를 사랑하면서도 자신의 욕구를 즉각적으로 충족시키지 못해 미워할 수도 있다. 이 원자아는 법, 사회 관습 또는 다른사람을 고려하지 않고 즉각적인 만족을 요구하는 '쾌락 원리'를 따른다.

자아(ego)는 출생 후 원자아의 욕구를 추구하던 아이가 자신의 욕구가 모두 즉시 충족될 수 없기 때문에 점차 현실을 고려하면서 발달하기 시작한다. 자아는 좌절에 대처하는 합리적인 방법을 찾고, 현실 원리에 따라 기능한다. 즉 원자아의 욕구를 만족시키려는 동시에 사회적으로 허락되는 방법을 찾는다.

자아는 의식적인 자기 감각을 제공한다. 대부분의 자아는 의식적이지만 일부는 무의식적으로 일어나기도 한다. 한 예로 자아는 원자아의 충동을 차단하고 검열하는 역할을 한다.

자아는 부적절한 충동이 인식단계로 상승하고 있다고 감지하면 심리적 방어를 사용하여 밖으로 나오는 것을 막는다. 억압은 그러한 심리적 방어 매커니즘 중의 하나이다.

초자아(superego)는 부모와 사회 구성원의 도덕적 기준과 사회적 가치를 통합함으로써 발전한다. 초자아는 도덕적 원칙에 따라 기능한다. 초자아는 우리가 추구하는 사회적 이상을 유지하고 자아의 의도를 모니터링하여 옳고 그름을 판단한다. 사회적 가치에 부정적인 행동을 했을 때 죄책감과 수치심을 느낀다.

프로이트는 건강한 성격이 초자아를 심각하게 해치지 않으면서 원자아의 욕구를 충족시킬 수 있는 방법을 찾는다고 믿었다. 이러한 욕구는 대부분 억압되거나 억제된다. 자아가 좋은 문제 해결자가 아니거나 초자아가 너무 엄격한 경우는 자아가 갈등을 겪을 것이다.

심리성적 발달의 단계 프로이트는 심지어 어린이들 사이에서도 성적 충동이 성격 발달의 중심 요소라고 주장함으로써 많은 논란을 불러 일으켰다. 그는 성적 감정은 배변을 돕는 것과 같이 아이들의 세계와 관련된 기본적인 방식과 밀접하게 연관되어 있다고 믿었다.

프로이트는 주요 본능인 성적 욕구가 생명을 보존하고 삶을 영속시킨다고 믿었다. 삶의 에너지인 리비도는 성적 충동과 관련이 있기 때문에 프로이트는 이것을 정신적인 것으로 간주했다. 리비도는 집중되는 신체 부위에 따라서 성적인 감정을 표현한다.

지그문트 프로이트 (Sigmund Freud)

심리성적 발달단계
- ▶ 구강기
- ▶ 항문기
- ▶ 남근기
- ▶ 잠복기
- ▶ 생식기

원자아 출생 시 현재의 생리적 욕구를 나타내며, 완전한 무의식적인 정신구조

자아 자기인식, 계획, 만족의 지연 등으로 특징되는 2차 과정의 사고

초자아 도덕적 수호자로 기능하고, 행동에 대한 높은 기준을 제시

프로이트는 인간의 발달을 리비도가 신체의 한 영역에서 다른 영역으로 옮겨지는 성격 발달을 설명했다. 프로이트는 **발달단계**를 구강기, 항문기, 남근기, 잠복기, 생식기로 구분하여 5가지 성격발달 단계를 가정했다.

생후 1년까지 아이는 입에 대보고 입안으로 넣는 등 입을 통해 자신의 세계를 경험한다. 이것이 **구강기**(oral stage) 단계의 특징이다. 프로이트는 빨기와 물기와 같은 구강 활동이 아이에게 영양을 공급하고, 쾌락을 느끼게 한다고 주장했다.

프로이트는 아동들이 심리성적 발달의 각 단계에서 갈등을 겪는다고 하였다. 구강기에서 갈등은 구강 만족의 본질과 정도에 있는데, 수유 중단은 좌절을 유발할 수 있고, 반면에 과도한 만족은 유아가 일상적으로 원하는 것을 모두 얻을 것이라고 기대하게 한다.

어떤 단계에서든 불충분하거나 과도한 만족은 그 단계에 해당하는 특정 발달로 특징될 수 있다. 구강기 특성은 의존성, 잘 속음, 과도한 낙관주의 또는 비관주의적 성격을 고려할 수가 있다.

프로이트는 구강기 고착을 가진 성인이 흡연, 과식, 알코올 남용과 손톱 물어뜯기와 같은 '구강 활동'에 대한 과장된 욕구를 경험할 수 있다고 이론화했다. 구강기 고착이 있는 성인은 집착하고 의존적인 관계를 원하는 것으로 해석할 수 있다.

두 번째 단계는 **항문기**(anal stage)이다. 항문기 단계는 대소변 배출을 제어하는 근육의 수축과 이완을 통해 만족감을 얻는다. 배변 충동을 참으며 만족을 지연시키는 법을 배운다.

자기 통제의 일반적인 문제는 부모와 자녀 사이에 갈등을 일으킬 수 있고 항문기 고착은 이러한 갈등에서 비롯되어 성인기에 두 가지 특성이 나타날 수 있다. 항문기의 특성은 과도한 자기 통제로 완벽주의, 질서에 대한 강한 요구, 깔끔함과 청결함이 지나치다. 또는 부주의, 지저분함, 심지어 가학성이 그 반대로 나타나는 특성이라고 볼 수 있다. 프로이트는 유아가 관심대상을 살필 때 입에 대보고 입에 넣어보는 등 입을 중심으로 하기 때문에 생후 첫 해를 구강기라고 했다.

남근기(Phallic stage) 단계의 주요 만족도는 남근 부위에 있다. 부모-자녀 갈등은 자위행위를 넘어, 부모의 협박이나 처벌에 대응하는 수단으로 발전할 수 있게 되고, 이 단계에서 아이들은 다른 성별의 부모에게 성적인 애착을 키우고 같은 성별의 부모를 애정에 대한 라이벌로 보기 시작한다.

아이들은 성욕과 질투심을 다루는 데 어려움을 겪기 때문에 이러한 감정들은 무의식 상태로 유지되지만 그들의 영향력은 다른 성별의 부모와의 결혼에 대한 환상과 동성의 부모에 대한 적개심을 느낀다. 남아에서의 이 갈등은 자신도 모르게 아버지를 죽이고 어머니와 결혼한 전설적인 그리스 왕의 이름을 따서 **오이디푸스 콤플렉스**(Oedipus complex)라고 명명된다. 여아는 남아와 비슷한 감정으로 **엘렉트라 콤플렉스**(Electra complex)를 경험한다.

그리스 전설에 따르면, 엘렉트라는 아가멤논 왕의 딸이었다. 그녀는 아버지의 죽음 이후 오랫동안 아버지를 그리워했고 아버지의 살해자인 어머니와 어머니의 연인에 대한 복수를 꾀하였다.

오이디푸스 및 엘렉트라 콤플렉스는 약 5세~6세에 해소가 된다. 아이들은 같은 성별의 부모에 대한 적대감을 억누르고 동일시를 통해 갈등을 해결한다. 정신분석이론에서 성 유형의 식별은 성 역할 정체성의 핵심으로, 이는 아이들이 같은 성별인 부모의 성별 역할을 하도록 하고 그의 가치를 내면화하게 된다.

다른 성별의 부모에 대한 성적 감정은 몇 년 동안 억압되었다가 청소년기에 다른 성별에 관심을 옮기게 된다.

lostinbids/Getty Images/

프로이트는 유아가 관심대상을 살필 때 입에 대보고 입에 넣어 보는 등 입을 사용하기 때문에 생후 첫 해를 구강기라고 했다.

심리성적 발달 정신역동이론에서, 리비도 에너지는 서로 다른 발달 단계의, 다른 성감대 영역에서 표현됨.

구강기 심리성적 발달의 첫 단계이며, 이 기간 동안에는 구강 활동을 통해 만족감을 얻는다는 가설을 세움.

항문기 항문 활동을 통해 만족감을 얻는다는, 심리성적 발달의 두 번째 단계

남근기 리비도가 성기로의 이동을 특징으로 하는 심리성적 발달의 세 번째 단계

오이디푸스 콤플렉스 소년이 성적으로 어머니를 원하고 아버지를 사랑의 라이벌로 인식하는 갈등 상황

엘렉트라 콤플렉스 소녀가 아버지를 갈망하고 어머니를 원망하는 복잡한 갈등 상황

잠복기 성적 충동의 억압을 특징으로 하는 심리성적 발달 단계

5세~6세가 되면 오이디푸스 · 엘렉트라 콤플렉스의 압력으로 인해 모든 성욕을 억누르게 된다. 그렇게 함으로써, 그들은 **잠복기**(latency)로 접어들게 되는데, 그 기간 동안 그들의 성적 감정은 무의식 상태로 남아 있고 학교 공부에 집중한다.

프로이트는 우리가 사춘기에 심리성적 발달의 마지막 단계인 **생식기**(genital stage) 단계에 들어간다고 믿었다. 사춘기 남성은 다시 어머니에 대한 성적인 충동을 경험하고, 사춘기 여성은 아버지에게 같은 충동을 경험한다. 그러나 근친상간의 금기는 이러한 충동을 억제하여 다른 성인이나 이성의 청소년들로 대체된다.

남자들은 '아빠와 결혼한 여자'를 닮은 사람을 찾을 수 있고, 여자들은 아버지를 닮은 소년들에게 끌릴 수 있다. 생식기 단계는 이성과의 성관계를 통해 성적 만족감을 찾는다.

프로이트의 관점에서 볼 때, 같은 성별의 사람들과의 구강 또는 항문 자극, 자위 및 성적 활동은 모두 생식기 고착 및 미성숙한 성적 행위를 나타내는 것이다. 그러나 동성애가 남근기의 갈등이나 미성숙한 성적 관심의 표현이라는 명백한 증거는 없다.

2. 신 프로이트 학파(Neo-Freudians)

프로이트의 후계자로 몇몇의 이론가들이 있으며, 그들의 이론에는 갈등과 방어에 대한 메커니즘이 포함되어 있으나 프로이트와는 상당이 다른 측면이 있다.

융(Carl Jung)은 프로이트의 동료였던 스위스 정신과 의사였다. 그는 **분석 심리학**을 개발하였다. 그는 프로이트가 성을 지나치게 강조하는 것을 반대하고, 단지 몇 가지 중요한 본능 중 하나로 간주하였다. 프로이트와 같이 무의식에 대한 개념에 흥미를 느꼈다.

융은 우리에게 억압된 기억과 충동을 포함한 개인적인 무의식뿐만 아니라 과거 조상 때부터 축적되어 있는 종족의 역사를 반영하는 원형이라는 개념을 정립하여 **집단 무의식**(collective unconscious)이 있다고 믿었다.

원형(archetype)의 예로는 전능한 신, 젊은 영웅, 양육하는 어머니, 현명한 노인, 적대적인 형제, 사악한 마녀, 부활 등을 들 수 있다. 원형 자체는 무의식에 있으나 융은 그것이 우리의 생각과 느낌에 영향을 미치고 문화에 반응한다고 믿었다.

카렌 호나이
(Karen Horney)

- ▶ 어린시절의 경험이 중요하다는 프로이트의 의견에 동의
- ▶ 사회적 관계가 성적이고 공격적인 충동보다 중요하다고 믿음
- ▶ 소녀들은 소년들보다 열등하다고 느끼지 않음

아들러(Alfred Adler) 프로이트의 또 다른 추종자인 아들러도 프로이트가 성욕에 너무 중점을 두었다고 생각했다. 아들러는 기본적으로 **열등감**(inferiority complex)에 의해 동기가 부여된다고 믿었다.

어떤 사람들에게는 열등감이 신체적 문제와 그에 대한 보상의 필요성에 바탕을 두고 있을 수 있다. 그러나 아들러는 우리의 모습이 작기 때문에 모두가 열등감을 느끼며, 이러한 느낌이 우월성을 추구한다고 믿었다. 어릴 때 아들러는 구루병과 폐렴으로 고통 받았고, 그의 이론은 병의 고통을 이겨내려는 자신의 노력에서 부분적으로 발전한 것일지도 모른다.

아들러는 자기 인식이 성격 형성에 중요한 역할을 한다고 믿었다. 그는 장애물을 극복하고 그 사람의 잠재력을 개발하기 위해 노력하는 인격의 자기 인식 측면인 **창조적 자아**(creative self)를 말했다. 각각의 사람들의 잠재력은 독특하기 때문에 아들러의 관점을 **개인 심리학**이라고 불러왔다.

호나이(Karen Horney)는 정신분석이론이 여성을 설명하는 방식을 문제 삼았기 때문에 뉴욕 정신분석연구소로부터 비난을 받았다. 20세기 초, 정신분석이론은 여성의 위치는 가정에 있다고 가르쳤다.

생식기 이성과의 성관계를 통한 성욕의 선호 표현을 특징으로 하는 정신성 발달의 성숙한 단계

분석 심리학(analytical psychology) 집단 무의식과 원형을 강조

무의식 모호한 기억의 저장소로 융의 가설로 만들어짐.

열등감 아들러가 동기를 부여하는 힘은 열등감이라고 가정

창조적 자아 완전한 잠재력을 얻기 위해 노력하는 자기 인식 측면

개인 심리학(individual psychology) 열등감과 창조적 자아의 감정을 강조하는 아들러의 정신분석이론

또한, 비즈니스 세계에서 남자들과 경쟁하려 했던 여성들은 무의식적인 남근에 대한 부러움에 시달린다고 주장했다.

정신분석이론은 여자아이들이 남자아이들은 남근을 가지고 있고, 자신은 그렇지 않다는 것을 알게 되면 남자아이들보다 열등감을 느낀다고 보았다.

그러나 호나이는 어린 소녀들이 소년들보다 열등감을 느끼지 않으며, 이러한 견해는 과학적 증거가 아닌 서구문화의 편견에 근거한 것이라고 주장했다.

호나이는 프로이트와 같이 어린시절의 경험이 심리 발달에 중요하다는 데 동의했다. 그러나 다른 신 프로이트 학자와 마찬가지로, 그녀는 무의식적인 성욕과 공격적인 충동이 사회적 관계보다 덜 중요하다고 주장했다. 그녀는 또한 진실하고 일관된 사랑이 어린시절의 정신적 충격을 완화시킬 수 있다고 믿었다.

심리사회적 발달(psychosocial development) 사회적 관계와 8단계의 성장을 강조하는 에릭슨의 성격 발전 이론

자아 정체성(ego identity) 자신이 누구인지, 무슨 의미가 있는지에 대한 확고한 의식

에릭슨(Erik Erikson)

- 프로이트는 성에 너무 많이 집중함.
- 심리적 발달이 아닌 심리사회적 발달을 말함.
- 성적단계가 아닌 발달 특성에 따라 단계를 표시함.
- 생식기가 아닌 자아 정체성이 청소년기의 주요 목표라고 주장

에릭슨 많은 현대 정신분석가들과 마찬가지로 에릭슨은 프로이트가 성에 지나치게 집중하였다고 믿었다. 호나이와 마찬가지로, 그는 사회적 관계(예 : 부모와 자녀사이)가 성적인 충동보다 성격의 중요한 결정 요인이라고 믿었다.

에릭슨은 우리가 상당 부분 우리 자신의 개성을 의식하는 건축가라고 믿었다.

에릭슨은 프로이트와 마찬가지로 성격 발달에 대한 포괄적인 이론을 고안한 것으로 유명하다.

프로이트는 심리적 발달 단계를 제안했으나 에릭슨은 **심리사회적 발달** 단계를 제안했다. 에릭슨은 다양한 성적 단계를 표시하는 대신 단계별로 발전할 수 있는 특성에 대해 분류했다.

심리사회적 발달 단계의 첫 단계는 신뢰 대 불신의 단계로 분류된다.

(1) 유아기 동안 어머니와 다른 사람들과의 따뜻하고 사랑스러운 관계는 사람과 세상에 대한 기본적인 신뢰감

우리는 왜 스포츠 영웅이 필요한가?

심리학자들은 유명인, 특히 스포츠 영웅의 매력에 대해 무엇을 알게 되었는가? 많은 사람들은 선수와 스포츠 팀에 대해 깊고 지속적인 애정을 가지고 있다. 일단 팀과 동일시되면, 팀의 승패에 따라 자존감이 높아지기도, 떨어지기도 한다(Wann et al., 2017). 경쟁과 승리는 남성에게 테스토스테론 급증으로 이어지며(Geniole et al., 2017; Vongas & Hajj, 2017), 이는 공격성과 자신감과 관련이 있다. 승리는 남성과 여성 모두에게 긍정적인 힘을 증가시킨다.

정신역동이론은 아이들이 생활 속에서 부모와 다른 '큰' 사람들과 동일시하는 것을 제안한다. 왜냐하면 큰 사람들은 생계와 자극 또는 흥분에 필요한 자원의 열쇠를 쥐고 있는 것처럼 보이기 때문이다.

운동선수와 연예인–부자와 유명인–은 그들의 팬클럽을 가지고 있는데, 그들의 인기로 인해 뭉쳐져 있는 사람들이 많다.

팀과 스포츠 영웅들은 진화심리학들이 말하는 유전적 공격성과 우월성을 표현하는 오락과 경쟁 둘 다 제공한다. 만약 우리가 스스로 표현할 수 없다면 다른 누군가를 통해 표현할 수 있다.

Michael Regan/Getty Images

을 가져올 수 있다. 또는 (2) 어머니와 다른 사람들과의 차갑고 불쾌한 관계는 일반적인 불신을 유발할 수 있다.

에릭슨에게 있어 청소년기 목표는 생식기의 욕구가 아닌 **자아 정체성**(ego identity)을 얻는 것이다. 초점이 성적인 관심사가 아니라 자기 자신이 누구인지, 무엇을 의미하는지에 달려 있다.

3. 정신역동적 관점의 평가

정신역동이론은 상당히 호소력이 있다. 그 이론의 개념들은 설득력이 풍부하고, 인간의 여러 가지 특성을 잘 설명한다. 오늘날 원자아(id)와 성욕(libido)과 같은 개념은 많은 연구자들이 비과학적이라고 생각하지만, 프로이트는 인간의 성격과 행동이 과학적 분석의 대상이 된다는 생각에 크게 반대한다.

그는 많은 사람들이 심리적 문제를 악마나 악령의 징후로 보았을 때, 심리적 장애는 악령이 아닌 심리적 문제에서 비롯된 것이라고 주장했다. 그의 견해는 심리적 장애가 있는 사람들에 대해 공감하고 심리치료법 발달에 기여했다.

정신역동이론은 또한 유년기 사건의 광범위한 영향에 관심을 집중시켰고, 부모들이 자녀들의 정서적 욕구에 반응하도록 제안했다. 프로이트는 성적이고 공격적인 충동이 일반적이며 이를 인식하는 것이 행동하는 것과 동일하지 않다는 것을 이해하도록 도와주었다. 반면에 호나이는 소녀와 여성에 대한 프로이트의 견해를 성차별주의자로 여겼다.

비평가들은 '정신적 구조'(id, ego, superego)는 과학적으로 측정하기에는 너무 모호하다고 지적한다 (Henley, 2019). 또한, 그것들은 행동을 예측하는 데 사용될 수 없다. 또한 정신발달의 단계도 비판을 면하지 못했다. 아이들은 남근기 단계가 아닌 생후 첫 해부터 자위행위를 하기 시작한다.

> **"프로이트는 거실에 귀빈을 남겨둔 채 밖에서 성을 찾아 다녔다"**
>
> W. Bertram Wolfe, American Scholar (1896 – 1977)

부모가 '의사' 놀이를 하고 있는 자녀를 발견함으로써 알 수 있듯이, 잠복기 단계는 프로이트가 믿었던 만큼 성적으로 잠재되어 있지 않다. 오이디푸스 · 엘렉트라 콤플렉스에 대한 프로이트의 생각 대부분은 추측에 지나지 않는다.

> **FICTION**
>
> T (F) 손톱을 물어 뜯거나 담배를 피우는 것은 어린시절 경험한 갈등의 징후이다.
>
> 손톱을 물어 뜯거나 담배를 피우는 것이 구강기의 고착을 의미한다는 것은 사실이 아니다. 실제로 이 견해를 뒷받침할 연구 증거는 없다.

에릭슨의 발달의 관점에 대한 증거가 더 확실해 보인다. 예를 들어, 사춘기에 자아 정체성을 발달시키지 못한 사람들은 나중에 친밀한 관계에서 문제를 보인다.

프로이트의 증거 수집 방법도 의심스럽다. 치료 전문가들은 고객들에게 그들이 찾기를 기대하는 기억과 감정을 만들어 내도록 미묘하게 안내할 수 있다. 또한, 대부분의 정신역동 이론가들에게 도움을 청하는 중상류 계층의 사람들과의 사례연구에 대한 증거의 수집으로 제한적이었다. 치료를 받으려는 사람들은 일반 사람들과는 달랐다.

정신분석이론은 사람들이 특정한 특성을 발달시키는 이유에 초점을 맞췄다. 다음은 특성이론에 대해 논할 것이다. 특성이론은 특성의 기원, 기술, 분류 등에 별로 관련이 없다.

10-2 특성 관점

특성의 개념은 충분히 익숙하다. 내가 당신에게 자신을 설명해 달라고 요청한다면, 당신은 아마도 밝고, 세련되고, 재치있는 것과 같은 특성의 관점에서 이야기할 것이다. 또한, 다른 사람들을 특성 측면에서 설명한다.

특성(Trait)은 행동에서 유추되는 상당히 안정적인 성격의 요소이다. 만약 당신이 친구를 '수줍음'으로 묘사한다면, 그것은 아마도 당신이 그 사람의 사회적 만남에서 불안해하거나 움츠러드는 것을 보았기 때문일 것이다. 특성은 다른 여러 가지 상황에서 일관된 행동을 설명한다. 당신은 아마도 당신의 '수줍은' 친구가 대부분의 사회적 대결에서 물러날 거라고 예상할 것이다.

특성의 개념은 성격에 대한 다른 접근에서도 볼 수 있다. 프로이트는 특정한 특성의 발달을 정신발달의 각 단계에서 아이들의 경험과 관련시켰다.

> **특성** 행동에서 유추되고 일관된 행동을 일으키는 것으로 가정하는 성격의 비교적 안정된 양상

TRUTH

Ⓣ F 2,500년 전, 그리스의 한 의사가 오늘날에도 여전히 사용되고 있는 성격을 확인하는 방법을 알아냈다.

약 2,500년 전에 그리스 의사인 히포크라테스는 오늘날에도 여전히 사용되고 있는 성격을 보는 방법을 고안해 낸 것이 사실이다. 그의 이론은 현대의 성격 특성 이론에 영감을 주었다.

1. 히포크라테스에서 현재에 이르기까지

특성의 관점은 그리스 의사인 히포크라테스(Hippocrates) 때까지 거슬러 올라간다(ca.460-377 bce). 히포크라테스는 특성이 체액에 포함되어 있다고 믿었다. 그는 사람의 성격은 네 가지 기본적인 체액 즉, 신체의 균형에 달려 있다고 했다.

"30세 이후 사람의 성격은 석고처럼 굳어져 바뀌기 어렵다."

William James, American Philosopher and Psychologist (1842 - 1910)

황담즙(Yellow bile)은 화를 잘 내고(급한성격), 혈기왕성한 혈액(blood)은 따뜻하고 쾌활함, 우울한 기질을 가진 흑담즙(black bile), 점액질(phlegm)은 느리고, 침착하며 차가운 성격이다. 질병은 이 사이의 불균형을 반영한다고 믿었다. 예를 들어 우울증은 흑담즙이 과도한 사람에게서 나타난다. 균형을 회복하기 위해 피를 뽑거나 구토를 권장했다(Henley, 2019).

히포크라테스의 이론은 추측적이었지만, 화농, 환각 등의 용어는 여전히 성격을 설명하는데 사용된다. 보다 현대적인 특성 이론은 특성이 유전적이며 신경계에 내재되어 있다고 한다.

이러한 이론들은 찰스 스피어만(Charles Spearman)이 지성을 연구하기 위해 개발한 요인 분석의 수학적 기법에 의존하여 어떤 특성이 다른 사람들에게 기본인지를 결정한다.

외향성 사회적으로 외향적이고 감정과 충동을 자유롭게 표현하는 경향이 특징

내향성 강렬한 상상력과 충동을 억제하는 경향이 특징

20세기 초, 고든 올포트(Gordon Allport)와 동료(1936년 Allport & Oddbert, 1936)들은 사전과 같은 단어 목록을 통한 검색에서 약 18,000개의 인간 특성을 분류했다. 몇몇은 짧고, 약하고, 갈색머리 등과 같은 신체적 특징들이었다. 다른 것들은 수줍고 감정적인 것과 같은 행동적 특징이었고, 또 다른 것들은 정직과 같은 도덕적 특징이었다.

이 목록은 다른 많은 심리학자들의 성격연구에 기초가 되었다.

TRUTH

Ⓣ F 피를 뽑거나 구토를 하는 것은 한때 우울증을 대처하는 방법으로 사용되었다.

피를 뽑거나 구토를 하는 것은 한때 우울증을 대처하는 방법으로 사용되었다는 것은 사실이다. 그들은 신체적인 '체액'의 균형을 되찾을 것이라고 믿었다.

2. 특질 이론

아이젠크(Eysenck, 1916~1997)는 연구의 많은 부분을 두 가지 성격 특성에 집중했다: **내향성 — 외향성**(introversion–extraversion) 및 정서적 안정성 — 불안정성(Eysenck & Eysenck, 1985). (정서적 불안정성을 '신경증'이라고도 한다.) 융은 내향적인 사람과 외향적인 사람을 처음으로 구분했다.

아이젠크는 외향성-내향성 차원에다가 정서적 안정성의 차원(내향성에 대한 불안정성)을 추가했다. 그는 이러한 차원을 위치에 따라 다양한 성격 특성으로 분류했다(그림 10.2). 예를 들어, 불안한 사람은 내향성과 신경증 둘 다가 높을 것이다. 즉, 자신의 생각에 사로잡혀 감정적으로 불안정하다.

아이젠크는 자신의 가정이 히포크라테스와 유사하다는 것을 인정했다. 아이젠크의 특성 차원에 따르면, 신경증 성향은 외향적이고 불안정할 것이고, 낙천적 타입은 외향적이고 안정적일 것이며, 냉정한 타입은 내향적이고 안정적일 것이며, 우울한 타입은 내향적이고 불안정할 것이라고 했다.

3. 'BIG FIVE' 모델 : 성격 5요인 모델

보다 최근의 연구에 따르면 두 가지가 아닌 다섯 가지 기본 성격 요인이 있을 수 있다.

여기에는 아이젠크가 발견한 두 가지(외향성과 신경증)와 성실성, 우호성, 경험의 개방성이라는 요인이 추가된다(표 10.1 참조).

많은 성격 이론가들, 특히 로버트 매크레이(Robert McCrae)와 폴 코스타(Paul T. Costa Jr., 2013)가 5요인 모델 개발에 큰 역할을 했다.

문화 간 연구에 따르면 이 다섯 가지 요인으로 미국인, 독일인, 포르투갈인, 이스라엘인, 중국인, 한국인, 일본인, 필리핀인의 성격 구조를 정의했다(Katigbak et al., 2002; McCrae & Costa, 1997).

5,000명 이상의 독일인, 영국인, 스페인인, 체코인, 터키인을 대상으로 한 연구에 따르면 이러한 요인은 사람들의 기본 기질과 관련이 있으며, 이는 태생적인 것으로 간주된다(de Moor et al., 2012).

연구자들은 성격 특성의 표현이 문화에 의해 확실히 영향을 받지만, 우리의 성격은 환경 조건에 의해 형성되는 것이 아니라 시간이 지남에 따라 성숙해지는 경향이 있다고 해석했다.

'Big Five' 모델이라고도 하는 성격 5요인 모델은 많은 연구에 활용되었다.

그림 10.2 아이젠크의 2가지 특성 차원

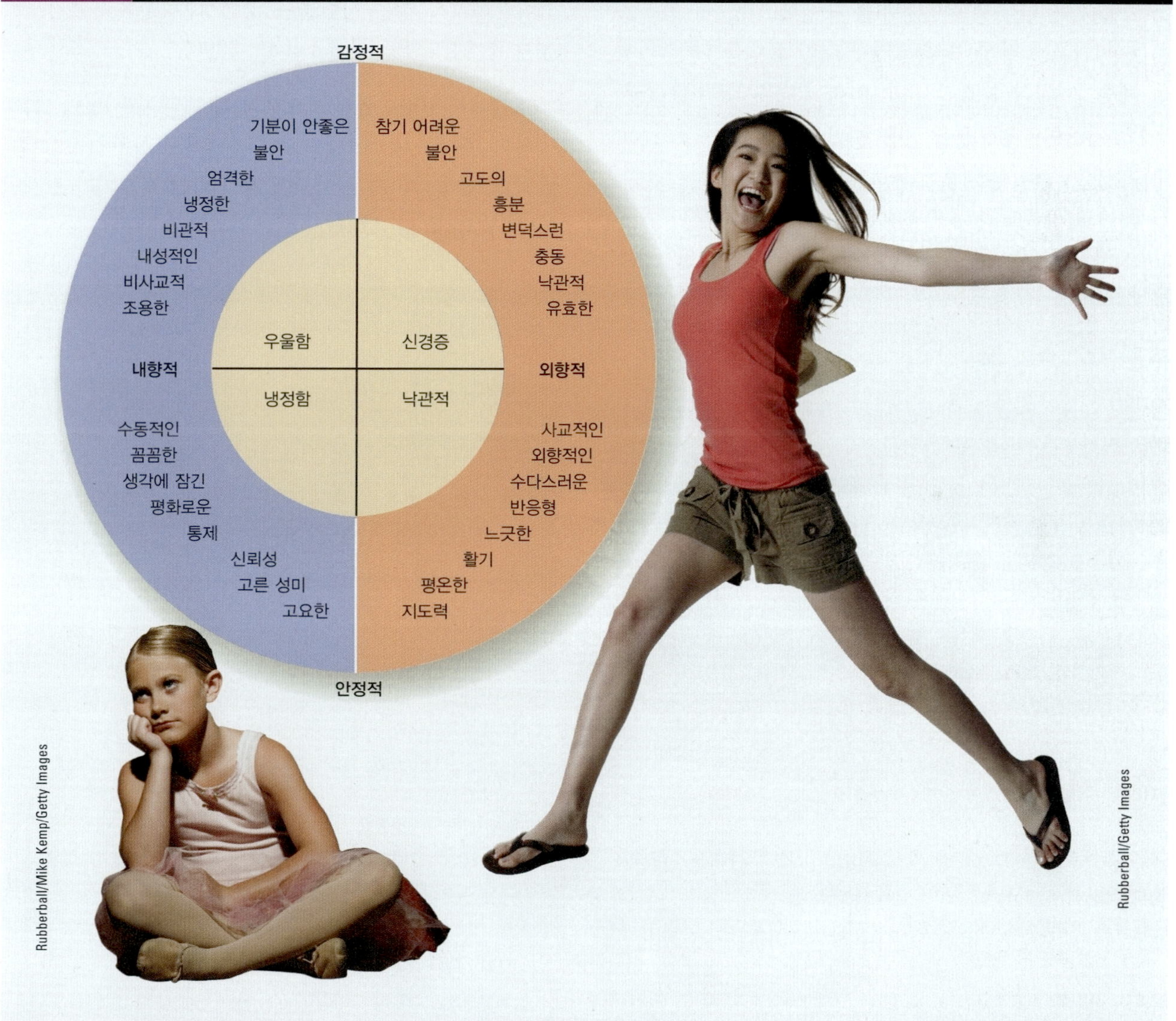

외측 원에 나타난 다양한 성격적 특성은 아이젠크가 제시한 두 가지 성격적 차원에 해당한다. 내측 원은 히포크라테스의 4가지 타입(신경증, 낙관적, 냉정함, 우울함)이 어떻게 이 아이젠크 차원에 들어 맞는지 보여준다.

도표 10.1 성격 5요인 모델

요인	특성
I. 외향성 (Extraversion)	수다스러움, 독단적 / 조용한 활동, 수동성 및 예비성과 대조
II. 우호성 (Agreeableness)	친절, 신뢰, 적의를 가진 따뜻함 / 이기심, 불신과 대조
III. 성실성 (Conscientiousness)	부주의, 태만 및 무관심, 철저함, 신뢰할 수 없음과 대조
IV. 신경성 (Neuroticism)	대처 능력을 가진 신경 자극, 기분 전환 및 부정적인 자극에 대한 민감도와 대조
V. 경험에 대한 개방성 (Openness to experience)	상상력, 호기심 / 창의성이나 지각력이 없는 것과 대조

FICTION

T (F) 사실 기본적인 성격적 특성은 없다. 사람은 모두 사회에 의해 특정 방식으로 행동하도록 조건이 설정되어 있다.

실제로 성격 5요인 이론에서 제안한 것처럼 기본적인 성격 특성은 있다. 유전은 그들의 발전에 중요한 역할을 하는 것으로 보인다.

코스타와 매크레이는 5요인(NEO Five-Factor Inventory)을 측정하기 위한 설문지를 구성했으며, 이 목록을 사용한 연구는 다섯 가지 요인에 대한 점수를 다양한 행동 패턴, 심리적 장애, 그리고 여러 종류의 '성격'과 연관시키고 있다

사람들이 서로 주고받는데 쓴 인용문의 수와 그들이 겪게 되는 사고들과 다른 한편으로는 호의적인 요소들 간에 부정적인 상관관계가 발견되었다(Pearson et al., 2013; Simons-Morton et al., 2013).

즉, 기분좋은 사람들과 고속도로를 공유하는 것이 더 안전하다.

비판적이지 않은 사람들은 양심성은 낮추고 호감도는 높게 평가한다(Bernardin et al., 2000).

65세에서 100세까지의 노인에 대한 평가는 노인, 특히 남성이 '변덕스럽다'라는 고정 관념에도 불구하고 사람, 특히 남성이 나이가 들어감에 따라 더 호의적이라고 제안한다(Weiss et al., 2005).

페이스 북, 트위터, 그리고 당신

David Brabiner/Alamy Stock Photo

페이스 북 사용자가 친구 수를 자랑한다고 생각하는가? 아니면 트위터 사용자는 팔로어 수를 자랑하는 걸까? 또는 '사람들이 계속 친구를 사귀고 싶어하는 것처럼' 사용자는 이러한 '승리'를 간접적으로 불러 일으킬 수 있다.

심리학적 연구에 따르면 사람들은 다음 두 가지 주요 이유로 페이스 북을 사용한다고 한다. 그들은 집단에 속해 있어야 하고, 자신의 존재감을 나타내고자 "나 여기 있어!"라고 말하는 것이다(Nadkarni & Hofmann, 2012). 또한, 페이스 북 친구가 많은 것은, 더 많은 친구를 가진 사용자들과 자신을 비교하지 않는 한, 사용자들의 사회적 행복감에 기여하는 것으로 밝혀졌다. 게다가, 페이스 북 친구들의 수는 그들의 외향성과 관련이 있다. 외향적 성향이 많을수록 페이스 북 친구가 생길 가능성이 크다(Lönnqvist & Große Deters, 2016).

이 이야기는 트위터 사용자들에게는 약간 다르다. 페이스 북 사용자들은 자신의 프로필과 사진을 올린다. 왜냐하면 그들은 다른 사람들의 삶에 최신 정보를 주기를 원하고, 감탄사를 원하며, 친구를 원하기 때문이다. 트위터 사용자들은 또한 다른 사람들을 최신 상태로 유지하고 감탄사를 받고 싶어한다.

페이스 북 사용자는 친구를 원하지만 트위터 사용자는 팔로워를 원한다. 존경받는 것과 친구와 추종자를 갖는 것은 모두 자부심을 높여주는 건강한 힘이다. 그러나 지나친 것, 특히 추종자를 찾는 것은 때때로 나르시시즘의 성격적 특성과 관련이 있다(Davenport et al., 2014).

셀카 게시도 마찬가지다(Barry et al., 2017). 한편으로는, 한 사람의 사회적 관계에 대해 생각하는 것은 합리적이고 심리적으로 건강하다고 볼 수 있다.

많은 연구에 따르면 정치적 자유주의자들은 경험에 대한 개방성에서 높은 점수를 얻는 반면 정치적 보수주의자들은 양심성에서 높은 점수를 얻는 경향이 있었다(Cooper et al., 2013).

폭음을 하는 이들은 신경증이나 외향성은 높지만 양심성은 적당하게 술을 마시는 사람들보다 낮을 것이다 (Adan et al., 2017).

더 큰 행복감을 느끼는 사람들은 정서적 안정, 우호성, 성실성, 외향성을 측정하는 척도에서 다른 사람들보다 더 높은 점수를 받을 가능성이 높다 (Soto, 2014).

4. 생물학적 요인과 특성

연구자들은 성격 특성과 관련이 있고 이를 야기할 수 있는 생물학적 요인을 조사한다. 예를 들어, 연구원들은 외향적 성격의 유전성이 40%에서 60%라고 추정한다 (Smillie et al., 2010). 연구에 따르면 뇌의 신경전달물질인 도파민의 수치는 내향적 환자보다 외향성 환자에게서 더 높은 경향이 있었다(Fischer et al., 2018; Smillie et al., 2010).

또한, 연구자들은 유전적 요인이 아동의 기본 기질의 일부이며 수줍음과 행동 억제에 관여한다는 증거를 발견했다(Clifford et al., 2015; A.K.Smith et al., 2012). 사회와 잦은 갈등, 죄책감이나 불안감의 결핍으로 특징지어지는 반사회적 성격은 동전의 양면과 같다.

수줍은 아이들은 두려움을 쉽게 느끼고 스트레스에 민감하게 반응하는 반면, 반사회적 성격을 키워가는 아이들은 위협과 스트레스 요인에 대한 반응이 낮다(Gaoet al., 2010a, 2010b; Isen et al., 2010).

아이들은 기만적인 패턴을 보이고, 다른 사람들의 감정을 냉담하게 무시하고 그들의 행동을 사회적 규칙에 맞추는데 관심이 없다(Raine et al., 2014). 성인은 범죄 행위에 참여할 가능성이 높다.

레인(Raine, 2018; Raine et al., 2014)은 생물학과 반사회적 성격의 교차점을 광범위하게 연구했다. 문헌을 검토한 결과, 그는 복부 전전두엽 피질과 편도에서 반사회적 성격의 발달과 관련된 많은 뇌 손상을 발견했다.

5. 특성 관점의 평가

특성 이론가들은 성격 테스트의 개발에 많은 관심을 기울였다. 그들은 또한 성격과 특정 종류의 직업 사이의 적합성에 관한 이론을 제시했다.

다양한 종류의 일에 적합한 특성은 능력, 성격 특성 및 관심사로 표현할 수 있다.

특성 이론의 한 가지 한계는 설명보다 서술적인 경향이 있다는 것이다. 역사적으로 그들의 기원을 추적하거나 부적응 성격 특성과 행동을 수정하는 방법을 찾는 것이 아니라 특성을 설명하는 데 중점을 두었다.

10-3 학습이론적 관점

특성 이론은 일반적으로 신경계에 내재된 것으로 추정되는 인격 특성을 유지하는 데 중점을 두었다. 학습 이론가들은 특성 측면에서 이론화하지 않는 경향이 있다. 대신 행동에 중점을 두고 그러한 행동이 대부분 학습되었다고 가정한다.

배운다는 것은 또한 원칙적으로 배우지 못할 수도 있다는 것이다. 결과적으로 학습이론과 성격이론이 완벽하게 맞지 않을 수 있다. 그럼에도 불구하고, 학습 이론가들, 즉 행동주의자와 사회인지 이론가들 모두 성격에 대한 논의에 기여했다

1. 행동주의

1924년 존스 홉킨스 대학교(Johns Hopkins University)에서 왓슨(John B. Watson)은 행동주의 운동의 전투적 외침을 울렸다.

> 나에게 12명의 건강한 아이를 주면, 나는 무작위로 어느 누구라도 데려가서 그의 재능, 경향, 능력, 직업 및 조상의 인종에 관계없이 의사, 변호사, 상사, 심지어는 거지와 도둑도 되게 할 수 있다.

그의 선언은 성격이 우연적이라는 행동주의적인 견해를 강조한다. — 내적, 개별적 변수가 아니라 상황적 또는 환경적 영향을 끼친다는 것이다.

왓슨은, 그 시대의 정신분석가들, 구조론자들과 대조적으로, 보이지 않는, 감지할 수 없는 정신 구조들은 보고 측정할 수 있는 것에 유리하게 거부되어야 한다고 주장했다. 1930년대에, 왓슨의 전투 깃발은 스키너(Skiner)에 의해 옮겨졌다. 스키너는 심리학자들이 유기체의 '블랙박스'를 들여다보려 하지 않고 대신 행동에 대한 강화의 효과를 강조해야 한다는 데 동의했다.

왓슨과 스키너의 견해는 개인의 자유, 선택 및 자기 지향이라는 개념을 크게 무시했다. 우리들 대부분은 자신의 욕구가 우리 내부에서 비롯되었다고 생각한다.

왓슨과 스키너는 부모의 승인과 사회적 관습과 같은 환경적 영향이 우리를 특정한 것을 원하게 하고 다른 것을 원하지 않게 만든다고 말했다.

그의 소설 월든 투(Walden Two)에서 스키너는 사람들이 행복하고 만족할 수 있는 유토피아 사회를 설명했다. 그러나 어린 시절부터 그들은 협동심을 갖도록 훈련받거나 하는 조건을 달았다. 그들은 점잖고 친절하고 이기적이지 않는 행동을 하기 원한다. 그들은 사회가 그들에게 특정한 방식으로 행동하도록 강요하는 노력을 하지 않기 때문에 그들 자신을 자유롭다고 생각한다.

어떤 사람들은 행동주의적인 관념이 의식과 선택의 중요성을 경시하기 때문에 반대한다.

다른 사람들은 인간이 강화제(보상과 처벌)에 의해 맹목적으로 통치되지 않는다고 주장한다. 어떤 경우 사람들은 쾌락보다 고통과 고난, 또는 삶보다 죽음을 선택함으로써 소위 생존의 필요성에 반기를 들었다. 많은 사람들이 다른 사람들의 목숨을 구하기 위해 자신을 희생해 왔다. 행동주의자의 '방어'는 사회적 관습에 대한 순응이 다른 사람들에게 강요되는 것처럼 고통이나 죽음의 명백한 선택이 어떤 사람에게 강요되는 것일 수도 있다.

> **"어려운 작업이 시작될 때 우리의 태도는 무엇보다도 성공적인 결과에 영향을 미친다."**
>
> William James, 미국 철학자 및 심리학자(1842 – 1910)

2. 사회인지이론(Social cognitive theory)

사회인지이론은 반두라(Albert Bandura, 1986, 2012) 및 기타 심리학자에 의해 개발되었다. 관찰할 수 있는 행동과 행동이 일어나는 상황에 초점을 맞춘 행동주의와 대조적으로, 사회인지 이론은 관찰에 의한 학습과 개인의 차이점을 뒷받침하는 인지 과정에 초점을 맞춘다.

사회인지 이론가들은 사람들이 환경에 영향을 미치는 것처럼 환경도 사람들에게 영향을 미치는 것으로 본다는 점에서 행동주의자들과 다르다.

사회인지 이론가들은 인간의 본성에 대한 논의가 관찰 가능한 행동과 연관되어야 한다는 행동주의자들의 의견에 동의하지만, 그들은 우리가 사람들을 이해하려면 **개인 변수**(person variables)도 고려해야 한다고 주장한다. 상황 변수에는 보상과 처벌이 포함된다. 개인 변수는 지식과 기술, 경험, 기대감, 감정, 그리고 자기 규제 시스템과 계획을 포함한다(Bandura, 2012). 그림 10.3 참조.

> **사회인지이론** 가치와 기대와 같은 관찰 학습과 개인 변수가 개별적 차이에 주요한 역할을 하는 인지 지향적 학습 이론

상황 변수만으로는 행동을 예측할 수 없다. 어떤 사람이 특정한 방식으로 행동할 것인지도 그 행동의 결과와 그 결과의 인지적 또는 주관적 가치에 대한 개인의 기대치에 달려 있다. 기대에는 여러 가지 종류가 있다. 어떤 것들은 무엇이 뒤따를지에 대한 예측이다. 예를 들어, 사람들은 다른 사람들의 행동을 '꽉 다문 입술'이나 '시원한 눈'과 같은 신체언어에 근거하여 예측할 수 있다. 자기효능 기대는 우리가 수영장에서 공중제비를 하거나 수학 문제를 푸는 것과 같은 특정한 것들을 성취할 수 있다는 믿음이다. 긍정적인 자기효능 기대치를 가진 사람들은 높은 자존감과 성취 동기를 갖는 경향이 있다.

자기효능, 그리고 성격 5요인 이론에서 도출되는 성실성 그리고 정서적 안정 등은 서로 결합되어 학문적 성공을 강력하게 예측할 수 있다. 심리치료는 종종 사람들이 자기효능에 대한 기대를 "할 수 없다"에서 "아마도 할 수 있다"로 바꾸어 새로운 것을 시도하도록 동기를 부여한다.

관찰학습 관찰학습(모델링 또는 인지학습이라고도 함)은 사회인지 이론의 기초 중 하나이다. 다른 사람을 관찰하여 지식을 얻는 것을 말한다. 행동 조절이 일어나기 위해서는 유기체가 먼저 반응에 관여해야 하며, 그 대응은 강화되어야 한다.

그러나 관찰학습은 다음과 같은 경우에도 일어나며, 직접 강화도 필요하지 않다. 다른 사람들을 관찰하는 것은 책, TV, 영화, 인터넷에서 그들이 무엇을 하는지 읽거나 그들이 무엇을 하는지 보는 것으로까지 확장된다.

3. 학습 관점의 평가

학습 이론가들은 행동을 과학적으로 이해하는 데에 기여했지만, 일부 심리학자들은 불만족스러워했다. 정신역동 이론가들과 특성 이론가들은 직접 보고 측정할 수 없는 심리 구조의 존재를 제안한다. 학습 이론가들, 특히 행동론자들은 심리학이 과학으로 받아들여지려면 객관적으로 관측할 수 있는 변수나 행동을 언급하는 것의 중요성을 강조했다.

그림 10.3 사회인지이론에서 개인 변수와 상황 변수

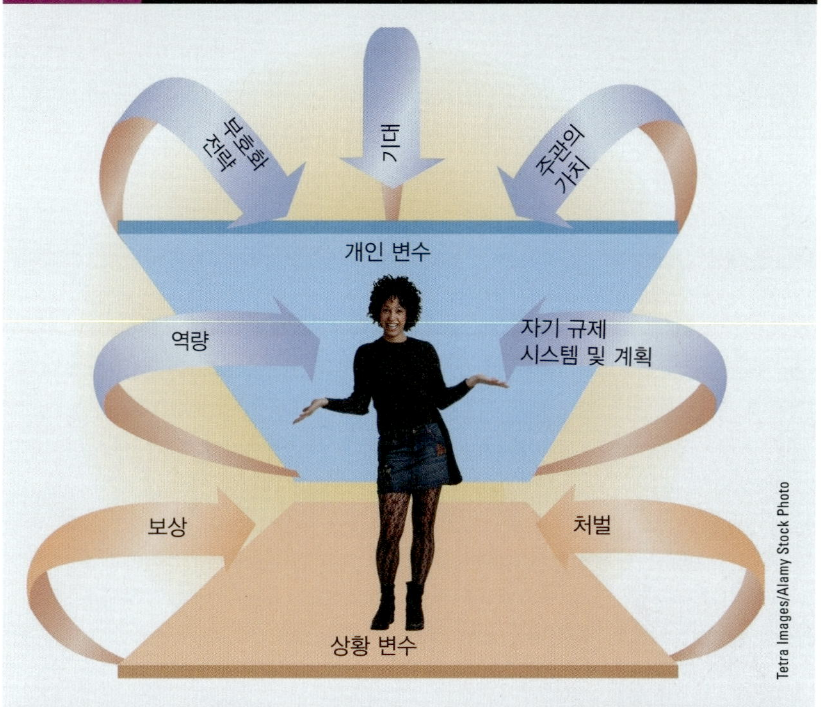

사회인지이론에 따르면, 개인 변수와 상황 변수는 행동에 영향을 주기 위해 상호작용한다.

마찬가지로 정신역동 이론가들과 특성 이론가들은 행동을 설명하고 예측하기 위해 무의식적인 갈등 및 특성과 같은 내부 변수에 초점을 맞춘다. 학습 이론가들은 행동의 결정요인으로 환경 조건, 즉 상황 변수의 중요성을 강조한다. 또한, 자동 학습 유형을 포함하여 학습을 촉진하는 조건에 대해 자세히 설명했다.

그들은 강화 때문에 우리가 일을 하는 법을 배울 수 있고 다른 사람들을 관찰함으로써 많은 행동을 배운다는 것을 보여주었다.

사회인지이론은 **자기인식**(self-awareness)을 설명하지 않으며, 앞서 연구된 행동주의처럼 행동의 개별적 차이를 설명하는 데 있어서 유전적 변화에 충분히 주의를 기울이지 않을 수도 있다.

10-4 인본주의적-실존주의적 관점

인본주의자와 실존주의자들은 삶의 의미에 연연한다. 자기인식은 의미를 찾는 인본주의적-존재적 탐구의 중심이다. **인본주의**(humanism)라는 용어는 오랜 역사와 많은 의미를 가지고 있다.

지배적인 정신역동과 행동 모델의 대안(또는 '제3의 힘')으로 배려의 중심에 자기 인식을 두고 사람들이 자유 선택, 자기 성취, 윤리적 행동을 할 수 있다고 주장한다.

휴머니즘은 또한 산업화와 자동화로 인해 야기된 '치열한 경쟁'에 대한 반응을 나타내 왔다. 매슬로와 로저스의 인본주의적 견해는 이러한 우려에서 비롯되었다.

실존주의(Existentialism)는 부분적으로 전쟁과 대량학살을 통한 인류생활의 대량 파괴, 20세기의 빈번한 사건들을 반영한다.

유럽의 실존주의 철학자인 사르트르와 하이데거는 큰 그림에서 인간의 삶을 하찮은 것으로 보았다. 그러나 프랭클린, 빈스웽거, 보스 같은 정신과 의사들은 인간의 존재를 무의미한 것으로 보는 것은 위축과 무관심 심지어 자살까지 초래할 수 있다고 주장했다. 그러므로 심리적인 구원은 사물에 개인적인 의미를 부여하고 개인적인 선택을 하는 것을 요구한다.

1. 매슬로와 자기실현의 도전

프로이트는 사람들은 기본적으로 생물학적 욕구를 충족시키기 위한 동기 부여를 하고 있으며 그들의 인식은 그들의 심리적 필요에 의해 왜곡된다고 저술했다. 인본주의 심리학자 매슬로는 사람들은 **자기실현**(self-actualization)에 대한 의식적인 욕구를 가지고 있고, 또는 그들이 될 수 있는 모든 것을 이룰 수 있다고 주장했다.

사람들은 특별하기 때문에, 그들은 자기실현을 위한 독특한 길을 따라야 한다. 사람들은 무의식적이고 원시적인 충동에 좌우되지 않는다. 오히려 개인의 인격 발달에 대한 주된 위협은 다른 사람에 의한 통제이다.

우리는 서로 자유롭게 접촉하고 자기실현을 해야 한다.

그러나 자기실현에는 위험이 따른다. 많은 사람들이 익숙한 것에 더 편안해한다. 그러나 '시련을 견디고 진실됨'을 고수하는 사람들은 그들의 삶이 단조로움과 평범함에 빠져들고 있음을 발견할지도 모른다.

인본주의 사람들은 자유 선택, 자기 성취, 윤리적 행동이 가능하다는 견해

실존주의 사람들은 자유롭고 자신의 행동에 책임이 있다는 견해

생물학, 사회인지 및 성별 유형

성별 유형(Gender-typing)은 남성과 여성이 자신의 성별, 남성 또는 여성과 일치한다고 생각하는 성격 특성과 행동 패턴을 개발하는 과정이다.

성격 특성의 성별 차이에 대한 사람들의 인식을 조사하는 연구자들은 표 10.2와 같이 '남성' 및 '여성' 특성 그룹을 찾는 경향이 있다. 진화 심리학자에 따르면, 성별 차이는 수천 세대에 걸쳐 반복적으로 발생하는 적응 문제에 대한 응답으로 자연 선택에 의해 형성되었다(Buss, 2009a, 2009b; Schmitt et al., 2017). 일반적으로 사냥꾼은 생계를 꾸려가거나, 전사였던 남성은 모험적이고 공격적이며 독단적인 것으로 보일 수 있다. 가정 주부와 돌보는 일을 자주했던 여성들은 애정이 많고 호의적이며 감정적으로 보일 가능성이 더 높다(Leaper, 2013; Lippa, 2010).

생물학과 성별 유형

다른 연구자들은 해부학적 성별 차이의 발달과 함께 성격에 대한 성별 차이의 발달이 태아의 성호르몬 수준과 관련이 있을 수 있다고 제안한다.

도표 10.2 정형화된 남성과 여성 특성

남성		여성	
모험적인	고집불통	다정한	변덕스러운
적극적인	독립적인	쾌활한	온화한
독단적	지능적인	조심성 있는	친절한
유능한	쾌락을 추구	의존적인	참을성 있는
자신감 있는	과학적인	감정적	감각적인
용기 있는	합리적인	걱정하는	수다스러운
단호한			

Sources: Leaper (2013); Lippa (2010).

태아의 성호르몬 수치와 성별에 따른 놀이가 연관되어 있다는 연구가 다수 있다. 예를 들어 아우잉(Auyeung)과 그녀의 동료(2009)가 212명의 임산부를 대상으로 한 연구에서 산모 스트레스로 인해 태아 환경에서 정상치 이상의 테스토스테론이 8.5세 여아들 사이에서 더 남성적인 형태의 놀이와 관련이 있다는 사실이 밝혀졌다.

배럿(Barrett)과 그녀의 동료들(2014)은 태아가 스트레스를 받는 환경에 노출되면 여아들에게서 남성형 놀이를 증진시키고 남아들에게는 감소시킬 수 있음을 발견했다. 다른 연구에 따르면 아이들은 13개월이 되면 자동차, 장난감을 선호하는 남아와 인형을 선호하는 여아와 함께 성별에 따른 선호가 나타난다.

또 다른 연구는 3~8개월 영아 30명의 성별 유형 시각 선호도를 조사했다(Alexander et al., 2009). 연구원들은 시각적 주의 방향을 표시하기 위해 눈길 추적 기술을 사용하여 장난감 트럭과 인형에 대한 관심을 평가했다.

여아는 트럭보다 인형에 대한 시각적 선호도를 보였으며, 남아는 트럭에 대한 시각적 선호도를 나타냈다.

사회인지와 성별유형

사회인지 이론가들은 성별 유형에서 학습의 역할을 찾게 되며, 아이들은 관찰 학습과 사회화를 통해 사회에서 남성 또는 여성으로 여겨지는 것을 배운다(Leaper, 2013; Zosuls et al., 2011). 어린이는 성인 역할 모델의 행동을 관찰하고, 그들의 행동이 동일한 성별을 가진 성인의 행동과 일치해야 한다고 생각하게 될 수도 있다.

사회인지 이론에서, 보상과 처벌은 아이들이 같은 성별의 성인 모델을 모방하도록 영향을 미친다. 아이는 모델의 행동을 모방할 뿐만 아니라 모델과 전반적으로 비슷해지려고 한다.

2. 칼 로저스의 자기이론

인본주의 심리학자 칼 로저스(Carl Rogers, 1902~1987)는 사람들이 자유로운 선택과 행동을 통해 스스로를 형성한다고 했다. 로저스는 자아를 경험의 중심으로 정의했다. 자아란 당신이 누구인가에 대한 지속적인 감각, 환경에 어떻게 / 왜 반응하는가에 대한 감각, 그리고 환경에 대해 어떻게 행동할 것인가에 대한 당신의 감각이다.

성별 유형 남성과 여성이 정형화된 성 역할과 일치하는 행동 패턴을 나타내는 과정

무조건적인 긍정적 존중 개인의 가치에 대한 지속적인 존경의 표현. 그러나 그 사람의 모든 행동을 무조건적으로 수용하지는 않음.

여러분의 선택은 본인의 가치관에 의해 이루어지며, 여러분의 가치관은 또한 자아의 일부분이기도 하다.

로저스의 자아이론은 자아의 성격과 자아가 자유롭게 발전할 수 있는 조건에 초점을 맞추고 있다. 그의 두 가지 주요 관심사는 자기 개념(self-concept)과 자존감(self-esteem)이다.

자기 개념과 자기창조 체계 자기 개념은 자신에 대한 인상과 적합성에 대한 평가로 구성된다. 로저스는 우리 모두가 자신과 세계를 바라보는 독특한 방식, 즉 독특한 틀을 가지고 있다고 믿었다. 그것은 우리 각자가 자신을 정의할 때 서로 다른 차원을 사용하며, 다른 가치관에 따라

그녀는 남자아이 한 명과 여자아이 한 명의 쌍둥이를 낳을 것이다. 당신은 그녀가 같은 방식으로 키울 것이라고 생각하는가? 왜 그런가? 혹은 왜 그렇지 않은가?

즉, 여성 또는 남성은 그 모델과 동일시된다.

아기가 세상에 나오는 순간부터 거의 성적인 고정관념에 부합하는 대우를 받는다. 부모들은 여자아이들에게 더 많은 말을 하는 경향이 있고, 아빠들은 특히 남자아이들과 더 거칠게 지낸다. 아이들이 말할 수 있을 만큼의 나이가 되면, 돌봐주는 사람들은(심지어 다른 아이들도) 아이들이 어떻게 행동해야 하는지 말하기 시작한다.

부모들은 아이들의 성별에 적절하다고 생각하는 행동에 대해 보상을 할 수 있고, 그들이 부적절하다고 생각하는 행동에 대해 벌을 주거나 강화하지 못하게 할 수도 있다.

여자아이들은 보편적인 성인 여성의 역할에 대비하기 위한 보살핌을 연습하도록 권장된다.

남자아이들은 보편적인 성인 남성의 역할에 대비하기 위해 레고나 의사 놀이 장난감을 받는다. 최근 TV에서 여성과 남성의 묘사를 분석한 결과 주부로서의 여성에 대한 고정관념은 낮아졌지만, 사회적으로 지배적인 남성이나 성적으로 도발적인 여성에 대한 고정관념은 지속되고 있는 것으로 나타났다(Sink & Mastro, 2017).

성별 유형의 성-스키마(Schema) 이론

성-스키마 이론은 성 유형화에서 인식의 역할을 강조한다. 성 스키마 이론은 아이들이 세상에 대한 인식을 정리하는 수단으로 개발한다고 제안한다. 성 스키마는 남성적 · 여성적인 신체적 특징에 대한 생각들의 집합이다. 사회가 그것을 강조하기 때문에 성별이 중요해진다.

성-스키마 이론은 일단 여자아이들과 남자아이들이 그들을 여성 또는 남성으로 인식하면, 문화에서 규정된 성 역할에 맞는 방식과 그들의 자기 기대와 자존심을 혼합하기 시작한다는 성별 유형의 견해이다.

오늘날 대부분의 학자들은 생물학과 사회적 인식이 상호작용하여 성별 유형을 포함한 대부분의 행동 및 정신 과정 영역에 영향을 미친다는 데 동의한다.

우리 자신을 판단하는 것일지도 모른다.

한 사람에게는 성취 실패가 가장 중요한 관점일 수 있고, 다른 사람에게는 예의범절일 수 있다. 또, 제3자는 이런 용어로도 생각하지 않을 수 있다.

자존감과 긍정적 존중 로저스는 우리 모두가 자기애에 대한 욕구, 즉 자존감을 키울 필요가 있다고 가정했다. 처음에, 자존감은 다른 사람들이 우리에게 가지는 존경심을 반영한다. 부모들은 아이들에게 **무조건적 긍정적 존중**(unconditional positive regard)을 보여줄 때, 즉 그들이 현재 그들의 행동과 무관하게 내재적인 장점을 가지고 있다고 받아들일 때 자부심을 키우도록 도울 수 있다.

그는 사람들이 기본적으로 선하고, 무조건적인 긍정적 분위기 속에서 발전할 때 이기적이지 않고 관대한 사람이 될 것이라고 믿었다.

그러나 부모들이 아이들에게 **조건적 긍정적 존중**(conditional positive regard)을 보일 때, 즉 아이들이 부모가 원하는 방식으로 행동할 때만 그들을 받아들일 때, 아이들은 **가치의 조건**(conditions of worth)을 발전시킬 수 있다.

조건적 긍정적 존중 그 사람의 행동에 대한 수용 가능성에 근거한 다른 사람의 가치에 대한 판단

가치의 조건 사람의 가치를 판단하는 기준

> **"당신은 다른 사람들처럼 절대적으로 독특하다는 것을 항상 기억하라."**
>
> Margaret Mead, American Cultural Anthropologist (1901–1978)

그러므로 아이들은 부모가 원하는 대로 행동하는 경우에만 가치가 있다고 생각할 수 있다.

개인마다 고유한 잠재력을 가지고 있기 때문에 가치있는 조건을 발전시키는 아이들은 자신들에게 어느 정도 실망할 수밖에 없다.

그들은 다른 사람들의 희망에 충분히 부응할 수 없고 그들 자신에게 충실할 수 없다. 어떤 가정의 아이들은 그들 자신의 생각, 특히 성적인 문제, 정치적 문제, 종교적 문제에 대한 생각을 갖는 것이 나쁘다고 배운다.

그들이 보호자들의 반대를 인식할 때, 그들은 스스로를 반역자로 보고 이기적이고, 잘못되거나, 악하다고 생각할 수 있다. 만약 아이들이 일관된 자기 개념과 자존감을 유지하기를 원한다면, 그들은 감정을 부정하거나 그들 자신의 일부분을 부인해야 할지도 모른다.

이런 식으로 그들의 자기 개념은 왜곡된다. 로저스에 따르면, 불안은 종종 사람들이 왜곡된 자기 개념과 모순되는 감정과 욕망을 가지고 있다는 인식에서 비롯된다고 한다. 불안은 불쾌하기 때문에 사람들은 자신의 진실한 감정과 욕망의 존재를 부정할 수도 있다.

로저스는 자기실현을 위한 길은 우리의 진실한 감정과 접촉하고, 그것을 받아들이고, 그것에 따라 행동해야 한다고 믿었다.

이것은 로저스의 심리치료법, '내담자 중심요법(client-centerd therapy)'의 목표다. 로저스는 또한 우리가 무엇이 될 수 있는지에 대한 정신적 이미지를 가지고 있다고 믿었다. 이것을 이상적 자아라고 한다. 우리는 자기 개념과 이상적 자아의 차이를 줄이기 위해 노력한다.

3. 인본주의적–실존주의적 관점의 평가

인본주의적–실존주의적 관점은 개인적인 경험의 중요성에 중점을 두고 있기 때문에 대학생들에게 엄청난 호소력을 가지고 있다. 우리는 의식적인 경험 ('자기')을 소중히 여기는 경향이 있다.

대부분의 비인류에게 있어서 사는 것은 움직이고, 음식을 가공하고, 산소와 이산화탄소를 교환하고, 번식하는 것이다. 그러나 인간에게 있어서 삶의 본질적인 측면은 의식적인 경험, 즉 공간과 시간을 통해 발전하는 자신에 대한 감각이다.

아이러니하게도, 인본주의적 실존이론 접근방식의 일차적 강점도 그들의 주된 약점이다. 의식적인 경험은 사적이고 주관적이다. 따라서 의식의 관점에서 이론을 공식화하는 것의 타당성에 의문이 제기되었다.

인본주의적–실존주의적 이론은 특성과 성격 형태의 발달에 대해서는 거의 논의하지 않았다. 그 이론에서는 우리가 모두 독특하다고 가정하지만, 우리가 개발할 수 있는 특성, 능력, 관심사를 예측하지 못한다.

많은 사람들이 운동 경기의 기량에 자존심을 결부시킨다. 당신의 자존감의 원천은 무엇인가?

ohrim/Shutterstock.com

10-5 사회 문화적 관점

열세 살의 한나는 점심 도시락을 구내식당의 테이블로 가져왔다. 그녀의 어머니 줄리는 프렌치 프라이, 그레이비 소스를 으깬 감자의 접시, 감자칩, 그리고 소다수가 가득 담긴 커다란 종이컵을 공포에 질린 눈으로 보았다. "그걸 먹으면 안 돼!"라고 그녀가 말했다. "쓰레기야!"

"오, 엄마! 너무해" 한나는 함께 앉기보다는 친구들과 함께 앉기 위해 쟁반을 들고 갔다.

줄리는 매주 맨해튼 음악 학교에서 아이들과 토요일을 보냈다. 아이들은 성악과 피아노를 공부했을 뿐만 아니라 세계 각지에서 온 가족과 학생들과 관계를 맺어 문화적 관점을 넓혔다.

줄리와 한나는 한국계 미국인이다. 화가 난 줄리는 고개를 저으며 말했다.

"나는 지금 한국에서보다 미국에 더 오래 있었고, 아직도 아이들의 행동방식에 익숙하지 않다." 줄리가 그런 식으로 말할 때 난처했다. 나는 프렌치 프라이에 있는 케첩이 항산화제를 함유하고 있는 것에 대해 도움이 되지 않는 말을 한 것과 미국의 십대들의 전형적인 것에 대해 약간 도움이 되는 말을 한 것을 기억한다.

당신은 독특하지만, 만약 그 개성이 발현되지 않는다면, 무언인가 잃어버린 것이다. – 마사 그레이엄(Martha Graham)

laindiapiaroa/Getty Images

그러나 한나에 대해 생각할 때, 나는 우리의 다문화 사회에서 **사회 문화적 관점**을 참조하지 않으면 개성을 이해할 수 없다는 것을 깨달았다. 미국 내 다른 인종 그룹은 다른 태도, 신념, 규범, 자기 정의 및 가치를 가지고 있다(González et al., 2017).

한나는 또래에게 강한 영향을 받았다. 그녀에게 청바지와 감자 튀김은 아주 편안한 것이다. 그녀는 또한 교육을 성공의 열쇠로 여기는 아시아계 미국인 이민자 집단의 딸이었다(Chen & Fouad, 2013; Watkins et al., 2017).

이 종족 그룹은 소속된 한나가 학교와 바이올린에 야심차게 노력하는데 기여했지만, 그녀가 미국의 십대가 되는 것을 막지는 못했다. 전형적인 비위생적 행동으로 그녀의 어머니에게 뻔뻔하고 부적절한 인상을 주었다.

사회 문화적 요인이 어떻게 사람의 자아에 영향을 미칠 수 있는지 생각해 보자.

1. 개인주의 대 집단주의 (Individualism vs. Collectivism)

줄리는 한나가 자신을 가족이나 한국 소녀로 보는 것보다 훨씬 더 개인적이고 예술가로 보는 것을 불평했다. 문화 간 연구에 따르면 미국과 많은 북유럽 국가의 사람들은 개인주의적 경향이 있다.

개인주의자들은 자신의 개인적 정체성 측면에서 자신을 정의하고 개인적인 목표에 우선 순위를 두는 경향이 있다(Arpaci et al., 2017; Triandis, 2018).

사회 문화적 관점 인성 형성, 행동 정신적 관점에서의 민족성, 성별, 문화, 사회 경제적 역량에 초점을 맞춘 견해

개인주의자 개인적 특징에서 자신을 정의하고, 개인적인 목표에 우선 순위를 두는 사람

집단주의 타인 및 그룹 관계에서 자신을 정의하고 그룹 목표에 우선 순위를 두는 사람

그림 10.4 개인주의자와 집단주의자 관점에서 다른 사람들과의 관계

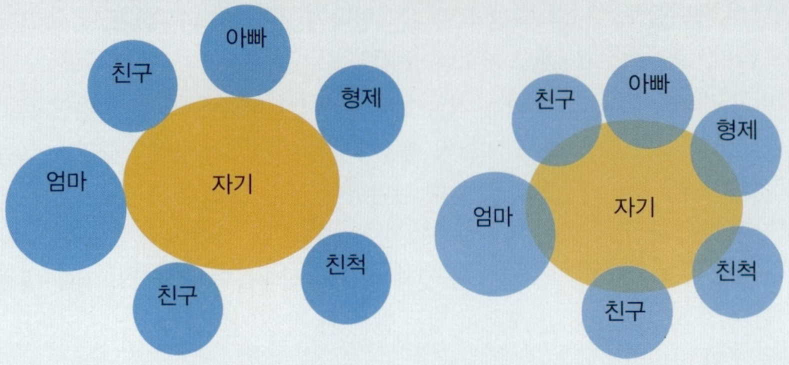

A. 자기에 대한 독립적인 견해　　　B. 자기에 대한 상호의존적 견해

개인주의자에게는 자기 자신이 다른 사람들과 분리되어 있다(파트 A). 집단주의자에게는 자기 자신이 다른 사람들과의 관계 측면에서 완전하다(파트 B). −1991년 마커스와 기타야마(Markus and Kitayama)에 근거

"나는 ...이다"라는 문구를 완성해 달라고 하면, 그들은 그들의 성격 특성("나는 외향적이다", "나는 예술적이다")이나 그들의 직업("나는 간호사다", "나는 시스템 분석가다")에 응답할 것이다(Ching et al., 2014; Triandis, 2018).

이와는 대조적으로, 아프리카, 아시아, 중남미의 많은 문화권 사람들은 **집단주의**적인 경향이 있다(Triandis, 2018). 그들은 타인과의 관계에 있어서 완전하다고 느낀다(그림 10.4 참조). 그들은 개인주의자보다 집단 규범과 판단에 따를 가능성이 더 높다(Triandis & Suh, 2002).

"나는 …"이라는 문구를 작성하라는 요청을 받을 때, 집단주의자들은 가족, 성별 또는 국가("나는 아버지이다", "나는 불교이다", "나는 일본인이다")의 관점에서 반응할 가능성이 더 높다) (Triandis, 2001).

개인주의와 집단주의의 씨앗은 사람이 성장하는 문화에서 발견된다. 자본주의 시스템은 어느 정도 개인주의를 육성한다. 동양의 전통적인 글들은 그들의 의무를 다하고 집단의 복지를 증진시키려는 개인적인 유혹에 저항하는 사람들을 높이 평가해 왔다.

그러나, 급증하는 도시 중심지와 미국의 아시아인들은 보다 개인주의적이고 성취 지향적인 경향이 있다.(Lee & Zhou, 2014).

문화적 적응 이민자와 원주민 집단이 그 문화에 대해 배우고 행동과 태도를 바꾸어 새로운 지배적 문화에 동화되는 과정

사회 문화적 관점에서의 또 다른 이슈는 문화이다. 얼마나 많은 문화가 당신에게 좋은가?

2. 문화, 적응, 그리고 자존감

자존감은 이민자들 사이의 **문화적** 패턴과 연관되어 있다(Phinney & Baldelomar, 2011). 이러한 패턴은 다양한 형태를 취한다. 일부 이민자들은 지배적인 문화에 의해 완전히 동화된다. 그들은 자국의 언어와 관습을 잃고 새로운 호스트 국가의 지배적인 문화와 동일시한다. 다른 사람들은 거의 완전한 분리를 유지한다.

그들은 그들의 원래 나라의 언어와 관습을 유지하며 결코 새로운 나라의 언어에 적응하지 못한다.

다른 이들은 여전히 두 문화가 공존한다. 그들은 자국의 언어에 유창할 뿐 아니라 새로운 나라의 언어에도 능통하게 된다. 그들은 두 문화의 관습과 가치를 혼합한다(Schwartz et al., 2010).

그들은 '정신적 기어'를 바꿀 수 있다; 그들은 어떤 상황에서는 한 문화의 가치를 적용하고 다른 어떤 상황에서는 다른 문화의 가치를 적용한다(Phinney & Baldelomar, 2011).

아마도 그들은 직장이나 학교에서, 또는 가정이나 이웃에서 다른 방식으로 다른 사람들과 관계를 맺고 있을 것이다.

FICTION

T　(F) 가장 잘 적응하는 이민자는 출신 국가의 언어와 습관을 버리고 새로운 이민 국가의 문화에 일원이 되는 사람들이다.

가장 잘 적응하는 이민자는 출신 국가의 언어와 습관을 버리고 새로운 이민 국가의 문화에 일원이 되는 것은 항상 사실이 아니다. 연구 증거에 따르면 전통적인 관습을 유지하고 새로운 국가에서 잘 행동할 수 있는 행동 패턴을 취하는 사람들이 가장 높은 자존감을 가지고 있음을 알 수 있다.

Bloomberg/Getty Images

연구 결과에 따르면 전통적 배경을 완전히 포기하지 않은 사람들은 그렇지 않은 사람들보다 상대적으로 자존감이 높다(David et al., 2009; Motti-Stefanidi & Coll, 2017). 반면, 영어에 능숙한 라틴 아메리카 및 아시아계 미국인 이민자들은 새로운 문화 안에서 탐색할 때 불안하고 우울할 가능성이 적다(Leong et al., 2013).

3. 사회 문화적 관점의 평가

사회 문화적 관점은 성격 형성에 있어서 민족성, 성별, 문화, 사회 경제적 지위의 역할에 대한 통찰력을 제공한다. 그것은 문화적 차이와 기대에 대한 우리의 감수성을 향상시키고 인간의 행동과 정신적 과정의 풍부함을 인식할 수 있게 해준다.

10-6 성격 측정 (Measurement of Personality)

의사는 심박수와 혈압을 쉽게 측정할 수 있다. 심리학자, 생물학자 및 신경 과학자는 지능, 우울증, 또는 정서적 안정성과 같은 심리적 개념을 측정하는 것보다 뇌의 전기 또는 혈액의 물질을 측정하는 것이 더 쉽다는 것을 알게된다. 적절한 기기를 개발하고 운영하는 데 시간, 돈 및 전문 지식이 필요할 수 있지만 일단 기기를 갖추면 정확한 측정을 할 수 있다.

7장에서, 우리는 많은 비평가들이 지능 테스트가 유럽계 미국 중산층 문화에 대한 동기 부여와 친숙함을 포함하여 지능 이외의 많은 것들을 측정한다고 주장하는 것을 보았다.

이 책 8장에서 거짓말 탐지기는 4가지 생리적 변수를 측정하고 거짓말보다 훨씬 더 많은 것을 탐지하는 것을 보았다. 하지만 지능 테스트 및 거짓말 탐지기의 신뢰성과 타당성이 문제가 되었다. 성격 테스트의 신뢰성과 타당성도 마찬가지다.

타당성(Validity)은 검사의 측정 범위다. 우리는 일반적으로 검사 결과를 외부 기준 또는 표준과 비교하여 성격검사의 타당성을 평가한다. 예를 들어, 과잉활동검사는 반 아이들이 과민성인지 아닌지에 대한 교사들의 보고서와 비교될 수 있다.

신뢰성(Reliability)은 검사결과의 안정성이다. 우리는 보통 다른 경우나 다른 연령대의 검사결과를 비교함으로써 검사의 신뢰성을 결정한다. 신뢰할 수 있는 IQ 테스트는 청소년기와 성인기에 유년기의 점수와 비슷한 점수를 제공해야 한다.

표준화(Standardization)는 다양한 연령대의 사람과 다양한 그룹의 검사의 점수, 유효성, 신뢰성을 점검하는 과정이다. 우리는 개인의 지적 기능을 같은 연령대의 다른 사람들과 연관시키지 않고는 평가할 수 없다. 그러한 정보는 검사가 전문적으로 개발되고 점수가 매겨질 때 이용할 수 있다.

행동 평가 척도는 교실이나 정신병원과 같은 환경에서의 행동을 평가한다. 행동 척도의 경우, 훈련된 관찰자는 대개 특정 시간(예: 15분) 내에 특정 동작의 발생을 확인한다. 그러나 표준화된 목표 및 투사검사가 더 자주 사용되며, 우리는 이 장에서 중점적으로 초점을 맞춘다.

성격의 척도는 사람이 특정 유형의 일에 적합한지, 학교에서 특정 계층에 적합한지, 불안을 줄이기 위한 약물에 적합한지 등 중요한 결정을 내리는 데 사용된다. 대학원은 입학 과정의 일환으로 교수들에게 지성과 정서적 안정, 협력과 같은 특성을 평가하는 척도로 예비 학생을 평가해 줄 것을 요청하곤 한다.

학생들은 자신의 적성과 관심사를 측정하여 특정 직종에 적합한지 여부를 파악하기 위해 검사를 할 수 있다.

타당성 테스트가 측정 대상을 측정하는 정도

신뢰성 테스트 점수의 일관성 또는 안정성

표준화 심리 테스트에서 다양한 모집단의 시험 점수를 획득하고 정리하여, 시험을 완료한 결과를 자신의 연령대 그룹인 다른 성인과 비교할 수 있도록 하는 과정 특정 직책에서 잘 기능하는 사람들의 적성과 이익을 공유하는 학생들도 그러한 직책에서 잘 수행할 것으로 가정한다.

가장 널리 사용되는 두 가지 유형의 성격 테스트를 보자.

1. 객관적 검사 및 투사적 검사

객관적 검사(objective tests)는 응답자에게 설문지 형식의 표준화된 검사항목을 제시한다. 응답은 특정 범위의 답변으로만 제한된다. 한 테스트는 응답자에게 항목이 참인지 거짓인지를 표시하도록 요구할 수 있다.

또 다른 응답은 응답자에게 세 그룹 중에서 선호하는 활동을 선택하도록 요구할 수 있다. 일부 검사는 강제 선택 형식이 있으며, 응답자에게 둘 이상의 진술 중 어느 것이 더 사실인지 또는 어떤 활동을 선호 하는지를 표시하도록 요청한다.

응답자들은 보통 "상기 사항 중 하나도 없다"고 대답할 수 있는 선택권이 주어지지 않는다. 강제 선택 형식은 흥미목록을 작성하는 데 자주 사용되며, 이는 그 사람이 특정 직업에서 잘 수행할지를 예측하는 데 도움이 된다.

검사 응시자는 일반적으로 선택한 답을 '클릭'해야 하기 때문에 일반적으로 온라인으로 응답하는 유일한 수단이다. 다음 항목은 직업흥미 검사에 있는 질문과 유사하다.

나는 오히려 _________.

a. 산림 감시원이 되겠다
b. 바쁜 사무실에서 일하겠다
c. 악기를 연주하겠다

객관적 검사 항목이 지정된 제한된 방식으로 답변해야 하는 테스트로, 정확한 답변이 있는 테스트

투사적 검사 피검사자가 모호한 자극에 스스로 투사반응을 나타내는 심리검사

FICTION

T (F) 심리학자는 성격 테스트에서 진실여부를 확인할 수 있다.

사실이 아니다. 심리학자들은 속임수의 증거를 찾는 방법을 고안했지만 진실을 보장할 수는 없다.

미네소타 다면적 인성검사(Minnesota Multiphasic Personality Inventory)[1]에는 수백 개의 항목이 참-거짓 형식으로 표시된다. MMPI는 임상 및 상담 심리학자가 심리적 장애를 진단하는 데 사용하도록 설계되었다. 개인의 문제를 정확하게 측정하는 것은 적절한 치료의 핵심이다.

MMPI는 임상현장에서 가장 널리 사용되는 심리 검사이며 심리 연구에 많이 사용된다.

MMPI 척도는 경험적으로, 즉 심리적 이론보다는 실제 임상 데이터를 기반으로 구성되었다. 수백 개의 항목으로 이루어진 검사 항목은 임상 면접에서 자주 묻는 질문에서 나온 것이다. 사용된 항목의 몇 가지 예는 다음과 같다.

T	F	아버지는 좋은 사람이었다.
T	F	나는 두통에 시달리는 일이 거의 없다.
T	F	내 손과 발은 일반적으로 충분히 따뜻하다.
T	F	나는 스릴을 위해 위험한 일을 한 적이 없다.
T	F	나는 큰 긴장감을 안고 일한다.

이 항목은 이전에 확인된 우울증이나 정신분열증과 같은 증상을 가진 사람들에게 사용되었다. 이 사람들을 정확히 구분하는 항목들은 이러한 조건들에 대해 이름 붙여졌다. 광범위한 사용으로 인해 MMPI에 대한 신뢰도가 높아졌다.

2. 투사적 검사

투사적 검사(projective tests)는 명확한 특정 해답을 가지고 있지 않다. 사람들은 잉크 얼룩이나 모호한 그림과 같은 구분하기 힘든 자극을 보고, 그것이 어떻게 생겼는지 말하거나 이야기를 들려달라고 요청받는다. 또는 문장을 완성하거나 사람의 그림을 그리도록 요청받는다.

거기에는 정답이 없다. 사람들은 그들의 반응에 그들 자신의 개성을 투영한다고 가정한다. 그들이 이러한 자극에 반응하는 의미는 그림이나 그 자체뿐만 아니라 그들의 개성을 반영하는 것으로 가정된다.

로르샤흐 검사 잉크 반점으로 구성된 여러 가지 심리검사가 있으며 피검사자는 잉크 반점의 모양을 말하도록 요청받는다. 이 중 가장 잘 알려진 것은 로르샤흐(Rorschach) 검사로, 이름을 따서 불려졌다.

로르샤흐 검사에서 사람들은 잉크 반점을 하나씩 받게 되며, 모양이 무엇처럼 보이는지에 대한 질문을 받는다. 잉크의 형태를 반영하는 반응은 적절한 현실 테스트의 신호로 간주된다.

잉크 반점의 몇 가지 특징을 풍부하게 통합하는 대응은 높은 지적 기능의 신호로 간주된다. 로르샤흐 검사 지지자들은 그것이 개인의 지능, 관심 및 지각 과정에 대한 통찰력을 제공한다고 믿는다(Mihura & Meyer, 2018). 하지만 심리장애와 어린시절의 갈등을 정확히 파악할 수 있는 검사에 대한 지원은 적다(Garb et al., 2005).

로르샤흐가 심리장애 진단 획득의 방법으로 호되게 의심받고 있는 상황에서도 연구진은 조직 내 인력 채용과 선발(Mihura & Meyer, 2018), 학교 내 아동에 대한 평가에서도 개인이 자녀 양육권을 갖기에 적합한지의 여부 결정(Valerio & Beck, 2017, Resende et al., 2017) 등 여러 분야에서 활용되고 있다고 계속 주장하고 있다.

잉크 반점에 대한 단 하나의 '정확한' 반응은 없지만, 일부 반응은 반점의 특징과 일치하지 않으며 검사자가 검사 자극에 자신의 성격을 투영하고 있음을 알려준다.

잉크 반점의 모양은 일반적으로 나비, 꽃 또는 다른 많은 것, 심지어 골반 뼈를 암시한다.

반점의 특징에 대해 비정상적이거나 드문 반응을 보이는 피검사자는 응답에 따라 성격 문제 또는 개성을 드러낼 수 있다.

주제통각검사(Thematic Apperception Test: TAT)는 머레이(Murray)와 모건(Morgan)에 의해 1930년대에 개발되었다. 그것은 그림 8.5에서 표시한 것과 같이 다양한 해석이 가능한 그림으로 구성되어 있다. 개인은 한 번에 한 장씩 카드를 받고 그림에 관한 이야기를 구성하도록 요청받는다.

주제통각검사는 동기 부여 및 임상 실습에 널리 사용된다. 그 가정은 우리가 그것들을 알지 못하거나 그것에 대해 말하기를 꺼려하더라도, 애매한 상황에 대한 우리의 반응에 자신의 요구를 투영하기 쉽다는 것이다.

또한, 주제통각검사는 다른 사람, 특히 부모 및 친밀한 사람에 대한 태도를 평가하는 데 널리 사용된다.

TRUTH

Ⓣ F 잉크 얼룩처럼 보이는 그림을 사용하는 심리 테스트는 피검사자가 얼룩이 어떻게 보이는지 설명하는 것이다.

로르샤흐 검사라고 불린다.

Spencer Rathus

"이것은 어떻게 생겼는가? 무엇인 것 같은가?"
로르샤흐 검사를 하는 사람들에게 이것과 유사한 일련의 카드를 주고 각각의 카드에서 무엇이 보이는지 물어본다. 카드는 실제 사물이나 동물, 사람을 보여주지 않기 때문에 피검사자는 대답으로 하여금 자신에 대한 어떤 것을 드러내는 것이다.

자가 평가

당신이 할 수 있는 모든 것을 위해 노력하고 있는가?

당신은 자아 실현가인가? 당신이 할 수 있는 모든 것을 위해 노력하고 있는가? 매슬로 심리학자는 다음과 같은 8가지 특성을 자기실현을 하는 개인 탓으로 돌렸다. 당신은 몇 개의 항목에 해당하는가? 해당 사항이 있다면 왜 자기 반성을 하지 않는가?

예 **아니오**

_____ _____ **1.** 당신은 현재의 삶을 충분히 경험하고 있는가?

_____ _____ **2.** 선택을 두려워하지 않고 성장하기를 선택하는가?

_____ _____ **3.** 당신은 지식을 얻으려고 하는가? (자신의 내면 가치, 재능, 의미를 찾는 것)

_____ _____ **4.** 대인 관계에서 정직하기 위해 노력하고 있는가?

_____ _____ **5.** 당신은 때때로 사회적 반감을 감수하면서까지 자기 주장을 펼치는가?

_____ _____ **6.** 새로운 목표를 향해 노력하고 있는가? 당신의 삶에서 최고의 사람이 되기 위해 노력하는가?

_____ _____ **7.** 의미 있고 보람있는 생활 활동을 찾고 있는가? 당신은 인본주의 심리학자들이 최고의 절정이라고 부르는 실현의 순간을 경험하는가? (절정의 경험은 개인적인 의미로 환희가 가득 찬 순간이다. 예를 들어 예술 작품 완성, 사랑에 빠지거나, 공작 기계 재설계, 복잡한 물리 문제 해결, 또는 아기를 가지는 것 등. 개인에 따라 다르며 한 사람의 최고 경험이 다른 사람을 지루하게 할 수도 있다.)

_____ _____ **8.** 당신은 새로운 경험을 하기 위해 마음이 열려 있는가?

Cephas Picture Library/Alamy Stock Photo

점검하기

빈칸 채우기

정답은 책 뒷부분에서 확인 가능하다.

1. 프로이트에 따르면, _________라 불리는 무의식적인 정신 구조는 태어날 때 존재하며 쾌락 원리에 따라 작용한다.

2. _________은 도덕적 감각이며 부모 등의 기준을 내면화하여 발전한다

3. 정신 발달의 단계로는 구강기, _________, 남근기, 잠복기, 생식기가 있다.

4. 융은 개인적인 무의식적인 마음 외에, 사람들에게도 _________의 무의식이 있다고 믿었다.

5. 아들러는 사람들은 _________ 콤플렉스에 의해 동기가 부여된다고 믿었다.

6. 레인은 _________ 성격의 발달과 관련된 뇌 장애를 발견했다.

7. 매슬로는 사람들이 자기 _________에 대한 성장 지향적인 욕구를 가지고 있다고 주장했다.

8. 로저스에 따르면 우리는 _________의 독특한 틀을 통해 세상을 본다.

9. 사회문화이론에 따르면 _________은 자신이 속한 집단의 관점에서 자신을 정의하고 집단목표에 우선권을 부여한다.

10. 투사검사는 _________ 자극을 제시하고 응답자에게 광범위한 대답을 허용한다.

선다형 문항(Multiple Choice)

1. 마리사는 생후 5개월이고 항상 딸랑이를 씹는다. 프로이트에 따르면 그녀는 _________ 단계에 있다.
   a. 항문기
   b. 구강기
   c. 남근기
   d. 잠복기

2. 오이디푸스 콤플렉스 단계를 겪고 있는 어린이를 가장 잘 나타내는 것은 무엇인가?
   a. 빌리는 아버지와 단둘이 있을 때마다 어머니의 관심을 끌기 위해 행동한다.
   b. 켈리는 성적인 만남을 위해 낯선 사람을 찾는다.
   c. 앤은 항상 그의 아버지와 함께 쇼핑을 간다.
   d. 마리아는 지난 1년 동안 의식적인 성욕을 갖지 못했다.

3. 다음 중 특성 이론의 가정은 무엇인가?
   a. 특성은 유연하고 시간에 따라 변한다.
   b. 특성은 일반적으로 부모로부터 배운다.
   c. 특성은 어떻게든 유전되어 신경계에 내재되어 있다.
   d. 특성은 분류하기가 어렵다

4. 성격 5요인 모델의 5가지 기본 성격 요소가 무엇인가?
   a. 우울성, 강박 관념, 성실성, 성실성, 개방성
   b. 자기애성, 신경성, 성실성, 성실성, 개방성
   c. 외향성, 신경성, 성실성, 성실성, 개방성
   d. 외향성, 정신성, 성실성, 동조성, 개방성

5. 왓슨과 스키너의 견해는 무엇인가?
   a. 환경 변수
   b. 개인적인 자유
   c. 강화와 처벌
   d. 형상

6. 사회인지 이론은 행동주의와 다르다. 사회인지 이론은 다음과 같이 주장한다.
   a. 행동 모양에 대한 보상
   b. 자아는 도덕적 원칙을 따른다.
   c. 욕망과 욕구은 우리 환경의 결과다.
   d. 사람들은 그들의 환경에 영향을 미친다

7. 리사(Lisa)는 뮤지컬을 공부하고 있고, 그녀는 자신이 충분히 열심히 일하면 언젠가 브로드웨이에 갈 거라고 확신한다. 그녀의 신념은 무엇인가?
   a. 자기 효능 기대치
   b. 역량
   c. 모델링
   d. 암호해독 전략

8. 칼 로저스는 모든 사람은 자신만의 독특한 것을 가지고 있다고 믿었다.
   a. 성격
   b. 회색 저명
   c. 강화
   d. 참조

9. 정답이 있는 설문지 형식의 검사는 무엇인가?
   a. 포화 검사
   b. 선천적인 검사
   c. 객관적 검사
   d. 투사검사

10. 자극 카드에 있는 잉크 반점의 모양을 정확하게 반영하는 반응을 할 수 있는 능력은 _________의 징후다.
    a. 신경증
    b. 현실 테스트
    c. 문화
    d. 집단주의

11 스트레스, 건강 및 대처

© Andrew Adolphus

학습 성과

이 장의 성취 목표

11-1 스트레스를 정의하고 다양한 스트레스 원인을 알 수 있다.

11-2 스트레스의 심리학적 중재 요인들을 알 수 있다..

11-3 스트레스가 신체에 미치는 영향을 설명할 수 있다.

11-4 심리학과 건강과의 관계를 설명할 수 있다.

지구가 움직였다. 좀 더 정확하게 말하면, 2011년 3월에 수천 년 동안 서로 누르고 있던 두 개의 거대한 암벽이 마침내 움직이기 시작했다. 다른 곳에서처럼 캘리포니아의 산 안드레아스 단층(San Andreas Fault)과 같이 우리가 '단층'이라고 부르는 것은 수백만 년 동안 반대방향으로 들어가면서 서로 마찰이 일어났다. 이런 특이한 대립이 일본 북부 해안의 바다에서 일어났기 때문에 아무도 그것을 보지 못했다. 그러나 방출된 에너지는 140년 만에 일본에서 가장 큰 지진을 일으켰으며, 33미터 높이의 해일인 쓰나미를 일본 해안으로 몰아넣었다.

> 낚시보트의 선장은 마치 고래 뒤를 움켜쥐고 있는 선사시대 라이더처럼 쓰나미를 타고 내륙을 달렸다.

지진과 여진은 해안에서 402 km 떨어진 도쿄에서도 감지되었다. 26세의 한 회사원은 "지진이 발생했을 때 죽을 거라고 생각했어요. 처음에는 흔들리는 것이 그다지 크지 않았지만 나중에는 더욱 격렬해졌고 우리는 모두 책상 아래로 몸을 숨겼어요. 천장 타일이 우리에게 쏟아졌고 선반에서 기계와 종이뭉치가 쏟아졌어요."라고 말했다.

그러나 이것은 별 것이 아니었다. 쓰나미는 해안을 강타하여 보트, 주택, 자동차, 트럭, 사람들을 휩쓸고 마을과 작은 도시를 쓰레기 더미와 묘지로 만들었다. 보트 선장 코지 하가(Koji Haga)는 선사시대 고래의 등을 타는 기수처럼 쓰나미를 타고 내륙으로 가서 배를 똑바로 세우려고 애를 썼다. 어쨌든 그는 살아남았지만 약 2만 명 정도는 살아남지 못했다. 그들은 바다로 휩쓸렸거나 잔해에 묻혔다.

그리고 일부는 방사선에 노출되었다. 쓰나미는 해안의 원자력 발전소 중 6개의 원자로를 파괴했다. 자원 봉사자들은 물로 연료봉을 차갑게 식히면서 — 여기서는 성공하고 거기서는 실패하면서 — 계속 과열되는 방사능에 노출되어도 용감했다. 자원봉사자들은 과량의 방사선에 노출되었고 방사선 중독과 암으로 말미암은 조기 사망 가능성이 있었다(Bromet, 2014). 상당히 용감한 영웅들의 희생에도 불구하고 수십만 명이 시설물에서 몇 마일 밖으로 대피를 해야 했다. 그들 중 많은 사람들이 하루 아침에 갑자기 노숙자의 신세가 되었다.

쓰나미와 같은 재난은 신체적 피해뿐만 아니라 정서적인 영향도 미친다. 지진, 기름 유출, 화재, 쓰나미, 허리케인, 기타 재난으로 파괴된 지역 사회에 대한 연구를 살펴보면, 대부분의 생존자들은 결국 자신의 기억과 슬픔을 가지고 삶의 스트레스에 적응한다. 하지만 많은 사람들은 우리가 PTSD라고 부르는 외상 후 스트레스 장애의 증상들을 경험하게 되는데, 이로 인한 지속되는 악몽, 회상, 우울증, 과민반응 등은 일반적인 스트레스의 반응보다는 더 심각한 결과들이다(Bromet et al., 2017).

이 단원은 스트레스에 관한 장으로, 스트레스의 기원, 스트레스가 심리와 신체에 미치는 영향들과 스트레스의 대처 방법들에 대해 설명하였다.

11-1 스트레스란 무엇이며, 어디에서 오는가

물리학에서는 스트레스를 신체에 가해지는 압력 또는 힘으로 정의한다. 지구상에서 몇 톤짜리 바위가 누르고 있고, 차 한 대가 다른 차에 부딪히고, 고무줄이 늘어나는 것 등은 것은 모두 물리적 스트레스의 한 형태라고 한다. 심리적 힘 또는 스트레스도 이와 마찬가지로 압박하고, 밀고 또는 당긴다. 우리가 중요한 결정을 할 때 느끼는 압박으로 인해 눌리거나, 역경으로 위축되거나, 축 늘어지는 것을 경험한다.

일본에서 지진과 쓰나미로 피해를 입은 사람들의 경우, 물리적 사건들은 심리적이고 신체적인 후유증을 낳았다. 이 단원을 통해 우리는 이러한 심리적 후유증도 우리의 건강에 영향을 미친다는 것을 이해할 수 있다.

TRUTH OR FICTION?

당신의 생각은? 속설이나 상식 또는 넌센스?

'진실'일 경우 T, '거짓'일 경우 F를 선택한 다음, 여러분의 선택이 정확한지를 검토해 보자.

T	F	어떤 스트레스는 우리에게 유익하다.
T	F	학업의 성공과 휴식은 스트레스가 될 수 있다.
T	F	사회적 승인이나 완벽을 지향하는 것은 자신을 비참하게 만드는 탁월한 방법이다.
T	F	A유형은 B유형보다 더 많은 것을 성취하지만 그들 자신에 대해서는 덜 만족한다.
T	F	유머는 스트레스에 대처하는 데 도움이 된다.
T	F	어떤 순간, 우리 몸의 수많은 미세한 전사들이 이물질을 수색하고 파괴하는 임무를 수행하고 있다.
T	F	심장병이나 암의 가족력이 있는 경우, 질병을 예방하기 위해 스스로 할 수 있는 일이 거의 없다.

심리학자들은 **스트레스**를 외부의 힘에 대한 적응, 대처, 조절을 위해 유기체 내부에서 만들어지는 요구로 정의한다. 어떤 스트레스는 질병에 대한 면역력을 증가시켜 건강을 증진시키며, 정신을 차리게 하고 일상생활에 전념할 수 있도록 한다. 스트레스 연구자 한스 셀리에(Hans Selye, 1907~1982)는 이러한 건강한 스트레스를 **유스트레스**(eustress)라고 했다. 취업 후 혹은 아이패드의 색상을 선택할 때 유스트레스를 경험한다.

그러나 천재지변이나 사회 문제나 재정 문제로 말미암은 강렬하거나 장기적인 스트레스는 우리의 조절 능력에 무리를 주거나, 기분에 영향을 미치고, 즐거움을 경험하게 하는 능력을 손상시키며, 신체에 해를 끼칠 수 있다(Folkman, 2011; Rossetti et al., 2016).

UCLA 고등교육연구소의 연구에 따르면 대학 1학년들은 현재 최고 수준의 스트레스를 받고 있다고 한다. 그림 11.1은 지난 30년 동안 점점 더 많은 대학 1학년들이 고등학교 졸업반일 때 견디기 힘들었다는 보고를 보여주었다. 1학년 학생들은 자신의 감정에 대해 더 개방적이거나 점점 더 스트레스가 많은 시대를 살고 있거나 혹은 그 둘 다에 해당된다.

스트레스는 **건강심리학**(Health psychology)의 핵심 주제 중 하나이다. 건강심리학은 심리적 요인과 신체 건강 문제의 예방과 치료 간의 관계를 연구한다. 건강심리학자들은 다음과 같은 방법으로 조사한다.

TRUTH

(T) F 어떤 스트레스는 우리에게 유익하다.

어떤 스트레스는 우리에게 유익하다는 것은 진실이다. 유스트레스는 우리의 건강을 증진시켜 일상생활에 전념할 수 있도록 한다.

- ▶ 스트레스, 행동 패턴, 태도와 같은 심리적 요인들은 질병을 유발하거나 악화시킬 수 있다.
- ▶ 사람들은 스트레스에 대처할 수 있다.
- ▶ 스트레스와 **병원체**(pathogens, 박테리아와 바이러스와 같은 질병을 유발하는 유기체)는 면역계에 영향을 주기 위해 상호작용한다.
- ▶ 사람들은 건강관리를 받을 것인지 아닌지를 결정한다.
- ▶ 건강 교육(예 : 영양, 흡연 및 운동)과 행동 수정과 같은 심리적 중재는 신체 건강에 도움이 될 수 있다.

1. 일상의 혼잡과 생활 변화

어느 빨대가 낙타의 등을 부러뜨릴까? 속담에 따르면 마지막 빨대이다.

마찬가지로 스트레스는 더 이상 대처할 수 없을 때까지 쌓일 수 있다.

이러한 스트레스 중 일부는 일상의 사소한 일들이다.

스트레스 외부의 힘에 적응하기 위해 유기체 내부에 만들어지는 요구

유스트레스(eustress) 질병에 대한 면역력을 증가시켜 건강을 증진시키는 스트레스

건강심리학 심리적 요소(예 : 태도, 신념, 상황 영향, 행동 패턴)와 신체 질환의 예방과 치료 간의 관계를 연구하는 심리학 분야

병원체 질병을 일으킬 수 있는 미세 유기체(예 : 박테리아 또는 바이러스)

그림 11.1 중압감을 보고하는 대학 신입생 비율

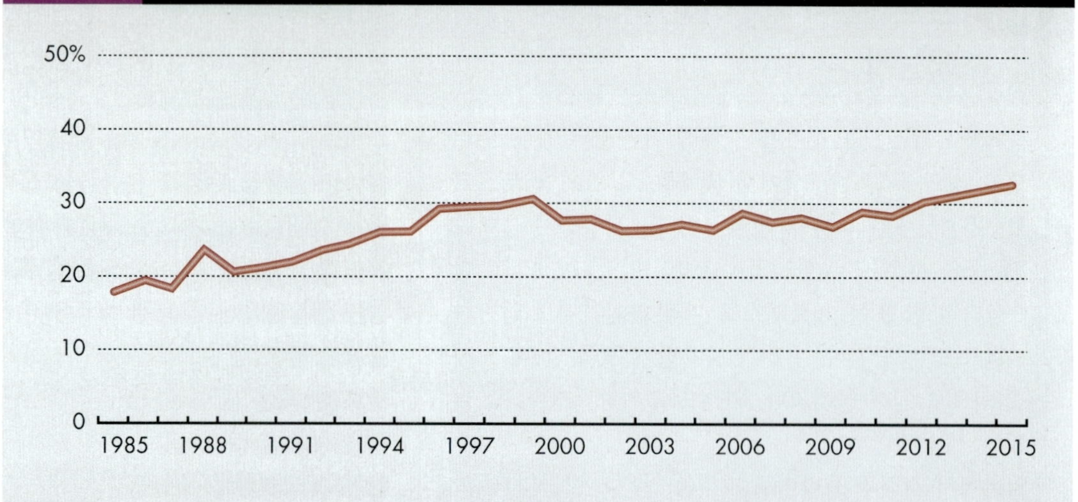

고등학교 졸업반에서 느꼈던 중압감을 느낀다는 대학 신입생 비율은 지난 30년 간 약 18%에서 30% 이상으로 증가했다.

Sources: Eagan, K. et al. (2016). The American Freshman: National Norms Fall 2015. Los Angeles: Higher Education Research Institute, UCLA; Pryor, J. H. et al. (2012). The . Los Angeles: Higher Education Research Institute, UCLA.

일상의 사소한 일들은 성생활을 포함하여 우리의 안녕에 해로울 수 있는 보통의 경험들이다(Hamilton & Julian, 2014; Sladek et al., 2016).

라자루스와 동료들(1985)은 다음과 같이 스트레스를 설명했다.

- 가정에서의 스트레스 : 식사 준비, 쇼핑, 주택 관리
  건강 스트레스 : 질병, 의료적 치료, 약물 부작용
- 시간 – 압박 스트레스 : 해야 할 일이 너무 많고 시간이 충분하지 않음
- 내적 스트레스 : 사회적 고립, 외로움
  환경적 스트레스 : 범죄, 날씨, 소음, 오염
- 재정적 책임의 스트레스 : 여유가 없음, 빚
- 업무 스트레스 : 직업의 불만족, 동료와의 갈등
- 안전에 대한 스트레스 : 직장 보장, 테러, 투자 및 퇴직 생활 변화는 두 가지 측면에서 일상적인 스트레스와 다르다.
- 많은 삶의 변화는 긍정적인 반면 모든 스트레스는 부정적이다.
- 스트레스는 정기적으로 일어나는 반면 삶의 변화는 비정기적으로 일어난다.

페기 블레이크(Peggy Blake, 1984)와 동료들은 대학생들 사이에 삶의 변화가 미치는 영향을 측정하기 위해 '생활 변화 단위'의 척도를 만들었다. 학생들 대상으로 한 조사에 따르면 배우자의 사망은 가장 스트레스가 많은 생활의 변화로 간주되었다(생활 변화 단위 '94'; 도표 11.1 참조).

대학 졸업이 긍정적인 대안이 되지만 학업 실패(77점)와 대학 졸업(68점)도 매우 높은 스트레스로 간주되었다. 학업 성공(54점)과 휴가(30점)와 같은 긍정적인 생활 변화도 목록에 올랐다.

도표 11.1 다양한 일과 관련된 '생활 변화 단위'

생활 변화	단위
배우자의 죽음	94
대학 입학	84
원치 않는 임신	80
학업 실패	77
대학 졸업	68
중요한 시험 준비	65
주요 재정 문제	65
학업 성공	54
이사	65
휴가	30

TRUTH

Ⓣ F 학업의 성공과 휴가는 스트레스가 될 수 있다.

학업의 성공과 휴가는 스트레스가 될 수 있다는 것은 사실이다. 그것들은 생활의 변화를 수반하기 때문에 긴장을 일으키며, 심지어 좋은 변화에도 적응이 필요하기 때문이다.

일상적인 스트레스는 사람들의 안녕을 위협하거나 눈에 띄게 해로운 조건과 경험들이다. 이 사람은 분명히 과로했다. 아마도 그는 재정적인 스트레스 때문에 너무 열심히 일한다. 그는 시간에 대한 압박 스트레스와 건강 스트레스가 있거나 다이어트로 건강 문제가 뒤따를 수 있다. 그의 작업 환경도 그에게 중압감을 주는 것 같다.

Masterfile

2. 미국인의 스트레스

매년 미국심리학회(2012, 2015, 2017)는 미국에서 스트레스에 대한 설문조사를 한다. 미국인 3명 중 2명의 스트레스 요인은 돈(62%)과 일(61%)이다. 친밀한 관계(58%)와 마찬가지로 건강은 지속적인 관심 분야(46%)이다. 2016년 선거 이후 처음으로 미국인의 3분의 2(63%)는 국가의 미래가 사회적으로 상당히 분열되어 있음(59%), 건강 관리(32%), 정부에 대한 신뢰(32%), 범죄에 대한 증오(31%) 등이 스트레스를 일으키는 근원이라고 대답하였다(31%).

스트레스는 우리를 걱정하게 하고 기분에 영향을 미친다(Capobianco et al., 2018). 스트레스는 심장병, 암, 불안 및 우울증과 같은 신체적이고 정신적인 건강 문제를 유발하기도 한다(Contrada & Baum, 2011).

응답자들은 많은 신체적 · 정신적 스트레스 증상을 보고했다(그림 11.2 참조). 거의 절반(45%)이 스트레스 때문에 참을 수 없거나 화를 냈다고 보고했다. 5명 중 2명 이상(41%)이 스트레스 때문에 피곤하다고 했으며, 1/3 이상(36%)이 두통을 호소했다. 4명 중 1명(26%) 이상이 소화불량을 겪었으며, 4명 중 1명(23%) 정도는 긴장을 느꼈다. 3분의 1은 우울해지거나(34%) 울 것 같다(30%)고 했다.

설문 응답자는 스트레스에 대처하는 가장 일반적인 방법으로 음악 듣기(47%)와 운동 또는 걷기(46%)를 꼽았다. 최근에는 스트레스에 대처하는 다른 방법으로 TV나 영화 시청(40%), 인터넷 서핑(38%), 기도(29%), 낮잠(27%), 먹기(23%), 음주(14%)와 흡연(12%) 등을 말했다(American Psychological Association, 2017).

물론, 모든 사람들이 같은 사건에 스트레스를 경험한다고 보고하지는 않는다.

신체의 스트레스 경고 신호는 무언가가 잘못되었다는 것을 알려준다. 자동차 대시 보드의 오렌지색 '엔진 확인' 표시등과 마찬가지로 신체에서 보내는 경고를 무시하면 중요한 엔진이 오작동할 수 있다.

Apa Psychology Help Center 웹 사이트

그림 11.2 스트레스 경고 신호

- ▶ 두통, 근육 긴장, 목 · 허리 통증
- ▶ 배탈
- ▶ 구강 건조
- ▶ 흉부 통증, 빠른 심장 박동
- ▶ 잠들기 어렵거나 수면 유지의 어려움
- ▶ 피로
- ▶ 식욕 상실 또는 '위안을 주는 음식'을 과식함
- ▶ 감기 빈도 증가
- ▶ 집중력 부족이나 집중하기
- ▶ 기억 문제 또는 건망증
- ▶ 초조함
- ▶ 성급함
- ▶ 성마름
- ▶ 불안

스트레스를 받을 때를 어떻게 알 수 있는가? 우리는 스트레스에 대해 각각 다르게 반응하지만 미국심리학회는 스트레스에 대한 공통적인 반응들을 열거해 두었다. 확인되지 않은 스트레스는 고혈압, 심장병, 당뇨병, 비만, 자살의 원인 등이 될 수 있다. 우리는 삶 속에서 스트레스의 원인을 줄이거나 스트레스에 대한 반응을 바꾸거나 전문가의 도움을 구할 수 있다.

Source: American Psychological Association(2014). Help Center, Signs of Stress. http://www.apa.org/helpcenter/stress-signs.aspx

그리고 어떤 사건의 스트레스는 어떤 개인에게 그 사건의 의미를 반영하기도 한다(Resick, 2018).

예를 들어, 임신은 수년 간 아이를 가지려고 노력해온 준비된 부부에게는 축복처럼 보일 수 있지만, 문제해결 능력이 없는 혼자인 십대에게는 재앙처럼 보일 수 있다. 우리의 스트레스 사건에 대한 평가와 이에 대한 반응은 지각된 위험, 가치와 목표, 대처능력에 대한 신념, 사회적 상황 등에 따라 달라진다.

3. 갈등

디저트를 먹거나 자신의 식단을 고수하는가? 더 편리한 캠퍼스에서 살아야 하는가, 아니면 더 독립된 아파트를 임대해야 하는가? 이와 같은 선택은 우리를 갈등하게 한다. 심리학에서 갈등은 상반된 동기에 의해 둘 이상의 방향으로 끌려가는 느낌이다. 갈등은 긴장을 일으킨다. 심리학자들은 종종 **갈등**(conflict)을 접근-접근, 회피-회피, 접근-회피, 다중 접근-회피의 네 가지 유형으로

분류한다.

고전적인 실험 연구에서, 밀러(Neal E. Miller, 1944) 등은 **접근 - 접근**(approach-approach) **갈등**은 가장 스트레스가 적은 유형의 갈등이라고 한다. 두 가지 목표 각각은 바람직하고, 모두 도달할 수 있다. 피자나 타코 중에 무엇을 먹을지 아니면 나사우나 하와이 중 어디로 여행 갈지를 결정하지 못할 수도 있다.

나는 최근에 트리플 초콜릿 무지방 냉동 요거트와 커피 초콜릿 칩 무지방 냉동 요거트 중 하나를 선택하도록 '강요'당하는 갈등을 경험했다고 했다.

이런 갈등은 보통 결정을 하면 해결된다(트리플 초콜릿을 먹었다). 이러한 유형의 갈등을 겪는 사람들은 결정을 미루며, 목표에 대해 숙고하는 사람들이 보여주는 것과 같이 결정할 때까지 망설일 수 있다.

회피-회피(Avoidance-avoidance) **갈등**은 두 가지의 부정적인 목표를 다 피하도록 하기 때문에 더욱 스트레스가 된다. 그러나 하나를 피하려면 다른 쪽에 접근해야 한다. 당신은 치과 의사를 만나는 것을 두려워할 수도 있지만 약속을 하고 가지 않는다면 치아가 썩게 될 것을 두려워할 수도 있다.

회피 - 회피 갈등의 잠재적 결과는 바람직하지 않다. 회피-회피 갈등은 스트레스가 높고 해결 방법이 없는 경우, 어떤 사람들은 다른 문제에 초점을 맞추거나 아무것도 하지 않으면서 갈등을 철회한다.

같은 목표가 접근과 회피 동기를 유발할 때, **접근-회피**(approach-avoidance) **갈등**이 일어난다. 사람과 사물에는 플러스와 마이너스, 즉 장점과 단점이 있다. 치즈 케이크는 맛있지만, 칼로리가 얼마인가! 혼합 동기를 일으키는 목표는 멀리서 보면 더 매력적으로 보일 수 있지만 가까이에서 보면 바람직하지는 않다(Hoofs et al., 2018).

반복해서 헤어지고 재결합하는 많은 부부들은 헤어질 때 서로 애정을 기억하고는 다시 함께 한다면 관계를 맺을 수 있다고 맹세한다. 그러나 그들은 함께 시간을 보낸 후에 다시 "이런 인간이 변할 거라고 내가 믿었다니!"하면서 의아해 한다.

> **"인간 본성의 가장 깊은 원리에는 인정에 대한 갈망이 있다."**
>
> 미국 철학자이며 심리학자인 윌리엄 제임스(1842 - 1910)

가장 복잡한 갈등 형태는 **다중 접근-회피**(multiple approach-avoidance) **갈등**으로, 행동의 몇 가지 대안 과정에는 각각 장점과 단점이 있다.

시험 전 날, 시험공부를 선택하거나 영화 스타워즈를 보러 간다고 말하게 될 때 이런 갈등이 일어날 수 있다. 각 대안에는 긍정적인 면과 부정적인 면이 있다. "공부는 지루하지만 낙제를 걱정할 필요는 없잖아. 영화는 재미있게 보고 싶지만 내일 어떻게 해야 할지 걱정이 되잖아."

4. 비합리적 신념(Irrational belifes)

심리학자 알버트 앨리스(Albert Ellis, 1913~2007)는 사건 자체가 아니라 사건에 대한 우리의 신념이 스트레스 요인이 될 수 있다고 밝혔다(Ellis, 2005; Turner & Allen, 2018). 어떤 사람이 직장에서 해고되어 불안해하고 우울한 경우를 생각해 보라. 직장을 잃는 게 불행의 원인이라는 것은 논리적으로 보일지는 모르지만, 앨리스는 상실에 대한 개인의 신념이 자신의 불행과 어떻게 얽혀 있는지를 지적하였다(도표 11.2 참조).

엘리스의 A → B → C 접근법에 따라 이 상황을 생각해 보라. 직장을 잃는 것은 선행사건(A)이 된다. 최종 결과 또는 후속 결과(C)는 불행이 된다. 그러나 선행사건(A)과 후속 결과(C) 사이에는 다음과 같은 신념(B)이 있다. 즉, "이 직장은 내 삶에서 가장 중요한 일이었어.", "난 얼마나 쓸모 없는 실패자인가.", "가족들은 굶어 죽을 거야.", "난 좋은 직장을 찾지 못할 거야.", "내가 할 수 있는 일이 없어."

그러한 신념은 불행을 심화시키고, 무력감을 키우며, 다음에 무엇을 할지 계획하고 결정하지 못하게 한다. "내가 할 수 있는 일은 아무 것도 없어."라는 신념은 무력감을 조장한다. "난 쓸모 없는 실패자야."라는 신념은 사실이 아닌 왜곡된 것일 수도 있다. "가족들은 굶어 죽을 거야."라는 신념은 과장된 것일 수도 있다. 이런 상황을 다음과 같은 도표로 나타낼 수 있다.

선행 사건 → 신념 → 후속 결과
혹은 A → B → C

미래에 대한 불안과 상실에 대한 우울은 정상적이며 당연하다. 그러나 직장을 잃은 사람의 신념은 상실의 정도로 **최악의 상황을 상상**하는 경향이 있으며 이는 불안과 우울의 원인이 되고 그로 말미암아 혈압이 상승한다(David et al., 2010; MacLaren et al., 2016).

> **갈등** 서로 상반된 동기로 인해 다른 방향으로 끌려가는 느낌
>
> **최악의 상황을 상상하다** 부정적인 사건을 비참한 것으로 해석 ; '심각성이 부풀려짐'

도표 11.2 비합리적 신념 : 알버트 앨리스에 의해 정의된 고통에 이르는 인지적 통로

Jupiterimages/Getty Images

1. 당신의 중요한 사람들에게 항상 사랑과 인정을 받아야 한다는 생각.
2. 어떤 행동은 끔찍하거나 사악하다는 생각. 그런 행동을 하는 사람들은 반드시 저주를 받거나 처벌을 받아야 한다는 생각.
3. 우리가 원하는 대로 일이 풀리지 않을 때 비참하다는 생각. 당신이 처음 선택한 대로 되지 않을 때 인생이 비참하다는 생각.
4. 인간의 불행은 외부에서 야기된 것이며 외부 사람들과의 일들로 인해 강요당한다는 생각. 이런 외적 압박들이 바뀔 때까지 비참하게 지내야 한다는 생각.
5. 어떤 것이 위험하거나 무섭다면 몹시 화를 내고 그것에 대해 끊임없이 집착한다는 생각.
6. 인생의 어려움에 직면하고 자신에 대한 책임을 지는 것보다 피하는 것이 더 쉽다는 생각.
7. 우리 자신보다는 더 크고 강한 사람이나 대상에 기대야 한다는 생각.
8. 우리는 유능하고 지적이어서 가능한 모든 면에서 성공해야 한다는 생각.
9. 무언가가 삶에 한 번 강하게 영향을 미쳤으므로 그것이 끊임없이 영향을 미칠 것이라는 생각.
10. 사물을 확실하고 완벽하게 통제해야 한다는 생각.
11. 인간의 행복은 타성에 젖거나 나태해도 얻을 수 있다는 생각.
12. 사실상 정서를 통제할 수 없다는 생각과 혼란감을 어쩔 수 없다는 생각.

TRUTH

(T) F 사회적 인정이나 완벽을 찾는 것은 자신을 비참하게 만드는 최고의 방법이다.

사회적 인정이나 완벽을 찾는 것이 자신을 비참하게 만드는 데에 최고라는 것은 진실이다. 연구 결과는 비합리적 신념(예 : 사회적 승인과 완벽주의에 대한 과도한 의존)과 불안과 우울 간에 관계가 있다.

이러한 신념은 상실에 대한 개인의 정서 반응을 강화하고 무력감을 조성함으로써 대처 능력을 손상시킨다(Kent et al., 2018; Peters et al., 2018).

앨리스는 많은 사람들이 도표 11.2에 나와 있는 비합리적 신념을 가지고 있다고 했다. 이러한 신념들은 개인을 고통으로 끌어들이는 출입구이다.

실제로 이것들은 스스로 문제를 일으킬 수 있다. 문제가 다른 원인으로 우리를 괴롭힐 때에도 이러한 믿음은 영향을 미칠 수 있다.

앨리스는 우리가 다른 사람의 인정을 원하지만 인정받지 못하면 살 수 없다고 믿는 것이 비합리적이라는 것을 알았다. 우리가 하는 모든 것이 잘 되면 좋지만 그것을 기대하는 것은 합리적이지 않다.

A유형 행동 시간에 대한 긴박감 및 경쟁과 적대감이 특징적인 행동

물론, 테니스 프로처럼 서브를 하고 발리를 할 수 있으면 좋겠지만, 우리 대부분은 시간도 부족하고, 게임을 완벽하게 할 타고난 능력도 없다.

완벽을 요구하는 것은 주말에 코트로 나가 재미를 위해 공을 치는 것을 방해한다. 위협에 사로잡혀 있다는 믿음은 집요한 감정적 격변을 일으킨다.

우리가 과거의 영향을 극복할 수 없다고 믿으면 무력감과 낙담을 느끼게 된다. 물론, 앨리스는 어린 시절의 경험이 비합리적 신념의 기원을 설명할 수는 있지만, 이러한 신념이 — 지금 여기에서 — 우리를 비참하게 만든다는 것은 우리 자신의 인지적 평가라고 말한다.

5. A유형 행동 패턴

어떤 사람들은 A유형 행동 패턴으로 스트레스를 받는다. **A유형**은 자동차 사고가 나기 쉬울 정도로 매우 주도적이고 경쟁적이며 참을성이 없고 적대적이며 공격적이다(Feng et al., 2017; Wickens et al., 2013). A유형은 서두르고 압박감을 느끼며 시간에 집착한다. A유형은 약속을 잘 지킬 뿐만 아니라 종종 일찍 가기도 하며, 또한 빨리 먹고, 빨리 걸으며, 빠르게 말한다.

A유형은 다른 사람들이 천천히 일할 때 쉬지 않고 일한다. A유형은 집단 토론을 주도하려고 한다. A유형은 힘을 통제하거나 나누며 복종하는 것이 어렵다. A유형은 직장에서 권위를 위임하는 것을 꺼리기 때문에 자신의 업무량이 증가한다.

TRUTH

Ⓣ F A유형은 B유형보다 더 많은 것을 성취하지만 스스로는 만족하지 못한다.

A유형은 B유형보다 더 많은 것을 성취하지만 스스로는 만족하지 못한다는 것은 사실이다. A유형은 자신을 지나치게 몰아붙인다.

Jose Luis Pelaez Inc/Getty Images

자기- 효능 기대감은 스트레스를 견뎌 내고 원하는 일이 일어날 수 있도록 한다.

A유형은 자신의 모습을 지켜보고, 자신의 움직임이 완벽하고 지속적인 자기-개발을 위해 고군분투한다. A유형은 자신이 하는 모든 일을 성취하도록 스스로에게 요구한다.

반대로 B유형은 좀 더 편히 쉬면서 삶의 질에 더 집중한다. B유형은 스트레스 요인에 대한 반응에 있어 A유형보다 혈압이 낮다. 이것이 A유형의 행동이 관상동맥 질환의 경향이 있는 행동 패턴으로 불리는 중요한 이유이다.

B유형은 덜 야심적이고 덜 성급하며 스스로 속도를 조절한다.

A유형은 지능이 같은 B유형보다 더 높은 수준과 더 많은 돈을 벌지만, A유형은 점점 더 얻기 위해 계속 고군분투하게 된다.

11-2 스트레스의 심리적 조절

심리적 요인들은 스트레스 요인이 우리에게 미치는 결과들에 영향을 주거나 중재할 수 있다. 심리적 요인들로는 자기-효능 기대감, 심리적 강인성, 유머, 예측 가능함, 통제력, 정서적 지지 등이 있다.

1. 자기-효능 기대감 : '분발해서 완수해 내는 사람'

자기 효능감은 어떤 일이 일어날 수 있게 하는 능력이다. 우리의 **자기-효능 기대감**, 즉 우리 자신의 노력으로 원하는 변화를 가져올 수 있다는 신념은 스트레스를 견디는 능력에 영향을 준다(Bosmans et al., 2013).

고전적 실험에서 알버트 반두라와 동료들(1985)은 참가자의 자기-효능을 평가하고 공포스러운 자극에 노출시킨 다음에 혈류의 아드레날린과 노르아드레날린 수치를 관찰했다. 아드레날린과 노르아드레날린은 스트레스를 받을 때 분비된다. 이 물질들은 심박수를 높이고 간에서 포도당을 방출하는 등 여러 가지 방식으로 신체를 각성시킨다.

과도한 각성은 해야 할 과제에 대처하는 데 방해가 될 수 있다. 반두라와 동료들은 참가자들을 공포 유발물에 노출시켜 이때 자기-효능 기대감이 높으면 상대적으로 낮은 수준의 아드레날린과 노르아드레날린이 나타난다는 것을 알았다. 자기-효능 기대감이 더 높은 사람들은 침착함을 유지하는 생물학적 요인과 심리적 요인도 가지고 있다.

보다 높은 자기-효능 기대감이 있는 사람들은 부정적인 일들로 혼란스러워질 가능성이 더 적다(Zee & Koomen, 2016). 자기-효능 기대감이 높은 사람은 체중을 줄이고, 금연과 알코올 섭취를 조절할 가능성이 더 많다. 통증에도 불구하고 더 잘 기능할 수 있다(Hazeldine-Baker et al., 2018).

2. 심리적 강인성(Psychological Hardiness)

심리적 강인성은 사람들이 스트레스에 저항하도록 도와준다. 강인성에 대한 이해는 수잔 코바사(Suzanne Kobasa, Maddi, 2008)의 선구적인 연구 덕분이다.

코바사와 동료들은 스트레스에도 불구하고 질병에 저항할 수 있는 경영 임원진들을 연구했다. 그 연구 단계의 심리검사에서 심리적으로 강인한 임원들에게는 세 가지 주요한 특성이 있음을 발견했다. 그 특성은 헌신과 도전과 통제이다(Maddi et al., 2009).

1. **헌신**(commitment) 심리적으로 강인한 임원들은 자신들이 하고 있거나 당면한 일에서 소외감을 느끼기보다는 그들 스스로 참여하는 경향이 있었다.

자기-효능 기대감 우리 자신의 노력으로 원하는 변화를 가져올 수 있다는 믿음

심리적 강인성 스트레스를 완화시키는 헌신과 도전과 통제의 특성으로 이루어진 특징들

통제 위치 강화요인을 자신의 내부에서 받는지 외부에서 받는지 등을 통제하는 개인의 속성들에 대한 장소(위치)

2. **도전**(challenge)　심리적으로 강인한 임원들은 안정보다는 변화가 인생에서 정상이라고 믿었다. 그들은 변화를 안전에 대한 위협이 아니라 개인의 성장에 대한 흥미로운 보상이라고 평가했다.
3. **통제**(control)　심리적으로 강인한 임원들은 자신의 삶에 대한 **통제력**이 높았다.

심리학자 줄리안 로터(1990)는 심리적으로 강인한 사람들을 내적 통제자라고 하였다. 심리적으로 강인한 사람들은 스트레스에 직면하기를 선택하기 때문에 스트레스에 더 강하게 저항할 수 있다(Maddi et al., 2009).

그들은 또한 스트레스가 인생을 더 재미있게 만든다고 해석한다. 예를 들어, 관리자와의 회의는 그들의 지위를 위협하기보다 관리자를 설득할 수 있는 기회로 본다.

3. 유머 감각

유머는 인생의 짐을 덜어 주고 스트레스에 대처하는 데 도움을 준다는 생각은 수천 년 동안 계속되었다. "즐거운 마음은 좋은 약과 같다."(잠언 17:22)라는 성경 문구를 생각해 보라. 여러 연구들에서 유머가 스트레스의 영향을 완화시킬 수 있다고 밝히고 있다(Chai & Choi, 2018; Fritz et al., 2017).

예를 들어, 고전적인 연구에서 학생들을 대상으로 부정적인 생활 사건들에 대한 체크리스트와 기분 장애를 측정하는 기준을 완성했다(Martin & Lefcourt, 1983).

기분 장애의 기준은 스트레스 점수가 되었다. 학생들은 자신들의 유머 감각도 평가했다. 그들은 긴장된 실험 상황에서 유머를 만들도록 요구를 받았으며, 그 유머 능력을 연구자들이 평가하였다. 좀 더 유머 감각이 있고 유머를 만들어 낼 수 있는 학생들은 긴장된 실험 상황에서도 다른 학생들보다 스트레스에 덜 영향을 받았다.

이후 실험에서 유머러스한 장면을 본 학생들은 그들의 타액(침)에서 면역 글로불린 A(면역계 기능의 척도) 수준이 높아진

TRUTH

Ⓣ F　유머는 스트레스에 대처하는 데 도움이 된다.

유머가 스트레스에 대처하는 데 도움이 된다는 것은 진실이다. 유머는 기분을 개선하고 스트레스 요인에서 벗어나게 하며 사물에 대한 관점을 넓힐 수 있다.

것으로 나타났다(Lefcourt etal., 1997).

유머는 스트레스에 대처하는 사람들에게 어떻게 도움이 되는가? 많은 효과성들이 있는데, 그 중 한 가지는 웃음이 면역계의 기능을 강화시킬 수 있는 엔돌핀의 방출을 자극한다는 것이다. 또 다른 한 가지는 유머에 수반되는 긍정적인 인지 변화와 긍정적인 정서로 설명될 수 있다.

4. 예측 가능성과 통제

스트레스 요인을 예측하는 능력은 분명히 그 영향력을 완화시킨다. 예측 가능성은 피할 수 없는 상황에 대비하고 여러 경우에 대처할 수 있는 방법을 계획할 수 있게 한다. 통제는 (심지어 통제당한다는 환상조차도) 우리가 운명의 자비 앞에 있지 않다고 느끼게 한다(McChesney & Weits, 2017).

또한, 상황을 통제하려는 욕망과 임박한 스트레스 요인에 대한 정보의 유용성 간에는 어떤 관계가 있다. 예측 가능성은 **외적** 통제보다는 자신들의 상황에 대한 통제 훈련을 하는 **내적** 통제자들에게 더 큰 이점이 있다. 의학적인 처치 절차에 대한 정보를 원하고 경험한 사람들은 그들이 의학적인 처치 절차들을 겪을 때 고통에 더 잘 대처한다(Thompson, 2009; Zhang, 2013).

내부 어떤 사람들은 강화를 얻을 수 있는 능력은 대개 자신들 내부에 있다고 함.

외부 어떤 사람들은 강화를 얻을 수 있는 능력은 대개 자신들 외부에 있다고 함.

유머 감각은 그날의 짐을 가볍게 할 수 있다.

Ozgur Coskun/Alamy Stock Photo

5. 정서적 지지

사람들은 사회적 존재이며 정서적 지지는 스트레스의 영향에 완충 역할을 한다(Contrada &Baum, 2011; Panagioti et al., 2014). 미국심리학회(2015)에서는 정서적 지지가 긍정적 효과가 있음을 밝혔다.

이것은 그림 11.3에서 볼 수 있다. 정서적 지지의 종류는 다음과 같다.

- ▶ 정서적 관심 : 사람들의 문제에 귀를 기울이는 동정심, 배려심, 이해, 확신을 표현함
- ▶ 도구 지원 : 적응 행동을 용이하게 하는 물질적 지원과 서비스들
- ▶ 정보 : 지침, 조언
- ▶ 평가 : 타인의 행동에 대한 피드백
- ▶ 사회화 : 대화, 오락, 누군가와 쇼핑하러 가기

스트레스는 신체 건강 문제의 발전에 어떻게 기여하는가? 다음 편에서는 신체에 미치는 스트레스의 영향을 다룬다.

11-3 스트레스와 몸

스트레스는 심리적 사건 그 이상이다. 이것은 '알고 있는 것' 그 이상이고, 밀고 당기는 '느낌' 그 이상이다. 스트레스는 또한 신체에 분명히 영향을 미치며, 심리적 · 신체적 건강문제를 일으킬 수 있음을 이해해야 할 것이다. 스트레스 연구자인 한스 셀리에(Hans Selye)는 일반 적응 증후군(GAS)의 개념에서 여러 가지 신체적 영향을 설명했다.

1. 일반 적응 증후군

셀리에는 스트레스를 받으면 신체는 마치 흔들어 깨질 때까지 아니면 에너지가 고갈될 때까지 멈추지 않는 알람 시계와 같다고 했다.

여러 가지 스트레스 요인에 대한 신체 반응은 그 스트레스 요인이 박테리아의 침입인지, 위험을 지각한 것인지, 중요한 생활의 변화인지 간에 특정한 유사성을 보인다(Selye, 1976).

그림 11.3 정서적 지지의 중요성

Source: American Psychological Association. (2015). Stress in America: Paying with Our Health, p. 8. Washington, DC: American Psychological Association.

이러한 이유로 셀리에는 이 반응을 **일반 적응 증후군**(General Adaptation Sydrome: GAS)이라고 했다. GAS는 경고 반응, 저항 단계, 소진 단계의 세 단계로 발생하는 신체의 변화들이다. 이러한 변화는 계속 울리는 알람처럼 신체를 움직이게 하여 결국 신체를 지치게 한다.

경고 반응(Alarm reaction)은 스트레스 요인을 인식함으로써 촉발된다. 이 반응은 생물학적으로 몸을 움직이게 하거나 각성시킨다. 20세기 초 생리학자 월터 비 케논(Walter B. Cannon, 1932)은 이런 움직임은 본능적인 **투쟁–도피**(fight-or-flight) **반응**에 기초한 것이라고 주장하였다.

투쟁–도피 반응은 내분비, 심혈관, 근골격계를 활성화하여 생존을 가능하게 한다. 단기 스트레스는 면역계의 기능을 향상시켜 상처로부터 감염을 막는 데 도움이 되지만 만성이거나 장기 스트레스는 면역계의 기능을 손상시킬 수 있다(Sizemore, 2012).

스트레스는 내분비계에 도미노 영향을 미친다(Picard & McEwen, 2018a, 2018b; 그림 11.4 참조). 시상하부는 코르티코트로핀 방출 호르몬(CRH, Corticotrophin Releasing Hormone)을 분비한다. CRH는 뇌하수체가 부신피질 호르몬(ACTH)을 분비하게 한다. ACTH는 부신피질이 코티솔과 다른 코르티코 스테로이드(스테로이드 호르몬)를 분비하게 한다.

코르티코 스테로이드는 알레르기 반응(예 : 호흡 곤란)과 싸워 염증을 줄여 신체를 보호한다. (그러나 코르티코 스테로이드는 심혈관계에 유해할 수 있는데, 이는 만성 스트레스가 건강을 해칠 수 있는 원인이 되며, 스테로이드를 사용하여 근육량을 키우는 운동 선수가 심혈관계 문제를 겪을 수 있는 이유이기도 하다.) 염증은 다친 신체 부위의 순환을 증가시킨다. 염증은 침입한 병원균을 막기 위해 백혈구들을 나른다.

또한, 경고 반응에 중요한 역할을 하는 다른 두 가지 호르몬은 부신수질에 의해 분비된다. 자율신경계(ANS)의 교감신경은 부신수질을 활성화하여 아드레날린과 노르아드레날린의 혼합물을 방출한다.

일반 적응 증후군(GAS) 스트레스에 대한 셀리에의 3단계 반응 가설

경고 반응 GAS의 첫 번째 단계는 스트레스 요인의 영향에 의해 유발되고 교감신경의 활동에 의해 특징짓게 됨.

투쟁–도피 반응 위험 인지에 대한 타고난 적응반응

그림 11.4 스트레스와 내분비계

스트레스는 내분비계에 도미노 효과를 나타내어 코르티코 스테로이드 및 아드레날린과 노르아드레날린의 혼합물의 방출로 이어진다. 코르티코 스테로이드는 알레르기 반응(예 : 호흡 곤란)과 싸워 염증을 줄인다. 아드레날린과 노르아드레날린은 심박수를 가속화하고 투쟁–도피 반응을 위한 에너지를 제공함으로써 몸이 대처하도록 자극한다.

이 혼합물은 심장 박동을 가속화하고 간에서 포도당(설탕)을 방출하도록 신체를 자극한다.

이것은 천적과 싸우거나 도망갈 준비를 하도록 신체를 활성화하여 투쟁–도피 반응에 연료가 되는 에너지를 공급한다.

투쟁–도피 반응은 선사시대 때 많은 스트레스 요인들이 생명을 위협할 때로 거슬러 올라간다. 투쟁–도피 반응은 덤불 끝에서 천적을 봤거나 덤불 속에서 갑작스럽게 바스락거리는 소리에 의해 발생한다.

도표 11. 경고반응의 구성요소

* The alarm reaction is defined by the release of corticosteroids and adrenaline and by activity of the sympathetic branch of the autonomic nervous system.

오늘날은 가다-서다 하는 교통 체증에 걸렸거나 대출 이자가 오르게 되면 이 반응이 일어날 수 있다. 일단 위협이 제거되면 신체는 더 낮은 각성 상태로 돌아간다. 경고 반응에서 발생하는 많은 신체 변화는 표 11.3에 요약되어 있다.

저항 단계 셀리에의 이론에 따르면, 경고 반응이 몸을 움직여 스트레스 요인이 제거되지 않으면 우리는 GAS의 적응 단계 혹은 저항 단계로 들어간다. GAS의 **저항 단계**(resistance stage)에서 내분비계와 교감신경의 활동 수준은 경고 반응보다 낮지만 여전히 정상보다는 높다.(경고는 계속되는 것 같지만 조금 약하다.) 여전히 긴장감을 느끼고 신체는 무거운 짐을 지고 있는 상태이다.

소진 단계 스트레스 요인이 여전히 적절하게 처리되지 않으면 GAS의 **소진 단계**(exhaustion statge)에 이르게 된다. 근육들이 피곤해지고, 신체 내의 스트레스를 해소하는 데 필요한 자원들이 고갈된다. 소진 상태에서 자율신경계의 부교감 신경이 우세해질 수 있다.

결과적으로 심장 박동과 호흡이 느려지고 교감신경 활동의 많은 부분들이 역전된다. 휴식으로 좀 나아진 것 같지만, 여전히 외부의 위협인 스트레스를 받고 있음을 기억하라. 소진 단계에서 계속되는 스트레스는 셀리에가 정의한 '적응 장애'로 이어질 수 있다.

계속되는 스트레스는 혈관 수축과 심장 박동에 변화를 주고 알레르기에서 두드러기와 심장병, 마침내 사망에 이르기까지 다양한 결과를 초래할 수 있다.

면역체계에서 스트레스의 영향에 대한 논의는 심리적 요인과 신체질환 간의 연관성을 이해하는 좋은 방법이다.

2. 면역체계에 대한 스트레스의 영향

심리학자, 생물학자, 의학 연구자들은 심리적 요인, 신경계, 내분비계, 면역계 및 질병 간의 관계를 다루는 정신 신경 면역학이라는 연구 분야에서 그들의 노력을 결집시켰다. 주요 관심사 중 하나는 스트레스가 면역계에 미치는 영향이다.

연구는 면역체계의 일부를 구성하는 혈액 내에 있는 어떤 물질을 측정해 스트레스가 면역체계를 억제한다는 것을 보여준다(Contrada & Baum, 2011).

면역체계(Immune system)는 여러 가지 방법으로 질병과 싸우고 있다(Iwasaki & Medzhitov, 2010).

저항 단계 GAS의 두 번째 단계는 소실된 에너지를 복구하고 상처를 회복하기 위한 장기적인 교감신경의 활동으로 특징지을 수 있으며, 적응 단계라고도 함.

소진 단계 GAS의 세 번째 단계는 저항이 약해지고 악화될 수 있다고 특징지을 수 있음.

면역체계 신체를 침범하는 이물질(항원)을 인식하고 파괴하는 신체 체계

스트레스에 대한 반응에 성별의 차이가 있는가?

한 세기 동안 인간은 생물학자 월터 캐논이 말한 인간에 대한 투쟁–도피 반응을 경험하도록 미리 준비되어 왔다고 널리 믿어 왔다. 캐논은 우리가 본능적으로 악마처럼 싸우기 위해, 타당할 때는 급하게 달아나기 위해 흥분하게 된다고 믿었다.

심리학자 셸리 테일러와 동료들(Nickels et al., 2017; Taylor, 2006, 2012; Taylor et al., 2000)의 문헌 고찰에 따르면 스트레스 하에서 여성들은 자신들의 자녀를 더 잘 돌보고 사회적 접촉과 다른 사람들의 지원을 찾는다고 한다. 스트레스에 대한 '여성들의 반응'은 투쟁–도피보다는 보살핌과 사회적 지지를 추구하는 '보살핌–어울림' 반응이다.

이러한 반응은 여성과 다른 포유류의 암컷에는 이미 장착되어 있다. 진화 심리학자들은 자신의 아이를 지키는 여성들은 생존이 촉진되기 때문에, 보살핌–어울림 반응은 인간 유전자 속에 봉인되어 있을 수 있다고 제안했다. 싸우기로 선택한 여성들은 죽거나 자신들의 아이들과 떨어져 지냈다. 거기에는 진화의 기회가 없다.

행동에 있어서 성별의 차이는 종종 호르몬이나 기타 생물학적 요인과 관련이 있다. 그러나 한 가지 공통점이 있다. 테일러(2012)는 뇌하수체 호르몬 옥시토신의 효과가 자신의 아이를 껴안는 것과 같은 양육 행동과 관련이 있다고 한다. 문헌에 따르면 스트레스 중에 옥시토신이 분비되면 쥐와 인간 모두에게 진정 효과가 있는 것으로 나타났다.

옥시토신은 덜 두려워하고 좀 더 사회적이 되도록 한다.

그러나 남성도 스트레스 하에서 옥시토신을 분비한다. 그렇다면 왜 성별 차이가 있는가? 답은 다른 호르몬인 에스트로겐과 테스토스테론에 있을 수 있다. 여성은 남성보다 에스트로겐이 더 많으며 에스트로겐은 옥시토신의 효과를 향상시키는 것으로 보인다. 그 반면, 남성은 여성보다 테스토스테론이 더 많으며 테스토스테론은 옥시토신의 영향을 줄일 수 있다(Taylor, 2012).

따라서 신체 호르몬의 유전적 균형으로 말미암아 스트레스 하에서 여성보다 남성이 더 공격적일 수 있다. 테일러는 이러한 차이로 인해 여성이 남성보다 오래 사는 경향이 있다고 한다.

Torff/plainpicture

백혈구 백혈세포('백색'을 의미하는 그리스어 leukos와 문자 그대로 '옴폭함'을 의미하지만 세포를 지칭하는 데 사용되는 kytos에서 유래)

항원 신체가 면역계 반응을 일으키도록 자극하는 물질 (항체 생성자의 약자)

항체 항원을 인식하고 파괴하는 백혈구에 의해 형성된 물질

염증 신체의 상처난 부위에서 혈액의 흐름이 증가되어 발진, 발열, 백혈구의 증가가 나타남.

한 가지 방법은 박테리아 · 곰팡이 · 바이러스 같은 병원체 · 노화 세포와 암세포를 삼키고 죽이는 백혈구를 생산하는 것이다. 백혈구의 기술적 용어는 leukocyte(**백혈구**)이다.

백혈구는 이질적인 것과 건강하지 않은 세포들을 '알아내고' 제거하는 수색과 파괴의 기능을 한다.

백혈구는 형태로 이물질이나 항원을 알아낸다. 신체는 특수 단백질이나 **항체**(antibody)를 만들어 **항원**(antigen)에 반응한다.

항체는 항원에 부착하여 항원을 비활성화하고 파괴할 항원들에 표시를 한다. 면역체계는 1년 이상 혈류 속에 항체를 가지고 있어서 항원과 싸우는 방법을 '기억한다'.[1]

염증(Inflammation)은 면역체계의 또 다른 기능이다. 부상이 발생하면 해당 지역의 혈관이 먼저 수축(출혈을 막기 위해) 한 다음에 확장된다. 확장은 상처난 부위로 혈액 · 세포 · 선천적 화학 물질의 흐름을 증가시켜 염증을 특징짓는 발진, 부종, 열감을 유발한다.

[1] 백신 접종은 항체 생성을 자극하기 위해 몸에 약화된 형태의 항원(일반적으로 박테리아 또는 바이러스)을 주입한다. 항체는 몇 년 동안, 경우에 따라 평생 면역력을 가질 수 있다.

TRUTH

Ⓣ F 어떤 순간, 우리 몸속의 셀 수 없을 만큼 많은 미세한 전사들은 이질물을 수색하고 파괴할 임무를 수행하고 있다.

어떤 순간에, 우리 몸속의 셀 수 없을 만큼 많은 미세한 전사들은 이질물을 수색하고 파괴하는 임무를 수행하고 있다는 것은 진실이다. 백혈구는 지속적으로 '이질물'(예 : 세균)과 내부 이물질(예 : 암 세포)을 파괴한다.

증가된 혈액 공급은 또한 박테리아와 같은 미세한 생명체 침입에 대항하기 위해 백혈구를 그 부위로 흐르게 한다. 그렇지 않으면 국부 손상을 통해 박테리아 등이 신체로 들어갈 수 있다.

스트레스와 면역체계 스트레스가 결국 우리를 소진시키는 이유 중 하나는, 스테로이드의 생산을 자극한다는 것이다. 스테로이드는 면역체계의 기능을 억제한다. 스테로이드가 가끔 분비될 때는 억제를 무시할 만한 수준이다. 그러나 스테로이드의 지속적인 분비는 염증을 감소시키고 항체의 형성을 방해한다. 결과적으로, 우리는 감기를 포함한 감염에 더욱 취약해진다(Cohen et al., 2012; Straub & Cutolo, 2017).

대학생을 대상으로 한 연구에서, 시험 스트레스로 말미암아 엡스타인 바 바이러스(Epstein-Barr virus)에 대한 면역체계의 반응이 저하되어 피로와 기타 문제가 발생하는 것으로 나타났다(Glaser et al., 1993).

외로웠던 학생들은 보다 더 많은 사회적 지지를 받은 학생들보다 면역체계의 억제가 더 컸다. 엡스타인 바 바이러스는 질병 단계에서 회복한 사람들 90%가 휴면상태에 있다. 스트레스는 코르티솔과 아드레날린(에피네프린)의 혈중 농도를 높이고 바이러스가 재활성화할 확률을 높인다(Coskun et al., 2010).

11-4 심리학과 만성 건강 문제

왜 사람들은 병에 걸리는가? 어떤 사람들은 왜 암에 걸리는가? 다른 사람들은 왜 심장 마비가 일어나는가? 왜 여전히 사람들은 이런 질병들에 영향을 받는가? 건강에 대한 **생물 심리 사회적**(biopsychosocial) 접근은 이러한 질문들에 대해 한마디로 대답할 수 없음을 안다.

스트레스 관리 방법의 팁은?

미국심리학협회는 스트레스 관리 방법에 대한 팁을 제공한다.

- 스트레스의 근거를 확인하라. 긴장감을 주는 사건이나 상황은 무엇인가? 스트레스는 자녀, 가족, 건강, 재정적 결정, 직장, 관계 혹은 그 외 다른 것과 관련이 있는가?
- 당신의 스트레스 신호를 파악하라. 사람들은 여러 방식으로 스트레스를 경험한다. 집중하거나 결정을 내리는 데 어려움을 겪거나 화나 짜증이 나거나 두통과 근육 긴장이 있거나 에너지가 부족할 때이다. 스트레스 신호를 측정하라.
- 스트레스를 다루는 방법을 알아보라. 건강에 해로운 행동(흡연, 음주, 과식, 소식 등)을 하고 있는지 판단하라. 일상적인 행동인가, 아니면 특정한 일이나 상황에만 해당되는가? 스트레스를 받은 결과 건강에 좋지 않은 선택을 하는가?
- 스트레스를 관리하는 건강한 방법을 찾아라. 명상, 운동 또는 친구나 가족에게 그 일을 털어 놓기 등 건강하게 스트레스를 줄이는 활동을 고려해 보라. 건강에 해로운 행동은 시간이 지나면서 심해지고 바꾸기가 어렵다는 것을 마음 속에 새겨라. 한 번에 너무 많이 먹지 마라. 한 번에 한 가지 행동만 바꾸는 데 집중하라.
- 자기 자신을 돌보라. 올바르게 먹고, 충분한 수면을 취하고, 물을 많이 마시고, 규칙적인 신체 활동을 하라. 규칙적인 휴가나 휴식을 취하라. 아무리 바쁜 생활을 해도 자신을 위한 시간을 가져라. 즉, 책 읽기나 음악 듣기 등.
- 정서적 지지를 받아라. 친구와 가족의 도움을 받으면 스트레스 관리 능력이 향상될 수 있다. 계속해서 압박감을 느끼면 심리학자와 상담하여 스트레스를 더 잘 관리하고 건강에 해로운 행동을 변화시키는 데 도움을 받아라.

독감이나 암 같은 질병에 걸릴 가능성은 생물학적 · 심리적 · 사회 문화적 요인을 포함한 다양한 요인의 상호 작용에 의한 것일 수 있다.

병원체, 상처, 연령, 성별, 질병의 가족력 같은 생물학적 요인이 질병의 가장 명백한 원인이 될 수 있다. 특히 유전학은 어떤 사람들에게는 자신의 건강에 대해 할 수 있는 일이 거의 없다고 당연하게 여기도록 한다.

특정 유전자를 가진 사람들에게는 피할 수 없는 심각한 건강 문제가 있는 것은 사실이다. 또한, 많은 경우, 특히 심혈관 문제와 암에 있어서 유전자가 유일하게 건강 문제에 대한 소인들을 만들어 낸다.

유전적 소인들은 자신들을 드러내기 위해 환경과 상호작용한다(Han & Chatterjee, 2018).

생물 심리 사회적 생물학적 · 심리적 · 사회 문화적 요인의 상호 작용

예를 들어, 유전적 요인은 유방암과 관련이 있다(Boyd, 2014). 그러나 최근 아시아의 농촌에서 미국으로 이민 온 여성의 유방암 비율은 그들의 출신 국가의 여성과 비슷하며, 유럽계 미국 여성들과 발병률이 비슷한 3세대 아시아계 미국인 여성의 비율보다 거의 80% 낮다. 그러므로 개인의 생활양식은 유방암의 위험 및 대부분의 다른 암의 위험과 관련이 있다.

그림 11.5에서 볼 수 있듯이 생물학적 요인(유전학 및 비만 등), 심리적 요인(행동 및 성격 등), 사회 문화적 요인(사회 경제적 상태), 환경적 요인, 스트레스 요인이 심장병이나 암 같은 건강 문제에서 전적으로 관련이 있다.

많은 건강 문제는 태도, 감정, 행동과 같은 심리적 요인의 영향을 받는다. 미국에서는 매년 약 백만 명의 죽음을 예방할 수 있다(2017년 국립건강통계센터). 흡연을 중지하고, 올바른 식사를 하고, 운동하고, 알코올 섭취를 조절하면 약 80%가 예방된다.

불안이나 우울증과 같은 심리 상태는 면역계의 기능을 손상시켜 바이러스 감염에서부터 암에 이르는 신체장애에 더 취약하게 만든다(Fung et al., 2017).

이제 심장병과 암 같은 만성 건강 문제를 논의해 보자. 심장병과 암은 생물학적 · 심리적 · 사회 문화적 요인을 내포한다.

이러한 문제는 의학적 문제이지만, 우리는 심리학자가 예방과 치료에 기여하는 방법들도 탐구하고자 한다.

그림 11.5 심장병과 암의 요인들

FICTION

T (F) 심장병이나 암의 가족력이 있는 경우, 질병의 발병을 예방하기 위해 스스로 할 수 있는 일은 거의 없다.

심장병이나 암의 가족력이 있다면 심장병이나 암 발병을 예방하기 위해 스스로 할 수 있는 일이 거의 없다는 것이 반드시 진실이 아니다. 자신의 삶에서 위험 요인을 수정하기 위해 많은 일을 할 수 있다.

1. 관상동맥심장 질환

관상동맥심장 질환(CHD)은 미국에서 사망의 주된 원인으로 심장 마비가 가장 빈번하게 발생한다.

위험 요인 CHD의 위험 요인은 다음과 같다.

- **가족력** : CHD의 가족력이 있는 사람은 그 자체로 발병할 가능성이 높다.
- **신체 조건** : 비만, 고지혈 콜레스테롤 수준, 고혈압은 CHD의 위험 요인이다. 미국인 다섯 명 중 한 명은 고혈압을 앓고 있고 이는 CHD로 이어질 수 있다. 원인을 알 수 없는 본태성 고혈압은 유전적인 것이다. 그러나 혈압은 우울과 불안 같은 정서와도 관련이 있다. 게다가 강한 감정을 표현하지 못하거나 화를 내거나 위협에 대해 방어할 때 상승한다. 스트레스를 받고 있을 때 혈압이 '지붕을 뚫는 충격'을 느낄 수 있지만 대부분의 사람들은 고혈압을 감지할 수 없다. 따라서 정기적으로 혈압을 확인하는 것이 중요하다.
- **소비 패턴** : 과음, 흡연, 과식하는 패턴(Khan et al., 2018). 반면 약간의 알코올은 심장에 좋은 것 같다.
- **A유형 행동** : 대부분의 연구들은 A유형과 CHD 간에 최소하나마 관계가 있다고 한다. 적대감은 A유형의 행동 패턴 중 가장 유해한 요소이다(Meyer et al., 2018). 분노하기 쉬운 사람들은 다른 사람들보다 심장 마비를 일으킬 가능성이 높다(Suls, 2013). 분노와 관련된 스트레스 호르몬은 심장으로 가는 혈관을 수축시켜 심장 마비로 이어질 수 있다.
- **직장에서의 긴장** : 초과 근무, 조립라인 노동자, 업무와 상충되는 요구를 받는 것은 모두 CHD의 원인이 될 수 있다. 근로자에게 과도한 요구만 하고 사소한 개인적인 관리권을 주지 않는 '고긴장 업무'는 근로자를 고위험에 처하게 한다(Kivimäki et al., 2012; Fransson et al., 2015).
- 만성 피로, 스트레스, 불안, 우울, 정서적 긴장은 심박수의 불규칙성과 관련이 있으며 혈소판을 '끈적거리게' 해 CHD를 일으키는 응고를 유발할 수 있다(Wasson et al., 2017).
- 신체적으로 비활동적인 생활 양식(Tigbe et al., 2017)

그림 11.6 심장 질환과 뇌졸중 100,000 건당 연간 사망률

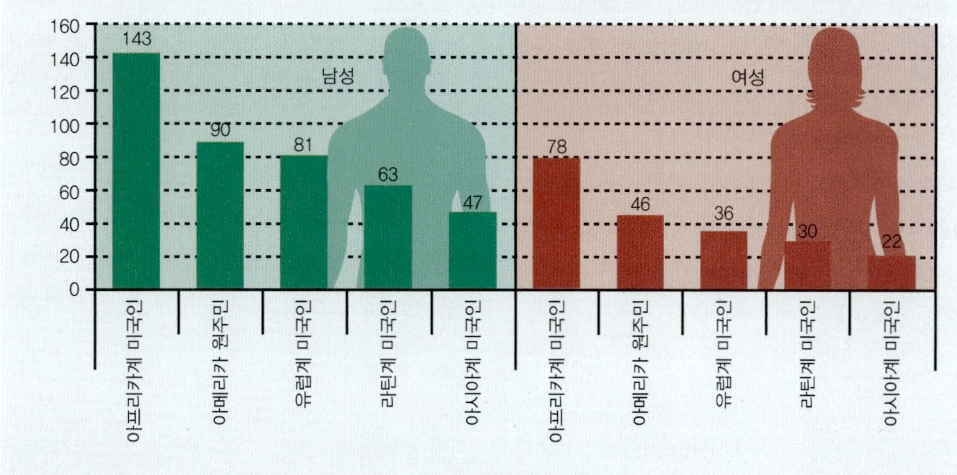

Source: National Vital Statistics System (2013). U.S. Census Bureau, 2010. http://www.cdc.gov/dhdsp/vital_signs.htm

아프리카계 미국인은 미국의 다른 어떤 민족보다 심장 마비로 사망할 가능성이 높다 (Health of Black or African American non-Hispanic Population, 2017).

그림 11.6은 다양한 인종적 배경을 가진 미국 남성과 여성의 심장병과 뇌졸중으로 인한 사망률을 비교한 것이다.

"마음에 들지 않는 것을 바꿀 수 없다면 당신의 태도를 바꾸어라."

미국 작가이자 시인 마야 안젤루 (Maya Angelou, 1928 – 2014)

아시아계 미국인과 라틴 아메리카인은 유럽계 미국인, 아메리카 원주민 또는 아프리카계 미국인보다 심장병이나 뇌졸중으로 사망할 가능성이 적다. 조기 진단과 치료는 인종적인 발병 격차를 줄이는 데 도움이 될 수 있다.

위험 감소시키기 다음과 같은 조치는 CHD의 위험을 줄이는 데 도움이 될 수 있다. 금연, 포화 지방 소량 섭취, 과일과 채소, 통곡물 다량섭취, 필요한 경우에 약을 통해 고혈압을 줄이고 LDL(유해한) 혈청 콜레스테롤을 낮추기; A유형 행동 수정; 분노 감정 관리와 정기적 운동(먼저 건강 검진을 받아라).

2. 암

암은 미국에서 두 번째로 주된 사망 원인이다. 암은 혈액, 뼈, 소화기관, 폐, 성기관 등 신체의 어느 곳에서나 발생할 수 있는 비정상적이거나 돌연변이 세포가 발달하는 특징이 있다. 암의 확산이 조기에 통제되지 않으면 암세포는 전이될 수 있다. 즉, 몸의 또 다른 곳에 식민지를 형성한다. 우리 몸은 암세포를 자주 키우는 것으로 보인다. 그러나 이것들은 보통 면역계에 의해 파괴된다. 신체적 요인이나 심리적 요인에 의해 면역체계가 손상된 사람들은 종양으로 발달할 가능성이 더 높다(Contrada & Baum, 2011; Mantovani & Sica, 2010).

위험 요인 다른 많은 장애와 마찬가지로 사람들은 암성향을 물려받을 수 있다(Santarius et al., 2010). 소위 발암성 유전자가 세포 분열에서 억제되지 못해 세포가 상당히 넓게 증식될 수 있다. 혹은 돌연변이가 확인되지 않은 채 축적될 수 있다.

그러나 많은 행동 패턴은 암의 위험을 현저하게 높인다. 흡연, 하루에 한두 잔 이상의 음주(특히 여성의 경우), 동물성 지방 섭취, 일광욕(자외선 노출로 인한 피부암) 등이다.

우울이나 스트레스와 같은 장기간의 심리적 상태는 면역계의 기능을 억제하여 일부 암의 위험을 높일 수 있다(Contrada & Baum, 2011; Straub & Cutolo, 2018).

아프리카계 미국인은 유럽계 미국인보다 대부분의 암에 걸릴 가능성이 높다(Contrada & Baum, 2011). 일단 암에 걸리면 아프리카계 미국인이 유럽계 미국인보다 사망할 가능성이 더 높다(Siegel et al., 2018).

아프리카계 미국인의 높은 사망률은 낮은 사회 경제적 지위와 건강 관리에 대한 상대적 접근 부족과 관련이 있는 것으로 보인다(Orsi et al., 2010).

또한, 건강에 있어서 문화적 차이를 고려하라. 일일 지방 섭취량의 평균 비율이 높은 네덜란드, 덴마크, 영국, 캐나다 및 미국과 같은 국가에서 암으로 인한 사망률이 높다(Torre et al., 2016; Birt & Phillips, 2014). 지방 섭취량이 적은 태국, 필리핀 및 일본과 같은 국가에서는 암으로 인한 사망률이 더 낮다.

태국이나 필리핀 및 일본은 아시아 국가이지만 그 차이가 인종이라고 당연하게 생각하지 마라. 일본계 미국인은 다른 미국인들의 지방 섭취량과 비슷하며 따라서 암으로 인한 사망률도 마찬가지이다.

위험을 감소시키기 다음과 같은 조치는 암 발병 또는 사망 위험을 줄이는 데 도움이 될 수 있다. 암을 조기에 발견하기 위해 정기적인 건강 진단 받기; 금연; 포화 지방 소량 섭취하기, 과일 및 채소, 통곡물 다량 섭취하기; 정기적인 운동하기(먼저 건강 검진을 받아라). 암은 전이되기 전, 조기에 발견할 때 가장 치료가 잘 된다.

자가 평가

변화를 겪음 : 당신의 인생은 얼마나 스트레스가 쌓였는가?

대학 생활 스트레스 목록은 대학생이 경험하는 삶의 스트레스 수준을 측정한다. 다음의 목록은 인지된 스트레스 정도에 따라 척도화된 다양한 생활사건 또는 삶의 변화들로 구성되어 있다. 스트레스 수준을 평가하려면 작년에 경험한 항목을 선택하라. 선택한 항목의 등급을 합하여 전체 스트레스 수준을 계산하라.

사건	(√) 작년에 경험했던	생활사건 스트레스 비율
강간		100
자신이 HIV(성병) 양성임을 확인		100
강간 혐의로 기소됨		98
친한 친구의 죽음		97
가까운 가족의 죽음		96
성병 감염(HIV / AIDS 제외)		94
임신에 대한 우려		91
기말시험 주간		90
파트너의 임신에 대한 우려		90
시험기간의 과수면		89
수업 낙제		89
남자 친구 혹은 여자 친구가 당신을 속이는 행위		85
안정적인 데이트 관계가 끝남		85
가까운 친구나 가족의 심각한 질병		85
재정적 어려움		84
학기말 논문 작성		83
시험에서 부정행위 발각		83
음주 운전 혐의		82
학교나 직장에서의 과부하		82
하루에 두 번의 시험		80
남자 친구나 여자 친구의 부정행위		77
결혼		76
음주나 약물의 부정적인 후속결과		75
가장 친한 친구의 우울이나 위기		73
부모와의 갈등		73
수업시간에 발표하기		72
수면 부족		69
주택 상황 변화(지저분함, 이사)		69
경쟁 또는 대중 공연		69
육체 싸움		66
룸메이트와의 갈등		66
직장 변화(구직, 새 직장, 직장 내 괴롭힘)		65
전공 발표 또는 향후 계획에 대한 우려		65
싫어하는 수업		62
음주 또는 약물 사용		61
교수와의 대면		60
새 학기 시작		58
첫 데이트		57
등록		55
안정적인 데이트 관계 유지		55
캠퍼스 또는 직장 혹은 둘 다의 통근거리		54
동료의 압력		53
처음 집을 떠남		53
아픔		52
외모에 대한 우려		52
계속 A 학점 받기		51
좋아는 하지만 어려운 수업		48
새로운 친구 사귀기; 친구들과 어울리기		47
사교 혹은 여학생 클럽		47
수업 시간에 잠		40
운동 경기 참석(예 : 풋볼 경기)		20

Source: Renner, M. J., and Mackin, R. S. A Life Stress Instrument for Classroom Use. Teaching of Psychology, 25 (1998), 46–48.

"변화를 겪음; 당신은 삶에서 얼마나 스트레스가 많은가?"

선택한 항목의 등급을 합산하여 전반적인 스트레스 수준을 계산하라.

총 스트레스 등급(총점)을 257명의 심리학과 학생들의 표본과 비교해 보라. 표본의 평균 점수는 1,247이다. 약 2/3의 학생들이 806~1,688점의 스트레스 등급을 받았다. 총 스트레스 점수는 전년도의 스트레스가 어느 정도인지 측정하는 데 도움이 되지만 스트레스가 자신에게 어떤 영향을 미치는지는 알 수 없다.

점검하기

빈칸 채우기

정답은 책 뒷부분에서 확인 가능하다.

1. 매일 _________는 우리의 안녕을 위협하거나 해를 끼치는 정기적으로 발생하는 조건과 경험이다.

2. 반대 동기에 의해 둘 이상의 방향으로 당기는 느낌을 _________라고 한다.

3. 알버트는 _________ 사건과 사건 자체에 대한 우리의 신념이 스트레스 요인이 될 수 있다고 언급한다.

4. 자기 효능 기대감이 (더 높거나, 낮은) 사람들은 스트레스에 더 잘 대처하는 경향이 있다.

5. 심리적으로 강인한 사람들은 _________, 도전과 통제력이 높다.

6. GAS에는 세 단계 _________, 저항, 소진 세 단계가 있다.

7. 케논은 경고 반응을 _________ 또는 _________ 반응이라고 불렀다.

8. 여성들은 스트레스에 대해 투쟁–도피 반응보다는 스트레스에 대해 보살핌과 _________ 경향을 보일 수 있다.

9. 불안과 우울과 같은 심리 상태는 _________ 체계의 기능을 손상시켜 건강 문제에 더욱 취약하게 만든다.

10. 관상동맥심장 질환의 위험 요인에는 가족력, 비만, 고혈압, 높은 수준의 혈청 _________, 과음, 흡연, 적대감, A유형 행동, 직무 긴장 등이 있다.

선다형 문항(Multiple Choice)

1. 긍정적인 생활의 변화는 _________이(가) 필요하기 때문에 여전히 스트레스가 될 수 있다.
   a. 외로움
   b. 적응
   c. 우울증
   d. 이것들 중 해당 없음

2. 앨리스에 따르면 스트레스를 유발하는 시험에 실패하는 것과 같은 상황을 _________라고 한다.
   a. 자극 이벤트
   b. 인과적 사건
   c. 선행사건
   d. 활성화 사건

3. 에드워드의 지도교수는 첫 논문의 길이가 너무 짧을 수 있다고 말했다. 에드워드는 논문 작성법을 모르기 때문에 분명히 낙제할 것이라고 생각해서 땀을 흘리기 시작했다. 이것은 _________의 예이다.
   a. 흡수
   b. 임박
   c. 재앙
   d. 성급한 행동

4. 어느 것이 A유형의 성격을 가장 잘 나타내는가?
   a. "당신이 할 수 있는 것처럼 다른 사람들에게 하라."
   b. "승리가 전부가 아니라, 유일한 것이다."
   c. "걱정마, 행복해."
   d. "하나를 위한 모두와 모두를 위한 하나."

5. 스트레스 중재자는 _________을(를) 제외한 모든 것이다.
   a. 스트레스 요인이 존재하지 않는 척하기
   b. 심리적 확고함
   c. 유머 감각
   d. 예측 가능성과 통제

6. 심리적 강인성은 세 가지 특성으로 구성된다. 이들은 _________이다.
   a. 기대, 유머, 통제
   b. 권력, 통제, 헌신
   c. 헌신, 도전, 통제
   d. 자신감, 역량, 효능

7. 랜디는 내적 통제력을 갖고 있다. 이것은 그녀가 _________라는 의미이다.
   a. 그녀의 내면의 감정만이 통제할 수 있다.
   b. 그녀의 외모만이 조절할 수 있다.
   c. 그녀가 다른 사람에 의해 통제되고 있다고 느낀다.
   d. 그녀는 자신의 삶을 통제할 수 있다고 느낀다.

8. GAS의 세 단계(정확한 순서)는 다음과 같다.
   a. 경고, 졸음, 휴식
   b. 경고, 휴식, 다시 졸음
   c. 경고, 저항, 소진
   d. 저항, 경고, 소진

9. 보리스는 많은 스트레스를 받고 있다. 다음 중 가장 가능성이 높은 것은 무엇인가?
   a. 그의 면역체계가 약해졌다.
   b. 그의 면역체계가 강화된다.
   c. 그의 면역체계는 영향을 받지 않고 있다.
   d. 위의 어느 것도 아니다.

10. 클라리스는 관상동맥심장 질환(CHD)에 대한 위험을 평가하려고 한다. 다음 중 CHD에 대한 위험 요인은 무엇인가?
    a. 저혈청 콜레스테롤
    b. 가족력
    c. 저혈압
    d. 육체적으로 활동하는 생활양식

12 이상심리(정신병리)

marco betti/Alamy Stock Photo

학습 성과

이 장의 성취 목표

- 12-1 이상심리를 정의하고 유병률을 설명할 수 있다.
- 12-2 불안장애의 증상과 원인을 설명할 수 있다.
- 12-3 강박 및 관련 장애의 증상과 원인을 설명할 수 있다.
- 12-4 외상 및 스트레스 관련 장애의 증상과 원인을 설명할 수 있다.
- 12-5 해리성 장애의 증상과 원인을 설명할 수 있다.
- 12-6 신체 증상 및 관련 장애의 증상과 원인을 설명할 수 있다.
- 12-7 양극성 장애 및 우울장애의 증상과 원인을 설명할 수 있다.
- 12-8 조현병 및 기타 정신병적 장애의 증상과 원인을 설명할 수 있다.
- 12-9 성격장애의 증상과 원인을 설명할 수 있다.

긴가을 학기동안 오하이오 주립 대학가는 공포에 떨었다. 여자 대학생 4명이 납치되어 현금을 빼앗기고 범죄자는 자동 인출기에서 돈을 인출해 가기도 했다. 그리고 성폭행도 저질렀다. 의문의 전화 한 통이 23세의 부랑자(해군에서 파면된 '윌리엄'이라는 남성)를 체포하는 데 큰 도움을 주었다.

> 윌리엄은 평범한 옆집 소년이 아니었다.

윌리엄은 흔히 볼 수 있는 이웃집 소년이 아니었다. 윌리엄을 면담한 심리학자와 정신과 의사는 10개의 성격(남자 8명, 여자 2명)이 윌리엄 내면에 있다는 결론을 내렸다(Scott, 1994). 윌리엄의 성격은 학대받은 어린 시절에 의해 '파편화'되어 있었다. 윌리엄의 여러 개의 성격은 각각 뚜렷한 표정, 말하는 방식, 기억 등을 가지고 있었다. 그 성격들은 심리검사에서도 서로 다르게 나타났다.

윌리엄 내면의 한 인물인 아서는 가장 합리적인 성격을 가졌으며 영국식 억양으로 이야기했다. 대니와 크리스토퍼는 조용한 청소년이었고, 크리스틴은 3살 여자아이였다. 토미는 16세였고 해군에 입대한 적이 있으며, 알렌은 18세이며 흡연자였다. 아델리나는 19세 레즈비언으로 강간을 저질렀다. 그럼 이들 중 누가 의문의 전화를 했던 것일까? 아마도 심한 불안감을 가진 9살 어린이 데이비드일 것이다.

국방부는 윌리엄의 행동이 해리성 정체성장애(과거 다중성격장애라고 불렸다.)로 내면에는 다수의 뚜렷한 정체성과 인격이 있다고 했다. 일부 정체성이나 인격은 또 다른 인격을 인지하고 있었다.

일부 인격은 자신이 독특한 사람이라고 생각했다. 중심 정체성이라고 할 수 있는 빌리는 아버지의 학대를 피하는 아이처럼 잠자는 행동을 배웠다. 정신과 의사는 윌리엄이 납치를 하는 동안 빌리는 '잠 들었거나' '심리적 혼수상태'였기에, 빌리는 정신이상을 이유로 무죄가 되어야 한다고 주장했다.

결국, 윌리엄은 무죄가 인정되었고, 정신병원에 입원을 했으며, 6년 후에 나오게 되었다.

1982년 존 힝클리(John Hinckley)는 레이건(Reagan) 대통령이 살아 있을 때 암살시도를 저질렀던 사람으로 TV를 통해 저격하는 장면을 수백만 명이 목격했지만 무죄가 인정되었다. 전문가들은 그를 조현병으로 진단해야 한다고 증언했다. 힝클리 역시 정신병원에 입원되었다. 윌리엄과 힝클리는 이상심리로 진단받았으며 이러한 장애에 대한 이야기를 이 장에서 깊이 다뤄 볼 것이다.

12-1 이상심리란 무엇인가?

심리학은 행동과 정신과정을 연구한다. **이상심리**(psychological disorders)는 다양한 종류의 불편감이나 기능상의 주요한 손상과 관련된 행동이나 정신과정이다.

하지만 이상심리는 특정한 상황에 대한 반응이 아니다.

어떤 이상심리는 불안이 고유한 특징이지만, 많은 사람들은 장애로 생각하지 않고 지금 이 순간에도 불안해한다. 예를 들어, 중간시험을 치기 전에 불안해지는 건 그럴 수 있다.

그렇다면 윌리엄이 익숙한 옆집 아이처럼 느껴지지 않는 것처럼 어떤 경우를 장애라고 생각해야 하는가. 불안과 같은 감정은 언제 이상심리의 징후로 볼 수 있는가? 먼저 상황에 적절하지 않는 불안을 장애라고 볼 수 있다.

예를 들어, 보통은 4층 창밖을 내다본다고 해서 불안해할 이유가 없다. 문제의 심각성 또한 장애를 시사할 수 있다.

> **이상심리** 정서적 고통이나 기능상의 주요한 손상과 관련된 행동과 정신과정의 패턴

어떤 불안은 취업 면접 전에서 예상될 수 있다.

그러나 심장이 너무 심하게 뛰어서 면접장을 뛰쳐나가고 싶다고 느끼는 것은 흔한 일은 아니다.

행동이나 정신과정이 다음의 기준에 어느 정도 충족될 경우, 이상심리를 의심해 볼 수 있다.

TRUTH OR FICTION?

당신의 생각은? 속설이나 상식 또는 넌센스?

'진실'일 경우 T, '거짓'일 경우 F를 선택한 다음, 여러분의 선택이 정확한지를 검토해 보자.

T	F	불안은 비정상적이다.
T	F	한 남자가 수백만 명의 TV 시청자들 앞에서 미국 대통령을 총으로 저격했으나 법원에서는 무죄로 인정되었다.
T	F	마냥 행복해하는 기분은 항상 좋지 만은 않다.
T	F	자살 위험을 느끼는 사람들은 단순히 관심을 끌려는 것이다.
T	F	조현병 환자는 실제 존재하지 않은 것들을 보고 들을 수 있다.
T	F	어떤 사람들은 죄책감 없이 다른 사람들을 죽이거나 심각하게 해칠 수 있다.

FICTION

T (F) 불안은 비정상이다.

실제로 중요한 시험이나 첫 데이트를 앞두고 있는 상황에서 불안을 느끼는 것은 지극히 정상이다.

1. **일상적이지 않다.** 비정상으로 분류되는 행동이나 정신과정은 희귀하고 통계적 편차가 충분하지 않지만 도움이 된다. 결국 일부만이 SAT(미국의 대학 진학 능력기초 시험)의 언어영역에서 700점을 받곤 하는데 그들의 학업성취를 장애라고 생각하지는 않는다. 힝클리처럼 '무언가를 보고' 또는 '무언가를 듣는' 드문 경우라면 그런 행동은 기이한 속성 때문에 장애로 간주된다. 우리는 상황적 측면도 고려해야 한다. 내일까지 연구계획서를 제출해야 한다는 것을 알게 되었을 때 많은 사람들은 '당혹스러워' 하지만 그러한 우울에서 벗어나기 위해 공황발작을 일으키지는 않는다. 따라서 예측 불가능한 공황발작은 이상심리를 암시한다.

2. **이상심리는 현실에 대한 지각 및 해석의 결함을 의미한다.** 우리 사회에서는 종교적 신념에서 영감을 받는 것을 정상이라고 생각하지만, 신이 실제로 자신에게 이야기하거나 본다고 믿는 것은 비정상이다. '목소리가 들리는 것'과 '무언가가 보이는 것'을 **환각**(hallucination)이라고 한다. 마찬가지로 FBI가 '당신을 잡아 갈 것이다.'라는 믿음과 같이 자신을 해칠 거라는 생각은 장애의 징후로 간주된다(물론 잡아 갈 일은 없다). 힝클리는 대통령을 암살해서 여배우 조디 포스터(Jodie Foster)에게 인상적인 느낌을 줄 수 있을 것이라 믿었다고 증언했다. 이런 생각은 망상이다.

3. **이상심리는 심각한 개인적 고통을 의미한다.** 불안, 과도한 두려움, 심각한 개인의 고통 등은 비정상으로 간주될 수 있다. 윌리엄과 힝클리는 개인적 고통을 겪고 있었다(물론 아무리 그렇더라도 다른 사람을 희생시켰다는 것은 사실이다).

4. **이상심리는 자기파괴적이다.** 행복함과 충만함이 아닌 불행을 일으키는 행동이나 정신과정은 이상심리를 암시할 수 있다. 우울장애를 겪는 사람들은 상당히 고통스러워한다. 또한, 만성적인 음주행위는 자신의 건강과 사회적 · 직업적 생활을 위협하기 때문에 비정상으로 간주될 수 있다.

5. **이상심리는 위험하다.** 자신이나 타인에게 하는 위험한 행동이나 정신과정은 이상심리를 암시한다고 볼 수 있다. 윌리엄과 힝클리처럼 타인을 위협하거나 공격하는 사람들처럼 자살위협을 하거나 자살을 시도하는 사람들은 비정상으로 생각될 수 있다.

6. **개인의 행동은 사회적으로 수용되지 못한다.** 정상적인 행동인지 아닌지를 판단할 때 행동 패턴의 문화적 맥락을 고려해야 한다(Matsumoto & Juang, 2013). 예를 들어, 미국 사람들은 대부분 자기주장을 하는 여성을 동경하지만, 일부 라틴계나 아시아계 미국인 그리고 전통적인 유럽계 미국인은 자기주장을 하는 여성을 성격문제를 가진 것으로 보기도 한다.

환각 현실을 혼란스럽게 하는 감각 자극이 없는 지각

피해사고 누군가가 자신을 해치고 괴롭힘을 믿는 잘못된 믿음

1. 이상심리에 대한 관점

이상심리를 정의하는 기준이 복잡하므로, 자신이 속한 문화의 영향을 고려해야 한다.

귀신론적 모델 윌리엄과 힝클리가 17세기나 18세기에 살았다면 당시의 마녀들처럼 교수형에 처해졌을 것이다. 그 당시 사람들은 이상심리와 관련된 행동은 악마에게 홀려서 일어난다고 생각했다. 소위 마녀들은 이웃의 불임에서부터 흉작에 이르기까지 다양한 일들로 처형되었다. 실제 기록된 모든 역사를 보면 사람들은 이상한 행동과 이상심리를 귀신에 홀린 것이라고 생각했다.

고대 그리스인들은 신들이 광기를 일으켜서 인간을 처벌했다고 믿었다. 이상심리는 뇌의 이상으로 인해 발생한다고 주장한 의사 히포크라테스(Hippocrates)만은 예외였다. 생물학적인 부분이 생각이나 감정 및 행동에 영향을 줄 수 있다는 개념은 약 2000년 동안 존재하지 않았다.

의학 모델 귀신론적 모델은 선사시대처럼 악마를 내쫓기 위해 두개골에 구멍을 뚫는 것부터, 중세시대에 행해진 화형에 처하는 것까지 잔인한 '치료'가 수반되었다. 이 시기에 프랑스의 내과의사였던 필립 피넬(Philippe Pinel, 1745~1826) 등의 많은 건강전문가들이 이상심리를 정신질환으로 보기 시작했고 인도적인 치료를 장려했다. 1800년대에 들어 매독 말기단계에서는 마음의 작동이 왜곡될 수 있다는 사실이 밝혀졌다.

그 이후로 연구자들은 다른 신체적인 이상이 심리적으로도 영향을 미칠 수 있다고 생각하게 되었다. 소위 의학 모델은 질병을 확인할 수 있는 신체적 또는 생물학적 원인이 존재하고 이러한 질병에 걸린 사람들은 처치 또는 치료를 통해서 낫게 된다고 가정했다.

현대 심리학적 모델 현대의 많은 심리학자들은 이상심리에 영향을 주는 생물학적 · 물리적 요인을 찾기 위해 힘을 모았다. 병적 체질-스트레스 모델은 어떤 개인이 스트레스를 받을 때 왜 특정 이상심리가 발생하는지, 그 반면에 다른 사람들에게는 발생하지 않는지, 개인들 간의 생물학적인 차이가 있을 것이라고 가정한다(Gandubert et al., 2016).

퇴마의식

이러한 목판 그림은 중세의 퇴마의식 장면을 보여주고 있으며 '귀신들린' 사람에게서 악마를 내쫓는다고 믿었음을 보여 준다.

생물심리사회 모델은 이상심리를 (a) **생물학적 취약성;** (b) **스트레스에의 노출과 같은 심리적 요인;** (c) **가족관계 및 문화적 신념과 같은 사회문화적 요인**들의 결합과 관련하여 설명한다(Lane, 2014). 다시 말해, 다른 요인들은 사람들에 따라 중요성이 달라진다. 그러므로 오늘날의 심리학자들은 개인의 생물학적 특성과 인생의 경험 및 양육 사이의 상호작용에 대해 자주 이야기한다.

2. 이상심리의 분류

분류는 과학의 핵심이다. 연구자들이 이상심리를 분류하지 않고서는 의사소통을 할 수가 없으며 더 이상 과학의 발전은 없을 것이다. 이상심리에 가장 널리 사용되는 분류체계는 미국정신의학회(2013)가 발간한 정신장애 진단 및 통계편람 제5판이며, 이 매뉴얼은 DSM-5이다.

3. 이상심리의 유병률

얼핏 보면 이상심리는 극소수의 사람에게만 영향을 주는 것처럼 보인다. 비교적 소수만이 정신병원에 입원하게 된다. 대부분 사람들은 심리학자나 정신과 의사의 도움을 받으려고 하지 않는다.

우리들 중 많은 사람들이 '별난' 친척이나 친구가 있지만 그들이 "미쳤다"라고 생각하지는 않는다. 그럼에도 불구하고 이상심리는 우리 모두에게 어떤 방식으로든 영향을 주고 있다.

우리 중에서도 약 반 정도는 살아가면서 언젠가는 또는 대부분 유년기나 청소년기에 시작되는 장애로 DSM-5에 분류된 장애를 만날 것이다(Kessler et al., 2005a).

표 12.1에서처럼 우리 중 1/4 이상이 특정 시기에 이상심리를 겪게 된다(Kessler et al.,2005b). 여성은 불안과 기분장애의 비율이 더 높고 남성은 약물사용 장애를 겪을 가능성이 더 높다(Steel et al.,2014). 하지만 우리가 가족 · 친구 · 동료의 문제를 포함한다면 건강보험과 세금을 내는 사람들이 늘어나고 생산비용이 상승하는 요인이 되며 그래서 어쩌면 모든 사람들이 영향을 받게 된다. 이제 다양한 이상심리의 종류를 살펴보자.

12-2 불안장애

거미가 몸 위로 기어 다니거나 수백 미터 높이에 걸려 있는 줄을 올라가고 있다고 상상하라.

표 12.1 이상심리의 평생 유병률과 전년도 유병률

	불안장애	기분장애	양극성 장애	물질사용 장애	모든 장애
전년도 유병률	18.10%	9.50%	2.80%	3.80%	26.20%
평생 유병률	28.80%	20.80%	4.40%	14.60%	46.40%
평균 발병연령	11세	30세	21세	20세	14세

Source: Kessler et al., 2005; Merikangas et al., 2007.

Note: The data in this table are based on a nationally representative sample of 9,282 English-speaking U.S. residents aged 18 and above. Respondents could report symptoms of more than one type of disorder. For example, anxiety and mood disorders are often "comorbid"—that is, go together. Anxiety and mood disorders are discussed in this chapter. Substance use disorders include abuse of or dependence on alcohol or other drugs.

이런 상황은 많은 사람들이 'Fear Factor(공포요인)'라는 TV 프로그램에서 말한 경험들이다. 그 프로그램이 관심을 끄는 이유는 무엇인가? 아마 대부분 사람들은 돈을 주고서라도 그런 경험을 하고 싶어 한다는 사실을 상상할 수 없을 것이다.

거미를 싫어하거나 극도로 높은 곳을 불편해하는 마음은 일반적이고 충분히 그럴 만하다. 하지만 피하주사를 맞는다거나 **불안장애**(anxiety disorder)의 한 유형인 공포증의 일례로 대중 연설처럼 대상과 상황에서 경험하는 극단적이고 비합리적인 두려움이 있다. 불안장애는 심리적 · 신체적 증상을 수반한다.

심리적 증상에는 걱정, 최악의 상황에 대해 두려움, 통제력 상실에 대한 두려움, 긴장감 및 이완이 불가능한 상태 등이 포함된다. 신체적 증상에는 자율신경계의 교감신경의 흥분, 즉 떨림 · 발한 · 심장발작 · 혈압상승(얼굴 붉어짐) · 실신 등이 나타난다.

불안은 실재하는 위협에 대한 적절한 반응이지만 불안이 과도할 때, 불안이 갑자기 일어날 때(예; 사건이 정당하게 보이지 않을 때), 건강검진을 받으러 갈 때 등의 중요한 일을 방해하는 경우는 이상하게 보일 수 있다.

불안장애에는 **특정공포증**, **사회불안장애**, **공황장애**, **범불안장애**가 있다.

1. 특정공포증

특정공포증은 거미, 뱀, 높은 곳과 같은 특정 대상이나 상황 등에 대해 지나치게 비합리적인 두려움을 느끼는 것이다. 엘리베이터에 대한 두려움을 생각해 보라. 어떤 사람들은 결과적으로 그것들이 초래하는 불편함에도 불구하고 엘리베이터를 타지 못한다(예, 6층까지 계단으로 올라간다).

예를 들어, 케이블이 끊어질 수도 있고, 환기 시스템이 고장이 날 수도 있으며, 수리시간 동안 공중에 갇혀 버릴 수도 있다.

하지만 이런 문제는 흔치 않으며 대부분 사람들은 그것들을 피하려고 계단을 걸어서 오르내리는 것은 앞뒤가 맞지 않는다고 말한다. 마찬가지로 피하주사 바늘에 대한 특정공포증을 가진 사람들은 심각한 질병을 치료할 때조차도 주사를 맞지 않으려고 할 것이다. 주사를 맞는 것이 고통스러울 수 있지만 바늘을 무서워하는 많은 사람들은 병을 치료하는 데 도움이 된다면 훨씬 더 고통스러운 것도 기꺼이 참을 것이다.

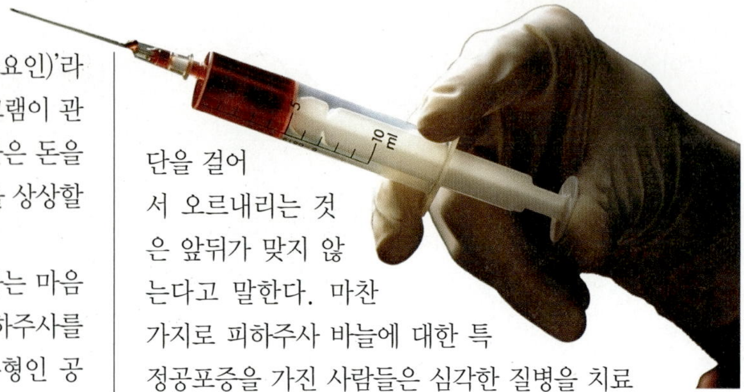

Goodshoot/Jupiterimages

또 다른 특정 공포증은 **폐쇄공포증**(claustrophobia), **고소공포증**(acrophobia), 쥐나 뱀 등의 소름끼치게 꾸물거리는 것들에 대한 두려움 등이 있다. **광장공포증**(agoraphobia)은 '광장에 대한 두려움'을 의미하는 그리스어에서 비롯되었고, 3~4% 가량의 성인이 영향을 받고 있으며 개방되어 있고 혼잡한 장소에 있는 것에 대한 두려움을 말한다.

이 진단을 받은 사람들은 집 밖으로 나가는 것을 거부하고 특히 혼자 있으려고 한다. 이들은 직장생활이나 일상적인 사회생활을 유지하는 것이 힘들다는 것을 알고 있다.

2. 사회불안장애

사회불안장애는 사회공포증으로 알려져 있으며 타인들에게 감시를 받고 있거나 굴욕적이고 당혹스러운 일을 겪게 될 사회적 상황에 대해 과도하게 두려워하는 것으로 정의할 수 있다. 대중연설에 대한 지나친 두려움은 일반적인 사회공포증이다. 무대공포증, 발표 불안, 데이트 공포증 등은 사회공포증의 일반적인 예이다.

사회공포증을 겪고 있는 사람들은 사회적 모임에 초대되면, 거절할 만한 핑계거리를 찾을 수 있다. 동료들과 만남을 회피하고 새로운 사람을 만날 수 있는 상황을 피하기 위해 책상에서 혼자 식사를 하기도 한다. 또는, 스스로 사회적 상황에 당면했을 때 불안의 첫 번째 신호에서 재빨리 벗어나려는 시도를 할 수 있다.

3. 공황장애

공황장애는 분명히 특정 대상이나 상황과 관련 없는 갑작스러운 불안발작이다.

불안장애 과도한 걱정, 통제력 상실에 대한 두려움, 긴장감 및 이완 불가능을 특징으로 하는 장애

특정공포증 특정 대상이나 상황에 대한 지속적인 두려움

폐쇄공포증 밀착되고 좁은 장소에 대한 두려움

고소공포증 높은 곳에 대한 두려움

광장공포증 개방되어 있고 혼잡한 장소에 대한 두려움

사회불안장애 공공장소에 대한 비합리적이고 과도한 두려움

공황장애 보통 불안을 유발하는 외부 자극이 없어도 극도의 불안 발작을 반복하는 경험

정신이상 탄원

존 힝클리(John Hinckley)는 로널드 레이건(Ronald Reagan) 대통령 암살을 시도한 행위에 대해 정신 이상을 이유로 무죄가 인정되었다. 힝클리는 조현병 진단을 받게 되면서 구속이 아닌 정신병원에 수용되었다.

'정신이상'이 된다는 것은 무슨 의미인가?

'정신이상 탄원'은 무엇인가?

정신이상을 탄원하는 과정에 변호사들은 1843년 영국의 로버트 필(Robert Peel) 총리를 암살 시도한 대니얼 맥노튼(Daniel M'Naghten)의 이름을 딴 맥노튼 규칙을 인용한다.

맥노톤은 필이 자신을 괴롭히고 있다는 망상을 갖고 있었으며 암살시도로 장관비서가 죽었다. 법원은 정신이상을 이유로 맥노튼에게 무죄를 인정했다.

ZUMA Press, Inc./Alamy Stock Photo

존 힝클리는 영화 택시 드라이버(Taxi Driver)에 출연한 배우 조디 포스터(Jodie Foster)의 관심을 끌기 위해 레이건 대통령을 저격했다고 주장했다.

즉, 피고는 살해 당시에 자신이 무엇을 하고 있는지 인식하지 못했거나 그 행위가 잘못된 것임을 알지 못했다. 정신이상 탄원은 여전히 동일한 방식으로 사용되고 있다(Franklin, 2014).

정신이상 탄원을 하는 사람들은 소위 '자기가 하고 싶은 대로 다 하고 있기 때문에' 많은 사람들은 정신이상 탄원을 금지시키고 싶어 한다. 하지만 그리 걱정할 필요가 없다.

정신이상 탄원 사례는 전체 항소 건의 약 1% 정도 밖에 안 된다(Silver, 1994).

게다가 정신이상으로 말미암아 무죄가 인정된 사람들은 더 이상의 정신이상이 보이지 않을 때까지 정신 병원에 무기한 수용되었다.

전문가들은 대통령이 저격당한 지 35년이 지난 2016년에 힝클리를 석방하는 것이 안전하다고 판단했다.

TRUTH

(T) F 한 남자가 TV를 통해 수백만 명이 지켜보는 상황에서 미국 대통령을 저격했고 법정에서는 무죄가 인정되었다.

한 남자가 TV를 통해 수백만 명이 지켜보는 상황에서 미국 대통령을 저격했고 법정에서는 무죄가 인정되었다는 것은 사실이다. 그 남자의 이름은 존 힝클리이며 정신이상으로 말미암아 무죄가 인정되었다. 그는 현실을 왜곡하여 지각하는 이상심리를 진단받았다.

공황장애를 가진 사람들은 강한 심장관련 감각, 즉 호흡곤란, 심한 발한, 떨림, 심장의 쿵쾅거림을 경험한다.

많은 사람들이 심장발작을 경험할거라고 생각한다. 침속에 있는 코르티솔(cortisol: 스트레스 호르몬) 수치는 발작이 일어나는 동안 증가하게 된다(Petrowski et al., 2016).

많은 사람들이 질식을 두려워한다. 이런 장애를 가진 사람들은 숨 막히는 기분, 메스꺼움, 무감각이나 얼얼한 느낌 또는 따끔거림, 홍조나 오한, 미칠 것 같거나 통제력 상실에 대한 두려움을 경험할 수도 있다.

공황발작은 몇 분에서 몇 시간 동안 지속되기도 한다. 그런 과정을 거치고 나면 보통 진이 빠지는 느낌이다. 많은 사람들이 때때로 공황을 경험한다. 공황장애의 진단은 몇 차례 발작을 일으키거나 발작을 두려워하는 사람들에게 국한된다. 공황발작은 언제 어디서든 일어나는 것 같다. 그래서 이런 장애를 가진 사람들은 공공장소에서 발작이 일어나는 두려움 때문에 집에만 있으려고 한다. 그들은 광장공포증을 동반한 공황장애로 진단받게 된다.

4. 범불안장애

범불안장애의 핵심 증상은 지속적인 불안이며, 이것은 공포의 대상이나 상황 또는 일상 활동에서 도움이 될 수 없다. 게다가 이유 없이 느껴질 수 있다.

범불안장애 두려운 느낌, 불길한 예감, 6개월 이상 지속되는 교감신경의 흥분이 장애의 핵심은 다양한 스트레스 요인들에 대한 만연한 걱정에서 비롯된다.

증상에는 운동성 긴장(떨림, 이완 불가능, 찡그린 미간, 초조함) : 자율신경의 과각성(즉, 발한, 구강건조, 심장의 쿵쾅거림, 어지럼증, 빈뇨, 설사) : 성마름, 불면증, 쉽게 산만해지는 경향성으로 보여주는 과경계 등이 있다.

"나는 섹스와 사랑에 관한 사례를 많이 가지고 있는데, 그들은 사랑하는 상대가 자신을 사랑하지 않을 때, 완전히 좌절하여 불안과 우울함으로 무기력하게 되고 있었다."

-Albert Ellis. 미국 심리학자 (1913 – 2007).

5. 불안장애의 원인

불안장애의 원인에 대해 알려진 것은 무엇인가?

심리학적 관점 일부 학습 이론가들(특히, 행동주의자)은 공포증을 '아동기에 습득된 두려움이 조건화'되었다고 생각한다. 두려운 자극에 대한 회피는 불안 감소에 의해 강화된다. 두려움을 습득하는 과정에 관찰학습이 중요한 역할을 할 수도 있다(Haaker et al., 2017).

부모가 부엌에서 쥐, 피, 먼지 등을 보고 소름 끼친다고 하며 얼굴을 찡그리면서 몸서리 친다면 아이들은 이러한 자극이 끔찍한 것으로 생각하고 부모의 행동을 모방할 수 있다.

인지 이론가들은 위협 정도에 대한 사람들의 평가는 그것들이 외상인지, 그리고 외상 후 스트레스 장애(Posttraumatic stress disorder: PTSD)를 유발할 수 있는지 등을 결정하는 데 도움이 된다고 설명한다.

공황발작을 겪는 사람들은 몸의 신호를 잘못 해석하여 위협적인 것으로 생각하는 경향이 있다. 강박적 사고와 충동적 행동은 "내 인생에서 내가 무엇을 할 것인가?"와 같이 더 놀라운 주제로 주의를 전환시키는 데 도움이 될 수 있다.

불안이 어린 시절에 습득된 경우에 이후까지 지속되는 특성으로 해석하고 "________(빈칸을 채워보라)을 두려워하는 사람"으로 스스로를 분류할 수 있다.

그리고는 그렇게 분류한 채로 계속 살아간다. 또한 "이곳에서 벗어나야만 해" 또는 "내 심장이 몸 밖으로 튀어나올 거야"와 같이 불안을 고조시키며 계속될 것이라는 생각을 가진다.

이러한 생각은 불안의 신체적 징후를 더욱 강화하고 계획을 방해하며 실제보다 더 나쁜 자극을 만들고 회피하게 하며 자기 효능감을 떨어뜨린다. 우리가 위협을 다룰 수 없다는 신념은 불안을 더 고조시킨다. 통제할 수 있다는 신념은 불안을 감소시킨다(Paulus, 2015).

생물학적 관점 유전적 요인은 불안장애뿐만 아니라 대부분의 이상심리와 관련이 있다(Hartley & Casey, 2013). 불안장애는 유전되는 경향이 있다.

일란성 쌍둥이는 이란성 쌍둥이보다 둘 다 장애를 가질 가능성이 훨씬 더 높다(Smoller et al., 2018). 입양아 연구에 따르면 생물학적 부모가 입양부모보다 아동의 불안과 관련 특성에 더 큰 영향을 주는 것을 보여준다.

진화 심리학자들은 불안이 타고난 선택을 통해 나타날 수 있다고 제안한다. 인간(그리고 영장류)은 선조들에게 위협적이었던 자극을 유전적으로 두려워하는 성향(생물학적으로 준비되어 있다)이 있다(Starratt & Shackelford, 2010). 진화의 힘은 거대한 동물, 거미, 뱀, 높은 위치, 포획, 날카로운 것, 낯선 것들에 대한 두려움을 습득하는 것을 학습해서 개체의 생존을 유리하게 해왔다.

따라서 잠재적으로 해로운 자극들을 두려워하지 않고 맞서는 사람은 유리하기보다 진화론적으로 말하면 불리할지도 모른다. 아마도 자율신경계의 높은 반응 양상과 혈중 코르티솔의 수준이 상대적으로 높은 양상에서 불안해지는 경향성은 유전일 수 있다(Alisch et al., 2017).

무엇이 신경계를 '높게 반응'하도록 만드는가? 자율신경계가 과도한 양의 아드레날린(epinephrine)과 노르아드레날린(norepinephrine)의 생성을 자극시킬 수 있다.

왜 그렇게 많은 사람들이 거미를 두려워하는가? 진화의 힘이 작용할 수 있는가?

pets in frames/Shutterstock.com

이러한 화학물질은 일반적으로 투쟁-도피 반응(자기 보호 반응을 일으키는 두 가지 측면)을 할 수 있도록 몸을 준비시킨다. 하지만 그로 말미암은 결과물이 몸에서 넘칠 만큼 강렬한 경우에는 불안정하게 떨림을 느낄 수 있고 식은땀에 흠뻑 젖을 수도 있으며 어떤 도움도 쓸모없을 수 있다.

생물심리사회학적 관점 불안장애의 많은 사례들은 생물학적 · 심리적 · 사회적 요인의 상호작용을 반영한다. 생물학적 불균형은 초기 공황장애에서 발작을 자극할 수 있다. 하지만 이후 발작에 대한 두려움(시작을 알리는 신체 신호의 두려움)은 불편함이 더 커지고 그것에 대해 할 수 있는 것이 아무 것도 없다고 생각하게 만든다(Cristea et al., 2016). 무력감은 두려움을 키운다.

따라서 공황장애를 가진 사람들은 규칙적인 호흡 등의 신체적 불편감을 감소시킬 수 있는 심리적 기법들로 도움을 받을 수 있고 마침내 발작에 대처할 수 있는 방법을 그들에게 보여줄 수 있다(Pompoli et al., 2018).

12-3 강박 및 관련 장애

강박 및 관련 장애는 일상생활에서 개인의 고통 또는 기능손상과 관련된 반복적인 행동 패턴을 보인다.

1. 강박장애

강박장애(OCD)는 비합리적이고 통제를 넘어선 것처럼 보이는 반복적이며 불안을 자극하는 사고나 상상(obsession: **강박사고**) 그리고 언뜻 보기에는 불안을 감소시키는 경향이 있는 생각이나 행동을 하게 하는 저항할 수 없는 충동(compulsion: **강박행동**)이라고 정의한다.

강박사고는 일상생활을 방해할 정도로 매우 강렬하고 반복적으로 일어난다. 그들은 현관문과 창문을 잠갔는지에 대한 의심과, 아이들이 학교에서 집으로 돌아오는 길에 차에 치였다는 반복되는 환상과 같은 상상을 할 수 있다.

어떤 여성은 욕실용 세제 때문에 자신의 손이 더럽혀졌고 그녀가 만진 모든 것들이 오염되었다는 생각에 사로잡혀 있었다. 16세 소년은 공부를 하거나 시험을 쳐야 할 때 '머릿속의 숫자' 때문에 산만해졌다고 불평했다. 그런 것들은 무시하면 할수록 더욱 더 강력해진다.

강박행동은 욕실을 사용 후에 청소를 하거나 외출을 할 때 문단속을 하고 가스 불을 껐는지를 반복적으로 확인하는 것처럼 종종 반복적으로 특별한 행동을 하게 하는 저항할 수 없는 충동이다. 충동은 일상생활을 방해할 정도로 반복적이고 강력하다.

강박장애를 겪는 16세 소년은 '머릿속 숫자들'에 자꾸만 신경이 쓰여서 학교 생활에 집중할 수가 없다고 불평했다.

2. 저장장애

저장장애를 겪는 사람들은 특정 종류의 물건들을 모으는 데 강한 욕구를 느끼고 버리는 것을 어려워한다. 어떤 부유한 여성은 아파트 3채를 갖고 있었는데, 그 중 2곳에는 수십 년 동안 쌓아 둔 신문과 연하장 등을 보관하는 장소로만 쓰고 있었다.

그녀의 딸은 좀 더 작은 집에 살고 있었는데 음식물 쓰레기 버리는 것을 어려워했다. 몇 년 후에는 집안의 좁은 길을 찾아 들어간 후에야 겨우 잠잘 수 있는 욕조만한 공간을 발견했다. 보건소에서는 상해 가는 음식물이나 기타 물건들을 치우도록 몇 차례 요청한 바 있다. 엄마조차도 딸이 심리적 문제가 있다고 인식하지 못했다.

> **강박장애(OCD)** 비합리적이고 통제를 넘어선 것처럼 보이는 반복적이고 불안을 자극하는 것(강박)과 언뜻 보기에는 불안을 감소시키는 경향이 있는 생각과 행동을 하게 하는 저항할 수 없는 것(충동)

엄마는 "○○○이 필요한 일은 절대 없을 거야."라고 말했다. 그런데 일부 저장장애를 가진 사람들은 이러한 자신의 문제를 인식하지 못한다.

그밖의 관련 장애에는 신체이형장애(body dysmorphic disorder)가 있으며 이들은 상상의 신체적 결함에 사로잡혀 있다: 지속적인 머리카락 뽑기(발모광), 충동적인 피부 뜯기(피부 뜯기 장애).

12-4 외상 및 스트레스 관련 장애

자연재해, 전쟁, 범죄, 테러 또는 가족의 죽음 등과 같은 외상을 겪게 되면 적응에 큰 어려움을 느낄 수 있다.

외상 및 스트레스 관련 장애를 겪는 사람들은 외상 관련 사건과 타협하는 데 훨씬 더 힘들어한다.

우리는 외상 후 스트레스 장애 및 급성 스트레스 장애를 살펴볼 것이다.

1. 외상 후 스트레스 장애

시리아는 2005년 여름 허리케인 카트리나가 지나간 다음 '피난 장소'인 뉴올리언스의 실내경기장으로 이동한 후에 어떤 남자가 자신을 폭행하는 꿈을 꾸었다.

오리건 주에 살고 있는 달라는 2001년 9월 11일 비행기가 세계무역센터에 충돌했을 때 건물 속에 갇혀 있는 꿈을 꾸었다.

이라크 또는 아프가니스탄 재향 군인 6명 중 1명은 저격수나 폭발물에 의해 전우가 사망하는 악몽과 회상을 경험한다(Hoge et al., 2004; Richardson et al., 2010). 이러한 악몽 같은 사건은 많은 괴로운 꿈을 꾸게 한다. 모두 외상 후 스트레스 장애에서 보이는 특징이다.

외상 후 스트레스 장애는 빠른 심박수, 외상적인 경험으로 말미암아 유발되는 불안과 무력감이 특징이다.

그런 경험에는 자연재해 및 인재, 위협이나 폭행 또는 죽음을 목격하는 것 등이 포함될 수 있다. PTSD는 사건이 있은 후에 몇 개월 또는 몇 년 후에 발생할 수도 있다.

소방관이나 참전 용사들, 가정 및 공동체가 천재지변으로 파괴된 사람들, 사고 또는 타인으로부터 폭행을 당한 사람들 등에게서 흔히 발생한다(Brenner, 2016).

외상 사건은 거슬리는 기억, 반복되는 꿈, 회상의 형태 등으로 사건이 재발한다는 느낌을 재경험하게 된다.

PTSD를 겪는 사람들은 전형적으로 외상경험과 관련된 생각이나 활동을 피하려고 애쓴다.

또한, 그들은 일상을 즐기는 것을 상당히 어려워하며 종종 수면장애, 욱하는 폭발, 집중력 저하, 극도의 경계심 및 극심한 '놀람' 등의 반응을 보인다.

2001년 9월 11일 테러는 수면장애의 대가를 치러야 했다. 테러가 있은 후 2개월경에 국가수면재단(2001)이 실시한 조사에 따르면 수면의 어려움을 겪는 미국인이 테러 전에는 1/4이었던 것에 비해 거의 절반으로 나타났다(그림 12.1). 스트레스 요인에 대해 곰곰이 생각할 가능성이 높은 여성들(Chow et al., 2017)은 남성보다 수면장애를 겪을 가능성이 더 많다(50% versus 37%).

그림 12.1 2001년 9월 11일 전후, 미국인들의 수면 문제

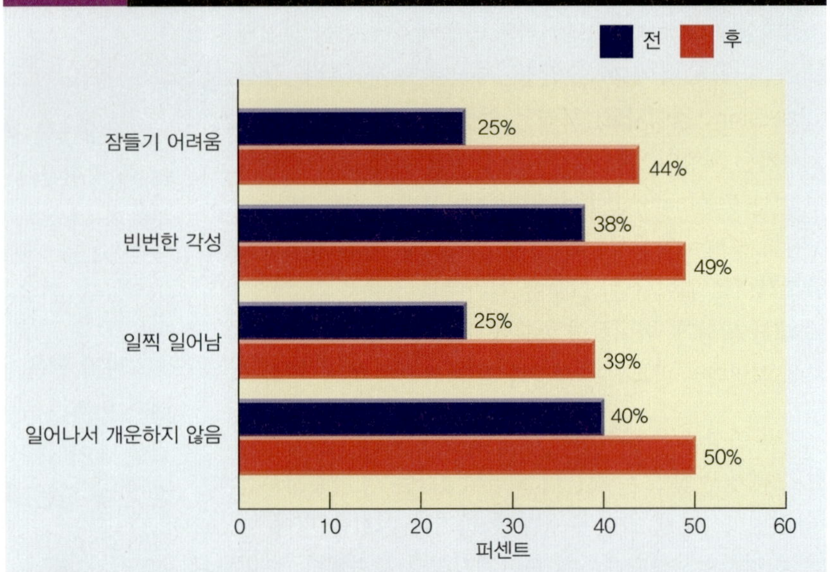

불면증은 스트레스 장애의 증상 중 하나이다. 국가수면재단(2001)의 조사에 따르면 2001년 9월 11일 테러 이후 미국인들의 수면 문제가 더 많아졌다.

National Sleep Foundation. (2001, November 19). Events of 9-11 took their toll on Americans' sleep, particularly for women, according to new National Sleep Foundation poll. Retrieved from http://www.sleepfoundation.org/whatsnew/crisis_poll.htm

외상 후 스트레스 장애(PTSD) 일반적인 인간의 경험을 벗어난 고통스러운 사건을 겪은 후 강렬한 두려움, 회피 등과 같은 양상이 뒤따르는 장애

AF archive/Alamy Stock Photo

실화를 바탕으로 한 캐나다 영화 프랭키와 앨리스(Frankie & Alice)에서 힐리 베리(Halle Berry)는 해리성 정체성 장애를 갖고 있는 아프리카계 미국인인 고고댄서와 스트립댄서를 묘사하고 있다. 그녀는 두 개의 다른 인격(다른 자아)을 가지고 있다: 알리는 남부의 인종차별주의자인 백인 여성이고 지니어스는 7세 어린이였다. 영화에서 프랭키는 난잡한 성 관계를 가졌으며 해당 장면에서 갑자기 앨리스로 변하는 모습을 보여준다. '앨리스'는 성 관계를 하고 있는 남성을 폭력적으로 공격한다. 심리치료를 통해 프랭키는 억압당했던 청소년 시절의 외상을 회상하지만 그것은 분명히 그녀의 인격에서 '분리'되어 있다. 그녀는 백인 남자친구의 아이를 출산한 바 있고 어머니는 이에 분노하며 아이를 죽였다. 치료 과정에서 그녀는 자신의 삶을 '함께'하기 위해서 일치하지 않는 인격들을 통합하기 시작한다.

2. 급성 스트레스 장애

외상 후 스트레스 장애(PTSD)처럼 **급성 스트레스 장애**는 외상 사건으로 말미암은 불안감과 무력감이 특징이다. 하지만 PTSD는 외상경험 후 6개월 이후에 발생되기도 하고 지속되는 경향이 있다.

급성 스트레스 장애는 사건이 발생하고 나서 한 달 이내에 발생하며 2일에서 4주까지 지속된다. 예를 들어, 성폭행을 당한 여성이 사건 이후 약 3주 내에 심각성이 최대치에 오르는 경향이 있다. 이러한 여성들 또한 PTSD를 겪게 될 수 있다(Goodman & Griffin, 2018).

12-5 해리장애

본 장을 시작하면서 설명한 윌리엄의 장애는 **해리장애**로서, 사고, 정서, 기억, 의식 심지어 자신의 정체성에 대한 인식(사람을 전체로 느끼게 하는 과정)과 같은 정신과정은 다른 사람으로 분리되어 있는 것처럼 보일 수 있다.

정신질환 진단 및 통계편람(DSM)에서는 몇 가지 해리장애가 소개되어 있다. 그 중에는 해리성 정체성 장애, 해리성 기억상실, 이인증 등이 있다.

1. 해리성 정체성 장애

해리성 정체성 장애는 윌리엄이 가진 장애이다.

해리성 정체성 장애에는 각각의 고유한 성격과 기억을 가진 둘 이상의 정체성이나 인격이 한 인물을 '점유'하고 있다. 각 정체성은 또 다른 정체성에 의해 경험한 정체성이나 사건을 인식할 수도 있고 인식하지 못할 수도 있다.

해리성 정체성 장애를 겪는 사람의 정체성은 다른 시력이나 알레르기 반응을 가질 수 있다(Braun, 1988). 한 사람 안에 티미라는 이름의 정체성은 오렌지 주스에 예민하지 않았다. 하지만 다른 정체성이 그를 통제하고 오렌지 주스를 마셨다면 두드러기가 났을 것이다. 주스가 소화되는 동안 다른 정체성이 점유를 해도 두드러기가 생길 것이다.

알레르기 반응이 나타났을 때 티미가 다시 나타나면 두드러기로 말미암아 가려움증은 사라지고 물집도 가라앉을 것이다. 브라운이 보고한 또 다른 사례에 따르면 한 사람 안에 있는 다른 정체성은 동일한 약에 대해 다양한 반응을 보일 수 있다. 또 한 정체성은 색맹이었던 반면에 다른 정체성은 정상적인 시각기능을 가진다.

2. 해리성 기억상실

해리성 기억상실을 겪는 사람은 중요한 개인 정보(예: 외현적인 일화기억)를 갑자기 기억하지 못한다.

급성 스트레스 장애 PTSD처럼 불안과 무력감이 특징이며 외상 사건으로 인해 발생한 장애; 급성 스트레스 장애는 사건 후의 한 달 이내에 발생하며 2일에서 4주 동안 지속됨.

해리장애 의식이나 자기정체성에 갑작스럽고 일시적인 변화를 보이는 장애

해리성 정체성 장애(DID) (이전에는 다중인격장애라고 불렸음) 한 개인이 둘 이상 또는 별개의 정체성이 교차하여 나타나는 장애

해리성 기억상실 기억상실 또는 자기-정체성의 상실이 특징인 해리성 장애; 기술적 능력과 일반적 지식은 보통 유지됨.

기억의 손실은 머리 충격이나 알코올 중독과 같은 기질적인 문제의 영향으로 볼 수 없다.

따라서 해리장애는 심리적인 장애이며 기질적 장애가 아니다. 가장 일반적인 예로 전쟁이나 사고에서 상해가 없는 생존자처럼 해리성 기억상실을 보이는 사람은 스트레스 사건 이후에 몇 시간 동안 그 일을 기억할 수 없다.

일반적인 해리성 기억상실증의 경우에 사람들은 자신의 전 생애의 기억을 모두 잃어버린다. 기억상실증은 몇 시간 혹은 몇 년에 걸쳐서 지속될 수 있다.

3. 이인증 및 비현실감 장애

이인증-비현실감 장애를 앓는 사람들은 자신으로부터 분리된 느낌이나 자신의 주위가 비현실적이라는 느낌을 경험한다. 그들은 마치 꿈을 꾸는 것처럼 또는 자신이 로봇 같은 '움직임'을 하고 있는 것처럼 느낄 수 있다. 리치의 경험을 살펴보자.

"우리는 학교를 마치고 아이들과 디즈니 월드에 갔다. 거기에서 3일을 보냈고 우리 모두가 쥐나 오리가 달린 옷을 입고는 디즈니 노래를 불렀다. 셋째 날 신데렐라 성 앞에서 디즈니 캐릭터들이 노래하고 춤추는 장면을 보며 비현실적인 느낌이 들었다.

나는 울렁거리고 현기증이 나서 4살짜리 아이의 유모차 옆에 앉았다. 내 주위에 있는 유모차와 아이들 그리고 어른들의 다리가 보였고 무엇 때문인지 나는 바닥에 흩어져 있는 팝콘 조각처럼 굳어져 버렸다.

갑자기 내 주변의 사람들이 '소인국'에 사는 장난감이나 정글 크루즈(Jungle Cruise)의 동물처럼 우스꽝스러운 기계적인 창조물이 된 것 같았다. 나와 다른 사람들 사이에는 보이지 않는 투명 벽이 있었다.

이인증-비현실감 장애 자신으로부터 이탈되어 있다고 느끼거나 자신의 주위환경이 비현실적이라고 느끼는 장애

신체형장애 신체적 이상이 발견되지 않는데도 불구하고 신체적 문제를 호소하는 장애

질병불안장애 의학적 이상 소견이 없음에도 불구하고 아프다는 지속적인 믿음을 특징으로 하는 신체형 장애

전환장애 불안이나 무의식적 갈등에 대처하는 데에 도움이 되는 신체적 증상으로 불안이나 무의식적 갈등을 '전환'시키는 장애

증상무관심 전환장애를 가진 사람들에게 종종 나타나는 의학적 문제에 대한 관심의 부족을 설명하는 프랑스어

4. 해리장애의 원인

학습 이론가와 인지 심리학자에 따르면 해리장애를 가진 사람들은 불안, 죄책감, 수치심 등을 피하기 위해 나쁜 기억이나 불안하게 하는 충동을 생각하지 않는 방법을 학습하였다. 정신역동적 이론과 학습 이론은 모두 해리장애는 사람들이 충격적인 기억이나 생각을 마음에 두지 않도록 도와준다고 설명한다.

주요 우울장애와 조현병 같은 일부 장애는 전 세계에서 발견되는 반면에 미국과 캐나다에서는 해리성 정체성 장애가 많이 진단된다는 주장이 제기되었다. 이러한 장애는 공개적으로 대중에 알려져 있는 상태이고 사람들은 사회적인 이점이나 여타의 이득이 있기 때문에 장애의 증상을 표현하도록 학습한다는 주장을 한다. 하지만 브랜드(Brand)와 동료(2016)는 이러한 장애가 실제로 치료가 잘 되지 않는 것은 전 세계적인 현상이라고 주장한다.

12-6 신체 증상 및 관련 장애

신체형장애를 가진 사람들은 마비나 통증 또는 자신이 심각한 질병에 걸렸다는 끈질긴 믿음 등의 신체적 문제를 호소한다. 하지만 신체적 이상에 대한 증거는 전혀 없다.

이 장에서 우리는 두 가지 신체형장애에 대해 논의할 것이다: 질병불안장애와 전환장애.

1. 질병불안장애

신체적 증상 장애의 보다 일반적인 유형인 질병불안장애(초기에는 건강염려증으로 불렸음). 질병불안장애를 가진 사람들은 질병에 대한 의학적 증거가 발견되지 않는데도 불구하고 심각한 신체 질환으로 고통 받고 있다고 주장한다. 그들은 경미한 신체 감각에 몰두하고 건강하다는 의사의 진단에도 불구하고 여전히 아픔을 믿고 있다.

그들은 자신이 겪고 있는 불편한 감각의 원인을 찾아줄 의사를 만나기 위해 이곳저곳을 다닌다. 질병에 대한 두려움은 직장이나 가정생활을 방해할 수도 있다.

2. 전환장애

전환장애는 기능 손상을 설명할 만한 의학적 소견은 없지만 신체 기능의 주요한 변화나 상실을 보이는 특징이 있다. 행동이 의도적으로 만들어진 것은 아니다.

즉, 그 사람에게는 거짓이 아니라는 것이다.

전환장애는 스트레스 요인을 신체적인 불편감으로 '전환'시킨 것처럼 보이기 때문에 붙여진 이름이다. 야간에 시력을 잃거나 다리에 마비가 오면 당연히 신경 쓸 수밖에 없다. 하지만 전환장애를 가진 일부 사람들은 그러한 증상에 무관심하며, 이러한 증상을 '**증상무관심**(la belle indifférence)'이라고 부른다. 증상에 대한 관심 부족은 어떤 측면에서는 신체적인 문제가 자신에게 이점이 있다는 자각을 암시한다.

2차 세계대전 동안 일부 폭격기 조종사들은 야맹증에 걸렸다. 시신경의 손상은 없었지만 야간 임무를 수행할 수 없었다. 드문 경우지만 대가족 내의 여성들은 의학적 이상 소견이 없는데도 다리가 마비되었다는 보고도 있다. 최근 잔혹한 행위를 목격한 캄보디아 여성은 결국 시력을 완전히 잃어버렸다.

3. 신체화 증상 및 관련 장애의 원인

신체형 장애는 생물심리사회학적 관점에서 흥미를 끄는 연구주제이다. 심리학적으로 보면, 신체형 장애는 실제로 사회경제적인 문제이며, 예를 들어 인간의 신체와 깊은 관련이 있다.

전환장애를 가진 사람들은 최면에 빠지기 쉽다는 증거가 있으며(Ejareh dar & Kanaan, 2016) 일부 연구자들은 전환장애 자체가 자신이 갈등하는 정보를 없애려는 목적으로 상상 속의 신체문제에 매우 강하게 집중시키는 자기 최면의 형태라고 생각한다(Srzich et al., 2016).

연구 결과에 따르면 질병불안장애로 힘들어하는 사람들은 특히 신체 감각에 민감해지고 그 감각들에 대해 곰곰이 생각하는 경향이 있다(Dewsaran-van der Ven et al., 2018).

생물학적으로 보면 신체형 장애를 가진 많은 사람들에게서 발견되는 완벽주의와 생각에 잠기는 경향은 적어도 유전적인 부분이 있다고 생각한다. 자신의 신체에 대한 까다로움은 진화론적 관점에서 볼 때 상당히 좋을 수 있다.

즉, 신체적 손상에 대한 걱정은 아마도 생존과 번식에서 위험을 피하도록 부추김으로써 도움을 줄 것이다. 하지만 지나친 걱정은 쓸모 없는 집착을 초래할 수 있다.

12-7 기분장애

기분은 우리의 심리적 삶에 색을 입히는 감정 상태이다. 대부분의 사람들은 높은 성적이나 승진 또는 관심 있는 사람에게 사랑을 받을 때 기분이 좋아진다. 우리는 데이트를 거절당하거나 시험에 떨어지거나 경제적 빈곤함을 겪을 때는 기분이 울적하고 우울해진다. 신나는 일로 행복해하는 것은 정상이고 적절하다. 울적한 일로 인해서 슬퍼하는 것도 정상이며 적절하다.

비극적이거나 실망적인 상황에서 마음 아파하고 우울해하지 않는다면 오히려 이상할 수 있다. 하지만 기분장애가 있는 사람들은 이상할 만큼 심각하거나 지속적으로 불편감을 경험하고 잘 기능할 수 없게 된다. 어떤 사람들은 일이 잘 풀릴 때 심각하게 우울해지고 또는 다른 사람들은 쉽게 극복할 수 있을 정도의 골칫거리를 만나도 심각하게 우울해진다.

여전히 많은 사람들은 극단적인 기분변화를 경험한다. 주위의 세상이 대체로 안정된 경우에도 이 사람들은 아찔한 높이와 끝없는 절벽 아래로 정서적인 롤러코스트를 탄다. 이제 양극성 장애와 주요 우울장애 두 가지 기분장애를 살펴보자.

양극성 장애

가수 데미 로바토(Demi Lovato)는 양극성 장애진단을 받았다.

현재 그녀는 사람들이 정신건강에 대해 '말하도록' 독려하는 'Be Vocal 캠페인'의 대변인으로 활동하고 있다.

The Photo Access/Alamy Stock Photo

1. 양극성 장애

양극성 장애를 앓는 사람들은 초기에는 조울증이라고 알려졌다. 황홀감에서부터 깊은 우울증까지의 기분 변화를 보인다. 그 주기는 외부 사건들과는 관련이 없어 보인다. 고양되어 있거나 **조증** 단계에서 사람들은 과도하게 흥분해 있거나 너무 말도 안 되는 농담을 해 바보처럼 보일 수도 있다. 조증에 있는 사람은 논쟁거리를 만들고 판단력이 떨어져 보인다.

양극성 장애 기분이 양 극단 사이를 번갈아 가며 나타나는 장애(고양감과 우울증); 조울증이라고도 부름.

조증(manic) 고양되고 과도한 흥분을 보이는 상태

사고비약(rapid flight of ideas) 빠른 말과 주제전환, 조증적 행동 특징

재산을 탕진하고 자선단체에 엄청난 기부를 하거나 고가의 사치품에 돈을 낭비할 수도 있다. 주위 사람들은 종종 이러한 조증에 있는 사람들의 까칠함을 발견하고 피한다. 그들은 성욕이 넘치고 너무 활동적이어서 가만히 앉아 있거나 편히 잠을 자지도 못한다.

그들은 보통 빠르게 말을 하고(pressured speech: **언어압출**) 한 주제에서 다른 주제로 훌쩍 넘어가 버린다(rapid flight of ideas: **사고비약**). 말하는 도중에는 끼어드는 것이 어려울 수도 있다. 우울증은 동전의 뒷면과 같다. 반대 극에서 우울을 겪는 사람들은 종종 일반적인 것보다 더 많은 잠을 자고 무기력해진다.

주요(또는 단극성) 우울을 겪는 사람은 불면증과 불안을 갖고 있을 가능성이 높다. 또한, 양극성 우울을 겪는 사람들은 사회적 철회와 불안정성을 보인다. 양극성 장애를 가진 사람들 일부는 기분이 상승단계에서 우울 상태로 넘어 갈 때 자살을 시도한다(Inder et al., 2016).

그들은 이제 닥칠 우울의 늪에서 도망가기 위해 무슨 일이든 할 것이다. 신경전달물질 세로토닌의 불균형은 분명히 양극성 장애에 중요한 역할을 한다(Poletti et al., 2018). 쌍둥이와 입양아 연구 또한 양극성 장애의 유전적 요인의 역할을 지지하고 있다(Smoller et al., 2018).

TRUTH

(T) F 들뜬 기분이 항상 좋은 것은 아니다.

양극성 장애의 조증 단계에서처럼 들뜬 기분이 항상 좋지만은 않다는 것은 진실이다.

2. 우울장애

지극히 평범한 우울을 겪는 사람들은 슬프거나 울적하거나 '의기소침한' 느낌일 수 있다. 그들은 에너지 부족, 자존감 저하, 집중하기 어려움, 활동이나 다른 사람에 대한 흥미상실, 비관적 태도, 울기, 자살사고를 호소할 수 있다. 이러한 감정은 **주요 우울장애**(major depressive disorder)를 겪는 사람에게 더 강렬하다.

주요 우울장애 식욕부진, 정신운동 지체 및 현실검증력의 손상을 보이는 심각한 수준을 보이는 중증 우울장애

정신운동지체 운동수행력과 (분명한)사고의 지연

학습된 무기력 피할 수 없는 환경에 반복 노출된 경험으로 인해, 실제 자신의 능력으로 극복할 수 있음에도 불구하고 자포자기 하는 것

미국 성인 9,000명 이상의 전국 표본에서 주요 우울장애는 매년 5%~7%까지 나타났으며 우리들 가운데 7명 중 1명이 겪게 된다는 것이다.

주요 우울장애를 가진 사람들의 약 절반은 식욕부진, 심각한 체중감소, 동요, 정신운동지체 등과 같은 심한 증상을 경험한다.

그들은 집중하기가 어려우며 의사결정을 못할 수도 있다. 그들은 더 이상 "신경 쓰지 마!"라고 하면서 어떤 경우에는 자살을 시도한다. 드물게는 현실을 잘못 지각하게 되는데, 즉 정신병적 행동을 보일 수 있다.

정신병적 행동에는 허무망상, 상상으로 만들어 낸 잘못에 대한 죄책감, 심지어 병으로 부패되고 있다는 생각 등이 있다. 악마에게 처벌을 받아야만 한다는 망상 또는 이상한 신체감각으로서 환각도 있을 수 있다.

주요 우울장애의 원인 주요 우울장애의 원인에 대해 알려진 것은 무엇인가?

심리학적 관점 학습 이론가들은 우울한 사람들은 강화를 받지 못하는 것처럼 행동한다고 설명한다. 예를 들어, 그들은 활동적이지 않고 무관심하게 보인다. 우울장애가 있는 많은 사람들은 자신의 문제를 해결하거나 자신의 욕구를 충족하는 사건을 통제할 수 없다는 무력감과 무망감을 느낀다(Alloy et al., 2018).

학습이론에서 밝혀진 연구결과에 따르면 우울과 학습된 무기력 사이의 관련성이 밝혀졌다. 심리학자 마틴 셀리그만(Martin Seligman, 1975)의 고전적인 연구에서 개에게 전기 충격을 피하는 건 불가능함을 학습시켰다. 개에게 반복적인 전기 충격을 주면서 벗어날 수 없도록 케이지 안에 가두어 놓았다.

그 후 안전한 공간으로 갈 수 있는 칸막이벽을 치우고 탈출할 수 있게 해주었다. 하지만 개들은 전기 충격을 받고도 도망치려고 하지 않았다. 개들은 무력감을 확실하게 학습하였다.

어떤 의미에서 셀리그만의 개는 아무 것도 하지 않는 것이 강화되었다.

즉, 개가 무력한 행동(무기력과 철회)을 보일 때는 결국 전기 충격을 멈추었다.

"많은 여성들은 어머니의 우울함을 생각하지 못한다. 그래서, 우울증은 슬픔으로 가득차서 마음을 닫고 공허함을 느끼는 것이다."

Marie Osmond, 미국의 가수 겸 배우 (1959 –)

내부귀인은 "난 완전 망했어"라는 자기비난이 있다. 외부귀인은 외부에 책임을 전가한다.
경기 중에 벤치에 앉게 된 이 선수는 내부귀인 또는 외부귀인 중 어떤 귀인을 할 것이라고 생각하는가?

LJSphotography/Alamy Stock Photo

'강화'는 '성공적인 행동'을 반복할 가능성을 증가시킬 수도 있는데, 즉 아무 것도 하지 않는 것도 유사한 상황이 되는 것이다.

이런 무기력한 행동은 우울한 사람들의 행동과 닮아 있다. 인지적 요인도 우울증에 영향을 준다. 예를 들어, 완벽주의자들은 자신에게 불합리한 요구를 함으로써 자신을 우울하게 만든다.

그들은 자신의 (비현실적인) 기대에 미치지 못하게 되고 그 결과로 우울해질 가능성이 있다(Alloy et al., 2018).

일부 다른 인식은 사람들이 자신의 실패와 단점을 스스로에게 설명하는 방식이다. 셀리그만(1996)은 일이 잘못될 때에 그 실패의 원인이 내부 또는 외부, 안정적이거나 불안정적인, 전반적이거나 특수하다는 생각을 한다고 주장했다.

이러한 **귀인(歸因)방식**(attributional styles)은 잘 풀리지 않는 날을 예로 설명할 수 있다. 내부귀인은 자기비난과 관련 있다("내가 일을 다 망쳐버렸어"). 외부귀인은 다른 곳에 책임을 전가한다("어떤 커플은 서로 양보하지 않아." 또는 "그 여자는 내게 잘못된 징조였어"). 안정귀인은 변화시킬 수 없는 문제를 암시한다("내 성격이야"). 불안정귀인은 일시적인 상태를 암시한다("그건 코감기 때문이었어").

실패에 대한 전반적인 귀인은 문제가 꽤 크다는 것을 암시한다("다른 사람들과 함께 있을 때면 난 뭘 해야 할지 모르겠어."). 특수한 귀인은 문제를 다루기 쉬운 크기로 축소시킨다("나는 관계를 시작할 때 가벼운 이야기를 나누는 게 어려워."). 이러한 귀인방식이 우울증과 어떻게 연결될까? 연구에 따르면 우울한 사람들은 실패의 원인을 내부귀인, 안정귀인, 전반적인 귀인 등 비교적 변화시킬 힘이 없는 요인의 결과로 볼 가능성이 높다.

생물학적 관점 연구자들은 또한 우울증의 생물학적 요인을 찾고 있다. 유전적 요인은 우울장애와 밀접한 관련이 있다. 크레이그 하이드와 동료들(Craing Hyde et al., 2016)은 우울증 진단을 받은 75,000명 이상의 사람과 진단을 받지 않은 231,000명의 사람을 비교한 23개의 자료를 사용하였고 연구자들은 상당한 차이가 있는 15개의 유전적 소인을 발견했다. 우울증에 대한 많은 연구들은 뇌에서 신경전달물질인 세로토닌의 부족에 중점을 두고 있다(Locher et al., 2017).

또한, 심각한 우울증을 앓는 사람들은 보통 세로토닌의 작용을 높이는 약물(선별적 세로토닌 재흡수 억제제: SSRI)에 반응한다.

생물심리사회학적 관점 우울장애와 생물학적 요인 간의 관련성은 복잡하여 깊이 연구되고 있다. 사람들은 우울증, 자기효능감, 기대 및 태도에 생물학적 경향이 있음에도 불구하고 특히, 무언가를 좀 더 좋아지도록 변화시킬 수 있는지에 대한 태도는 큰 역할을 할 수 있다. 비록 우울장애가 개인의 내부 과정을 반영한다고 하더라도 많은 상황들이 우울증과 연결되어 있다.

우울증은 상실과 스트레스에 대한 반응일 수 있다(Dempsey, 2018). 부부불화, 신체적 불편감, 직장에서 실패나 압박 등과 같은 스트레스 요인은 모두 우울 감정에 영향을 미친다. 우리는 자신에게 학업 문제와 경제 문제, 원치 않은 임신, 논쟁 등을 가져와서 그것으로 말미암아 더 우울해지는 경향이 있다.

그러나 어떤 사람들은 다른 사람들보다 더 어렵게 우울에서 회복된다. 우울한 상태의 사람들은 자존감이 저하되어 있고 사회적 문제를 해결할 수 있는 가능성이 낮으며 사회적 지지도 부족하다.

3. 자살

미국에서 매년 약 44,000명이 스스로 목숨을 끊는다. 자살은 15세~24세 사이의 사망 원인 중 사고사 다음으로 두 번째로 많다(Suicide, 2017).

코미디언 겸 배우인 로빈 윌리엄스(Robin Willams)의 사례처럼 대부분의 자살은 우울증 및 절망감과 관련이 있다(Bagge et al., 2014).

자살 청소년은 자신이 누구이며 어떻게 살아야 하는지에 대한 혼란과 충동성, 정서적 불안정, 사회적 문제를 경험하는 경향이 있다.

귀인방식(attributional styles) 자신의 행동을 내부 또는 외부 요인, 안정 또는 불안정 요인, 전반적 또는 특정 요인에 귀인시키는 경향성

여성과 우울증

여성은 남성보다 우울증을 진단받을 가능성이 2배나 높다(Salk et al., 2017). 이러한 성별 차이는 청소년 시기에 나타나기 시작한다. 매년 미국 여성의 약 12% 그리고 남성의 7%가 우울증 진단을 받고 있다.

과거에는 여성이 아이를 갖는다는 '타고난' 기능을 더 이상 수행할 수 없기 때문에 우울은 여성의 폐경기와 함께 발생할 가능성이 가장 높다고 추정한 바 있다. 하지만 여성들은 가임기 동안에도 우울증에 걸릴 가능성이 더 높다(Keyes & Goodman, 2006).

많은 사람들이 생물학적인 성차가 여성이 더 우울해지는 이유를 잘 설명한다고 가정한다(Deecher et al., 2008).

에스트로겐(estrogen)의 저하가 주범이라는 것은 널리 알려져 있다. 에스트로겐 수치는 월경 전에 급감하며 이러한 결핍이 심리적 변화를 유발할 수 있다. 여성이 분노나 초조함을 표현할 때 "오늘이 그날이야?"와 같은 비하하는 말을 얼마나 자주 들었는가?

일부 이론가들은 남성보다 여성이 스트레스와 여타의 부정적인 사건에 대해 반추하려는 경향이 높다는 것과 관련해 우울증에 대한 '인지적 취약성(cognitive vulnerability)'을 가진 것이라고 주장했다(Lyubomirsky et al., 2015).

성별의 차이점 중에서 또 한 가지 이유는 여성이 받는 스트레스가 더 크다는 것을 반영하는 데 이는 가사노동의 요구 · 자녀양육 · 노약해진 부모를 돌보는 요구 등 세 가지 역할을 할 때 극대화되는 경향이 있다(Schwartz, 2013).

여성은 신체적 및 성적 학대와 빈곤, 한 부모 가정, 성차별을 당할 가능성이 더 높다.

특히, 미혼모는 남성보다 사회경제적 지위가 낮으며, 우울증과 다른 이상심리는 빈곤층에서 더 흔하다(Taylor & Conger, 2017).

그래서 여성에 대한 요구를 조정해 주는 것이 우울한 여성을 위한 치료의 일부이다. 고통은 개인적인 것일 수 있지만 그 원인은 종종 사회에 있다.

Robin Beckham/BEEPstock/Alamy Stock Photo

남성보다 약 2배 많은 여성이 주요 우울장애로 진단받았다. 이런 성별 차이에 대해서 어떻게 생각할 수 있는가?

자살한 성인과 마찬가지로 일부의 자살 청소년은 성취욕이 높다. 즉, 자신에 대해 불가능할 정도로 높은 기대를 하는 엄격한 완벽주의자들이다(Rathus et al., 2015).

많은 사람들이 자신을 다른 사람들과 부정적으로 비교를 함으로써 자신을 우울감과 절망감에 빠뜨린다(Wetherall et al., 2018).

청소년의 자살행동의 원인에는 성에 대한 우려, 성적학대, 학업성적, 가정불화, 약물남용 등이 있다.

항상 자살을 촉발시키는 것은 스트레스가 많은 사건 자체가 아니라 유급이나 체포 이력 등 무엇인가 '밝혀지는' 것에 대한 불안이나 두려움이 원인이다.

Granamour Weems Collection/Alamy Stock Photo

코미디언 겸 배우 로빈 윌리엄스

윌리엄스는 보기에 항상 우스꽝스럽고 재미있었기 때문에 그가 자살을 했을 때 팬들은 충격을 받았다.

떠나기 전 몇 년 간 그는 고통으로 괴로워했고 질병 때문에 절망적이었다는 것을 아는 사람은 거의 없었다.

자살하려는 사람들은 다른 사람들보다 문제를 해결할 수 있는 능력이 확실히 부족하다(Rathus et al., 2015).

그래서 그들은 스트레스 상황을 바꾸는 생산적인 방법을 찾을 가능성이 더 적다.

그들은 구직을 하거나 빨리 벗어날 수 있는 마술적 해결책을 원한다(Shneidman, 2001). 자살 경향성에는 가족력이 있다(Ruderfer et al., 2018).

자살시도를 하는 많은 사람들은 심각한 심리적 문제를 가진 가족이 있으며 4명 중 1명은 자신의 목숨을 끊은 가족 구성원이 있다(Petersen et al., 2014). 하지만 우연적 연관성은 불분명하다.

자살을 시도하는 사람들은 자살로 이어질 수 있는 질환을 타고나는가? 가족 구성원의 자살은 개인에게 자살 사고를 제공하거나 자살을 시도할 '운명'이라는 인상을 불러일으키는가?

자살에 대한 사회문화적 요인 자살은 우울한 기분과 스트레스 사건뿐만 아니라 연령, 학력, 민족, 성별과도 관련이 있다. 자살은 대학에 다니는 학생들이 동년배의 대학에 다니지 않는 사람들보다 더 일반적으로 발생한다.

매년 약 10,000명의 대학생들이 자살을 시도한다. 십대의 자살은 언론의 주목을 받지만 노인들이 훨씬 더 자살할 가능성이 높다(Centers for Disease Control and Prevention, 2013). 미혼이나 이혼한 노인의 자살률은 결혼생활을 유지하는 노인보다 자살률이 두 배나 더 높다.

왜 여성이 남성보다 자살시도를 더 많이 하는가? 왜 남성은 자살 '성공' 가능성이 높은가?

Andrew Bret Wallis/Getty Images

자살과 자살시도의 비율 또한 인종과 성별에 따라 다르다. 예를 들어 아메리카 원주민은 6명 중 약 1명은 자살을 시도했으며 다른 미국인의 자살률보다 더 높다.

라틴계 미국인은 8명 중 1명이 자살을 시도했고 10명 중 3명은 자살을 생각하고 있다. 유럽계 미국인은 그 다음으로 8%가 자살시도를 했고 28%는 자살을 생각하고 있다. 아프리카계 미국인은 자살시도(6.5%)를 하거나 자살사고(20%)를 하는 경향이 더 낮다. 남성보다 약 3배 많은 여성들이 자살시도를 하지만 약 5배 많은 남성이 자살을 '성공'한다.

FICTION

T (F) 자살위협을 하는 사람들은 단지 주위로부터의 관심을 받고 싶을 뿐이다.

자살위협을 하는 사람들이 관심을 끌려고만 한다는 것은 사실이 아니다. 많은 사람들이 자살에 대한 다양한 경고를 보낸다.

남성은 총으로 자살하거나 목을 매는 경향이 더 높다; 여성은 진정제나 수면제를 과다복용하거나 독극물과 같은 약물을 더 자주 사용한다(Kolves et al., 2018).

약물이 몸속에서 작용을 하는 데 필요한 시간이 소요되어 그 동안 다른 사람들이 이들을 발견해 개입할 수 있는 시간적 기회를 얻게 된다.

자살에 대한 미신 자살위협을 하는 사람들은 주위로부터의 관심을 끌려고 한다는 말을 들었을 것이다. 심각한 사람들은 그냥 자살을 시도하는가? 그렇지 않다. 자살을 시도하는 사람들은 자신의 의도에 대한 경고를 보내거나 사전에 시도를 했다.

많은 사람들이 알고 있는 생각과는 다르게 우울을 가진 사람의 자살 이야기는 사람들이 자살을 시도하도록 자극하는 것이 아니다(National Center for Injury Prevention and Control, 2005).

전문가의 도움을 요청하기 위해 전화를 하거나 방문할 때 사전에 자살을 하지 않겠다는 약속을 받아 내면 누군가의 자살을 막을 수도 있다.

어떤 사람들은 단지 '정신이 이상한' 사람들(현실과 접촉하지 못하는 사람)만 자신의 목숨을 끊어버릴 거라고 믿는다. 하지만 자살사고가 반드시 정신병이나 신경증 또는 인격장애의 징후는 아니다.

그 대신 사람들은 더 이상 선택의 자유가 없다고 생각할 때 자살을 생각할 수 있다(Nock & Kazdin, 2002; Townsend et al., 2001).

12-8 조현병 및 기타 정신장애

정신장애의 경우에 사람들은 현실과의 접촉을 상실하는 경험을 한다. 그들은 실제로 그곳에 존재하지 않는 무언가를 보거나 들을 수도 있다(환각). 그들은 실제적인 근거가 없는데도 벽 속에 '라디오'가 숨겨져 있다는 생각을 할 수도 있다(망상). 이 장에서는 조현병과 망상장애에 대해 논의한다.

1. 조현병

조현병은 개인 삶의 모든 측면에 영향을 미치는 심각한 정신장애이다. 이는 사고와 언어의 혼란, 지각과 주의, 운동기능, 기분뿐만 아니라 백일몽이나 환상으로의 철회와 흡수 등이 특징이다. 조현병은 인간에게 영향을 미치는 최악의 정신장애로 불리고 있다.

전 세계 인구의 거의 1%가 이 병을 앓고 있다. 비교적 초기에 발병하고 그 부작용이 지속되는 경향이 있다.

조현병의 증상 조현병의 경우에 뭐가 잘못되든 정신적으로 잘못되는 것으로 보인다. 사고, 언어, 지각, 운동능력 및 사회적 상호작용에 어려움이 있다. 조현병 환자는 양성 증상이나 음성 증상을 보일 수도 있고 둘 다 보이기도 한다.

양성 증상은 예를 들어, 불안한 행동, 생생한 환각, 완고한 망상, 혼란된 사고, 의미 없는 말 등을 포함하며 이는 고통 받는 사람들에게서 쉽게 관찰되는 부적절한 행동들이다. **음성 증상**(negative symptoms)은 적절한 행동의 부재를 반영한다.

양성 증상(positive sypmptoms) 환각, 망상, 초조, 불안, 의미 없는 말 등과 같은 부적절한 행동이 있음을 지적하는 조현병의 증상

음성 증상 무표정, 단조로운 목소리, 움직임이 없는 몸짓 등 적절히 존재해야 할 행동이 없음을 반영하는 조현병의 증상

함구증 대화를 거부하는 것

망상 감각적이거나 명백한 증거로 입증할 수 없는 완고한 잘못된 신념

Shotshop GmbH/Alamy Stock Photo

이러한 둔감하고 감정이 없는 목소리, 무표정한 얼굴, 경직, 움직임 없음, **함구증**(mutism) 등을 보인다.

사고와 언어의 문제 조현병은 사고, 언어, 기억 및 주의력 등에 문제가 있기 때문에 '**사고장애**(thougth disorder)'라고 불러왔다.

그들의 사고와 의사소통 능력은 와해되어 있다. 그들의 말하기는 두서없이 산만할 수 있다. 신조어나 의미 없는 운율에 따라 특정 단어들을 섞어가며 말할 수도 있다. 그들은 거의 쓸모 없는 정보만 전달하고 한 주제에서 다른 주제로 뛰어넘을 수도 있다. 그들은 보통 자신의 사고와 행동이 이상하다는 것을 알아차리지 못한다.

조현병을 앓는 많은 사람들은 굳건한 **과대망상**(delusions)이나 피해망상 또는 관계망상을 가지고 있다. 과대망상의 경우, 자신이 예수님과 같은 유명 역사적 인물이라거나 특수한 임무를 수행하는 사람이라고 믿기도 한다. 피해망상을 가진 사람은 CIA나 FBI 또는 어떤 조직이 자신을 찾고 있다고 믿기도 한다. 편집증을 가진 사람은 작은 증거를 근거로 자신을 해치려고 한다는 결론을 내리는 경향이 있다.

관계망상을 가진 사람은 타인이 자신에 대해 이야기하거나 웅성거린다고 오해할 수 있다. 예를 들어, 관계망상이 있는 여성은 뉴스 기사에서 자신에게 전하는 코드 정보가 있다고 말했다. 조현병이 있는 사람들 중 일부는 자신이 용서받지 못할 죄를 지었다는 망상, 병에 걸려 죽어가고 있다는 망상, 자신이나 세계가 존재하지 않는다는 망상 등을 가지고 있다.

TRUTH

Ⓣ F 조현병 환자는 실제로 존재하지 않는 것을 보고 들을 수 있다.

조현병 환자는 실제로 존재하지 않는 것을 보고 들을 수 있다는 것은 진실이다. '이것'을 환각이라고 한다.

지각관련 문제 조현병을 앓는 사람들의 지각관련 문제에서는 보통 **환각**(delusion)이 있다. 이는 외부 자극이 없는 상상으로 현실을 구별할 수 없다. 환각을 경험하는 사람들은 어떤 색깔이나 허공에 적힌 음란한 말을 볼 수도 있다. 환청이 가장 일반적인 환각이다.

행동과 정서 및 사회적 상호작용 문제 조현병이 있는 사람의 경우에 운동 활동이 거칠거나 사람들이 말하는 멍한 사람처럼 매우 느릴 수 있다. 즉, 감각이나 사고 및 행동이 억제되어 있는 상태이다. 이상한 몸짓이나 얼굴 표정이 있을 수도 있다.

긴장증 상태에 빠져있는 사람은 운동 활동에 현저한 손상을 보인다. 멍한 상태는 순식간에 초조한 행동으로 바뀔 수 있다. 긴장증이 있는 사람은 사지가 붓거나 뻣뻣해지더라도 몇 시간 동안 이상하고 때로는 힘든 자세를 유지할 수 있다.

이러한 눈에 띄는 특징은 **납굴증**이며 타인이 이들을 조작한 자세를 그대로 유지하는 것이다. 긴장증이 있는 사람도 함구증을 보일 수 있지만, 나중에 물어 보면 다른 사람들이 한 말을 다 듣고 있었다고 보고한다.

조현병 환자의 정서적 반응은 둔마되어 있거나 완전히 부적절할 수도 있다(나쁜 소식을 듣고서도 낄낄거리며 웃는 것처럼). 조현병이 있는 사람들은 사회적 접촉을 피하려는 경향이 있으며 자신의 생각과 환상에 빠져 있다.

2. 망상장애

망상장애를 가진 사람들은 보통 편집증적 주제와 관련된 지속적이고 명백한 망상적 신념을 가지고 있다. 망상적 신념은 일반적으로 배우자의 바람이나 타인에 의한 피해 또는 유명인과 사랑에 빠졌다는 것처럼 일어날 수 있는 사건 등과 관련된 것이다. 그러한 신념의 가능성은 신념에 대해 근거가 없다는 결정을 하기 전에 다른 사람들이 진지하게 믿도록 유도하고 확인할 수 있다.

망상과는 별개로 개인은 명백하게 기이한 이상행동이나 별난 행동을 보이지 않는다. 하지만 특정 사람들에게는 외계인이 인간의 머리에 칩을 이식했다고 믿는 것과 같은 기이한 망상주제가 있다. 영화 뷰티풀 마인드(Beautiful Mind)의 실존 인물 존 내쉬(John Nash)는 정부가 냉전시대에 적군이 보낸 암호를 풀도록 자신을 데려가려고 한다는 믿음이 있었다.

3. 조현병에 대한 설명

연구자들은 조현병에 영향을 주는 다양한 요인들, 즉 심리적 · 사회문화적 · 생물학적 요인들을 조사했다.

심리학적 관점 대부분의 학습 이론가들은 조현병을 조건형성과 관찰학습의 측면에서 설명했다.

학습 이론가들은 사람들이 정상적인 행동보다 강화될 가능성이 더 높을 때 조현병적 행동에 관여한다고 주장했다. 사람들이 사회적으로 보상이 없거나 처벌적인 상황에서 양육을 받을 때 이런 행동이 발생할 수 있다. 그렇게 되면 내면의 환상은 사회적 현실보다 더 강화되게 된다.

정신병원에 입원한 환자는 다른 사람들을 관찰하면서 '예측'하는 법을 학습할 수도 있다. 병원 직원은 기괴하게 행동하는 환자에게 더 많은 주의를 기울임으로써 조현병적 행동을 강화시킬 수 있다. 이러한 관점은 수업을 방해하는 아동이 '착한' 아동보다 선생님의 관심을 더 끌게 된다는 믿음과 일치한다.

사회문화적 관점 많은 연구자들은 빈곤, 열악한 양육, 차별, 인구밀도 등과 같은 사회문화적 요인이 조현병에 어떻게 영향을 미치는지, 그리고 특히 이러한 요인들이 장애에 유전적으로 취약한 사람들에게는 어떤 영향을 미치는지 등을 고려해 왔다. 양육의 질이 조현병의 발병과 관련이 있기는 하지만(Buckleyet al., 2000), 비평가들은 사회의 처벌적 양육환경에서 길러진 많은 사람들은 분명히 장애에 면역력이 있다고 지적한다.

코네티컷 주의 뉴 헤븐(New Haven)에서 진행되었던 고전적인 연구에 따르면 조현병의 비율은 사회경제적 위계에서 높은 위계에 있는 사람들보다 최저 사회경제적 위계에 있는 사람들이 두 배나 높은 것으로 나타났다.

따라서 일부 사회문화 이론가들은 조현병의 치료는 행동이 이상한 사람들을 변화시키기보다 빈곤과 여타의 사회적 문제의 해소가 더 요구된다고 제안했다. 하지만 이러한 견해에 대해 비평가들은 낮은 사회경제적 지위가 조현병의 원인이 아니라 결과일 수도 있다고 제시한다.

무감각증(stupor) 멍한 상태. 감각, 사고, 움직임 등이 둔해진 상태

긴장증(catatonia) 현저한 운동성의 장애가 특징인 정신병적 상태

납굴증(woxy flexibility) 특정한 자세를 형성한 뒤에 꽤 오랜 시간 유지할 수 있는 긴장성 조현병의 특징

망상장애 지속적인 거짓 신념을 특징으로 하는 정신병적 장애

조현병이 있는 사람들은 사회적 기술과 인지 능력이 부족하여 더 높은 수준의 환경에서 필요한 기능을 할 수 없기 때문에 빈곤한 상황에 처하면서 사회적 지위가 떨어질 수 있다. 많은 연구자들이 조현병의 발병에 대해 심리적, 사회적 위험 요인을 계속해서 찾고 있지만 연구에 따르면 장애를 가진 사람과 관련 없는 사람들이 조현병으로 발병할 만한 환경적 원인은 아직 발견하지 못하고 있다.

이러한 증거부족으로 인해 오늘날 조현병의 생물학적 측면, 즉 뇌질환으로서의 특성과 생물학적 원인에 초점을 맞추고 있다. 조현병 환자와 일반인의 생물학적 차이의 특성을 파악하면 조현병을 유발시키는 유전적 요인 및 생물학적 요인을 확인해 볼 수 있을 것이다.

생물학적 관점 여러 연구에 따르면 조현병 환자의 뇌는 정상인의 뇌와 다르다는 것을 알 수 있다. 이러한 연구들은 그림 12.2(Thompson et al., 2001)에서 볼 수 있는 것처럼 뇌 회백질의 양, 뇌실의 크기(빈 공간), 뇌의 활동수준, 뇌의 화학작용(예; 신경전달물질)에 초점을 두고 있다.

뇌 영상은 조현병 환자가 일반적으로 일반인보다 회백질이 더 적다는 것을 보여주었고, 이러한 결과는 주의력 · 작업기억 · 추상적 사고 및 언어능력 등의 결손을 제시하고 있다(Jiang et al., 2018). 조현병 환자는 정상인보다 뇌가 더 작으며 특히 피질의 전두엽 영역이 더 작다(Shirayama et al., 2010). PET 스캔 결과 조현병 환자는 전두엽 피질(계획 및 의사결정을 담당하는 영역)의 활동 수준이 더 낮은 경향이 있음을 보여준다(Farzan et al., 2010; Hernaus et al., 2017; Tse et al., 2015).

또 다른 연구에서는 낮은 활동 수준은 해당 영역에 존재하는 시냅스(synapse: 뉴런 간 소통이 이루어지는 공간구조)의 손실과 관련이 있으며(Glantz et al., 2010) 조현병 환자는 신경신호를 효율적으로 전달할 수 있는 능력이 감소되어 있다고 하였다.

뇌의 구조와 기능의 차이점을 설명할 수 있는가? 조현병은 다른 정신장애와 마찬가지로 유전된다(Bolinskey & Gottesman, 2010). 조현병 환자는 전 세계 인구의 약 1%를 차지하지만 조현병을 가진 부모를 둔 어린이는 약 6%의 비율로 진단받고 있다(그림 12.3). 이란성 쌍둥이들 중 17%나 진단되는 것에 비해 유전 정보가 동일한 일란성 쌍둥이들의 동반 진단은 48%이다.

또한, 입양아 연구에 따르면 생물학적 부모는 전형적으로 입양 부모보다 조현병에 걸릴 위험이 더 높은 것으로 나타났다(Gottesman, 1991). 조현병과 관련된 유전자를 분리해 내기 위해서 많은 연구가 진행되었다. 몇몇 연구는 여러 염색체에서 다양한 유전자의 위치를 찾아냈다.

조현병의 많은 사례에서 유전적 취약성은 필수적인 요인이 되기도 하지만, 발병 원인으로는 불충분하다. 조현병을 앓는 많은 사람들의 어머니는 임신과 출산 과정에서 많은 합병증을 겪고 있다(Murray et al., 2017). 예를 들어, 많은 산모들이 임신 6~7개월 사이에 독감에 걸리기도 했다(Ersoy et al., 2017; Racicot & Mor, 2017).

그림 12.2 정상 청소년과 조현병 진단을 받은 청소년의 회백질 평균 손실률

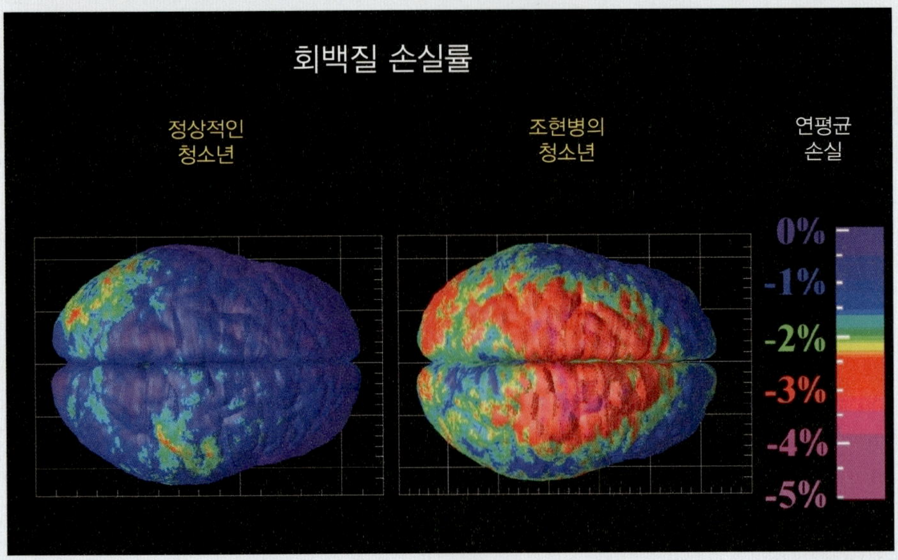

고해상도 MRI 촬영은 13세에서 18세 사이의 청소년(왼쪽)의 회백질 손실률을 보여주며, 조현병 진단을 받은 같은 연령의 청소년(오른쪽)은 뇌 변화의 지도가 깊고 점진적인 손실을 보여준다. 손실은 일반 청소년에서도 발생하지만 속도는 느리다.

그림 12.3 조현병 진단을 받은 사람과 조현병 가능성이 있는 가족관계

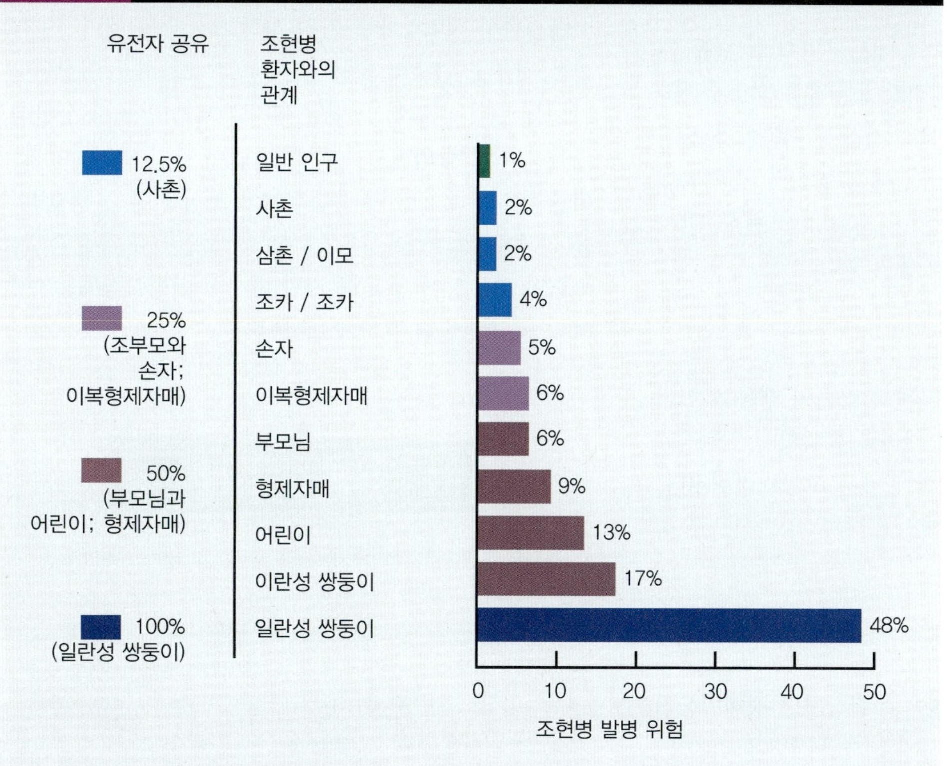

Source: Gottesman, I.I. (1991) Schizophrenia genesis: The Origins of madness. New York: W. H. Freeman.

출산 과정의 합병증은 특히 지연분만에서는 조현병 환자에게서 발견되는 더 큰 뇌실(빈 공간)과 관련이 있는 것으로 보인다. 산모의 영양부족도 마찬가지로 관련이 있다(Mackay et al., 2017). 조현병을 앓는 사람들은 우연한 확률 이상으로 겨울에 태어난 경향이 있었다; 추운 날씨는 임신 후기와 초기 아동기 동안 어머니의 바이러스 및 기타 감염의 위험을 높이게 된다.

신경전달물질인 도파민(dopamine) 등의 수많은 화학물질이 조현병에서 주요 역할을 하고 있는 것으로 의심된다. 도파민 이론에 따르면 조현병 환자는 도파민을 '과다사용' 하고 있지만(대부분의 사람들보다 더 많이 사용) 더 많이 생산하지는 못한다. 왜 그럴까?

연구에 따르면 뇌의 시냅스에서 도파민의 농도가 증가하게 되면 도파민 수용체가 더 증가하는 것으로 나타났다. 조현병으로 특징짓는 혼동과 연결될 수 있는 신경 전달은 '두 배의 타격'을 주는 것이다.

생물학적 관점 생물학적 · 심리적 · 사회문화적 인자가 조현병과 관련이 되어 있기 때문에 오늘날 대부분의 연구자들은 생물심리사회적 모델을 선호한다. 이 모델에 따르면 유전적 요인은 조현병에 대한 소인을 유발시킨다(또는 취약하게 한다).

장애에 대한 유전적 취약성은 임신 및 출산의 합병증, 스트레스, 양육의 질, 사회적 조건 등 다른 요인들과 상호작용하여 장애를 일으킨다.

그림 12.4 조현병의 생물심리사회적 모델

생물학적 요인	심리적 요인	사회 / 문화적 요인
· 유전적 취약성 · 도파민의 과다 작용 · 심실 확대 · 회백질의 결핍 · 바이러스 감염 · 출생 합병증 · 영양 실조 (기타 사회 · 문화적 요인)	· 스트레스 · 가족 불화 · 육아 환경 부실 (기타 사회적 요인)	· 가난 · 인구 과밀집 · 육아 환경 부실 (기타 심리적 요소) · 영양 실조 (기타 생물학적 요인)

조현병의 생물심리사회적 모델에 따르면 장애에 유전적으로 취약한 사람들은 바이러스성 감염, 출생 합병증, 스트레스 및 열악한 양육 등의 문제에 당면하면 조현병의 위험도가 높아진다. 유전적 취약성이 없는 사람들은 이상의 문제가 있다고 하더라도 조현병이 발병하지 않는다.

12-9 성격장애

성격 특성과 마찬가지로 성격장애도 지속적인 행동 패턴을 특징으로 한다. 하지만 성격장애는 융통성이 부족하고 부적응적이다. 그들은 개인적, 사회적 기능이 손상되어 있으며 자신이나 타인에게 고통을 유발한다. 성격장애는 여러 가지 종류가 있다. 편집성, 조현형, 조현성, 반사회성, 경계선, 회피성 성격장애 등이 있다.

1. 편집성 성격장애

편집성 성격장애의 특징은 다른 사람들의 행동을 위협적으로 또는 무시하는 것으로 해석하는 경향이 있다. 그들은 타인을 불신하면서 그들의 관계는 고통스러워진다. 동료들과 상사를 의심하긴 하지만, 그들은 일반적으로 직장생활을 잘 유지할 수 있다.

2. 조현성 성격장애

조현성 성격장애는 대인관계에 무관심하고 정서반응이 둔감한 특징을 갖고 있다. 이 장애를 가진 사람은 '혼자 있는 사람'이다. 그들은 다른 사람들에게 상냥하거나 따뜻한 느낌을 주지 못한다. 그들은 친구가 거의 없고 오랜 시간 관계를 유지하는 경우도 거의 없다. 조현성 성격장애를 가진 사람들 중에는 지속적인 사회적 상호작용이 필요하지 않는 직장에서 잘 지낸다. 그들은 환각이나 망상은 없다.

3. 조현형 성격장애

조현형 성격장애는 과도한 환상과 의심, 비현실감 또는 특이한 언어사용 등과 같은 사고, 지각, 행동 상의 특징으로 설명할 수 있다. 복잡한 망상이나 환각은 없고 비일상적인 운동성도 보이지 않기 때문에 이 장애를 조현병이 아니라 조현형이라고 부른다.

성격장애 개인 및 타인에게 고통의 원인이 되는 부적응적인 행동패턴이 지속되는 것

편집성 성격장애 지속적인 의심을 특징으로 하지만 편집성 조현병에서 보이는 지남력 상실은 보이지 않는 성격장애

조현성 성격장애 사회적 철회를 특징으로 하는 성격장애

조현형 성격장애 사고와 행동의 기이함이 특징이지만 기괴한 정신병적 행동은 보이지 않는 성격장애

반사회성 성격장애 사회적 갈등을 자주 하지만 처벌을 통해 바뀌지 않으며 죄책감이나 불안이 거의 또는 전혀 없는 사람에게 진단되는 성격장애

경계선 성격장애 대인관계, 자기상, 기분의 불안정성과 충동에 대한 통제력 결함으로 인한 성격장애

4. 반사회성 성격장애

반사회성 성격장애를 가진 사람들은 보통 매력적인 외양을 갖추고 있으며 지능 수준이 적어도 평균 이상이다. 그들은 다른 사람들과 강한 유대관계를 만들지 못한다. 그들은 부모에 의해서 심한 벌을 받아 왔고 또래들에게는 따돌림을 당해 왔지만 충동적이고 조심성 없는 생활방식을 고수해 왔다. 여성은 남성보다 불안이나 우울장애를 경험할 가능성이 높다. 하지만 반사회성 성격장애는 여성보다 남성에게 더 흔하게 나타난다.

TRUTH

(T) F 어떤 사람들은 죄책감을 느끼지 않고 다른 사람들을 죽이거나 해칠 수 있다.

어떤 사람들은 죄책감을 느끼지 않고 다른 사람들을 죽이거나 해칠 수 있다는 것은 진실이다. 그들은 지속적으로 타인의 권리를 침해하고 법과 상충하는 갈등이 반복될 때 반사회성 성격장애로 진단받을 수 있다.

5. 경계선 성격장애

경계선 성격장애를 가진 사람들은 대인관계, 자기 기분의 불안정, 충동에 대한 통제력 결핍 등을 보인다. 그들은 자신의 가치나 목표, 권위, 경력, 친구 선택, 가끔은 성적 취향 등에서도 불확실한 경향이 있다. 자기 자신의 정체성은 불안정하여, 공허하고 지루한 느낌을 줄 수 있다. 경계선 성격장애를 가진 사람들은 혼자 있는 것을 힘들어 하며 버려진 것 같은 감정을 피하려는 필사적인 노력을 한다.

그들은 사회적 관계에서 매달리거나 요구할 수도 있지만, 종종 매달린다고 하면서 자신이 의존하고 있는 상대를 밀어내기도 한다. 그들은 관계에서 욕구가 충족될 때 지나친 칭찬을 하거나, 경멸감을 느낄 때에 혐오하는 등 극단성을 보이며 번갈아 가며 관계한다. 그들은 타인에 대해 좋고 나쁨의 두 가지로 생각하는 경향이 있으며 한 극단에서 다른 극단으로 순식간에 변해 버린다. 결과적으로 그들은 현재 상대에서 다른 상대로 쉽게 바꾸면서 폭풍 같은 관계를 할지도 모른다.

이상화된 사람들은 타인이 그들을 내치는 느낌이 들면 경멸감을 느낀다. 불안정한 기분은 경계선 성격장애의 핵심적인 특징이다.

기분은 분노와 과민함에서부터 우울증과 불안에 이르기까지 다양하며 각각 몇 시간에서 며칠 동안 지속되기도 한다. 이러한 성격장애를 가진 사람들은 분노를 통제하는 것이 어렵고 싸움을 일으키거나 일을 망쳐 버리려는 경향이 있다.

그들은 종종 방금 만난 사람과 눈이 맞아 충동적으로 도망가기도 한다. 이런 충동적이고 예측 불가능한 행동은 흔히 자기 파괴적이고 자살시도 및 자살미수 등과 같은 위험으로 이어진다. 이러한 행동에는 흥청거림, 도박, 약물남용, 안전하지 않은 성관계, 무모한 운전, 폭식 및 절도 등이 포함된다.

이러한 장애를 가진 사람들은 손목을 긁거나 담배로 신체를 지지는 등과 같은 자해를 할 수도 있다. 자해는 특히 스트레스 시기에 다른 사람을 가끔 조종하는 수단이 된다. 잦은 자해는 자살시도와도 관련이 있다.

6. 회피성 성격장애

회피성 성격장애를 가진 사람들은 일반적으로 거절이나 비판을 두려워하기 때문에 자신이 받아들여질 것이라는 확신이 없이는 관계 맺는 것을 싫어한다. 그래서 직계 가족 외의 가까운 관계는 거의 없다. 하지만 조현성 성격장애가 있는 사람들과는 다르게 다른 사람들에게 다소 관심이 있으며 온정을 느끼기도 한다.

7. 성격장애의 원인

성격장애에는 수많은 생물학적 · 심리적 · 사회문화적 요소가 관련되어 있다. 인지 심리학자들은 반사회적인 청소년들이 위협적이지 않은 타인들의 행동을 위협적으로 해석하는 경향이 있다는 것을 알았다. 공격적인 사람은 종종 사회적 문제를 유용하게 해결하는 것이 어렵다는 것을 알게 된다(Fontaine et al., 2010).

생물학적 요인 유전적 요인은 일부 성격장애와 관련이 있는 것 같다(De Fruyt & De Clercq, 2014). 성격 특성은 어느 정도 유전적이며 많은 성격장애는 정상적인 성격 특성의 극단적인 측면으로 보인다. 쌍둥이와 입양아를 대상으로 한 51건의 연구결과, 유전적 요인이 반사회적 행동에 가장 큰 영향을 미치는 것으로 추정했다.

성격의 5요인 모델(도표 10.1)에 따르면 조현성 성격을 가진 사람은 매우 높은 내향성을 보이는 경향이 있다. 회피성 성격을 가진 사람들은 내향적이며 정서적으로 불안정한(신경증적) 경향이 있다.

반사회성 성격의 유전성은 정서 반응과 관련된 뇌의 전두엽 피질영역과 관련이 있다. 반사회성 성격을 가진 사람들은 다른 사람들보다 전전두엽 피질에서 회백질(연합세포)이 더 적다는 증거가 있다(Raine, 2018).

아드리안 레인(Adrian Raine, 2018)은 특정한 유전자가 이러한 장애를 유발하고 반사회적인 행동에 취약하게 만든다고 주장한다. 또한, 빠른 심박수는 불안의 한 증상이며, 평균 이하의 심박수는 반사회적인 행동을 생각하고 있는 아동 및 청소년들이 그러한 행동 결과에 대해 별로 두려워하지 않는 것일지도 모른다(Raine, 2018).

심리학적 요인 학습 이론가들은 어린 시절의 경험이 성인이 되어 타인들과 관계를 맺는 부적응적 방식을 만드는 데 영향을 줄 수 있으며, 이러한 특징은 성격장애로 이어질 수 있다고 주장한다. 인지 심리학자들은 반사회적인 청소년들이 자신의 잘못을 강화시키는 방식으로 사회적 정보를 인지한다는 것을 확인하였다.

예를 들어, 그들은 다른 사람들의 행동이 자신에게 위협이 되지 않는데도 위협적인 행동으로 해석하는 경향이 있다(Dodge et al., 2006). 공격적인 사람은 사회적 문제를 유용하게 해결하기 어렵다고 한다(Merrill et al., 2017).

인지 치료사들은 일부 반사회적인 남자 아동과 청소년들에게 사회적 도발을 '남자다움'의 위협이기보다 해결되어야 하는 문제로 바라볼 수 있도록 권장했으며, 결과는 효과적이었다(Lochman et al., 2011).

사회문화적 요인 경계선 성격이라는 명칭은 '마릴린 먼로'와 '아라비아'의 로렌스뿐만 아니라 다양한 사람들이 이름 붙였다.

일부 이론가들은 우리가 안정적인 정체성을 갖추고 안정된 관계를 형성하는 데에 문제가 많은 시대에 살고 있다고 믿고 있다. '절벽 끝에서 살아가는 것' 또는 경계선에서 살아간다는 것은 불안정한 사회에 살고 있다는 은유적인 표현이라고 할 수 있다.

정신장애의 원인이 여전히 논쟁 중이지만, 다양한 치료기법들이 개발되어 왔다. 이러한 치료법들은 13장에서 살펴보자.

회피성 성격장애 거절과 비판에 대한 두려움으로 인해 수용에 대한 확신이 없어서 관계 맺기를 원하지 않는 성격장애

자가 평가

당신은 우울한가?

질병통제 및 예방센터에서 작성한 선별도구를 사용하여 만든 자가 평가로 당신이 우울한 감정을 경험하고 있는지에 대한 평가를 할 수 있다.

당신을 진단하려는 것이 아니라 전문가의 자문이 필요할지도 모르는 문제가 있는지를 알아보고자 하는 것이다.

만약에 누구에게 상담을 받으러 가야 할지 모른다면 대학상담센터나 관할 정신건강센터 또는 정신건강 서비스를 제공해 줄 수 있는 기관에 문의해 보라.

지난 2주 동안 다음과 같은 문제로 괴로워한 적이 있는지 답하라.

- ▶ 무언가를 하는 것에 대해 흥미나 즐거움을 느끼지 못하는가?
- ▶ 기분이 쳐지거나 우울하고 무기력하게 느끼는가?
- ▶ '잠드는 것'이나 '잠자는 것'에 문제가 있는가? 아니면 너무 많이 자는가?
- ▶ 피곤하거나 활력이 없다고 느끼는가?
- ▶ 식욕이 없거나 과식을 하는가?
- ▶ 스스로에 대해 나쁘게 느끼는가? 아니면 자신이나 가족들이 당신을 실망시키고 있다는 느낌이 있는가?
- ▶ 신문이나 TV 시청 같은 일에 집중하기 어려운가?
- ▶ 다른 사람들도 알 수 있을 만큼 행동이나 말이 느린가? 아니면 초조불안하게 평소보다 훨씬 더 많이 움직이는가?
- ▶ 좀 더 편히 자해를 하거나 죽을 수 있는 방법을 생각하는가?
- ▶ 이런 문제들로 말미암아 학교 및 직장에서 일을 하거나 집안일이나 사람들과 어울리는 것이 어려운가?

LJSphotography/Alamy Stock Photo

Source: Centers for Disease Control and Prevention: http://www.cdc.gov/mentalhealth/data_stats/pdf/nhanes_depression_screener.pdf (Accessed August 18, 2016)

점검하기

빈칸 채우기

정답은 책 뒷부분에서 확인 가능하다.

1. 이상한 행동은 현실 ________(환각 같은 것), 위험하고 자기-패배적이고 고통스러운 행동 등 일상적이지 않고 사회적으로 수용 불가능한 행동을 말한다.
2. ________는 비합리적이고 과도한 두려움이다.
3. ________장애를 가진 사람들은 침습적인 사고나 특정 행동을 반복하려는 충동으로 힘들어한다.
4. 해리성 ________를 가진 사람들은 자신의 정체성을 잊어버리지만 일반적 지식과 기술은 유지하고 있다.
5. 해리성 ________장애의 경우, 독특한 인격들이 신체를 점유한 것처럼 행동한다.

6. ______________장애의 경우, 사람들은 의학적 문제가 없는데도 불구하고 신체적 문제에 대해 호소하거나 심각한 질병이 있다는 믿음이 있다.
7. 조증적인 사람들은 과대망상적 도식을 갖고 있으며 사고의 __________을 보일 수 있다.
8. 우울한 사람들은 다른 사람들보다 실패에 대해 (내부 또는 외부) 귀인을 할 가능성이 높다.
9. __________으로 잘 알려진 이상심리는 운동성의 손상과 납굴증의 특징이 있다.
10. __________장애는 융통성이 없고 개인이나 사회적 기능이 손상된 부적응적인 행동 패턴을 보이며 자신과 다른 사람에게 고통의 원인이 된다.

선다형 문항(Multiple Choice)

1. 뉴스는 허리케인이 여러분의 집을 덮쳤다는 보도를 하고 있다. 여러분은 불안해하고 먼저 준비해야 할 것이 무엇인지 결정할 수가 없다.
이러한 반응은 ______을 나타낸다.
a. 일상적이지 않은 행동 b. 정상적 행동
c. 이상한 행동 d. 잘못된 행동

2. 어떤 남성은 높은 곳에 대한 두려움을 통제할 수 없기 때문에 산으로 가야 하는 중요한 출장을 취소했다. 남성은 이 문제점에 대해 자문을 구하고자 심리학자를 찾아갔다. 심리학자는 어떤 진단을 고려해 볼 수 있는가?
a. 광장공포증 b. 고소공포증
c. 전환장애 d. 회피성 성격장애

3. 한 여성이 집에서 가스 불을 켜 놓았다거나 다리미 선을 꽂아 두었을 것 같다는 의심으로, 일을 하는 데 집중을 못하고 있다. 여성은 자신의 실수 때문에 집에 불이 날 것 같다고 생각한다. 여성은 의사를 만나러 갔다. 의사는 이 여성의 행동을 설명하기 위해 어떤 진단이 가장 적합하다고 생각할까?
a. 강박장애 b. 공황장애
c. 특정공포증 d. 조현병

4. 해리성 장애에는 기질적 문제로 볼 수 없는 ______이 포함되어 있다.
a. 기억상실 b. 죄책감이나 수치감의 결핍
c. 환각 d. 폭발적 행동

5. 셸리는 할머니가 항상 아팠다는 것만 기억한다. 할머니는 건강하다는 말을 의사에게서 듣긴 했지만 이곳저곳으로 다른 의사를 만나러 다닌다. 할머니는 의사들이 자신이 말하는 것을 제대로 알지 못한다고 한다. 할머니는 자신에게 심각한 병이 있다고 확신하고 있다. 셸리는 심리학 교재를 살펴보면서 할머니 행동이 다음 중 행동과 가깝다고 생각한다.
a. 해리성 기억상실 b. 공황장애
c. 긴장증 d. 질병불안장애

6. 외부 자극이 없는 상상은 조현병을 가진 사람들에게서 자주 관찰되는 ______에 대한 설명이다.
a. 사고비약 b. 망상
c. 환각 d. 스트레스장애

7. 슬픈 정서와 주요 우울증의 차이점은, 주요 우울증 증상은 ______라는 것이다.
a. 완전히 다르다. b. 더 심하다.
c. 여성에게서만 나타난다. d. 긴장된 상황과 관련있다.

8. 본문에 따르면 어떤 신경전달물질이 우울증과 관련이 있는가?
a. 세로토닌 b. 도파민
c. 글루타메이트 d. 가바

9. 당신의 환자는 FBI와 CIA가 "나를 잡아 간다"라고 확신하고 있다. 이 환자는 직장을 그만두었다. 문과 창문을 닫고 어두운 상태를 유지하고 있다. 진실은 FBI와 CIA가 자신을 설득하려고 추궁하거나 뒷조사를 하지 않는다는 것이다. 환자는 ______ 진단을 받을 가능성이 크다.
a. 분열성 성격장애 b. 해리성 정체성 장애
c. 편집성 성격장애 d. 망상장애

10. 다음 중 경계선 성격장애의 증상이 아닌 것을 고르시오.
a. 혼자 지내려고 함 b. 불안정한 기분
c. 유기에 대한 두려움 d. 자해

13 상담심리법

Ambrophoto/Alamy Stock Photo

학습 성과

이 장의 성취 목표

- **13-1** 상담심리를 정의할 수 있고 심리장애 치료의 역사를 설명할 수 있다.
- **13-2** 전통적인 정신분석과 단기 정신역동적 상담심리를 설명할 수 있다.
- **13-3** 인본주의 상담심리를 정의할 수 있고 두 가지 주요 접근법을 비교 설명할 수 있다.
- **13-4** 행동주의 상담심리를 정의할 수 있고 다양한 행동적 접근법을 설명할 수 있다.
- **13-5** 인지치료를 정의할 수 있고 벡(Beck)의 접근법과 합리적 정서행동치료에 대해 설명할 수 있다.
- **13-6** 다양한 유형의 집단 상담심리를 정의할 수 있고 장점과 단점을 논의할 수 있다.
- **13-7** 상담심리의 효과성과 어떤 사람에게 도움이 되는지 설명할 수 있다.
- **13-8** 생물학적 상담심리를 설명할 수 있으며 부작용과 이점을 설명할 수 있다.

조앤 카트라이트(Joanne Cartwright, 상담자는 'Miss Muffet'이라고도 불렀다.)는 거미공포증이 있었다.

그녀는 "내가 일을 하러 가기 전에 트럭에 거미줄이 있으면 매일 밤 세차를 했어요."라고 말했다(Robbins, 2000).

> **"호프만은 거미공포증을 가진 사람들이 점차적으로 가상 거미에 접근함으로써 그들의 혐오를 극복하도록 돕는 Spider World라는 정교한 가상현실을 적용했다."**

"나는 거미가 들어갈 수 없도록 문 주위를 테이프로 단단히 붙혀 놓고 비닐봉지에 옷을 넣어 둡니다. 내가 정신이 나간 것 같다고 생각해요. 내가 사는 게 사는 게 아니에요." 그녀는 거미가 있는지, 가장자리에 있는 모든 틈을 확인했다—외출을 꼭 해야 할 경우. 그녀의 심각해진 공포증은 결국 외출조차 할 수 없는 지경에 이르렀다.

미칠 것 같은 몇 년의 시간을 보낸 후에서야 그녀는 헌터 호프만에게 도움을 요청했다.

'미스 머페트'는 워싱턴의 휴먼 인터페이스 기술연구소(Human Interface Technology Lab.)에서 일을 시작했고 심리학자 헌터 호프만(Hunter Hoffman)과 함께 작업을 했는데, 장난감 거미와 고객이 직접 거미를 만지는 것 같은 촉감이 들게끔 하는 장치를 사용하여 거미를 잡고 만질 수 있도록 도와주는 작업이었다(그림 13.1).

탈감각화 회기로 구성된 12개의 가상상담심리는 조앤 카트라이트의 인생을 바꾸어 놓았다.

그녀가 말하길 "정말 놀라워요." 캠핑이나 하이킹과 같은 "내가 절대로 할 수 없었던 그 힘들었던 것들을 이젠 모두 하고 있기 때문이지요."

'미스 머페트'는 자신의 거미공포증에 대처하는 방법을 배우기 위해 가상상담심리를 받았다.

만약 그녀가 다른 종류의 상담심리를 선택했다면 다음과 같은 상담심리를 받았을 수도 있다.

- 카우치에 누워 있다. 가능한 한, 거미의 상징적인 모습을 떠올리려고 하면서 떠오르는 모든 것들을 말해 본다.
- 편안하게 마주 앉아 있다. 치료자는 그녀가 두려움에 대처할 수 있다는 믿음을 갖고 있다.
- 솔직하게 들어 준다. 치료자의 말에 따라 그녀는 거미의 혐오스러움을 반추함으로써 문제점과 직면하고 거미에 대한 두려움을 파국화하는 것이라고 알려준다.
- 약물치료를 한다.
- 이상의 접근법들을 조합하여 실시해 본다. 이러한 방법들은 상이한 방법들이지만 뭐든 해볼 만한 치료법이다.

본 장에서는 상담심리 방법과 생물학적 상담심리 방법을 살펴볼 것이다.

호프만은 거미 공포증을 앓고 있는 사람들이 점차적으로 가상 거미에 접근함으로써 거미에 대한 혐오를 극복하는 데에 도움을 주기 위해 'Spider World'라는 정교한 가상현실을 적용하였다.

13-1 상담심리란 무엇일까?

많은 종류의 심리치료 방법이 있지만 확실하게 공통적인 특징을 갖고 있다.

상담심리(Psychotherapy)는 내담자가 심리장애를 극복하고 삶의 문제에 적응하도록 돕거나 개인적 성장에 도움을 주려는 것이며, 내담자의 사고, 느낌, 행동에 영향을 미칠 수 있는 심리학적 원리를 적용한 치료자–내담자 간의 체계적인 상호작용이다.

상담심리를 처음 접하는 사람들을 위하여 핵심사항을 정리하였다.

TRUTH OR FICTION?

당신의 생각은? 속설, 상식 또는 넌센스?

'진실'일 경우 T, '거짓'일 경우 F를 선택한 다음, 여러분의 선택이 정확한지를 검토해 보자.

T	F	런던 주민들은 마을에서 재밌는 밤을 보내기 위해 지역 정신병원을 방문하곤 했다.
T	F	어떤 심리학자들은 내담자들에게 무엇을 해야 할지를 정확하게 말해준다.
T	F	안락의자에 누워서 환상에 빠지는 것은 두려움을 직면하는 효과적인 방법일 수 있다.
T	F	흡연은 사람들이 금연할 수 있도록 도와주는 효과적인 방법일 수 있다.
T	F	상담심리가 심리장애를 겪고 있는 사람들을 도와준다는 과학적인 근거는 없다.
T	F	폭력성을 줄이기 위한 수술법을 개발한 의사는 자신의 환자가 총을 쏜 순간에 항상 성공하지 못한다는 사실을 깨닫게 되었다.

그림 13.1 워싱턴 대학의 헌터 호프만 박사는 '미스 머페트'를 상담하기 위해 가상상담법을 사용한다.

Stephen Dagadakis, U.W., with permission from Hunter Hoffman, UW, www.vrpain.com

'미스 머페트'는 호프만이 거미 공포증이 있는 여성을 부르는 애칭이었다.
그녀는 가상현실 헤드기어를 착용한 후 크고 복실한 털이 있는 타란툴라 독거미가 나오는 모니터 화면을 보게 된다. 하지만 이것은 가상현실이다.

▶ **체계적인 상호작용**
상담심리는 내담자와 치료자 간의 체계적인 상호작용이다. 치료자의 이론적 관점은 치료자와 내담자 서로가 관계를 맺는 방식을 결정할 수 있도록 내담자의 문제와 연결 짓는다.

▶ **심리학적 원리**
상담심리는 성격, 학습, 동기, 감정과 같은 영역에서의 심리학적 이론과 연구들에 기초한다.

▶ **사고, 느낌, 행동**
상담심리는 내담자의 사고와 느낌 그리고 행동에 영향을 준다. 인간 심리에 대한 측면들 중 특정 영역이나 전체 영역 모두를 목표로 할 수 있다.

▶ **심리장애, 적응 문제, 그리고 개인의 성장**
상담심리는 때때로 심리장애가 있는 사람들을 치료하는 목적으로 이루어진다. 다른 누군가는 부끄러움이나 체중 문제 또는 삶에서 중요한 대상의 상실과 같은 문제들에 대해 적응하는 방법을 찾을 수 있도록 도와준다.

상담심리 내담자가 심리장애를 극복하고 건강한 삶으로 적응하도록 돕거나 개인적 성장에 도움을 주려는 것이며, 내담자의 사고, 느낌, 행동에 영향을 미칠 수 있는 심리학적 원리를 적용한 치료자-내담자 간의 체계적인 상호작용

수용소 정신질환을 치료하기 위한 최초의 시설

또 다른 내담자들은 자신에 대해 좀 더 알고 싶어 하고, 대인관계 상황에서 자신의 잠재력을 최대한 발휘하고자 하며, 창의적인 예술가로서 잠재력을 최대화하고 싶어한다.

1. 상담심리의 역사

역사적으로 보면 극단적인 심리장애의 흔한 '상담'은, 이상한 방식으로 행동하는 사람들이 귀신에 씌었다는 가정하에서 이루어졌다. 이러한 믿음 때문에 상담는 퇴마의식이나 사형 등의 잔인한 방식으로 처해지는 경향이 있었다. 일상생활에서의 요구사항들을 충족시킬 수 없었던 사람들은 감옥에 갇혔다.

거리에서 구걸을 하고 음식을 훔치기도 했으며 또는 창녀가 된 사람도 있었다. 일부는 친절하게 대해 주고 어느 정도의 지원을 해줄 수 있는 수도원이나 수련원으로 들어가는 경우도 있었다. 쉽게 말해서 그들은 일찍 사망했던 것이다.

수용소(asylums)는 유럽의 수도원에서부터 유래를 찾을 수 있다. 그 수도원은 심리장애가 있는 사람들을 수용하기 위한 최초의 기관이었다. 하지만 수도원의 기능은 치료를 하는 것이 아니라 창고에 가두어 놓은 것과 같았다. 수용자들 수는 소음이 심해지고 수용자 밀도가 높아질 때까지 우후죽순처럼 많아졌다.

그리고 수용소 내에서 질병관련 문제도 쉽게 볼 수 있었다. 수용자들은 수시로 결박당하고 구타를 당했다.

베들레헴(Bethlehem)의 성 마리아에서 따온 말인 베들렘(bedlam)은 런던에서 1547년 문을 열었던 수용소이다. 이곳에서는 심리장애를 앓고 있는 사람들은 결박되어 두들겨 맞기도 했고 쓰레기 위에서 잠을 자기도 했다.

인도주의 개혁 운동이 18세기에 시작되었다.

TRUTH

Ⓣ F 런던에 사는 주민들은 마을에서 즐거운 밤을 보내기 위해 지역 정신병원 수용소를 방문하곤 하였다.

이것은 사실이다. 영국의 상류층 신사 숙녀들은 지루한 오후가 되면 수감자들의 우스꽝스러운 행동을 보려고 산책을 할 수도 있었다. 입장료가 있냐고? 단 돈 1페니(당시 가장 작은 가치의 화폐)!

파리에서 필립 피넬(Philippe Pinel)이라는 의사는 살페트리에르에 수용된 환자들의 결박을 풀어 주었다. 거의 모든 환자들은 우리가 걱정하는 것처럼 미쳐 날뛰지 않았고 도움과 자유를 얻게 되면서 상태가 좋아졌다. 결국 많은 환자들이 사회로 복귀했다. 그 후 개혁운동단체는 영국의 윌리엄 투크(William Tuke)와 미국의 도러시아 딕스(Dorothea Dix)가 이끌었다.

정신병원 미국에서 정신병원은 점차적으로 수용소를 대체하게 되었다. 1950년대 중반에 백만 명이 넘는 사람들이 주립이나 자치구, 재향군인협회 또는 사설 기관에서 거주했다. 정신병원의 기능은 수용하려는 것이 아니라 치료를 위한 것이었다.

그때까지 너무 많은 환자들과 부족한 직원들로 인해 환자들은 관리를 거의 받지 못했다. 오늘날에는 어느 정도 개선이 되었지만, 다른 직원들이 없을 때는 정신과 의사 한 명이 주말 동안 수백 명의 환자를 담당하고 있을 것이다.

Philippe Pinel (1745–1826) releasing lunatics from their chains at the Salpetriere asylum in Paris in 1795 (colour litho)/Robert-Fleury, Tony (1837–1912) (after)/INDIVISION CHARMET/Bibliotheque des Arts Decoratifs, Paris, France/Bridgeman Images

살페트리에르(La Salpetriere) 환자들의 해방

필립 피넬(Philippe Pinel)은 파리의 수용소에서 환자들을 해방시켜 주는 것으로 인도주의 개혁운동을 선동했다.

지역사회 정신건강운동 1960년대 이래로 심각한 심리장애가 있는 사람들을 지역사회에서 살 수 있도록 하기 위해 애를 썼다. 지역사회 정신건강센터는 정신병원에서 퇴원한 환자들과 새로운 외래 환자들에게 서비스를 제공한다. 오늘날 만성적인 심리장애가 있는 대부분의 사람들은 병원이 아닌 지역사회에서 살아간다.

사회 비평가들은 수십 년 동안 병원에 입원해 있었던 많은 사람들이 갑자기 '우리집'에서 살아야 하는 생경하게 느껴지는 변화를 맞이해야 한다고 말한다. 많은 사람들은 적절하게 지속적인 치료를 받지 못한다. 그 중 일부는 노숙자가 되기도 한다(Caton, 2017).

Prisma Bildagentur AG/Alamy Stock Photo

프로이트(Freud)의 상담실 전경

프로이트는 내담자가 카우치에 누워 자유연상을 하는 동안 머리맡에 있는 의자에 앉았다.

자유연상의 기본적 규칙은 어떤 생각도 검열하지 않는다는 것이다.

프로이트는 자유연상이 진정한 자유라고 생각하지는 않았다; 프로이트는 주요한 느낌들이 표면에 드러날 것이라고 가정했으며 이를 표현하도록 했다.

13-2 정신분석적 상담심리

정신분석적 상담심리사들은 정신분석적 이론을 기반으로 한 지그문트 프로이트(Sigmund Freud)의 생각에 기초를 두고 있다.

그러한 상담법들은 심리적 문제가 유아기 시절의 경험과 심리 내면의 갈등들을 반영한다고 가정한다. 프로이트에 따르면 이러한 갈등은 **원자아**(id), **자아**(ego), **초자아**(superego) 사이에서 심리적 에너지의 변환과 관련이 있다고 했다.

이러한 심리적 에너지의 변환은 우리의 행동을 결정한다. 원초적인 열망은 원초아를 통해 표출될 것에 위협을 느끼고 초자아는 우리가 심한 죄를 짓게 될 때 방어하게 되며 고통스러워하도록 한다.

프로이트의 상담심리법(정신분석)은 원초아와 초자아에 의해 길을 잃어버린 에너지의 분출에 자아를 잘 지켜내도록 하는 것이 목적이다. 충동과 죄책감이나 수치심을 잘 통제하게 되면서 내담자들은 적응적인 행동을 보다 자유롭게 할 수 있게 한다.

정신분석적 상담심리(psychodynamic therapy) 프로이트의 생각에 기초한 상담심리의 한 종류이며 심리적 문제는 유아기 시절의 경험과 내부갈등을 반영함.

정신분석 프로이트의 상담심리 방법

카타르시스 정신분석 영역에서 반복적으로 억압된 느낌과 충동들을 표현하도록 하여 정신적 에너지를 분출 시키도록 하는 것

1. 전통 정신분석

여러분이 다소 어두운 방에 있는 카우치에 누워 있는데, 치료자가 무언가를 물어보고 있다고 생각해 보라.

상담자는 여러분 뒤에 앉아서 사소한 이야기나 진지한 이야기에 관계없이 단지 떠오르는 것에 대해 말해 보라고 격려를 한다. 스스로를 탐색하는 과정에 방해하지 않기 위해 상담자는 상담시간 동안 아무런 말을 하지 않거나 거의 언급을 하지 않을지도 모른다. 상담은 보통 이렇게 진행된다. 전통 정신분석은 몇 개월 혹은 몇 년 동안 진행될 수 있다.

정신분석(psychoanalysis)은 프로이트가 고안한 상담심리 방법이다. 이 상담에서는 개인적 문제의 근원이라고 예상하는 갈등이 무엇인지에 대해 통찰하도록 하는 것을 목표로 한다. 통찰은 갈등과 부적응적 행동이 연결되는 경험에 대한 지식, 비의식적 감정과 갈등의 인식, 자신의 사고, 느낌, 행동 등의 다양한 주제를 포함한 자신의 의식적인 평가를 의미한다.

정신분석은 또한 내담자가 억압된 감정과 충동을 표현할 수 있도록 하는 것이 목표이다. 프로이트는 이런 과정을 통해 내담자가 억압해 놓은 갈등이나 죄책감과 관련된 심리적 에너지를 분출·해소해 버린다고 믿었다. 프로이트는 이것을 '밖으로 분출시키는' 카타르시스라고 했다.

카타르시스(catharsis)는 자아를 위협하는 특정한 힘을 완화시킴으로써 안정을 시켜 줄 것이다. 또한, 프로이트는 충동적이고 방어적인 행동을 적응적인 행동으로 대체시켜 준다고 생각했다.

이런 의미에서 예를 들면, 칼 공포증이 있는 사람은 자신을 이용했던 누군가를 해치고 싶은 충동을 억누르고 있다는 사실을 발견할지도 모른다. 프로이트는 그 사람을 언어적으로 직면시킬 수 있는 방법을 발견하였다. 상담심리자로서 프로이트의 초기 업적은, 최면을 활용해서 내담자가 억압된 갈등에 집중하여 자신의 이야기를 하게 할 수 있다는 것을 발견했다는 점이다. 하지만 몇몇 내담자들은 최면 상태에서 빠져나온 후에는 이야기 내용들을 부정한다는 것을 알게 되었다.

사람들은 "갑자기 문 밖으로 튀어 나온 기억들로 인해 너무 당황스럽고 고통스러워한다."라는 것을 알게 되었다. 그래서 프로이트는 무의식적 과정에 대한 내담자의 통찰을 막고 있는 방어벽을 최면으로 뚫는 것보다 점차적으로 접근할 수 있는 방법인 **자유연상**으로 변경하였다. 자유연상 상황에서 내담자는 편안한 상태에서(예를 들면, 카우치에 누운 상태로) 마음에 떠오르는 특정한 주제들에 대해 이야기하도록 요청받게 된다. 어떤 생각들도 검열하지 않는다. 이것이 기본 규칙이다.

정신분석학자는 내담자에게 한 주제로부터 '자유롭게' 떠다니길 요청한다. 하지만 내담자는 충분히 자유로운 상태에서 벌어지는 과정이라고 믿지 않는다. 반복되는 충동들은 이야기를 분출하는 동안 아우성을 친다.

자아는 수용할 수 없는 충동과 위협적인 갈등을 억압하려고 애쓴다. 결과적으로 내담자는 위협적인 생각들을 회상하고 이야기하는 것에 **저항**할 수도 있다. 상담사는 혼란스럽게 하는 생각들과 저항에 대해 이야기하도록 하면서 그러한 충동 사이에서 벌어지는 역동적 힘겨루기를 관찰하게 된다.

조심스러운 코멘트와 질문을 통해서 분석가는 내담자가 자신의 문제에 대해 의논할 수 있도록 격려해 준다. 이야기를 나누는 것은 내담자의 진정한 소망에 대한 통찰을 가져오게 도와줄 수 있고, 자기 자신을 만족시켜 줄 수 있는 방법을 탐색하도록 도와줄 수 있다.

전이 프로이트는 내담자가 한 주체인 개인으로서 반응한 것만이 아니라, 자신의 인생에서 관계한 타인들을 향했던 태도와 기분을 반영시킨 반응이기도 하다고 믿었다. 프로이트는 이 과정을 '전이'라고 명명했다. 예를 들어, 한 어린 여성 내담자는 자신의 아버지를 대하는 태도로 상담자에게 반응을 하고, 아버지에 대한 감정을 자신에게 전가할 것이다. 어쩌면 애정과 지혜를 얻으려 하고 있을지도 모른다. 전이를 통한 분석과 작업은 정신분석학의 핵심적인 측면으로 여겨져 왔다.

"꿈을 해석하는 것은 마음의 무의식적 활동에 대해 알 수 있는 최고의 방법이다"

Sigmund Freud, 정신역동적 상담심리의 창시자 1856 – 1939

꿈의 분석 프로이트는 내담자에게 꿈에 대해 기록해 놓고 상담을 할 때 이야기하도록 자주 요청했다. 프로이트는 꿈을 '무의식으로 가는 최고의 길'이라고 생각했다. 그는 꿈의 내용이 오늘 있었던 일들을 포함한 무의식적 과정으로 결정된 것이라 믿었다. 무의식적 충동은 소망 충족적인 역할을 하는 꿈으로 표현된다.

2. 현대 정신분석적 접근법

일부 정신분석가가 여전히 프로이트의 기법을 고수하고 있지만 현대 정신분석적 상담심리는 좀 더 단기적이고 덜 진중하며, 장기상담만큼의 시간과 비용을 투자하기 힘든 내담자에게 유용한 상담심리이다.

특정 현대 정신분석적 상담심리법은 여전히 무의식적인 재료를 발견해 내는 것과 심리적인 방어를 깨도록 하는 데에 중점을 두고 있다.

칼 로저스(Carl Rogers)

로저스는 우리의 심리적 건강은 고유한 자아 성취와 잠재력을 발달시키기 위한 자유와 맞닿아 있다고 믿었다. 여러분은 초기 사회적 경험의 영향과 '참다운 자기'를 분리시킬 수 있다고 생각하는가?

자유연상(free association) 정신분석 영역에서, 마음 속에 떠오르는 모든 생각을 검열하지 않고 말하게 하는 것

저항(resistance) 충동과 원초적인 생각들을 자유롭게 표현하지 못하게 하는 경향성–억압 방어기제를 반영함.

전이(transference) 어린 시절 타인(부모 등)에게 반응했던 것과 유사한 방식으로 특정 사람(정신분석가 등)에게도 반응하는 것

소망 충족(wish fulfillment) 의식이 있을 때 억압된 생각과 충동들을 꿈속에서 행동해 버리는 것

자아 분석가(ego analyst) 원초아의 무의식적 기능을 가정하는 대신에 자아의 적응적인 행동과 의식적인 면에 초점을 둔, 정신분석적 정체성을 띠고 있는 치료자

인본주의 상담심리(humanistic therapy) '지금 여기'에서 내담자의 주관적이고 의식적인 경험에 중점을 둔 상담심리

그러나 상담자들이 내담자와 상담자가 서로 대면(내담자가 카우치에 누워 있지 않다.)하여 상담를 진행한다는 점에서 전통적인 정신분석과는 다르다(Prochaska & Norcross, 2018). 현대 상담심리사들은 보통 이런 방식으로 상담심리를 한다. 통찰에만 초점을 두지 않고 그 외의 도움이 되는 행동을 제시해 준다.

끝으로, 성격의 '집행자'로서 자아에 보다 중점을 두고 원초아에 대해서 덜 강조하고 있다. 이러한 이유에서 많은 현대 정신분석 상담심리사들은 자아 분석가로 불린다.

무조건적 긍정적 존중과 공감적 이해 그리고 진솔성에 대한 특징을 보여주는 것으로 내담자중심 심리상담자는 내담자가 자신의 감정을 탐색해 볼 수 있는 분위기를 만들어 준다.

13-3 인본주의적 상담심리법

정신분석적 상담심리는 내면의 갈등과 무의식적 과정에 초점을 두고 있었다. 인본주의 상담심리법은 내담자의 주관적이고 의식적인 경험의 특성에 중점을 둔다. 전통적인 정신분석은 유아기 경험을 강조하지만, 인본주의 상담심리는 내담자가 지금 이 순간에 경험하는 것을 강조하는 경향이 있다.

1. 내담자중심 상담심리

칼 로저스(Carl Rogers, 1902~1987)는 우리가 과거에 대해 부담스러움이 있겠지만 선택의 자유가 있고 우리의 운명을 통제할 수 있다고 믿었다. 또한, 그는 건강과 성장 그리고 충족감에 대한 본질적인 경향성을 갖고 있다고 믿었다. 심리적 문제들은 자기실현의 길 위에 놓인 장애물이 솟아 오른 것이다. 즉, 로저스는 자기 자신의 잠재력을 실현시키기 위해 고군분투하는 선천적인 경향이 있다고 믿었다.

우리가 어린 시절 스스로 원하는 대로가 아니라 다른 사람들이 원하는 대로 했던 방식을 인정받았다면 우리는 스스로가 원했던 자신의 부분들을 배제시키는 법을 배우게 될 것이다. 우리는 타인들에게 잘 보이는 법을 배울 수는 있어도, 진짜 자기 자신의 이야기는 그들에게 들려주지 못 할 것이다. 결과적으로 우리는 스트레스와 불편함을 느끼고 우리가 현실 세계에 살고 있다는 느낌도 가질 수 없게 될지도 모른다.

내담자중심 상담심리는 우리가 온전히 느낄 수 있기 위해 배제시켜 왔던 자신의 부분에 대한 통찰력을 갖게 해주는 것이 목표이다. 그것은 자기탐험과 자기표현을 권장하는 따듯하고 치료적인 분위기를 만든다. 내담자에 대한 상담자의 수용은 자기수용과 자존감을 길러 줄 것이라고 생각한다.

자기수용은 내담자가 자신의 고유한 잠재력을 발달시킬 수 있는 선택을 하도록 도와준다. 내담자중심 상담심리는 비지시적이다. 효과적인 내담자중심 상담심리사는 여러 특징을 갖고 있다.

1. **무조건적 긍정적 존중**: 내담자를 고유한 가치와 목표를 가진 인간으로서 존중한다.
2. **공감적 이해**: 상담자는 내담자가 갖고 있는 경험과 느낌에 대한 인식으로 그들의 가치에 맞추어진 평가 방법을 통해 세상을 바라보고 귀를 기울인다.

내담자중심 상담심리(client-centered therapy) 칼 로저스의 상담심리 방법. 내담자가 자기 탐색을 하고 자기표현을 할 수 있도록 따듯하고 상담적인 분위기를 조성하는 것을 강조함.

TRUTH

(T) F 어떤 상담심리사들은 상담심리 과정을 내담자가 이끌어 가도록 한다.

내담자중심 상담심리에서는 내담자가 과정을 주도하고 문제점들을 설명하고 탐색하게 된다.

3. **진솔성**: 내담자에 대한 개방성과 정직성. 내담자중심 상담심리자들은 각각의 내담자가 서로 중요한 측면에서 다르다는 것을 믿기 때문에 그러한 차이점들을 견딜 수 있어야만 한다.

다음 치료회기의 일들을 발췌한 내용은 로저스가 내담자 질(Jill)의 느낌을 어떻게 공감적으로 이해하고 재진술하는지를 보여주는 것이다. 그의 목표는 그녀가 부분적으로 배제시켜 온 느낌을 인식하도록 도와주는 것이다.

질: 저는 제 딸을 키우면서 많은 문제가 있어요. 딸은 20살 대학생이에요. 저는 딸을 그냥 그렇게... 하는 대로 둬야 한다는 게 너무 골치가 아픕니다. 그리고 딸에게 죄책감을 많이 느끼고 있어요. 딸한테 너무 매달리려고 하거든요.

로저스: 당신은 그런 일들로 죄책감을 갖게 되는데도 매달리려고 한다는 것 같네요. 제 말이 맞나요?

질: 그런.. 많은 것들이 있어요... 그리고 딸은 나한테 진정한 친구였고 내 삶을 채워줬어요... 너무 힘들어요. 딸이 같이 있어 주지 않아서 지금은 완전 텅 비어 있는 것 같아요.

로저스: 오래된 공허함, 딸이 거기에 없을 때는 말이죠.

질: 네... 맞아요. 나는 강한 엄마들처럼 되고 싶어요. 선생님도 아시다시피 이렇게 말해 주는 엄마들처럼요, "멋지게 살아가라"라고. 이렇게 말하는 건 나한테는 정말 힘든 일이에요.

로저스: 당신 인생에서 소중하게 가져왔던 무언가를 포기한다는 건 아주 어려운 일일 거예요. 하지만 이런 것으로 당신이 죄책감이 든다고 하니 많이 힘들어 보여요.

질: 네. 나도 잘 알고 있지만 내가 바라는 대로 안 될 때마다 항상 딸에게 화를 내거든요. 나는 뭔가 부족한 것을 채우고 싶어요. 그리고... 음... 내가 이렇게 바랄만한 권리가 있다고 생각하진 않아요. 알다시피.. 걔는 내 딸이잖아요; 내 엄마가 아니잖아요. 가끔 내가 딸이고 딸이 내 엄마인 것처럼 느껴집니다... 그럴 수 있는 권리를 달라고 하는 건 너무 어려운 일이에요.

로저스: 그러니까 합리적이지 않을 수도 있겠네요. 그런데 여전히 딸은 당신이 바라는 것들을 채워주지 못하게 되고 그러면 당신을 화나게 하겠네요.

질: 네, 너무 화나고, 딸한테 화가 많이 납니다.

로저스: (침묵) 당신은 이 지점에서 다소 긴장하는 것처럼 보이기도 하는데요. 제 생각이지만요.

질: 네. 맞아요. 상당히 복잡한...

(로저스: 음...) 많이 고통스럽고.

로저스: '많이 고통스럽다.' 그 마음에 대해서 좀더 이야기해줄 수 있을까요?(Farber et al., 1996)

> **"나는 내 일을 하고 당신은 당신의 일을 한다. 나는 당신의 기대에 맞추기 위해 살고 있는 것이 아니며, 당신 또한 그렇다. 당신은 당신이고 나는 나다. 그리고 우리가 서로를 알아갈 기회를 얻게 된다면 그건 참 아름다운 일일 것이다. 만약 그럴 기회가 없다면 아쉬울 것이다"**
>
> Fritz Perls, 게슈탈트 상담심리의 창시자 1893 – 1970

내담자중심 상담심리는 학과 수업에서, 그리고 대학상담센터에서 아주 많이 실습해 보는 것이고, 불안이나 우울 등을 경험하는 학생을 도와줄 뿐만 아니라 의사결정을 할 수 있도록 이끌어 주기도 한다.

많은 대학생들은 아직도 직업선택을 하지 못하였거나 어떤 특별한 사람과 만남을 가져야 할지에 대해 궁금해 한다. 내담자중심 상담심리사들은 내담자에게 무엇을 하라고 말하지 않는다. 그 대신에 내담자가 자기 스스로의 결정을 할 수 있도록 도와준다.

2. 게슈탈트 상담심리

게슈탈트 상담심리는 프리츠 펄스(Fritz Perls, 1893~1970)에 의해 처음으로 소개되었다.

내담자중심 상담심리와 마찬가지로 게슈탈트 상담심리는 사람들이 사회적 거부나 거절을 당했던 자신의 부분들을 배제시키려고 한다는 가정을 한다. 사람들은 또한 사회적 가면을 쓰고 자신을 가장한 채 살아간다.

상담은 개인이 자신의 성격에서 상충되는 부분들을 통합하도록 도와주는 것이 목표이다. 펄스는 갈등적인 성격 측면들을 통합된 모양과 형태로 다루고자 할 때 게슈탈트라는 용어를 사용하며 이 용어에 대한 관심을 보여주었다(독일어로 게슈탈트는 '통일된 전체'를 의미한다).

> **게슈탈트 상담심리(Gestalt therapy)** 프리츠 펄스의 상담심리 방식은, 내담자가 자신의 정체성을 인식하도록 돕기 위한 지시적 방법을 통해 갈등적인 성격의 부분들을 통합시키고자 함.

펄스는 내담자가 자신의 성격의 상충되는 부분을 통합하는 데에 도움을 주고 싶어 했기에 이 용어를 적용한 것이었다. 갈등적인 성격 요소에 대한 펄스의 아이디어가 정신분석적 이론에 많은 영향을 받았지만 게슈탈트 이론의 형태는 정신분석과는 달리 지금 이 순간의 장면에 초점을 두고 있다. 일련의 동작들은 현재 순간의 느낌과 행동에 대한 내담자의 인식을 높여 준다.

펄스(로저스와 같은 입장)는 또한 사람들이 선택의 자유가 있으며, 성격적 성장의 방향을 정하는 것에서도 자유가 있다고 믿었다. 하지만 카리스마적이고 강한 펄스는 신사적이고 수용적인 로저스와 기질적으로 달랐다.

따라서 내담자중심 상담심리와는 다르게 게슈탈트 상담심리는 지시적이다. 상담자는 내면의 갈등에 대한 인식을 높이고 자신의 행동에 책임감을 가질 수 있도록 계획된 경험을 통해 내담자를 이끌어 간다.

13-4 행동주의적 상담

정신분석적 그리고 인본주의적 상담심리 방식은 사람들이 생각하고 느끼는 것에 초점을 두는 경향이 있다. 반면, **행동주의적 상담**은 사람들이 하는 행위에 초점을 두는 경향이 있다. 행동주의적 상담(또는 행동수정으로 부름)은 원하는 행동변화를 직접적으로 촉진시키는 학습 원리를 적용한다.

행동주의적 상담사는 조건형성과 관찰학습의 원리에 상당히 의존한다. 그들은 과식, 흡연, 해로운 자극에 대한 공포, 회피와 같은 자기 손상적 행동 패턴을 중단할 수 있게 도와준다. 그들은 또한 사회생활을 시작할 때 요구되는 사회적 기술이나 영업사원들이 거절을 표할 때 필요한 기술 등의 적용 가능한 행동 패턴을 습득하는 데에 도움을 준다. 행동주의적 상담사는 행동이 일어나는 상황을 알아차릴 수 있도록 도와줌으로써 내담자가 부적응적인 행동(불안감 등)에 대해 '통찰'을 얻을 수 있게 도와줄 수도 있다. 그들은 정신분석학자가 하는 것처럼 부적응적인 행동의 상징적 의미와 아동기 시절의 문제 원인을 발견하도록 하진 않는다.

행동주의적 상담 내담자의 문제행동을 직접적으로 수정할 수 있게 체계적으로 학습 원리를 적용시킴.

체계적 둔감법(systematic desensitization) 깊은 근육 이완을 두려움-유발자극 이미지 위계와 연합시키는 것으로, 두려움을 감소시키기 위해 볼페가 고안한 기법

TRUTH

(T) F 어떤 상담심리사들은 내담자에게 자신이 무엇을 해야 하는지 말해 준다.

맞다. 어떤 상담심리사들은 내담자에게 그들이 무엇을 해야 하는지를 알려준다. 게슈탈트 상담심리사들도 그렇고, 행동주의적 상담사들도 특정한 절차와 과제를 제시하기도 한다.

여타 상담심리사들과 마찬가지로 행동주의적 상담사들은 내담자들과 따듯한 분위기나 상담적 관계를 만들 수도 있지만, 상담심리의 효과성은 특수한 학습기반 과정으로부터 일어나는 것이라고 보고 있다. 결과는 측정 가능한 행동에 대해서 평가된 것들이어야 하며, 방법은 실험에 의해 확립된 것이어야 한다고 주장한다.

지금부터는 자주 사용되는 특정 행동주의적 상담 기법을 살펴보고자 한다.

1. 공포감소 기법

많은 사람들은 자신의 기능을 방해하는 두려움 및 공포 때문에 상담심리를 받으러 온다. 이것은 행동주의적 상담가 가장 잘 마련해 놓은 영역 중 하나이다. 두려움을 감소시키기 위한 행동주의적 상담 기법은 홍수법, 체계적 둔감법, 가상상담, 그리고 모델링이 있다.

체계적 둔감법 아담은 주사기 공포를 갖고 있다. 행동주의적 상담사는 가장 편안한 의자에 앉혀 놓고 상담을 한다. 깊은 근육이완 상태에서 아담은 화면에 나오는 슬라이드를 바라본다. 바늘을 들고 있는 간호사가 등장하는 화면을 한 번에 30초 동안 세 번 보여준다. 아담은 아직은 불안한 것처럼 보이진 않는다. 그래서 지금부터는 약간 더 불편한 장면을 보여준다.

한 간호사가 화면 속 사람의 맨발 쪽으로 바늘을 향한다. 15초 후 안락의자 위의 아담은 불편함을 느끼고서 손가락으로 신호를 보낸다(말하는 것은 이완에 방해가 됨). 프로젝터 운영자가 조명을 끈 다음 아담은 해변가 벤치에 누워 있는 '편안한 장면'을 떠올리며 2분을 보낸다. 그런 다음에 화면이 다시 켜진다. 이번에는 아담이 불안을 느끼기 전 30초 동안 그 장면을 바라본다. (저자 기록)

아담은 정신과 의사 조셉 볼페(Joseph Wolpe, 1915~1997)가 개발한 공포 반응 감소법인 **체계적 둔감법**을 경

험해 본 것이다. 체계적 둔감법은 불편함을 주는 자극이 점점 커지는 동안, 각 단계마다 반대로 조건화된 자극들에 대한 불안 다루는 법을 배우게 되는 순차적 절차이다.

슬라이드 화면 등의 약 10~20여 개의 자극은 불안을 유발시키는 정도에 따라 순차적으로 또는 위계적으로 배열이 된다. 상상을 하게 하거나 사진을 보여주는 것으로써 내담자는 이러한 위계를 한 단계씩 목표에 접근하게 되는데, 이에 따른 불안과 반대로 조건화한 이완을 통해 점차적으로 경험하게 한다.

아담의 사례에서의 해당 목표는 불안을 느끼지 않고 주사를 맞을 수 있게 하는 것이었다.

TRUTH

Ⓣ F 안락의자에 누워서 환상에 빠지는 것은 두려움을 극복하는 효과적인 방법이 될 수 있다.

그렇다. 안락의자에 누워 환상에 빠지는 것이 두려움을 극복하는 데에 좋은 방법이 되기도 한다. 이런 상황에서 체계적 둔감법을 적용한다.

가상상담 가상상담은 화면에 제시된 장면을 사용하는 것보다 정교한 장비를 사용하지만, 결국 둔감법 원리에 따른다. 뉴욕 소방대장인 스티븐 킹(Stephen King)은 2001년 9월 11일 세계무역센터의 북측 건물에 있었는데, 첫 번째 비행기가 충돌한 건물이었다. 그때의 경험으로 인해 은퇴를 하게 되었는데, 이후 다리나 터널을 피해 다녔고 맨하탄을 떠나게 되었다(King, 2005). "그날 내가 거기에 있었고, 많은 사람들이 건물에서 뛰어내리는 것과 피해 규모가 압도적이었다는 것은 확실히 목격했다."

하지만 가상치료는 킹이 과거 그리고 미래에 직면하는 데 도움이 되었다. 비디오 게임에서 발견한 기술을 사용한 프로그램은 대중연설, 비행기 탑승, 거미 또는 킹의 일들 등의 외상적 상황과 사건들을 구연한다(그림 13.2).

조안 디페데(JoAnn difede) 박사의 설명으로는 "그러한 처치에 깔린 아이디어는 외상에 대한 두려움에 직면할 수 있도록 점차적으로 환자 자신의 경험에 체계적인 노출을 시키는 것이다."라고 했다.

모델링 **모델링**은 관찰학습과 관련이 있다. 이 방법에서는 내담자가 자신이 두려워하는 대상이나 상황에 접근하고 대처하는 다른 사람들을 관찰한 후 따라서 하게 된다.

그림 12.1 가상상담에서 사용되는 '가상의' 자극

가상상담에서 내담자는 가상(실제가 아닌)의 불안과 스트레스 요인 자극에 노출되면서 점차적으로 두려움을 직면하고 극복할 수 있게 된다. 이 사례에서 내담자는 9/11 세계무역센터에서의 경험 자극에 노출되어 외상 후 스트레스 장애(PTSD)를 극복할 수 있게 된다.

알버트 반두라(Albert Bandura, 1969) 등은 뱀에 대한 두려움을 감소시키고자 할 때 체계적 둔감법뿐만 아니라 모델링도 도움이 된다는 것을 발견하였다. 내담자는 뱀을 만지고 있는 모델을 관찰했다. 그와 같은 치료회기에서 내담자는 뱀을 만지고 들어보고 자신의 몸에서 기어 다니게도 할 수 있었다. 또한, 모델링은 두려운 자극에 대처하는 자기효능 기대치를 향상시킨다.

2. 혐오 조건형성

많은 사람들은 흡연, 과음, 손톱 물어뜯기 등 나쁜 습관을 없애기 위해서 행동주의적 상담를 받기도 한다. 사람들을 도와주는 행동 주의적 상담법 중 하나는 **혐오 조건형성**이다.

모델링 내담자가 두려워하는 대상이나 상황에 접근하고 대처하는 다른 사람을 관찰한 후 따라하는 행동주의적 상담 기법

혐오 조건형성 불쾌하고 짜증나는 자극들을 짝지어 제시하는 것으로 원치 않았던 행동을 억제시켜 주는 행동주의적 상담 기법

TRUTH

Ⓣ F 담배를 피우는 것이 금연을 하고자 하는 사람들을 도와주는 효과적인 방법일 수 있다.

담배를 피우는 것은 사람들이 금연을 하는 데에 도움을 줄 수 있는 방법으로 사용되고 있는 것이 사실이다. 급속 흡연법의 경우, 행동주의적 상담사들은 흡연자가 담배를 피우는 것에 대한 혐오를 심어주기 위해 과도흡연을 사용한다.

혐오 조건형성은 매력적인 자극을 덜 자극적이게 만들기 위해 원치 않는 충격을 동반한 고통스러운 자극이나 혐오스러운 자극과 연결 짓는 방법으로써, 논란이 많은 절차이다.

예를 들면, 사람들이 절주를 할 수 있게 도와주려는 목적으로 약물 유발성의 구역질이나 구토 또는 전기 충격 등과 짝지어 다른 알코올 음료수를 맛보게 한다.

혐오 조건형성은 흡연 및 성학대 등의 다양한 문제들에 사용되고 있다. 담배를 재빨리 피우는 것은 담배를 끊게 만들도록 고안된 혐오 조건형성 방법이다.

이 방법에서 매 6초마다 담배연기를 마시게 한다. 또 다른 방법으로는 헤어드라이기의 호스에 여러 개의 담배를 태워 흡입기에 부착시켜 놓는다. 담배를 피우면 연기가 그들의 얼굴로 들어간다.

세 번째 방법은 연기 분사 파이프를 사용하는 데 동시에 여러 개의 담배에서 연기가 한 번에 뿜어져 나오게 한다. 이런 방법들에서 과잉노출은 우선적으로 담배연기 혐오를 갖게 하는 데 효과가 있는 방법이다.

금연을 하려는 사람들은 담배를 피우고 싶어 하기보다 피하게 만들도록 동기화된다. 하지만 금연을 위한 혐오 조건형성은 니코틴 대체치료법의 유용성뿐만 아니라 고혈압 등의 부작용 때문에 관심이 줄어들게 되었다.

3. 조작적 조건형성 절차

우리는 강화를 받은 행동을 반복하려는 경향이 있고, 강화를 받지 않은 행동은 소거되는 경향이 있다. 행동주의적 상담사들은 **조작적 조건형성**(operant conditioning) **원리**를 사용하는데 가벼운 문제를 가진 내담자뿐만 아니라 정신질환 환자들에게도 적용해 왔다. 정신과 병동에서 일하는 한 직원은 조현병 환자가 규칙적으로 식사를 하게 할 수 있는 방법을 찾을 수 없었다. 심리학자들은 직원이 환자를 식당으로 데려가서 음식을 먹여 주려고 하면 문제가 더욱 더 악화되는 상황을 관찰했다. 직원의 관심은 분명 환자의 협조의 부재를 강화시킨 것이다. 특정 규칙에 변화를 주었다(Dickerson et al., 2005).

식사제공 시작 후 30분 이내에 식당으로 가지 않은 환자는 병실에 남겨두는 것이었다. 직원은 식사 시간 동안 환자와 함께 할 수 없었다. 비협조적인 행동이 더 이상 강화되지 않으면서 환자들은 식사습관을 빠르게 바꾸게 되었다. 그런 다음에 환자가 식당에 입장하기 위해 적은 금액의 입장료를 내야만 했다. 다른 환자들과 상호작용하면서 사회적으로 바람직한 행동을 할 때면 돈을 주었다. 그 결과 이러한 목표행동도 더 자주 하게 되었다.

건강 전문가들은 알코올에 의존했던 사람들이 자신의 음주를 통제할 수 있을지에 대한 고민이 있었다. 연구에 따르면, 술을 마시지 못하는 것에 대한 강화가 강력한 효과를 발휘할 수 있다는 것을 보여준다(Alessi & Petry, 2013; Fitzsimons et al., 2015).

피츠사이먼스의 연구에서 하나의 알코올 의존집단은 표준적인 심리상담을 받았고, 또 다른 집단은 음주측정기 검사로 측정했을 때 알코올이 나오지 않으면 상을 받을 수 있는 기회를 포함한 상담을 받게 했다. 8주의 상담기간 동안 표준적 상담을 받은 그룹과 상 받는 기회를 가졌던 집단을 비교했을 때 표준집단 22%, 그리고 상 받는 기회 집단 84%가 상담을 끝까지 마무리할 수 있었다.

손톱 물어뜯기 습관에 대해 혐오 조건형성을 하는 방법

여러분은 실수로 조금이라도 손톱을 물어뜯게 될 때마다 '손톱 물어뜯기' 상자에 돈을 넣으시길 바랍니다. 상자가 돈으로 가득 채워지면 돈을 세어 보시고 스스로 '가장 잘못된 원인'을 적어서 함께 우편으로 보내주세요. enciktepstudio/Shutterstock.com

enciktepstudio/Shutterstock.com

안구 운동 둔감화 및 재처리(Eye-Movement Desensitization and Reprocessing: EMDR)

전문가들은 상담 방법을 개발하기 위해 종종 개인적 경험을 바탕으로 영감을 얻는다. 프란신 샤피로(Francine Shapiro, 1980)가 그런 경우였는데 그녀가 공원으로 들어가는 중에 마음이 불편해지는 생각들로 인해 힘들어했다. 그런데 그녀의 동공이 갑자기 무엇인가에 꽂히고 바로 그 상황에서 복잡했던 생각들이 떠오르지 않는다는 걸 알게 되었다. 그래서 그녀는 스트레스 장애에 대한 치료적 무기를 보관한 무기고에 EMDR이라고 부르는 상담 방법을 개발해 넣어 두게 된 것이다.

이 방법을 사용하면 치료자가 내담자의 앞뒤로 20~30초 정도 손가락을 빠르게 움직이는 동안 내담자에게 외상경험 상황을 떠올려 보라고 요청한다. 내담자는 치료자의 손가락을 따라 움직이며 응시하면서 힘들게 했던 상황을 마음 속에 그려 본다. 내담자는 이 과정 동안 느끼는 것과 생각하는 것들에 대해 알려준다. 내담자의 불안이 완화될 때까지 이 과정은 반복된다. 상담시간은 약 3회 90분 정도이다.

EMDR이 외상적 사건과 연합된 불안을 감소시켜 준다는 결과는 수많은 연구결과들로 지지되고 있다(Acarturk et al., 2016; Paylor & Royal, 2016). 예를 들어, 한 연구에서는 EMDR의 효과를 두 가지 대안적 상담인 노출상담(거미공포증에 대한 가상상담 등), 이완 훈련과 비교했다(Taylor et al., 2003).

또 다른 연구에서는 9/11 이후 수많은 사람들로부터 EMDR의 효과를 살펴봤다(Silver et al., 2005). 이 연구들과 기타 연구들은 EMDR이 효과적이라고 지지했지만 EMDR이 얼마나 효과적이고 그것이 왜 효과가 있는 것인지에 대해서는 여전히 명확하지 않다(Lohr et al., 2012).

안구 운동이 기억의 생생함을 감소시키면서 해당 기억을 회상하게 하는 것으로 보인다(Leer et al., 2014). 그러므로 내담자가 외상경험을 관리할 수 있다고 믿는 환경 하에서 불쾌한 외상경험이 뇌리에서 떠나지 않게 되는 것이기에 어느 정도의 외상에 노출되어 버린다.

BananaStock/Getty Images

상은 평균 수백 달러의 가치가 있는 것이었지만, 알코올과 관련된 직장의 결근으로 말미암아 감당해야만 할 비용보다는 훨씬 저렴한 가치였다.

토큰 경제(The Token Economy) 많은 정신과 병동 및 병원은 환자가 TV 시청 시간을 허락받기 위해 카드게임 칩과 같은 토큰이 요구되는 토큰 경제를 활용한다(Doll et al., 2013). 이 토큰은 침대 만들기, 양치질하기, 사교활동 등 생산적인 활동에 대한 강화제로 사용된다.

토큰 경제는 조현병의 모든 증상을 없애지는 못했지만 환자의 활동성과 협동심을 증가시켰다. 토큰은 품행 장애를 보이는 아동의 행동수정을 위해 사용되기도 했다.

연속적 근사법 조작적 조건형성의 **연속적 근사법**은 보통 내담자가 좋은 습관을 만드는 데에 도움이 되곤 한다. 예를 들어 매일 저녁마다 3시간씩 공부를 하고 싶지만 현재로써는 30분 밖에 집중할 수 없다.

공부시간을 한 번에 늘리려고 하는 대신에 매일 저녁마다 5분씩 늘려 가면, 점차적으로 공부를 할 수 있을 것이다. 1시간 정도 공부한 후 5분 정도는 인터넷을 하거나 도서관에 있는 사람들을 관찰하면서 스스로에게 보상을 해줄 수도 있다.

사회기술훈련(Successive Approximations)에서 행동주의적 상담사는 자기검열(문제행동을 기록하고 성공 여부를 꾸준히 기록하는 것), 코칭, 모델링, 역할연기, 행동시연(실습), 피드백 받기(행동의 효과성에 대한 정보를 전해 듣는 것) 등의 조작적 조건형성 과정을 통해 사회적 기술을 향상시키고 사회불안을 감소시킬 수 있다.

사회기술훈련은 입원한 이력이 있는 정신과 환자가 지역사회에서 직업과 거처를 유지할 수 있도록 도와줄 때 사용하는 방법이다.

예를 들어, 작업자는 감독자에게 도움을 요청하는 것을 연습할 수 있다; 세입자는 집주인에게 건물 배관수리를 해달라고 요청하는 연습을 할 수 있다.

사회기술훈련은 집단 내에서 진행될 때 효과적이다.

토큰 경제 특별한 혜택과 교환될 수 있는 토큰(예: 카드게임 칩)을 가지고 강화자가 원하는 행동에 대해 강화시킬 수 있는 통제된 환경

연속적 근사법(successive approximations) 조작적 조건형성에서, 목표 행동과 조금씩 더 유사한 행동을 하게 만드는 일련의 행동들

사회기술훈련 자기-모니터링, 행동시연 및 피드백을 활용하여 대인관계 적응을 도와주는 행동치료 방법

집단구성원들은 다른 구성원의 삶에서 중요한 사람(부모, 배우자 또는 데이트 대상 등)으로 역할 연기를 해볼 수 있다.

> **"좋고 나쁨은 다 생각하기 나름이다."**
>
> Shakespeare, Hamlet

바이오피드백 훈련 상담자들은 **바이오피드백 훈련**(BFT: biofeedback Training)를 통해 내담자가 다양한 신체기능을 더 잘 인식하도록 하고 통제할 수 있도록 도와준다. 상담자는 심박수와 같은 신체기능을 측정하는 장치를 내담자에게 연결한다. '삐 소리'나 다른 전자 신호는 원하는 방향(예: 느린 심박수)으로의 변화를 가리킨다(강화 같은 것). (결과에 대한 지식도 강력한 강화물이다)

근전도(Electromyograph: EMG) 장치는 근육장력을 모니터링한다. 이마와 여타 부분의 근육긴장에 대한 통제력을 높이기 위해 사용하며 불면증, 불안, 스트레스 및 두통을 완화시키는 데 사용된다(Saha et al., 2015).

BFT는 심박수와 혈압 같은 의식적 통제가 불가능한 것이라 여겼던 기능을 자발적으로 조절할 수 있도록 도와준다. 고혈압을 가진 내담자는 혈압을 제어하기 위해 혈압 커프 및 전자신호를 사용한다.

뇌파측정기(Electroencephalograph: EEG)는 뇌파를 모니터링하고 이완과 관련이 있는 알파파를 발생시키는 법을 학습시키는 데 사용될 수 있다. 어떤 사람들은 수면과 관련된 뇌파를 만들어 내는 방법을 학습하여 불면증을 극복해 냈다.

13-5 인지상담

여러분의 학교나 직장에서 문제가 발생했을 때 어떤 생각을 하는가? 해결책이 필요한 문제가 나에게 생겼다고 스스로에게 말을 하는가? 이전에는 문제를 잘 해결해 왔는가? 그리고 이번에도 해결책을 찾아낼 수 있을까? 아니면 "안 돼! 이건 최악이야! 일이 더 꼬이고 있잖아, 난 실패할 거야(혹은 해고당할 거야)!" 만약 "이건 최악이야."라고 생각한다면 여러분은 아마 불편감만 더 커지고 대처능력 또한 떨어지게 될 수 있다.

> **바이오피드백 훈련(BFT)** 신체기능에 대한 정보를 본인에게 체계적으로 피드백하여 그 기능을 조절할 수 있게 하는 것
>
> **인지상담** 내담자의 인지가 어떤 방식으로 불편감을 만들어 내며, 불편감을 해소하기 위해 어떻게 조정이 되고 적응적 행동을 촉진시키는지에 대해 중점을 두고 있는 상담 방법

인지상담은 불편함을 더 키우기보다 문제해결을 도울 수 있는 괜찮은 아이디어나 사고에 직접적인 초점을 맞추고 있다. 인지상담은 자신의 문제를 일으키고 복잡하게 만드는 신념, 태도 그리고 자동적 사고방식의 변화에 중점을 두고 있다(Beck & Haigh, 2014).

정신분석적 상담심리사나 인본주의 상담심리사처럼 인지상담사도 자신에 대한 통찰력을 향상시키는 것을 목표로 하고 있지만 사람들이 현재 순간의 인식을 더 잘할 수 있게 도와주는 것도 중요한 목표이다. 인지치료사들은 부정적 감정을 줄여 주기 위해 그리고 내담자가 문제를 해결하도록 도와주기 위해 애를 쓰고 있으며, 부적응적 사고를 직접적으로 변화시켜 주려는 것도 목표라고 할 수 있다.

많은 행동주의적 상담사들은 그들의 방법에 인지적인 절차를 통합하여 적용한다. 예를 들면 체계적 둔감법, 암묵적 민감화, 내면적 강화 등과 같은 기법은 시각적 이미지에 집중시키도록 한다. 신경성 폭식증을 상담하는 행동방법은 체중과 체형에 대한 내담자의 비합리적인 태도에 초점을 두어 좋은 식습관을 만들어 가게 한다. 인지상담은 아론 벡(Aaron Beck)과 알버트 앨리스(Albert Ellis)의 접근방법으로 살펴보고자 한다.

1. 아론 벡의 인지치료

정신과 의사 아론 벡(Aaron Beck)은 정신분석 전문가로서의 인생을 시작했다. 하지만 그는 장기적인 분석 방법을 견디기 힘들어 했고 구체적 조언을 하는 것을 꺼려했다. 자신의 인생을 살아오면서 외과 수술을 맡는 동안 피에 대한 두려움에서 성공적으로 벗어났고 운전을 하며 터널을 통과할 때 비합리적인 두려움에서 벗어났다고 주장했다.

이러한 삶과 비슷하게 그의 인지치료는 내담자가 자신을 비참하게 만드는 비합리적인 두려움 때문에 무언가를 회피하도록 만든다는 신념이 있다는 것에 초점을 두고 있다(Gellatly & Beck, 2016).

벡은 내담자가 자신의 개인담당 과학자가 되어서 상식적이지 않은 느낌과 신념에 도전을 해야 한다고 권유했다. 벡은 또한 내담자들에게 자신의 사고방식이 비합리적이라는 사실을 알아차리기를 제안한다.

예컨대, 우울한 사람들은 자신의 성취에 대해 최소화하며 최악의 상황이 발생할 것이라고 생각하는 경향이 있다.

자신의 성취업적을 최소화하고 최악의 상황을 예상하는 것은 우울한 감정을 유발시키는 (보통은) 현실에 대한 왜곡이다. 인지적 왜곡은 감지하는 것이 어려우며 자동적이고 순간적으로 일어날 수 있는 것이다. 벡의 방법은 내담자가 그런 왜곡을 인식하기 위해 도전할 수 있도록 도와준다.

벡은 또한 내담자의 고통스러움에 기여하는 다양한 '인지적 오류'를 지적하였다.

1. 내담자는 세상을 유해한 곳이라 선택적으로 받아들이면서 이와 상반된 증거들은 무시할 수도 있다.

2. 내담자는 몇 가지 예만을 가지고 과하게 일반화할 수도 있다. 예를 들어, 그들은 직장에서 해고되었기 때문에 자신은 무가치하다고 생각하게 되거나 데이트 거절을 받아 자신이 매력없는 사람이라고 받아들일 수 있다.

3. 내담자는 부정적인 사건의 중요성에 대해 그에 상응하는 정도 이상으로 생각하거나 너무 큰 문제라고 받아들인다. 절대 알 수 없는 이유로 자신이 직장에서 해고를 당하게 될 거라고 파국적으로 생각하게 되거나 시험에서 낙방할 거라 생각하며, 이러한 문제로 인해 가족들이 심각한 피해를 입게 될 것이라는 최악의 상황을 생각하게 될 것이다.

4. 내담자는 회색조로 세상을 보기보다 흑백논리로 세상을 바라보고 있으며 절대주의적인 사고에 빠져 있다. 그렇게 생각하게 된다면 데이트를 거절 당할 때는 평생 자신은 외로울 것이라는 의미로 받아들인다; 고통스러운 질병은 치명적인 것으로 받아들인다.

인지적 오류를 인식하고 파국적인 사고를 조정하게 되면 스트레스를 대처하는 데에 도움이 된다. 실패에 대한 내적 그리고 전반적 귀인은 우울과 무력감으로 이어진다. 인지치료사는 내담자에게 오류나 비합리적 사고를 주의시켜 내담자가 자신의 태도를 바꾸고 보다 효과적이고 분명한 행동을 할 수 있도록 안내해 준다.

2. 알버트 앨리스의 합리적 정서행동상담(REBT)

합리적 정서행동상담(rational emotive behavior therapy)는 벌어진 사건 자체가 아니라 그에 대한 우리의 믿음이 사건에 대한 반응을 만든다고 지적했다. 그뿐만 아니라 많은 이들이 문제를 만들거나 그 문제의 영향에 대해 확대해석을 하게 만드는 비합리적 신념을 가지고 있다.

가장 대표적인 두 가지 비합리적 신념은 주위 사람들이 자신을 사랑하고 수용받아야 한다는 신념과, 우리 스스로가 유능하고 적절하며 성취하고 있다는 것을 철저하게 증명해야만 한다는 신념이다.

벡처럼 앨리스도 정신분석가로서의 경력부터 시작을 했다. 그리고 벡처럼 분석가의 수동적인 역할과 결과를 얻게 될 때까지 많은 시간이 소요된다는 것으로 답답해했다. 앨리스의 REBT 방법은 적극적이며 지시적이다.

그들은 전통적인 정신분석가처럼 내담자 뒤에서 가끔 해석을 해주며 앉아 있는 것이 아니었다.

그 대신에 프로이트가 생각한 대로 마음 깊은 곳에 묻혀 있는 것은 아니지만 무의식적인 것일 수 있는 비합리적 신념을 탐색해 보기를 바랐다.

아론 벡(왼쪽)과 알버트 앨리스(오른쪽).

합리적 정서행동상담(REBT) 알버트 앨리스의 상담 방법은 내담자가 비합리적인 기대와 부적응적 행동에 도전하고 수정할 수 있도록 도움을 줌.

> **"누군가가 그들을 사랑하든 안하든 무조건적으로 자신을 받아들이도록 한다."**
>
> Albert Ellis, 미국 심리학자 (1913 – 2007)

그렇게 생각하긴 했지만 내담자들은 아무런 지시 없이 정확하게 핵심 포인트를 잡아내는 것이 어려울 수 있었다.

앨리스는 내담자에게 이러한 믿음이 어떻게 불행으로 이어지며 자신이 어떻게 변하기 위해 도전을 했었는지를 보여줬다.

앨리스는 내담자가 비합리적인 신념에 의해 행동하는 것을 보았을 때 "당신이 _____을 해야만 할 이유가 있는가?" 또는 "당신이 _____을 해야만 한다는 증거가 있는가?"라고 물어봄으로써 그런 신념들을 논박하였다. 앨리스에 따르면 우리는 인생을 비참해하고 비난하는 것을 좀 줄이고 그 이상의 행동을 해야 할 필요가 있다고 했다.

3. 인지행동상담(Cognitive Behavioral Therapy)

50년 전에 행동상담사와 인지상담사는 양대 축으로서 자리잡은 바 있었다. 행동주의자들인 행동상담사들은 인지상담사가 직접적으로 감각하고 측정할 수 없는 것을 가지고서 회피적인 사고를 한다고 주장했다.

인지상담사는 행동상담사가 행동에 영향을 미치는 신념이나 태도의 역할이 중요함을 인정하지 못했다고 하며 행동상담사들이 기술만 가르치고 사람의 신념(그들의 변화 수용력에 대한 신념)을 변화시켜 주지는 못했다고 주장했다.

이 두 개의 기둥이 합의한 것은, 상담법이 구체적인 방법과 측정 가능한 결과 및 효과의 증거 등을 충족시켜야 한다는 것이었다. 따라서 두 입장은 상대가 가진 특정 역할들을 인정할 수밖에 없었다.

그 결과, 최근 몇 년 동안 이전의 적이었던 두 입장들은, 임상심리학 프로그램 영역에서 가장 영향력 있고 광범위하게 적용되고 있는 상담법인 'CBT'라고 불리는 인지행동상담를 만들기 위해 공동작업을 하게 되었다 (Norcross et al., 2018).

알버트 앨리스는 정신분석가로서 오랜 경력을 쌓아 왔으며 자신의 인지상담 방법(합리적 정서상담)을 개발했고 행동 기법의 가치를 알게 되었다.

> **인지행동상담(CBT)** 연구에 의해서 검증된 인지 및 행동 기법을 사용하는 상담적 접근법

Wavebreak Media ltd/Alamy Stock Photo

집단상담의 장점
집단상담은 개인상담보다 경제적이고, 집단원은 서로에게 사회적 기술을 연습할 수 있고, 다른 구성원들의 경험을 통해 배울 수도 있다.

그래서 그는 자신의 상담법을 합리적 정서행동상담으로 변화시켰다. 그의 개인적 발자취는 여러 면에서 20세기와 21세기의 심리상담 방법의 발달 과정과 유사했다.

13-6 집단상담(Group Therapies)

심리상담은 불안, 우울, 이혼 후 적응, 사회기술 부족 등과 같은 유사한 문제를 가진 내담자들을 대상으로 개인보다 집단으로 상담하는 것이 보다 바람직한 경우가 있다.

집단상담의 방법과 특징은 구성원들의 요구와 지도자의 이론적 방향이 반영된다. 집단 정신분석에서는 내담자가 서로의 꿈에 대해 해석해 볼 수도 있다. 내담자 중심 집단에서는 수용적인 분위기를 제공할 수도 있다.

자기탐색 행동상담 집단의 구성원은 불안을 유발하는 자극에 다 같이 함께하는 것으로 둔감해질 수도 있고 또

는 사회적 기술을 함께 연습할 수도 있다.

집단상담은 아래와 같은 장점이 있다.

1. 경제적이다(Prochaska & Norcross, 2018).
   상담사는 한 번에 여러 내담자들과 함께 작업을 할 수 있다.
2. 일대일 상담과 비교해서 집단 상담은 내담자가 활용할 수 있는 더 많은 정보와 생활사적 경험을 제공해 준다.
3. 적절한 행동은 집단원의 지지를 받게 된다.
   내담자는 보통 동료들이 수많은 수용을 해주는 것에 대해 고마워한다.
4. 우리가 어려움을 겪고 있을 때 다른 사람들과 다르다거나 그들보다 못난 인간이라고 생각하기 쉽다.
   유사한 문제를 겪고 있는 사람들과 함께 하는 것은 마음을 편안하게 해준다.
5. 좋아지고 있는 모습을 보여주는 집단원은 다른 구성원들에게 희망을 준다.
6. 많은 사람들이 대인관계 문제를 가지고 상담을 받으러 온다.
   다른 이유로 상담을 받는 사람들도 사회적으로 억제되어 있을 수 있다. 집단원은 비교적 덜 위협적인 분위기에서 사회기술을 연습해 볼 수 있다. 연령대와 성별이 다르게 구성된 집단에서 집단원들은 서로의 상사, 부하 직원, 배우자, 부모, 자녀, 친구 등의 역할을 맡아 줄 수 있다. 구성원은 정해진 상황에서 다른 구성원에게 데이트 요청을 하고 수락 또는 거절 등의 말을 듣게 되는 역할연습을 해 볼 수 있다.

하지만 집단상담은 모든 사람들에게 가능한 것은 아니다. 어떤 내담자는 개인상담을 통해 더 나은 도움을 받는다. 많은 사람들이 자신의 문제를 집단 내에서 공개하는 것을 선호하지 않는다. 지나치게 부끄러워하거나 개인적인 관심을 받고 싶어할 수 있다.

상담사는 집단에서 공개하는 것에 대한 비밀을 보장해야 하고 지지적인 분위기를 조성하여야 하며 집단원들이 요구하는 주의와 관심을 제공해야 한다는 책임이 있다.

많은 유형의 상담이 개인 또는 집단으로 진행될 수 있다. 커플(부부) 상담과 가족상담은 집단으로만 진행될 수 있는 상담이다.

1. 커플(부부) 상담

커플 상담은 서로의 의사소통 기술을 향상시키고 갈등을 관리함으로써 둘의 관계를 개선하는 것에 도움이 된다(Prochaska & Norcross, 2018).

서로의 관계에서는 일반적으로 힘의 불균형이 존재하며 커플 상담은 개인이 서로의 '충만한 소속감'을 확인할 수 있도록 도와준다. 힘의 불균형을 바로 잡게 되면 더 행복해지고 가정폭력 발생률을 떨어뜨릴 수 있다.

모순적이게도 가정폭력 상황에서 관계상 힘이 약한 파트너는 대개 폭력적인 파트너이다. 폭력은 종종 여타의 방식으로 힘을 공유할 수 없음을 보상하는 방안으로써 나타난다(Salis et al., 2014).

오늘날 부부상담에 대한 주요 접근법은 인지 행동적 접근이다. 커플에게 의사소통기술(예; 감정을 들어 주고 표현하는 밥법 등), 분노 등의 감정을 다루는 방법, 문제를 해결할 수 있는 방법 등을 가르쳐 준다.

2. 가족상담

가족상담은 한 명 이상의 가족 구성원들이 집단을 구성하는 일종의 집단상담이라고 할 수 있다. 가족상담은 다양한 이론적 관점으로 진행할 수 있다.

가족 내에서 잘못된 의사소통도 문제를 발생시킨다. 잘못된 미신: "나쁜 사과(지정된 환자)를 바꿔라.", "사과 상자(가족)를 바꿔라." 그러면 더 잘 보관(원활한 가족관계)할 수 있을 것이다.

Thinkstock Images/Getty Images

그 중 하나가 가족 상호작용을 이르는 체계론적 접근인데, 이는 개별 가족 구성원들과 전체로서 가족 단위의 성장을 향상시키기 위해 연구되고 수정되어 온 것이다(Prochaska & Norcross, 2018).

자존감이 낮은 가족 구성원은 보통 다른 입장을 가진 가족 구성원의 태도와 행동을 용납하지 못할 수도 있다. 게다가 가족 내에서 '지정된 환자(즉, 문제가 있다거나 모든 문제를 일으키는 가족 구성원)'가 있다는 것은 상식적인 것이 아니다.

하지만 가족상담사들은 지정된 환자가 가족 간의 다른 문제와 관련된 희생양이었다는 것을 잘 알고 있다. 이것은 일종의 미신이다. '나쁜 사과' 또는 지정된 환자를 바꾸게 되면 '사과 상자'나 가족이 더 잘 작동할 수 있다는 것은 미신이다. 가족상담사는 가족에게 의사소통을 하고 각각의 구성원의 성장과 자율성을 갖도록 독려한다.

3. 자조집단 및 지지집단

미국과 여타 지역의 수백만 명의 사람들이 온-오프라인 또는 전화통화로 만나는 자조 및 지지집단에 참여하고 있다. 일부 자조 및 지지집단은 심리장애로 상담을 받은 사람들이 서로 비슷한 경험을 가진 또 다른 사람들과 친해질 수 있도록 해준다(Greidanus & Everall, 2010).

이 집단은 자폐장애나 지적장애 또는 다운증후군을 가진 아동의 부모집단과 같이 구체적인 경향이 있다. 구성원들은 여러 문제와 가능한 해결책들을 공유한다.

자조 및 지지집단으로 잘 알려진 집단은 알코올 자조집단(Alcoholics Anonymous: AA)이다. 미국 및 전 세계 수백만 명의 사람들이 12단계의 프로그램에 참여하게 된다. 구성원들은 정기적으로 만나 술이 마시고 싶어질 때 다른 회원에게 연락을 한다.

12단계에서는 자신의 음주를 통제할 수 없다는 것과 술이 자신을 먹어버리게 된다는 것, 피해받는 행동을 살펴보는 것 그리고 새롭게 살기 위해 노력하겠다는 것을 인정해야 한다.

AA가 효과적인 경우는 알코올 중독자가 몇 년 간 상담을 지속해 가고 우울감을 완화시키며 금주를 하면서 새로운 도전을 할 수 있다는 자신감을 향상하기 때문인 것 같다(MacKillop et al., 2018).

13-7 상담심리는 효과가 있을까?

1952년에 영국 심리학자 한스 아이젠크(Hans Eysenck)는 상담심리 커뮤니티에 충격을 안겨준 연구를 리뷰했다. 아이젠크는 자신의 연구를 검토해 본 결과, 심리상담에서 사람들의 호전률이 '자발적 호전률'보다 크지 않다고 결론 내렸다. 즉, 상담를 받지 않은 심리장애를 가진 사람들보다 호전률이 높게 나타나지 않았다.

아이젠크는 전형적으로 생물학적 방식의 상담으로 도움이 되는 조현병 환자를 대상으로 한 것은 아니었고, 불안 및 우울 등의 문제를 겪고 있는 사람들을 대상으로 하였는데 이들의 상담 수혜 여부와 관련 없이 3명 중 2명은 2년 사이에 확연히 나아졌다고 주장했다.

그 이후로 반세기가 지났다. 이후 진행된 상담 효과성에 대한 연구는 고무적이다(Crits-Christoph et al., 2013; Lambert, 2013). 메리 리 스미스(Mary Lee Smith)와 진 글래스(Gene Glass, 1977)는 처음 전통적인 메타 분석을 사용한 바 있었는데 수십 년 간의 연구결과를 분석했다. 그리고 정신분석적 상담심리를 받은 사람들은 상담을 받지 않은 사람들의 70%~75% 보다 평균적으로 훨씬 더 잘 살고 있다고 결론 내렸다.

내담자중심 심리상담의 경우에도 비슷한 긍정적 결과가 보고되었다. 보다 최신의 연구에서도 정신분석적 심리상담의 효과를 지지하는 결과가 나왔다(Driessen et al., 2015; Shedler, 2010).

정신분석적 상담과 내담자중심 상담심리는 교육을 잘 받아 왔고, 언어적이며, 동기가 높은 내담자에게 가장 효과적인 것으로 나타났다. 내담자들은 불안과 우울(경도에서 중등도 수준) 및 대인관계에 대한 문제를 보고한 내담자들이었다.

FICTION

T (F) 심리상담이 심리장애를 가진 사람들을 돕는다는 것은 과학적인 증거가 없다.

상담심리의 효과가 전혀 없다는 것은 사실이 아니다. 상담심리가 다양한 심리적 문제를 상담하는 데 효과적임을 보여주는 많은 연구 결과가 있다.

주요 우울장애와 양극성 장애, 그리고 조현병 등의 정신장애를 갖고 있는 사람들에게는 이상의 상담 형태는 효과적이지 않은 것으로 나타났다.

인지치료 연구에 따르면 알버트 앨리스가 설명했던 유형의 비합리적 신념을 수정해 주면 불안과 우울증 등의 문제를 겪는 사람들에게 도움이 되는 것으로 나타났다(Cristea et al., 2016). 벡이 설명한 종류의 자기손상적인 신념을 수정하는 것도 불안이나 우울을 완화시켜 주었다(Beck & Haigh, 2014).

인지치료는 한때 생물학적 상담심리에만 반응한다고 여겼던 주요 우울장애 환자들에게도 도움이 된다(Beck & Dozois, 2011; Eisendrath et al., 2015).

인지치료는 또한 **강박장애**(Obsessive-Compulsive Disorder: OCD)를 가진 사람과 성격장애를 가진 사람들에게도 도움이 된다(Beck et al., 2015; Renner et al., 2013).

또한, 행동 및 인지상담은 사회기술 부족, 통제력 문제, 성기능 장애 등을 상담하기 위한 전략을 제공했다. 이 치료법들은 커플과 가족의 문제에도 도움이 되었다(Baucom & Boeding, 2013). 또한 두통, 만성통증 및 물질남용 등과 같은 건강문제 관련 행동을 수정했다(Beck et al., 2011; Ehde et al., 2014).

1. 증거기반 상담

실험은 심리학 연구 영역에서 훌륭한 본보기가 된다. 그리고 상담심리의 수많은 방법들은 신중하게 진행이 되고 무선 통제 실험(즉, 실험대상이 무선으로 특정한 치료법 또는 통제에 할당되는 실험)에서 효과적인 것으로 나타났다.

표 13.1 증거기반 상담의 예

상담	효과적인 상담에 해당하는 심리적 상태
인지치료	우울증 두통
행동치료 또는 행동수정	우울증 발달장애 야뇨증(소아 야뇨증)
인지행동치료	광장공포가 없는 공황장애 일반적 불안장애 폭식증
노출치료	광장공포증 및 특정공포증
노출-반응 방지	강박장애
부모훈련 프로그램	적대적 행동을 보이는 아동

증거기반 상담심리는 상담집단 또는 통제집단에 참가자들을 무선 할당하여 진행한 실험에서 효과적인 것으로 밝혀졌다.

Arunas Gabalis/Alamy Stock Photo

이러한 많은 연구의 연구자들은 상담법을 구체적으로 설명하는 상담 매뉴얼에 따른다.

표 13.1은 다양한 증거기반 상담과 해당 상담이 효과적이라는 관련 문제들을 보여준다. 여타 상담들은 결과적으로 더 많은 증거가 축적이 될 때 추가될 수 있다.

많은 상담자들은 증거기반 상담이 상담 매뉴얼을 통해 보다 쉽게 표준화될 수 있고 실험 과정에서 상담실무자가 더 정확하게 따를 수 있기 때문에, 인지행동치료를 더 선호한다고 주장한다(Kazdin, 2008; Levy & Ablon, 2009).

정신분석적 상담심리와 같은 대안적인 상담은 그렇게 쉽게 표현화할 수 있거나 실시되기는 어렵다. 그렇기 때문에 그들은 통제된 실험에서 잘 다루지 않았을 수도 있다.

연구자들은, 다양한 상담법 사이에서의 공통적인 수행은 상담자와 내담자 간의 동맹관계 · 상담자의 공감 · 경청 기술 · 내담자에 대한 긍정적 관심 등이며, 이는 긍정적인 상담결과로 이어질 수 있다고 지적했다(Norcross & Wampold, 2011).

다음의 민족성과 심리상담에 대한 내용을 통해 가장 효과적인 상담 방법이 무엇인지 결정하는 데 영향을 주는 내담자의 사회문화적 특징을 살펴볼 것이다.

2. 민족성 및 심리상담

소수민족 출신의 미국인은 유럽계 미국인보다 상담심리를 받으러 올 가능성이 낮다(Chen & Rizzo, 2010; Cheng et al., 2018; Wang, 2013).

상담 수혜 가능성이 낮은 이유는 다음과 같다.

Alvis Upitis/Getty Images

문화적으로 능숙한 상담
심리학자들은 내담자의 문화유산, 언어 및 가치에 민감해야 한다.

- ▶ 상담이 도움이 될 것이라는 인식의 부족
- ▶ 전문 서비스 이용을 위한 정보 부족 및 상담비 지불의 불가능
- ▶ 전문가, 특히 유럽계 미국인 전문가와 남성 전문가에 대한 불신(여성의 경우)
- ▶ 언어장벽
- ▶ 낯선 사람, 특히 인종집단의 구성원이 아닌 사람에게 개인적 문제를 공개하는 것에 대한 거리낌
- ▶ 다른 방식의 문제 해결 접근법을 지향하려는 문화적 성향; 종교적 접근, 심령술과 같은 방법
- ▶ 전문가 및 권위 대상과의 부정적인 경험

따라서 임상가가 문화유산과 언어, 그리고 내담자의 가치에 민감해져야 할 많은 이유가 있다. 즉, 다문화 감수성을 개발해야 한다(Malgady, 2013; Wang, 2013). 아프리카계 미국인, 아시아계 미국인, 라틴계 미국인 및 미국 원주민과 상담심리를 수행할 경우에 몇 가지 문제들을 고려해 볼 수 있다.

아프리카계 미국인 아프리카계 미국인은 종종 사람들이 자신의 문제는 스스로 관리해야 한다는 문화적 인식 때문에 심리적 도움을 요청하는 것을 꺼려 한다(Comas-Diaz & Greene, 2013; Logan, 2018). 일부 아프리카계 미국인은 또한 상담전문가를 잘 믿지 못한다. 특히, 상담사가 유럽계 미국인인 경우에 그렇다(Mohr et al., 2010).

아시아계 미국인 어떤 아시아계 미국인들은 심리장애를 가진 사람들을 낙인 찍어 버린다. 결국 문제를 거부하면서 도움 요청을 하지 않을 수 있다(Masuda et al., 2017; Spencer et al., 2010; Wang, 2013).

아시아계 미국인 특히 최근 이민을 온 사람들은 정신상담에 대해 서구식 접근법을 이해하지 못하거나 믿지 않을 수도 있다.

예를 들어, 서구식 상담심리는 일반적으로 사람들이 자신의 감정을 표현하도록 권장한다. 이런 행동방식은 아시아의 대중을 많이 의식하는 전통적인 태도와 상충될 수 있다. 많은 아시아인들 또한 신체적 증상을 통해 심리적 문제를 경험할 수도 있다(Wang, 2013).

그들은 자신이 불안해한다고 생각하기보다 심장이 두근거리고 심한 오한이 있다고 하는 등의 불안의 신체적 특징에 보다 집중할 수 있다.

라틴계 미국인 상담사는 독립과 자립이 중요하다는 전형적인 유럽계 미국인들의 신념과 가족과 종교의 전통적인 상호의존성이 중요하다는 라틴계 미국인들의 가치를 조율하는 데에 잠재적인 어려움을 알고 있어야 한다(Comas-Diaz & Greene, 2013; Comas-Diaz, 2017; Garza & Watts, 2010).

다음 항목을 검토해 보는 것은 상담심리사와 라틴계 미국인 내담자 사이의 격차를 해소하는 데에 도움이 될 수 있다.

- ▶ 내담자가 요청한 언어로 내담자와 상호작용하거나 불가능한 경우에는 내담자의 언어를 할 수 있는 전문가에게 의뢰하는 것.
- ▶ 내담자의 유창한 영어구사나 및 교육수준을 고려하듯이 내담자의 문화적 적응수준 및 가치에 맞는 방법을 사용하는 것.
- ▶ 내담자의 문화적 가치를 통합하는 상담법을 개발하는 것.

예를 들어 로버트 말가디(Robert Malgady, 2013)는 푸에르토리코인(Puerto Ricans)의 쿠엔토스 상담을 권장한다.

이 상담 형태는 적응 행동에 대한 모델로서 도움을 받는 캐릭터가 등장하는 전통적인 민속화(cuentos)를 사용한다.

미국 원주민 미국 원주민에게 나타나는 일부 심리장애는 유럽 식민제도에 대한 그들의 전통문화의 붕괴와 관련이 있다(Pomerville et al., 2016; Trimble et al., 2014). 문화적 정체성의 상실과 사회적 무질서로 말미암아 알코올 중독이나 약물 남용 및 우울증 등의 문제가 발생했다. 심리장애를 예방하려는 노력은 아메리카 원주민의 문화적 정체성과 자부심 및 응집력 강화 등에 초점을 맞출 수 있다.

상담심리는 상담자가 내담자의 개인차 뿐만 아니라 사람들이 가진 문화적 배경을 존중할 때 가장 효과적이다. 심리적 고통을 겪는 것은 개인이지만 종종 문화적 문제로 인해 딸려온 것일 수도 있다.

13-8 생물학적 상담심리

우리가 논의한 상담의 유형은 심리학적 특징을 가진 상담심리들이었다. 상담심리는 학습이나 동기 부여 등의 문제에 대해 심리적 지식에 근거하여 심리학적 원리를 치료에 적용한다. 하지만 심리장애가 있는 사람들은 종종 생물학적 방법으로 상담을 받는다.

생물학적 상담심리법은 사람들의 생물학적 구조와 과정에 대해 밝혀진 것들을 심리장애의 사건에 적용하는 것이다.

예를 들어, 신경전달물질의 작용을 변화시키는 것처럼 신경계에서 벌어지는 일들을 변화시킴으로써 특정 작용을 하게 할 수 있다.

지금부터는 심리장애를 가진 사람들을 치료하는 방법으로, 약물치료와 전기충격치료 및 정신 외과적 치료 등의 세 가지 생물학적 또는 의학적 접근법에 대해 논의해 볼 것이다.

1. 약물치료

몇 년 전 패츠 도미노(Fats Domono)는 'My Blue Heaven'이라는 노래로 인기를 끌었다. 패츠는 하늘과 행복에 대해 노래했다. 오늘날 'blue heavens'는 10 mg의 항불안제인 디아제팜(diazepam: 바리움)의 속칭이다. 임상가는 다양한 심리장애를 겪고 있는 사람들을 위해 바리움 및 기타 약물을 처방한다.

항불안제(antianxiety drugs) 바리움 및 아티반(Ativan) 등의 대부분 항불안제는 벤조디아제핀(benzodiazepines)으로 알려진 화학물 등급에 속한다. 항불안 약물은 일반적으로 일반화된 불안장애나 공황발작을 호소하는 외래 환자를 위해 처방되는 것이지만, 많은 사람들이 수면제로 사용하고 있다.

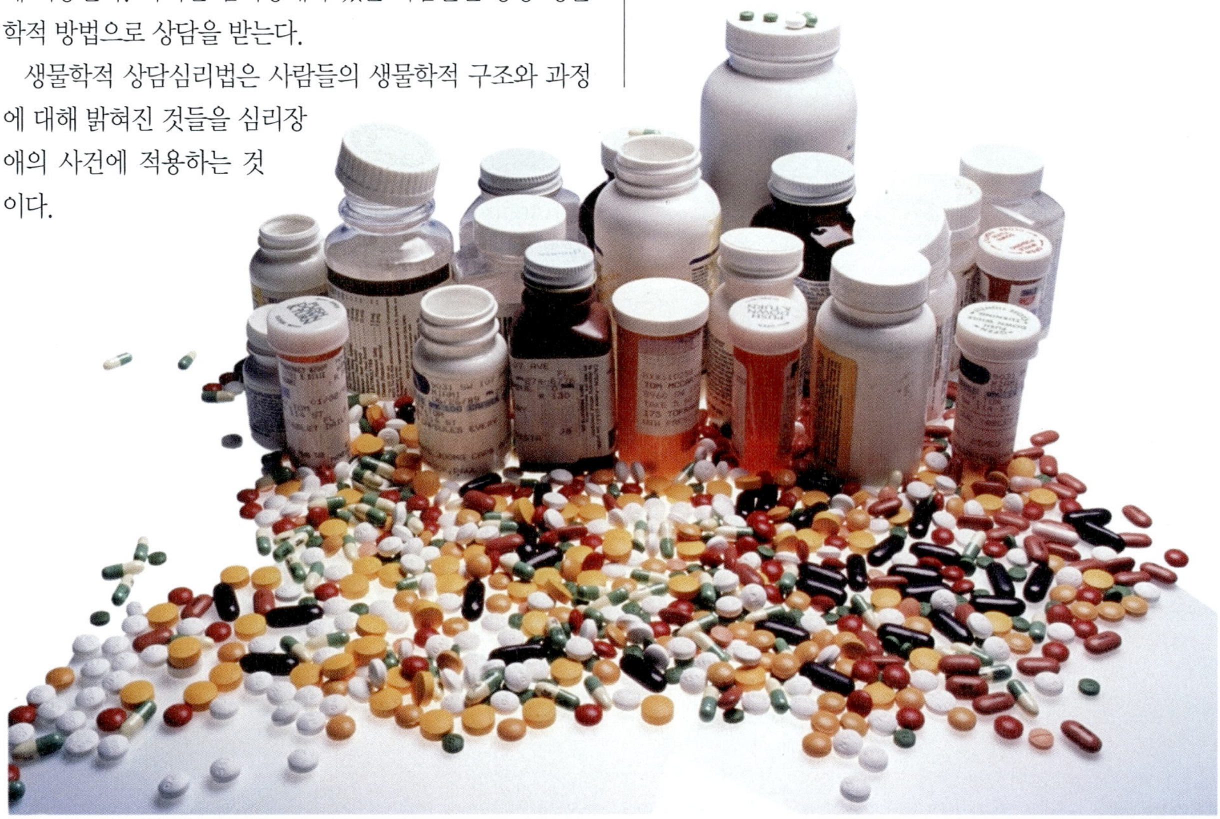

PhotoLink/Photodisc/Getty Images

바리움 및 그 밖의 불안 치료약은 **중추신경계**(central nervous system: CNS)의 활동을 억제한다. CNS는 교감신경 활동을 감소시켜 심박수와 호흡속도 및 불안감이나 긴장을 줄여준다. 많은 사람들이 항불안제를 아주 빨리 받아들인다.

내성이 생기면 약물 효과를 유지하기 위해 복용량을 늘려야 한다. 나른함(피곤하거나 졸린 느낌)은 불안완화제의 가장 흔한 부작용이다. 이런 문제들은 **반동불안**(rebound anxiety)을 포함하여 약물로 인한 위축과 관련이 있다.

즉, 이 약을 정기적으로 사용하고 있는 몇몇 사람들은 약물을 중단하게 되면 불안이 이전보다 더 심해진다고 보고한다. 항불안제는 진전, 발한, 불면증 및 빠른 심박 등의 금단증상에서 확인되는 바와 같이 신체적 의존성을 유발한다.

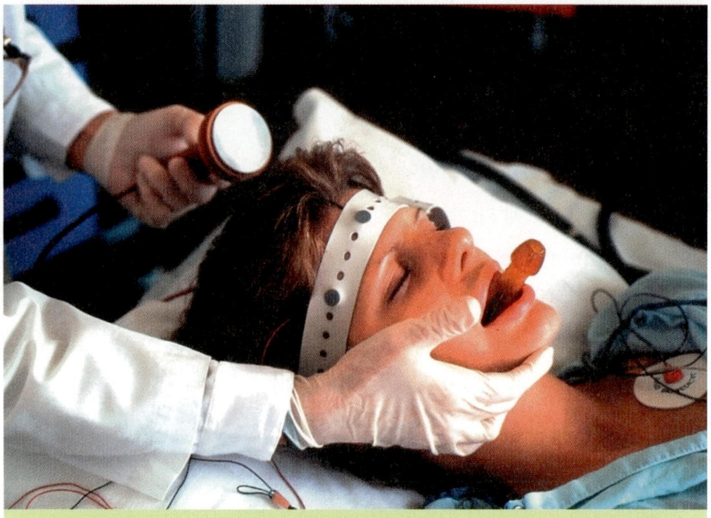

Will McIntyre/Science Source

전기충격치료

ECT에서 전극은 환자의 머리 양쪽에 부착이 되고 전류가 전극 사이를 통과하여 발작을 유발시키게 된다. ECT는 항우울제와 심리상담의 효과가 별로 없었던 주요 우울장애에 주로 사용되었다.

항정신병 약물 조현병 환자들은 종종 항정신병 약물(주요 정신안정제라고도 함)을 처방받는다. 대부분의 경우에 이런 약물은 초조함과 망상, 그리고 환각을 줄여 준다. 페노티아진(phenothiazines: 예; Thorazine)과 클로자핀(clozapine/Clozaril) 등 많은 항정신병 약물은 뇌에서 도파민 수용체를 차단시키는 작용을 한다고 알려져 있다(Yang et al., 2016). 이런 연구는 조현병이 신경전달물질인 도파민의 과잉 활동성과 관련이 된다는 이론을 지지한다.

항우울제 우울증이 심한 사람들은 종종 소위 항우울제라는 약물을 복용한다. 이 약물은 섭식장애, 공황장애, 강박장애, 사회불안장애 등을 갖고 있는 사람들에게도 도움이 된다(Murtaza et al., 2018). 노르에피네프린(norepinephrine)과 세로토닌(serotonin)의 조절문제는 우울증뿐만 아니라 섭식 및 공황장애와도 관련이 될 수 있다.

항우울제는 우울증과 식욕에 모두 영향을 줄 수 있는 신경전달물질의 수준을 높이면 효과가 있다고 알려져 있다(Strawn et al., 2018).

다양한 항우울제가 있다. 뇌에서 노르에피네프린(norepinephrine), 세로토닌(serotonin) 각각 또는 두 가지 모두의 농도를 증가시킨다. 프로작(proazc) 및 졸로푸트(zoloft) 등의 선택적 세로토닌 재흡수 억제제(SSRIs)는 시냅스 전 뉴런이 세로토닌을 재흡수하려는 것을 차단시킨다. 이펙사(effexor)와 같은 세로토닌 노르에피네프린(serotonin-norepinephrine) 재흡수 억제제는 세로토닌과 노르에피네프린의 재흡수를 억제시킨다(SNRIs는 선택적 세로토닌 노르에피네프린 재흡수 억제의 경우에 SSNRIs라고도 알려져 있다).

기분안정제(mood stabilizers) 고대 그리스와 로마인들은 금속 리튬(lithium)을 기분안정제로 사용한 최초의 사람들이었다. 양극성 장애가 있는 사람들을 위해 리튬을 함유한 미네랄워터를 처방했다. 그들은 왜 이러한 치료법이 도움이 되었는지를 눈치채지 못했다.

정제된 형태의 금속 리튬(탄산리튬: lithium carbonate)에서 발견되는 소금기는 대부분 사람들의 조증행동과 우울증의 주기를 평편한 상태로 만든다. 리튬이 신경전달물질의 기능에 영향을 미치지만 리튬이 어떻게 작용하는지는 정확하게 알려져 있지 않다.

반동불안 진정제의 사용을 중단하게 되었을 때 발생할 수 있는 불안

항우울제(antidepressant) 우울증을 완화시키는 작용을 하는 것

선택적 세로토닌 재흡수 억제제(Selective Serotonin Reuptake Inhibitors: SSRIs) 시냅스 전 뉴런에 의한 세로토닌의 재흡수를 차단하여 뇌에서 활동 가능한 세로토닌의 양을 증가시키는 항우울제

세로토닌-노르에피네프린 재흡수 억제제(Serotonin-Norepinephrine Reuptake Inhibitors: SNRIs) 세로토닌과 노르에피네프린의 재흡수를 차단하는 항우울제

전기충격치료(ElectroConvulsive therapy: ECT) 머리를 통해 전류를(경련을 유발시킴) 흘려보내 주요 우울장애와 같은 장애를 치료하는 방법

리튬은 항우울제 약물의 효과를 강화시키는 데에도 사용될 수 있다(Cussotto et al., 2017). 제1형 당뇨병 환자는 질병을 통제하기 위해 인슐린을 사용해야 하는 것처럼 양극성 장애가 있는 사람들도 리튬을 평생 사용해야 할 수도 있다. 양극성 장애를 가진 사람들의 기분을 안정시키는 데 도움이 되는 많은 여타의 약물들도 사용된다. 이들 중에는 디발프로엑스 나트륨(divalproex sodium, 제품명: 데파코트(Depakote)), 라모트리진(lamotrigine(라믹탈(Lamictal)), 카르바마제핀(carbamazepine(테그레톨(Tegretol)) 그리고 옥스카르바제핀(oxcarbazepine(트릴렙탈(Trileptal)) 등이 있다.

2. 전기충격치료

전기충격치료(ElectroConvulsive Therapy: ECT) 1939년 이탈리아 정신과 의사인 유고 첼레티(Ugo Cerlt-ti)가 도입하였으며 심리장애에 대한 생물학적 형태의 치료방법이었다. 첼레티는 일부 도축장에서 전기충격을 사용하여 동물을 무의식 상태로 만들었다고 설명했다. 충격은 경련을 일으키게도 만들었다. 이 기간 동안 유럽 연구자들과 함께 첼레티는, 경련이 조현병 및 여타 주요 심리장애와 함께 존재할 수 없을 것이라고 믿었다.

ECT는 원래 다양한 심리장애에 사용되었다. 하지만 항정신병 약물의 출현으로 말미암아 항우울 약물에 반응하지 않는 주요 우울장애 환자에게 자주 사용되었다(Giacobbe et al., 2018).

사람들은 일반적으로 일주일에 2~3회씩 10회기까지 받았다. 전극은 관자놀이에 부착되고 경련을 일으킬 정도로 강한 전류를 흘려보낸다. 충격은 무의식 상태로 만들어 버리기 때문에 환자는 이러한 상황을 기억하지 못한다. 그럼에도 불구하고 환자에게 진정제(신경을 안정시키거나 흥분을 완화시키고 잠을 자게 하는 약물)가 투여되어 치료 중에는 잠에 빠지게 된다.

ECT는 여러 가지 이유로 논쟁의 여지가 있다; 대부분 전문가들은 환자의 머리에 전기충격을 가하고 경련을 일으킨다는 것을 싫어한다. 기억의 문제를 포함한 부작용도 있지만 일부 연구에서는 케타민(Ketamine) 약물치료를 하여 ECT 후에 발생하는 학습 및 기억의 문제를 줄여 줄 수 있다고 한다(Chen et al., 2017).

TRUTH

(T) F 폭력을 줄이기 위한 수술법을 개발한 의사는 자신의 환자들 중 한 사람에게 총을 맞았을 때 자신이 항상 성공한 것이 아니라는 것을 알게 되었다.

맞다. 모니스 박사의 실패는 환자에게 총을 맞은 것이다. 모니스 박사는 척추에 총알이 박혀 하반신이 마비되었다.

3. 정신외과적 치료

정신외과적 치료는 ECT보다 더 논란의 여지가 있다. 가장 잘 알려진 현대 기술인 **전두엽 절제술**(prefrontal lobotomy)은 중증장애가 있는 사람들에게 사용되었다. 이 방법에서는 집게 같은 도구로 뇌의 전전두엽과 시상을 연결하는 신경경로를 작업한다. 그러한 작업은 감정으로부터 사고를 단절시키고 심한 장애를 가진 환자가 통제력을 회복할 수 있도록 해주었다.

이 방법은 포르투갈의 신경학자 안토니오 에가스 모니스(Antonio Egas Moniz)가 개발하여 1930년대에 미국으로 가져갔다. 수술에 대한 이론적 근거는 모호하고 잘못된 방식으로 진행되었으며 모니스의 성공보고서는 과장된 것이었다.

그럼에도 불구하고 폭동을 줄이기 위해 수천 명의 사람들에게 1950년 전두엽 절제술이 진행되었다. 이러한 시술에 대해 신뢰할 수 없는 결과와 관련된 증거 사례는 아이러니한 역사에서 발견된다: 모니스 박사는 자신이 치료한 환자에게 총을 맞았다.

전두엽 절제술은 과잉행동 및 산만함, 학습능력 손상, 과식, 무감증 및 철수, 간질성 발작, 창의력 감소, 때로는 사망 등의 부작용이 있다. 이러한 부작용과 항정신병 약물의 출현으로 말미암아 전두엽 절제술은 미국에서 확실하게 중단되었다.

하지만 새로운 정신외과적 치료법은 아주 조심히 수행되고 있으며 강박장애와 공포증 사례에서 상반된 성공을 거두었다. 이러한 시술은 심리상담과 약물치료가 실패한 후 환자가 해당 시술의 성공률과 잠재적 위험성을 완전히 인지하고 있을 때만 사용된다.

정신외과적 치료 심리적 변화를 촉진시키거나 장애 행동을 완화시키고자 시행한 수술

전두엽 절제술 뇌의 전두엽 부분을 절단하거나 파괴시키는 수술

예를 들어, 감마 나이프 수술의 경우 의사는 심각한 OCD 환자의 과활동성이 의심되는 조직부위를 두개골 안쪽으로 방사선 빛을 쏘아 파괴시킨다(Tyagi et al., 2010). 여타의 정신외과적 치료도 소규모로 이루어지고 있다(Bear et al., 2010). 하지만 부작용이 있고 치료법이 매 사례에서 효과적인 것은 아니다.

4. 생물학적 상담심리는 효과가 있을까?

심리장애를 상담하기 위해 수많은 생물학적 상담심리법이 있다. 하지만 생물학적 상담심리의 효과에 대해서 우리는 얼마나 알고 있을까?

약물치료가 많은 심리장애를 가진 사람들에게 도움이 되었다는 것은 의심의 여지가 없다. 예를 들어, 항정신병 약물은 조현병으로 진단된 사람들을 구속하고 감독(감금, 협박, 입원 등)할 필요를 줄여 주었다.

항정신병 약물은 또한 과거의 정신질환자 수용소의 수용자들이 지역사회에서 거의 정상적인 삶을 살아가고 일을 할 수 있으며 가족들과 생활을 할 수 있게 해주기도 했다. 이러한 약물과 관련된 대부분의 문제는 부작용과 관련이 있다.

우울증에 대한 상담심리와 약물치료(약)의 효과를 비교한 여러 가지 결과가 있다. 인지치료는 치료가 종료된 후 우울증의 재발위험을 줄이는 대처기술을 제공한다.

핌 큐퍼(Pim Cuijpers, 2013) 등은 항우울제를 상담심리와 함께 진행했을 때 우울증 치료 효과에 차이가 있는지를 알아보기 위해 무선 통제된 실험 결과를 가지고 메타 분석을 수행했다. 그들은 심리상담와 약물치료를 함께 한 치료 패키지가 심리상담보다 더 효과적이라는 것을 발견했지만, 항우울제가 많은 도움을 준다는 것은 분명히 드러나지 않았다.

인지행동치료는 현재 조현병에 권장되는 치료법이다(Jones et al., 2012). 그것은 사람들의 문제행동과 고통을 기저에 깔려 있는 사고방식과 연결지어 자신의 사고를 더 잘 통제할 수 있도록 독려함으로써 초조불안, 환각, 망상을 완화하는 데 도움을 준 것으로 보인다(Gregory, 2010).

많은 전문가들은 내담자의 비정상적인 불안이나 긴장을 잘 관리할 수 있도록 항불안제를 단기적으로 처방하는 것에 익숙하다. 하지만 많은 사람들은 불안을 유발하는 생활방식이나 대인관계 문제로 인한 각성을 방지하기 위해 정기적으로 항불안제를 사용한다. 그들은 문제에 직면하기 위해서 종종 고통스러운 결정을 하기보다 약을 먹는다.

ECT를 둘러싼 논쟁이 있지만 항우울제에 반응하지 않는 많은 이들에게는 도움이 된다(Kellner et al., 2016).

요약해 보면 어쩌면 약물치료와 ECT는 심리상담에 반응하지 않는 일부 장애에 국한된 효과가 있는 것으로 보인다. 하지만 상식적으로 연구의 증거를 살펴봐도 심리상담은 불안과 가벼운 우울증 등의 문제에 적합하다. 어떤 화학물질도 사람의 생각을 바꾸거나 대인관계 문제를 해결하는 방법이 될 수는 없다.

적용

합리적 사고로 우울증 완화시키기

우울증은 인지적 왜곡의 한 부분으로 특징 짓는다. 우울한 사람들은 그들의 잘못이 아닌데도 실패한 것과 문제점들에 대해 스스로를 비난하는 경향이 있다. 그들은 비난을 내면화하고 자신의 문제는 당연한 것이라고 생각한다. 우울한 사람들은 또한 자신의 문제를 파국적인 상황으로 만들어 가고 성취에 대해서는 최소화하려는 등 인지적 오류를 범한다.

첫째 줄을 보면 여러 가지 비합리적이고 우울한 사고를 확인할 수 있다. 가운데 줄에는 인지적 오류 유형(내면화 또는 파국화 등)이 설명되어 있다. 합리적 대안은 세 번째 줄에 제시되어 있다. 여러분은 첫 번째 줄에 있는 사고를 갖고 있진 않은가? 합리적인 대안으로 바꾸어보지 않겠는가?

비합리적, 우울한 사고 및 합리적인 대안

비합리적 사고	사고의 유형	합리적인 대안
"내가 할 수 있는 것은 아무것도 없어."	파국화(문제의 크기), 최소화(자신의 대처능력), 안정화(영구적인 문제로 만들기)	"나는 지금으로선 할 수 있는 것이 하나도 없다고 생각해, 어쩌면 할 수 있을 수도 있겠지만."
"나는 별로 괜찮은 사람이 아니야."	내면화, 일반화, 안정화	"내가 후회할 만한 일을 해버린 거야, 그렇지만 인간으로 몹쓸 짓을 했다거나 내가 악마가 된 건 아니야."
"이건 완전히 망한 거야."	파국화	"아주 망쳐버렸어. 하지만 세상이 끝난 건 아니야."
"이건 그냥 뭐 내 머리는 대학에 갈 만한 머리가 아니란 거지."	안정화, 일반화	"나는 진짜 기초과정부터 다시 해야 할 필요가 있는 거 같아."
"내가 완전 역겨운 짓을 해버렸다는 걸 믿을 수가 없어!"	파국화	"나쁜 경험을 해버렸어. 음, 다음 번에 또 다시 이런 짓은 안 할 거야."
"난 아무것도 잘 돼가는 것처럼 느껴지지가 않아."	안정화, 파국화	"힘들지만 내가 하나하나씩 해 나가면 결국은 방법을 찾을 수 있을지도 몰라"
"다 내가 잘못한 거야."	내면화	"내가 떳떳한 것만은 아니지만 나만 잘못한 것은 아니야. 내 생각엔 그 사람도 이미 잘못됐다는 것을 알고 있었어."
"난 아무것도 할 수가 없어"	일반화, 안정화, 파국화, 최소화	"많이 혼란스럽긴 한데 나는 여러 가지 일을 잘해 왔어. 다른 것도 잘할 수 있을 거야."
"나는 나와 친해지려고 하는 사람들 모두에게 상처를 줘 버렸어."	내면화, 일반화, 안정화	"내가 전부 잘했다는 건 아니지만 그 모든 것들을 책임질 수는 없었어. 다른 사람들도 스스로 결정을 한 것이고 그 사람들도 다 똑같이 그렇게 살아가는 거겠지."
"사람들이 진짜 내 모습이 어떤지 안다면 나에게 앙심을 품었을 거야."	일반화, 최소화(스스로의 긍정적인 면)	"내가 완벽하지 않지만 누구도 완벽한 것은 아니야. 나는 부정적인 면도 있지만 긍정적인 면도 있고 나도 내 욕심을 채울 권리는 있는 거야."

점검하기

빈칸 채우기

정답은 책 뒷부분에서 확인 가능하다.

1. 심리상담은 상담자와 내담자 간의 체계적인 상호작용을 통해 내담자의 사고나 감정 또는 행동에 영향을 주기 위해서 _________ 원리를 적용한다.
2. 프로이트의 정신분석은 내담자 문제의 근본적인 원인이라고 추정하는 _________갈등을 밝혀내려고 한다.
3. _________ 조건형성 방법은 원하는 반응을 강화시키고 원치 않는 반응은 소거시킨다.
4. 주된 정신분석적 기법은 _________ 연상이다.
5. _________ 상담은 내담자의 주관적이고 의식적 경험에 초점이 맞춰져 있다.
6. _________ 상담은 비지시적인 방법으로써 내담자에게 수용적인 분위기를 제공하여 자기실현 과정에서 장애물들을 극복할 수 있도록 도와준다.
7. _________ 상담 전문가는 내담자의 문제를 야기시키고 복잡하게 만드는 신념과 태도 및 자동적 사고에 중점을 두고 있다.
8. 두려움을 줄이기 위한 행동주의적 상담 방법에는 체계적 _________이 포함되며 여기서 내담자는 점차적으로 더 두려움을 유발시키는 자극에 노출된다.
9. 알버트 앨리스의 상담법은 불안과 우울증에 기여하는 내담자의 _________ 신념을 논박한다.
10. _________ 진정제는 보통 불안이나 긴장을 호소하는 사람들을 위해 처방된다.

선다형 문항(Multiple Choice)

1. 당신의 상담사는 수용적이고 따듯하다. 당신은 스스로 좋은 사람이라 느껴지고 잠재력을 개발시킬 수 있는 선택을 하고 싶어진다. 상담사는 상담을 위한 ________ 접근법을 사용하는 것이다.

   a. 정신분석　　b. 자아분석
   c. 내담자중심　　d. 행동적

2. 한나의 상담자는 그녀의 무의식적 충동인 불안이 의식적 수준까지 풀려 나오게 된 결과라고 생각한다. 그녀의 상담자는 ________ 관점을 지지하고 있다.

   a. 행동적　　b. 정신분석적
   c. 인지적　　d. 인본주의적

3. 내담자는 아버지와의 관계에 대해 이야기하는 것을 피한다. 정신분석학자는 이러한 관계에 대해 이야기하도록 요구한다. 내담자는 "여기에 대해서는 말할 것이 없습니다"라고 불안해하면서 불평을 했다. 이것은 ________을 의미하는 것이다.

   a. 전이　　b. 저항
   c. 카타르시스　　d. 자유연상

4. 행동 변화를 위해 조작적 조건형성을 사용한 가장 좋은 예시는 무엇인가?

   a. 우울한 대상에게 전기충격치료를 사용하는 것
   b. 아이가 분노발작을 할 때마다 주의를 기울여 주지 않는 것
   c. 사례를 사용하여 통찰력을 향상시키는 것
   d. 상담자를 만나게 하려고 여러분의 동생에게 용돈을 주는 것

5. ________ 상담자는 내담자의 심리적 문제를 유발시키고 복잡하게 만들고 있는 신념과 태도에 중점을 두고 있다.

   a. 인지적　　b. 정신분석적
   c. 학습　　d. 게슈탈트

6. 내담자중심 심리상담은 ________이다. 게슈탈트 치료는 ________이다.

   a. 지시적, 비지시적　　b. 비지시적, 지시적
   c. 객관적, 주관적　　d. 현재, 과거

7. 가족상담사는 보통 ________로서 '지정된 환자'를 본다.

   a. 가족문제의 원인
   b. 가족 내의 여타 문제로 인한 희생양
   c. 가족체계를 위한 핵심
   d. 가족의 골칫덩어리

8. 사회기술훈련은 ________ 때문에 집단장면에서 더 촉진된다.

   a. 집단원들이 서로 기술을 연습할 수 있다는 것
   b. 구성원들이 서로를 관찰할 수 있고 서로에게 배울 수 있다는 것
   c. 구성원들이 서로에게 피드백을 줄 수 있다는 것
   d. 이상 모든 것

9. 슈위소(Schwiesow) 박사는 우울증 환자를 상담할 때 최선의 방법을 사용하고 싶어했다. 그녀는 ________ 상담을 검색해 봐야 한다.

   a. 증거기반　　b. 연구되어 있는
   c. 처방된　　d. 실험실적

10. 당신은 환자에게 항불안제 약물의 사용을 중단하라고 요청했다. 2주 뒤에 당신의 환자가 불평을 해왔다. 불안 증상이 현재 약을 복용하기 이전보다 더 나빠졌다고 했다. 환자는 자신의 감정이 항불안제를 중단한 것 때문에 나타난 반응이라고 한다. 사실 그는 소위 ________라고 부르는 경험을 하고 있는 것이다.

    a. 중독　　b. 인내심
    c. 반동불안　　d. 재발

14 사회심리학

Seve Raymer/Getty Images

학습 성과

이 장의 성취 목표

- **14-1** 태도를 정의하고 형성하는 요소에 대해 논의할 수 있다.
- **14-2** 편견과 차별에 대해 토론할 수 있다.
- **14-3** 대인 관계 매력과 사랑에 기여하는 요소에 대해 논의할 수 있다.
- **14-4** 사회적 인식을 정의하고 영향을 미치는 요인을 기술할 수 있다.
- **14-5** 사람들이 왜 권위있는 사람을 따르고 사회적 압력을 동조하는지 설명할 수 있다.
- **14-6** 공격성에 기여하는 요인에 대해 논의할 수 있다.
- **14-7** 사람들이 개인과 그룹의 구성원으로 행동하는 방식의 차이점을 기술할 수 있다.

21세기 초의 몇 가지 신문기사들을 깊이 생각해 보자.

> "테러리즘의 심리학은 한마디로 공포의 심리학이다."
>
> 필립 지 짐바도

- 2016 : ISIS 무장 세력은 바그다드에서 여러 차례의 자살 폭탄 테러를 실시하여 여성과 어린이를 포함한 수백 명의 민간인을 살해했다.
- 2011 : 자살 폭탄 테러범들이 콥트 기독교 예배자들의 신년 미사 현장을 향해 차를 몰고 돌진하면서 최소 80명 이상의 부상자와 21명의 사망자를 냈다.
- 2008 : 전 파키스탄 총리 베나 지르부토(Benazir Bhutto)는 자살 폭탄 테러로 암살되었다.
- 2005 : 4명의 자살 폭탄 테러범이 3개의 런던 통근 열차와 버스에 탑승하여 50명 이상이 사망하고 700명이 부상당했다.
- 2001 : 2001년 9월 11일, 미국의 19명의 자살 테러리스트들은 연료가 채워진 비행기를 폭탄으로 사용하여 세계 무역 센터와 국방부로 돌진해 대략 3,000명을 죽였다.

자살 테러를 최근에 일어나고 있는 사건이라고 생각할 수 있지만 수천 년 전으로 거슬러 올라간다(Silke, 2018). '자살 폭탄 테러'라는 문구에서 자살이라는 단어는 사람들이 심리학자들로 하여금 테러리스트들에게 심리적으로 문제가 있다는 생각을 가지게끔 한다.

일부 연구자들은 자살 테러리스트들이 가족이나 교육 또는 사회 · 경제적 배경을 공유하지 않지만 공허감, 공감 부족, 경우에 따라 순교와 죽음에 대한 열망이 있는 고립된 개인으로 보았다(Marazziti et al., 2017).

텔 아비브 대학의 아리엘 메라 리(Ariel Merari) 교수 등(2010)은 자살 폭탄 테러범들에 대해 인터뷰하고 시험했다. 그들은 자살 테러리스트가 되고자 하는 사람들 중에서 두 그룹을 발견했다.

(1) 지도자와 대중의 영향을 받는 경향이 있는 의존적 유형
(2) 감정적으로 불안정하고 충동적인 유형

두 가지 유형 중 일부는 우울했지만 주요 우울 장애로 진단되지는 않았다.

사회심리학자 필립 짐바로도(Philip Zimbardo) 등은(Breckenridge et al., 2010; Zimbardo, 2004) 그들이 자살 테러리스트를 이해하기 위해서는 사회적 영향의 심리학을 조사해야 한다고 주장한다.

앞으로 살펴보겠지만, 약 50년 전에 복종에 관한 유명한 연구를 수행한 사회심리학자 스탠리 밀그램(Stanley Milgram, 1974)은 다음과 같이 결론을 내렸다. "인간은 자신이 어떻게 행동할 것인지 스스로 결정합니다."

사회심리학은 사회적 상황에서 행동과 정신 과정의 성격과 원인을 연구하는 심리학 분야이다.

사회심리학(Social psychology)은 사람들이 사회적 영향에 의해 자신의 성격과 반드시 일치하지 않는 일을 하도록, 자신의 길을 갈 수 있는 방법을 연구한다.

이 장에서 논의하는 사회적 · 심리적 주제에는 태도(attitudes), 사회적 인식(social perception), 사회적 영향(social influence) 및 집단행동(group behavior)이 포함된다.

우리는 이와 같은 주제를 살펴보며, 왜 사람들이 다른 사람의 목숨을 빼앗기 위해 자신의 목숨을 내놓는지 이해하기 어려운 사람들에게 그들이 무엇을 도울 수 있는지 질문해 볼 것이다.

태도부터 시작해 보자.

> **사회심리학** 사회적 상황에서 행동과 정신 과정의 본질과 원인을 연구하는 심리학 분야

TRUTH OR FICTION?

당신의 생각은? 속설이나 상식 또는 넌센스?
'진실'일 경우 T, '거짓'일 경우 F를 선택한 다음, 여러분의 선택이 정확한지를 검토해 보자.

T	F	사람들은 양심에 투표한다.
T	F	우리는 일을 해야 할 때 더 감사하는 마음을 가진다.
T	F	사람들은 수십억 명의 다른 사람들을 만나거나 이름을 배우지 않고 비난했다.
T	F	아름다움의 기준은 보는 사람의 눈에 달렸다.
T	F	정반대 성향의 사람에게 끌린다.
T	F	우리는 다른 사람들의 잘못에 대해선 책임을 지는 경향이 있지만, 정작 자신의 잘못에 대해선 그 상황의 희생자라고 생각한다.
T	F	대부분의 사람들은 명령을 받으면 무고한 사람을 고문을 한다.
T	F	보는 것이 믿는 것이다
T	F	여자가 칼에 찔리고 사망하는 동안 약 40명이 아무것도 하지 않았다.

14-1 태도

법원과 같은 공공건물에서 낙태나 동성결혼과 같은 십계명을 전시하는 것에 대해 어떻게 생각하는가? 왜냐하면 사람들은 편견을 가지고 있기 때문에 그것은 뜨거운 논쟁거리가 될 것이다. 그것들은 각각 인지적 평가(승인 또는 비승인 등), 느낌(좋아하는 것, 싫어하는 것 또는 강한 것 등), 행동 경향(접근 또는 회피 등) 등을 일으킨다. 나는 당신에게 '느낌'을 물어봤지만 태도는 그저 감정이나 기분이 아니다.

많은 심리학자들은 사고 또는 판단을 보다 기본적인 것으로 본다. 감정과 행동이 이어진다. **태도**는 특정 사람, 장소 또는 호의를 가지고 있고, 또는 호의가 없는 것들을 평가함으로써 표현되는 행동 및 인지적 경향을 지속한다(Albarracin & Shavitt, 2018).

예를 들어, 아이패드(iPad)가 훌륭한 '장난감'이라는 사실을 알게 되면 아이패드를 구매하고 싶은 충동을 느낄 수 있다. 태도는 사랑이나 미움을 키울 수 있다. 또한, 행동을 돕거나 대량 살상을 일으킬 수 있고, 사회적 갈등이나 해결을 불러 올 수도 있다. 태도는 변할 수 있지만 쉽게 바뀌지는 않는다.

1. 태도 형성

당신의 태도는 섹스, 자동차, 옷, 음식, 음악, 영화 및 TV 쇼와 같은 것들과 사회 및 정치 분야에서 게이와 레즈비언의 성적 취향, 인종 및 민족 집단, 이민과 같은 문제, 총기 규제, 기후 변화 및 소득의 불평등으로부터 형성된다. 이러한 태도는 어머니와 아버지, 학교 동료, 종교, 이웃, 도시 또는 농촌 환경, 또는 '적색'을 지지하는 주와 '청색'을 지지하는 주(미국의 보수정당 지지자와 진보정당 지지자들을 지도 위에 색깔로 나뉨)에 거주하는 초기 학습 경험과 함께 발전한 것 같다.

그럼에도 불구하고, 간접적인 방식으로, 많은 태도의 씨앗은 자궁에서 성장하며 생물학적 장기 및 뇌세포와 함께 형성되는 것으로 보인다. 우리는 태도가 아주 직접적인 유전에 의해서 물려받았다고 말할 수는 없다.

우리가 알 수 있는 것은 심리학자와 다른 연구자들이 5가지 이론에서 확인되고 10장에서 논의된 경험에 대한 개방성, 외향성, 성실성, 우호성, 신경성 등 다양한 성격 특성의 발달과 관련된 유전자들을 발견하고 있다는 것이다(Sanchez-Roige et al., 2017). 이러한 특성은 유전자 유산과 다분히 연관되어 있다. 학자들은 이러한 성격 특성이 사회적 · 정치적 태도와 관련되어 있으며, 중심을 이룰만한 연관성이 있다는 증거를 찾고 있다.

> **태도** 감정적 반응과 관련 행동을 유발하는 사람이나 장소 또는 사물의 지속적인 정신적 표현

몇 가지 예를 고려해 보자.

- 70명의 주의회 의원과 2,586명의 비 정치인이 빅 파이브(Big Five; 5가지 성격 특성)를 측정하는 설문지에 응답했다. 정치인들은 외향성 · 우호성 · 성실성 측면에서 일반인보다 더 높은 점수를 받았지만, 신경성(정서적으로 더 안정적)에서 더 낮은 점수를 얻었다(Hanania, 2017). 다시 말해서 5가지 성격 특성에 따르면 공화당과 보수당은 민주당보다 성실하지만 우호적이지는 않다.
- 최근 몇 해 동안 진보와 보수주의자들이 각자의 진영으로 상대를 끌어들이고, 서로를 적대시하면서 정치적 양극화가 심해지고 있음을 발견했다. 정치적 견해와의 합의는 많은 경우에 로맨틱한 관계를 유지하기 위한 필수 조건이 되었다.
- 5가지 성격 특성을 연구한 결과, 외향적이고 우호적인 사람들은 반대 태도를 가진 다른 사람들을 용인할 가능성이 더 높다는 것을 발견했다(Webster, 2018).
- 낮은 소견과 경험이 적다는 것은 소수집단에 대한 편견과 관련이 있다(Federico & Aguilera, 2018).
- '환경 친화적' 행동은 대중교통 이용과 갤런당 높은 마일리지를 얻는 차량 선택 및 재활용과 같은 행동으로 구성된다. 이러한 행동은 경험에 대한 개방성(특히 환경에 대한 미적 감상)과 양심(특히, 성실함과 완벽주의, 즉 자신의 신념 수행)과 관련이 있다(Brick & Lewis, 2016).
- 경험에 대한 개방성은 이민자들을 자신의 나라로 받아들이려는 의지와 관련이 있는 반면, 우호성과 성실성이 높은 사람들은 이민자들이 사회에 그들의 자산 수준을 보여주지 않는다고 주장할 가능성이 더 높다(Dinesen et al. al., 2016).

성격 특성이 안정적인 경향은 있지만, 그런 태도가 바뀌지 않는 것은 아니다. 많은 대학생들은 캠퍼스에서 다양한 일을 경험할 때 그들의 사회적 태도가 변한다는 것을 알게 된다. 도시 또는 교외에서 자란 다른 대학생들은 특정 신념을 장려하는 대학에 다니면 태도가 좁아질 수 있다.

교외 또는 시골 지역 사회에서 자란 사람들은 일반적으로 대도시로 이사하고 문화적 다양성에 더 노출될 경우, 자신의 태도가 어느 정도 조정된다는 것을 알게 된다.

학습 태도 형성에는 초기 및 성인 학습에 대한 역할들이 있다. 무의식적 기억에서 회복될 수 없는 경험을 바탕으로 초기에 많은 태도가 실제로 형성되었다(Greenwald & Banaji, 2017). 그럼에도 불구하고, 이러한 태도는 우리의 현재와 주변의 사람들과 사물 및 사건에 대한 우리의 반응을 형성한다. 이러한 태도 중 다수는 조건화 및 관찰 학습에 기초한다.

조건화를 위한 역할을 고려하라(Hutter & Sweldens, 2013). 실험에 따르면 국가 그룹에 대한 태도는 긍정적인 단어(예 : 선물 또는 행복) 또는 부정적인 단어(예 : 못생긴 또는 실패)와 연관되어 영향을 받을 수 있다(De Houwer et al., 2001). 부모는 종종 자녀가 자신의 태도에 동의하는 말과 행동에 대해 보상한다. 애국심은 국가를 부르거나 깃발을 흔들 때 아이들에게 승인을 보여줌으로써 장려된다.

직접적인 경험을 통해 형성된 태도는 더 강하고 기억하기 쉬울 수 있지만, 또한 다른 사람들의 작품을 관찰, 청취 또는 읽음으로써 태도를 얻는다. 친구의 승인 또는 비승인으로 인해 청소년은 짧거나 긴 머리 및 헐렁한 청바지 또는 프레피 스웨터를 선호하게 된다. 신문에서 읽거나 라디오에서 듣는 것이 당신의 태도에 어떤 영향을 미치는가?

인지적 평가(cognitive appraisal) 유전학과 조기 학습이 태도에 영향을 줄 수 있지만, 태도 형성은 완전히 기계적인 것은 아니다. 사람들은 또한 환경을 이해하여 예측을 하고 환경을 통제할 수 있도록 동기를 부여받는다. 사람들은 때때로 새로운 정보에 기초하여 태도를 형성하거나 변화시킨다(Albarracin & Shavitt, 2018; Horcajo et al., 2014).

예를 들어, 컨슈머 리포트(Consumer Reports: 미국 소비자 대상 상품 정보 잡지)의 설문조사에서 우수한 수리 기록의 자동차를 발견하면 생각보다 신뢰할 만하다고 생각할 수 있다. 그럼에도 불구하고 처음 태도는 인지적 닻(cognitive anchors)으로 작용한다(Albarracin & Shavitt, 2018). 우리는 종종 기존의 태도에서 얼마나 벗어나는가 하는 면에서 새로운 아이디어를 판단한다.

더 큰 이탈을 수용하려면 더 많은 정보처리, 즉 더 많은 지적 작업이 필요하다(Albarracin & Shavitt, 2018). 이런 이유로, 진보에서 보수적 입장으로 또는 그 반대와 같은 큰 이탈은 아마도 저항받기가 쉽다.

FICTION

T (F) 사람들은 양심에 투표한다.

사람들이 항상 자신의 양심에 따라 행동한다는 것은 사실이 아니다. 태도 (A)와 행동 (B) 사이의 연결은 약하거나 중간 정도인 경향이 있다.

2. 태도에 따른 행동 예측

태도에 대한 정의는 우리의 행동이 우리의 태도와 일치한다는 것을 의미한다. 그러나 사람들이 생각하는대로 행동하는가? 우리가 원하는 대로 자유롭게 할 수 있다면 대답은 종종 그렇다. 그러나 **A-B 문제**(problem)라는 용어가 나타내는 것처럼 예외가 있다.

실제로, 태도 (A)와 행동 (B) 사이의 연결은 약하거나 중간 정도인 경향이 있다(Herr & Fazio, 2013; Petty et al., 2009a, 2009b). 사람들은 항상 '그들의 양심'에 투표하지는 않는다. 또한, 연구에 따르면 음주와 흡연 및 음주 운전이 건강에 심각한 위협이 된다라고 말한 사람들이 반드시 이러한 활동을 억제하지는 않는다.

A-B 문제 태도를 바탕으로 행동을 얼마나 잘 예측할 수 있는지에 대한 문제

Blend Images/Alamy Stock Photo

사람들은 항상 양심에 투표하는가?
사람들이 항상 자신의 태도 (A)에 따라 행동(B)하는 것은 아니라는 연구 결과가 있다.

태도에서 행동을 예측할 수 있는 가능성에 영향을 미치는 몇 가지 요인이 있다(Albarracin & Shavitt, 2018; Bardem & Tormala, 2014) :

1. **특이성**(Specificity) 우리는 전반적인 태도보다는 특정한 태도로부터 특정한 행동을 더 잘 예측할 수 있다. 예를 들어, 기독교인인지 아닌지, 교회 출석에 대한 사람들의 태도를 알면 교회 출석률을 더 잘 예측할 수 있다.
2. **태도의 힘**(Strength of attitudes) 강한 태도는 약한 태도보다 행동을 결정할 가능성이 높다. 국가의 운명이 민주당의 선택에 달려 있다고 믿는 사람의 의회에 대한 통제는 그 정당에 의지하지만 선거가 큰 차이를 낳지 않는다고 생각하는 사람보다 투표할 가능성이 더 높다.
3. **기득권**(Vested interest) 사람들은 결과에 관심이 있을 때 자신의 태도에 따라 행동할 가능성이 높다. 사람들은 자신의 직장 안보가 그에 의존한다고 생각할 때 직장의 노동조합에 투표하거나 반대할 가능성이 높다.
4. **접근성**(Accessibility) 사람들은 접근이 가능할 때, 즉 마음이 생길 때 자신의 태도에 따라 행동할 가능성이 더 많다. 이것이 바로 정치인들이 선거 직전에 미디어 공세로 '투표를 얻으려고' 하는 이유이다. 정서적 영향이 강한 태도는 접근하기 쉬워서 정치인들은 지지자들의 문제를 해결하기 위해 노력하고 있다.

3. 설득을 통한 태도 변화

정교화 가능성 모델은 사람들이 설득력 있는 메시지에 응답하는 방법을 설명한다(Albarracin & Shavitt, 2018; Petty, 2018; Teeny et al., 2017). 태도를 바꾸도록 다른 사람들을 설득하는 두 가지 경로를 고려하라. 중앙 경로는 논쟁과 증거를 신중하게 고려하도록 영감을 준다. 주변 경로는 오브젝트를 긍정적 또는 부정적 신호와 연결시킨다.

정치인들이 "이 법안은 진보주의자(또는 보수주의자)에 의해 뒷받침된다."고 공언할 때 법안의 장점을 신중하게 고려하기보다는 예측 가능하고 무질서한 반응을 찾고 있다. 다른 단서는 보상(웃음 또는 포옹과 같은), 처벌(부모 비승인과 같은) 및 의사 소통자의 신뢰와 매력과 같은 요소이다.

설득력 있는 의사 소통의 형태인 광고도 중앙 및 주변 경로에 의존한다. 일부 광고는 제품 품질(중앙 경로)에 중점을 둔다. 다른 사람들은 제품을 매력적인 이미지(주변 경로)와 연결하려고 한다.

예를 들어, 영양 혜택을 강조하는 곡물 광고는 제품의 품질에 대한 정보를 제공하지만 디즈니 월드로 향하거나 축구 브랜드를 선택하는 축구선수를 보여주는 광고는 제품 자체에 대한 정보를 제공하지 않는다.

이 섹션에서는 설득의 핵심 요소 중 하나인 메시지의 특성과 메신저 · 메시지의 콘텍스트 및 대상의 세 가지 주변 요소를 살펴 본다.

설득력 있는 메시지 배우 얼굴의 보조개를 외울 정도로 TV 광고가 반복될 때 어떻게 반응하는가? 연구 결과에 따르면 익숙해지면 각인된다. 정치 후보자와 대학생 사진 및 추상 예술만큼 다양한 사람과 사물에 반복적으로 노출되는 것이 그들의 호소력을 강화시키는 것으로 보인다(Banaji & Heiphetz, 2008).

누군가를 설득하려고 할 때 상대방이 제시한 주장에 대해 경고하는 것이 자신에게 도움이 되거나 패배를 인정하는 것일까? 양측의 논쟁에서, 의사 소통자는 반대를 반박하기 위한 노력으로 야당의 논거를 세웠다. 모의 재판에 관한 연구에서, 대학 학부생들에게는 기소와 피고의 주장에 대해 두 가지 주장이 제시되었다.

한 주장이 약해졌을 때, 대학 '배심원'은 상대방이 전혀 듣지 못한 때보다 그들의 결정에 더 많은 확신을 나타냈다. 신학자들과 정치인들은 때때로 반대자들의 논거에 대해 추종자들을 미리 경고한 다음 각 주장을 반박한다. 그들에게 미리 경고하면 심리적 면역력이 생긴다(Albarracin & Handley, 2011).

사람들을 태도 형성의 감정적 요인으로 설득하기에는 너무 정교하다 싶을 만한 것이 좋겠지만, 일반적으로 그렇지 않다(Ruiter et al., 2014).

정교화 가능성 모델 설득력 있는 메시지가 중앙 및 주변 경로에 기초하여 평가(정교화)된다는 견해

공포 소구(fear appeal) 문제에 대한 합리적인 분석 대신 두려움을 불러 일으켜 행동에 영향을 미치는 설득력 있는 의사 소통의 유형

> **"논쟁은 피해야 한다 : 언제나 저속하지만 설득당하기 때문이다"**
>
> 오스카 와일드, 아일랜드 작가 겸 시인 (1854–1900)

공포소구(두려움에 대한 호소)를 고려하라. 유방암 검사를 받지 않으면 겪을 수 있는 심각한 위험에 대해 경고를 받은 여성은 유방 조영술의 이점을 알고 있는 여성보다 유방 사진 촬영을 할 가능성이 높다(Ruiter et al., 2014).

흥미롭게도, 경고가 건강에 대한 위험을 다룰 때 선탠은 피부암의 가능성을 높이는 것으로 나타났지만, 선탠에 대한 경고는 학생들이 외모(예 : 노화, 주름, 피부 흉터)의 위험에 대해 경고했을 때보다 효과적인 것으로 나타났다.

공포소구는 청중이 주름을 유발할 때와 같이 위험이 심각하다고 생각하거나, 암이나 주름을 예방하는 것처럼 위험을 최소화하기 위해 행동을 바꿀 수 있다고 믿는 경우에 가장 효과적이다(Ruiter et al., 2014).

청중은 또한 말하는 사람의 이익에 반하는 것으로 보이는 주장을 믿는 경향이 있다(Albarracin & Shavitt, 2018). 포드 또는 제너럴 모터스 회장이 도요타와 혼다가 우월하다고 말했다면, 우리는 귀를 쫑긋 기울일 것이라고 장담할 수 있다.

설득력 있는 의사소통자 당신은 시대에 뒤떨어졌다고 공인된 의사에게 가겠는가? 연구에 따르면 설득력 있는 의사 소통자들은 전문 지식, 신뢰성, 매력 또는 주변 사람들과 비슷한 점이 있다는 것이 특징이다(Petty et al., 2009a, 2009b). 팬들의 성원 덕분에 스포츠 스타들은 가장 설득력 있는 의사소통자이다(Wang & Scheinbaum, 2018).

사람들은 자신의 견해를 반박하는 정보에 직면할 때 고통스러워한다. 따라서 이들은 종종 **선택적 회피**와 **선택적 노출**을 보여준다(Feldman et al., 2018). 즉, 뉴스 보도가 자신의 태도에 반할 때 채널을 전환한다. 또한, 자신의 시각과 일치하는 의사 소통자를 찾는다.

Rubberball/Mike Kemp/Getty Images

우리는 종종 우리가 동의하는 의견에 선택적으로 노출하며 그 반대도 마찬가지이다.

유명 캐스터 러시 림보(Rush Limbaugh)와 숀 해니티(Sean Hannity) 또는 크리스 매튜스(Chris Matthews) 중 누구의 방송을 듣고 싶은가?

메시지의 내용 당신은 너무 치밀하기 때문에 다른 사람이 당신을 설득할 수 없다. 그러나 당신이 아는 누군가가 한 모금의 와인과 한 입의 치즈를 권하고 진심으로 칭찬한다면 설득될 것이다. 음악과 같은 즉각적인 환경의 양상은 설득의 가능성을 증가시킨다. 기분이 좋을 때는 상황을 신중하게 평가하라(Geers et al., 2018).

친구가 당신과 의견이 다를 경우 친구를 '어리석다'라고 부르는 것은 비생산적이다. 동의와 칭찬은 다른 사람들이 당신의 의견을 받아들이도록 격려하는 보다 효과적인 방법이다.

설득되는 관객(The Persuaded Audience) 왜 어떤 사람들은 영업 사원을 거절할 수 있는가? 또 다른 사람들은 모든 방문 영업 사원의 삶을 윤택하게 하는 이유는 무엇인가?

높은 자존감과 낮은 사회적 불안을 가진 사람들은 사회적 압력에 저항할 가능성이 더 높다(Ellickson et al., 2001). 연구자들은 또한 불합리한 요청을 따르는 사람들(Norton, 2010)과 같은 생각을 보고하는 경향이 있음을 발견했다.

- "아니오 라고 말하면 다른 사람이 나를 어떻게 생각할지 걱정이 되었다."
- "자기 중심적인 것보다 다른 사람을 돕는 것이 낫다."
- "아니오 라고 말하면 상대방이 상처 입거나 모욕을 느낄 수 있다."

비합리적인 요청을 거부하는 사람들은 다음과 같은 생각을 보고했다.

- "다른 사람이 나를 어떻게 생각하는지는 중요하지 않다."
- "아니오 라고 말할 수 있는 자유가 있다."
- "요청이 불합리했다."

선택적 회피(selective avoidance) 자신의 태도와 일치하지 않는 정보에서 주의를 돌림.

선택적 노출(seledive exposure) 자신의 태도와 일치하는 정보를 고의적으로 찾음.

> **"뇌는 바로 그 굴곡 안으로 달린다**
> **평안하게 — 그리고 진실되게…"**
>
> 에밀리 디킨슨, 미국 시인(1830 – 1886)

4. 인지부조화의 수단으로서 행동과 태도 변화

인지부조화이론(Cognitive-dissonance theory)에 따르면 사람들은 자신의 행동과 태도, 즉 세계에 대한 견해에서 일관성을 추구하는 상을 떠올린다. 사건을 예측하고 통제하려면 사람들은 분명히 정신적으로 세상을 대표해야 한다. 신념과 태도 및 행동의 일관성은 세상을 예측 가능한 장소처럼 보이게 한다. 그러므로 우리가 소중히 여기는 두 가지 아이디어가 상충되는 불편한 지점에 처하게 되면 불일치를 줄일 수 있다.

2010 STOCK4B/Jupiter Images

인지부조화에 관한 가장 잘 알려진 첫 번째 연구에서, 한 그룹의 참가자는 1달러(오늘날 10달러 이상의 가치)를 받았다. 지루한 작업이 흥미롭다는 것을 다른 사람에게 알리기. 두 번째 그룹의 구성원은 집안일을 긍정적으로 설명하기 위해 20달러(오늘 200달러 이상의 가치)를 받았다.

두 그룹 모두 **태도-불일치 행동**, 즉 실제로 생각한 것에 반하는 행동에 참여하도록 지불되었다. 지루한 작업에 대한 가짜 열정을 제시한 후 참가자들은 자신의 취향에 대한 평가를 요청받았다. 아이러니하게도, 임금이 낮은 사람들은 더 나은 보수를 받은 동료들이 보고한 것보다 실제로 더 흥미로운 것으로 평가했다. 마찬가지로, 법에 따라 재활용을 강요당하면 모든 쓰레기와 쓰레기를 묶어서 버리는 대신 사람들이 재활용을 지지할 수 있다.

학습 이론가들은 우리가 무언가를 하기 위해 강화될수록(예를 들어, 더 많은 돈을 주면), 더 좋아해야 할 것으로 예상할 수 있다(즉, 작업을 지루하다고 생각하지 않는다). 그러나 그것은 여기서 일어나지 않았다.

인지-식별 이론가들은 (a) "나는 거의 지불받지 못했다."와 (b) "나는 이 임무가 흥미롭다."고 생각하는 사람들이 불쾌하다고 생각하기 때문에 사람들은 **노력의 정당화**(effort justification)에 관여하는 경향이 있다고 올바르게 예측했다. 인지부조화의 불편함은 사람들이 불쾌한 사업이 가치가 있는 것처럼 자신의 행동을 설명하도록 동기를 부여한다(Park & Hill, 2018). 1달러만 지불한 참가자는 처음부터 거짓말을 하지 않았음을 결론 내림으로써 거짓말을 정당화했을 수 있다.

14-2 편견과 차별

편견(Prejudice)은 그룹에 대한 태도로 사람들이 해당 그룹의 구성원을 한 번도 만나 본 적이 없더라도 부정적으로 평가하도록 한다. 인지 수준에서 편견은 대상 그룹의 구성원이 직장에서 좋지 않은 행동을 하거나 범죄 행위 또는 테러에 관여할 것이라는 기대와 관련이 있다. 감정적인 면에서 편견은 두려움이나 싫어함 또는 증오와 같은 부정적인 감정과 관련이 있다. 편견은 가장 골치 아픈 종류의 태도이다.

행동 측면에서 편견은 회피와 침략 및 차별과 관련이 있다. **차별**은 편견에서 비롯된 행동을 말한다. 미국의 많은 그룹은 여성과 게이 및 레즈비언, 노인 및 아프리카계 미국인, 아시아계 미국인, 라틴 아메리카인, 아일랜드계 미국인, 유태인 미국인 및 아메리카 원주민과 같은 소수 민족과 같은 차별을 경험했다. 차별은 직업과 투표부스 및 주택에 대한 접근 거부를 포함하여 많은 사례가 있다.

인지부조화이론 우리의 생각이나 신념 및 행동이 서로 일치하도록 동기를 부여한다는 견해

태도-불일치 행동(attitude-discrepant behavior) 태도를 수정하는 효과가 있을 수 있는 태도와 일치하지 않는 행동

노력 정당화 인지적 인식 이론에서 격렬한 노력에 대한 정당화(허용 가능한 이유)를 찾는 경향

편견 사람들이 그 그룹의 구성원들을 부정적으로 평가하게 하는 그룹에 대한 태도

차별(discrimination) 편견이 있는 집단에 대한 적대적 행동

고정관념 그룹의 모든 구성원이 공유하는 잘못된 가정 또는 동일한 특성

TRUTH

(T) F 우리는 일을 해야 할 때 더 감사한 마음을 느낀다.

우리가 일해야 할 때 더 감사하는 경향이 있는 것은 사실이다. 이것은 노력에 대한 정당성의 예이다.

TRUTH

Ⓣ F 사람들은 수십억 명의 다른 사람들을 만나거나, 이름도 알지 못한 채로 비난하곤 한다.

사람들이 수십억 명의 다른 사람들을 만나거나 이름을 알지 못하고도 비난한 것은 사실이다. 그러한 비난은 사람들의 집단에 대한 편견 때문에 발생한다. 편견은 수백만의 대량 학살과 관련이 있다.

1. 고정관념(Stereotyping)

편견은 **고정관념**, 즉 그룹의 모든 구성원이 동일한 특성을 지니고 공유한다는 잘못된 가정을 포함한다. 아프리카계 미국인을 미신과 음악으로 특징 지은 사람들이 있는가? 게이와 레즈비언은 어떤가? 병역에 부적합한가? 고정관념은 사람들로 하여금 편향된 방식으로 그룹 구성원을 보게 할 수 있다.

반면에 신체적으로 매력적인 사람들에 대한 고정관념과 같은 일부 고정관념은 긍정적이다(Schein et al., 2017). 전반적으로 우리는 "좋아하면 예뻐 보인다"라고 가정한다. 매력적인 성인은 매력적이지 않은 동료보다 더 긍정적으로 판단된다.

우리는 매력적인 사람들이 직업, 결혼, 인기, 지성, 정신 건강, 성취, 설득력, 직장 및 결혼 생활에서 성공하기를 기대한다(Principe & Langlois, 2011). 매력적인 사람들은 모의 배심원 실험에서 범죄로 무죄를 선고받을 가능성이 더 높으며, 유죄 판결을 받으면 덜 심각한 판결을 받는다.

2. 편견의 출처

우리는 편견을 갖는 사람들은 호감도가 낮고 경험에 대한 개방성이 낮은 경향이 있다고 언급했다. 또한, 연구원들은 편견이 있는 사람들이 어떻게 목표를 선택하는지 나타내는 요소를 조사했다(Lauren, 2018; Layton & Smith, 2017).

1. **차이점** 우리는 우리의 태도를 공유하는 사람들을 좋아하는 경향이 있다. 다른 종교와 종족의 사람들은 종종 다른 배경을 가지고 있기 때문에 다른 태도를 낳는다. 다른 인종의 사람들이 중요한 가치를 공유하더라도 우리들은 그렇지 않다고 가정할 수 있다.
2. **사회적 갈등** 인종과 종교가 다른 사람들 사이에는 종종 사회적 · 경제적 갈등이 있다.
3. **사회 학습** 아이들은 다른 사람들, 특히 부모로부터 태도를 배운다. 아이들은 부모를 본받는 경향이 있으며 부모는 자녀가 그렇게 하도록 강화시킨다. 이러한 방식으로 편견이 세대마다 전달될 수 있다.
4. **정보 처리** 편견은 우리가 사회, 세계를 보는 인지 필터 역할을 한다. 우리는 사람들을 '친숙한' 또는 '외국인' 또는 '선한' 또는 '나쁜'것으로 생각하는 경향이 있다. 다른 사람들에 대한 우리의 느낌과 반응은 이러한 인식에 의해 편향될 수 있다.
5. **사회적 분류** 우리는 또한 우리의 사회 세계를 '우리'와 '그들'로 나누는 경향이 있다. 사람들은 일반적으로 자신의 그룹에 속한 사람들('그룹 내')을 '그룹 외'에 없는 사람들보다 더 유리하게 여긴다. 그룹 외부에서 격리하면 고정관념을 쉽게 유지할 수 있다.

3. 편견과 싸우기

편견은 역사를 통틀어 우리와 함께 해 왔으며 기적의 치료법이 눈앞에 있진 않다. 그러나 우리가 편견을 볼 때 가만히 있을 필요는 없다.

epa european pressphoto agency b.v./Alamy Stock Photo

종종 낙인 찍힌 그룹에서 존경받는 사람들의 예를 제시하면 편견을 줄일 수 있다.

Peter Kramer/NBC/NBC NewsWire/Getty Images

NBC의 오늘 쇼에 아만다 녹스(Amanda Knox)가 등장한다.

2009년, 녹스는 이탈리아 법원에서 룸메이트를 살해한 혐의로 유죄 판결을 받았다. 그녀의 유죄 판결은 2011년에 뒤집혔지만 2014년에 그녀는 다시 유죄 판결을 받았다.
그녀의 아름다움으로 말미암아 많은 관찰자들은 녹스가 실제로 유죄라고 믿기 어려웠다. 어째서 이 아름다운 사람이 스스로의 목표를 달성하기 위해 범죄를 저질렀다고 생각하겠는가?

우리는 편견을 끝내고자 하는 사람들의 변화인 수백만 가지의 기적을 만들 수 있다. 편견과 싸우기 위해 우리가 할 수 있는 일이 있다 :

1. **그룹 간 접촉과 협력을 장려하라** 편견은 우리가 다른 그룹을 피하도록 조장한다. 그것은 불행한 일이다. 그룹 간 접촉이 편견을 무너뜨리는 한 가지 방법이 될 수 있다(Pettigrew, 2016). 그룹 간 접촉은 개별 변이에 대한 인식을 높이고, 이 지식은 고정관념을 버릴 수 있게 한다. 그룹 간 연락은 사람들이 같은 팀에서 일하는 것과 같은 일반적인 목표를 달성하려고 할 때 특히 효과적이다.
2. **종종 낙인찍힌 그룹 내에서 존경받는 개인의 예를 제시하라** 닐란야나 다스굽다(Nilanjana Dasgupta: 메사추세츠 대학의 심리학 교수)와 앤서니 그린왈드(Anthony G. Greenwald: 워싱턴대 심리학 교수, 2001)는 존경받는 아프리카계 미국인의 개인 사진을 제시함으로써 아프리카계 미국인에 대한 부정적인 태도를 고칠 수 있음을 발견했다(Hardin & Banaji, 2013). 말로 상기시켜도 효과가 있다.
3. **차별적 행동을 공격한다** 감정을 바꾸는 것보다 사람들의 행동을 바꾸는 것이 더 쉬운 경우가 있다. 그러나 인지부조화이론은 우리가 사람들의 행동을 바꿀 때 그들의 감정이 따라갈 수 있다고 제안한다.

   성별, 종교, 인종 또는 장애에 근거하여 교육, 직업 및 주택에 대한 접근을 거부하는 것은 불법이다. 차별을 받았다면 법적인 방안을 찾으라.
4. **토론 포럼을 개최하라** 많은 캠퍼스에서 성별과 인종 및 다양성에 관한 워크숍과 토론 그룹을 운영한다. 이러한 워크숍 개최에 대해서는 학생처장에게 문의하라.
5. **자신의 신념을 검토하라** 편견은 '밖에' 있지 않고 우리 안에 있다. 다른 사람들의 편견에 초점을 맞추는 것은 쉽지만 우리 자신은 어떠한가? 자신의 태도를 살펴보고 고정관념과 편견을 거부했는가? 개인적으로 인종적 또는 종교적 적대감을 느끼지 않더라도 다른 사람들의 그러한 감정에 대항하기 위해 어떤 일을 하고 있는가? 편견을 가진 사람들과 대면하는가? 우리는 다른 인종 및 종교 단체의 구성원에 대한 접근을 거부하는 단체에 속해 있는가? 다른 그룹의 사람들과 대화를 나누거나 피하는가?

   대학은 광범위한 경험을 제공하기 위한 것이며, 우리는 자신의 배경을 공유하는 사람들과의 만남을 제한할 때, 받을 수 있는 교육의 많은 부분을 학습할 수 없다.

매력 사회심리학에서 선호하거나 싫어하는(부정적 매력) 태도

14-3 매력과 사랑

좋아하고 사랑하는 태도는 중요하고 지속적인 관계로 이어질 수 있다. 그것들은 편견 동전의 반대편이다. 회피보다는 대인 관계 **매력**(attraction)과 관련된 긍정적인 태도이다. 매력에 기여하는 요소 중에는 신체적 외양과 유사성 및 상호성이 있다.

1. 신체적 외양(Physical Appearance)

신체적인 외양은 매력적이고 낭만적인 파트너를 고려할 때 중요한 요소이다(Fales et al., 2016; Meltzr et al., 2014). 신체의 매력은 무엇인가? 우리의 표준은 주관적인가, 즉 '보는 사람의 눈에' 있는가? 아니면 매력적인 것에 대한 일반적인 기준이 있는가?

아름다움에 대한 많은 표준이 문화 간 나타나는 것으로 보인다. 예를 들어, 영국과 일본의 사람들에 대한 연구에 따르면 영국과 일본 남성 모두 눈이 크고 광대뼈가 좁고 턱이 좁은 여성이 가장 매력적이라고 생각한다(Perrett et al., 1994).

그림 14.1 어떤 특징의 얼굴이 매력적인가?

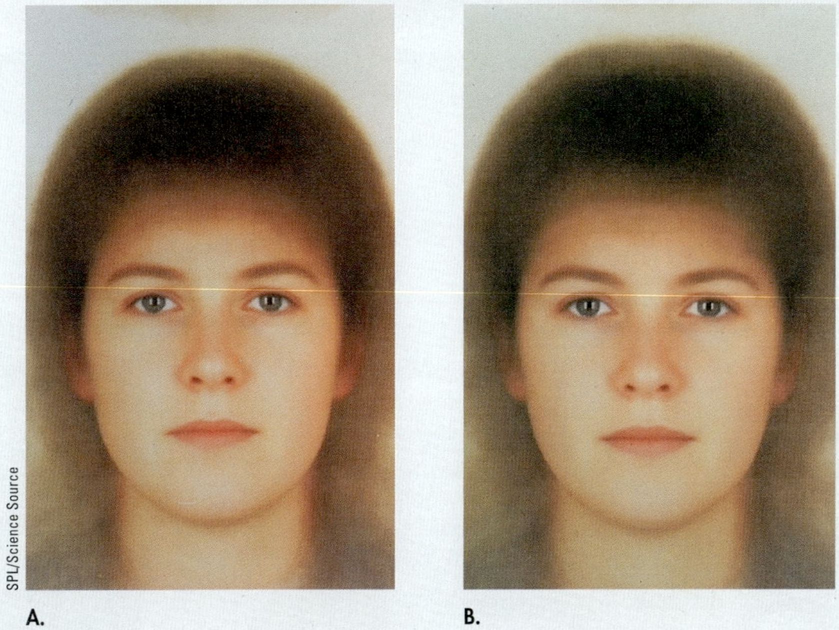

페렛 연구는 영국과 일본에서 큰 눈, 높은 광대뼈 및 좁은 턱과 같은 특징이 여성의 매력에 기여한다는 것을 발견했다. 파트 A는 60명의 얼굴 중 가장 매력적인 15명의 여성 얼굴의 합성물을 보여준다. 파트 B는 이러한 여성 15명의 특징이 과장된 것이다. 즉, 60명의 평균과 구분되게 만들어냈다.

FICTION

T (F) 아름다움은 보는 사람의 눈에 있다.

아름다움에 대한 기준이 모호하기 때문에 '보는 사람의 눈에' 달려 있다는 것은 사실이 아니다. 매력에 대한 기준에는 문화 간 공통점이 있다.

데이비드 페렛(David Perrett) 등은 60명의 여성 얼굴 중 그림 14.1의 A부분에서 볼 수 있듯이 가장 매력적이라는 평가를 받은 여성 15명의 컴퓨터 합성물을 만들었다. 그 다음 컴퓨터 기술을 사용하여 60명의 합성물과, 15명의 가장 매력적인 여성의 합성물 간의 특징을 과장해서 만들어냈다.(그림 14.1의 B)

A부분보다 높은 광대뼈와 좁은 턱을 보여주는 B부분이 가장 매력적인 이미지로 평가되었다. 일본 여성의 이미지와 비슷한 결과가 나왔다. 예술 작품은 고대 그리스인과 이집트인이 비슷한 얼굴 특징을 선호한다고 제안한다.

22,815명의 미국인을 대상으로 한 설문조사에서 성인의 경우, 남성과 여성 모두 잠재적 파트너가 날씬한 상태가 (남성 80%, 여성 58%) 바람직하거나 필수적이라고 밝혔다(Fales et al., 2016).

유럽계 미국인 남성은 아프리카계 및 라틴계 미국인 남성보다 날씬하고 육체적으로 건강한 여성과 데이트하기를 원할 가능성이 더 높다. 아프리카계 및 라틴 아메리카 남성은 몸집이 크거나 두꺼운 여성에게 상대적으로 관심이 많다.

2. 연애 상대를 선택할 때의 성별 차이

신체적 외양은 낭만적인 파트너를 선택하는 데 주요 요인이 될 수 있지만 배우자 선택에 대한 문화 간 연구에 따르면 여성은 직업적 지위, 배려, 의존성, 친절 및 사랑과 같은 특성에 중점을 두는 경향이 있다. 남자들은 육체적 매력, 요리 능력, 심지어는 절약하는 태도까지 상대적으로 강조하는 경향이 있다(Buss & Schmitt, 2011).

미국 여성은 잘생기지 않는 남자와 결혼하지만, 꾸준히 일하지 않은 남자와는 결혼할 의향이 적었다(Sprecher & Felmlee, 2008).

배우자 선택에서 남성이 여성보다 신체적 외양을 강조하는 경향이 있는 이유는 무엇인가? 여성이 재정 상태 및 신뢰성과 같은 개인 요소에 상대적으로 더 중점을 두는 이유는 무엇인가? 진화 심리학자들은 진화적 세력이 배우자로서의 지위를 원하는 여성과 신체적 매력을 강조하는 남성의 생존을 선호한다고 믿는다.

'부모 투자 모델(Parental investment model)'에 따르면 여성의 매력은 나이와 건강과 더 밀접한 관련이 있으며, 두 가지 모두 생식 능력의 지표이다. 그러나 재생산자로서의 남성의 가치는 사회적 지위와 신뢰성과 같은 아동 양육을 위한 안정적인 환경에 기여하는 요소와 더 얽혀있다. 사회가 변화함에 따라 생식 이점을 부여하는 요인들도 변화할 가능성이 있다.

섹스에 관해서, 빨간색은 어쩌면 '진행'의 의미?

발렌타인 데이 사탕 상자를 사러 갔을 때 골랐던 상자의 색은 무엇인가? 초록? 파랑? 아니다, 빨간색이다. 여성용 립스틱의 가장 인기 있는 색은 무엇인가? 노랑? 갈색? 다시 한 번 답은 빨간색이다(Elliot, 2015). 빨간색은 고대 이집트에서 피라미드를 건설한 이후부터, 가장 인기있는 립스틱 컬러였다(Elliot & Niesta, 2008). 신호등에서 빨간색은 중지를 의미한다. 그러나 성적 매력에 관해서는, 붉은 색은 '진행'의 의미가 있다.

붉은 색에 매력을 느끼는 이유는 무엇인가? 적색과 신체적인 매력의 연결은 생물학적 유산에 뿌리를 두고 있다.

개코 원숭이, 침팬지, 고릴라 및 붉은 털 원숭이를 포함한 많은 암컷 영장류는 배란이 가까워질 때 생식기 부위가 붉어지는 것을 보여준다. 피부가 붉어지면 에스트로겐 수치가 높아져 피부 아래의 혈류가 증가한다.

수컷 영장류는 적색을 보이는 암컷과 성관계를 시도할 가능성이 더 높다(Waitt et al., 2006). 암컷의 에스트로겐 수치도 배란 부근에서 높아져서 피부가 약간 붉어진다. 다른 수컷 영장류와 마찬가지로, 남성의 경우에도 배란시 여성의 피부가 붉어지는 것을 성적 신호로 볼 수 있다. 그리고 여성들은 성적으로 더 매력적으로 보이기를 원할 때 빨간색을 선호할 가능성이 더 높다(Elliot et al., 2013).

실험 결과, 다른 색상과 달리 빨간색 배경의 사진을 볼 때 남성이 같은 여성을 더 매력적으로 평가하는 것으로 나타났다(Elliot & Niesta, 2008). 여성은 또한 사진이 빨간색으로 경계를 이루거나 남성이 빨간색 옷을 입을 때 남성의 사진이 더 매력적이라고 평가한다(Eliot et al., 2010).

남성 성 호르몬 테스토스테론은 혈액을 산소화하고 피부로의 흐름을 증가시켜 붉은 색조를 주며 생식기로 성적인 흥분을 유발한다.

붉은 색은 남성의 건강 상태를 나타낼 수 있다. 높은 혈액 수준의 산소는 건강 상태가 좋은 유기체에 의해서만 유지되기 때문이다(Elliot, 2015).

Fancy Photography/Veer

그들은 왜 그녀를 빨간색으로 꾸몄는가?

문화적 조건과 인간의 생물학적 유산은 두 가지 좋은 답을 제공한다.

3. 매력–유사성 가설

매력–유사성 가설(The Attraction-similarity hypothesis)은 사람들이 신체적 외양과 다른 특성에서 자신과 비슷한 사람들과 낭만적인 관계를 발전시키는 경향이 있다고 주장한다(Sprecher et al., 2015). 분명히 우리의 성 파트너는 인종과 민족, 나이, 교육 수준 및 종교 측면에서 우리와 비슷하다. 결혼한 커플 중 거의 95%와 함께 동거 중인 커플 80%~90%가 같은 인종 커플이다.

교육 수준이 높은 사람들은 교육 수준이 낮은 사람들보다 다른 인종과 결혼할 가능성이 높다.

사람들이 같은 배경을 가진 파트너를 택하는 경향이 있다. 그리고 결혼까지 이루어진다. 결혼은 가까운 데에서 이루어지지 하늘이 정해주지 않는다(Bahns et al., 2017).

우리는 우리와 배경이 비슷한 사람들 사이에서 사는 경향이 있기 때문에 그들과 더 자주 접촉한다. 상호성(Reciprocity)은 매력을 결정하는 또 다른 강력한 결정 요인이다(Fehr, 2008).

우리는 우리를 좋아하는 사람들과 대화할 때 더 개방적이고 따뜻하며 도움이 되는 경향이 있다.

FICTION

T (F) 정반대 성향의 사람에게 끌린다.

실제로, 반대가 끌어당기는 것은 사실이 아니다. 태도를 공유하는 사람들은 서로에게 끌릴 수 있다.

4. 사랑

사랑은 강하고 긍정적인 감정이다. 우리는 9장에서 자녀와 부모 사이의 사랑을 살펴보았다. 여기서 우리는 낭만적인 사랑을 표출하는 가장 열렬하고 열정적인 사랑의 가장 극적인 형태에 초점을 맞출 것이다.

낭만적인 사랑에 관한 많은 이론이 있다. 한 가지 이론은 로버트 스턴버그(Robert Sternberg, 1988~2013)의 **사랑의 삼각형 모델**(triangular model of love)로, 여러분은 다른 종류의 삼각관계로 생각할 수 있지만, 이 사랑의 삼각관계는 한 여자를 사랑하는 두 남자를 말하는 것이 아니다. 그것은 사랑이 친밀감, 열정, 헌신이라는 세 가지 요소를 포함한다는 스턴버그의 견해를 나타낸다(그림 14.2 참조).

친밀감(intimacy)은 부부의 친밀감, 상호 관심사 및 감정과 자원의 공유를 말한다. **열정**(passion)은 로맨스와 성적 감정을 의미한다. **헌신**(commitment)이란 관계를 강화하고 유지하기로 결정하는 것을 의미한다. 열정은 단기 관계에서 가장 중요하다. 친밀감과 헌신은 관계를 지속시키는 데 더 중요하다. 이상적인 사랑 형태, 즉 완전한 사랑은 이 세 가지를 결합한다. **완전한 사랑**은 낭만적인 사랑과 헌신으로 구성된다.

스턴버그의 견해에서 **낭만적인 사랑**은 열정과 친밀감이 특징이다. 열정에는 매혹(사랑하는 사람에 대한 선입견), 성적 갈망, 배타적 욕구가 포함된다.

그림 14.2 스턴버그의 사랑의 삼각형 모델

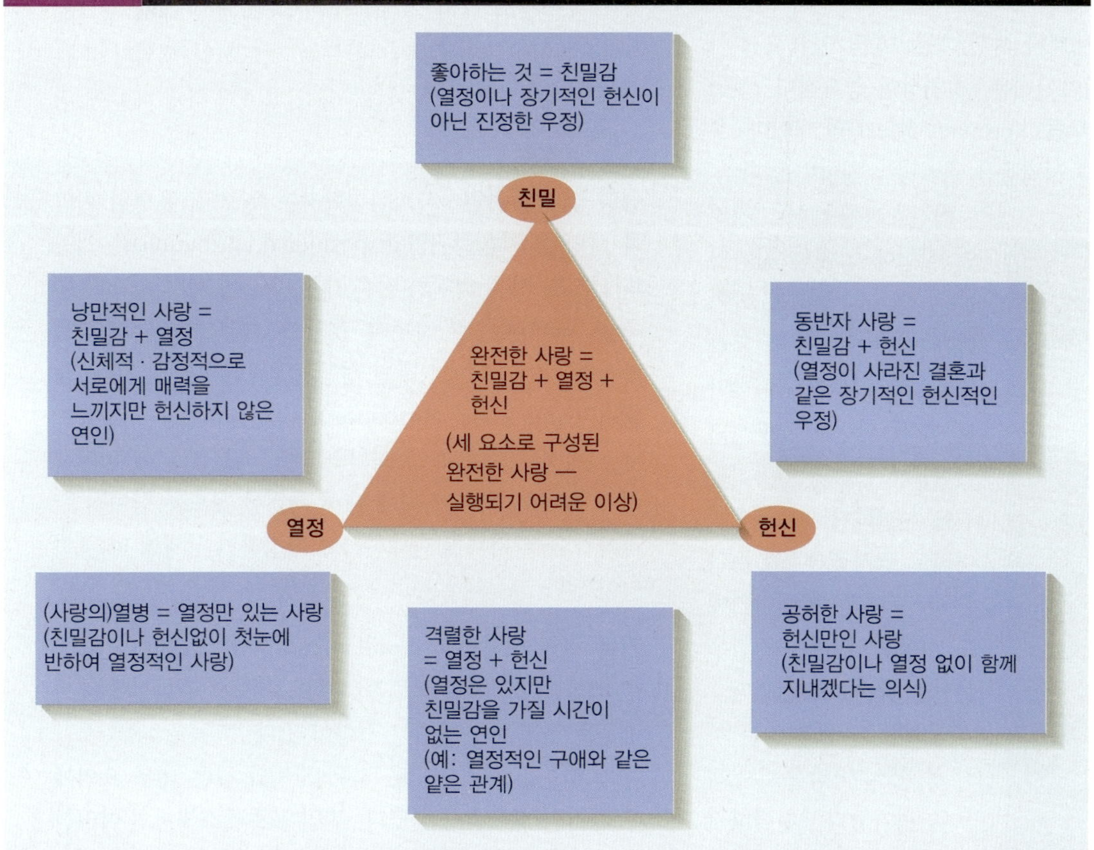

이 모델에 따르면, 사랑에는 친밀감, 열정 및 헌신의 세 가지 구성 요소가 있다. 완전한 사랑의 이상은 낭만적인 사랑과 헌신으로 구성된다.

사랑의 삼각형 모델 사랑이 친밀감, 열정, 헌신의 세 가지 요소의 조합을 포함한다는 스턴버그의 견해

친밀 친밀감과 친근감; 파트너가 내면의 감정을 공유하는 관계의 특성

열정 강하고 낭만적인 성적인 감정

헌신 관계 유지 결정

완전한 사랑(consummate love) 열정, 친밀감 및 헌신을 겸비한 스턴버그 모델의 이상적인 사랑 형태

낭만적인 사랑(romantic love) 성적 매력, 돌보는 감정, 사랑에 빠졌다는 신념이 포함된 강렬하고 긍정적인 감정

친밀감에는 친밀감과 배려가 필요하다. 사랑하는 사람이 자기 자신을 희생시키는 것이라도 관심을 갖는다. 사람들은 파트너를 긍정적으로 평가하는 데 편견이 있다(Acevedo et al., 2012). 즉, 우리는 사랑하는 사람들을 이상화한다.

14-4 사회지각

사회심리학의 중요한 영역은 우리가 다른 사람들을 인식하는 방식, 또는 그들이 우리에게 주는 첫 인상의 중요성에 관한 것이다. 이제 사회지각(사회적 인식)에 기여하는 몇 가지 요인을 살펴 볼 것이다: 초두효과와 최신효과 그리고 귀인이론.

1. 초두효과 및 최신효과

왜 면접에 맞게 옷을 입는가? 변호인은 왜 배심원이 보기 전에 고객이 단정하게 옷을 입고 머리를 자르도록 해야 하는가? 첫인상이 정말로 중요한가? 분명히 첫인상은 많은 일을 한다.

우리가 비즈니스 세계나 사회, 또는 상담사와 고객 사이의 관계에 대해 이야기하든, 첫인상이 중요하다. 첫인상은 가장 중요한 **초두효과**(primacy effect)의 예이다. 우리는 첫인상으로 다른 사람들을 평가하는 경향이 있다.

최신효과에 대한 고전적인 실험에 참여한 참가자들은 짐(Jim)에 관해 각기 다른 이야기를 읽게 된다(Luchins, 1957). 이야기는 한 두 단락으로 구성되었다. 한 단락의 이야기는 짐을 친절하거나 비우호적이라고 묘사했다. 이 문단은 두 번째 문단 이야기에도 사용되었지만 이 경우 문단을 역순으로 읽었다.

'친절한' 단락만 읽는 사람 중 95%가 짐을 우호적으로 평가했다. '친절하지 않은' 단락을 읽는 사람들 중 3%가 그를 우호적으로 평가했다. 짐이 친절하다고 라벨이 붙은 '친절하지 않은' 순서로 두 단락 이야기를 읽는 사람들의 78%가, 참가자들이 반대 순서로 문단을 읽으면 18%만이 짐을 우호적으로 평가했다.

사회인지 우리가 다른 사람들의 인상을 형성하고 수정하는 방법을 연구하는 사회심리학의 하위 분야

초두효과 첫인상으로 다른 사람을 평가하는 경향에 영향을 미침

최신효과 가장 최근의 인상으로 다른 사람들을 평가하는 경향

귀인이론 사람들이 특정한 방식으로 행동하는 이유에 대한 신념

성향귀인 개인의 행동과 같은 내부 원인에 의해 사람의 행동이 결정된다는 가정

상황귀인 개인의 행동이 상황에서 발견되는 사회적 압력과 같은 외부 상황에 의해 결정된다는 가정

기본 귀인 오류 상황의 중요성을 암시하는 증거가 있는 경우에도 다른 사람들이 자신의 성향에 따라 주로 행동한다고 가정

사람들이 처음 만난 후 경험하는 인상에 더 주의를 기울이도록 어떻게 격려할 수 있는가? 아브라함 루친스(Abraham Luchins)는 두 단락의 발표 사이에 시간이 흐르도록 하여 이를 달성했다. 이러한 방식으로, 희미해진 기억은 더 최근의 정보를 우선시하도록 한다. 최근에 제시된 정보에 반응하는 경향을 **최신효과**(recency effect)라고 한다. 루친스는 또한 첫인상을 반대하는 두 번째 방법을 발견했다. 그는 참가자들에게 간단한 판단을 하지 않고 모든 증거를 평가하도록 요청했다.

2. 귀인이론

귀인은 사람들이 특정한 방식으로 행동하는 이유에 대한 가정 또는 신념이다. 한 아이가 다른 아이를 '못됐기' 때문에 학대하고 있다고 가정하는 것은 귀인하고 있는 것이다. 귀인이론 또는 사람들이 서로의 행동에 영향을 미치는 요소들에 대한 결론을 내리는 과정에 대해 생각해 보자. 귀인이론은 다른 사람들이 의도적인 행위자 또는 상황의 희생자로 다른 사람들을 인식하게 하기 때문에 귀인이론이 중요하다.

성향 및 상황귀인 사회심리학자는 두 가지 유형의 귀인을 설명한다. **성향귀인**(dispositional attribution)은 개인의 특성과 자유 의지와 같은 내부 요소에 대한 사람의 행동을 나타낸다. 한 자녀가 '못됐기' 때문에 다른 자녀를 학대하고 있다고 가정하면 성향귀인을 사용하게 된다. **상황귀인**(situational attribution)은 개인의 행동을 상황이나 사회적 영향 또는 사회화와 같은 외부 요인에 귀인시킨다. 부모가 다른 자녀에 대해 특정한 태도를 심어서 한 자녀가 다른 자녀를 학대한다고 가정하면 상황에 따른 귀인이 된다.

기본 귀인 오류(The Fundamental Attribution Error) 우리와 같이 자아를 독립적인 것으로 보는 문화권에서 사람들은 성향을 나타내는 경향이 있다. 그들은 다른 사람들의 행동을 성격, 태도, 자유 의지와 같은 내부 요인에 주로 기인하는 경향이 있다. 귀인 프로세스에서의 이러한 편견을 **기본 귀인 오류**라고 한다.

예를 들어, 십대가 법에 어려움을 겪으면 개인주의 사회는 십대의 사회적 환경보다 십대를 비난할 가능성이 높다.

기본 귀인 오류의 한 가지 이유는 행동에서 특성을 유추하는 경향이 있기 때문이다. 그러나 많은 아시아 문화와 같이 상호 의존을 강조하는 집단주의 문화에서 사람들은, 다른 사람의 행동을 그 사람의 사회적 역할과 의무에 귀인할 가능성이 높다(Triandis, 2018).

예를 들어, 일본인은 비즈니스맨의 극한 경쟁력을 자신의 성격보다는 '비즈니스 문화'에 기인할 가능성이 높다.

행위자-관찰자 효과 우리는 다른 사람들의 행동을 설명할 때 성향을 나타내는 데에 편향적이라고 언급했다.

우리는 다른 사람들이 우리가 싫어하는 일을 하는 것을 볼 때, 그들을 고의적인 행위자로 판단하는 경향이 있다(Baron et al., 2009).

그러나 우리가 평소에 비승인하는 일을 하면 자신을 상황의 희생자로 여기는 경향이 있다(Baron et al., 2009). 다른 사람의 행동을 성향 요인에 귀인시키고, 우리 자신의 행동은 상황적 요인으로 보는 것을 **행위자-관찰자 효과**(actor-observer effect)라고 한다.

예를 고려하라. 부모와 자녀는 종종 자녀의 친구나 데이트 선택에 대해 논쟁한다. 논쟁할 때, 부모는 행동에서 특성을 추론하고 아이들을 완고하고 저항하는 것으로 보는 경향이 있다. 아이들은 또한 행동에서 특성을 유추한다. 따라서 그들은 부모를 강력하고 지배적인 것으로 볼 수 있다. 부모와 자녀 모두 타인의 행동을 내부 원인에 귀속시킨다. 즉, 둘 다 다른 사람의 행동에 대한 성향을 나타낸다.

부모와 십대는 어떻게 자신을 인식하는가? 부모는 아마도 자기 자녀의 어리 석음으로 말미암아 스스로 싸우게 될 것이라고 생각한다. 그들이 고집을 부리게 된다면, 그것은 십대의 완고함에 대한 반응이다. 십대들은 아마도 자신이 또래의 압력에 반응한다고 생각한다. 부모와 자녀 모두 자신의 행동에 대해 상황에 따른 귀인을 한다.

TRUTH

T F 우리는 다른 사람들이 자신의 잘못에 대해 책임을 지는 경향이 있지만, 우리가 잘못 행동할 때 자신을 상황의 희생자라고 생각한다.

우리는 다른 사람들이 자신의 잘못에 대해 책임을 지고 자신을 잘못 행동할 때 상황의 희생자로 여기는 경향이 있다는 것은 사실이다. 이러한 경향을 행위자-관찰자 효과라고 한다.

자기본위편향(Self-serving bias, 자기위주편향) 귀인 프로세스에는 자기위주편향이 있다. 우리는 우리의 성공을 내부 즉, 성향 요인에 기인하지만 실패는 외부 상황 탓으로 돌린다(Kestemont et al., 2014; Korn et al., 2016). 27명의 대학 레슬링 선수에 대한 연구에 따르면 승리는 능력과 같은 안정적이고 내부적인 조건에 기인한 것으로 나타났지만, 심판의 실수와 같은 불안정한 손실은 외부적인 조건으로 보았다(De Michele et al., 1998).

스포츠 팬들도 같은 함정에 빠진다. 그들이 응원하는 팀의 승리는 내부 조건으로, 패배는 외부 조건으로 돌리는 경향이 있다(Wallace & Hinsz, 2009).

또 다른 흥미로운 귀인 편향은 친근한 행동에 대한 귀인의 성별 차이이다. 남자는 여자보다, 남자에 대한 여자의 미소나 친근감을 유혹하는 것으로 해석할 가능성이 더 높다(Frisby et al., 2010).

행위자-관찰자 효과
여기서 누가 잘못했는가? 사람들은 다른 사람들의 행동은 성향 요인에 기인하지만, 상황 요인에 의해 자신의 행동을 보는 경향이 있다. 사람들은 외부의 힘이 스스로 작용한다는 것을 알고 있지만 다른 사람들의 행동은 선택과 의지로 돌리는 경향이 있다.

Blend Images Photography/Veer

행위자-관찰자 효과 우리 자신의 행동을 상황적 요인에 기인하지만 다른 사람들의 행동은 성향적 요인에 기인하는 경향

자기본위편향 성공은 내부 요인에서 비롯된 것으로, 실패는 외부 요인에서 비롯된 것으로 보는 경향

사회적 영향 사람들이 타인의 사고, 감성, 행동에 영향을 미치는 방법을 연구하는 사회심리학 영역

14-5 사회적 영향

다른 사람들과 그룹은 우리의 규범에 따라 행동하라는 엄청난 압력을 가할 수 있다. **사회적 영향**은 사람들이 다른 사람들의 생각과 감정 및 행동을 바꾸는 방법을 연구하는 사회심리학 영역이다. 사람들이 다른 사람들에게 파괴적인 복종에 임하거나 사회적 규범을 준수하는 데 어떻게 영향을 미치는지를 보여주는 몇 가지 고전적인 실험을 살펴보겠다.

1. 권위에 대한 복종

역사를 통틀어 군인들은 무고한 민간인을 학살하는 경우에도 명령을 따랐다. 아르메니아의 터키 학살, 유대인의 나치 학살, 르완다의 후투족(Hutus)과 투치족(Tutsis)의 상호 학살 — 이것은 단순히 명령을 따름으로써 발생할 수 있는 비극의 예이다.

우리는 그러한 범죄에 겁이 나고 사람들이 왜 범죄에 관여하는지 상상할 수 없다. 그러나 우리 중 얼마나 많은 사람들이 권위 있는 인물의 명령을 따르기를 거부할 것인가?

밀그램 연구 예일대 심리학자 스탠리 밀그램(Stanley Milgram)은 또한 권위자들의 비도덕적 요청에 얼마나 많은 사람들이 저항할 것인지 궁금해했다. 그것을 알아내기 위해 그는 대학에서 복종에 관한 밀그램 연구로 알려진 일련의 고전적인 실험을 수행했다.

그의 작품의 초기 단계에서 밀그램(1963)은 학습과 기억에 관한 연구에 기꺼이 참여하고자 하는 사람들을 위해 지역 신문에 광고를 게재했다. 그는 20세에서 50세 사이의 교사, 엔지니어, 노동자, 영업 사원, 초등학교를 마치지 않은 사람 및 대학원 학위를 가진 사람 40명을 모집했다.

여러분이 이 모집광고에 참여했다고 생각해 보자. 당신은 합리적인 비용(1960년대 초 가스 탱크를 가득 채울 수 있는 5,500원)과 자신의 호기심을 충족시키기 위해 대학에 출석한다. 당신은 감동받을 수 있다. 결국 예일대학교는 도시를 지배하는 훌륭한 기관이다. 우아한 실험실에 감명받지 마라. 백색 코트를 입은 저명한 행동 과학자와 광고에 응답한 다른 사람을 만난다.

과학자는 실험의 목적이 학습에 대한 처벌의 효과를 연구하는 것이라고 설명한다. 실험에는 '교사'와 '학습자'가 필요하다. 우연히 교사와 다른 신입생, 학습자로 임명된다.

당신, 과학자 및 학습자는 매달려 있는 끈이 달린 위협적인 의자가 있는 실험실 방에 들어간다. 과학자는 학습자를 묶는다. 학습자는 약간의 우려를 표명하지만 결국 과학을 위한 것이다. 그리고 여긴 예일

자살 테러리스트 : 악마? 일반인? 아니면 악마이기도 한 일반인?

왜 19명의 남자가 세계무역센터와 국방부로 날아갔는가? 성격과 개인적 선택의 문제였는가? 상황적 요인들의 먹이 그물이었는가? 그들이 악했는가? 악의 본질을 연구한 사회 심리학자들은 대부분의 악을 저지른 사람들이 '평범한 사람들'이라는 사실을 발견했다(Berkowitz, 2004). 이것이 어떻게 사실일 수 있는가? 우리가 누군가의 프로필을 찾을 때, 기본 귀인 오류를 일으킬 수 있다. 즉, 우리는 다른 사람들의 행동을 태도와 선택과 같은 내부 요인에 너무 많이 비유한다(Gilovich & Eibach, 2001; Reeder, 2013).

우리는 자살 테러리스트들이 종종 감정적으로 차가운 외로움을 느끼며 잔혹성을 저지르고 싶어하지만 살인과 순교를 영화롭게 하는 사회적 · 문화적 환경에 빠지게 된다. 이로 인해 악의는 줄어들지만 심리적 통찰력을 얻을 수 있다.

자살 테러에 대한 설명에 양극화, 집단 사고, 책임 확산의 사회심리학 개념을 적용할 수 있는가?

Bruce yuanyue Bi/Alamy Stock Photo

타워가 무너진 9/11 기념관

이다. 그렇지 않은가? 예일대 사람은 어떻게 되는가?

당신은 당신의 '교습'을 해야 하는 인접한 방으로 과학자를 따라간다. 이 가르침은 영향을 미칠 것을 장담한다. 무시무시한 콘솔에서 15~450V로 표시된 레버를 눌러 학습자의 실수를 처벌해야 한다.

레이블에는 30가지 레버 중 28개가 '약간 충격'에서 '위험 : 심한 충격'까지의 색 영역을 실행하는 것으로 설명되어 있다. 마지막 두 레버에는 단순히 'XXX'라는 레이블이 붙어 있다. 감전의 느낌을 모를 경우, 과학자 샘플 45V 충격을 제공해, 전기충격을 가한다. 당신은 충격을 더 많이 받을 수 있는 사람을 동정한다.

학습자는 목록에서 읽어야 할 단어 쌍을 학습해야 한다. 목록을 한 번 들으면 학습자는 네 가지 대안 목록에서 자극 단어와 쌍을 이루는 단어를 생성해야 한다.

이것은 방에 있는 네 개의 패널 중 하나를 켜는 스위치를 눌러 수행된다. 올바른 패널이면 다음 자극적인 단어로 넘어간다. 그렇지 않으면 감전이 발생한다. 각 오류마다 충격 전압을 증가시켜야 한다(그림 14.3 참조).

아마도 당신은 약간의 착각이 있을 것이다. 전극은 학습자의 손목에 묶여 있었고 과학자는 '물집과 화상을 피하기 위해' 전극 페이스트를 적용했다. 또한, 충격은 고통스럽지만 "영구적인 조직 손상은 없습니다"라고 들었다. 여전히 학습자가 진행 중이다. 그리고 결국 이것은 예일대에서 이루어지는 일이다.

학습자는 일부 항목에 올바르게 답변한 다음에 오류를 만든다. 약간의 우려로 레버를 45V까지 올려라. 당신은 그렇게 많은 것을 용납했다. 그런 다음에 몇 가지 실수가 더 있다. 60V 레버를 누른 다음에 75V를 누른다. 학습자는 또 다른 실수를 한다. "충격이 고통 스럽지만 영구적인 조직 손상이 없으므로 계속 진행하십시오." 학습자가 더 많은 실수를 저지르고 곧 300V의 충격을 받는다. 그러나 이제 학습자는 벽의 다른 쪽을 두드리고 있다! 가슴이 조여 오고 땀이 나기 시작한다. '대단한 과학과 5,500원!'이라고 생각한다. 당신은 망설이고 과학자는 "실험은 계속해야 한다."고 말한다. 다음 자극 단어가 전달된 후 학습자는 전혀 답을 선택하지 않는다.

무엇을 해야 하는가? 과학자는 "5~10초 동안 기다렸다가 어떤 대답도 오답으로 취급하지 않는다."고 지시한다. 그러나 다음 충격 후에 벽에서 두드리는 소리가 다시 시작된다! 지금 당신의 심장은 크게 뛰고 있으며, 당신 본인이 극단적인 고통과 불편을 초래하고 있다고 확신한다. 지속적인 손상이 일어나지 않을 수 있는가? 결국 실험이 중요한가? 무엇을 해야 하는가? 다시 주저하고 과학자는 "계속하는 것이 절대적으로 필요합니다."라고 말한다. 그의 목소리는 매우 설득력이 있다. "당신은 다른 선택의 여지가 없습니다." 당신은 간신히 생각할 수 있으며, 어떤 설명할 수 없는 이유로 피식 웃음이 나온다. 손가락이 레버 위로 떨린다. 무엇을 해야 하는가?

밀그램은 그의 실험에서 일부 '교사들'이 주저할 것이라고 예견했다. 따라서 그는 참가자가 말을 걸 때 과학자가 사용할 표준화된 진술을 고안했다. 예를 들면 다음과 같다. "충격이 고통 스럽지만 영구적인 조직 손상이 없으므로 계속 진행하십시오.", "실험은 계속해야 합니다.", "계속하는 것이 절대적으로 중요합니다.", "다른 선택의 여지가 없습니다. 계속 진행해야 합니다."

반복하기 : 만약 당신이 밀그램 연구에서 교사라면, 당신은 무엇을 하는가?

그림 14.3 밀그램 실험의 실험 설정

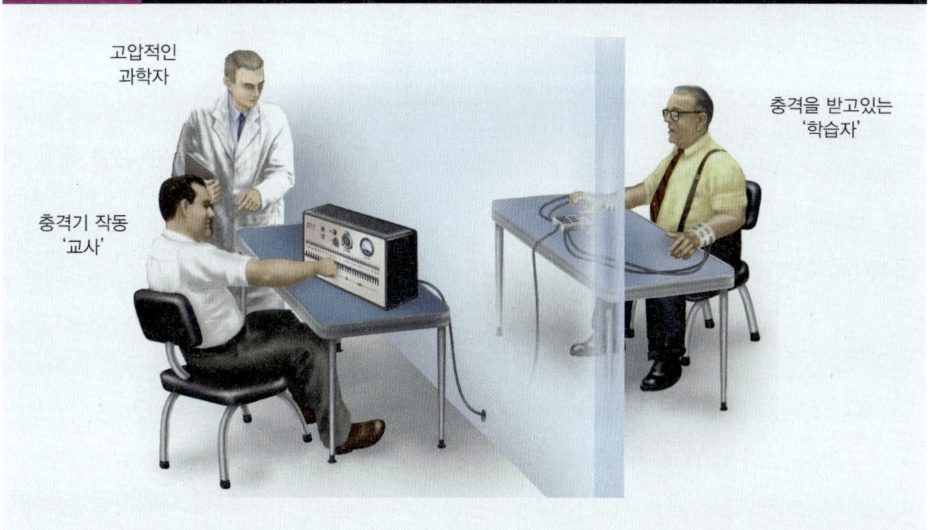

'학습자'가 오류를 범하면 과학자는 '교사'를 자극하여 고통스러운 감전을 일으킨다.

밀그램(1963, 1974)은 그의 표본에서 대부분의 사람들이 무엇을 하는지 알아냈다. 이 샘플은 뉴 헤이븐 남성 인구의 단면을 보여준다. 이 연구 단계의 40명 중 5명만이 학습자가 처음으로 벽을 두드리는 수준인 300V 수준을 넘어서기를 거부했다. 9명의 다른 '교사'는 300V 범위 내에서 과학자에게 반항했다. 그러나 참가자의 65%는 이 시리즈 전반에 걸쳐서 과학자를 따르고, 450V의 'XXX' 등급 충격을 전달한다는 것을 알아냈다.

이 참가자들은 기분이 좋지 않았는가? 전혀 그렇지 않다. 밀그램은 그들의 스트레스 징후에 깊은 인상을 받았다. 그들은 떨고 말을 더듬으며 입술을 깨물었다. 그들은 신음하고 땀을 흘리고 주먹을 꽉 쥐어 손톱이 살에 파고들었다. 웃음은 부적절했지만 일부는 웃음을 터뜨렸다. 한 영업 사원의 웃음은 너무 뜻밖이어서 실험을 계속할 수 없었다.

복종에 대한 밀그램의 초기 연구는 뉴 헤이븐 남성들에게만 국한되었다. 그는 자신의 연구 결과를 다른 남자나 여자에게 일반화할 수 있을까? 독립적인 사상가로 여겨지는 대학생들이 더 많은 도전을 보일까? 예일 남성 표본을 사용한 밀그램 연구 결과도 비슷한 결과를 나타냈다. 아마도 남자보다 덜 공격적이라고 여겨지는 여자는 어떠한가? 후속 연구에서 여자들도 학습자에게 충격을 주었다. 이 모든 것이 독립과 자유 의지를 중요하게 여기는 나라에서 이루어졌다.

속임수와 진실 밀그램 연구의 '교사'는 다른 사람들이 콘솔의 레버를 눌렀을 때 충격을 받고 있다고 믿었다. 하지만 그들은 아니었다. 이 실험에서 유일한 충격은 교사들에게 제공된 45V 샘플이었다. 그 목적은 절차를 믿을 수 있게 만드는 것이었다.

실험의 학습자는 실제로 과학자와 동맹을 했다. 그들은 신문 광고에 대답하지 않았지만 처음부터 진실을 알고 있었다. '교사'는 유일한 실제 참가자였다. 그들은 자신이 교사 역할을 위해 무작위로 선출되었다고 믿게 되었지만 신문 채용이 항상 교사가 되도록 선택이 조작되었다.

실험이 완료된 후 밀그램은 참가자들에게 보고했다. 그는 연구의 목적과 방법을 자세하게 설명했다. 그는 그들이 실제로 누구에게도 해를 끼치지 않았다는 사실을 강조했다.

물론 참가자들은 실험이 진행되면서 다른 사람들을 해치고 있다고 믿었다. 당신이 상상할 수 있듯이, 밀그램 연구의 윤리는 심리학자들에 의해 수십 년 동안 논쟁되었다. 대학 검토위원회는 오늘날 유사한 실험을 수행하지 못하게 할 수 있다.

TRUTH

Ⓣ F 대부분의 사람들은 명령을 받았기 때문에 무고한 사람을 고문했다.

대부분의 사람들은 그들이 명령받았기 때문에 무고한 사람들을 고문한 것은 사실이다.

밀그램 연구에 참여한 사람들은 왜 과학자에게 복종했는가? 많은 사람들은 부도덕한 일을 수행해야 할 때에도 다른 사람들의 명령에 복종한다. 왜 그럴까? 유태인 대참사 기간 동안 독일인들은 왜 명령을 따랐는가? 왜 '교사'가 밀그램의 연구에서 과학자에게 복종했는가? 우리는 모든 답을 가지고 있지는 않지만 여러 가설을 제시할 수 있다.

1. **사회화** 미국의 독립에 대한 이상적 표현에도 불구하고, 우리는 어린 시절부터 부모 및 교사와 같은 권위자에 복종하기 위해 사회화되었다(Begue, 2015; Perlstadt, 2013).
2. **사회적 비교 부족** 밀그램의 실험 환경에서 과학자들은 상황에 대한 명령을 보여 주었지만 '교사'(참가자)는 같은 상황에 있는 다른 사람들의 생각과 느낌을 비교할 기회가 없었다.
3. **정당한 권위에 대한 인식** 예일의 과학자는 공무원이나 군대의 고위 관리처럼 고도의 정당한 권한을 가진 것으로 보인다(Blass, 2009). 과학자의 요구에 응한 개인의 비율은 밀그램(1974)이 인근 마을의 칙칙한 상점에서 연구를 복제했을 때 65%에서 48%로 감소했다. 그러나 그러한 상황에서도 많은 사람들이 합법적으로 보이는 권위의 수치에 따라 도덕적으로 무시할 수 있는 행동에 기꺼이 참여하고 있다. 히틀러와 그의 사역자들은 독일 나치의 권위자였다. '과학'과 예일대학교는 밀그램 연구에서 과학자의 권한을 합법화했다.

4. **문간에 발 들여놓기 기술** **문간에 발 들여놓기 기술**(foot-in-the-door technique)은 교사의 복종에 기여했을 수도 있다(Burger, 2009). 학습자에게 충격을 주기 시작한 후에는 상황에서 자신을 몰아내는 것이 점점 더 어려워졌을 수도 있다.

5. **가치에 대한 접근불가능성** 사람들은 자신의 태도를 쉽게 이용할 수 있거나 접근할 수 있을 때 자신의 태도에 따라 행동할 가능성이 높다. 대부분의 사람들은 무고한 사람들에게 해를 끼치는 것이 잘못이라고 생각하지만 강한 감정은 명확한 사고를 손상시킨다. 밀그램 실험의 교사들이 감정적으로 참여하게 됨에 따라 그들의 태도는 '접근성'이 떨어졌을 수 있다.

6. **가해자와 피해자 사이의 완충장치** 몇몇 완충장치는 교사에 대한 학습자의 고통의 영향을 감소시켰다. 예를 들어, '학습자들'은 다른 방에 있었다. 교사와 같은 방에 있을 때 준수율은 65%에서 40%로 떨어졌다. 또한, 교사가 학습자의 손을 충격판에 갖다 대면 준수율이 30%로 떨어졌다.

2. 동조(Conformity)

우리는 사회적 규범을 준수하기 위해 행동을 바꿀 때 순응한다고 한다. 사회적 규범은 사회적 행동과 관련하여 널리 받아들여지는 기대이다. 명백한 사회 규범은 종종 우리가 도서관에서는 속삭이고 학교 앞을 지나갈 때 속도를 늦추도록 요구하는 것과 같은 규칙과 법률로 만들어진다. 우리가 엘리베이터에서 정면을 향해 있거나, 송년회를 하는 것과 같은 무언의 암시적 사회 규범도 있다. 사회적 압력에 순응한 사례를 생각할 수 있는가?

사회적 규범을 따르는 경향은 종종 좋게 나타난다. 편안함과 생존을 촉진하기 때문에 많은 표준이 진화했다. 그러나 이러한 집단의 압력은 사람들이 위험한 행동을 할 때 '모두가 하고 있기 때문에' 부적응 행동을 촉진한다. 왜 그렇게 많은 사람들이 군중을 따르는 경향이 있는가?

이 질문에 답하기 위해 1950년대 초 솔로몬 애쉬(Solomon Asch)가 수행한 동조에 대한 고전적인 실험을 살펴보자.

애쉬 연구 자신의 눈으로 보는 것을 믿을 수 있는가? 애쉬의 연구(1952)에 참여한 사람이 아니라면 아니다.

시각적 차별 실험에 참여한 것으로 추정되는 7명의 다른 대상들과 함께 실험실에 들어갔다고 가정해 보자. 방 앞에는 막대가 그려진 카드를 들고 있는 남자가 있었다.

8명이 연달아 앉았고 당신은 일곱 번째 자리(그 당시의 사소한 사실)를 받았다. 남자는 그 일을 설명했다. 왼쪽의 카드에는 막대 하나가 있고, 오른쪽의 카드에는 3개의 막대가 그려져 있다(그림 14.4 참조). 오른쪽 카드의 막대 하나는 왼쪽 카드의 막대와 길이가 같다. 귀하와 다른 참가자는 한 번에 하나씩, 3개의 막대(2 또는 3) 중 왼쪽에 있는 카드의 길이와 같은 길이를 말해야 했다. 단순하게.

오른쪽 참가자는 "3", "3", "3", "3", "3", "3"순으로 발언했다. 이제 당신의 차례. 3번 막대는 첫 번째 카드의 막대와 길이가 같았으므로 "3"이라고 말한 후 다른 사람은 "3"으로 들어갔다. 그게 전부이다. 그런 다음, 방 앞쪽에 다른 두 장의 카드를 설치했다. 이 타임 막대 2는 첫 번째 카드의 막대와 길이가 분명했다. 답은 "2", "2", "2", "2", "2", "2"이다. 다시 당신 차례이다. 당신은 "2"라고 말했고 아마도 당신의 마음은 방황하기 시작했을 것이다. 당신의 배는 조금 꼬르륵거렸다. 당신 다음 사람도 "2"라고 말했다.

문간에 발 들여놓기 기술 소규모 요청에 이어 대규모 요청이 따르는 준수를 유도하는 방법

그림 14.4 애쉬 동조 연구에서 사용된 카드

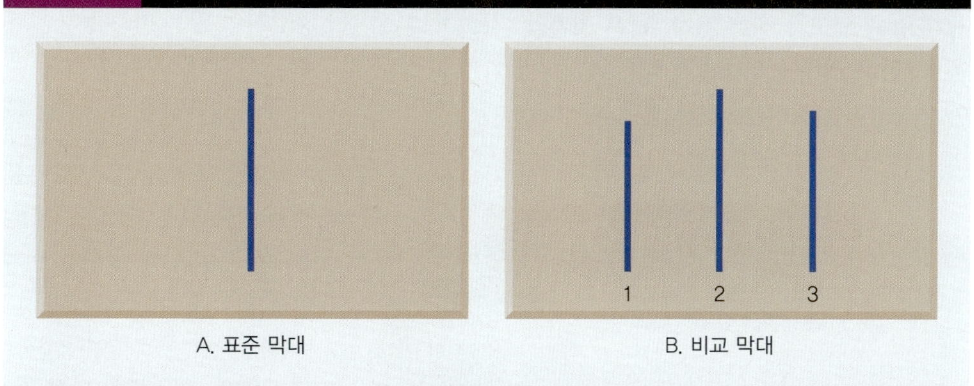

카드 B의 어느 막대 (1, 2 또는 3)가 카드 A의 막대와 같은 길이인가? 2번인가? 그러나 만약 당신이 집단의 일원이고 6명이 당신보다 앞서 응답한다면 '2'라고 말할 것인가? 확실한가?

다른 한 쌍의 카드가 보류되었다. 3행은 분명히 정답이었다. 오른쪽에 있는 사람들이 차례로 "1", "1…" 잠시만요! "… 1", "1" 당신은 저녁 식사를 잊고 막대를 잠시 공부했다. 아니요, 1행은 0.5인치가 너무 짧았다. 그러나 다음, 두 참가자는 "1"이라고 말했고 갑자기 당신 차례가 되었다. 손에 땀이 나고 말문이 막혔다.

"3"이라고 말하고 싶었지만 맞는가? 시간이 없었고 이미 눈에 띄게 멈췄다. 당신은 "1"이라고 말했고 마지막 동료도 마찬가지였다.

이제 당신의 관심은 그 임무에 사로잡혔다. 많은 시간 동안 다른 평가자들과 동의했지만 때로는 그렇지 않았다. 그리고 당신이 이해하지 못하는 어떤 이유로, 그들은 당신이 당신의 눈을 믿을 수 있다고 가정했을 때, 그들이 틀린 것처럼 보일지라도 완벽하게 동의했다. 실험은 불편한 경험이 되었고, 당신은 당신의 판단을 의심하기 시작했다.

애쉬 연구의 불편함은 순응하는 압력으로 말미암아 발생했다. 실제로, 다른 7명의 대상자들은 실험자와 동맹이었다. 그들은 많은 잘못된 응답을 미리 정했다. 이 연구의 유일한 목적은 잘못된 집단의 판단을 따르는지 여부를 확인하는 것이다.

애쉬의 연구에 참여한 사람은 몇 명인가? 그들이 정답이라고 생각한 것을 말하기보다는 군중을 따랐는가? 75%. 4명 중 3명은 적어도 한 번은 대다수의 오답에 동의했다.

3. 영향을 미치는 요인

개인주의 사회보다는 집단주의자에 속하는 것으로(Alvarez & Kemmelmeier, 2018), 집단의 다른 구성원들에게 호감을 얻고자 하는 욕구, 낮은 자존감, 사회적 수줍음, 그리고 직무에 익숙하지 않은 것 등 몇 가지 요인들이 순응하려는 경향을 증가시킨다.

FICTION

T (F) 보는 것이 믿는 것이다.

특히 집단이 사물을 다르게 볼 때 우리가 보는 것을 항상 믿는 것은 사실이 아니다. 우리가 '혼자'라면 자신의 판단을 의심하기 시작할 수 있다.

그 밖의 준수 요인으로는 집단 규모와 사회적 지원이 있다. 집단 규모가 5명으로 증가함에 따라 부정확한 그룹 판단에도 불구하고 적합성의 가능성은 빠르게 증가한다. 그리고 집단이 약 8명으로 성장함에 따라 더 느리게 상승한다. 이 시점에서 최대한의 순응 가능성에 도달한다. 그러나 소수의 의견을 지지하는 다른 사람을 찾는 것만으로도 당신의 의견을 고수하기에 충분하다(Jetten & Hornsey, 2014; Mesoudi, 2009).

14-6 공격성

사람은 지구상에서 가장 공격적인 종에 속한다고 주장할 수 있다. 행성의 거의 모든 대륙에서 서로 다른 종류의 무력 충돌이 있다. 살인과 폭행이 있으며, 종종 폭행은 가장 친밀한 파트너를 대상으로 한다. 강간도 있다. 그리고 우리는 축구와 하키 게임에서의 '통제된' 공격성을 칭찬한다. 심리학자들은 왜 우리가 그렇게 공격적인지 묻는다.

1. 생물학 및 화학작용, 그리고 공격성

진화 심리학자들은 '유전 속삭임'이 어느 정도 공격성을 촉진한다고 믿는다. 수많은 생물학적 구조와 화학 물질이 공격성에 관여한다. 특정 자극에 반응하여 많은 비인간적인 사람들은 본능적으로 공격적인 반응을 보인다(Archer, 2009). 이 동작은 자동적이다.

예를 들어, 수컷 로빈은 다른 로빈의 붉은 가슴에 공격적으로 반응한다. 시상하부는 이 선천적 반응 패턴에 관여하는 것으로 보인다. 시상하부의 전기 자극은 원숭이를 포함하여 많은 하등 동물에서 전형적이며 공격적인 행동을 유발한다. 그러나 뇌가 더 복잡한 인간의 경우, 다른 뇌 구조는 가능한 공격적인 본능을 중재한다.

화학은 또한 남성 성 호르몬 테스토스테론의 형태로 공격에 관여한다. 테스토스테론은 다른 사람들을 지배하고 통제하는 경향에 영향을 미치는 것으로 보인다. 남성은 여성보다 테스토스테론 수치가 높고 특히 남성이 여성보다(보통) 더 공격적이다(Bjorkqvist, 2018; Pradhan et al., 2010). 공격적인 남성 청소년과 군대 재향 군인은 덜 공격적인 동료보다 테스토스테론 수치가 높을 가능성이 높다(Mazur & Booth, 2014; Popma et al., 2007).

제임스 돕스(James Dabbs)와 그의 동료들(1996)은 소위 난폭한 집단의 구성원들이 평균적으로 '잘 행동하는' 집단의 구성원들보다 테스토스테론 수치가 더 높다는 것을 발견했다. 테스토스테론 수치는 경우에 따라 다양하다. 남성이나 테스토스테론 수치는 축구나 주식 시장과 같은 운동 경기에서 '승리'할 때 더 높은 경향이 있다(Apicella et al., 2014; Carre & Putnam, 2010).

2. 공격성에 대한 심리학적 측면

남성이 여성보다 공격적으로 행동할 가능성이 높은 또 다른 이유는 여성이 피해자와 공감할 가능성이 높기 때문에 피해자를 대신할 수 있기 때문이다(Proverbio et al., 2010; Yamasue et al., 2008). 공감은 공격성이 아니라 행동을 돕게 된다.

정신분석이론의 창시자인 지그문트 프로이트(Sigmund Freud)는 공격성이 일상의 좌절에 대한 자연스럽고 본능적인 반응이라고 믿었다. 어린이와 성인은 부모를 포함한 다른 사람들에게 공격적인 충동을 불러 일으키려고 한다. 가장 세심한 부모조차도 모든 요구를 즉시 만족시킬 수 없기 때문이다.

그러나 아이들은 또한 처벌과 사랑의 상실을 두려워하므로 가장 공격적인 충동을 억누르고 무의식적인 마음가짐에 저장한다.

인지 심리학자들은 우리의 행동이 우리의 가치와 상황 해석 방법 및 선택에 의해 영향을 받는다고 주장한다. 때때로 전쟁 중에 공격이 필요하고 정당화될 것이라고 믿는 사람들은 공격적으로 행동할 가능성이 높다.

특정 전쟁이나 침략 행위가 부당하다고 생각하거나 모든 상황에서 침략에 반대하는 사람들은 공격적으로 행동할 가능성이 적다(Frey et al., 2017; Maxwell et al., 2009).

또한, 사람들은 때때로 상대방의 동기에 대한 해석에 근거하여 반발할 것인지 아닌지를 결정한다. 그러나 적극적으로 행동하는 많은 사람들은 다른 사람들의 동기를 왜곡한다.

예를 들어, 그들은 다른 사람들이 실제로 하지 않을 때 피해를 입기를 원한다고 가정한다.

우리는 '모욕'의 중요성을 확대하거나 분노의 감정을 불러일으킬 때 도발에 적극적으로 반응할 가능성이 더 높다. 누군가가 당신에게 부딪힐 때 어떻게 반응하는가? 당신이 그것을 '명예'에 대한 의도적인 모욕으로 본다면, 당신은 공격적으로 대응할 수 있다.

행동 관점에서, 학습은 강화를 통해 습득된다. 공격적인 행동을 위해 강화된 유기체는 강화가 일어나는 것과 유사한 상황에서 공격적으로 행동할 가능성이 높다. 공격적인 행동을 위해 강력하고 민첩한 유기체가 강화될 수 있다.

비인간 강화 중에는 일반적으로 육체(예 : 음식, 짝짓기 또는 포식자 탈출)가 있다. 인간은 그러한 강화에 반응할 뿐만 아니라 사회적 승인과 같은 다른 강화제에도 반응한다. 교사와 반 친구가 공격적인 행동에 대한 강한 비승인을 보일 때 아동은 적극적으로 행동할 가능성이 줄어든다(Henry, 2008; Simon et al., 2009).

사회적 · 인지적 관점에서 공격적인 기술은 주로 공격적으로 행동하는 다른 사람들의 관찰에 의해 습득된다.

Dennis Frates/Alamy Stock Photo

사회적 촉진(Social Facilitation)

우리는 혼자일 때와 집단 내에 있을 때 중 어느 경우에 더 빨리 페달을 밟는가?

그러나 사회인지 이론가들은 다른 인지 이론가들처럼 의식과 선택이 인간들 사이에서 공격적인 행동에 중요한 역할을 한다는 것을 믿는다.

사회인지 이론가들은 상황에 따라 공격이 적절하고 강화될 가능성이 있다고 생각하지 않는 한 적극적으로 행동하지 않을 것이라고 생각한다.

상황 요인도 공격에 기여한다. 밀그램 연구에 따르면 대다수의 '정상적인' 사람들은 다른 사람들이 그러한 행동을 강요받으면 적극적으로 행동할 것이다. 집단 행동에 관한 섹션에서 우리는 사람들이 폭도의 구성원일 때 더 적극적으로 행동할 수 있음을 보게 될 것이다.

14-7 집단행동

인간은 집단에 속해야 한다. 집단은 우리가 애정과 주의 및 소속에 대한 우리의 요구를 충족하도록 도와준다. 그들은 우리가 스스로 관리할 수 없는 일을 할 수 있도록 힘을 실어준다. 그러나 집단은 또한 우리가 혼자 행동한다면 하지 않을 일을 하도록 압력을 가할 수 있다. 사람들이 집단 구성원으로서 개인과 다르게 행동하는 방식을 고려해 보자. 우리는 사회적 촉진으로 시작한다.

사회적 촉진 집단의 다른 구성원이 유사한 행동을 할 때 개인의 성과가 향상되는 과정

평가 불안 다른 사람들이 우리의 행동을 평가하고 있다는 우려

책임감 분산 집단 내 결정 또는 행동에 대한 책임의 분산 또는 공유

1. 사회적 촉진

집단 과제가 주어질 때 혼자 하는 것보다 더 열심히 또는 덜 열심히 일하는가? 왜 그런가? 집단이 개인 행동에 미치는 영향 중 하나는 **사회적 촉진**이다.

집단의 다른 구성원이 유사한 행동을 할 때 개인의 성과가 향상되는 프로세스이다. 연구에 따르면 다른 사람의 존재는 우리의 각성 수준 또는 동기 부여 수준을 증가시킨다(Platania & Moran, 2001; Thomas et al., 2002).

높은 수준의 각성에서 간단한 작업의 수행이 촉진된다. 그러나 복잡한 응답의 성능이 저하될 수 있다. 이러한 이유로, 리허설해 본 연설은 더 많은 청중들에게 잘 전달될 수 있고, 준비없이 즉흥적으로 연설하면 많은 청중에 의해 방해 받을 수 있다.

사회적 촉진은 평가에 대한 우려뿐만 아니라 각성, 즉 우리가 평가되고 있는 우려에 의해 영향을 받을 수 있다(Park & Kitayama, 2014).

연설을 할 때, 청중과 청중의 주변 반응에만 너무 집중하면 맥락을 놓칠 수 있다. 우리가 허둥대기 시작했다고 믿어 버리면 평가에 대한 불안감이 치솟을 수 있다. 결과적으로, 우리의 성과는 훨씬 더 흔들릴 수 있다.

다른 사람들의 존재는 또한 우리가 집단 앞에서 행동할 때가 아니라 집단의 익명 구성원일 때 성과를 손상시킬 수 있다. 예를 들어, 근로자는 '잘못'하거나 사회적 문제에 참여할 수 있다. 즉, 다른 사람들이 그러한 노력을 기울이거나 만들기 때문에 상당한 노력을 기울이지 않거나, 그들이 알아채지 않고 책임을 지지 않을 것이라고 생각하기 때문이다.

이러한 집단 조건하에서는 평가에 대한 불안감이 없지만 **책임감 분산**(diffusion of responsibility)이 있을 수 있다.

사회적 의사결정 도식 배심원은 어떻게 결정을 내리는가? 그들은 어떤 종류의 '사회적 의사결정 도식'을 사용하는가?

bikeriderlondon/Shutterstock.com

특히, 다른 사람이 업무를 수행할 수 있다고 인식되는 경우, 다른 사람이 있기 때문에 각 사람은 도울 의무가 덜 하다고 생각할 수 있다. 명백히 유능한 회원이 타인의 노력에 대해 무임승차하지 않는 경우, 집단 구성원은 노력을 줄일 수 있다.

2. 집단 결정 만들기

조직은 위원회 또는 배심원과 같은 집단을 사용하여 집단 결정이 개별 결정보다 더 정확하거나 유효하다고 판단한다(Van Swol, 2008). 사회 심리학자들은 많은 집단 의사 결정을 지배하는 많은 '규칙' 또는 **사회적 의사결정 도식**(social decision schemes)을 발견했다(Stasser, 1999). 여기 몇 가지 예가 있다.

1. **다수결 도식**이 일반적으로 사용되는 도식에서 집단은 처음에 다수의 지지를 받은 결정에 도달한다. 이 도식은 객관적으로 올바른 단일 결정이 없을 때 의사 결정을 유도하는 것으로 보인다. 예를 들어, 법원에서 대중성이 테스트되지 않았을 때 어떤 자동차 모델을 만들 것인지에 대한 결정이 있다.
2. **진실 승리 도식** 이 도식에서, 더 많은 정보가 제공되므로 논의된 바와 같이 그 그룹은 하나의 접근법이 된다. 객관적으로 옳다. 예를 들어, 학생들이 대학에 입학할 때 SAT(대학수능) 점수를 사용할지 여부를 결정하는 그룹은 점수가 대학의 성공을 예측하는지 또는 특정 그룹의 사람들을 부당하게 차별하는지 등에 대한 정보를 통해 이익을 얻을 수 있다.
3. **2/3 다수결 도식** 배심원 단의 3분의 2가 처음에 유죄 판결을 받을 때 배심원은 피고인을 유죄 판결하는 경향이 있다.
4. **첫 단계 전환 규칙** 이 도식에서, 그룹은 그룹 구성원이 표현한 첫 번째 의견의 변화를 반영하는 결정을 채택하는 경향이 있다. 배심원이 교착 상태에 빠지면 회원들은 결국 첫 배심원 장의 지시에 따라 자신의 위치를 바꿀 수 있다.

3. 양극화와 '위험 전환(Risky shift)'

집단 결정이 개별 결정보다 보수적이라고 가정할 수 있다. 결국, '차이점을 나누기' 위해 타협하려는 노력이 없어야 하는가? 우리는 또한 몇몇 성숙한 사람들이 무모한 사람들의 의견에 균형을 맞출 수 있을 것으로 기대할 수 있다.

그러나 집단이 항상 예상대로 작동하지는 않는다. 편광효과를 고려하라. 개인으로서 회사는 신제품 개발 또는 마케팅에 50만 달러의 투자 위험을 감수할 것을 권장할 수 있다. 개별적으로 조사한 다른 회사 임원들도 비슷한 금액을 감수할 수 있다. 그러나 집단 결정을 위해 함께 모였다면 아마도 이 수치보다 훨씬 높은 금액을 추천하거나 전혀 추천하지 않을 것이다(Viscusi et al., 2011).

이 집단 효과를 편광 또는 극한의 위치라고 한다. 그러나 결정이 어떤 방식으로 진행되는지 도박을 해야 한다면, 돈을 더 높은 액수로 옮기는 것, 즉 위험한 변화에 베팅하는 것이 좋다. 왜?

집단의 한 구성원이 다른 사람이 알지 못하는 정보를 공개할 수 있다. 이 정보는 한 방향 또는 다른 방향을 명확하게 가리킬 수 있다. 의심이 사라지면 집단은 적절한 방향으로 결정적으로 움직인다.

사회적 의사결정 도식 회원의 초기 위치를 기준으로 집단 의사 결정의 최종 결과를 예측하기 위한 규칙

설마, 숫자의 힘?

아마도 고전 실험에서 달리와 라티네(Darley and Latané, 1968)는 남성 피실험자들이 좁은 방에서 의미 없는 작업을 수행하도록 했다. 그들은 일하는 동안 간질 발작이 있는 사람에 대한(설득력 있는) 기록을 들었다. 남자들이 다른 4명을 즉시 구할 수 있다고 생각했을 때 31%만이 희생자를 돕고자 했다. 그러나 그들이 다른 사람을 구할 수 없다고 생각했을 때, 85%가 도와 주려고 했다.

집단 행동의 다른 영역과 마찬가지로, 책임의 분산은 집단이나 군중의 행동을 돕는 것을 방해하는 것으로 보인다. 우리가 집단에 있을 때, 우리는 종종 조지(George/Georgette)가 다른 사람들을 돕도록 놔둔다. 조지가 주변에 없을 때 우리는 다른 사람들을 기꺼이 도울 것이다.

AC Images/Alamy Stock Photo

사회적 촉진이 그룹 환경에서 발생하고 결과적으로 더 큰 동기 부여가 더 극단적인 결정을 촉발할 수도 있다.

그러나 왜 집단이 개인으로서의 집단보다 더 큰 위험을 감수하는 경향이 있는가? 하나의 대답은 책임의 분산이다. 모험(투자)이 허물어지더라도 그 책임은 당신에게만 주어지지 않을 것이다.

4. 집단사고

어빙 재니스(Irving Janis, 1982)에서 시작된 개념인 **집단사고**는 집단 구성원이 상황의 현실보다 집단 응집력과 역동적인 리더에 의해 더 많이 동요될 때 집단 의사 결정에서 발생할 수 있는 문제이다. 집단이 외부 위협을 감지하면 집단 문제 해결이 집단사고로 변질될 수 있다(Underhill, 2008).

집단사고는 일반적으로 역동적인 집단 리더에 의해 운영된다. 위협은 집단의 응집력을 높이고 스트레스의 원천이 된다. 스트레스를 받으면 집단 구성원은 모든 옵션을 신중하게 고려하지 않고 자주 결정을 내리지 않는다.

집단사고는 쿠바의 피그스만 침공, 닉슨 행정부의 회원들이 도난을 막을 수 있다고 생각한 워터 게이트 사건, 엔지니어의 경고에도 불구하고 챌린저 우주 왕복선을 발사하겠다는 NASA의 결정 등과 같은 역사적인 재정 위기와 관련이 있다. 비정상적으로 추위로 인한 위험 날씨(Brownstein, 2003; Esser & Lindoerfer, 2006). 제니스(Janis)와 다른 연구자들(Tsintsadze-Maass & Maass, 2014)은 잘못된 결정에 기여하는 집단사고의 특성을 지적한다.

1. **불능감** 워터 게이트 사건(Watergate Affair)에서 의사 결정 그룹은 미국 대통령과 가까운 강력한 사람들이기 때문에 비평가나 법률의 범위를 벗어난 것이라고 믿었을 것이다.
2. **그 집단의 신념은 옳다** 테러리스트 집단은 분명히 그들이 하고 있는 일이 옳다는 것을 믿는다. 비록 그들은 민간인을 죽이고 그 과정에서 종종 자살을 하지만, 테러리스트들은 종종 그들의 행동이 관심을 끌 수 있는 유일한 방법이라고 믿는다.
3. **그 집단의 결정에 위배되는 정보를 거부한다** 테러 단체의 구성원들은 종종 종교가 무고한 민간인의 피해를 지지하지 않는다는 효과에 대해 논쟁을 불신한다.
4. **집단 구성원에 대한 압력** 만장일치에 대한 노력은 현실주의에 대한 요구보다 우선하며, 권위는 전문성을 능가할 수 있다. 존 F. 케네디 대통령은 쿠바의 피그스만 침공 이후 기사 연설에서 "우리가 얼마나 어리석은 행동을 한 것인가?"라고 말하였다.
5. **외부 그룹의 고정관념** 피그스만 침공의 경우, 침공 집단 구성원은 현실과 접촉하지 않은 것으로서 집단 외부의 구성원을 고정관념화 했다.

> **집단사고** 집단 구성원들이 응집력과 역동적인 리더의 영향을 받아 외부 현실을 결정할 때 외부 현실을 무시하는 프로세스
>
> **탈개인화** 집단 구성원이 자체 평가를 중단하고 집단 규범 및 태도를 채택할 수 있는 프로세스

집단 리더들이 회원들에게 옵션에 대해 회의적인 태도를 취하고 질문에 대해 자유롭게 질문하며 서로 의견을 달리하도록 격려하면 집단사고를 피할 수 있다.

5. 군중행동과 탈개인화

혼자서는 하지 않을 일이지만 집단의 한 구성원의 입장에서 행했던 행동에는 어떤 것이 있는가? 동기가 된 이유는 무엇인가? 너는 어떻게 생각하는가? 프랑스인 귀스타브 르봉(Gustave Le Bon, 1895~1960)은 폭도들과 군중들을 불합리한 것으로 분류했으며, '많은 머리를 가진 짐승'과 비슷하다고 했다.

인종 폭동이나 린치 같은 폭도 행동은 때때로 그들 자신의 심리학으로 작동하는 것처럼 보인다. 폭도들은 "우리에게 짐승을 데리고 나옵니까?"

사람들이 개인으로서 행동할 때, 결과에 대한 두려움과 자기 평가는 반 사회적 행동에 관여하지 못하게 하는 경향이 있다.

그러나 폭도에서 그들은 자신의 가치와 무시를 의미하더라도 특정 상황에서 나타나는 규범을 따르려는 상태인 **탈개인화**를 경험할 수 있다.

익명성, 책임 분산, 소음 및 혼잡으로 인한 각성, 자신의 가치보다는 집단 규범에 중점을 포함하여 많은 요인들이 탈개인화를 초래한다(Baumeister et al., 2016). 이러한 상황에서 집단 구성원은 개인보다 더 적극적으로 행동한다. 폭도 행동의 예는, 범죄 행동 · 운동 경기에서의 싸움 · 때로는 항의 행진에 있거나 때때로 감당할 수 없을 때 등에 발견될 수 있다.

6. 이타주의와 방관자 효과

이타주의(Altruism) — 타인의 복지에 대한 무관심 — 은 일부 영웅적인 행동과 관련이 있다. 인간은 전투에서 자녀나 동지의 생존을 보장하기 위해 스스로 희생했다. 그렇다면 28세의 키티 제노 비스 살인 사건은 어떻게 일어날 수 있을까? 그것은 40년 전에 뉴욕시에서 일어났다. 살인자가 30분 이상 그녀를 스토킹하고 세 번의 공격을 가했고, 그녀는 비명을 질렀다(Nicksa, 2014).

38명의 이웃이 소리를 들었다. 두 번, 그들의 목소리와 침실 조명으로 폭행이 중단되었다. 그러나 아무도 피해자를 도와주지 않았고, 경찰에 전화하지 않았다.

왜 그랬을까? 일부 증인들은 사실 참견하고 싶지 않다고 말했고, 또 한 사람은 피곤하다고 말했다. 다른 사람들은 "모른다"라고 말했다. 한 국가로서, 우리는 다른 사람들이 곤경에 처했을 때 도움보다는 문제되는 사건을 보고 싶어하는 냉담한 무리인가?

아마도 **방관자 효과**(bystander effect) 때문에 키티는 도움을 받을 수 없었을 것이다. 즉, 그들은 키티 사건을 목격했다. 다른 사람들이 이미 저지했거나, 살인이 잦은 뉴욕시에서 발생했기 때문에 꼭 내가 도움을 주지 않아도 된다고 가정했다.

곤란에 처해 있는 사람을 도와줄 수 있는 때는 언제인가?

행동을 돕는 데는 여러 가지 요소가 있다.

1. 관찰자들은 기분이 좋을 때 도움을 줄 가능성이 더 높다(Schnall et al., 2010). 기분이 좋을 때 개인의 힘, 즉 상황을 잘 처리할 수 있는 느낌을 줄 수 있다.

2. 공감하는 사람들은 도움이 필요한 사람들을 도울 가능성이 더 높다. 여성은 남성보다 공감할 가능성이 높기 때문에 도움이 필요한 사람들을 도울 가능성이 더 높다(Yamasue et al., 2008).

TRUTH

Ⓣ **F** 여자가 칼에 찔리는 동안 약 40명이 서서 아무것도 하지 않았다.

여자가 찔리는 동안 약 40명이 서서 아무것도 하지 않았다는 것은 사실이다.

3. 방관자는 비상 사태가 존재한다고 생각하지 않으면 도움을 줄 수 없다(Cocking et al., 2009).

4. 관찰자는 행동할 책임을 져야 한다(Chou & Nordgren, 2017; Nicksa, 2014). 고독한 사람이 키티 제노 비스를 도우려고 시도했을 가능성이 높다. 책임의 분산은 군중의 행동을 돕는 것을 방해할 수 있다.

5. 관찰자는 무엇을 해야 하는지 알아야 한다(Baron et al., 2009). 그들이 상황을 책임질 수 있는지 확신하지 못하는 관찰자들은 사회적 실수를 저지르거나 자신을 다치게 할까 봐 걱정할 수 있다.

6. 관찰자들은 그들이 아는 사람들을 도울 가능성이 더 높다(Nicksa, 2014). 진화 심리학자들은 이타성은 가까운 친척이나 우리와 비슷한 사람들이 생존하는 데 도움이 될 때 진화 관점에서 이기적이라고 제안한다(Nicksa, 2014). 그것은 우리와 비슷한 유전자 코드를 영속시키는 데 도움이 된다. 견해는 우리가 낯선 사람보다는 친족에게 이타적이 될 가능성이 높다는 것을 시사한다.

7. 관찰자들은 자신과 비슷한 사람들을 도울 가능성이 더 높다. 도움이 필요한 사람을 식별할 수 있게 되면 도움을 주는 행동이 촉진된다(Nicksa, 2014).

최고의 친사회적 행동에 대한 기록 우리는 바로 위에서 공부한 부정적인 내용을 언급하면서 이 책을 마무리 지을 수는 없다. 이렇게 마무리하기보다 2001년 9월 11일 자살 테러의 희생자들을 돕고자 했던 소방관, 경찰관 및 일반 시민들의 이타주의적 행동에 대해 생각해 보았으면 한다.

이 공격으로 수천 명이 맨하탄에서 페리를 타고 뉴저지로 철수했다. 뉴저지 주민들이 페리 근처의 거리를 오르내리며 피난민에게 다른 방법으로 도움을 줄 수 있는지 물었다. 그리고 맨해튼의 황폐화를 피해 떠나는 사람들은 택시 운전사를 낯선 사람과도 공유하게 되어 기뻤다. 뉴욕에 대해 조금만 알고 있다면, 그것은 특별한 것이지만 평범한 사람들이 특별한 때에 한 일이기도 하다.

이타주의 타인의 복지에 대한 비이기적인 관심

방관자 효과 다른 사람들도 있고 도움을 줄 수 있을 때 비상시에 다른 사람들을 돕는 것을 피하려는 경향

자가 평가

사랑의 삼각형 척도에서 여러분의 사랑 유형에 가장 큰 요소는 무엇인가?

친밀? 열정? 헌신? 세 가지 구성 요소가 모두 있는가? 그들 중 두 가지만 있는가?

로버트 스턴버그가 작성한 다음 표를 완성하려면 빈 공간에 사랑하는 사람의 이름을 기입하라. 그런 다음 1 = 전혀 아님, 5 = 보통, 9 = 매우 높은, 9점 척도를 사용하여 각 항목과의 점수를 평가하라. 이 값 사이의 중간 수준의 일치를 나타내려면 사이에 포인트(소수점)를 사용하라.

친밀감

____ **1.** 나는 ________의 안녕을 적극적으로 지지한다.

____ **2.** 나는 ________와 따뜻한 관계가 있다.

____ **3.** 나는 필요할 때 ________에 의지할 수 있다.

____ **4.** ________는 필요할 때 나에게 의지할 수 있다.

____ **5.** 본인과 본인의 재산을 ________와 공유할 수 ________ 있다.

____ **6.** ________로부터 상당한 감정적 지원을 받는다.

____ **7.** ________에 상당한 정서적 지원을 한다.

____ **8.** ________와 잘 대화한다.

____ **9.** 나는 인생에서 ________을 크게 소중히 여긴다.

____ **10.** ________에 가까운 사이이다.

____ **11.** 나는 ________와 편안한 관계를 유지하고 있다.

____ **12.** 나는 ________를 정말로 이해한다고 생각한다.

____ **13.** ________이(가) 나를 실제로 이해한다고 생각한다.

____ **14.** 나는 ________를 정말로 믿을 수 있다고 생각한다.

____ **15.** 본인에 대한 깊은 개인 정보를 ________와 공유한다.

열정

____ **16.** ________를 보는 것만으로도 흥분된다.

____ **17.** 낮에는 ________에 대해 자주 생각하고 있다.

____ **18.** ________와의 관계는 매우 낭만적이다.

____ **19.** 나는 ________가 매우 개인적으로 매력적이라고 생각한다.

____ **20.** 나는 ________를 이상화한다.

____ **21.** 다른 사람이 ________만큼 나를 행복하게 하는 것을 상상할 수 없다.

____ **22.** 나는 다른 사람보다 ________를 선호한다.

____ **23.** ________와의 관계보다 더 중요한 것은 없다.

____ **24.** 나는 특히 ________와의 신체적인 접촉을 좋아한다.

____ **25.** ________와의 관계가 황홀하다고 생각한다.

____ **26.** 나는 ________을 좋아한다.

____ **27.** ________없는 인생을 상상할 수 없다.

____ **28.** ________와의 관계는 열정적이다.

____ **29.** 낭만적인 영화를 보고 낭만적인 책을 읽을 때 ________를 생각한다.

____ **30.** 나는 ________에 대해 환상을 가지고 있다.

헌신

____ **31.** 나는 ________에 관심이 있다는 것을 알고 있다.

____ **32.** 나는 ________와의 관계를 유지하기 위해 노력하고 있다.

____ **33.** ________에 대한 나의 헌신 때문에 다른 사람들이 우리 사이에 끼지 못한다.

____ **34.** ________와의 관계가 안정적임을 확신한다.

____ **35.** 나는 ________에 대한 나의 약속이 방해할 수 없었다.

____ **36.** 나는 ________에 대한 나의 사랑이 남은 생애 동안 지속될 것으로 기대한다.

____ **37.** 나는 항상 ________에 대한 강한 책임감을 느낄 것이다.

____ **38.** 나는 ________에 대한 나의 약속을 깨지지 않을 것으로 본다.

____ **39.** ________와의 관계가 끝나는 것을 상상할 수 없다.

____ **40.** 나는 ________에 대한 나의 사랑을 확신한다.

____ **41.** 본인은 ________와의 관계가 영구적이라고 생각한다.

____ **42.** 나는 __________와의 관계가 좋은 결정이라고 생각한다.

____ **43.** __________에 대한 책임감을 느낀다.

____ **44.** 나는 __________와의 관계를 계속 유지할 계획이다.

____ **45.** __________가 대하기 어려워도 나는 우리의 관계에 전념하고 있다.

적용

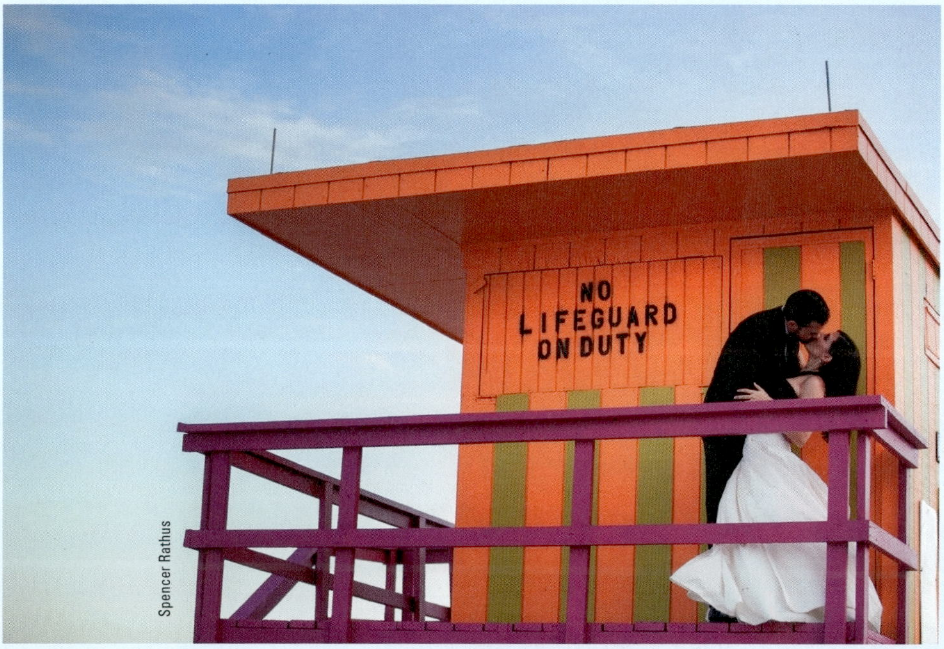

Spencer Rathus

스턴버그의 '사랑의 삼각형 척도' 채점 방법

우선 세 가지 요소(친밀감, 열정, 의사 결정/헌신) 각 항목의 점수를 더하고 총합을 15로 나눈다. 이 절차는 각 하위 척도에 대한 평균 등급을 산출한다. 특정 하위 스케일에서 평균 등급 5는 하위 스케일로 표시되는 구성 요소의 중간 레벨을 나타낸다. 등급이 높을수록 레벨이 높아진다. 낮은 등급은 낮은 등급을 나타낸다.

이러한 구성 요소에 대한 등급을 검토하면 이 세 가지 구성 요소로 특성화될 수 있도록 사랑 관계를 인식하는 정도를 알 수 있다.

예를 들어, 열정은 낭만적인 관계의 초기 단계에서 일반적으로 나타나는 패턴인 의사결정/헌신보다 강하다는 것을 알 수 있다. 시간이 지남에 따라 당신의 관계에 대한 당신의 감정이 어떻게 변하는지 보기 위해 지금부터 몇 달 또는 1년 정도의 설문지를 작성하는 것이 흥미로울 것이다. 두 사람이 각자의 점수를 비교할 수 있도록 파트너에게 스케일을 완성하도록 요청할 수도 있다.

각 구성 요소의 등급을 비교하면 당신과 당신의 파트너가 얼마나 유사한 방식으로 서로의 관계를 바라보는지에 대해 아이디어를 얻을 수 있다.

점검하기

빈칸 채우기

정답은 책 뒷부분에서 확인 가능하다.

1. 태도는 조절, 관찰 학습 및 _________ 평가를 통해 획득된다.
2. 인지적 _________ 이론에 따르면, 우리는 우리의 인지가 서로, 그리고 우리의 행동과 일치하도록 동기를 부여한다.
3. 편견의 한 가지 요소는 사회적 _________ 또는 세상을 우리와 그들로 나누는 경향이다.
4. _________ 가설에 따르면, 우리는 자신과 비슷한 사람들에게 끌리는 경향이 있다.
5. 사랑의 삼각형 모델에 따르면, 사랑에는 친밀감과 _________ 및 헌신의 조합이 포함될 수 있다.
6. 첫인상과 관련하여 다른 사람들을 인식하는 경향은 _________ 효과의 예이다.
7. 다음과 같은 요소들이 복종에 기여한다 : 사회화, _________ 비교 부족, 합법적인 권위자로서의 실험자 인식, 현장 기술, 가치의 접근 불가능.
8. 사회적 _________은 다른 사람들의 존재로 인한 성과의 향상을 의미한다.
9. 집단의 구성원은 _________를 경험할 수 있으며, 이는 자각이 감소되고 사회 평가에 대한 관심이 낮아진 상태이다.
10. 키티 제노 비스의 사망은 _________ 효과에 기인한다.

선다형 문항(Multiple Choice)

1. A – B 문제는 _________이다.
   a. 우리가 하는 활동과 피하는 행동
   b. 태도와 신념
   c. 성취와 행동의 관계
   d. 우리의 태도와 행동 사이의 일관성

2. 메리는 도시의 소음과 군중에서 멀리 떨어진 나라에서 사는 것을 선호하지만 여동생 데니스는 도시 생활의 화려함을 선호한다. _________가 다르다.
   a. 기피
   b. 태도
   c. 분극
   d. 외화

3. 그룹이 구성원으로서 개인보다 더 큰 위험을 감수하는 주된 이유는 다음과 같다.
   a. 책임감 분산
   b. 상호 표준
   c. 집단 지성
   d. 이 모든 것

4. _________ 경로는 사실과 명성에 이르는 것처럼 사실과 연구 결과에 이르는 경로이다.
   a. 주변 장치; 본부
   b. 본부; 주변기기
   c. 중고등 학년; 일 순위
   d. 일 순위; 중고등 학년

5. '기도로 세상을 구하라' 협회는 1999년 11월 1일에 세상이 끝날 것이라고 예측했다. 그 날 세상이 끝나지 않았을 때 그들의 그룹은 인지부조화 이론을 지지하는 진술을 했다. 아래 설명 중 어느 것이 그 설명에 적합한가?
   a. "우리는 틀렸습니다. 기도는 도움이 되지 않습니다."
   b. "하나님께서는 우리의 말을 듣지 않으셨습니다."
   c. "우리의 기도는 세상을 구했을 것입니다."
   d. "우리는 이 모든 것에 대해 혼란스럽습니다."

6. 상대를 처음 만났을 때 넘어져 드레스에 와인 한 잔을 쏟았다. 당신은 분명히 아주 좋은 첫인상을 갖게 되었다. 그러나 몇 달 후 다시 만났을 때, 첫 만남이 없었던 것처럼 인상 깊지 않았다. 당신에 대한 그녀의 인식의 변화는 아마도 _________이다.
   a. 초두효과　　b. 최신효과
   c. 억제　　d. 차별

7. 예브 헨은 학교에서 줄 서 있는데, 다른 소년이 발끝을 밟는다. 예브 헨은 자신에게 다음과 같이 말한다. "아마 사고였을 것이다." 예브 헨은 _________ 귀인을 하는 것이다.
   a. 처분　　b. 상황에 맞는
   c. 기본적인　　d. 동기 부여

8. 밀그램의 실험에서 한 사람이 아니라 함께 행동하는 두 명의 교사가 있었고, 교사가 실험자의 요구를 준수하기 전에 상황을 논의할 수 있다면 절차의 변화는 아마도 _________이다.
   a. 복종의 수준을 줄였다.
   b. 복종에는 영향을 미치지 않았다.
   c. 복종의 수준을 높였다.
   d. 이것들 중 아무것도 아니다.

9. 다른 사람들의 존재가 우리의 성과를 향상시키는 과정은 다음과 같다.
   a. 교환　　b. 사회적 촉진
   c. 사회적 윤활　　d. 상호성

10. 자기본위편향은 _________ 경향성이다.
   a. 자기가 옳다고 생각한 경우 스스로 거듭 옳다고 생각하는
   b. 스스로의 욕구를 먼저 살핀 뒤에 타인을 고려하려는
   c. 스스로의 성공을 성향 요인(내부적)으로 돌리고 실패는 상황 요인으로 돌리려는
   d. 스스로의 성공을 실패보다 더 크고 상세히 설명하려는

부록
통계를 통한 심리분석

Pixland/Jupiterimages

학습 성과

이 장의 성취 목표

- 부록-1 통계가 심리학에서 어떻게 활용되는지 설명할 수 있다.
- 부록-2 기술 통계학을 활용하여 값을 계산할 수 있다.
- 부록-3 정규 곡선을 묘사하고 적용할 수 있다.
- 부록-4 상관계수를 이용하여 값을 계산할 수 있다.
- 부록-5 추론적 통계를 근거로 논리를 설명할 수 있다.

부록-1 통계

> 프로농구 선수들이 어느 정도 인류를 대표한다고 생각하는가? 북아메리카? 전 세계?

뉴욕 매디슨 스퀘어 가든 외곽에 우주에서 온 외계인이 불시착한다고 상상해 보자. 깜깜한 겨울 저녁에 불시착한 그들은 지구라는 행성에 대해 모든 것을 배우고 싶어할 것이다. 그들은 불빛, 소리와 온기로 가득찬 매디슨 스퀘어 가든을 온 몸으로 느낄 것이다.

캘리포니아 퀘이크(농구팀)와 뉴욕 빅 애플(농구팀)의 열띤 농구 경기가 열리는 경기장에 모든 스포트라이트가 집중된다.

외계인들은 정교한 기구를 사용하여 농구 선수들을 분석하고 측정한다. 일부 통계 자료는 외계인들이 온 행성으로 다시 자료가 전송된다: (1) 지구인은 100% 남성이고 (2) 키는 185 cm~218 cm인 것으로 보인다.

이러한 측정을 **통계**(statistics)라고 한다. 통계는 수치 정보 또는 측정으로 얻어지는 과학과 연관된 명칭이다. 위 외계인들은 한 번은 정확하게 또 한 번은 부정확하게 인류의 성별과 크기에 대한 통계자료를 그들의 행성으로 보낼 것이다. 아무리 농구 선수들을 정확하게 측정했어도 그들의 지구 인구측정의 소표본으로는 왜곡되게 된다.

모집단(population)은 인류와 다른 동물군 또는 표본을 추출하는 측정값 등을 모두 합친 완전군을 말한다. 예를 들어, 지구상의 모든 사람들을 관심 인구로 정의할 수 있다. 미국에 있는 여성과 그 밖의 여성도 마찬가지이다.

표본(sample)은 모집단으로부터 추출된 측정값 일부이다. 다행스럽게도 지구인 중에는 세계 인구의 약 절반은 여성이다. 그리고 외계인들이 관찰한 지구인의 키 185 cm~218 cm는 일부이며 너무도 크게 보일 것이다. 사람의 키는 대체로 150 cm~200 cm 정도로 다양하며, 지구인의 **평균**(average) 키는 185cm~ 218 cm 사이가 아니라, 그보다 훨씬 작다.

위와 같이 심리학자들은 인간의 키를 포함한 동물의 신체적 특성뿐만 아니라 지능, 공격성 및 우울증과 같은 심리적 특성까지 다양한 부분을 측정해왔다. 심리학자들은 사람들을 측정하여 중심 집중 경향(즉, 평균치)에 가깝게 관찰하면서 한 사람의 지능이 평균이거나 또는 평균 이상, 그렇지 않으면 평균 이하의 사람들이 모집단의 60%라고 한다. 하지만 심리학자는 외계인의 실수와는 다르게 전체 인구를 정확하게 나타내는 샘플을 선택하려고 노력한다. 프로 농구 선수는 전체 인류의 키를 대표하지 않는다.

이 부록에서는 심리학자들이 측정에 대한 결론을 도출하기 위해 사용하는 몇 가지 통계 방법을 조사해 볼 것이다. 먼저 기술 통계에 대해 토론하고, 인간의 키와 또 다른 인간의 특성에 대한 유형들을 학습할 것이다. 그러고 나서 정규 곡선에 대해 논의해 보면, 왜 농구 선수의 키가 인류를 대표하지 않는지 알 수 있을 것이다.

통계 자료 유용한 정보를 제공하는 방식으로 조립된 수치적 사실 측정 또는 점수에 대한 정보('서기' 또는 '포지션'을 의미하는 라틴어 상태)

모집단 표본을 선정하는 완전한 집단

샘플(표본) 모집단의 한 부분 표본

평균 중간 또는 모드로 표현되는 측정 그룹의 중심 경향 평균

TRUTH OR FICTION?

당신의 생각은? 속설이나 상식 또는 넌센스?

'진실'일 경우 T, '거짓'일 경우 F를 선택한 다음, 여러분의 선택이 정확한지를 검토해 보자.

- T F 프로 농구 선수는 비정상이라고 할 수 있다.
- T F '10'인 것이 항상 좋은 것은 아니다.
- T F 당신은 평균 1.2m 깊이의 강을 건널 수 없다고 생각한다.
- T F 사람들의 소득을 더한 다음 사람들의 수로 나누는 것은 평균 소득을 보여주는 좋지 않은 방법이다.
- T F 심리학자는 당신의 편향도 정도를 당신의 IQ 점수로 표현한다.
- T F IQ 130점은 SAT(미국 대학수능 점수) 500점보다 높다.

TRUTH

(T) F 프로 농구 선수는 비정상이라고 할 수 있다.

농구 선수들은 다른 사람들보다 키가 크고 강하며 민첩하다는 점에서 비정상이라고 말할 수 있다.

Cal Sport Media/Alamy Stock Photo

프로 농구 선수가 모든 지구인을 대표하는가? 어떤 면에서 같고 어떤 면에서 다른가?

우리는 상관 계수를 이해하면서 당연한 사실을 알 수 있다 : 대체로 공부하는 학생들이 공부하지 않은 학생들보다 더 높은 성적을 얻는 것처럼 말이다. 마지막으로, 추론적 통계를 살펴보면 농구 선수는 실제적으로 일반인보다 확실히 키가 크다는 사실을 알 수 있다.

부록-2 기술 통계학

우리는 '10'점이라는 숫자를 들으면 처음에는 최고점이라고 생각할 수 있다. 그러나 전체 점수가 어떻게 분포되는지 알지 못하는 한 꼭 높은 점수라고 장담할 수 없다. 다행스럽게도, 우리 중 나머지가 10점이 아니라면, 보통 10점의 척도는 1~10점 사이거나 10점이 최고 점수라는 것을 의미한다. 그리고 1점~10점 사이에서 아주 드문 특이한 통계 건이라는 사실도 알게 될 것이다.

1점~10점 범위의 발상은 그리 과학적이진 않지만 **기술 통계**에선 무언가를 설명할 수 있다. 기술 통계량은 점수 분포에 대한 정보를 제공하는 한 통계 일종이다. 우리는 기술 통계량을 사용하여 키, 시험 성적, IQ 또는 알코올을 마신 후 공격적인 행동의 척도 증가 또는 감소와 같은 점수 분포에 대해 이해할 수 있다.

예를 들어, 기술 통계는 중간(평균)의 척도를 결정하고, 점수의 변동과 변동이 얼마나 빈번하게 발생하는지 이해하는 데에 도움이 될 수 있다. 만약 평균점수가 11점이라 가정하면 10점이 되는 것은 그리 좋은 점수가 아닐 것이다. 10점이라는 점수는 9점~11점 사이인 분포보다 1점~10점 사이의 분포에서 더 주목할 만하다.

도수 분포, 중심 경향(평균 유형) 측정 및 변동성 측정에서 기술 통계를 고려해 보자.

기술 통계 통계의 일종으로 점수 분포에 대한 기술적 정보를 제공해 주는 것과 연관되어 있음.

도수 분포 데이터를 나열해 점수가 발생하는 빈도수를 나타내는 것

TRUTH

(T) F '10점'은 항상 좋은 것이 아니다.

'10점'은 항상 좋은 것은 아니다. 왜냐하면 0점~100점의 범위에서 10점은 매우 낮은 점수를 나타내기 때문이다.

1. 도수 분포

도수 분포는 원 데이터의 점수 또는 항목을 가져 와서 가장 낮은 순서에서 높은 순서로 정렬하며 점수가 나타나는 빈도를 나타낸다. 표 A.1의 캘리포니아 퀘이크와 뉴욕 빅 애플 사이의 최근 농구 경기에 대한 명단을 보자. 유니폼 번호에 따라 선수들을 나열하였다.

표 A.2처럼 신장을 약 2.5 cm마다 분류하거나 표 A.3과 같이 약 7.6 cm마다 분류하여 선수들을 나열할 수도 있다. 분류 간격의 크기 정도를 결정할 때, 연구자는 데이터를 한 눈에 알 수 있도록 적은 수의 분류로 데이터를 축소하려고 한다. 그러나 연구자는 또한 중요한 차이가 모호해지지 않도록 많은 수의 범주는 유지하려고 한다.

표 A.3은 키가 193 cm인 선수가 없다는 사실이 모호하다. 만약 연구자가 위 정보가 중요하다고 믿는다면, 어쩌면 약 2.5cm 간격으로 분류했을 것이다.

만약 평균 점수가 11점인 경우에는 10점은 그리 좋은 점수가 아니다.

iStock.com/AlbanyPictures

도표 A.1 퀘이크와 빅 애플 선수 명단

뉴욕 빅 애플과 캘리포니아 퀘이크스의 최근 농구 경기에 대한 명단이다. 팀원의 키는 평균적으로 183~215 사이에 있음을 알 수 있다. 이 농구 선수들의 키는 일반 남성의 키를 대표하는가? 어떻게 생각하는가?

단위: cm

캘리포니아 퀘이크			뉴욕 빅 애플		
2	Callahan	182	3	Roosevelt	180.3
5	Daly	183	12	Chaffee	181.5
6	Chico	180.6	13	Baldwin	182.7
12	Capistrano	181	25	Delmar	181.8
21	Brentwood	181.5	27	Merrick	182.4
25	Van Nuys	181	28	Helett	181.8
31	Clemente	182.7	33	Hollis	182.7
32	Whittier	182.4	42	Bedford	181.5
41	Fernando	210.6	43	Coram	180.6
43	Watts	182.7	45	Hampton	180.3
53	Huntington	181	53	Ardsley	180.3

그림 A.1은 표 A.3의 정보를 빈도 주상도와 도수 다각형 두 가지 그래프로 나타내는 방법을 보여준다. 학습자들은 때때로 그래프를 해석하는 데 어렵겠지만 그래프는 도수 분포에 대한 주요 정보를 한 눈에 보여준다. 빈도 주상도 및 도수 다각형의 두 종류 그래프에서 범위의 간격은 대체적으로 수평선을 따라 그려진다. 그 수평선을 보통 X축이라고 한다.

각 분류 간격의 경우의 수(점수, 사람 또는 이벤트)는 세로 선을 따라 표시되며 Y축이라고 한다. 도수 분포도에서 각 분류 간격의 점수는 직사각형 형태의 막대그래프

도표 A.2 농구 선수 신장 범위 분류

1인치 간격	클래스의 선수 수
183~185.7 cm	1
186~188.7 cm	2
189~191.7 cm	2
192~194.7 cm	0
195~197.7 cm	3
198~200.7 cm	3
201~203.7 cm	1
204~206.7 cm	2
207~209.7 cm	4
210~212.7 cm	2
213~215.7 cm	1
216~218.7 cm	0
219~220.7 cm	0
223~225.7 cm	1

도표 A.3 농구선수의 신장 범위 분류

3인치 간격	클래스의 선수 수
183~191.7 cm	5
192~200.7 cm	6
201~209.7 cm	7
210~218.7 cm	3
219~225.7 cm	1

로 표시되며, 그 막대그래프는 일련의 계단처럼 보인다. 도수 다각형에서 각 분류 간격의 점수는 점으로 표시된다. 그 점들은 여러 면의 기하학적 도형(다각형)으로 형성되어 연결된다. 도수 다각형의 한쪽 끝에 빈 분류 간격이 추가되면 도형의 다른 면이 X축으로 가까워져 기하학적 도형이 만들어질 수 있다.

2. 중심 경향의 측정

중심 경향의 척도는 주파수 분포의 중심 또는 균형점을 보여주는 '평균'이다. 중심 경향의 측정에는 일반적으로 사용되는 세 가지 유형인 평균, 중앙값 및 모드가 있다. 각각은 전형적인 숫자 또는 대표 숫자를 사용하여 주파수 분포의 점수에 대해 설명하려고 시도한다.

평균은 대부분의 사람들이 '평균'이라고 생각하는 것이다. 우리는 점수를 더한 다음 합계를 점수 수로 나누어 분포의 평균을 얻는다. 농구 선수의 경우 먼저 높이를 인치와 같은 단일 단위(약 183 cm가 됨)로 변환하는 것이 좋다.

모든 높이를 인치 단위로 더한 다음 플레이어 수(22)로 나누면 평균 높이는 200 cm가 된다.

중앙값은 분포의 중간 사례 점수이다. 사례의 50%가 아래에 해당하는 점수이다. 표 A.2와 같이 22명의 농구 선수의 키 분포와 같이 짝수의 케이스가 있는 분포에서 두 개의 중간 케이스의 평균을 구하여 중앙값을 구한다. 22개 사례를 오름차순(최저에서 최고로 이동)으로 나열하면 11번째는 198 cm이고 12번째는 201 cm이다. 따라서 분포의 중앙값은 (198 + 201)/2 또는 199.5 cm가 된다.

농구 선수의 키를 분석하면 평균과 중앙값이 비슷하다는 것을 알 수 있다.

> **평균** 모든 점수를 더한 다음 점수 수로 나누어 계산한 평균 유형을 의미함.
>
> **중앙값** 빈도 분포에서 중심 점수를 중앙값으로 조정함. 사례의 50%가 떨어지는 점수

그림 A.1 표 A.3에있는 데이터의 두 가지 그래픽 표현

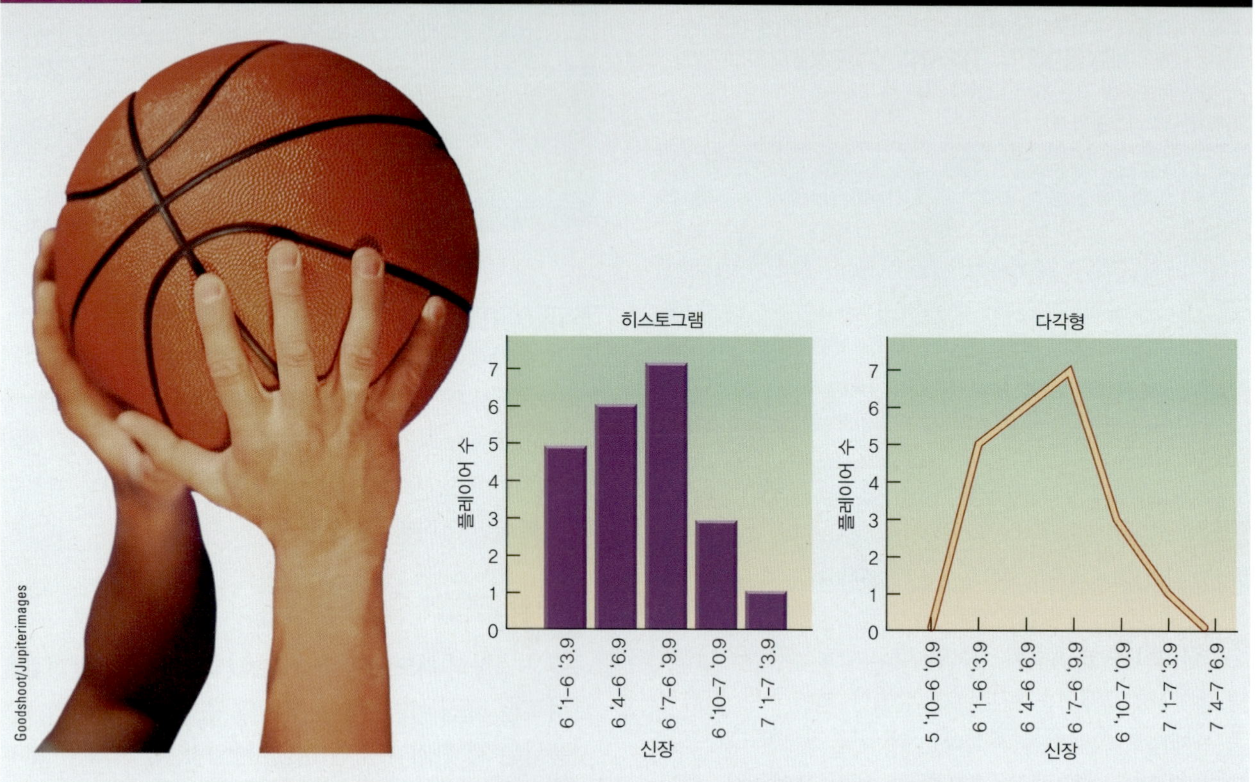

왼쪽의 그래프를 주파수 히스토그램 또는 막대 그래프라고 하며, 오른쪽의 그래프를 주파수 다각형이라고 한다.

하나는 데이터의 중심 경향을 나타내는 유용한 지표이다. 그러나 교외 지역에 사는 30가구의 평균 절약 비용을 찾으려고 노력한다고 가정해 보자. 30가구 중 29곳이 8,000달러에서 12,000달러 사이의 비용을 절약하고 29만 4,000달러를 더한다고 가정해 보자.

> **"강의 평균 깊이는 1.2m이오니 걸어서 건너지 마시오."**
>
> 밀턴 프리드먼, 미국 경제학자, 1912 – 2006

그러나 30번째 가구는 $1,400,000를 절약했다! 이 블록에서 가족의 평균 절감액은 $56,467이다. 평균은 하나 또는 두 개의 극한 점수에 의해 크게 왜곡될 수 있다. IQ 점수 145는 20명의 학생들로 구성된 IQ 점수의 평균을 유사하게 왜곡할 것이며, 다른 19명의 IQ 점수는 93에서 112 사이이다.

그런 다음 몇 명의 농구 선수가 수업 중 하나에 등록하면 클래스의 키가 평균에서 위쪽으로 왜곡된다.

분포에 극소수의 점수가 있는 경우 중앙값이 중심 경향을 나타내는 더 좋은 지표이다. 가상 블록의 중간 절감액은 8,000달러에서 12,000달러 사이이다. 따라서 저축의 중심 경향을 보다 잘 대표할 수 있다. 미국 가정의 소득에 대한 연구는 일반적으로 소수의 억만 장자의 소득이 더 일반적인 소득과 같은 방식으로 처리될 경우 발생할 수 있는 결과의 왜곡을 피하기 위해 평균 소득보다는 중간 소득을 보고한다.

반면에 평균으로 평균을 선택하면 다른 점수와 마찬가지로 '실제'인 극한 점수를 가리거나 숨긴다. 아마도 중앙값과 각주, 오히려 큰 각주를 사용하는 것이 가장 좋다.

모드는 분포에서 가장 자주 발생하는 점수 또는 측정이다. 표 A.1의 데이터 모드는 207 cm이다. 이 높이는 두 팀의 선수들 사이에서 가장 자주 발생하기 때문이다.

표 A.3에 나와 있는 데이터의 중간값 구간 간격은 199.5 cm에서 208 cm이다. 이 특정 분포에서 모드는 평균 또는 중앙값보다 다소 높다.

TRUTH

Ⓣ F 평균 깊이 1.2미터의 강을 건널 수 있다고 가정해서는 안 된다.

평균 깊이가 1.2미터인 강을 건너다가 물에 빠질 수도 있다. 밀턴 프리드먼(Milton Friedman)이 제안한 바와 같이, 중심 경향의 척도는 때때로 오도될 수 있다.

어떤 경우에는 모드가 평균 또는 중앙값보다 분포의 중심 경향에 대해 더 적절하게 설명할 수 있다. 그림 A.2는 **바이 모달** 분포, 즉 두 가지 모드가 있는 분포를 보여준다. 이것은 어떤 한 반의 시험 점수의 가상 분포이다.

왼쪽의 모드는 공부를 하지 않은 학생들에 대한 가장 일반적인 점수 범위(45~49)를 나타내고 오른쪽의 모드는 공부를 한 학생들에 대한 가장 일반적인 점수 범위(65~69)를 나타낸다. (걱정하지 마라. 나는 매우 공정한 교수가 75에서 79의 범위는 A+이고 65에서 69의 범위는 B 이상이 되도록 등급을 나눌 것이라는 것을 확신한다.)

평균 및 중간 시험 점수는 아마도 55~59 간격 내에 있을 것이지만, 중심 경향의 척도로서 이 간격을 사용하면, 이 시험 점수 분포의 중요한 측면을 드러내기가 어려울 수 있다. 이것은 많은 학생들이 공부하지 않기로 선택한 것이 아니라 시험이 너무 어려웠음을 시사한다.

마찬가지로 배포 모드 중 하나가 다른 모드보다 약간 클 수 있으므로 모드를 찾기 위한 정확한 규칙을 따르고 그 중 하나만 보고할 수 있다. 그러나 이 방법은 이 특정 점수 분포의 의미를 숨길 수도 있다. 대체로 이 점수 분포를 바이 모달로 시각화하는 것이 가장 좋다.

TRUTH

Ⓣ F 사람들의 소득을 더한 다음 사람 수 대로 나누는 것은 평균 소득을 보여주는 끔찍한 방법일 수 있다.

사람들의 소득을 더한 다음 사람 수대로 나누는 것은 평균 소득을 보여주는 끔찍한 방법이 될 수 있다. 극도로 높은 소득은 그룹의 평균을 상향으로 왜곡시킬 수 있다.

그림 A.2 바이 모달 분포

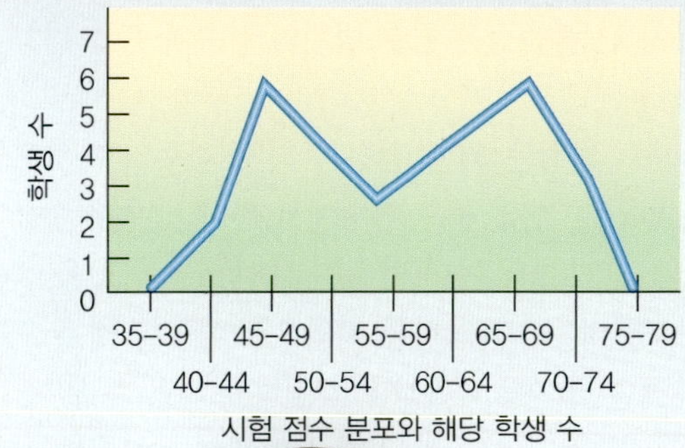

PNC/Brand X Pictures/Jupiterimages

이 가상 분포는 시험에서 학생들의 점수를 나타낸다. 왼쪽의 모드는 공부하지 않은 학생들의 시험 점수의 중심 경향을 나타내고, 오른쪽의 모드는 공부 한 학생들의 시험 점수 모드를 나타낸다.

3. 다양성 측정

우리의 가상 클래스는 35~39의 점수 범위에서 75~79의 점수 범위에 이르는 테스트 점수를 얻었다. 즉, 점수는 하위 점수 범위에서 상위 점수 범위로 다양하다. 모든 학생들이 55에서 59까지 또는 65에서 69까지의 점수를 받았다면 점수는 크게 변하지 않았을 것이다. 즉, 그들은 서로 더 가까이 모여 있었고 변동성이 더 낮았을 것이다.

모드 두 가지 모드를 갖는 분포

바이 모달 바이 모달에서 가장 자주 발생하는 수 또는 점수 분포의 변동성 척도는 점수의 산포, 즉 평균 점수에서 일반적인 점수의 거리에 대해 알려준다. 일반적으로 사용되는 두 가지 변동 측정은 점수 범위와 점수의 표준 편차이다.

분포의 점수 범위는 최고 점수와 최저 점수의 차이로 정의된다. 범위는 가장 높은 점수에서 가장 낮은 점수를 빼서 얻는다. 표 A.2의 높이 범위는 218 cm에서 33을 뺀 185 cm를 구한다. 기후가 다른 지역으로 이동할 때 온도의 범위를 알면 날씨를 예측하고 적절하게 입을 수 있다. 교사는 효과적으로 가르치기 위해 수업에서 능력이나 기술의 범위를 어느 정도는 이해해야 한다.

인간의 키 범위에 대한 이해는 자동차의 출입구, 침대 및 헤드 룸을 설계하는 데 사용될 수 있다. 그럼에도 불구하고 전형적인 출입구는 203 cm이다. 캘리포니아 퀘이크와 뉴욕 빅 애플에서 보았듯이 일부 사람들은 오리를 통과해야 한다.

범위는 극한의 점수에 영향을 받는 방식으로 인해 불완전한 변동성의 측정이다. 교외 구역에서 30가구의 저축 범위는 $1,400,000−$8,000 또는 $1,392,000이다. 이것은 많은 수이며 확실한 사실이다. 그러나 저축 계좌의 전형적인 변동에 대해서는 거의 알려주지 않으며, $8,000에서 $12,000 사이의 더 제한된 범위 내에 있다.

표준 편차는 분포의 점수가 평균에 대해 어떻게 분포(확산)되는지를 잘 나타내주는 통계이다. 극한 (최고 및 최저) 점수뿐만 아니라 분포의 모든 점수를 고려하기 때문에 일반적으로 범위보다 낫다. 그림 A.3을 고려하라. 그림의 각 분포는 동일한 점수 수, 동일한 평균 및 동일한 점수 범위를 갖는다. 그러나 오른쪽 군집의 분포 점수는 평균에 대해 더 가깝다. 따라서 오른쪽 분포의 표준 편차가 더 작다. 즉, 일반적인 점수는 평균 점수와 차이가 없다. 표준 편차는 일반적으로 S.D.로 축약된다.

$$\text{S.D.} = \sqrt{\frac{\text{Sum of } d^2}{N}}$$

d는 분포의 평균에서 각 점수의 편차와 같고 N은 분포의 점수 수와 같은 공식으로 계산된다.

표 A.4의 1열에 나열된 IQ 점수의 평균 및 표준 편차를 찾아라.

분포 최고 점수로 정의된 변동성 측정값에서 최저 점수

표준 편차를 뺀 값은 공식으로 얻은 분포 변동성 측정값

$$\text{S.D.} = \sqrt{\frac{\text{Sum of } d^2}{N}}$$

평균을 구하려면 모든 점수를 더하고 1,500을 얻은 다음 점수 수(15)로 나누어 평균 100을 구한다.

우리는 100에서 점수를 빼서 각 IQ 점수에 대한 편차 점수 (d)를 얻는다.

IQ 점수 85의 d는 100 빼기 85 또는 15와 같다.

그런 다음 각 d를 제곱하고 제곱을 추가한다.

S.D. 제곱의 합의 제곱근(1,426)을 점수(15) 또는 9.75로 나눈 값과 같다.

추가 연습으로 S.D. 왼쪽의 시험 점수(그림 A.3)가 오른쪽의 점수보다 높다. 먼저 4.0 시스템에 따라 등급에 숫자를 할당한다. A = 4, B = 3, C = 2, D = 1 및 F = 0으로 하자. 각 분포에 대해 표 A.5에서 계산한다. 더 큰 S.D. 왼쪽 분포에 대한 분포는 해당 분포의 점수가 더 다양하거나 평균에서 더 멀다는 것을 나타낸다.

부록-3 정상 곡선

키와 지능을 포함한 인간의 특성은 정규 분포로 알려진 패턴으로 분포되어 있는 것 같다. **정규 분포**에서 평균, 중앙값 및 모드는 모두 동일한 데이터 또는 점수에 속한다.

도표 A.4 IQ 테스트에서 얻은 가상 점수

IQ 점수	d (편차 점수)	d^2 (편차 점수 제곱)
85	15	225
87	6	168
89	11	121
90	10	100
93	7	49
97	3	9
97	3	9
100	0	0
101	−1	1
104	−4	16
105	−5	25
110	−10	100
112	−12	144
113	−13	169
117	−17	289

Sum of IQ scores = 1,500 Sum of d^2 scores = 1,426

$$\text{Mean} = \frac{\text{Sum of scores}}{\text{Number of scores}} = \frac{1{,}500}{15} = 100$$

$$\text{Standard Deviation (S.D.)} = \sqrt{\frac{\text{Sum of } d^2}{N}} = \sqrt{\frac{1{,}426}{15}} = \sqrt{95.07} = 9.75$$

점수는 평균에 가장 많이 밀집되어 처음에는 어느 한 방향으로 빠르게 하락하다가 (그림 A.4에 표시됨) 점점 하락 범위가 점진적으로 줄어 든다.

그림 A.4의 곡선은 종 모양이다. 이 유형의 분포를 **법선** 곡선 또는 종 모양 곡선이라고도 한다. 이 곡선은 다른 점수가 확률 변동에 의해 결정되는 변수의 분포로 가정된다.

그림 A.3 학생 시험 점수의 가정적 분포

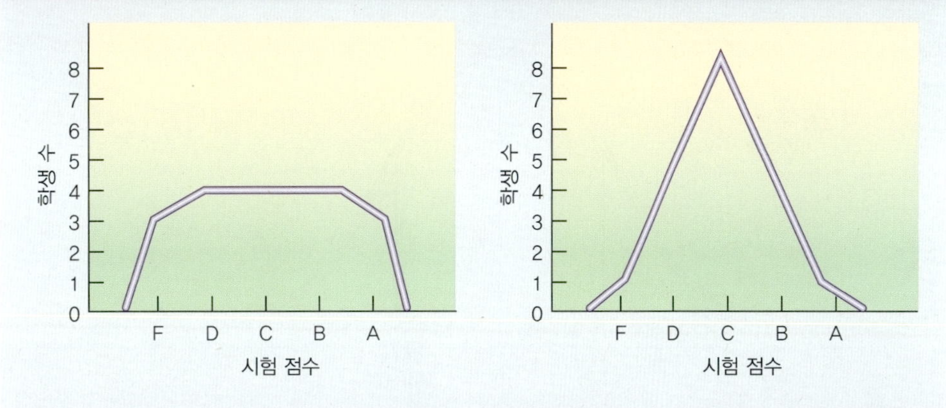

각 분포는 같은 수의 점수, 동일한 평균, 심지어 동일한 범위를 갖지만 점수가 평균에서 멀어지기 때문에 왼쪽의 분포에 대해 표준 편차(가변성 측정)가 더 크다.

도표 A.5 그림 A.3의 시험 점수 분포에 대한 표준 편차의 계산

왼쪽 분포			오른쪽 분포		
등급	d	d^2	등급	d	d^2
A (4)	2	4	A (4)	2	4
A (4)	2	4	B (3)	1	1
A (4)	2	4	B (3)	1	1
B (3)	1	1	B (3)	1	1
B (3)	1	1	B (3)	1	1
B (3)	1	1	C (2)	0	0
B (3)	1	1	C (2)	0	0
C (2)	0	0	C (2)	0	0
C (2)	0	0	C (2)	0	0
C (2)	0	0	C (2)	0	0
C (2)	0	0	C (2)	0	0
D (1)	−1	1	C (2)	0	0
D (1)	−1	1	C (2)	0	0
D (1)	−1	1	D (1)	−1	1
D (1)	−1	1	D (1)	−1	1
F (0)	−2	4	D (1)	−1	1
F (0)	−2	4	D (1)	−1	1
F (0)	−2	4	F (0)	−2	4

왼쪽 분포	오른쪽 분포
Sum of grades = 36	Sum of grades = 36
Mean grade = 36/18 = 2	Mean grade = 36/18 = 2
Sum of d^2 = 32	Sum of d^2 = 16
Sum of grades = 36	Sum of grades = 36
Mean grade = 36/18 = 2	Mean grade = 36/18 = 2
Sum of d^2 = 32	Sum of d^2 = 16
S.D. = $\sqrt{32/18}$ = 1.33	S.D. = $\sqrt{16/18}$ = 0.94

TRUTH

Ⓣ **F** 심리학자는 당신이 얼마나 평균을 벗어나는 지에 따라 당신의 IQ 점수를 표현할 수 있다.

심리학자는 당신이 평균 또는 평균 점수에서 얼마나 벗어나는 지에 따라 IQ 점수로 표현할 수 있다.

보통 사람의 키는 유전 물질의 우연한 조합에 의해 결정되는 것으로 생각된다. 무작위 표본의 표본 키 분포는 남성과 여성의 정규 분포와 비슷하며, 남성의 분포 평균은 여성의 평균보다 몇 인치 더 높다.

테스트 개발자는 대체로 지능은 무작위로 또는 일반적으로 모집단 사이에 분포되어 있다고 가정했다. 이러한 이유로 지능 테스트 점수가 가능한 한 '정상'에 가깝게 분포되도록 구성된다.

실제로, IQ 점수는 또한 환경적 요인 및 염색체 이상에 영향을 받게 되면 완벽한 정상곡선 범주에서 벗어나게 된다. 대부분의 IQ 테스트 평균 점수는 그래서 100점으로 표시된다.

웩슬러 지능검사(Wechsler Scales)는 그림 A.4와 같이 표준 편차가 15점이 되도록 구성된다. 표준 편차가 15 점이면 웩슬러 점수의 50%가 90과 110 사이에 있게 되며 이를 보통 평균 범위라고 한다.

정규 분포 확률 변동을 반영하는 것으로 가정되는 대칭 분포; 사례의 약 68%가 평균의 표준 편차 내에 있음

그림 A.4 정상 또는 벨형 곡선

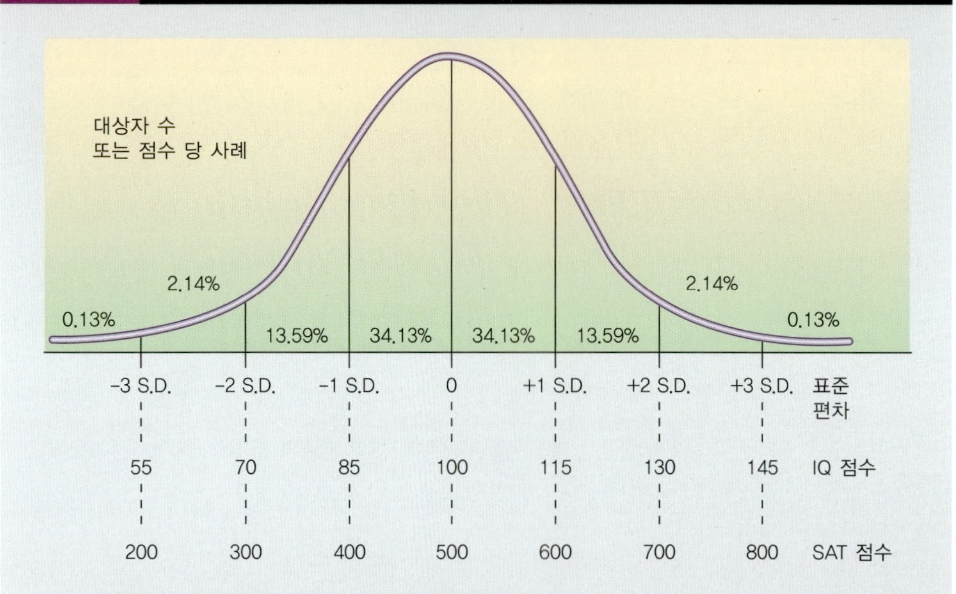

정규 곡선에서 세 경우 중 대략 두 개(68%)는 평균에서 표준 편차(S.D.) 내에 있다. 평균, 중앙값 및 모드는 모두 같은 점수에 있다. IQ 테스트와 미국 대학수능시험 SAT(Scholastic Assessment Test)는 분포가 정규 곡선에 가깝도록 구성된다.

iStock.com/LordRunar/Marcus Lindström

점수의 약 68%(3개 중 2개)가 85점에서 115점 사이(평균의 표준 편차 내)에 해당하고 95% 이상이 70점에서 130점 사이(즉, 평균의 두 표준 편차 내)에 속한다. 즉, IQ 점수가 높거나 낮을수록 평균 점수에서 더 많이 벗어난다.

미국 대학수능시험 SAT(Scholastic Assessment Tests)는 평균 점수가 500점이고 표준 편차 100점이 되도록 구성되었다. 따라서 600점은 응시자의 84%~85%에 해당한다. SAT 점수를 결정하는 복잡한 상호작용의 변수로 인해 분포 또는 정확한 정상 수치가 아닐 수 있다. 또한, 실제 평균 점수와 표준 편차는 해마다 변하는 경향이 있으며 SAT II의 경우 테스트마다 다르다. 정규 곡선은 이상적인 곡선이다.

IQ 점수 130은 모집단의 97% 이상을 초과하며 평균 이상의 표준 편차이다. SAT 점수 500은 평균 SAT 점수이므로 모집단의 약 50%와 동일하거나 뛰어나다고 할 수 있다.

정규 곡선 벨 모양의 정규분포 그래픽 표현(모양)

부록-4 상관 계수

지능과 학업 성취도는 얼마나 관계가 있는가? 흡연과 폐암과의 관계는? 또, 내성적인 성격을 가진 대학생의 데이트 횟수와의 관계는? 독립 변수를 조작할 수 없기 때문에 이러한 변수 간의 관계가 인과 관계인지 여부를 실험하기에는 쉽지 않다. 즉, 지능 점수도 가지각색이며 할당할 수 없다. 우리는 (도덕적으로) 어떤 사람들은 담배를 피우고 다른 사람들은 담배를 피우지 않도록 할 수 없다.

사람들은 스스로 결정하며 행동하므로 일부 사람들이 담배를 피우거나 담배를 피우지 않도록 실험한 후에도 계속 담배를 피우는 동일한 요인 때문에 폐암으로 이어질 수 있다. (비 흡연 상태의 사람 그룹을 배정하더라도, 계속 흡연자가 있는지 계속 모니터링할 수 있는가?) 내향적인 사람과 외향적인 사람 또한 지정할 수 없다.

사실, 우리는 사람들이 내향적이거나 외향적인 것처럼 행동하도록 장려할 수 있지만 행동은 성격 특성과 일치하지 않는다.

TRUTH

T **F** IQ 점수 130은 SAT 점수 500보다 높다.

IQ 점수 130은 SAT 점수 500보다 높다. IQ 점수는 평균보다 높은 두 가지 표준 편차이며 SAT 점수는 해당 시험의 평균이 된다.

우리는 이러한 질문에 답하기 위해 실제 실험을 시행할 수는 없지만 상관 계수를 사용하여 IQ 점수에 의해 정의된 지능과 성과, 흡연과 암의 관계 또는 성격 간의 관계가 있는지 여부를 알 수 있다. 상관 계수 연구에 따르면 흡연과 암은 관련이 있지만 원인과 결과는 밝혀지지 않았다. 그러나 동물 실험에서는 흡연이 인간의 암을 유발할 것이라고 강력하게 시사한다.

상관 계수는 두 변수 간의 관계를 설명하는 통계이다. 상관 계수는 +1.00에서 −1.00까지 다양하다. +1.00의 상관 계수를 완벽한 양의 상관 관계라고 하며 화씨와 섭씨 눈금으로 측정한 온도 간의 관계를 설명한다. 상관 계수 −1.00은 완벽한 음의 상관 관계이며 0의 상관 관계는 변수 간에 관계가 없음을 나타낸다.

그림 A.5와 A.6에서 제안한 바와 같이, 심리학 연구에서 대부분의 상관 계수는 완벽하지 않다. 그림 A.5의 왼쪽 그래프는 학습 시간과 평균 점수 간의 긍정적인 관계를 보여준다. 변수 간에 양의 상관 관계가 있지만 관계가 완전하지 않기 때문에 상관 계수는 0.00과 +1.00 사이이다. 아마도 약 +0.60 또는 +0.70이다.

그러나 일주일에 공부하는 시간을 알면 평점(GPA)이 어떻게 될지 절대 예측할 수 없으며 평점(GPA)을 기준으로 공부하는 시간을 정확하게 예측할 수도 없다.

그럼에도 불구하고, 좋은 평점(GPA)을 달성하고자 한다면 공부에 많은 시간을 소비하는 사람들 사이에 자신이 끼는 것이 좋다.

그림 A.5의 오른쪽에 있는 다이어그램도 5는 매년 저지른 비행의 수와 평점(GPA) 사이의 부정적인 관계를 보여준다.

인과 관계는 완벽하지 않다. 불량 행위(청소년 비행)가 학업 및 학업 성취를 방해하는가?

성과가 저조하면 업무를 계속 진행하려는 학생의 노력이 약해지는가? '시스템'과의 거리감이 불량 행동과 낮은 평점(GPA)에 모두 기여하는가? 답은 그림 A.6에서 찾을 수 없다.

그러나 비행과 평점 사이의 부정적인 상관 관계는 관련 문제를 연구하고 학생이 높은 학업 성취를 원하는 경우 비행과 거리를 두는 것이 좋다.

부록-5 추론 통계

미국의 헤드 스타트 프로그램은 성적과 IQ 점수에 반영된 것처럼 어린이의 지적 기능을 향상시켰다. 한 연구에서 헤드 스타트 프로그램에 등록한 어린이는 평균 IQ 점수 99를 얻었지만, 헤드 스타트에 등록하지 않은 배경에서 비슷한 어린이는 평균 IQ 점수 93을 받았다.

IQ에서 6점의 차이가 중요한가, 아니면 점수의 확률 변동을 나타내는가?

상관 계수 두 변수 사이의 관계의 방향(음수 또는 양수)과 범위 (없음에서 완전까지)를 나타내는 −1.00과 +1.00 사이의 숫자

그림 A.5 양수와 음수 상관 관계

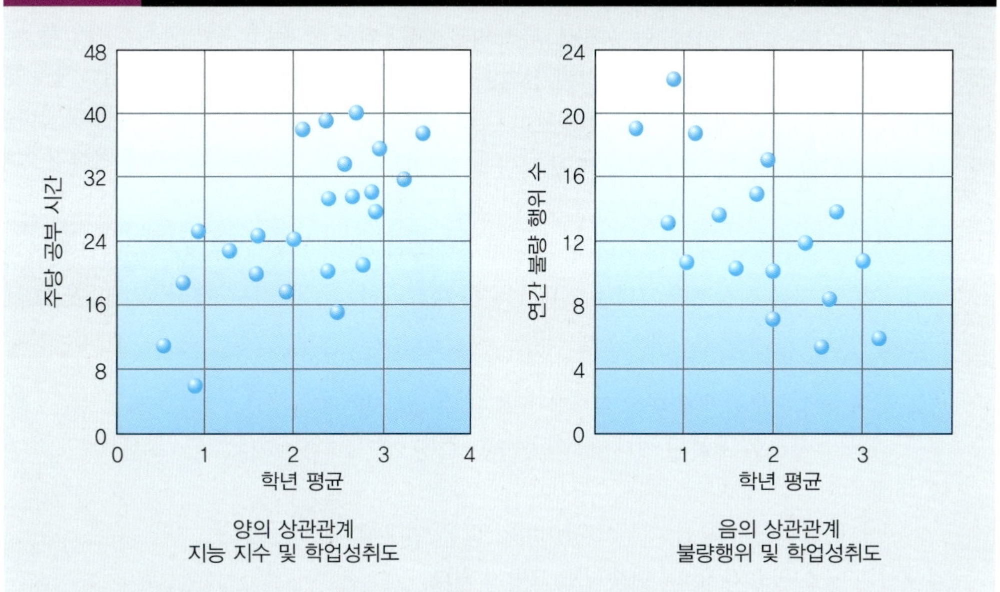

변수 사이에 양의 상관 관계가 있는 경우 지능 테스트 점수와 성취도 사이에 있는 것처럼 하나는 다른 하나가 증가함에 따라 증가한다. 전반적으로, 학생들이 공부하는 데 더 많은 시간을 할수록 왼쪽 다이어그램에서 알 수 있듯이 성적이 향상될 가능성이 높다. (각 점은 학생이 매주 공부하는 시간과 학년 평균을 나타낸다.) 그러나 성적과 비행 청소년 사이에는 부정적인 상관관계가 있다. 매년 불량행위 횟수가 증가함에 따라 평균 점수는 하락하는 경향이 있다. 상관관계 연구는 원인과 결과가 꼭 맞다고 가정할 수 없다.

그림 A.6 상관 관계, 원인 및 영향

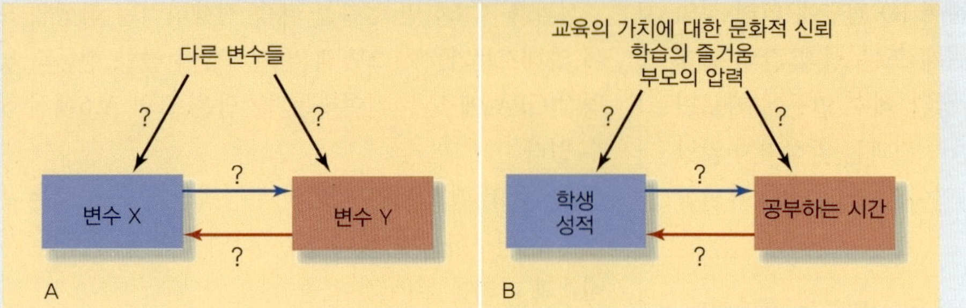

상관 관계는 원인과 결과를 시사할 수는 있지만 제시하지는 않는다. 파트 A에서는 변수 X와 Y 사이에 상관 관계가 있다. 이것은 변수 X가 변수 Y를 유발하거나 변수 Y가 변수 X를 유발한다는 것을 의미하는가? 반드시 그런 것은 아니다. 다른 요소는 변수 X와 Y 모두에 영향을 줄 수 있다. 파트 B의 학업 성적(가변 X) 및 공부 시간(가변 Y)의 예를 고려하라. 둘 사이에는 긍정적인 상관 관계가 있다. 이것은 공부가 좋은 성적에 기여한다는 것을 의미하는가? 혹시, 좋은 성적은 공부를 장려한다는 의미인가? 아마 다시, 그러나 교육의 가치에 대한 문화적 신념, 학습의 즐거움, 심지어 잘해야 한다는 부모의 압력과 같은 다른 변수들도 공부에 소요되는 시간과 좋은 성적에 기여할 수 있다.

추론 통계는 이러한 표본 간의 차이가 표본에서 나타내는 모집단에서 발견된 실제 차이를 반영한다고 결론을 내릴 수 있는지 여부를 결정하는 데 도움이 된다. 시술적 통계를 통해 점수 샘플에 대한 설명 정보를 제공할 수 있다.

추론 통계는 표본 간의 표본 차이를 표본 모집단에 일반화할 수 있는지 여부를 결정하는 데 도움이 된다.

그림 A.7은 일반 미국 인구에서 무작위로 선택된 1,000명의 남성과 1,000명의 여성의 분포를 보여준다. 남성의 평균 신장은 여성의 평균 신장보다 크다. 이 키의 차이는 우연한 변동일 뿐 아니라 일반적인 남녀 인구의 실제 차이를 나타내는 것이라고 결론짓거나 추론할 수 있는가? 또는 연구에서 남성 표본의 평균 신장이 연구에서 여성 표본의 평균 신장보다 크다는 것만 진술하여 그러한 추론을 피하고 결과를 요약해야 하는가?

표본 연구에서 모집단에 대한 추론을 도출할 수 없다면 연구 결과가 실제로 제한될 것이다. 위 연구는 특정 개인에 대해서만 말할 수 있었다.

자신에게 적용되지 않기 때문에 참여하지 않은 연구에 대해서는 배울 필요가 없다! 다행히도 그렇지 않다.

추론 통계 표본에 대해 도출된 결론을 표본이 추출된 모집단으로 확장할 수있는 신뢰와 관련된 통계 분기

추론 통계를 통해 표본이 있는 모집단을 표본이 있는 모집단으로 확장할 수 있다.

1. 통계적으로 유의미한 차이

우리는 남성과 여성 표본 간의 키 차이가 단순히 우연 변동인지 또는 남성과 여성의 키 사이에 실제 차이를 나타내는지 여부를 물었다. 그러나 연구자들은 그룹 간의 '실제 차이' 또는 '실제 차이'에 대해 이야기하지 않는 경향이 있다. 대신 통계적으로 유의미한 차이를 말한다. 마찬가지로 연구자들은 헤드스타트 프로그램의 어린이와 비슷한 배경을 가진 다른 어린이의 IQ 점수 차이가 우연 변동인지 통계적으로 의미 있는 차이인지 여부를 물었다.

통계적으로 유의미한 차이는 우연한 변동으로 인한 것 같지 않은 차이이다. 심리학자는 확률 변동으로 인한 확률 (p)이 20분의 1(즉, $p<0.05$)이 아니면 통계적으로 유의한 차이를 받아들이지 않는다. 확률 변동으로 인한 확률 (p)이 100 분의 1보다 작을 때 (즉, $p<0.01$) 통계적으로 유의한 것으로 차이를 표시하는 것이 더 편하다.

심리학자는 평균 (예 : 평균 IQ 93점~99점) 및 표본 그룹의 표준 편차를 포함하는 공식을 사용하여 평균 차이가 통계적으로 유의한지 여부를 확인한다.

그림 A.7 남성과 여성의 무작위 표본의 신장 분포

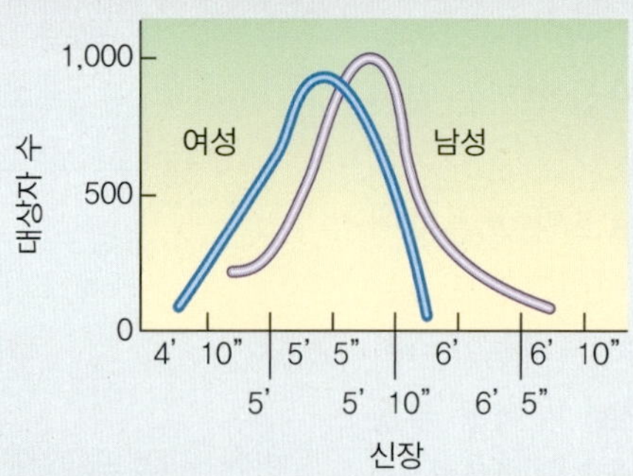

남자의 평균 키는 여자의 키보다 높다는 점에 유의하라. 그룹 평균 키 차이가 통계적으로 분명한가? 연구원들은 추론 통계 도구를 사용하여 답을 결정해 보라.

그림 A.8에서 알 수 있듯이 그룹 평균이 멀수록 통계적으로 의미 있을 가능성이 높다. 다시 말해서, 남성이 여성보다 평균 5인치 더 키가 큰 경우, 남성이 평균 1/4인치 더 큰 경우보다 차이가 통계적으로 의미 있을 가능성이 높다.

원칙 1 : 다른 모든 것이 같을수록 평균 간의 차이가 클수록 차이가 통계적으로 의미 있을 확률이 커진다. 이것은 말이 된다. 어쨌든 이웃 자동차가 지난해 자동차보다 갤런 당 1마일 더 많은 가스를 냈다는 소식을 들었다면 아마도 우연한 변동에 차이가 있을 수 있다.

그러나 차이가 갤런당 14마일이라고 하면, 그 차이가 운전 습관이나 자동차 효율의 실제 차이를 반영했다고 가정할 수 있다.

그림 A.9에서 볼 수 있듯이 그룹의 표준 편차(가변성 측정)가 작을수록 평균 간의 차이가 통계적으로 의미있을 가능성이 높다. 각 그룹 내에 변동성이 없는 극단적인 예를 고려하라. 즉, 무작위로 선택된 1,000명의 여성 표본 중 모든 여성의 키가 정확히 165 cm라고 상상해 보라.

마찬가지로, 무작위로 선택된 1,000명의 남성 표본에서 모든 사람의 키가 정확히 178 cm이라고 상상해 보라.

이 경우 남녀의 키가 전혀 겹치지 않으며, 그 차이가 통계적으로 의미 있는 것으로 보인다. 자연스럽게 큰 변동성을 가진 다른 극단을 고려하라. 여자의 키가 157~189 cm까지 다양하고 남자의 키가 170~200 cm로 다양하다고 상상해 보라.
이 경우 그룹 평균 12 cm의 차이가 우연한 변동이라고 가정했을 가능성이 높다.

원칙 2 : 다른 모든 항목이 같을수록 점수 분포의 변동성이 작을수록 그룹 평균의 차이가 통계적으로 유의할 확률이 커진다.

따라서 남성과 여성의 평균 키와 각 그룹의 키가 얼마나 큰지 알지 않는 한 남성이 여성보다 키가 크다는 결론을 내릴 수 없다.

평균 높이가 통계적으로 유의하게 다르다는 것을 추론하기 위해 두 높이 분포의 중심 경향(평균)과 가변성을 모두 알아야 한다.
우리가 데이터를 눈을 크게 뜨고 보자. 우리는 한 교수가 말하는 것에 'Wow!'라며 의존해 왔다.

> **"흡연은 모든 통계의 주요 원인 중 하나이다."**
>
> Liza Minnelli, 1946년
> 미국 가수, 댄서 및 여배우

언급한 바와 같이, 심리학자 및 기타 연구자들은 실제로 그룹 평균과 표준 편차를 고려하여 그룹 차이가 통계적으로 유의한지 여부를 결정하는 수학적 기법을 사용한다.
실제 데이터를 눈으로 볼 때 명확한 결과나 좋은 추측을 얻지 못하는 경우가 종종 있다.

2. 표본 및 모집단

추론 통계는 심리학자가 점수 표본에 적용하여 결과를 점수 집단으로 일반화하거나 확장할 수 있는지 여부를 결정하는 수학적 도구이다.

따라서 관련된 표본이 실제로 추출된 모집단을 나타내는지 확인해야 한다. 샘플링 기술이 중요하다. 무작위 표본 추출이 가장 좋은 방법이며 대상 모집단의 모든 구성원이 동일한 선택 기회를 갖는 경우에만 표본 추출이 무작위이다.

> **통계적으로 유의미한** 우연한 변동의 결과가 되지 않을 정도로 충분히 큰 차이

그림 A.8 신장의 평균 그룹 차이(감소 및 증가)

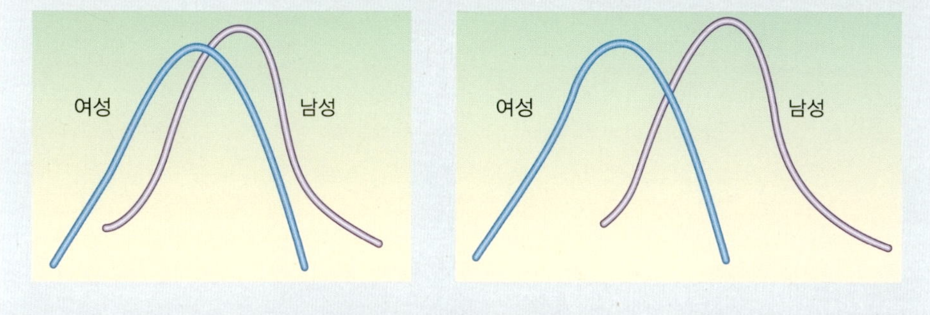

다른 모든 것이 같을수록 그룹 평균의 차이가 클수록 차이가 통계적으로 의미있을 확률이 커진다. 오른쪽의 분포는 그룹 평균에서 더 큰 차이를 보여준다. 따라서 차이가 통계적으로 의미있을 확률이 더 크다.

연구된 표본이 목표 모집단을 나타내지 않는 경우, 통계적 방법이 얼마나 정교한지는 중요하지 않다. 미국 농구팀 뉴욕의 빅 애플과 캘리포니아 퀘이크의 농구 선수 키를 분석하기 위해 다양하고 정교한 통계 기법을 사용할 수 있지만, 이 방법들 중 어느 것도 일반 인구의 키에 대한 정보는 없다. 또는, 여성의 키도 마찬가지이다. (위 자료는 농구 선수들의 키에 관한 자료일 뿐이다.)

> **"통계에 따르면 좋지않은 식습관을 가지고 있는 사람은 거의 생존하지 못한다."**
>
> 조지 버나드 쇼, 아일랜드 극작가 (1856-1950)

그림 A.9 점수 분포의 다양성(감소 및 증가)

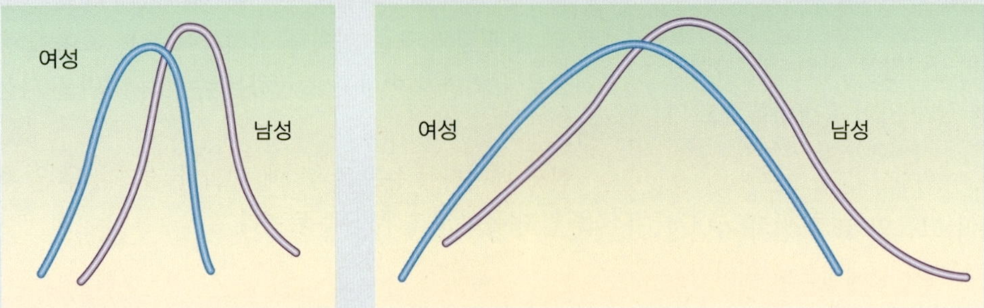

다른 모든 것이 같으면 그룹 점수의 변동성이 작을수록 그룹 평균의 차이가 통계적으로 유의할 확률이 커진다. 오른쪽 분포는 그룹의 변동성에서 더 큰 차이를 보여준다. 따라서 그룹 평균의 차이가 통계적으로 유의할 확률이 낮다.

장 별 정답
ANSWERS TO CHAPTER REVIEW QUESTIONS

Chapter 1

FILL-INS
1. behavior
2. Clinical
3. Wilhelm Wundt
4. Gestalt
5. Evolutionary
6. Clark
7. population
8. survey
9. control
10. ethical

MULTIPLE CHOICE
1. a
2. b
3. c
4. a
5. d
6. d
7. a
8. a
9. c
10. c

Chapter 2

FILL-INS
1. neurotransmitters
2. axon
3. myelin
4. schizophrenia
5. autonomic
6. cerebellum
7. existence
8. instincts
9. Down
10. monozygotic (identical)

MULTIPLE CHOICE
1. c
2. b
3. a
4. b
5. a
6. d
7. d
8. a
9. a
10. d

Chapter 3

FILL-INS
1. Perception
2. absolute
3. rods; cones
4. optic
5. retina
6. olfactory
7. taste
8. position
9. semicircular
10. file-drawer

MULTIPLE CHOICE
1. c
2. b
3. a
4. d
5. c
6. c
7. a
8. d
9. a
10. b

Chapter 4

FILL-INS
1. awareness
2. paradoxical
3. five
4. activation
5. trance
6. mantra
7. control
8. abstinence
9. Cocaine
10. Hallucinogenic

MULTIPLE CHOICE
1. d
2. c
3. b
4. a
5. c
6. b
7. d
8. a
9. b
10. a

Chapter 5

FILL-INS
1. unconditioned
2. conditioned
3. extinguish
4. spontaneous
5. Albert
6. flooding
7. Negative
8. fixed-interval
9. Programmed
10. contingency

MULTIPLE CHOICE
1. b
2. d
3. c
4. c
5. a
6. c
7. d
8. d
9. c
10. a

Chapter 6

FILL-INS
1. episodic
2. Semantic
3. maintenance
4. elaborative
5. sensory; short-term; long-term
6. Eidetic
7. flashbulb
8. retroactive
9. proactive
10. synapses

MULTIPLE CHOICE
1. b
2. c
3. d
4. a
5. a
6. d
7. c
8. d
9. b
10. c

Chapter 7

FILL-INS
1. Concepts
2. algorithm
3. Heuristic
4. mental
5. linguistic
6. overregularization
7. g
8. multiple
9. practical
10. intelligence quotient (IQ)

MULTIPLE CHOICE
1. d
2. d
3. b
4. b
5. c
6. d
7. c
8. d
9. b
10. c

Chapter 8

FILL-INS
1. Motives
2. incentive
3. homeostasis
4. self-actualization
5. Anorexia
6. excitement
7. organizing
8. Apperception
9. performance
10. action

MULTIPLE CHOICE
1. c
2. a
3. a
4. b
5. c
6. d
7. c
8. d
9. d
10. a

Chapter 9

FILL-INS

1. reflexes
2. concrete
3. zone
4. initial-preattachment
5. secondary
6. Formal
7. imaginary
8. diffusion
9. Fluid
10. do not

MULTIPLE CHOICE

1. b
2. a
3. c
4. d
5. b
6. c
7. d
8. b
9. c
10. b

Chapter 10

FILL-INS

1. id
2. superego
3. anal
4. collective
5. inferiority
6. antisocial
7. actualization
8. reference
9. collectivists
10. ambiguous

MULTIPLE CHOICE

1. b
2. a
3. c
4. c
5. b
6. d
7. a
8. d
9. c
10. b

Chapter 11

FILL-INS

1. hassles
2. conflict
3. Ellis
4. higher
5. commitment
6. alarm
7. fight; flight
8. befriend
9. immune
10. cholesterol

MULTIPLE CHOICE

1. b
2. d
3. c
4. b
5. a
6. c
7. d
8. c
9. a
10. b

Chapter 12

FILL-INS

1. perception
2. phobia
3. obsessive–compulsive
4. amnesia
5. identity
6. illness anxiety disorder
7. flight
8. internal
9. catatonic
10. Personality

MULTIPLE CHOICE

1. b
2. b
3. a
4. a
5. d
6. c
7. b
8. a
9. d
10. a

Chapter 13

FILL-INS

1. psychological
2. unconscious
3. Operant
4. free
5. Humanistic
6. Client-centered
7. Cognitive
8. desensitization
9. irrational
10. Minor

MULTIPLE CHOICE

1. c
2. b
3. b
4. b
5. a
6. b
7. b
8. d
9. a
10. c

Chapter 14

FILL-INS

1. cognitive
2. dissonance
3. categorization
4. attraction–similarity
5. passion
6. primacy
7. social
8. facilitation
9. deindividualization
10. bystander

MULTIPLE CHOICE

1. d
2. b
3. a
4. b
5. c
6. b
7. b
8. a
9. b
10. c

Index

ㄷ

ㄹ

ㅁ

ㅂ

ㅇ

ㅈ

ㅊ

ㅋ

ㅌ

ㅍ

ㅎ

기타

심리학자명

ㅌ

ㅍ

ㅎ

기타

PSYCH[6] INTRODUCTORY PSYCHOLOGY

인간심리의 이해 [개정판]

2020년 3월 16일 초판 발행
2021년 2월 10일 개정판 발행

저 자 Spencer A. Rathus
역 자 김연실·김영선·박성원·박애영·박정은·서승경
우상우·장우심·장형은·전은주·정추영·하수정

발행인 주병오 · 주민기

발행처 메디시인

경기도 파주시 회동길 209
파주출판문화도시

마케팅팀 (031) 955-7566·7577
편집디자인팀 (031) 955-7731
FAX (031) 955-7730
독자의견 전화 (031) 955-7577
홈페이지 www.ji-gu.co.kr
이메일 jigupub@hanmail.net
등록번호 2005년 2월 16일
제 406-2005-000045호

ISBN 979-11-90839-12-9 값 28,000원

CENGAGE